韓國 所藏 中國文言小說의 版本目錄과 解題

* 이 책은 2010년 정부의 재원으로 한국연구재단의 지원을 받아 연구되었음
 (NRF-2010-322-A00128)

경희대학교 비교문화연구소 비교문화총서 07

韓國 所藏 中國文言小說의 版本目錄과 解題

민관동·유희준·박계화 공저

연구제목	한국에 소장된 중국고전소설 및 희곡판본의 수집정리와 해제
연구기간	2010년 09월 01일 - 2013년 08월 31일
프로젝트 전반기 연구진(2010.09.01-2012.02.29)	
책임연구원 : 민관동 공동연구원 : 정영호 / 이영월 / 정선경 / 박계화 전임연구원 : 김명신 / 장수연 / 유희준 / 유승현 연구보조원 : 이숙화 / 심지연 / 김보근 / 유형래 / 홍민정	
프로젝트 후반기 연구진(2012,03,01-2013,08,31)	
책임연구원 : 민관동 공동연구원 : 정영호 / 이영월 / 박계화 전임연구원 : 김명신 / 장수연 / 유희준 / 유승현 연구보조원 : 배우정 / 옥주 / 최정윤 / 윤소라	

머리말

本書는 한국연구재단 토대연구 과제인 ≪한국에 소장된 중국고전소설과 희곡판본의 수집정리와 해제≫(2010년 9월~2013년 8월)의 일환으로 나온 책이다. 본 연구팀에서는 국내 유입된 ≪韓國 所藏 中國文言小說의 版本目錄과 解題≫라는 제목으로 중국문언소설의 판본을 수집 정리하여 목록화하고 이에 따른 解題를 하였다.

1911년까지 국내 유입된 중국 문언소설은 대략 200여 종이나 된다. 물론 이 수치는 판본이 남아있지 않아도 유입기록이 있는 작품까지 모두 포함한 것이다. 본 연구팀은 국내 각 대학 도서관과 사찰 및 개인 소장자까지 찾아다니며 많은 작품을 발굴하려고 노력하였다. 그 결과 아직까지 국내에 소개되지 않은 작품을 발굴해 내는 성과를 올리기도 했다. 즉 1492~1493년경에 안동에서 출판된 ≪新序≫와 ≪說苑≫을 비롯하여 ≪兩山墨談≫과 ≪皇明世說新語≫의 발견은 조선의 출판문화를 연구하는 데 귀중한 자료가 되고 있다. 특히 ≪兩山墨談≫ 판본에는 출판에 관여했던 관계자 및 출판 간기까지 명확하게 제시해주었기 때문에, 당시 책을 출판함에 있어 官府와 사찰이 밀접하게 연관되어 있었던 상황을 이해하는데 귀중한 자료가 되고 있다. 그 외에도 檀國大學校에 소장되어 있는 한글 번역 필사본 ≪오월츈추≫, 그리고 雅丹文庫에 소장되어 있는 ≪미비젼≫과 ≪한셩예됴비연합덕젼≫·≪당고종무후뎐≫ 등, 또 國立中央圖書館에 소장되어 있는 ≪한담쇼하록≫ 등은 당시의 번역양상뿐 아니라 국내 수용양상까지 살펴보기에 좋은 자료가 되고 있다. 이런 발굴을 통해 새로운 자료를 학계에 보고하고 후학들의 연구에 밑거름을 제공할 수 있었던 점에 나름의 자부심과 긍지를 느낀다.

조선시대 유입된 중국문언소설 전체 작품을 분류와 정리 및 목록화하는 과정에서 나름대로 심혈을 기울였음에도 불구하고 미흡한 면이 있을 것으로 보인다. 그러나 국내 소장 중국문언소설 판본목록을 총괄하여 정리하였다는 데에 그 의미를 찾고자 한다.

本書는 총 3부로 구성하였다.

제1부 : 제1부에서는 韓國에 所藏된 中國文言小說의 版本目錄과 解題를 作品別로 정리하였다. 특히 시대별로 나누어 당대이전 작품, 당대 작품, 송·원대 작품, 명대 작품, 청대 작품으로 나누어 目錄化하였고 더불어 작품에 대한 간단한 해제를 달아 연구자의 이해를 돕고자 하였다.

제2부 : 제2부에서는 附錄으로 韓國에 유입된 목록과 고전문헌에 보이는 中國文言小說 綜合目錄을 정리하였고 부록2)에서는 중국의 中國文言小說 總 目錄을 총괄하여 수록하였다.

本書는 조선시대 국내에 유입된 중국문언소설에 대한 판본의 목록과 기타 關聯資料들을 총망라하여 소개 및 해제를 하였다. 그러나 미흡한 부분과 보충해야 할 부분은 추후에 지속적으로 보완해나갈 예정이다.

어려운 상황에서도 흔쾌히 출간에 응해주신 학고방 하운근 사장님을 비롯한 전 직원 여러분께 감사의 뜻을 전하며, 또한 성실하게 교정에 도움을 준 연구보조원 이숙화·심지연·김보근·유형래·홍민정·배우정·최정윤·옥주·윤소라 등 대학원생들에게도 고마움을 표한다.

2012년 12월 12일
민관동·유희준·박계화

* 본서에 수집정리의 대상은 국립도서관 및 박물관·대학도서관 및 박물관·서원·향교·사찰·기업체 도서관·각종 연구소·각 종가집(문중)·개인소장자 등을 대상으로 하였다. 조사대상의 명단은 다음과 같다.

古書目錄 收集現況

1. [國立圖書館 및 大學圖書館(大學博物館 包含)]

所藏處名	古書目錄	細部 分類	刊行年度	番號
國立中央圖書館	國立中央圖書館 外國 古書目錄Ⅰ 中國本篇		1976年	1-1
	國立中央圖書館 外國 古書目錄Ⅱ 韓國本篇		1977年	1-2
	國立中央圖書館 古書目錄1	文學(詞曲, 小說)	1970年	1-3
	國立中央圖書館 古書目錄2	小說類: 無(經學/史學)		
	國立中央圖書館 古書目錄3		1972年	1-4
	國立中央圖書館 古書目錄4		1980年	1-5
	國立中央圖書館 古書目錄5		1993年	1-6
	國立中央圖書館 古書目錄6		1994年	1-7
	韓國古典籍綜合目錄시스템 http://www.nl.go.kr/korcis/			1-8
韓國學中央研究院 (舊韓國精神文化研究院)	藏書閣圖書中國版總目錄 (藏書閣貴重本叢書第7輯)	詞曲類, 小說類	1974年	2-1
	韓國古小說目錄		1983年	2-2
	藏書閣圖書 韓國版總目錄	小說類	1984年	2-3
	藏書目錄 古書篇1	小說類 國文/小說類 漢文	1991年	2-4
	韓國古典籍綜合目錄시스템 http://www.nl.go.kr/korcis/			2-5
國史編纂委員會	國史編纂委員會古書目錄	集部 小說類(國文, 漢文)	1983年	3
國立中央博物館圖書館	韓國古典籍綜合目錄시스템 http://www.nl.go.kr/korcis/			4
韓國國學振興院	韓國古典籍綜合目錄시스템 http://www.nl.go.kr/korcis/			5

所藏處名	古書目錄		細部 分類	刊行年度	番號
國會圖書館	國會圖書館 古書目錄			1995年	6-1
	韓國古書綜合目錄		所藏處一覽表	1968年	6-2
	韓國古典籍綜合目錄시스템 http://www.nl.go.kr/korcis/				6-3
서울大	奎章閣圖書 中國本 綜合 目錄		小說類	1982年	7-1
	奎章閣圖書 韓國本 綜合 目錄		小說類(國文, 漢文, 隨筆,雜著)	1994年 (修訂版)	7-2
	奎章閣 寄贈古圖書古文書 目錄		小說類(漢文, 隨筆, 雜著): 1995年-2004年	2005年	7-3
	서울大學校 中央圖書館 古書目錄		國文學, 中國文學	未詳	7-4
	韓國古典籍綜合目錄시스템 http://www.nl.go.kr/korcis/				7-5
高麗大	高麗大學校 漢籍綜合目錄(上)	晚松文庫	小說類	1979年	8-1
		高麗大學校 藏書目錄 第8輯 漢籍目錄(舊藏)	子部 小說	1984年	8-2
	高麗大學校 漢籍綜合目錄(下)	薪菴文庫 漢籍目錄	子部 小說	1974年	8-3
		華山文庫		1976年	8-4
	高麗大學校 藏書目錄 第9輯 石洲文庫		小說類	1973年	8-5
	高麗大學校 藏書目錄 第15輯 貴重圖書目錄			1980年	8-6
	韓國古典籍綜合目錄시스템 http://www.nl.go.kr/korcis/				8-7
延世大	延世大學校 中央圖書館 古書目錄 第1輯		文學 全體 文庫目錄(黙容室文庫, 綏堂文庫, 庸齊文庫, 元氏文庫, 李源喆文庫, 張起元文庫, 佐翁文庫, 濯斯文庫, 韓相億文庫, 海觀文庫)	1977年	9-1
	延世大學校 中央圖書館 古書目錄 第2輯		한글小說 / 漢文小說 中國戲曲 / 中國小說 中國吏文, 稗說, 中國諷刺, 笑話, 雜文, 貴重圖書架目錄 庸齊文庫古書追加目錄 鶯山文庫古書追加目錄	1987年	9-2
	韓國古典籍綜合目錄시스템 http://www.nl.go.kr/korcis/				9-3

所藏處名	古書目錄	細部 分類	刊行年度	番號
成均館大	古書目錄	集部: 小說類(國文, 漢文)	1979年	10-1
	古書目錄 第2輯	集部: 小說類(國文, 漢文)	1981年	10-2
	古書目錄 第3輯 (成均館大學校 東亞細亞學術院 尊經閣)	小說類(國文, 漢文)	2002年	10-3
	韓國古典籍綜合目錄시스템 http://www.nl.go.kr/korcis/			10-4
慶熙大	韓國古典籍綜合目錄시스템 http://www.nl.go.kr/korcis/			11
漢陽大	韓國古典籍綜合目錄시스템 http://www.nl.go.kr/korcis/			12
西江大	西江大 中央圖書館 電算資料			13
梨花女大	梨花女子大學校 圖書館 古書目錄	集部 全體	1981年	14-1
	韓國古典籍綜合目錄시스템 http://www.nl.go.kr/korcis/			14-2
建國大	藏書目錄(漢籍綜合編)		1984年	15-1
	韓國古典籍綜合目錄시스템 http://www.nl.go.kr/korcis/			15-2
東國大	古書目錄	中國文學(小說, 其他)	1981年	16-1
	東國大學校 建學 100週年 紀念 古書目錄	韓國文學(戲曲, 小說) 中國文學(戲曲, 小說)	2006年	16-2
	韓國古典籍綜合目錄시스템 http://www.nl.go.kr/korcis/	慶州캠퍼스 出版本 古書目錄은 없음		16-3
檀國大	檀國大學校 粟谷紀念圖書館 漢籍目錄(天安캠퍼스)	羅孫文庫[金東旭], 秋汀文庫(天安캠퍼스)	1994年	17-1
	韓國古典籍綜合目錄시스템 http://www.nl.go.kr/korcis/	竹田캠퍼스 出版本 古書目錄은 없음		17-2
中央大	韓國古典籍綜合目錄시스템 http://www.nl.go.kr/korcis/			18
淑明女大	韓國古典籍綜合目錄시스템 http://www.nl.go.kr/korcis/			19
國民大	省谷圖書館 古書目錄	文學 全體	2008年	20-1
	韓國古典籍綜合目錄시스템 http://www.nl.go.kr/korcis/			20-2
崇實大	崇實大學校 韓國基督教博物館 古文獻 目錄	韓國學, 其他	2005年	21-1
	韓國古典籍綜合目錄시스템 http://www.nl.go.kr/korcis/			21-2
明知大	明知大學校 中央圖書館	인터넷(古書: 請求番號812)		22

所藏處名	古書目錄	細部 分類	刊行年度	番號
카톨릭大	韓國古典籍綜合目錄시스템 http://www.nl.go.kr/korcis/			23
京畿大	韓國古典籍綜合目錄시스템 http://www.nl.go.kr/korcis/			24
龍仁大	龍仁大學校 傳統文化硏究所 古書目錄	集部(詞曲類, 小說類, 안동오 先生 寄贈 圖書)	2000年	25-1
	韓國古典籍綜合目錄시스템 http://www.nl.go.kr/korcis/			25-2
仁荷大	韓國古典籍綜合目錄시스템 http://www.nl.go.kr/korcis/			26
江原大	韓國典籍綜合調査目錄 第3輯 江原道		1989年	27
忠南大	忠南大學校圖書館 古書目錄	集部(韓國, 中國)	1993年	28-1
	忠南大學校 中央圖書館 鶴山文庫目錄		1997年	28-2
	韓國古典籍綜合目錄시스템 http://www.nl.go.kr/korcis/			28-3
大田 카톨릭大	韓國古典籍綜合目錄시스템 http://www.nl.go.kr/korcis/			29
忠北大 (中原文化 硏究所)	韓國典籍綜合調査目錄 第9輯 忠淸北道 / 濟州道		1996年	30-1
	韓國古典籍綜合目錄시스템 http://www.nl.go.kr/korcis/			30-2
淸州大	韓國典籍綜合調査目錄 第9輯 忠淸北道 / 濟州道		1996年	31
全南大	全南大學校 圖書館 所藏古書目錄 I	小說類	1990年	32-1
	韓國古典籍綜合目錄시스템 http://www.nl.go.kr/korcis/			32-2
	韓國典籍綜合調査目錄 第6輯 全羅南道		1992年	32-3
朝鮮大	韓國古典籍綜合目錄시스템 http://www.nl.go.kr/korcis/			33
順天大	中央圖書館 電算資料			34
全北大 圖書館/ 博物館	韓國典籍綜合調査目錄 第4輯 全羅北道		1990年	35-1
	韓國古典籍綜合目錄시스템 http://www.nl.go.kr/korcis/			35-2
圓光大	圓光大學校 古書目錄	文學 全體	1994年	36-1
	韓國典籍綜合調査目錄 第4輯 全羅北道		1990年	36-2
	韓國古典籍綜合目錄시스템			36-3

所藏處名	古書目錄	細部 分類	刊行年度	番號
	http://www.nl.go.kr/korcis/			
全州大	韓國古典籍綜合目錄시스템 http://www.nl.go.kr/korcis/			37
釜山市立 圖書館	釜山廣域市 市立圖書館 古書目錄		1995年	38-1
	韓國古典籍綜合目錄시스템 http://www.nl.go.kr/korcis/			38-2
釜山大	釜山大學校圖書館 古書目錄	海蒼文庫, 東麓文庫, 直齊文庫, 夢漢文庫, 芝田文庫, 小訥文庫, 설뫼文庫, 蒼原文庫, 于溪文庫	2010年	39-1
	韓國古典籍綜合目錄시스템 http://www.nl.go.kr/korcis/			39-2
釜慶大	中央圖書館 電算資料			40
東亞大	韓國古典籍綜合目錄시스템 http://www.nl.go.kr/korcis/	石堂文庫(鄭在煥)		41
慶星大 博物館, 鄕土文化 研究所	韓國典籍綜合調査目錄 第7輯 釜山直轄市		1993年	42
釜山教育大 圖書館	韓國典籍綜合調査目錄 第7輯 釜山直轄市		1993年	43
釜山女大 伽倻文化 研究所	韓國典籍綜合調査目錄 第7輯 釜山直轄市		1993年	44
蔚山大	韓國古典籍綜合目錄시스템 http://www.nl.go.kr/korcis/			45
慶尙大	慶尙大學校圖書館 漢籍室 所藏 漢籍目錄	小說部	1996年	46-1
	慶尙大學校圖書館 漢籍目錄	儒家類, 小說部	1996年	46-2
	韓國古典籍綜合目錄시스템 http://www.nl.go.kr/korcis/			46-3
慶南大	慶南大學校 中央圖書館			47
慶州市立 圖書館	慶州地方 古書調査目錄(慶州文化院刊行)		1992年	48
大邱市中央 圖書館	韓國古典籍綜合目錄시스템 http://www.nl.go.kr/korcis/			49
慶北大	慶北大學校 中央圖書館 資料			30
啓明大	啓明大學校 古書目錄	中國文學(小說)	1987年	51-1
	啓明大學校 開校50周年 紀念	文學	2004年	51-2

所藏處名	古書目錄	細部 分類	刊行年度	番號
	古書綜合目錄			
	韓國古典籍綜合目錄시스템 http://www.nl.go.kr/korcis/			51-3
嶺南大 圖書館/博物館	嶺南大學校 中央圖書館 藏書目錄 漢古籍篇	文學 全體	1973年	52-1
		東濱文庫		
	嶺南大學校 圖書館 所藏 古書古文書目錄(味山文庫)	文學 全體	2000年	52-2
	嶺南大學校 圖書館 所藏 古書古文書目錄(南齊文庫)	文學 全體	2001年	52-3
	嶺南大學校 圖書館 所藏 古書古文書目錄(陶山文庫) 陶南誕生100周年紀念	文學	2004年	52-4
	韓國典籍綜合調査目錄 第1輯 大邱直轄市・慶尙北道		1986年	52-5
	韓國古典籍綜合目錄시스템 http://www.nl.go.kr/korcis/			52-6
	汶波文庫			52-7
大邱大	大邱大學校 中央圖書館 資料			53
大邱 카톨릭大	韓國古典籍綜合目錄시스템 http://www.nl.go.kr/korcis/			54
安東大	安東大學校 圖書館 所藏古書目錄1	明谷文庫	1994年	55-1
	安東大學校 圖書館 所藏 古書目錄2	一般古書/西坡/東山文庫/小極文庫	2003年	55-2
	韓國典籍綜合調査目錄 第5輯 安東市郡		1991年	55-3
	韓國古典籍綜合目錄시스템 http://www.nl.go.kr/korcis/			55-4
濟州大 民俗博物館	韓國典籍綜合調査目錄第9輯 忠淸北道 / 濟州道		1996年	56
西原大/ 博物館	忠淸北道의 古書(10), 청주시편	충청북도 청주시 (사)충북향토문화연구소	2004年	57
陸軍士官學校	中央圖書館 資料			58
海軍士官學校	漢籍目錄	子部	1977年	59-1
	韓國典籍綜合調査目錄 第8輯 慶尙南道		1994年	59-2
鐘路圖書館	藏書目錄 古書解題編		1983年	60

2. [書院/鄕校/寺刹/硏究院(所)/博物館/企業體圖書館]

所藏處名	古書目錄	細部 分類	刊行年度	番號
書 院	李朝書院文庫目錄	玉山書院, 屏山書院, 紹修書院, 臨皐書院	1969年	101
玉山書院 尙州 東學教堂	2004年 一般動産文化財 多量所藏處 實態調査 學術用役報告書	嶺南大 民族文化研究所 (文化財廳 慶尙北道)	2004년	101-1
高敞郡 玄谷書院	韓國典籍綜合調査目錄 第4輯 全羅北道		1990年	102
長城郡 筆巖書院	韓國典籍綜合調査目錄 第6輯 光州直轄市,全羅南道		1992年	103
山淸郡 道川書院	韓國典籍綜合調査目錄 第8輯 慶尙南道		1994年	104
洪川郡 洪川鄕校	韓國典籍綜合調査目錄 第3輯 江原道		1989年	105
기림사(慶州) 直指寺(金泉)	韓國의 寺刹文化財(大邱/慶尙北道) *文化財廳(大韓佛教曹溪宗 文化遺産發掘調査團)	*京畿道/서울은 未出版 *忠南[2004], 忠北[2006] 江原道[2002]版에서는 未確認	2007年	106
범어사(釜山) 石南寺(蔚山) 은하사(金海市)	韓國의 寺刹文化財 (釜山/蔚山/慶尙南道)		2010年	107
대흥사 (海南)	韓國의 寺刹文化財 (光州/全羅南道)		2006年	108
향산사 (부안)	韓國의 寺刹文化財(全羅北道)		2003年	109
개암사(부안)	韓國의 寺刹文化財(全羅北道)		2003年	110
光明寺 (濟州道)	韓國의 寺刹文化財(全羅北道/濟州道)		2003年	111
松廣寺	韓國古典籍綜合目錄시스템 http://www.nl.go.kr/korcis/			112
三陟郡 영은사	韓國典籍綜合調査目錄 第3輯 江原道		1989年	113
韓國民族美術 硏究所 (澗松文庫)	澗松文庫漢籍目錄	集部(易學, 小說家類)	1968年	114
普門精舍	慶州地方 古書調査目錄(慶州文化院 刊行)		1992年	115
慶州市 독악당	慶州地方 古書調査目錄(慶州文化院 刊行)		1992年	116
慶州市 운음정	慶州地方 古書調査目錄(慶州文化院 刊行)		1992年	117
誠庵古書 博物館	誠庵文庫典籍目錄	小說類(國文, 漢文)	1975年	118-1
	韓國古典籍綜合目錄시스템 http://www.nl.go.kr/korcis/			118-2

所藏處名	古書目錄	細部 分類	刊行年度	番號
國立淸州博物館	송인택·이광자 寄贈 古書 옛책 古書	集部 小說類	2008年	119
國立民俗博物館	韓國古典籍綜合目錄시스템 http://www.nl.go.kr/korcis/			120
溫陽市 溫陽民俗博物館	韓國典籍綜合調査目錄 第2輯 忠淸南道		1988年	121
釜山市立博物館	韓國典籍綜合調査目錄 第7輯 釜山直轄市		1993年	122
韓國銀行	韓國銀行古書解題	韓國銀行2	2001年	123
雅丹文庫(韓火 [株式會社])	雅丹文庫 藏書目錄(2)	韓國小說 中國小說	1996年	124
慕德祠	韓國古典的綜合目錄시스템 htttp://www.nl.go.kr/koris			125
大田市 文忠祠	韓國典籍綜合調査目錄 第2輯 忠淸南道		1988年	126
忠烈祠	韓國典籍綜合調査目錄 第7輯 釜山直轄市		1993年	127
靈巖郡 大同稧祠文見善	韓國典籍綜合調査目錄 第6輯 光州直轄市.全羅南道		1992年	128
春川市 崇德祠	韓國典籍綜合調査目錄 第3輯 江原道		1989年	129
江陵市 船橋莊	韓國典籍綜合調査目錄 第3輯 江原道		1989年	130
大田 燕亭國樂院	韓國典籍綜合調査目錄 第2輯 忠淸南道		1988年	131
東萊女子 高等學校	韓國典籍綜合調査目錄 第7輯 釜山直轄市		1993年	132
南海郡 南海郡廳	韓國典籍綜合調査目錄 第8輯 慶尙南道		1994年	133
淸州古印刷博物館	忠淸北道의 古書(10) 청주시편	충북향토문화연구소	2004年	134
堤川義兵展示館	忠淸北道의 古書(8) 제천시편	충북향토문화연구소	2003年	135
沃川管城會館	忠淸北道의 古書(5) 옥천군편	충북향토문화연구소	2001年	136
沃川鄕土展示館	忠淸北道의 古書(5) 옥천군편	충북향토문화연구소	2001年	137

3. [個人所藏家]

所藏處名	古書目錄	細部 分類	刊行年度/其他	番號
鮮文大 朴在淵	古書展示目錄(第49回 韓國中國小說學會 定期學術發表會 紀念)		2001年 12月 1日, 鮮文大	201
慶山郡 崔在石	韓國典籍綜合調查目錄 第1輯-大邱直轄市·慶尙北道		1986年	202
達城郡 成垓濟				
奉化郡 權寧甲				
奉化郡 權廷羽				
奉化郡 金斗淳				
尙州郡 趙誠德				
英陽郡 趙觀鎬				
榮豊郡 金用基				
醴泉郡 李虎柱				
蔚珍郡 南斗烈 南汶烈				
蔚珍郡 張甫均				
蔚珍郡 崔震箕				
靑松郡 逸野亭				
漆谷郡 李敦柱				
公州市 李鍾宣	韓國典籍綜合調查目錄 第2輯 忠清南道		1988年	203
大田市 尹炳泰				
大田市 趙鍾業				
論山郡 尹寶重				
唐津郡 宋基華				
扶餘郡 劉世鍾				
扶餘郡 黃寅直				
燕歧郡 洪鐘檍				
江陵市 權純顯	韓國典籍綜合調查目錄 第3輯 江原道		1989年	204
江陵市 崔鍾瑚				
旌善郡 趙廷鳳				
春城郡 朴宜東				
春城郡 柳然五				
春城郡 洪在昭				
洪川郡 李英九				
裡里市 柳在泳	韓國典籍綜合調查目錄 第4輯 全羅北道		1990年	205

所藏處名	古書目錄	細部 分類	刊行年度/其他	番號
全州市 金大經				
全州市 宋俊浩				
高敞郡 金璟植				
高敞郡 裵聖洙				
高敞郡 林鍾秀				
高敞郡 黃炳寬				
豊山郡 金直鉉	韓國典籍綜合調查目錄 第5輯 安東市.郡（上）		1991年	206-1
吉安面 卓世光				
祿轉面 金台正				
臥龍面 金俊植				
臨東面 金源宅	韓國典籍綜合調查目錄 第5輯 安東市.郡（下）			206-2
臨東面 柳海鍾				
豊川面 柳寧夏				
靈巖郡 文昶集	韓國典籍綜合調查目錄 第6輯 光州直轄市.全羅南道		1992年	207
長城郡 邊時淵				
長城郡 奉祥九				
金茂祚	韓國典籍綜合調查目錄 第7輯 釜山直轄市		1993年	208
蔚山市 李秉稷	韓國典籍綜合調查目錄 第8輯 慶尙南道		1994年	209
晉州市 金相朝				
晉州市 崔載浩				
居昌郡 林基福·林永文				
固城郡 裵學烈				
固城郡 諸鳳模				
南海郡 金宇烘				
密陽郡 申柄澈				
密陽郡 李佑成				
山淸郡 吳珪煥				
陜川郡 李鍾奭				
尹秉俊	韓國典籍綜合調查目錄第9輯 忠淸北道濟州道		1996年	210
韓益洙				
梁龍哲				
金敏榮	金敏榮 所藏 古書目錄	集部(詞曲類, 小說類, 筆類, 雜著類)	2007年	211
閔寬東(慶熙大)		三國志演義/		212

所藏處名	古書目錄	細部 分類	刊行年度/其他	番號
		西遊記		
慶州市 金상택	慶州地方 古書調査目錄 (慶州文化院 刊行)		1992年	213
慶州市 李종환				
慶州市 張대현				
慶州市 張돈				
慶州市 정병모				
慶州市 崔병희				
慶州市 黃재현				
山氣文庫	韓國典籍綜合目錄 (社團法人國學資料保存會)	第1輯	1974年	214
尚熊文庫		第2輯	1974年	
玩樹文庫 誠巖文庫		第3輯	1974年	
仁壽文庫		第5輯	1975年	
陶南文庫 元堂文庫 憙愚文庫		第6輯	1976年	
眞城李氏 響山古宅 古典籍	韓國國學振興院所藏 國學資料 目錄集 1		2003年	215
永川李氏 聾巖宗宅 古典籍	韓國國學振興院所藏 國學資料目錄集 3		2004年	216
豊山柳氏 河回마을 화경당(北村)	韓國國學振興院所藏 國學資料目錄集 4		2005年	217
義城金氏 천전파 門中	韓國國學振興院所藏 國學資料目錄集 5		2006年	218
五美洞 豊山金氏 虛白堂門中	韓國國學振興院所藏 國學資料目錄集 7		2007年	219
豊山柳氏 忠孝堂	韓國國學振興院所藏 國學資料目錄集 8		2009年	220
安東權氏 가은　後孫	2002 韓國國學振興院 受託 國學資料 目錄集		2002年	221
安東權氏 花山　宗家				
禮安李氏 上里宗宅				
固城李氏 팔회당 宗宅				
인동張氏 南山派 회당宗宅	2003 韓國國學振興院 受託 國學資料 目錄集		2004年	222
全州柳氏 정재 宗宅	2004 韓國國學振興院 受託 國學資料 目錄集(上)		2005年	223 -1
全州柳氏 好古窩 宗宅				
全州姜氏 起軒古宅				
達成徐氏 낙동정사	2004 韓國國學振興院 受託 國學資料 目錄集(下)		2006年	223 -2
영양南氏 영해 난고宗宅				
漢陽趙氏 하담古宅				

所藏處名	古書目錄	細部 分類	刊行年度/其他	番號
재령李氏 존재파 면운재門中				
永川李氏 오천宗中 읍춘公派				
아주신씨 인재파 전암後孫家	2005 韓國國學振興院 受託 國學資料 目錄集(上)		2006年	224-1
진성이씨 하계파 근재文庫				
의성김씨 개암공파 남호古宅	2005 韓國國學振興院 受託 國學資料 目錄集(下)		2006年	224-2
용궁 울진장씨 연파文庫				
開城高氏 月峰宗宅				
靑松/중평 평산신씨 사남古宅	2006 韓國國學振興院 受託 國學資料 目錄集		2007年	225
영양남씨 연해 시암古宅				
潭陽전씨 후당 덕현파				
安東金氏 해헌古宅				
永州 야성송씨 송고古宅				
平山申氏 判事公派 宗宅	2007 韓國國學振興院 受託 國學資料 目錄集(上)		2008年	226-1
영해 대흥백씨 성안공파 인량종택				
靑松沈氏 칠회당고택				
진주강씨 해은공파 博士宅				
密陽朴氏 경헌고택				
의성김씨 문충공파 一派 門中	2007 韓國國學振興院 受託 國學資料 目錄集(下)		2008年	226-2
반남박씨 낙한정 宗家				
반남박씨 판관공파 청하재				
의성김씨 귀미파 門中	2008 韓國國學振興院 受託 國學資料 目錄集		2009年	227
原州변씨 거촌 門中				
장헌구 家				
풍천임씨 청암가				
安東權氏 정암문고	2009 韓國國學振興院 受託 國學資料 目錄集		2010年	228
安東金氏 부사공파				
光山金氏 낙음재				
永川李氏 간산문고				

所藏處名	古書目錄	細部 分類	刊行年度/其他	番號
固城李氏 간산문중				
남응시(영덕)	2004年 一般動産文化財 多量所藏處 實態調査 學術用役報告書2	嶺南大 嶺南文化 研究院	2004年	229
충효당(안동)				
김기태(성주)				
榮州 嘯皐祠堂	一般動産文化財 多量所藏處 實態調査 報告書	嶺南大 嶺南文化研究 院(榮州市廳)	2005年	230
榮州 黃春一				
榮州 李守恒				
聞慶 高原東	2005年 一般動産文化財 多量所藏處 實態調査 報告書(1)	嶺南大 民族文化研究 所(文化財廳 慶尙北道)	2006年	231-1
聞慶 永慕齋				
尙州 修巖宗宅	2005年 一般動産文化財 多量所藏處 實態調査 報告書(2)	嶺南大 民族文化研究 所(文化財廳 慶尙北道)	2006年	231-2
尙州 李采河				
李亮載				232
鎭川 김세경	忠淸北道의 古書(1) 총괄·진천편	충북향토 문화연구소	1997年	233
報恩 김동기	忠淸北道의 古書(2) 보은군편	충북향토 문화연구소	1999年	234
報恩 김석중				
報恩 최의웅				
沃川 전재구	忠淸北道의 古書(5) 옥천군편	충북향토 문화연구소	2001年	235
沃川 전대하				
陰城 신영휘	忠淸北道의 古書(6) 음성군편	충북향토 문화연구소	2002年	236
槐山 김문기	忠淸北道의 古書(7) 괴산군편	충북향토 문화연구소	2003年	237
槐山 이구범				
丹陽 김현길	忠淸北道의 古書(9) 단양군편	충북향토 문화연구소	2003年	238
丹陽 이봉우				
淸原 송천근	忠淸北道의 古書(11) 청원군편	충북향토 문화연구소	2004年	239

目 次

第一部
韓國 所藏 中國文言小說의 版本目錄과 解題(作品 別) ·· 25

第1章 唐代以前 作品目錄과 解題 ················· 27

1. 山海經 … 27
2. 穆天子傳 … 35
3. 燕丹子 … 37
4. 神異經 … 39
5. 十洲記(海內十洲記) … 41
6. 洞冥記(漢武洞冥記) … 42
7. 東方朔傳 … 43
8. 漢武帝內傳 … 44
9. 吳越春秋 … 44
10. 新序 … 47
11. 說苑 … 52
12. 列女傳 … 60
13. 列仙傳 … 65
14. 西京雜記 … 67
15. 高士傳 … 69
16. 神仙傳 … 71
17. 靈鬼志 … 73
18. 博物志 … 73
19. 拾遺記 … 77
20. 搜神記 … 79
21. 搜神後記 … 81
22. 述異記 … 82
23. 世說新語 … 84
24. 기타 … 113

第2章 唐代 作品目錄과 解題 ················· 115

1. 酉陽雜俎 … 115
2. 宣室志 … 119
3. 獨異志 … 121
4. 朝野僉載 … 122
5. 北夢瑣言 … 124
6. 因話錄 … 125
7. 北里誌(志) … 126
8. 卓異記 … 127
9. 玉泉子 … 129
10. 遊仙窟 … 130
11. 尙書故實 … 131
12. 資暇錄 … 132
13. 無雙傳(劉無雙傳·古押衙傳奇) … 133
14. 기타 … 135

第3章 宋·元代 作品目錄과 解題 ········· 137

1. 太平廣記 … 137
2. 楊太眞外傳 … 143
3. 綠珠傳 … 144
4. 미비젼(梅妃傳) … 146
5. 漢成帝趙飛燕合德傳 … 149
6. 唐高宗武后傳 … 150
7. 歸田錄 … 151
8. 夢溪筆談 … 153
9. 澠水燕談錄 … 155
10. 冷齋夜話 … 156
11. 巖下放言 … 157
12. 玉壺淸話 … 158
13. 涑水記聞 … 160
14. 夷堅志 … 163
15. 續博物志 … 166
16. 鷄肋編 … 168
17. 過庭錄 … 169
18. 桯史 … 170
19. 齊東野語 … 171
20. 鶴林玉露 … 173
21. 癸辛雜識 … 178
22. 鬼董 … 179
23. 閑窓括異志 … 180
24. 五色線 … 181
25. 睽車志 … 182
26. 江隣幾雜志 … 183
27. 南村輟耕錄 … 184
28. 稗史 … 186
29. 기타 - 嬌紅記·避署錄話 … 187

第4章 明代 作品目錄과 解題 ········· 189

1. 說郛 … 189
2. 山中一夕話 … 191
3. 聘聘傳(娉娉傳) … 193
4. 太原志(太原誌) … 194
5. 廣博物志 … 195
6. 皇明世說新語 … 197
7. 正續太平廣記 … 199
8. 剪燈新話 … 200
9. 剪燈餘話 … 237
10. 覓燈因話 … 239
11. 效顰集 … 241
12. 花影集 … 243
13. 玉壺氷 … 244
14. 稗史彙編 … 248
15. 紅梅記 … 249
16. 西湖遊覽志餘 … 250
17. 亘史 … 254
18. 五雜俎 … 255
19. 智囊補 … 257
20. 野記 … 260
21. 何氏語林 … 261
22. 訓世評話 … 263
23. 鐘離葫蘆 … 265
24. 兩山墨談 … 266
25. 花陣綺言 … 273
26. 情史 … 274
27. 太平淸話 … 277
28. 林居漫錄 … 279
29. 癡婆子傳 … 281
30. 逸史搜奇一百四十家小說 … 282

31. 稗海 … 283
32. 國色天香 … 285
33. 顧氏文房小說 … 288
34. 廣四十家小說 … 288
35. 五朝小說 … 289
36. 古今說海 … 290
37. 漢魏叢書 … 293
38. 獪園志異 … 295
39. 艷異編 … 296
40. 宋人百家小說 … 298
41. 기타-春夢瑣言·虞初志·仙媛傳·富公傳·迪吉錄 … 299

第5章 淸代 作品目錄과 解題 … 303

1. 典故列女傳 … 303
2. 簷曝雜記 … 304
3. 挑燈新錄 … 305
4. 客窓閒話 … 305
5. 續客窓閒話 … 307
6. 夢園叢說(夢園叢記) … 308
7. 見聞隨筆 … 309
8. 遯窟讕言 … 309
9. 耳食錄 … 311
10. 忘忘錄 … 313
11. 景船齋雜記 … 313
12. 無稽讕語 … 314
13. 鸝砭軒質言 … 315
14. 甕牖餘談 … 316
15. 埋憂集 … 316
16. 子不語(新齊諧) … 320
17. 夜譚隨錄 … 322
18. 夜雨秋燈錄(續錄) … 323
19. 燕山外史 … 325
20. 閱微草堂筆記 … 328
21. 灤陽消夏錄 … 330
22. 聊齋志異 … 331
23. 女聊齋誌異 … 337
24. 後聊齋志異(淞隱漫錄) … 338
25. 兩般秋雨庵隨筆 … 339
26. 分甘餘話 … 341
27. 我佛山人箚記小說 … 342
28. 庸閒齋筆記 … 343
29. 虞初新志 … 344
30. 虞初續志 … 346
31. 廣虞初新志 … 347
32. 右台仙館筆記 … 348
33. 里乘 … 349
34. 刪補文苑楂橘 … 351
35. 十一種藏書 … 353
36. 海陬冶遊錄 … 353
37. 諧鐸 … 354
38. 今世說 … 355
39. 茶餘客話 … 357
40. 質直談耳 … 358
41. 壺天錄 … 359
42. 寄園寄所寄 … 360
43. 道聽塗說 … 362
44. 淞南夢影錄 … 363
45. 雨窓記所記 … 364
46. 澆愁集 … 365
47. 粵屑 … 367
48. 因樹屋書影 … 367
49. 螢窓異草 … 369
50. 秋坪新語 … 372

51. 翼駉稗編 … 373	52. 說鈴 … 373
53. 香艷叢書 … 375	54. 坐花誌果 … 375
55. 池北偶談 … 376	56. 歸田瑣記 … 378
57. 浪迹叢談 … 380	
58. 池上草堂筆記(勸戒近錄, 北東園筆錄) … 382	
59. 宋艷 … 383	60. 笑林廣記 … 384
61. 此中人語 … 385	62. 海上群芳譜 … 386
63. 滄海遺珠錄 … 387	64. 秋燈叢話 … 388
65. 閒談消夏錄 … 389	66. 吳門畫舫錄 … 393
67. 秘書二十一種 … 394	68. 說冷話 … 395
69. 三異筆譚 … 396	70. 夢厂雜著 … 398
71. 板橋雜記 … 399	72. 續板橋雜記 … 400
73. 桃溪客語 … 401	74. 多暇錄 … 402
75. 蕉軒邃錄 … 403	76. 北窗囈語 … 404
77. 庸庵筆記 … 405	78. 餘墨偶談 … 405
79. 定香亭筆談 … 406	80. 椒生隨筆 … 407
81. 雪鴻小記 … 408	82. 唐人說薈 … 409

第二部

附　錄 ··· 411

附錄 1. [韓國所見中國文言小說目錄] ············ 413

附錄 2. [中國文言小說 總 目錄] ················ 415

第一部

韓國 所藏 中國文言小說의
版本目錄과 解題
(作品 別)

1 唐代以前 作品目錄과 解題

1. 山海經

중국 고대신화의 寶庫라고 할 수 있는 ≪山海經≫은 아직도 그 작품의 성립연대와 작자문제 등에 대하여 학자들 사이에 異論이 분분하다. ≪山海經≫은 종래 夏禹·伯益이 지은 것이라고 전하지만 신빙성이 거의 없다. 근대 학자들의 고증에 의하면 대략 戰國時代 사람의 손에서 나와 秦·漢代에 증보된 것으로 추정된다. ≪山海經≫은 과거에는 地理書로 간주되었으나 淸代 紀昀은 "신기하고 괴이한 일을 지나치게 이야기하여 백 가지 가운데 하나도 진실된 것이 없다(侈談神怪, 百無一眞)"고 평하면서 "소설의 시조(小說之祖)"라고 했으며, 魯迅은 "옛날의 巫書(古之巫書)"라고 평가하였다.

≪山海經≫의 成立年代에 있어서도 빠르게는 西周初期(BC12세기)에서 늦게는 魏晉時期(AD 3~4세기)까지로 잡아 約 1500년이라는 엄청난 時差를 보여주고 있다. 그러나 여러 상황을 감안하여 종합해보면, ≪山海經≫은 戰國時代에 만들어지기 시작하여 그 후 지속적인 첨삭이 이루어지다가 西漢의 劉歆과 晉代의 郭璞에 의하여 크게 정립된 것으로 보인다. 현재 전해지고 있는 판본 중 가장 보편적으로 보이는 것은 淸代 郝懿行의 ≪山海經箋疏≫本으로, 그 敍文에서 西漢의 劉歆이 ≪山海經≫32권 古本을 18권으로 정리하였고, 그 후 郭璞이 이것에 注를 달았다고 밝히고 있다.

그 내용은 海內外의 산천·지리·神祇·異物 등을 광범위하게 묘사했는데, 그 가운데 고대신화가 매우 풍부하게 실려 있어서 중국의 고대신화를 연구하는 데 가장 중요한 참고자료가 된다. 주석서에는 晉 郭璞의 ≪山海經注≫, 明 吳任臣의 ≪山海經廣注≫, 淸 畢沅의 ≪山海經新校正≫, 郝懿行의 ≪山海經箋疏≫, 近代 袁珂의 ≪山海經校注≫ 등이 있다.

≪山海經≫은 山經(5권)과 海經(13권) 총 18권으로 구성된 책으로 목차는 다음과 같다.

　山經 : 1권 南山經, 2권 西山經, 3권 北山經, 4권 東山經, 5권 中山經.

　海經 : 1권 海外南經, 2권 海外西經, 3권 海外北經, 4권 海外東經, 5권 海內南經, 6권 海內西經, 7권 海內北經, 8권 海內東經, 9권 大荒東經, 10권 大荒南經, 11권 大荒西經, 12권 大荒北經, 13권 海內經으로 구성되었다.

　≪山海經≫의 국내 유입은 대략 삼국시대로 추정되는데 ≪和漢三才圖會≫ 자료를 보면[1], 西紀 284년 이전에 이미 백제에서 일본으로 전해졌다는 사실이 확인된다. 그러기에 국내 유입은 적어도 西紀 284년 이전이라 할 수 있다.

　그러나 이렇게 일찍 유입된 ≪山海經≫에 대한 기록은 후대에는 거의 찾아 볼 수 없다가 조선시대에 와서야 다시 발견된다. ≪山海經≫에 대하여 언급한 서책으로는 ≪太宗實錄≫[2]·≪成宗實錄≫[3]·≪澤堂別集≫[4]·≪靑莊館全書≫[5]·≪陶谷集≫

---

1) 晋 太康 5年, 應神 15年 가을 팔월 丁卯日에 百濟王이 阿直岐란 사람을 보내서 ≪易經≫·≪孝經≫·≪論語≫·≪山海經≫과 良馬 따위를 바쳤다(晉太康五年, 應神十五年(西紀 284년, 百濟古爾王秋八月丁卯, 百濟王遣阿直岐者, 貢≪易經≫·≪孝經≫·≪論語≫·≪山海經≫及良馬). ≪和漢三才圖會≫

2) 史官 金尙直에게 명하여 忠州史庫의 서적을 가져다 바치게 하였는데, ≪小兒巢氏病源候論≫·≪大廣益會玉篇≫·≪鬼谷子≫·≪五藏六賦圖≫·≪新彫保童秘要≫·≪廣濟方≫·陳郎中≪藥名詩≫·≪神農本草圖≫·≪本草要括≫·≪五音指掌圖≫·≪廣韻≫·≪經典釋文≫·≪國語≫·≪爾雅≫·≪白虎通≫·劉向≪說苑≫·≪山海經≫·王叔和≪脈訣口義辯誤≫·≪前定錄≫·≪黃帝素問≫·≪武成王廟讚≫·≪兵要≫·≪前後漢著明論≫·≪桂苑筆耕≫·≪前漢書≫·≪後漢書≫·≪文粹≫·≪文選≫·≪高麗歷代事迹≫·≪新唐書≫·≪神秘集≫·≪冊府元龜≫등의 책이었다. 또 명하여 말하길, "≪神秘集≫은 펴보지 못하게 하고 따로 봉하여 올리라"고 하였다. 임금이 그 책을 보고 말하기를, "이 책에 실린 것은 모두 怪誕하고 不經한 說들이다."하고, 代言 柳思訥에게 명하여 이를 불사르게 하고, 그 나머지는 春秋館에 내려 간직하게 하였다. [太宗實錄 卷24, 太宗12年(1412)8月7日, 己未]

3) 諸道의 관찰사에게 下書하기를, "≪東萊歷代史詳節≫·≪陸賈新語≫·≪楚漢春秋≫·≪唐臣奏議≫·≪魏略≫·≪陳后山集≫·≪韋蘇州集≫·≪司馬溫公集≫·≪司馬先生家範≫·≪太平御覽≫·≪山海經≫·≪唐鑑≫·≪管子≫·≪文苑英華≫·≪文章正印≫》 등의 冊을 道內의 民間에 널리 구하여 올려 보내도록 하라"하였다. [成宗實錄 권237, 21년2월15일, 丁酉]

4) 옛 글에는 괴이한 말이 많은데, 문장이 특별히 기이한 책들은 후세에 전해지는 것 또한 유구하다. ≪楚辭≫·≪山海經≫ 등의 책들이 바로 그것이다. 虞舜이 蒼梧山에서 죽었다는 것을 先儒에서도 또한 변명(반박)한 이가 있었다. 그러나 ≪초사≫가 조금 더 증거 할 만하기 때문에 九疑에 사당을 세웠다고 하였던 고로 천고에 流傳하게 된 것이다. 二女, 斑竹 등 설에 이르러서는 모두 荒誕하여 증거가 없다. 내가 詳考한 바로는 舜이 친히 苗를 정벌하고 洞庭 一帶에

等이 있다.

　가장 오래된 국내 소장본으로는 江原道 江陵市 船橋莊에 1804년 版本과 1809년 版本이 있다. 그 외 國立中央圖書館에는 1809년 出版本으로 삽화가 그려진 판본이 소장되어 있다. ≪山海經≫에 대한 판본은 주로 1800년대 이후에 간행된 책들로 조선 말기에 대거 유입되어 각 도서관에 소장되어진 것으로 추정된다.

書名	出版事項	版式狀況	一般事項	所藏處/所藏番號
山海經	郭璞(晉)傳, 郝懿行(清)箋疏, 淸 嘉慶9年(1804)跋	18卷4冊(卷1~18), 中國木版本, 27×17.3cm, 上下單邊, 左右雙邊, 半郭: 18.2×14.4cm, 有界, 10行24字, 註雙行, 紙質: 竹紙	表題: 山海經箋註, 跋: 嘉慶七年甲子(1804) 二月廿八日棲霞郝懿行撰	江原道 江陵市 船橋莊
山海經	郭璞(晉)傳, 郝懿行(清), 箋疏(1809)	山海經18卷, 圖讚1卷, 經訂譌1卷, 合20卷4冊, 中國木版本, 27.5×17.5cm	箋疏序: 嘉慶十四年(1809)… (清)阮元, :嘉慶九年(1804) …(清)郝懿行	國立中央圖書館 [古] 2816-4
山海經	郭璞(晉)傳, 郝懿行(清)箋疏, 淸 嘉慶14年(1809)序	8卷4冊(卷1~8), 中國木版本, 27.2×17.4cm, 上下單邊, 左右雙邊, 半郭: 18.4×14.5cm, 有界, 10行24字, 紙質: 竹紙	序: 嘉慶十四年(1809) 夏四月揚州院元序, 跋: 嘉慶七年甲子(1804) 二月廿八日棲霞郝懿行撰, 附錄: 山海經圖讚, 山海經訂譌	江原道 江陵市 船橋莊
山海經	郭璞(晉)撰, 郝懿行(清)箋疏, 淸 光緒7年(1881)刊	18卷4冊, 中國木版本, 24.5×16cm, 上下單邊, 左右單邊, 半郭: 18.4×14.4cm, 有界, 10行24字, 紙質: 竹紙	刊記: 上諭光緒七年(1881) 十二月二十四日內閣奉上諭前 據順天府府尹游百川呈進已	釜山大學校 2-11-18

　　까지 교화를 하였는데, 蠻夷가 舜을 追慕하여 香을 올리려 사당을 만들었던 것이다. 楚나라 풍속에는 더 황탄하여 "舜이 죽던 해에 舜이 실로 荊楚에 있었다"라고 하는데, 이것은 (舜이) 근처에 왔던 자취에다가 보태고 부연하여 바꾼 것이다. 일찍이 한 말을 보니 "嶺南 桂州에 漢高祖의 사당이 있고 그 앞에 큰 내가 있는데 본 이름은 流桂川이고, 양쪽 언덕에는 모두 계수나무여서 꽃과 잎이 모두 물에 떨어져 섞여 흐르기 때문에 이름한 것이라고 한다. 그러나 이것은 劉季의 이름에서 잘못 오류가 생겨 사당을 세우기에 이르렀다"고 한다. 남방의 잡신을 모시는 사당 가운데 이와 같은 유형이 심히 많다. 九疑의 사당이 무엇이 괴이한 바가 있겠는가! [澤堂別集, 卷15-22](한국의 사상대전집 권19, 雜著[散錄], 동화출판사)

5) 猉와 獜 두 글자는 스스로 따로 뜻이 있다. 상고하건대 集韻에, "汝南지방에서는 강아지를 猉라고 한다"고 하였고 說文에는 "獜은 健이다"라고 하였다. 그리고 ≪山海經≫에는 "依軹山에 짐승이 있는데 형상은 개와 같고 범의 발톱에 甲이 있는데 이름을 獜이라 한다"라고 하였다. [靑莊館全書, 卷56, 盎葉記3, (고전국역총서9, 131쪽)]

書名	出版事項	版式狀況	一般事項	所藏處/所藏番號
山海經	郭璞(晉)傳, 吳志伊(淸)註, 掃葉山房, 淸 光緒10年(1884)刊	4卷4冊, 中國木版本, 24×15.5cm, 四周單邊, 半郭: 19×13.8cm, 有界, 9行20字, 註雙行, 上下向黑魚尾, 紙質: 竹紙	版心題: 南山經, 原序: 晉記室修軍郭璞景純撰, 後序: 光緒甲申年(1884) 小春月吳縣孫谿逸士校於掃葉山房, 刊記: 繪圖廣注晉記室參軍郭璞撰, 所藏印: 安鍾和章	忠南大學校
山海經	郭璞(晉)傳, 吳志伊(淸)註, 刊寫地未詳, 刊寫者未詳, 光緒10年(1884)序	4卷4冊(卷1~4), 中國木版本, 有圖, 24×15.3cm, 四周單邊, 半郭: 18.9×14.5cm, 有界, 9行20字, 註雙行, 上下向黑魚尾	目錄題: 山海經廣注, 標題: 繪圖廣注山海經, 原序: 晉記室參軍郭璞景純撰, 重修後序: 光緒甲申年(1884) 小春月吳縣孫谿逸士校於掃葉山房, 重修後序: 大唐翰林侍讀學士國子祭酒成都楊愼序於錦江浣溪書屋	東亞大學校 (3):12:2-20
山海經	敦璞 撰, 吳氣伊 註, 刊寫地未詳, 掃葉山房, 1884	4卷4冊, 中國石印本, 有圖, 23.5×15.4cm, 四周雙邊, 半郭: 20×14.1cm, 有界, 9行20字, 註雙行, 上下向黑魚尾	書名: 卷首題, 序題: 山海經原序, 序題: 重修山海經注後序 版心題: 山海經, 表題: 山海經(一), 註: 吳氣伊, 序: 光緒甲申年小春月吳顯孫谿逸士校於掃葉山房, 原序: 晉記室參軍郭璞撰	東國大學校 D981.2-곽41, v.1/v.2 v.3/v.4
山海經	郭璞(晉)撰, 吳志伊(淸)註, 上海 掃葉山房, 1884	4卷4冊, 中國木版本, 有圖(74圖), 24.2×15.5cm, 四周單邊, 半郭: 19.1×13.8cm, 有界, 9行20字, 註雙行, 上下向黑魚尾	卷頭, 序: 郭璞 重修山海經注後序: 光緒甲申(1884)…孫谿, 目錄, 標題紙: 繪圖廣注山海經 晉記室參軍郭璞撰 掃葉山房藏版	嶺南大學校 南齋文庫 古南823.5-곽박
山海經	郭璞(晉)注, 刊寫地未詳, 制江書局, 光緒 3年(1877)	18卷3冊, 中國木版本, 25×15.4cm	刊記: 光緒三年(1877) 制江書局, 據畢氏靈巖山館本校刻. 序: 乾隆四十六年(1781) …畢沅(淸)	國立中央圖書館 BA2816-12
山海經	郭璞(晉)傳, 頂帶(淸)校, 光緒3年(1877), 浙江書局刻	18卷3冊, 中國木版本, 上下單邊, 匡郭: 18×13.5cm, 有界, 9行21字, 上黑魚尾	刊記: 光緒三年(1877) 浙江書局刻	延世大學校 915.2
山海經	畢沅(淸)校正, 浙江書局, 刊寫者未詳, 淸,	18卷3冊, 中國木版本, 24×19.7cm, 左右雙邊, 半郭: 18×12.5cm, 有界,	序: 乾隆四十六年(1781) 九月九日兵部侍郎兼都察院右副都御史巡撫陝西西安等處地	成均館大學校 D7C-32

第1章 唐代以前 作品目錄과 解題 31

書名	出版事項	版式狀況	一般事項	所藏處/所藏番號
	光緒3年(1877)刻, 後刷	9行21字, 註雙行, 上黑魚尾, 紙質: 竹紙	方贊理軍務兼理糧餉欽賜一品頂帶畢沅撰, 刊記: 光緒三年(1877)浙江書局據畢氏靈巖山館本校刻	
山海經	郭璞(晉)傳, 刊寫地未詳, 制江書局, 光緒3年(1877)	18卷3册(1匣), 中國木版本, 24×15.2cm, 上下單邊, 左右雙邊, 半郭: 18.2×12.3cm, 有界, 9行21字, 註雙行, 上下向黑魚尾	刊記: 光緒三(1877)年制江書局據畢氏靈巖山館本校刻, 序: 乾隆四十六年(1782)…, 後序: 乾隆四十八年癸未(1784)…	慶尙大學校 古(춘추) D3B 곽41ㅅ v.1-3
山海經	郭璞(晉)傳, 中國, 刊寫者未詳, 光緒23年(1897)	18卷1册(卷1~18), 中國石印本, 20.1×13.3cm, 四周單邊, 半郭: 15.5×10.8cm, 有界, 13行40字, 註雙行, 內向黑魚尾		檀國大學校 죽전퇴계기념圖書館 398.20953-곽964ㅅ
山海經	富田溪仙(日本)畵, 京都, 燕巢樓, 明治45年(1912)	37折1帖, 日本寫眞版本, 25.6×16.2cm		國立中央圖書館 [古]9-62-가]152
山海經	郭璞(晉)傳, 中華1年(1912)刊	18卷2册, 中國木版本, 26.2×17cm, 四周雙邊, 半郭: 18.8×14cm, 有界, 12行24字, 註雙行, 大黑口, 內向黑魚尾, 紙質: 竹紙	刊記: 中華民國元年(1912), 所藏印: 邊時淵印	全羅南道 長城郡 邊時淵 (변주승)
山海經	郭璞(晉)傳, 刊寫地未詳, 鄂官書處, 民國元年(1912)	18卷2册(卷1~18), 中國木版本, 26.1×17cm, 四周雙邊, 半郭: 18.2×13.7cm, 有界, 12行24字, 小字雙行, 大黑口, 下內向黑魚尾	刊記: 中華民國元年鄂官書處重刊	慶熙大學校 915.2-곽42ㅅ
山海經	郭璞 撰, 大阪, 前川大榮堂, 刊寫年未詳	18卷7册(卷1-18), 日本木版本, 有圖, 25.1×17.8cm, 四周雙邊, 半郭: 19.4×13.4cm, 無界, 9行20字, 註雙行, 上白魚尾	序: 楊愼	國立中央圖書館 古6-50-9
山海經	郭璞(晉)傳	18卷4册, 中國木版本, 四周單邊, 匡郭: 19×14.5cm, 有界, 9行20字, 上黑魚尾		延世大學校 915.2
山海經	郭璞(晉)傳, 吳志伊(淸)註, 掃葉山房藏板	4卷4册, 中國木版本, 四周單邊, 匡郭: 19×14cm, 有界, 9行20字, 上黑魚尾	序: 郭璞	延世大學校 (默容室文庫)915.2
山海經	郭璞(晉)撰	18卷4册, 木版本, 四周雙邊, 匡郭: 19×14.5cm, 有界, 9行20字, 上黑魚尾	序: 郭璞	延世大學校 (李源喆文庫)
山海經	郭璞(晉)傳, 吳任臣(中)註,	不分卷1册(34張), 韓國筆寫本, 25.8×16.3cm, 無界, 10行25字,		東國大學校 D819.32

書名	出版事項	版式狀況	一般事項	所藏處/所藏番號
	刊寫者未詳, 朝鮮朝後期寫	註雙行, 紙質: 楮紙		곽41ㅅ
山海經	刊寫地未詳, 刊寫者未詳, 刊寫年未詳	1冊, 筆寫本, 23.5×15㎝		韓國國學振興院
山海經	郭璞(晉)傳, 朝鮮朝後期寫	2卷2冊, 筆寫本, 26.9×17.9㎝, 四周單邊, 半郭: 21×14.8㎝, 烏絲欄, 10行21字, 註雙行, 紙質: 楮紙		蔚珍郡 崔震箕
山海經	郭璞(晉)傳, 刊年未詳	18卷2冊, 木版本, 24.7×15.6㎝, 四周單邊, 半郭: 18×13.2㎝, 11行21字, 上黑魚尾	序: 晉記室參軍郭璞撰 版心題: 槐蔭草堂藏版	韓國學中央研究院 D7C-25
山海經	郭璞(晉)撰, 吳中衍(明)校, 刊寫地, 刊寫者, 刊寫年未詳	18卷1冊(99張), 筆寫本, 18.5×15.3㎝, 無界, 11行27字	表題: 山海經抄, 序: 康熙6年(1667)…吳任臣	檀國大學校 천안율곡기념 圖書館 秋汀文庫[고] 912.53-곽964ㅅ
山海經	畢沅 撰, 刊寫地未詳, 隆文書局, 刊寫年未詳	18卷4冊(卷1~18), 中國石印本, 20.3×13.3㎝	刊記: 甲子年春三月隆文書局石印	慶熙大學校 915.2-필66ㅅ
山海經		1冊(67張), 筆寫本, 29.5×18㎝, 行字數不同	漢文, 行書	평산신씨 판서공파 종택, 韓國國學振興院 수탁KS, 0213-1-01 -00013
山海經箋疏	郝懿行(淸)箋疏, 上海, 還讀樓, 淸 光緖12年(1886)刊	20卷4冊, 中國木版本, 27.5×17㎝, 四周雙邊, 半郭: 18×13.5㎝, 有界, 24行10字, 註雙行, 上黑魚尾, 紙質: 竹紙	書名: 裏題에 依함, 序: 光緖第一丙戌(1886) 五月上浣海上蔡爾康, 刊記: 光緖十二年(1886) 六月下旬上海, 還讀樓校刊印行, 所藏印: 唐城后人	成均館大學校 D7C-35
山海經釋義	郭璞(晉)著傳, 王崇慶(明)釋義, 董漢儒(明)校訂, 淸 康熙28年(1689)	18卷6冊, 中國木版本, 有圖 25.4×16㎝, 四周單邊, 半郭: 22.2×13.8㎝, 有界, 9行19字, 註雙行, 上黑魚尾, 紙質: 竹紙	裏題: 山海經廣註, 版心題: 註釋山海經, 序: 歲王正 晉陵後學蔣一葵識於堯山堂序, 跋: 萬曆己未(1619) 歲春月之吉戱生明龍巖山人온?郡趙維垣書, 刊記: 康熙己巳 (1689) 新鐫玉堂重梓, 印: 李王家圖書之章	韓國學中央 研究院 4-224

第1章 唐代以前 作品目錄과 解題　33

書 名	出版事項	版式狀況	一般事項	所藏處/所藏番號
繪圖廣注山海經	吳志伊 註, 掃葉山房, 淸 光緒10年(1884)刊	4卷4冊, 中國木版本, 有圖, 24×15.5㎝, 四周單邊, 半郭: 20×13.5㎝, 有界, 9行20字, 註雙行, 上黑魚尾, 紙質: 竹紙	序: 光緒甲申年(1884) 小春月吳縣孫豀逸土校於掃葉山房, 刊記: 掃葉山房藏板	成均館大學校 D7C-33
山海經圖說	畢沅(淸)校正, 圖書集書局, 淸 光緒23年(1897)刊	18卷4冊, 中國石印本, 19.8×13.3㎝, 四周單邊, 半郭: 15.6×11.1㎝, 有界, 13行40字, 註雙行, 內向黑魚尾, 紙質: 竹紙	刊記: 光緒二十三年(1897) 圖書集成局印	成均館大學校 (曹元錫) D7C-34a
山海經箋疏圖說	郭璞 傳, 畢沅 校, 上海, 圖書集成局, 光緒23年(1897)	18卷4冊, 中國木版本, 18.7×12.5㎝, 四周單邊, 半郭: 15.4×10.6㎝, 有界, 13行40字, 內向黑魚尾		國立中央圖書館 BA750-2
山海經圖讚	郭璞(晉)著, 中華1年(1912)刊	1冊, 中國木版本, 26.2×17㎝, 四周雙邊, 半郭: 18.8×14㎝, 有界, 12行24字, 註雙行, 大黑口, 內向黑魚尾, 紙質: 竹紙	題簽: 山海經, 刊記: 中華民國元年(1912), 所藏印: 邊時淵印, 合綴: 山海經補註	全南 長城郡 邊時淵 (변주승)
山海經補註	楊愼 撰, 刊寫地未詳, 鄂官書處, 民國元年(1912)	1冊, 中國木版本, 26.1×17㎝, 四周雙邊, 半郭: 18.2×13.7㎝, 有界, 12行24字, 小字雙行, 大黑口, 上下內向黑魚尾	刊記: 中華民國元年 鄂官書處重刊	慶熙大學校 915.2-양58ㅅ
山海經圖說	畢沅(淸)校正, 上海 會文堂, 1917	4冊, 20×13㎝, 四周單邊, 半郭: 17×11㎝, 有界, 16行40字, 註雙行, 上黑魚尾	序: 畢沅撰, 刊記: 丁巳(1917)冬上海, 會文堂書局印行	忠北大學校 219.12-ㅅ182
山海經文	郭璞 註釋, 刊寫地未詳, 刊寫者未詳, 刊寫年未詳	45張, 筆寫本, 31.7×21㎝	山海經圖序…楊愼	國立中央圖書館 古朝50-131
山海經廣註	郭璞(晉)傳, 吳任臣(淸)註, 刊年未詳	18卷4冊(卷首1冊包含), 木版本, 有圖, 24.8×15.5㎝, 四周雙邊, 半郭: 18.8×12.8㎝, 9行22字	表紙書名: 山海經, 標題紙書名: 增補繪像山海經廣註, 序: 時康熙歲次丁未(1667)… 仁和紫紹炳撰, 康熙五年柔兆敦牂(丙午1666)…仁和吳任臣撰, 藏版記: 崇義書院藏版, 印: [藕齋] [閔栽基印]	韓國學中央研究院 [霞]・ D7C-42
山海經廣註	刊寫地未詳, 刊寫者未詳, 刊寫年未詳	1冊, 筆寫本, 31.5×21㎝		韓國國學振興院

34 第一部　韓國 所藏 中國文言小說의 版本目錄과 解題(作品 別)

書名	出版事項	版式狀況	一般事項	所藏處/所藏番號
山海經廣註		5卷1冊(67張), 筆寫本, 24×14.7㎝, 8行24字, 註雙行	漢文, 楷書, 內容: 南山經, 西山經, 北山經, 東山經, 中産經	개성고씨 월봉종택 韓國國學振興院 수탁KS0327-1-03-00018
山海經廣註	郭璞 傳, 吳任臣 註	1冊(1冊65張), 筆寫本, 35.8×21.7㎝, 12行24字, 註雙行	漢文, 楷書, 序: 王嗣槐(1666), 郭璞	영양남씨 영해 시암고택 韓國國學振興院 수탁KS0356-1-03-00010
山海經廣註		1冊, 筆寫本, 31.5×21㎝		풍산류씨하회마을 화경당, 韓國國學振興院수탁 KS03-3038-10632-00632
山海經抄(并儒胥必知)	抄者未詳, 朝鮮朝後期寫	1冊(66張), 筆寫本, 28.7×18.9㎝, 10行33字, 註雙行, 紙質: 楮紙	表紙墨書識記: 己巳(1809~1867)蘭月書于里中社, 合綴: 儒胥必知[編者未詳]	誠庵文庫 4-1415
山海經廣注	郭璞(晉)撰	零本2冊(卷5-8, 15-18), 中國木版本, 上下單邊, 匡郭: 20×13㎝, 有界, 9行22字, 無魚尾		延世大學校 (庸齋文庫) 915.2
山海經要抄畧	庚戌(?)寫	1冊(178張), 筆寫本, 20.7×19.3㎝, 無界, 10行20字, 註雙行, 紙質: 楮紙	表題: 山海經, 寫記: 庚戌(?)元月	慶星大學校
山海經廣註雜述	吳志伊(淸)註, 朝鮮朝末期寫	不分卷1冊, 筆寫本, 29×17.8㎝, 10行23字, 註雙行, 紙質: 楮紙	序: 康熙五年(1666) 仲冬朔旦錢塘王嗣槐譔	成均館大學校 (晩溪) D7C-191
繪圖 山海經	郭璞 編, 서울, 刊寫者未詳, 19--	卷(1-4), 21.1×13.4㎝		大邱카톨릭大學校 동981.2-곽41ㅎ
繪圖 山海經	畢沅 編, 上海, 회문당서국, 19--	卷(1-4), 21.1×13.4㎝		大邱카톨릭大學校 동981.2-곽41ㅎ
山海經廣註	郭璞(晉)註	8卷3冊, 中國木版本, 有圖, 22.3×14.5	山海經圖序…楊愼	忠北大學校 981.2-ㄱ435ㅅ

2. 穆天子傳

≪穆天子傳≫은 魏나라 무렵의 작품으로 작가는 未詳이다. 西晉 때 汲縣의 不準이라는 자가 晉의 太康 2年(281)에 전국시대 魏 襄王의 묘를 도굴하다가 발견한 유명한 고문서 ≪汲冢周書≫의 하나이다. 竹簡으로 기록되어 있으며, 문자는 篆書보다 오래 된 것이었는데, 발견 당시 5권이었던 것을 荀勗 등이 雜書 19편 중 〈周穆王美人盛姬死事〉를 합쳐 6권으로 정리하고 今體文字로 바꾸고 題名도 붙였다. 완본이 아니며 앞부분과 뒷부분이 남아 있지 않다.

≪穆天子傳≫은 역사와 신화전설을 바탕으로 하여 적당한 허구와 과장을 가미한 일종의 역사소설이라 할 수 있는데, 그 가운데 八駿馬와 西王母에 관한 고사는 중국 고대신화에 속하는 내용이다.

≪山海經≫에 나오는 西王母는 괴수의 형상에 가까운데 비해 ≪穆天子傳≫에 묘사된 서왕모는 인간화된 흔적이 뚜렷하여, ≪穆天子傳≫이 ≪山海經≫보다 뒤에 창작된 것으로 보인다. 校注書에는 晉 郭璞의 注와 淸 黃丕烈의 ≪穆天子傳校≫ 등이 있다.

모두 6권으로 되어 있는데 앞의 5권은 周 穆王이 八駿馬를 타고 西征하는 일을 묘사한 것으로 〈周王遊行記〉 또는 〈周王傳〉이라고도 하며, 뒤의 1권은 도중에 盛姬가 죽자 돌아가 장례 치른 일을 기록한 것으로 〈盛姬錄〉이라고도 한다. ≪山海經≫보다는 내용이 더 구체적이며 상세하다. 여행 중의 기이한 것들에 대한 묘사, 왕의 심리 묘사 등이 이야기 형식으로 서술되어 있고, 특히 주목왕이 서왕모를 방문하여 노래로 和答하면서 서로의 애정을 확인하고 이별을 슬퍼하는 장면은 ≪穆天子傳≫의 문학성을 한결 드러나게 한다.[6]

국내 유입과 관련된 기록은 찾을 수 없으나 고려시대 崔致遠(857~?)의 ≪桂苑筆耕集≫에서 인용된 흔적을 찾을 수 있다. ≪穆天子傳≫ 卷3 〈古文〉에서 서술한 "瑤池"를 인용한 부분이 나오는데 "瑤池"는 崑崙山 꼭대기에 있다는 신화 속의 연못 이름으로 선녀인 西王母가 周 穆王을 영접하여 이곳에서 연회를 베풀었다는 전설이 전해 온다.

국내 소장된 가장 이른 판본으로는 서울大學校 中央圖書館에 1647년판 木版本 ≪

---

[6] 郭璞 注, 송정화 譯註, ≪穆天子傳≫, 살림, 1997, 21쪽.

穆天子傳≫과 출판 시기를 알 수 없는 목판본 두 종류가 소장되어 있다. 國立中央圖書館에는 일본에서 출간한 1747년 목판본이 있으며, 全北大學校에는 이들보다 뒤에 간행된 것으로 보이는 ≪穆天子傳≫ 石印本이 소장되어 있다. 이 외에도 韓國學中央研究院, 慶北大學校, 玩樹文庫에 시대를 알 수 없는 筆寫本들이 각각 소장되어 있다.

書名	出版事項	版式狀況	一般事項	所藏處/所藏番號
穆天子傳	郭璞(晉)撰, 陶珽(明)重輯, 姚安(淸), 宛委山堂, 順治4年(1647)	1册, 木版本, 26×16.8cm, 上下單邊, 左右雙邊, 半郭: 19.2×13.4cm, 有界, 9行20字 註雙行, 上花口, 上下向白魚尾		서울大 中央圖書館 0230-73-138
穆天子傳	郭璞(晉)註, 程榮(明)校刊, 中國, 程榮, 刊寫年未詳	6卷1册(35張), 木版本, 26.4×17.4cm, 上下單邊, 左右雙邊, 半郭: 19.9×13.4cm, 有界, 9行20字 註雙行, 花口, 上下向白魚尾	序: 萬曆壬辰(1592)…屠隆序: 至正十年(1350)…王漸序: 郭璞, 刊記: 錢塘郭志學寫, 裝幀: 黃色表紙黃絲四綴	서울大 中央圖書館 0230-15-22
穆天子傳	郭璞(晉)註, 汪明際(晉)訂, 刊寫地未詳, 刊寫者未詳, 延享4年(1747)	1册, 木版本(日本), 27×18.2cm	刊記: 延享四年丁卯(1747) 五月吉旦田中市兵衛梓行 跋: 延享丁卯(1747)…(日)芥換彦章, 序: 時至正十年歲在庚寅(1350)…(元)王漸,	國立中央圖書館 古6-45-93
穆天子傳	郭璞(晉)傳, 洪頤煊(淸)校, 鄭國勳(中國)輯, 中國, 龍谿精舍, 刊寫年未詳	6卷1册, 木版本, 27.3×17.2cm, 上下單邊, 左右雙邊, 半郭: 17×12.7cm, 有界, 10行21字 註雙行, 花口, 上下向黑魚尾	刊記: 龍谿精舍校刊, 舊序: 至正十年(1350)…王漸, 序: 荀勖, 校正序: 嘉經庚年(1820)…洪頤煊, 刊記: 丁巳(1917)夏五潮陽鄭氏用孫氏平律食官本刻	서울大 中央圖書館 0230-29-15
穆天子傳	荀勖(晉)撰, 郭璞(晉)註, 上海, 天一閣, 刊寫年未詳	6卷1册, 石版本, 20×13.2cm, 四周單邊, 半郭: 13.6×9.8cm, 有界, 9行18字, 註雙行, 紙質: 北黃紙	序: 至正十年(1350) 庚寅王漸玄翰序	全南大學校 3Q2-목813ㅅ
穆天子傳	郭璞(晉)註, 寫年未詳	6卷1册, 筆寫本, 27×18cm, 四周雙邊, 半郭: 19.3×14.5cm, 烏絲欄, 12行20字, 註雙行, 內向三葉花紋魚尾, 紙質: 楮紙	印: 李王家圖書之章	韓國學中央研究院 4-6881
穆天子傳	郭璞 註, 刊寫事項不明	1册, 筆寫本, 20.7×13cm, 無界, 行字數不定, 無魚尾	表題: 齊諧	慶北大學校 [古]812.15 목813

書名	出版事項	版式狀況	一般事項	所藏處/所藏番號
穆天子傳	郭璞(晉)註, 朝鮮朝後期寫	6卷1冊(15張), 筆寫本, 25.3×19cm, 16行字數不定, 紙質: 楮紙	序: 南臺都事海岱劉貞幹舊藏是書懼其無傳暇日稍加讎校…命金陵學官重刊…予題其篇端云時至正十年(1350)歲在庚寅春二月二十七日壬子北嶽王漸玄翰序	玩樹文庫 4-191
覆校穆天子傳	郭璞(晉)注, 掖城(淸), 五經歲編齋, 道光10(1830)序	6卷1冊(卷1-6), 木版本, 26.4×15.4cm, 上下單邊, 左右雙邊, 半郭: 16.2×10.1cm, 有界, 10行25字 註雙行, 小黑口, 上下向黑魚尾	五經歲編齋三種, 序題: 穆天子傳, 序: 道光十年(1830)夏五月, 東萊翟云升書於五經歲編齋, 序: 荀勖序, 序: 至正十年(1350)歲在庚寅春二月二十七日壬子北岳王漸元翰序	서울大 中央圖書館 0230-34-1

3. 燕丹子

현존하는 문언소설 중 가장 오래된 작품으로 추정되는 ≪燕丹子≫는 漢代의 小說로 작가는 밝혀져 있지 않다. ≪隋書≫〈經籍志〉 小說家類에 1卷으로 기록되어 있고, 原註에 "丹은 燕王 喜의 太子이다(丹, 燕王喜太子)"라고 되어있다. 또 ≪舊唐書≫〈經籍志〉에는 3卷으로 되어있는데, 燕나라 太子가 撰하였다고 기록되어 있으나 명확한 근거는 없다. ≪永樂大典≫卷4908에 1권으로 실려 있고, ≪四庫全書≫小說家類에 ≪燕丹子≫3卷이 포함되어 있다. 淸代 孫星衍(1753~1818)은 紀昀에게서 받은 필사본을 바탕으로 교감을 가하여 ≪岱南閣叢書≫·≪問經堂叢書≫·≪平津館叢書≫[7] 등에 실었다.[8]

≪燕丹子≫가 쓰여진 시기에 대해서는 ≪文獻通考≫〈經籍考〉·≪周氏涉筆≫·宋濂≪諸子辨≫·周中孚≪鄭堂讀書記≫·孫星衍≪燕丹子敍≫·魯迅≪中國小說史略≫에 모두 秦漢의 책이라고 기록되어 있고, 胡應麟의 ≪少室山房筆叢·四部正訛下≫와 ≪四庫全書總目提要≫에서는 東漢 이후의 작품이라고 되어 있다.

---

7) 이들 각 판본에는 孫星衍의 ≪燕丹子敍≫가 보인다.
8) 寧稼雨, ≪中國文言小說總目提要≫, 齊魯書社, 1996, 28~29쪽.

≪燕丹子≫의 내용은 秦에 인질로 잡혀 있던 燕나라 丹이 구사일생 살아 고국으로 돌아와 秦王에게 당한 치욕을 갚고자 자객을 키우고, 荊軻가 樊於期 장군의 목을 들고 진나라로 들어가 진왕을 암살하려다 결국 실패로 끝나고 만다는 이야기를 담고 있다.

≪燕丹子≫가 국내에 유입된 시기는 조선시대인 것으로 추정한다. 물론 고려시대에도 유입되었을 가능성이 있으나 유입 근거 자료가 없다. 국내 소장된 판본은 총 세 종류가 남아있다. 가장 오래된 판본으로는 서울大學校 中央圖書館에 소장되어 있는 孫馮翼이 編한 ≪燕丹子≫로, 이것은 孫星衍이 紀昀에게서 받은 필사본을 근거로 교감하여 1802년에 問經堂에서 叢書로 간행한 것이다. 孫馮翼은 孫星衍의 조카로 같이 책 간행에 관여한 듯하다. 모두 3권 1책으로 되어 있으며, 목판본이다.

全羅南道 長城郡 邊時淵(근래 아들 변주승이 소장)이 소장한 ≪燕丹子≫는 1912년에 목판본으로 간행된 것이다. 1冊으로 되어 있는데, 1806년 孫星衍이 撰한 平津館叢書에서 ≪燕丹子≫·≪玉泉子≫·≪金華子≫를 뽑아 합본하였다.

단국대 퇴계기념관에 소장되어 있는 ≪燕丹子≫는 비록 연대는 확실하지 않지만 상해 中華書局에서 간행한 것으로 보아 清末 혹은 民國 初期의 것으로 추정된다.

書名	出版事項	版式狀況	一般事項	所藏處/所藏番號
燕丹子	孫馮翼(清)編, 金陵, 問經堂, 嘉慶7年(1802)	3卷1册(卷上, 中, 下), 木版本, 27.3×17.2cm, 上下單邊, 左右雙邊, 半郭: 17.9×14cm, 有界, 12行24字, 註雙行, 大黑口, 上下內向黑魚尾	序: 孫星衍, 自序: 孫馮翼 刊記: 嘉慶七年(1802) 九月問經堂刊藏本, 淮南萬畢術/劉安(漢)撰, 孫馮翼(清)輯 許慎淮南子注/許慎(漢)注, 孫馮翼(清)輯	서울大 中央圖書館 0230-58-15
燕丹子	太丹子(燕)著, 中華1年(1912)刊	1册, 中國木版本, 26.2×17cm, 四周雙邊, 半郭: 18.8×14cm, 有界, 12行24字, 註雙行, 大黑口, 內向黑魚尾, 紙質: 竹紙	序: 嘉慶十一年(1806) 正月望後四日陽湖孫星衍(清)撰 于安德使署之平津館, 刊記: 中華民國元年(1912), 所藏印: 邊時淵印, 合綴: 玉泉子, 金華子 劉崇遠(南唐)著	全南 長城郡 邊時淵 (변주승)
燕丹子	孫星衍(清)校, 上海, 中華書局	2卷1册, 20.5×13.2cm		檀國大學校 죽전퇴계圖書館 고991.2-연655

4. 神異經

　　≪神異經≫은 漢代小說로 ≪隋書≫〈經籍志〉 史部 地理類에 1卷, ≪舊唐書≫〈經籍志〉, ≪新唐書≫〈藝文志〉에 2卷으로 기록되어 있다. ≪隋書≫〈經籍志〉에는 東方朔이 撰하였고, 晉 張華가 注를 달았다고 전해지나, 부정하는 이들도 많다. 陳振孫의 ≪直齋書錄解題≫에서도 이 책을 부정하였고, ≪漢書≫〈東方朔傳〉에도 이 책에 대한 언급이 없으며, ≪晉書≫〈張華本傳〉에도 張華가 ≪神異經≫에 주를 달았다는 언급이 없다. 이런 이유로 紀昀은 ≪四庫全書總目提要≫에서 '東方朔撰說'을 부정하고 있다.[9] 하지만 ≪隋書≫〈經籍志〉에 東方朔撰이라고 기록된 것으로 보아 적어도 隋 이전에 가탁된 것으로 추정할 수 있다.

　　≪神異經≫은 ≪山海經≫의 영향을 받은 것으로 보인다. 인간이 갈 수 없는 변방의 진기한 이야기 및 인간과 귀신 간의 자유로운 왕래, 신선들의 화려한 낙원, 西王母와 東王公의 아름다운 만남 등의 고사가 수록되어 있다. 하지만 비록 ≪山海經≫의 체제를 모방했지만 음양오행설과 팔괘에 입각한 독특한 체제를 취하였고, 道敎說話의 색채를 띤 새로운 意境을 만들어내어, 奇人 동방삭의 풍자정신이 잘 반영되어 있다.[10]

　　국내 최초의 기록은 高麗 末의 학자인 李穡(1328~1396)의 ≪牧隱集≫[11]에 보인다. 〈목은시고〉 제21권에 있는 詩에서 "火有鼠兮氷有蠶" 라는 구절이 나오는데, 이 말은 ≪神異經≫과 ≪拾遺記≫에 나온 말을 인용한 것이다.[12] 이런 구절 외에도 조선시대 문인들의 문집에서 ≪神異經≫의 내용을 인용한 문구들이 보인다.[13] 때문에 국내 유입

---

9) 김지선, 〈神異經試論 및 譯註〉, 이화여자대학교 석사논문, 1993, 12~14쪽 참조.
10) 東方朔 著, 김지선 譯註, ≪神異經≫, 살림, 1997, 211쪽.
11) 고려 말·조선 초의 학자·정치가 李穡의 시문집. 55권 24책. 목판본. 1404년(태종 4) 아들 宗善에 의해 간행되었다.
12) ≪神異經≫에 의하면, 南荒 밖에는 火山이 있어 暴風 猛雨에도 불이 꺼지지 않는데, 그 불속에는 무게가 10근, 털의 길이가 2척이나 되는 큰 쥐가 사는바, 그 털이 마치 실처럼 가늘어서 베를 짤 수가 있다고 하며, ≪拾遺記≫에 의하면, 員嶠山에는 氷蠶이 있어 霜雪로 덮어 놓으면 길이가 1척이나 되는 누에고치를 짓는데, 이것으로 文錦을 짜 놓으면 물에 들어가도 젖지 않고 불에 들어가도 타지 않는다. "火有鼠兮氷有蠶"라는 구절은 이 고사들에서 나온 말이다(한국고전종합 DB db.itkc.or.kr 〈牧隱集〉 목은시고 제21권 詩)
13) 金昌協의 ≪農巖集≫, 徐居正의 ≪四佳集≫, 申欽의 ≪象村集≫, 朴世堂의 ≪西溪集≫, 李瀷의 ≪星湖僿說≫, 朴趾源의 ≪燕巖集≫, 李圭景의 ≪五洲衍文長箋散稿≫, 李荇의 ≪容齋

된 시기는 高麗 末에서 朝鮮初期로 추정할 수가 있다.

국내에 소장된 가장 오래된 판본으로는 國立中央圖書館에 소장된 ≪神異經≫ 판본이다. 이 판본은 간기에 '貞享五歲'라고 기록된 것으로 보아 貞享 5年(1688)에 간행된 일본 판본임을 알 수 있으며, 注目해 볼 가치가 있는 책으로 사료된다.

그 외에 慶熙大學校와 全羅南道 長城郡 邊時淵이 소장한 1912년 판본이 있지만 그 가치는 그리 크다고 볼 수 없다. 이 밖에 啓明大學校에는 年度未詳의 ≪神異經≫ 필사본이 소장되어 있으며, 서울大學校 中央圖書館에는 年度未詳의 木版本이 소장되어 있다.

書名	出版事項	版式狀況	一般事項	所藏處/所藏番號
神異經	東方朔著, 刊寫地未詳, 刊寫者未詳, 貞享5年(1688)	1卷1册, 26.7×17.2cm	刊記: 貞享五歲(1688) 初夏日中村孫兵衛梓	國立中央圖書館 [古]BA古5-80-24
神異經	編著者未詳, 刊年未詳	1册, 筆寫本, 25×14.9cm, 四周無邊, 無界, 12行字數不定, 註雙行		啓明大學校 이812.8신이경
神異經	東方朔(漢)著, 程榮(明)校刊, 中國, 程榮, 刊寫年未詳	1册(11張), 中國木版本, 26.4×17.4cm, 上下單邊, 左右雙邊, 半郭: 16.6×11.9cm	序: 萬曆壬辰(1592)…屠隆, 別國洞冥記: 4卷1册(19張), 序: 程榮, 後序: 慶曆四(1055), 述異記: 2卷1册(43張), 裝幀: 黃色表紙黃絲四綴, 漢魏叢書子籍, 別國洞冥記 花口題: 洞冥記, 內容: 神異經, 別國洞冥記, 述異記	서울大 中央圖書館 [古]0230-15-51
神異經	東方朔(漢)撰, 刊寫地未詳, 鄂官書處, 民國元年(1912)	全2册(册1-2), 中國木版本, 26.1×17cm, 四周雙邊, 半郭: 18.2×13.7cm, 有界, 12行24字, 小字雙行, 大黑口, 上下內向黑魚尾	刊記: 中華民國元年 鄂官書處重刊	慶熙大學校 081.2-동42ㅅ
神異記	東方朔(漢)撰, 中華1年(1912)刊	1册, 中國木版本, 26.2×17cm, 四周雙邊, 半郭: 18.8×14cm, 有界, 12行24字, 註雙行, 大黑口, 內向黑魚尾, 紙質: 竹紙	刊記: 中華民國元年(1912), 所藏印: 邊時淵印, 合綴: 海內十洲記 郭憲(漢)著	全南 長城郡 邊時淵 (변주승)

集≫, 李植의 ≪澤堂集≫, 韓致奫의 ≪海東繹史≫, 正祖의 ≪弘齋全書≫ 등에 기록이 남아있다.

5. 十洲記(海內十洲記)

漢代 小說 ≪海內十洲記≫는 東方朔이 편찬했다고 하나 후대 方士의 위작이라는 說도 있다. ≪隋書≫〈經籍志〉에는 地理類에, ≪新唐書≫〈藝文志〉에는 道家類에 수록되어 있으며, ≪郡齋讀書志≫에는 傳記類에 수록되어 있다. ≪直齋書錄解題≫에 이르러 처음으로 小說類에 수록되었다.

≪四庫全書總目≫에도 ≪海內十洲記≫라고 기재되어 있다. 陳振孫은 ≪直齋書錄解題≫에서 ≪漢書≫〈東方朔傳〉에 이 책에 대한 언급이 없는 것으로 보아, 후에 기이한 이야기를 좋아하는 好事者들이 동방삭의 이름으로 假託했을 것으로 보고 있다. 대부분의 사람들이 이 설을 받아들이고 있다. 또 ≪四庫全書總目提要≫에서는 六朝 사람의 작품으로 보고 있다. 張華는 ≪博物志≫에서 晉 이전의 작품이라고 언급했다. 이 작품의 판본은 다양한데, 믿을 만한 판본으로는 ≪云笈七籤≫·≪道藏≫·≪顧氏文房小說≫·≪古今逸史≫ 등에 있는 ≪十洲記≫本이다.[14]

≪十洲記≫의 내용은 漢 武帝가 10洲인 祖洲·瀛洲·玄洲·炎洲·長洲·元洲·流洲·生洲·鳳麟洲·聚窟洲 등에 대하여 西王母로부터 듣고 나서 東方朔을 불러 각 지방의 명물 고사를 직접 묻고 그것을 기술했다고 하는데, 산천·지리·신선·異物 및 服食說 등이 많이 기록되어 있어서 도가의 색채가 짙다. 東方朔은 字가 曼倩이며 平原 厭次(지금의 山東省 陵縣) 사람으로, 한 무제 초년에 천하의 인재를 초빙하자 스스로 자신을 추천하는 상서를 올려 조정에 들어가게 되었다. 벼슬은 常侍郎과 太中大夫給事中을 지냈다. 그는 많은 책을 섭렵하고 기지와 해학에 뛰어났기 때문에 후세에 好事者들이 기이한 이야기를 그에게 결부시키곤 했다. ≪史記≫〈滑稽列傳〉과 ≪漢書≫〈東方朔傳〉에 그의 사적이 보인다.

이 책이 국내에 전해진 시기는 정확하지 않지만, 조선시대 許筠(1569~1618)의 ≪惺所覆瓿稿≫에 "내가 일찍이 ≪五嶽眞形圖≫ 및 ≪洞冥記≫·≪十洲記≫를 취하여 고찰해 보았다."[15]라고 하며 書目을 언급하였다. 국내 남아있는 판본으로는 ≪洞冥記≫

---

14) 寧稼雨, ≪中國文言小說總目提要≫, 齊魯書社, 1996, 3~4쪽.
15) "余嘗取五嶽眞形圖及洞冥記·十洲記而考之"[惺所覆瓿稿 卷7 文部 〈沙溪精舍記〉]. 鄭鉒東은 ≪古代小說論≫(형설출판사, 1992, 48쪽)에서, 허균이 甲寅(광해군 6년)과 乙卯(광해군 7년)에

와 ≪枕中書≫·≪佛國記≫를 함께 엮어, 표제를 ≪海內十洲記≫라고 한 1894년 판본이 國立中央圖書館에 소장되어 있다.

書名	出版事項	版式狀況	一般事項	所藏處/所藏番號
海內十洲記	東方朔(漢)著, 刊寫地未詳, 刊寫者未詳, 光緖20年(1894)	1冊, 中國木版本, 18×12㎝, 四周單邊, 半郭: 14.5×9.6㎝, 10行20字, 注雙行, 上黑魚尾	合刊: 洞冥記/鄭憲(漢)撰, 枕中書/葛洪(晉)著, 佛國記/釋法顯(晉)著	國立中央圖書館 BA2815-1

6. 洞冥記(漢武洞冥記)

≪洞冥記≫는 漢代의 郭憲이 撰했다고 전해진다. 혹은 魏晉南北朝 梁의 元帝가 지었다고 하나 확증할 수는 없다. 序文에 의하면 原本은 4卷이었다고 한다. ≪隋書≫〈經籍志〉雜傳類에 1卷으로 되어 있으나, ≪舊唐書≫〈經籍志〉傳記類에는 4권이며 郭憲가 지었다고 기록되어 있고, ≪新唐書≫〈藝文志〉에는 郭憲 作≪漢武帝別國洞冥記≫4권이라고 되어 있다. 또 ≪直齋書錄解題≫小說類에도 ≪洞冥記≫4권이라고 되어 있다. 때문에 ≪洞冥記≫는 一名 ≪漢武洞冥記≫·≪漢武帝別國洞冥記≫·≪別國洞冥記≫라고 불린다.16)

내용은 동방삭에 대한 이야기가 주를 이루는데 동방삭이 어린 시절 天界와 冥界를 왕래하였다든지, 나이가 수 천살이 되었을 거라든지, 동방삭이 太白星의 精氣라는 등의 전설들이 인용되어 있다. 기본 인물은 역사서에 등장하는 동방삭을 빌려온 것이지만 내용은 민간에 떠도는 口傳說話를 결합시킨 短篇 志怪라고 볼 수 있다.

국내 유입에 관해서는 조선시대 許筠(1569~1618)의 ≪惺所覆瓿稿≫에서 "내가 젊었을 적에 ≪何氏語林≫과 ≪洞冥記≫를 읽었다"17)라는 기록이 남아 있다. 국내 남

燕京에 가서 사천여 권이나 되는 서책을 사 가지고 왔다(甲寅乙卯兩年 因事再赴帝都 斥家貨購得書籍 幾四千餘卷.....)[惺所覆瓿稿 閑情錄 凡例]고 하며 그 사천여 권 가운데는 ≪高士傳≫·≪列仙傳≫·≪語林≫·≪何氏語林≫·≪太平廣記≫·≪仙傳拾遺≫·≪聞奇類林≫·≪說郛≫·≪貧士傳≫·≪輟耕錄≫·≪世說新語≫·≪明世說新語≫·≪臥人遊錄≫·≪稗海≫·≪世說補≫ 등이 보인다고 언급하였다. (민관동 편저, ≪중국고전소설 비평자료총고≫, 참조)
16) 寧稼雨, ≪中國文言小說總目提要≫, 齊魯書社, 1996, 5~6쪽.
17) "余少日讀何氏語林·洞冥記" [惺所覆瓿稿 卷13 四友叢說跋]

아있는 판본으로는 ≪洞冥記≫와 ≪枕中書≫·≪佛國記≫를 함께 엮어, 표제를 ≪海內十洲記≫라고 한 1894년 판본이 國立中央圖書館에 소장되어 있다.

書名	出版事項	版式狀況	一般事項	所藏處/所藏番號
洞冥記	郭憲(漢)著, 刊寫地未詳, 刊寫者未詳, 光緒20年(1894)	1冊, 中國木版本, 18×12㎝, 四周單邊, 半郭: 14.5×9.6㎝, 10行20字, 注雙行, 上黑魚尾	合刊: 洞冥記/鄭憲(漢)撰, 枕中書/葛洪(晉)著, 佛國記/釋法顯(晉)著	國立中央圖書館 BA2815-1

7. 東方朔傳

≪東方朔傳≫은 魏晉 傳記小說로 작가는 밝혀지지 않았다. ≪隋書≫〈經籍志〉雜傳類에 8卷으로 기재되어 있으나, 작가에 대한 언급은 없다. 淸 顧槐三의 ≪補後漢藝文志≫ 小說家類에 들어있다. 현재 ≪說郛≫와 ≪五朝小說≫에 1卷, 後漢 郭憲의 撰이라고 기재되어 있다. 동방삭에 대한 일화들이 모두 기재되어 있다. ≪太平廣記≫ 卷6 "東方朔"에 대한 이야기는 原注에 "出≪洞冥記≫及≪別傳≫"이라고 되어 있다. 모두 8條의 이야기를 담고 있는데, 7條 는 ≪洞冥記≫에서 뽑았고, 나머지 1條는 ≪東方朔別傳≫에서 뽑았다고 한다. ≪隋書≫〈經籍志〉史部 雜傳類에 ≪東方朔傳≫ 8卷이 수록되어 있지만, 작가에 대한 거론은 보이지 않고, ≪後漢書≫〈方術傳〉에 郭憲에 대한 언급이 있으나, 이 책을 지었다는 기록 역시 찾아보기 어렵다. 다만 ≪補後漢藝文志≫와 ≪五朝小說≫에 근거하여 작가를 郭憲으로 보는 것이다.

내용은 ≪洞冥記≫에 있는 내용과 많이 겹치며, 동방삭에 대한 일화가 주를 이루고 있다.

국내 유입된 시기는 정확히 알 수 없으나 서울大學校 中央圖書館에 소장되어 있는 1647년 宛委山堂 간행의 ≪說郛≫本에 같이 들어있다. 그 밖에 언제 필사되었는지 알 수 없는 조선시대 필사본이 韓國學中央研究院에 소장되어 있다.

書名	出版事項	版式狀況	一般事項	所藏處/所藏番號
東方朔傳	郭憲(漢)撰, 陶珽(明)重輯, 姚安, 宛委山堂, 順治4年(1647)	1冊, 中國木版本, 26×16.8㎝, 上下單邊, 左右雙邊, 半郭: 19.2×13.4㎝, 有界, 9行20字 註雙行, 上花口, 上下向白魚尾		서울大 中央圖書館 0230-73-135
東方朔傳記	韓濩(朝鮮)書, 宣祖年間	1冊(8張), 筆寫本, 32.5×19.2㎝		韓國學中央研究院 C10C-63

8. 漢武帝內傳

　≪漢武帝內傳≫은 창작연대는 확실치 않으나, 東晉(318~420) 이후의 작품일 것으로 추정 된다.[18] ≪隋書≫〈經籍志〉雜傳類에 3卷이라 되어 있을 뿐 작가는 전하지 않고, ≪舊唐書≫〈經籍志〉에 ≪漢武帝傳≫2卷이라고 기록되어 있다. ≪新唐書≫〈藝文志〉에서는 道家類 神仙으로 분류하였으며, ≪四庫全書總目≫에는 1권으로 小說家類 異聞에 속한다고 기록되어 있다. 明나라 때에 이를 後漢 班固의 작품이라고 한 사람이 있었으나, 이것도 추정에 불과하다.[19]

　이 책의 내용은 漢武帝에 관한 것이며, 평소 道術에 관심이 많아, 도사들을 측근에 두고 중용했다는 무제의 성격과 생활을 소설화한 것이다. 崑崙山에 산다는 여신 西王母가 무제를 찾아오는 이야기가 극치이며 묘사도 자세하다. 武帝와 그 시대를 다룬 비슷한 작품으로는 ≪漢武帝故事≫·≪海內十洲記≫ 등이 있다.

　국내 유입 시기는 정확히 알 수 없고 국내 현존하는 판본으로는 光緒 6年(1880)에 간행된 판본이 서울大學校 中央圖書館에 소장되어 있다.

書名	出版事項	版式狀況	一般事項	所藏處/所藏番號
漢武帝內傳	班固(漢), 裴然(淸)閱, 金鷄, 三餘堂, 光緖6年(1880)	1卷1冊(15張), 木版本, 13.5×8.3㎝, 四周單邊, 半郭: 8.9×6.7㎝, 有界, 10行20字, 花口, 上下向黑魚尾	漢武帝內傳花口題: 武帝內傳	서울大中央圖書館 0230-15B-22-25

9. 吳越春秋

　≪吳越春秋≫는 총 10卷으로 구성되었고, 저자는 東漢時代 趙曄으로 會稽 山陽人(現 浙江 紹興人)이다. ≪隋書≫〈經籍志〉에서 雜史類로 분류되었으나, ≪新唐書≫

---

18) ≪中國文言小說總目提要≫에 魏晉 傳奇 小說로 명시되어 있으며, 작가 역시 알 수 없다고 되어 있다.
19) 寧稼雨, ≪中國文言小說總目提要≫, 齊魯書社, 1996, 30~31쪽.

〈藝文志〉에서는 小說家類에 포함되었다. ≪吳越春秋≫는 알려진 것만 해도 8-9종에 이르지만, ≪隋書≫〈經籍志〉·≪舊唐書≫〈經籍志〉·≪新唐書≫〈藝文志〉에는 趙曄의 ≪吳越春秋≫12卷, 皇甫遵의 ≪吳越春秋≫, 楊方의 ≪吳越春秋削繁≫5卷, 작가 미상의 ≪吳越記≫6卷만 남아있다. 이를 근거로 보면 趙曄의 ≪吳越春秋≫는 원래 12卷이었으며, 지금 전하는 10卷 판본과는 分卷이 전혀 다른 것을 알 수 있다.

내용은 주로 春秋時代 남방의 인접한 두 나라 吳와 越의 興亡盛衰와 분쟁의 전말을 세밀하고 흥미롭게 기술하였다. 역사적 사실에 문학성을 가미해 역사 연의소설의 濫觴으로 꼽힌다. 역사, 문학 두 측면에서 높은 평가를 받으며 꾸준히 사랑받아 온 고전이다.

高麗時代 간행된 문집에서 ≪吳越春秋≫를 인용한 문구들이 보여, 그 시기에 이미 국내에 유입되었을 수도 있다는 가능성을 뒷받침 해주고 있다. 가장 이른 기록으로는 고려 후기의 학자 李奎報(1168~1241)의 ≪東國李相國集≫[20]에 보인다. 後集 제1권 古律詩 〈侍郎 張自牧에게 드린다〉에서 '취한 西施 같은 芍藥'이라든지, '湛盧'와 같은 단어가 시에 등장한다. '담로'는 칼 이름으로 ≪吳越春秋≫〈闔閭傳〉의 "楚昭王은 고이 누워서 吳王의 담로라는 보검을 얻었었다"라는 대목에서 가져온 것이다.

다음으로 보이는 기록은 李穀(1298~1351)의 시문집인 ≪稼亭集≫[21]에 보인다. ≪稼亭集≫제17권 律詩 중 〈順菴의 원숭이를 읊은 시〉에 '名傳學劍師'라는 구절이 나오는데 여기서 '劍師'는 白猿을 가리킨다. 춘추시대 越人 처녀가 越王에게 검술을 가르치려고 길을 가던 도중에 '흰 원숭이[白猿]'가 변신한 袁公이라는 사람을 만나, 그의 요청을 받고는 검술 시합을 하였는데, 원공이 그녀를 상대하다가 나무 위로 날아올라 다시 흰 원숭이로 몸을 바꿔 사라졌다는 전설이 趙曄이 지은 ≪吳越春秋≫卷9〈句踐陰謀外傳〉에 나온다. 여기에서 유래하여 후대에 검술의 명인을 白猿公 혹은 白猿翁이라고 지칭하게 되었다.

---

20) 고려 후기의 문신·문인 李奎報의 시문집으로 53권 13책으로 되어있다. 아들 涵이 1241년(고종 28) 8월에 前集 41권을, 그 해 12월에 後集 12권을 편집, 간행하였고, 1251년에 칙명으로 손자 益培가 分司大藏都監에서 교정, 증보하여 개간하였다.

21) 20권 4책. 초간본은 아들 穡이 편집하고, 사위 朴尙衷이 금산에서 1364년(공민왕 14)에 간행하였는데, 고려가 망하고 조선이 건국되는 사이에 병화로 소실되자, 1422년(세종 4)에 그의 후손인 種善이 강원도 관찰사 柳思訥로 하여금 중간하게 하였다

다음으로 보이는 기록은 李穡(1328~1396)의 ≪牧隱集≫〈밤에 앉아서 느낌이 있어〉라는 詩에서 '烹狗'라는 말을 인용하였는데 '팽구'는 원래 ≪吳越春秋≫에서 범여가 한 말이다. 淮陰侯 韓信이 잡혀 죽을 적에 ≪吳越春秋≫를 인용하여 "과연 사람들의 말과 같구나. '교활한 토끼가 잡히고 나면 사냥개가 삶아진다[狡兔死 良狗烹]' 했으니, 천하가 이미 평정된 지금은 내가 응당 삶아질 것이다"라고 하였다. 李奎報나 李穀, 李穡등이 반드시 조엽의 ≪吳越春秋≫를 읽고 문집에 기록을 남겼다고 단언할 수는 없지만 〈闔閭傳〉과 〈句踐陰謀外傳〉에 나온 내용들을 인용한 정황을 보면, 고려시대 후반에 이 책이 국내 유입되었을 가능성을 완전히 배재할 수는 없다.

현재 국내에 소장되어 있는 ≪吳越春秋≫판본은 모두 6종이다. 그 판본들을 정리하면 크게 네 가지로 분류 할 수 있는데, 첫째가 국내 한문 筆寫本, 둘째가 국내 한글 筆寫本, 셋째가 淸代에 간행한 木版本, 넷째가 淸代에 간행한 揷畵 石印本 등이다.

국내 한문 筆寫本은 서울大 奎章閣에 소장되어 있는 판본으로, 세조의 명을 받들어 책을 撰했다고 기록되어 있다. 하지만 刊記에 "庚熙五十八年(1719)季壬辰七月日書"라고 되어 있는 것으로 보아 실제로 이 책이 필사된 연도는 肅宗 45年(1719)으로 볼 수 있다. 출판된 판본은 아니지만 왕의 명을 받들어 궁중에서 필사된 것으로 보이는 稀貴本이다. 다음으로 보이는 국내 한글 筆寫本은 현재 확인되는 유일한 번역본으로 檀國大學校 율곡기념관에 소장되어 있다. 이 판본은 표지가 한자로 ≪吳越春秋≫라고 되어있고, 속표지에 한글로 ≪오월츈츄≫라고 표기되어 있다. 그 내용을 보면 필사자가 번역을 하면서 직역과 의역의 방법이 아닌 전반적인 내용을 간역해서 필사해 놓은 것이 특징이다. ≪吳越春秋≫를 처음부터 번역한 것이 아니라 오나라 수왕의 이야기부터 시작해서 오자서가 합려에게 손무를 천거하는 부분까지 기록되어 있다. 그 외 淸代에 간행된 木版本은 國立中央圖書館, 서울大學校 中央圖書館 등에 소장되어 있으며, 淸代에 간행된 揷畵 石印本은 韓國學中央硏究院에 소장되어 있다.[22]

---

22) 유희준·민관동, 〈≪오월춘추≫의 국내유입과 번역 및 수용양상〉, ≪중국소설논총≫ 제36집 2012년 4월 참조.

書 名	出 版 事 項	版 式 狀 況	一 般 事 項	所藏處/所藏番號
吳越春秋	世祖(朝鮮)命撰, 肅宗45年(1719)	1冊(零本), 筆寫本, 30.5×19.7cm	刊記: 庚熙五十八年(1719) 季壬辰七月日書	서울大 奎章閣 181.1-Ow2-v.5/6
오월춘추	趙曄(漢)撰	1冊(15張), 筆寫本, 31.4×16.3cm, 無界, 13行字數不定	表題: 吳越春秋	檀國大學校 천안율곡圖書館(金東旭) 고853.5-오869
吳越春秋	趙曄(後漢)撰, 徐乃昌(淸)編, 南陵徐氏家, 1903~1908	10卷2冊(卷1-10), 中國木版本, 29.7×17.6cm, 上下單邊, 左右雙邊, 半郭: 20×14.1cm, 有界, 9行17字, 註雙行, 上下向白魚尾	隨庵叢書, 總目錄題, 隨庵徐氏叢書, 總序: 光緒戊申(1908) 繆荃孫, 卷末: 徐氏補注, 吳氏春秋逸文, 吳氏春秋札記, 序: 徐天祐, 跋: 丙午(?)徐乃昌	서울大 中央圖書館 0230-48-2-3
吳越春秋	趙曄, 遊桂 校, 淸板本	2卷2冊, 中國木版本, 24.8×16.2cm		國立中央圖書館 BA2225-3-1-2
吳越春秋 吳太伯傳	趙曄(漢)撰, 鄭國勳(中國)輯, 龍谿精舍, 刊寫年未詳	10卷3冊(卷1-10), 中國木版本, 27.3×17.2cm, 上下單邊, 左右雙邊, 半郭: 17×12.7cm, 有界, 10行21字, 註雙行, 花口, 上下向黑魚尾	龍谿精舍叢書, 標題: 吳越春秋, 卷末에 札記 있음, 刊記: 龍谿精舍校刊, 刊記: 潮陽鄭氏用元大德本刊, 序: 徐天祐	서울大 中央圖書館 0230-29-20-22
繡像新刻吳越春秋	上海, 茂記書莊, 光緖34年(1908)	4卷4冊, 中國石印本, 有圖, 14×8.8cm	標題紙書名: 繡像吳越春秋鼓詞全傳, 表紙書名: 繡像吳越春秋, 刊記: 光緖戊申(1908) 冬月上海茂記書莊校印	韓國學中央研究院 D7C-81

10. 新序

≪新序≫는 西漢末期 劉向(BC77~6)이 편찬한 歷史故事集으로 '새롭게 차례를 정해 찬집한 책'이다. 劉向은 고사의 수집과 분류·편집·교집·교감에 뛰어났으며, 逸事·奇聞·고사·일화·신화·전설에 이르기까지 폭넓게 서적을 수집하여 엄청난 양의 자료를 모았던 인물이다. 그는 雜史·雜傳을 넘나들 정도로 정통 유학의 속박에 얽매이지 않았던 대학자로 평가된다.

王應麟의 ≪漢書藝文志考證≫에 의하면 이 책의 완성 시기는 대체로 漢 成帝 陽朔 元年(BC24년) 2월 癸卯日로 보고 있다. 모두 10권으로 분류하여 제1~5권은 雜事,

제6권은 刺奢, 제7권은 節士, 제8권은 義勇, 제9~10권은 善謀 上·下로 묶은 것이다. ≪漢書≫〈藝文志〉에는 劉向의 저술 67편이라고 되어 있고, ≪隋書≫〈經籍志〉에는 30권이라 기록되어 있다. 現存本은 宋代 曾鞏이 찬집하면서 총 10권 166장으로 분류되어 이어져 왔다. 판본을 살펴보면, 四部叢刊本은 明 嘉靖時期에 宋本을 復刻한 것이며, 그 외에 叢書集成本·百子全書本·諸子百家叢書本 등이 있다. 현대 역주본으로는 ≪新序今註今譯≫23)·≪新譯新序讀本≫24)·≪新序全譯≫25) 등이 있다.26)

이야기 묘사와 의인화 수법이 뛰어나지만 창작이 아니라 이전 사람들의 저작을 가져와 썼다는 점과 이야기의 대부분이 우언이 아니라는 점에서 평가가 엇갈리는데, 이는 이 책을 정리한 목적이 우언 창작에 있지 않고 과거사를 거울삼아 후대에게 가르침을 주고자 하는 데 있었기 때문이다. ≪漢書≫卷36〈劉向傳·楚元王傳〉에 이르길 "전기와 행사를 채집하여 ≪新序≫·≪說苑≫ 50편을 지어 바쳤다. 자주 상소하여 득실을 말하며 법계를 진술하였고, 글을 수십 번 올림에 이 책을 통해 살펴보아 빠진 것은 이를 통해 보충토록 하기 위함이다. 황제께서는 비록 이를 모두 실행하지는 못하였으나, 그 말을 가상하다고 받아들이며 감탄하였다27)"라고 하였는데, 유향은 이를 통하여 漢 왕조에 간언하여 교훈을 삼도록 하려고 의도한 것이 확실해 보인다. 세심한 구성 과정을 거쳐 가공됨으로써 서사가 간결하고 의론 전개가 유창하여 문학적 가치가 크다.

≪新序≫의 국내 유입 시기는 高麗時代로 보고 있다. ≪高麗史≫〈世家〉卷10 宣宗 8年(宋, 哲宗 元祐 6年)에 李資義 등이 宋나라로부터 돌아와 宋 哲宗의 요구에 의해 아주 많은 양의 도서를 보낸 기록이 있다.28) 이런 기록으로 보아 고려 초기 1091

---

23) 盧元駿, 臺北商務印書館, 1975.
24) 葉幼明, 臺北三民書局, 1994.
25) 李華年, 貴陽人民出版社, 1996.
26) 劉向撰, 林東錫譯註, ≪新序≫, 동서문화사, 2009년.
27) 采傳記行事, 著新序說苑, 凡五十篇奏之. 數上疏言得失, 陳法戒. 書數十上, 以助觀覽, 補遺闕. 上雖不能盡用, 然內嘉其言, 上嗟歎之.
28) 민관동, 〈조선출판본 신서와 설원 연구〉, ≪중국어문논역총간≫ 제29집, 2011. 7: 157~158쪽 참조 ≪高麗史≫〈世家〉第10, 宣宗8年[1091年] 曰: (未辛年)丙午, 李資義等還自宋, 奏云: 帝聞我國書籍多好本, 命館伴書所求書目錄授之, 乃曰: 雖有卷第不足者, 亦須傳寫附來, 百二十八篇: 尙書, 荀爽周易十卷, 京房易十卷, 鄭康成周易九卷, 陸績注周易十四卷, 虞翻注周易九卷, 東觀漢記一百二十七卷, 謝承後漢書一百三十卷, 韓詩二十二卷, 業遵毛詩二十卷, 呂悅字林七卷, 古玉篇三十卷, 括地志五百卷, 輿地志三十卷, 新序三卷, 說苑(劉向撰)二十

년경에 이미 국내에 유입되었을 것으로 보고 있다.

국내 출판에 대한 기록은 ≪成宗實錄≫의 成宗 24年(1493) 12月 29日條에 처음으로 나온다.29) 당시 이조판서 이극돈이 이전에 地方監司(慶尙道觀察使)로 재직할 때 이미 ≪太平通載≫와 ≪補閑集≫ 등의 책을 印刊하였다고 하였고, ≪說苑≫과 ≪新序≫ 및 ≪酉陽雜俎≫ 또한 이극돈이 刊行하도록 지시하였다는 기록이 남아있다. 그리고 各道에 새로 간행한 書冊을 직접 進上하였다고 명확하게 언급하고 있다. 이때가 1493년의 기록이므로 ≪新序≫·≪說苑≫·≪酉陽雜俎≫는 이미 1493년 이전에 간행되었음이 확인된다. ≪酉陽雜俎≫의 경우, 成宗 23年(1492)에 ≪唐段小卿酉陽雜俎≫가 月城(慶州)에서 출판되었다는 기록이 존재하는 것으로 보아 ≪新序≫와 ≪說苑≫도 1492년이나 1493년에 간행되었을 가능성이 높다. 또한 宣祖 1年(1568) 간행본 ≪攷事撮要≫과 ≪嶺南冊版記≫에도 ≪說苑≫의 출판기록이 보이는 것으로 보아 ≪新序≫ 역시 같이 간행된 것으로 추정된다.

卷, 劉向七錄二十卷 .... 深師方黃帝鍼經九卷, 九墟經九卷 .... 淮南子二十一卷 .... 羊祐老子二卷, 羅什老子二卷, 鍾會老子二卷 .... 吳均齊春秋三十卷 .... 班固集十四卷 .... 稽康高士傳三卷 .... 干寶搜神記三十卷
丙午日에 이자의(戶部尙書)등이 宋나라에서 돌아와 이렇게 아뢰었다. "송나라 왕이 우리나라 서적 중에는 좋은 책이 많다고 하는 것을 듣고 館伴書에 명령하여 구하려고 하는 목록을 주며 말하기를 '비록 卷帙이 부족한 것이 있더라도 또한 모름지기 傳寫하여 부쳐보내라' 하였는데 모두 128종입니다"하였다. ≪尙書≫, 荀爽≪周易≫十卷, ≪京房易≫十卷, 鄭康成≪周易≫九卷, 陸績注≪周易≫十四卷, 虞飜注≪周易≫九卷, ≪東觀漢記≫一百二十七卷, 謝承≪後漢書≫一百三十卷, ≪漢詩≫二十二卷, 業遵≪毛詩≫二十卷, 呂悅≪字林≫七卷, ≪古玉篇≫三十卷, ≪括地志≫五百卷, ≪輿地志≫三十卷, ≪新序≫三卷, ≪說苑≫(劉向撰)二十卷, ≪劉向七錄≫二十卷 .... 深師方≪黃帝鍼經≫九卷, ≪九墟經≫九卷 .... ≪淮南子≫二十一卷 .... 羊祐≪老子≫二卷, 羅什≪老子≫二卷, 鍾會≪老子≫二卷 .... 吳均齊≪春秋≫三十卷 .... ≪班固集≫十四卷 .... 稽康≪高士傳≫三卷 .... 干寶≪搜神記≫三十卷.....등이 그것이다. [≪高麗史≫卷10, 宣宗8年(西紀1091년) 6月條]

29) ≪成宗實錄≫, 卷二八五·21, 成宗24年(1493年)12月29日, 己丑] 吏曹判書李克墩來啓: 太平通載, 補閑等集, 前監司時已始開刊, 劉向說苑, 新序, 非徒有關於文藝, 亦帝王治道之所係, 酉陽雖雜以不經, 亦博覽者所宜涉獵, 臣令開刊. 前日諸道新刊書冊, 進上有命, 故進封耳. 이조판서 이극돈이 와서 아뢰기를, "≪太平通載≫·≪補閑集≫ 등의 책은 전에 監司로 있을 때 이미 印刊하였고, 유향의 ≪說苑≫·≪新序≫는 文藝에 관계되는 바 있을 뿐만 아니라, 또한 帝王의 治道에도 관계되며, ≪酉陽雜俎≫가 비록 不經한 말이 섞여 있다 하나 또한 널리 보는 사람들이 마땅히 涉獵하는 바이므로, 신이 刊行하게 하였습니다. 그리고 前日에도 諸道에 새로 간행한 書冊을 進上하라는 명령이 있었기 때문에 進封하였을 뿐입니다.

현재 조선에서 출판된 ≪新序≫의 판본은 대략 4군데서 발견된다.(慶山郡 崔在石 所藏本[紛失]·榮豊郡 金用基 所藏本[紛失][30]·安東市 臥龍面 군자마을 所藏本·계명대학교 所藏本) 이 책은 총 10卷 2冊으로 계명대 소장본인 上卷에는 卷1~5 雜事 5篇이, 安東市 臥龍面 군자마을 所藏本인 下卷에는 刺奢、節士、義勇、善謀(上)、善謀(下) 5편이 수록되어 있다. 이 책은 본 연구팀에 의하여 발굴되었다.

板式狀況은 모두가 木版本이며, 半郭은 대략 18.5×15㎝내외로 판본간의 다소의 오차는 目錄 整理者의 오차로 보인다. 또 一葉 11行 18字에 註雙行의 內向黑魚尾로 되어있으며 紙質은 모두 楮紙로 일치한다. 古書目錄을 정리한 기록자들은 대부분 출판기록을 壬亂以前刊이나 혹은 刊年未詳(계명대)이라고 기록하고 있는데, 이것은 ≪成宗實錄≫과 ≪攷事撮要≫에 언급된 출판기록과 거의 일치하고 있다.

그 외 1735년, 1822년, 1823년 일본에서 간행된 목판본과 1814년과 1823년 일본 필사본이 國立中央圖書館에 소장되어있다. 이런 점으로 보아 일본에서도 ≪新序≫의 독자층이 상당히 형성되어 있었음을 알 수 있다. 그에 비해 중국 판본은 1875년 湖北 崇文書局에서 간행한 판본이 檀國大學校 죽전퇴계圖書館에 소장되어 있다.

書名	出版事項	版式狀況	一般事項	所藏處/所藏番號
劉向 新序	劉向(漢)撰, 1492~1493年	2卷1冊, 朝鮮木版本, 24×17.5㎝, 四周雙邊, 半郭: 18.4×14.5㎝, 有界, 11行18字, 大黑口, 內向黑魚尾, 紙質: 楮紙		慶山郡 崔在石 (紛失)
劉向 新序	劉向(漢)撰, 1492~1493年	4卷1冊, 朝鮮木版本, 25.4×18㎝, 四周雙邊, 半郭: 18.3×14.6㎝, 有界, 11行18字, 小黑口, 內向黑魚尾, 紙質: 楮紙	版心題: 新序	榮豊郡 金用基 (紛失)
劉向 新序	劉向(漢)撰, 1492~1493年	5卷1冊(卷6~10), 朝鮮木版本, 31×20㎝, 四周雙邊, 半郭: 18.5×15㎝, 有界, 11行18字, 註雙行, 內向黑魚尾, 紙質: 楮紙	內容: 刺奢第 節士第 義勇第 善謀上第 善謀下第. 下卷만 있음	安東市 臥龍面 군자마을 後彫堂
劉向	劉向(漢)著,	1冊(零本, 所藏本: 卷1~5),	內容: 卷1~5, 雜事	啓明大學校

---

[30] 최근 본 연구팀이 최재석씨 문중과 김용기씨 문중을 확인한 결과 분실되어 찾을 수가 없었다.

書名	出版事項	版式狀況	一般事項	所藏處/所藏番號
新序	1492~1493年	朝鮮木版本, 25.7×17.9cm, 四周單邊, 半郭: 18.5×14.7cm, 有界, 11行18字, 黑口, 內向黑魚尾	각기 상권 2책이 있고 한 책은 온전하나 한 책은 뒷부분 6쪽이 낙장임	귀812.8
劉向 新序	劉向(漢)著, 年紀未詳	5卷1册, 筆寫本, 28.4×16.7cm, 四周單邊, 半郭: 24.6×13cm, 烏絲欄, 10行18字, 內向二葉花紋魚尾		啓明大學校 812.081-유향○
新序	劉向(漢)著, 程榮(明)校, 刊寫地未詳, 刊寫者未詳, 享保20年(1735)	10卷5册, 日本木版本, 21×17.8cm	刊記: 享保二十歲乙卯(1735) 二月吉旦江府書鋪錦山堂 植村藤三郎梓行, 敍: (宋)曾鞏	國立中央圖書館 [古]1-50-8
新序	劉向(漢)著, 程榮(明)校, 江戶, 錦山堂, 享保20年(1735)	10卷1册, 中國木版本, 27.2×18cm, 四周單邊, 半郭: 18.8×13.4cm, 無界, 9行20字, 上花口, 上下向白魚尾	敍: …編校書籍臣曾鞏上	慶尙大學校 古(춘추) C2 유92ㅅ
新序	劉向(漢)著, 程榮(明)校, 刊寫地未詳, 刊寫者未詳, 文化11年(1814)	10券2册, 日本筆寫本, 24.2×17.7cm	年記: 文化九年六月五日ヨリ 寫始同年十月五日寫終文化十一 年(1814)六月十三日成就	國立中央圖書館 [古]6-45-10
劉向 新序	劉向(漢)著, 武井驥(日本)纂註, 刊寫地未詳, 刊寫者未詳, 文政5年(1822)	日本木版本, 10卷4册, 26.2×18cm	版心題:新序, 表題: 劉向新序 纂註, 跋: 文政五祀歲次壬午 (1822)…(日)松平定常, 序: (宋)曾鞏, 序: 文政壬午(1822)…(日)天賴館主人	國立中央圖書館 [古]6-45-44
劉向 新序	劉向(漢)著, 武井驥(日本) 纂註, 大阪板, 文政6年(1823)	10卷8册, 25.4×17.6cm, 四周單邊, 半郭: 20×14cm, 9行19字, 注雙行, 上黑魚尾	序: 文政壬午(1822)… (日本)源賴繩, (宋)曾鞏, 跋: 文政五禩歲次壬午(1822)… 松平定常	國立中央圖書館 [古]3741-12
新序	劉向(漢)著, 程榮(明)校, 刊寫地未詳, 刊寫者未詳, 天保3年(1832)	10卷2册, 日本木版本, 25.7×17.8cm	表題: 劉向新序, 刊記: 天保三年壬辰(1832) 仲秋補刻, 敍: (宋)曾鞏, 藏板記: 勝野氏藏梓	國立中央圖書館 [古]6-45-12
新序	劉向(漢)著, 刊寫地未詳, 刊寫者未詳, 天保3年(1832)	10卷2册, 日本筆寫本, 25.6×18cm	享保二十歲丁卯二月吉日(卷末), 敍: (宋)曾鞏, 標題紙: (漢)劉向著 (劉向新序)天保三年壬辰仲秋補 刻尙古堂梓	國立中央圖書館 [古]1-49-3
新序	劉向(漢)撰,	10卷2册, 中國木版本,		檀國大學校

書名	出版事項	版式狀況	一般事項	所藏處/所藏番號
	湖北, 崇文書局, 光緒1年(1875)	27×17.5cm		죽전퇴계도서관 IOS, 고152.32-유317ㅅ
新序	劉向(前漢)選, 北崇文書局, 光緒1年(1875)	10卷2冊(冊1~2), 27.5×17cm, 四周雙邊, 半郭: 18.8×14cm, 有界, 12行24字, 上下內向黑魚尾		慶熙大學校 952.11-유63ㅅ
新序	劉向(漢)撰, 刊寫地未詳, 刊寫者未詳, 光緒19年(1893)	10卷2冊, 中國木版本, 18×12cm, 四周單邊, 半郭: 14.5×9.5cm, 10行20字, 註雙行, 上黑魚尾		國立中央圖書館 BA2526-25
新序	劉向(漢)著, 陳用光(淸)校, 刊年未詳	10卷2冊, 木版本, 24.8×16.2cm	敍: (宋)曾鞏, 印記: 荻山鰈鴻藏書	國立中央圖書館 [古]1272-2
新序	劉向(漢)著, 刊年未詳	10卷3冊, 木版本, 26.5×16.7cm, 四周單邊, 半郭: 19.6×13.5cm, 有界, 9行20字, 上白魚尾	序: 曾鞏	啓明大學校 이812.8-유향ㅅ
新序	劉向(漢)撰, 中華1年(1912) 刊	10卷2冊, 中國木版本, 26.2×17cm, 四周雙邊, 半郭: 18.8×14cm, 有界, 12行24字, 註雙行, 大黑口, 內向黑魚尾, 紙質: 竹紙	序: 編校書籍臣曾鞏(宋)上, 刊記: 中華民國元年(1912), 所藏印: 邊時淵印, 內容: 雜事 刺奢 節士 義勇 善謀	全南 長城郡 邊時淵
新序	劉向(前漢)撰, 鄂官書處, 民國1年(1912)	10卷2冊(卷1~10), 26.2×16.9cm, 四周雙邊, 半郭: 18.5×14cm, 有界, 12行24字, 上下黑口, 上下內向黑魚尾		慶熙大學校 952.11-유92ㅅ

11. 說苑

≪說苑≫은 西漢의 劉向이 편찬한 책으로, 내용은 臣道·臣術·建本·立節·貴德 등으로 나누어 先秦時代부터 漢代까지의 歷史故事를 기술한 것으로 총 20권으로 되어있다.

유향은 ≪新序≫의 작업이 끝나자, 나머지 방대한 자료를 그냥 둘 수 없어 이번에는 더욱 세분화하고 편장의 주제까지 명확히 하여 ≪說苑≫을 완성하였다고 하였다. 이로 인해 《說苑》은 《新序》의 나머지 부분이었던 것으로 추정되고 있다. 《新序》가 이루어진(BC 24년) 7년 뒤인 BC 17년(成帝 鴻嘉 4年)에 완성되었으며 내용이나 편장의 장단·분량 등에 있어서 훨씬 자유롭고 방대하다.[31]

《說苑》또한 여러 책의 내용을 발췌해서 정리한 책으로 총 20권(君道·臣術·建本·立節·貴德·復恩·政理·尊賢·正諫·法誡·善說·奉使·權謀·至公·指武·談叢·雜言·辨物·修文·反質)으로 구성되어 있다. 또 《新序》와 그 체재가 비슷하고 내용도 중복된 것이 있다. 내용은 대략 고대의 제후나 선현들의 행적 및 逸話와 寓話 등을 수록한 것으로 위정자를 교육하고 훈계하기 위한 독본으로 주로 활용되었다.

원래 北宋 初에는 殘卷 5卷만 남아 있었으나 曾鞏이 輯補하여 20권 639장으로 모습이 복원되었다. 그러나 陸游의 〈渭南集〉에는 李德芻의 말을 인용하여, 曾鞏이 얻은 것은 〈反質篇〉이 빠진 것이어서 〈修文篇〉을 上下로 나누어 20卷으로 하였던 것이며, 뒤에 〈高麗本〉이 들어와서야 비로소 책 전체의 면모가 갖추어졌다고 한다. 여기에서 고려본이라는 것은 李資義 등이 宋나라로 보낸 책으로 추정된다. 宋에 갔을 때 고려에 소장된 책 중에서 宋에 없는 책을 보내달라는 宋 哲宗의 요구에 의해 아주 많은 양의 도서를 보냈다는 기록[32]이 남아있는 것으로 보아 그 때 보낸 책을 의미하는 것으로 보인다.

그 뒤 淸代에 다시 보충과 분장을 거듭하여 663장으로 정리하였고, 다시 《說苑疏證》(趙善詒, 華東師範大學出版社, 1985年)에서는 고증을 통해 845장으로 세분하였고, 《說苑全譯》(王鍈·王天海, 貴州人民出版社, 1992年)에서는 718장으로 나누었다.

《說苑》이 국내에 유입된 시기는 고려시대로, 《搜神記》나 《高士傳》처럼 상당히 일찍 국내에 유입된 것으로 보여 진다. 현존하는 문헌의 가장 이른 기록은 《朝鮮王朝實錄》가운데 〈仁祖實錄〉에서 찾을 수 있다. 〈仁祖實錄〉 仁祖 23年(1645)의 기록에서 《說苑》이 언제 국내에 유입되었으며 어떤 용도로 읽혀지고 사용되었는지 명확하게 밝혀주고 있다.

> 右議政李景奭, 以雷變上箚, 乞免, 且陳時事略曰…又有大於荒政者乎? 周禮荒政, 所

---

31) 劉向撰, 林東錫譯註, 《新序》, 동서문화사, 2009년. 〈서문〉 해제 참조.
32) 《高麗史·世家》卷10 宣宗 8年(宋, 哲宗 元祐 6年)의 기록을 말한다. 각주 21)을 참조.

當講明而申飭者也. 昔在麗代成宗朝, 金審言上疏, 請以劉向說苑六正六邪文及漢書刺
史六條, 堂壁各寫其文, 出入省覽, 以備龜鑑. 王大加褒獎, 依所奏施行. 其後崔冲以爲:
今世代已遠, 宜更書揭之, 使知飭勵. 從之. 其言皆切實, 亦古者訓戒之意也. 敢將周禮
荒政及說苑刺史條, 列錄于箚尾. 伏願殿下命寫一通, 並與盤席之銘而置諸座右, 以寓
閑燕之省察. 又令政院取荒政以下之文, 內則付諸政府及六曹, 使之各錄于屬司之壁上,
外則遍諭于八道監司兩府留守州縣, 廳壁並令書揭, 常存惕念. 則其於風化, 不爲無補.

　우의정 이경석이 우뢰의 변고로 차자를 올려 면직을 빌고, 또 시국에 대해 진술하였는
데, 그 대략에 이르기를, "그리고 오늘날에 가장 급한 일로서 구황 정책보다 더 급한 일이
있겠습니까. ≪周禮≫荒政은 당연히 강명(연구하여 밝힘)하고 신칙(단단히 타일러 경계
함)하여야 될 것입니다. 지난 고려 성종 때에 金審言이 소를 올려 劉向의 ≪說苑≫에 있
는 六正六邪와 ≪漢書≫에 있는 刺史六條를 써서 벽에다 붙여 놓고 드나들며 읽어 귀감
으로 삼을 것을 청하자, 왕이 큰 포상을 내리고 아뢴 대로 시행하였습니다. 그 뒤에 崔冲
이, 이것이 세월이 오래 되어 바랬으니 다시 써 붙여서 신칙하고 권려하는 도리를 알도록
하여야 된다고 하자, 또 그대로 따랐는데, 그 말은 모두가 절실하고, 또 예전에 훈계한 내
용입니다. 이에 감히 ≪주례≫의 황정과 ≪설원≫ 및 자사 육조를 차자 말미에 써서 올립
니다. 바라건대 전하께서는 이것과 함께 반명과 석명 각 한 통씩을 쓰도록 명하여 좌석 오
른편에 붙여 두고 한가한 때에 성찰하소서. 그리고 또 정원으로 하여금 황정 이하의 글을
가져다가 안으로는 의정부와 육조에 주어서 각기 소속 관사의 벽에다 써 붙이도록 하고,
밖으로는 팔도의 감사와 양부(兩府)의 유수에게 하유하여 모든 고을의 청사 벽에다 써 붙
여 놓고 늘 각별히 생각하도록 하소서. 그러면 풍속을 교화하는 데 있어 보탬이 없지 않을
것입니다."
　　[≪仁祖實錄≫ 卷46-78, 仁祖23年(1645年)10月9日, 丁亥]33)

　위 기록은 조선시대 仁祖 年間 쓴 기록이지만 내용은 高麗 成宗 年間(981~997)에
金審言이 소를 올려 劉向의 ≪說苑≫에 있는 六正六邪와 ≪漢書≫에 있는 刺史六
條를 써서 벽에다 붙여 놓고 귀감으로 삼을 것을 제청하자, 왕이 큰 포상을 내리고 그
대로 시행하였다는 기록과 그 뒤 崔冲(984~1068年)이 이것이 세월이 오래 되어 종이가
바래어 졌으니 다시 써 붙여 이글의 내용을 督勵해야 한다고 하자, 또 그대로 따랐다는
이야기를 인용하고 있다.
　여기에서 주목해야할 것이 고려 成宗 年間으로 이는 서기 981~997년에 해당된다.
이때 이미 ≪說苑≫이 국내에 유입되어 여러 신하들에게 읽혀지고 있었다는 사실이다.

---

33) ≪朝鮮王朝實錄≫中 ≪仁祖實錄≫ 卷46~78, 仁祖23年10月9日, 丁亥條.

즉 기존에 알려진 ≪高麗史≫ 宣宗 8年(西紀1091)에 언급된 유입기록보다도 약 100년이나 빠른 시기에 유입되어졌다는 점에서 상당한 의미를 지닌다.

  그 후 ≪說苑≫은 650여 년이 지난 朝鮮 仁祖 年間인 1600년대 중기에도 여전히 읽혀지고 있었다는 사실, 더더욱 ≪說苑≫의 文章 가운데 있는 격언을 활용하여 국가 정책에 이용하고 또 풍속교화를 위한 통치술에 활용되고 있었다는 사실이 놀랍기만 하다. 그 다음의 유입기록으로는 ≪高麗史≫ 宣祖 8年(1091)의 기록이다. 그 후의 기록은 朝鮮 成宗 때가 되어서야 다시 나타난다.[34]

---

[34] 민관동, 〈조선 출판본 신서와 설원 연구〉, ≪중국어문논역총간≫제29집, 2011.7. 155-157쪽
[成宗實錄, 卷五六·成宗 6 年, 6 月, 壬午] 좌의정 韓明澮가 ≪新增綱目通鑑≫·≪名臣言行錄≫·≪新增本草≫·≪遼史≫·≪金史≫·劉向의 ≪說苑≫·구양수의 ≪文忠公集≫ 각 1질(帙)과 慶會樓·大成殿·明倫堂·藏書閣의 扁額과 龍腦 1기(器), 소합향유 2기(器), 먹[墨] 2봉(封) 및 중국 조정의 文士가 押鷗亭과 화답한 詩軸을 올리고, 이어서 아뢰기를, "≪강목≫은 太監 金輔가 본래 성상의 好學하심을 알고, 신에게 맡겨서 이를 드리는 것입니다. 이 책은 중국에서도 드물게 있는 것이므로, 만약 한번 잃어버리게 되면 다시 사기가 어려울 것입니다. 용뇌·소합유 각 1기와 먹 1봉은 太監 姜玉이 드리는 바이며, 나머지는 모두 신이 사사로이 산 것입니다. 편액은 김보의 養子로 나이 열두 살 된 자가 쓴 것인데, 書法이 매우 기이하므로, 신이 써 주기를 청하여 가지고 왔습니다"라고 하였다.
[成宗實錄 卷290-30, 成宗25年5月14日, 辛丑]전교하기를, "劉向의 ≪說苑≫에 이르기를, '별의 변고와 가뭄의 재해를 아무 일의 실수에서 말미암았다고 하면, 이는 아교로 붙인 것 같이 융통성이 없는 것이다'라고 하였고, ≪書經≫ 洪範의 庶徵에도 이르기를, '아무 일이 적합하게 다스려지면 아무 休徵이 감응되며, 아무 일이 실수하게 되면 아무 咎徵이 감응된다'고 하면, 先儒도 아교로 붙인 것 같이 융통성이 없다고 여겼었다."
[仁祖實錄 卷46-78, 仁祖23年10月9日, 丁亥] 그리고 오늘날에 가장 급한 일로서 구황 정책보다 더 급한 일이 있겠습니까. ≪周禮≫荒政은 당연히 강명하고 신칙하여야 될 것입니다. 지난 고려 성종 때에 金審言이 소를 올려 劉向의 ≪說苑≫에 있는 육정육사(六正六邪)와 ≪漢書≫에 있는 자사 육조(刺史六條)를 써서 벽에다 붙여 놓고 드나들며 읽어 귀감으로 삼을 것을 청하자, 왕이 큰 포상을 내리고 아뢴 대로 시행하였습니다. 그 뒤에 崔冲이, 이것이 세월이 오래되어 바랬으니 다시 써 붙여서 신칙하고 권려하는 도리를 알도록 하여야 된다고 하자, 또 그대로 따랐는데, 그 말은 모두가 절실하고, 또 예전에 훈계한 내용입니다. 이에 감히 ≪주례≫의 황정과 ≪설원≫ 및 자사 육조를 차자 말미에 써서 올립니다. 바라건대 전하께서는 이것과 함께 반명과 석명 각 한 통씩을 쓰도록 명하여 좌석 오른편에 붙여 두고 한가한 때에 성찰하소서. 그리고 또 정원으로 하여금 황정 이하의 글을 가져다가 안으로는 의정부와 육조에 주어서 각기 소속 관사의 벽에다 써 붙이도록 하고, 밖으로는 팔도의 감사와 양부(兩府)의 유수에게 하유하여 모든 고을의 청사 벽에다 써 붙여 놓고 늘 각별히 생각하도록 하소서. 그러면 풍속을 교화하는 데 있어 보탬이 없지 않을 것입니다.
[五洲衍文長箋散稿 제19집, 史籍類2, 史籍雜說, 127쪽] ≪說苑≫에서 屋子가 이르길 '≪春秋≫는 나라의 거울이다.'라고 하였으니 宋 神宗께서, 司馬光이 歷代 君臣의 사적을 편찬한

이 책의 국내 출판에 대한 기록은 ≪新序≫처럼 ≪成宗實錄≫의 成宗 24年(1493) 12月 29日條에 처음으로 나오며, ≪酉陽雜俎≫·≪新序≫와 마찬가지로 1492년에 출판된 것으로 추정 된다.

≪說苑≫의 朝鮮板本은 대략 5군데서 발견된다(奉化郡 權廷羽 所藏本·奉化郡 金斗淳 所藏本·醴泉郡 李虎柱 所藏本·安東市 豐山邑 金直鉉 所藏本·安東市 臥龍面 군자마을 所藏本). 그러나 奉化郡 金斗淳 所藏本은 이미 도둑의 침입으로 실전되었다

이 책은 중국에서는 20권 4책으로 간행된 것이 주류를 이루고 국내에서도 20권 4책으로 간행 되었다. 현재 소장된 판본 중 안동 군자마을 후조당에 20권 4책이 완전한 상태로 보관되어 있으며 상태도 양호한 편이다. 1책은 권1-5, 2책은 권6-10, 3책은 권11-15, 4책은 권16-20으로 되어 있다.

板式狀況을 살펴보면 판본 모두가 木版本이며 半郭은 대략 18.7×14.7cm 內外이다. 또 모두가 四周雙邊이고 一葉 11行 18字에 註雙行의 大黑口 內向黑魚尾로 되어있으며 紙質도 모두 楮紙로 일치한다. 일반적으로 板式이 ≪新序≫와 거의 유사하다.[35]

그리고 古書目錄을 정리하여 기록한 연구원들은 출판기록을 대부분 壬辰倭亂 以前 刊이나 혹은 朝鮮朝 中期刊이라고(安東市 豐山邑 金直鉉 所藏本) 기록하고 있는데 이러한 기록들 모두 ≪成宗實錄≫과 ≪攷事撮要≫의 기록과 일치하고 있다. 이러한 정황으로 보아 ≪說苑≫또한 ≪新序≫의 출판과 함께 1492년이나 1493년에 간행되어 진 것이 확실해 보인다.[36]

국내에서 간행된 판본 이외에도 필사를 통해 상당히 유통되었던 것으로 보인다. 필사본은 한양조씨 하담고택, 재령이씨 존재파 면운재 문중, 반남박씨 낙한정 종가에 소장되어 있는 필사본과 경상대학교에 소장되어 있는 필사본인데, 비록 필사한 연대를 정확하게 추정할 수는 없지만 조선시대 후반으로 보여 진다.

또 중국 판본으로는 1875년 湖北 崇文書局에서 간행된 판본이 단국대학교 죽전 퇴

것에 대하여 ≪資治通鑑≫이라는 이름을 하사한 것도 이 때문이다. 그렇다고 ≪通鑑≫의 體裁는 ≪春秋≫와 다를 것이 없는데, 간간이 오류가 많다.
35) 醴泉郡 李虎柱 所藏本만 10행 18자로 다른데 誤記이거나 그렇지 않다면 後印으로 보여 진다
36) 민관동, 〈조선 출판본 신서와 설원 연구〉, ≪중국어문논역총간≫제29집, 2011.7. 169쪽.

第1章 唐代以前 作品目錄과 解題 57

계기념도서관에 소장되어 있다. 그 외 대부분은 청대말기에 간행된 판본들이다.

書名	出版事項	版式狀況	一般事項	所藏處/所藏番號
劉向 說苑	劉向(漢)撰, 1492~1493年	1冊, 朝鮮木版本, 26.6×18.5㎝, 四周雙邊, 半郭: 18×14.8㎝, 有界, 11行18字, 大黑口, 內向黑魚尾, 紙質: 楮紙	版心題: 說苑	奉化郡 權廷羽
劉向 說苑	劉向(漢)撰, 1492~1493年	1冊, 朝鮮木版本, 28.5×18.8㎝, 四周雙邊, 半郭: 18.7×14.8㎝, 有界, 11行18字, 大黑口, 內向黑魚尾, 紙質: 楮紙	版心題: 說苑	奉化郡 金斗淳(분실)
劉向 說苑	劉向(漢)撰, 曾鞏(宋)集, 1492~1493年	3冊, 朝鮮木版本, 24.1×17.9㎝, 四周雙邊, 半郭: 18.8×15㎝, 有界, 11行18字, 大黑口, 內向黑魚尾, 紙質: 楮紙		奉化郡 金斗淳(분실)
劉向 說苑	劉向(漢)撰, 1492~1493年	2卷1冊, 朝鮮木版本, 28.2×18.4㎝, 四周雙邊, 半郭: 18.7×14.7㎝, 有界, 10行18字, 小黑口, 內向黑魚尾, 紙質: 楮紙		醴泉郡 李虎柱
劉向 說苑	劉向(前漢)撰, 1492~1493年	5卷1冊(卷16~20), 朝鮮木版本, 25×18.9㎝, 四周雙邊, 半郭: 19.7×15.9㎝, 有界, 11行18字, 上下大黑口, 內向一 ·二葉混入花紋魚尾, 紙質: 楮紙	版心題: 說苑, 所藏印: 五美洞印, 豊山金氏, 金憲在印	安東市 豊山邑 金直鉉
劉向 說苑	劉向(前漢)撰, 1492~1493年	20卷4冊, 朝鮮木版本, 26.9×17.8㎝, 四周雙邊, 半郭: 18.7×14.9㎝, 有界, 11行18字, 註雙行, 內向一葉花紋魚尾, 紙質: 楮紙	版心題: 說苑, 所藏印: 先祖公家藏書男富義 □□□	安東市 臥龍面 군자마을 後彫堂
說苑	劉向(漢)撰, 湖北, 崇文書局, 光緒1年(1875)	20卷4冊, 中國木版本, 27×17.5㎝		檀國大學校 죽전퇴계圖書館 IOS, 고152.32 -양524ㅅ
說苑	劉向(漢)撰, 刊寫地未詳, 刊寫者未詳, 光緒19年(1893)	20卷4冊, 中國木版本, 18×12㎝, 四周單邊, 半郭: 14.5×9.5㎝, 10行20字, 註雙行, 上黑魚尾	序: 曾鞏(宋)	國立中央圖書館 BA2526-24
說苑	劉向(漢)撰, 刊年未詳	20卷4冊, 木版本, 24.8×16㎝	序: 嘉靖丁未(1547)… (明)何良俊, (宋)曾鞏	國立中央圖書館 [古]1572-3

書名	出版事項	版式狀況	一般事項	所藏處/所藏番號
說苑	劉向(漢)著, 楊以堂校, 刊寫地未詳, 刊寫者未詳, 刊寫年未詳	20卷4冊, 中國木版本, 24.8×16.2cm		國立中央圖書館 BA1272-3-1-4
說苑	劉向(漢)著, 宋曾鞏編, 刊寫地未詳, 刊寫者未詳, 刊寫年未詳	5冊(1-5, 卷1-20), 筆寫本, 29.7×20cm	序: 嘉靖丁未(1547)… 何良俊 撰	國立中央圖書館 B12526-4
說苑	劉向(漢)著	4冊		李祖書院(玉山書院)
說苑	劉向(漢)著	2冊, 木版本		慶州市立圖書館
說苑 (卷7 ~10)	劉向(漢)撰, 刊年未詳	4卷1冊(68張), 木版本, 28×18.8cm, 四周單邊, 半郭: 18.7×14.6cm, 11行18字 內向黑魚尾	裝幀: 黃色厚襦表紙, 土紅絲綴(改裝)	國立中央圖書館 [貴]598, [일산貴]3738-14 (b23738-14)
劉向 說苑	(卷第1-18) 劉向 撰	4冊(全20卷5冊中의殘本임), 木版本, 23cm, 四周雙邊, 18.8×14.9cm, 有界, 11行18字, 上下內向花紋魚尾		延世大學校 (貴重圖書) [귀]535
劉向 說苑	(卷第15) 劉向 撰	10張, 木版本, 30cm, 四周單邊, 18.6×14.9cm, 界線, 上下小黑口, 上下內向黑魚尾	版心題: 說苑, *15卷, 新序5卷, 全20卷中의零本임	延世大學校 (貴重圖書) [귀]25
說苑	劉向(漢)撰, 刊寫地未詳, 刊寫者未詳, 刊寫年未詳	20卷4冊(卷1~20), 新式活字本, 19.5×13.2cm	刊記: 中華民國元年 鄂官書處重刊	慶熙大學校 181.2-유93ㅅㄱ
劉向 說苑	劉向(漢)撰, 刊寫地未詳, 刊寫者未詳, 刊寫年未詳	2卷1冊(缺帙, 卷17~18), 29.4×18.2cm, 四周雙邊, 半郭: 26.1×16.7cm, 有界, 10行19字, 黑口, 無魚尾		東亞大學校 (3):1-100
說苑	劉向(漢)撰, 上海, 中華書局, 刊寫年未詳	9卷2冊(缺帙, 卷7~15), 中國新鉛活字本, 19.4×10.2cm, 四周單邊, 半郭: 14.2×10.2cm, 有界, 13行19字, 小黑口, 上下內向黑魚尾	刊記: 中華書局聚珍倣宋版印	全北大學校 340.1-유향설
說苑	著者未詳, 刊寫地未詳, 刊寫者未詳, 刊寫年未詳	1冊(57張), 筆寫本, 21.5×20.2cm	書名: 表題임	慶尙大學校 古(춘추) D2A 설67

第1章 唐代以前 作品目錄과 解題 59

書名	出版事項	版式狀況	一般事項	所藏處/所藏番號
劉向說苑	筆寫地未詳, 筆寫者未詳, 筆寫年未詳	1冊, 筆寫本, 26.5×15.8cm		한양조씨 하담고택 韓國國學振興院 수탁, KS04-30 79-10248-00248
劉向說苑	筆寫地未詳, 筆寫者未詳, 筆寫年未詳	4冊, 筆寫本, 26×17.5cm	元亨利貞	재령이씨 존재과 면운재문중 韓國國學振興院 수탁, KS04-3080 -10062-00062
劉向說苑	筆寫地未詳, 筆寫者未詳, 筆寫年未詳	1冊(上), 筆寫本, 28.5×18.5cm, 10行30字	漢文, 楷書	반남박씨 낙한정종가 韓國國學振興院 수탁, KS0462-1-04-00002
劉向說苑纂註	劉向(漢), 尾洲(日本), 永樂室東西郞, 寬政5年(1793)	東裝冊, 27cm		檀國大學校 죽전퇴계圖書館 고183.32-유317○
劉向說苑旁注評林	劉向(漢)著, 黃從誠(明)評註, 明, 萬曆25年(1598)序	33卷5冊(卷1~7 1冊, 卷16~21 1冊, 卷1~10 2冊(新字), 卷1~10 1冊(韓詩外傳), 29×17.8cm, 上下單邊, 左右雙邊, 半郭: 23.8×15.2cm, 有界, 6行17字, 註雙行, 頭註, 下向黑魚尾, 紙質: 竹紙	表題: 劉向說苑, 序: 萬曆丁酉(1597)秋九月望前進士古會稽郡樓居主人黃猷吉(明)寓武林南屏山寺湯題, 內容: 君道~雜言	淸州大學校 152.32유6140v.1,v.2
劉向說苑纂註	劉向(漢)撰, 尾張關嘉 纂註, 刊寫者未詳, 寬政6年(1794)	20卷10冊(卷1-20), 日本木版本, 27.5×18.9cm	跋: 寬政五年(1973)… 岡田挺之	國立中央圖書館 BA051-2-1-9 BA古6-45-1
說苑雜錄	著者未詳, 刊寫地未詳, 刊寫者未詳, 刊寫年未詳	3卷1冊(卷1~3), 筆寫本, 24×13.5cm, 無界, 10行30字, 註雙行, 無魚尾	朱墨 傍點있음, 寫記: 歲在乙卯(?) 孟秋陰一日抄	全北大學校 181.21-설원잡
說苑雜錄	서울, 刊寫者未詳, 19- -	1冊, 筆寫本, 21.7×14.5cm		大邱카톨릭大學校 동828-설67
說苑新序	劉向(漢)撰, 刊寫地未詳, 刊寫者未詳, 刊寫年未詳	5卷1冊(全20卷4冊), 元(卷1~5), 筆寫本, 30.3×19.5cm, 四周單邊, 半郭: 20.6×15.5cm, 有界, 10行20字, 上下內向二葉花紋魚尾	版心書名: 說苑, 表紙書名: 劉向說苑, 說苑新敍序 …嘉靖丁未(1547)…東海 何良俊撰	漢陽大學校 181.12-유926ㅅㄱ-v.1

書名	出版事項	版式狀況	一般事項	所藏處/所藏番號
說苑	劉向(漢)撰, 中華1年(1912)刊	20卷4冊, 中國木版本, 26.2×17㎝, 四周雙邊, 半郭: 18.8×14㎝, 有界, 12行24字, 註雙行, 大黑口, 內向黑魚尾, 紙質: 竹紙	序: 編校書籍臣會肇(宋)上, 刊記: 中華民國元年(1912), 所藏印: 邊時淵印, 內容: 君道 臣術 建本 立節 貴德 後恩 政理 尊賢 正諫 敬慎 善說 奉使 權謀 至公 指武 叢談 雜言 辯物 修文 反質	全南 長城郡 邊時淵 (변주숭)
說苑	劉向(漢)撰, 鄂官書處, 民國元年(1912)	20卷4冊(卷1~20), 中國木版本, 26.3×16.8㎝, 四周雙邊, 半郭: 18.3×13.5㎝, 有界, 12行24字, 大黑口, 上下向黑魚尾	刊記: 中華民國元年鄂官書處重刊	慶熙大學校 181.2-유93ㅅ
說苑	劉向	5冊(殘), 活字本, 16.5×25.2		忠北제천시 의병전시관

12. 列女傳

 ≪列女傳≫은 前漢時期의 劉向이 중국의 堯舜時代부터 春秋戰國時代까지 역대 유명한 여성의 傳記를 모아 편집한 책이다. 이 책은 총 7권으로 구성되어 있으며, 내용은 母儀・賢明・仁智・貞順・節義・辯通・孼嬖 등 7종목으로 분류하여 소개하였고 또 간단한 평론도 倂記하였다.

 ≪列女傳≫은 후대에 다시 ≪續列女傳≫과 ≪古今列女傳≫(3권)이 출현하게 되자 이들과 구분하기 위해 ≪古列女傳≫이라는 명칭으로 통용되었다. 특히 ≪古列女傳≫은 明代 嘉靖 壬子年(1552)에 黃魯曾이 編修하면서 서문을 썼고 후에 萬曆 丙午年 (1606) 黃嘉育의 서문이 있는 것으로 보아 여러 번에 걸쳐 출판되었음을 알 수 있다. 그 외에도 ≪列女傳補注≫・≪典故列女傳≫ 등의 後續作品들이 지속적으로 출현하였는데, 그 중 ≪古今列女傳≫은 明代 解縉이 勅命을 받들어 1403년(永樂元年 癸未 9月)에 다시 꾸민 책으로 총 2卷 4冊으로 되어있고, ≪典故列女傳≫(4卷 4冊)과 ≪列女傳補注≫(王昭圓補注, 8권과 續傳 合 4冊)는 모두 淸代 말기에 나온 책들이다.

 국내유입 된 시기는 적어도 15세기 초반으로 추정할 수 있다. 1475년 成宗의 어머니인 昭惠王后(후의 인수대비)가 중국의 ≪列女傳≫・≪小學≫・≪女敎≫・≪明鑑≫의 네 책에서 부녀자의 요긴한 대목을 뽑아서 3卷 3冊의 ≪內訓≫[37]을 편찬했는데, ≪列女傳≫의 내용을 취했다는 것은 이미 조선 초기에 이 책이 국내 유입되었다는 사실을 증명해준다. 비록 ≪列女傳≫전문을 번역한 것은 아니지만 일부가 번역된 최초의 번역본이라고 볼 수 있다.

일부뿐만 아니라 ≪列女傳≫ 全文이 이미 조선 초기에 번역된 것으로 보이는데 "嘉靖 癸卯年(1543~中宗 38년)에 中宗이 劉向의 ≪列女傳≫을 내주며 禮曹로 하여금 飜譯하게 하였다."38)라는 기록이 그 근거이다. 이 작품은 중국고전소설에 대한 번역의 嚆矢가 되었다고 할 수 있다.

또한 ≪列女傳≫ 출판과 관련된 기록도 남아있는데, 宣祖 1年(1568) 刊行本 ≪攷事撮要≫에 全羅道 光州에서 출판되었다는 서목 중에서 ≪列女傳≫이 보인다. 이 기록이 1543년 번역된 ≪列女傳≫인지는 확실히 알 수 없으나, 이미 16세기 초 중반에 ≪列女傳≫ 전문이 번역되고 출판되었다는 사실은 증명되었다. 아직까지 原版本이 아직 발굴되지 않아 우선 남은 기록을 소개할 따름이다.

그 후 ≪英祖實錄≫(권21-24)에 閔鎭遠이 ≪古今列女傳≫을 간행하려한다는 기록이 있다. 기록을 살펴보면 다음과 같다.

> 癸丑 行召對. 講明紀 參贊官金致垕曰 經書及性理大全 皆皇明太宗時所纂也 太宗尊斯文之功大矣. 上曰 解縉等 奉勅 修古今列女傳書成 太宗親製文序之 我國有內訓 乃皇明太祖高皇后所作也 予欲刊行. 判府事 閔鎭遠 請使嶺營刊行. 上曰 當頒下於玉堂矣.
>
> 癸丑에 召對를 행하였다. 명기(明紀)를 進講하였는데, 참찬관 金致垕가 아뢰기를, "經書와 ≪性理大全≫은 모두가 皇明 太宗 때에 편찬한 것이니, 태종이 사문(斯文)을 존숭한 공로가 큽니다."하니, 임금이 이르기를, "解縉 등이 勅命을 받들어 ≪古今列女傳≫을 편수했는데, 글이 완성되자 태종이 친히 序文을 지었고, 우리나라에 있는 ≪內訓≫은 곧 皇明 太祖의 高皇后가 지은 것인데, 내가 간행하려고 한다."하였다. 판중추부사 閔鎭遠이39) 嶺營(嶺南의 監營, 곧 慶尙道觀察使가 공무를 보는 건물 또는 그 소재지를 일컬음)

---

37) 책머리에 소혜왕후의 內訓序와 목록, 책 끝에는 尙儀曹氏의 발문이 있다. 권1에는 언행·효친·혼례, 권2에는 夫婦, 권3에는 母儀·敦睦·廉儉 등 전체를 7장으로 나누어서 실었다. 각 장마다 ≪女敎≫·≪禮記≫, 孔子·司馬溫公 등 40여 종의 경전과 諸家說을 인용하였고, 文王의 어머니 太任 등 50여 명의 행장을 인용하여 여성 행실의 실제와 경계할 내용을 밝히고 있다.

38) "嘉靖癸卯 中廟出劉向列女傳 令禮曹翻以諺文." [稗官雜記 권4](大東稗林27, 國學資料院, 1992년, 407쪽)(제2부 ≪列女傳≫평론-11)

39) 閔鎭遠 : 본관은 驪興이며, 호는 丹巖·洗心이고, 시호는 文忠이다. 아버지는 여양부원군 閔維重이다. 숙종의 계비 仁顯王后의 오빠이자 우참찬 閔鎭厚의 동생이다. ≪숙종실록≫·≪경종

에서 간행하게 하기를 청하니, 임금이 이르기를, "마땅히 玉堂에 頒下하겠다."하였다.
[英祖實錄, 卷十一·24, 英祖 3年(西紀 1727年) 3月 26日, 癸丑]

위에서 언급한 ≪古今列女傳≫의 出刊與否는 확인되지 않고 있다. 또 방각본으로 1918년 太和書館에서 출간된 것이 있으며, 이 출판본은 朝鮮初期 출간본과는 다른 것으로 보여 진다.

書名	出版事項	版式狀況	一般事項	所藏處/所藏番號
新刻古列女傳	劉向(漢)撰, 胡文煥(明)校, 書種堂, 日 承應3年(1654) 跋	零本8冊, 日本木版本, 有圖, 24.6×17.4㎝, 四周單邊, 半郭: 19.9×13.7㎝, 無界, 10行字數不定, 上下向白魚尾, 紙質: 和紙	裏題: 列女傳, 序: 萬曆丙午(1606) 孟春日新都黃嘉育懷英父誤汪其瀾仲觀父書, 劉向古列女傳小序: 嘉定七年甲戌(1214)十二月初五日武夷蔡驤孔良拜手謹書, 跋: 承應三年甲午(1654)五月(新刻古列女傳 卷1~8 5冊, 新續列女傳 卷1上~下3冊)	忠南大學校 史. 傳記類 中國人-744
新刻古列女傳	劉向(漢)撰, 胡文煥(明)校, 水玉堂, 承應3年(1654)刊	8卷5冊(續), 木版本, 有圖, 26×17.8㎝, 四周單邊, 半郭: 19.8×13.7㎝, 無界, 半葉10行20字, 註雙行, 上白魚尾, 紙質: 楮紙	表題: 劉向列女傳, 複本1帙, 刊記: 承應三年甲午(1654) 五月穀旦二條通玉屋町上村次郎衛門版行 序: 嘉祐八年(1063) 秋日長樂王回撰, 序: 萬曆丙午(1606)孟春日新都黃嘉育懷英父, 序: 編校館閣書籍臣曾鞏序	韓國學中央研究院 J2-162
新刻古列女傳	劉向(漢)撰, 胡文煥(明)校, 水玉堂, 承應3年(1654)刊	11卷8冊(續), 木版本, 有圖, 26.7×18.7㎝, 四周單邊, 半郭: 20×13.7㎝, 無界, 半葉, 10行20字, 註雙行, 上白魚尾, 紙質: 楮紙	裡題: 列女傳, 表題: 劉向列女傳, 刊記: 承應三年甲午(1654) 五月水玉堂發兌 序: 嘉祐八年(1063) 秋夕長樂王回撰, 序: 萬曆丙午(1606) 孟春日新都黃嘉育懷英, 小序: 嘉定七年甲戌(1214) 十二月初五日武夷蔡, 驤孔良拜手謹書	韓國學中央研究院 J2-161

실록≫등의 편찬에 참여하고, ≪加足帝腹論≫을 찬하였다. 벼슬은 좌의정·영중추부사에 이르렀으며, 저서에 ≪丹巖奏議≫·≪燕行錄≫·≪閔文忠公奏議≫ 등이 있다. 위 기록에서 대략 1727년경에 민진원은 嶺南의 監營에서 ≪列女傳≫을 간행하고자 영조에게 청하였고 영조도 이에 허락을 하였다는 기록이 보인다. 그러나 아직 국내에서 간행된 판본은 확인되지 않고 있다.

書名	出版事項	版式狀況	一般事項	所藏處/所藏番號
列女傳	劉向(漢)撰, 梁端(淸)校注, 上海, 會文堂, 同治13年(1874)	8卷4冊, 石印本, 20.1×13.3cm	標題: 列女傳校讀本, 序: 錢唐梁德繩楚生氏撰 古序: 嘉祐八年(1068)… 長樂王回序并撰, 目錄序: 曾鞏序, 識: 道光癸巳(1833)…汪遠孫, 跋: 同治十三年歲在甲戌(1874)… 從子曾本謹跋	高麗大學校 대학원 B12-B8-1-4
列女傳	劉向(漢)編, 梁端(淸)校注, 上海, 會文堂, 1833	8卷4冊(卷1~8), 中國石印本, 20.3×13.5cm		檀國大學校 죽전퇴계圖書館 IOS, 고990.84 -유317ㅇ
列女傳	劉向(漢)撰, 梁端(淸)校註, 上海, 會文堂, 淸, 同治13年 (1874)刊	8卷4冊, 中國石印本, 20×13.3cm, 上下單邊, 左右雙邊, 半郭: 15.2×10.3cm, 有界, 13行26字, 註雙行, 上下向黑魚尾, 紙質: 洋紙	裏題: 列女傳校讀本, 古序: 嘉祐八年(1063) 九月十八日長樂王回序并撰, 序: 道光癸巳(1833) 立秋日借間漫士注遠孫識於觀馴齋, 跋: 同志十三年歲在甲戌(1874) 嘉平日從子曾本謹跋於佗城禹齋, 刊記: 上海會文堂粹記出版, 所藏印: 高興世家, 柳永善印	全北 高敞郡 玄谷書院
列女傳	劉向(漢)撰, 上海, 會文堂, 同治11年(1874)	8卷4冊(卷1~8), 中國石印本, 20×14cm		檀國大學校 죽전퇴계圖書館 IOS, 고990.84 -유317ㅇ
列女傳	劉向(漢) 編, 上海會文堂, 1874跋	8卷4冊, 中國石印本, 20×13.3cm, 四周單邊, 半郭: 15.2×10.5cm, 有界, 13行28字 註雙行, 上下向黑魚尾	表題: 列女傳校讀本, 序: 道光癸巳(1833)…汪遠孫, 跋: 同治十三年歲在甲戌(1874) …會本, 刊記: 上海會文堂粹記 出版, 藏版記: 據錢塘汪氏振綺 堂藏本校印	國立中央圖書館 g13738-21
列女傳	劉向(漢)撰, 梁端(淸)校主, 上海, 錦章圖書局, 刊寫年未詳	8卷4冊, 中國石印本, 20.3×13.3cm, 四周雙邊, 半郭: 17.3×11.6cm, 有界, 15行32字, 註雙行, 上下向黑魚尾	標題: 校正列女傳讀本, 表題: 列女傳讀本, 刊記: 上海錦章圖書局石印	西江大學校 [고서]열 214v.1~v.4
列女傳	劉向(漢)撰, 上海, 錦章圖書局	8卷4冊, 中國石印本, 20.3×13.4cm, 四周雙邊, 半郭: 17.4×11.6cm, 有界, 15行32字, 註雙行, 上下向黑魚尾, 紙質: 洋紙	題簽: 列女傳讀本, 版心題: 校正列女傳, 序: 錢唐梁德繩楚生氏撰, 編校館閣書籍臣曾鞏序, 刊記: 上海錦章圖書局印行	忠南大學校 史.傳記類-556

64 第一部 韓國 所藏 中國文言小說의 版本目錄과 解題(作品 別)

書名	出版事項	版式狀況	一般事項	所藏處/所藏番號
列女傳	劉向(漢)撰, 上海, 錦章圖書局, 刊寫年未詳	8卷4冊, 中國石印本, 20.3×13.4cm, 四周雙邊, 半郭: 17.4×11.6cm, 有界, 15行32字, 註雙行, 上下向黑魚尾, 紙質: 洋紙	題簽: 列女傳讀本, 裏題: 校正列女傳, 刊記: 上海錦章圖書局印行, 序: 錢唐梁德繩楚生氏撰: 編校館閣書籍臣曾鞏序	慶熙大學校 920.052-유93ㅇ
列女傳	劉向(漢), 上海, 上海, 會文堂粹記, 發行年不明	8卷4冊, 13.3×20.1cm, 四周單邊, 半郭: 10.7×15.5cm, 有界, 13行28字, 註雙行, 上下向黑魚尾	刊記: …嘉祐八年九月二十八日長樂王回序幷, 拔文: …謹跋於陀城禹虉	明知大學校 812.3-2
列女傳		2卷2冊, 石印本		박재연 (金奎璇所藏本)
列女傳	劉向 編撰, 上海, 會文堂, 刊寫年未詳	8卷1冊(卷1~8), 中國石印本, 20cm	表題: 列女傳校讀本	慶熙大學校 920.052-유93ㅇㄱ
新刊古列女傳	余仁仲(宋)著, 刊寫地未詳, 刊寫者未詳, 道光5年(1825)跋	2卷1冊(卷7~8, 全8卷4冊), 有圖, 27.5×15.8cm, 上下單邊, 左右雙邊, 半郭: 18.6×12.1cm, 無界, 11行12字, 黑口, 上下向黑魚尾	版心題: 列女傳, 跋: 嘉慶二十五年(1820) 三月十一日甘泉江藩題浚時年六十, 跋: 道光五年(1825) 秋攘州阮福識于嶺海節樓	東亞大學校 (2):7:2-25
參訂劉向列女傳	松本万年(日本) 標註, (?)本荻江(日本) 校正, 東京, 萬青堂, 明治11年(1878)	3卷3冊(卷1~3), 23×15.7cm, 四周雙邊, 半郭: 18.6×12.4cm, 無界, 11行21字, 註17行6字, 上下向黑魚尾	標題: 標註劉向列女傳, 刊記: 明治十一年(1878)五月出版, 序: 明治十一年(1878)季四月四日四田義?書上段(註記)2.9cm, 下段(本文)15.7cm	東亞大學校 (2):7:2-72
古列女傳	上海, 廣雅書局	6卷3冊, 石印本		박재연
列女傳	中宗38年癸卯 (1543)	申珽・柳沆飜譯, 柳耳孫寫, 李上佐畵		失傳
렬녀전	太華書館: 렬녀전, 世界書林: 고금녈녀전	太華書館: 렬녀전(구활자 방각본)	太華書館: 렬녀전(1918년)	
고녈녀년	飜譯筆寫本	1冊, 79張	原文充實한 飜譯	國立中央圖書館 57-아-411, R35N-002960-2
녈녀전	飜譯筆寫本	2冊(乾, 坤), 28×21cm	再編飜譯	國立中央圖書館
열녀전	飜譯筆寫本	1冊, 67장		忠北大學校 李樹鳳 所藏

書名	出版事項	版式狀況	一般事項	所藏處/所藏番號
列女傳	劉向(漢) 撰, 上海會文堂書局, 1910	8卷4冊, 中國石印本, 19.7×13.2cm, 上下單邊, 左右雙邊, 半郭: 15.4×10.4cm, 有界, 13行26字, 註雙行, 黑口, 上下向黑魚尾	標表題: 列女傳校讀本, 序: 錢唐梁德繩楚生氏譔, 跋: 同治十三年歲在甲戌(1874)… 曾本, 刊記: 庚戌(1910) 夏上海會文堂書局印行, 藏版記: 據錢塘汪氏振綺堂藏本精校	國立中央圖書館 BA3738-22 卷1-8
列女傳	劉向(漢)撰, 梁端(淸)校註, 上海, 會文堂書局, 淸, 宣統2年(1910)刊	4卷2冊(卷1~4), 中國石版本, 20.1×13.4cm, 四周雙邊, 半郭: 15.5×10.3cm, 有界, 13行26字, 註雙行, 小黑口, 上下向黑魚尾, 紙質: 綿紙	裏題: 列女傳校讀本, 序: 道光癸巳(1833) 立秋日借閒漫士汪遠孫(淸), 刊記: 庚戌(1910) 夏上海會文堂書局印行	釜山大學校 2-7-185
列女傳	劉向(漢)編纂, 梁端(淸)校註, 上海 會文堂, 宣統2年(1910)	全8卷4冊(卷1~8), 20.1×13.3cm, 左右雙邊, 半郭: 15.3×10.4cm, 有界, 13行28字, 上內向黑魚尾	表紙書名: 列女傳刊記: 據錢塘 江氏振綺堂藏本校印, 古列女 傳目錄序: 曾鞏, 跋: 同治十三年 歲在甲戌(1874) 嘉平月從子曾本 謹跋, 序: 道光癸巳(1833) 立秋日借閒 漫士汪遠孫識, 序: 錢唐梁德繩, 內容: 卷1~2- 目錄, 母儀傳, 賢明傳, 卷3~4-孽嬖傳, 續傳, 卷5~6-仁智傳, 貞順傳, 卷7~8-節義傳, 辯通傳	漢陽大學校 920.052-유926ㅇ -v.1~4

13. 列仙傳

≪列仙傳≫은 漢代 神仙志怪小說로 劉向의 작품이라고 알려져 있으나 宋代 이후의 학자들은 이 說을 부정하고 있기 때문에 가탁일 가능성이 높다. 그러나 魯迅은 유향의 작이라고 단정했다. 현존하는 판본은 상·하 2권에 총 70條가 실려 있는데, 每 條마다 4언으로 된 贊語가 있으며 맨 끝에는 總贊이 붙어 있다. ≪隋書≫〈經籍志〉雜傳類에 ≪列仙傳贊≫라는 표제로 2종류가 기재되어 있다.[40]

≪列仙傳≫의 現存本은 상·하 2권에 총 72조로 되어 있다. 이 책은 最古의 신선 전기집으로 상고시대부터 秦·漢에 이르기까지 신선 및 仙人들의 행적에 관한 이야기들을 모두 모아 엮은 신선고사의 총집이다.

---

40) 寧稼雨, ≪中國文言小說總目提要≫, 齊魯書社, 1996, 4쪽.

이 책에서 다룬 73명 가운데 일부분은 상고시대 신화전설의 인물이고, 黃老思想과 방중술의 시조로 일컬어지는 神仙 외에, 呂尙·介子推·范蠡·東方朔 등 역사서에 등장하는 인물들도 다수 포함되어 있다. 그 중 인간과 신의 연애고사와 遊仙故事는 중국 志怪小說의 전형적인 제재이다. 불로장생을 위하여 영생하는 仙藥을 구하는 秦의 시황제 시대를 이어 다음 왕조인 漢代에도 神仙方術이 유행하여, 武帝때 가장 성행하였다. 후대의 신선고사는 대부분 이 책을 근거로 하여 꾸며진 것이어서 문학적 가치가 크고, 역대 문인들이 전고로 인용한 고사도 많아 문학사적으로도 중요하다.

국내 최초의 기록으로는 고려후기 학자 李穀(1298~1351)의 ≪稼亭集≫에 보인다. 제17권 律詩〈郊祭를 지내고 大赦免令을 내린 일에 대해 朝賀했다는 말을 病中에 듣고〉라는 詩에서 "丹鳳曉開靑瑣闥"라는 구절이 보이는 데 이것은 ≪列仙傳≫卷上〈蕭史〉에 보이는 고사를 인용한 것이다. 교제를 지내기 위해 황제가 아침 일찍 出行했다는 말로 丹鳳은 丹鳳城의 준말이고 황제의 궁성을 가리킨다. 秦穆公의 딸인 弄玉이 피리를 불면 진나라 수도인 咸陽에 단봉이 내려왔다는 전설과, 漢武帝가 세운 鳳闕 위에 구리로 만든 봉황이 있었다는 고사에서 유래한 것이다. 이 부분은 ≪文選≫ 李善注에도 보이고 唐宋代 시인들의 詩에 典故로 많이 쓰이는 내용이지만, 李穀이 ≪列仙傳≫〈蕭史〉의 내용을 참고했을 가능성도 배재할 수는 없다.

국내 소장된 판본으로는 서울大學校 中央圖書館에 1793년 일본에서 간행한 木版本과 간행 시기를 알 수 없는 木活字本 판본이 소장되어 있고, 淸代 판본으로 보이는 木版本과 정확한 연대를 추정할 수 없는 木版本이 奎章閣에 소장되어 있다. 그 외에도 1902년 일본 木版本으로 추정되는 책이 啓明大學校 圖書館에 소장되어 있다.

書名	出版事項	版式狀況	一般事項	所藏處/所藏番號
列仙傳	岡田挺之(日本)撰, 日本, 文光堂, 寬政 5年(1793)	2卷2冊, 木版本, 25.4×18cm, 四周單邊, 半郭: 20.7×14.8cm, 有界, 10行20字, 花口, 上下向黑魚尾	版心題: 列仙傳 版心題: 列仙傳考異 裝幀: 藍色表紙黃絲四綴	서울大 中央圖書館 4660-155-1-2
列仙傳	劉向(漢)撰, 刊寫地未詳, 掃葉山房, 1616-1911	1冊(零本), 有圖, 木版本, 25.2×15cm		서울大 奎章閣 5088-v.00

書名	出版事項	版式狀況	一般事項	所藏處/所藏番號
列仙傳	劉向(漢)撰, 日本, 名古屋, 文光堂, 明治 35年(1902)	東裝2卷2冊, 木版本, 25.2×18.2㎝, 四周單邊, 半郭: 20.5×14.8㎝, 有界, 10行20字, 上黑魚尾	序: 寬政五年(1793)…/ 岡田挺之	啓明大學校 920.952-유향ㅇ
列仙傳	劉向(漢)撰, 徐立方(淸), 江文위(淸), 胡挺(淸)同校, 會稽董氏, 取斯家塾, 刊寫年未詳	2卷1冊, 木活字本, 27.8×18㎝, 四周單邊, 半郭: 18.8×12㎝, 有界, 9行21字, 註雙行, 大黑口, 上下向黑魚尾	卷末: 校訛, 卷末: 補校, 刊記: 汲古閣刊本長洲宋翔鳳洞蕭樓藏書, 刊記: 宜興曹鳳奎刷印, 裝幀: 黃色表紙金絲綴, 疑仙傳/玉簡(?)撰	서울大 中央圖書館 0230-87-12
有象列仙全傳	王世貞(明) 輯次, 刊寫地未詳, 刊寫者未詳	9卷6冊, 有圖, 木版本, 22.8×15㎝	表題紙: 列仙傳 序: 李攀龍	서울大 奎章閣 5218

14. 西京雜記

≪西京雜記≫의 작자에 대해서는 漢代의 劉歆과 東晉의 葛洪이라는 說이 있는데, 魯迅은 후자가 옳다고 단정했다. 현존하는 판본에는 2卷本과 6卷本 두 종이 있다. ≪隋書≫〈經籍志〉 史部 舊事類에 2卷으로 기록되어 있고 葛洪이 撰했다고 되어 있다. 또 ≪舊唐書≫〈經籍志〉에도 2卷으로 되어 있으나, ≪新唐書≫〈藝文志〉 傳記類에는 6卷으로 기록되어 있다.

≪西京雜記≫는 중국의 西漢時代의 수도였던 長安을 그 배경으로 하고 있다. 西漢이 일단락을 고하고 東漢時代에 이르자 漢人들은 자신들의 옛 수도인 長安을 西京이라 불렀다. 작가 스스로 雜記란 이름을 택함으로써 기록의 채집 범위에 제한을 두지 않았던 자유로운 형식의 기록체 문장임을 밝혀두고 있다. 그 때문에 글자 수에도 구애됨이 없이 10여 자에서 길어야 천여 자를 넘지 않는 단편적인 기술로 되어 있다.

이 책은 총 138조의 고사로 이루어져 있으며 그 내용은 전한의 천자·후비·유명 인사들의 일화·궁실의 제도와 풍습·苑池·秘寶 등, 西京의 궁실과 苑囿·진기한 물건·輿服과 典章제도·풍속습관·方術故事·괴이한 전설·문인고사·高文技藝 등 다방면에 걸쳐 기술되어 있다. 특히 천자가 상주한 未央宮, 궁중의 천자 원지인 上林苑·昆明池 등의 기사는 매우 상세하며, 正史를 보충하는 사료로 쓰인다. 이 책은 옛날부터 시인들의 詩作 재료로 많이 이용되었다. 그 중에서 〈王嫱〉·〈司馬相如〉와 같은 고사는 구성·제재운용·묘사기교 등이 뛰어나 후대 문학에도 많은 영향을 주었다.[41]

국내 유입된 시기에 대해서는 정확한 기록이 없어 알 수 없으나 가장 빠르게는 崔致遠(857~?)의 ≪桂苑筆耕集≫에 ≪西京雜記≫卷5의 내용이 인용되어 있고, 고려시대 李穀(1298~1351)의 ≪稼亭集≫, 李奎報(1168~1241)의 ≪東國李相國文集≫에도 ≪西京雜記≫ 내용이 인용되어 있으며 조선시대에 들어와서는 奇大升(1527~1572)의 ≪高峯集≫, 崔岦(1539~1612)의 ≪簡易集≫ 등 많은 학자들의 문집에서도 ≪西京雜記≫의 내용을 소개하고 있다. 그 외에도 ≪朝鮮王朝實錄≫ 연산군 10년(1504) 4월 14일에 ≪西京雜記≫에 기록된 '秋胡子'에 관한 詩를 내리고 뜻을 풀이하게 했다는 기록도 남아있는 것으로 보아, 국내 유입된 시기는 적어도 高麗時代 末에서 朝鮮時代 初에 유입되었을 것으로 추정된다.

현존하는 판본 중 가장 오래된 것으로는 박재연이 개인적으로 소장하고 있는 明代 간행 목판본이 있지만, 정확한 연대를 추정할 수는 없다. 또 1882년 간행된 중국 목판본이 奎章閣에 소장되어 있고, 海軍士官學校에 高宗 年間에 필사했을 것으로 보이는 楮紙의 ≪西京雜記≫ 필사본이 소장되어 있지만, 누가 언제 필사했는지에 대한 정확한 정보를 추정하기는 힘들다. 그 외에도 정확한 연대를 알 수 없는 판본이 延世大學校, 慶熙大學校, 國立中央圖書館에 소장되어 있다.

書名	出版事項	版式狀況	一般事項	所藏處/所藏番號
西京襍記 (西京雜記)		1冊, 木版本, 明刊本		박재연
西京雜記	劉歆(漢)撰, 重刊, 抱經堂本, 光緒8年(1882)	1冊(61張), 中國木版本, 14.9×12.2㎝	序: 盧文弨(怊), 印: 集玉齋 〈이 책의 撰者는 晉葛洪 또는 梁吳均等不確實함〉	서울大 奎章閣 [奎중]5680
西京雜記	劉歆(漢)著, 高宗年間 (1864~1906)寫	6卷1冊, 筆寫本, 24.4×16.3㎝, 無界, 12行24字, 註雙行, 紙質: 楮紙		慶南 鎭海市 海軍士官學校
西京雜記	程榮(明)校, 葛洪(淸)集, 刊寫地未詳, 明吳郡黃省會, 刊寫年未詳	6卷1冊(卷1~6), 27×17.6㎝, 四周單邊, 半郭: 19.7×13.4㎝, 有界, 9行20字, 上下向白魚尾	內容: 西京雜記, 葛洪: 程榮, … 趙飛燕外傳, 程榮, … 南方草木狀, 程榮	慶熙大學校 812.8-정64ㅅ

---

41) 寧稼雨, ≪中國文言小說總目提要≫, 齊魯書社, 1996, 39~40쪽.

書名	出版事項	版式狀況	一般事項	所藏處/所藏番號
西京雜記	葛洪(淸)編, 程榮(明)校, 刊年未詳	1冊(52張), 木版本, 25.8×17.8㎝	序: 黃省曾(明)	國立中央圖書館 [古]10-30-나41
西京雜記	劉歆 撰	2卷1冊(61張), 木版本, 19㎝, 上下單邊, 左右雙邊, 10.3×7.3㎝, 界線, 9行18字, 上黑魚尾	序: 葛洪	延世大學校 812.38/4

15. 高士傳

≪高士傳≫은 총 3권으로 上古時代부터 魏晉까지 96명의 "隱逸之士"를 기록한 책이다. '高士'는 '품행이 고상한 선비', '隱士'와 같은 의미이다. 저자는 皇甫謐(215~282)로 文學家이면서 醫學家로 알려진 인물이다. 원래 士族出身이지만 자신의 시대에 이르러 관직도 없었고 집안도 가난한데다 병약하여 현실에 참여할 기반이 없었다고 한다. 따라서 皇甫謐은 자신이 처했던 급변하는 어지러운 시대에서 조용히 은거하면서 性命을 보전하는 처세방법을 선택하게 된 것으로 보인다.[42]

皇甫謐은 서문에서 ≪史記≫・≪漢書≫에 '高士'에 대한 기록이 빠져있거나 소략한 점을 보충하기 위해 이 책을 편찬했다고 밝히고 있다. 총 91조(96명)의 짤막한 고사로 이루어져 있다.

그 내용은 堯임금 時代의 被衣로부터 魏末의 焦先까지 淸高한 고사들의 언행과 일화를 수록하고 있다. 皇甫謐 자신이 창작한 것은 39조이고, 나머지 52조는 이전의 여러 전적에서 그대로 채록하거나 몇 군데에서 채록하여 조합하거나 또는 일부는 채록하고 일부 개작하는 방법으로 기술하였다. ≪高士傳≫은 현존하는 最古의 隱逸專集으로 ≪後漢書≫⟨人民列傳⟩의 성립에 지대한 영향을 미쳤으며, 후대 正史에서 ⟨隱逸傳⟩을 따로 넣는 풍조를 만들기도 하였다.[43]

이 책은 ≪高麗史≫卷10 宣宗 8年(1091) 6月條에 기록되어 있는 것으로 보아 적어

---

42) 황보밀 저, 김장환 역, ≪高士傳≫, 지만지, 2008 참조.
43) 황보밀 저, 김장환 역, ≪高士傳≫, 지만지, 2008 참조.

도 1091년 이전에는 국내에 유입된 것으로 보여진다. 고려후기 李穀(1298~1351)의 ≪稼亭集≫에 인용된 문구가 보이기도 하고, 조선시대에는 隱逸을 지향하던 문인학자들에게 지대한 영향을 주었다. 崔岦의 ≪簡易集≫·沈守慶의 ≪遣閑雜錄≫·張維의 ≪谿谷集≫ 등과 許筠의 ≪惺所覆瓿藁≫〈閑情錄〉에도 ≪高士傳≫의 고사들이 인용되어 있다.44)

하지만 국내 소장된 판본 중 가장 오래된 것으로는 國立中央圖書館에 소장되어 있는 1805년 간행된 日本 木版本이다. 그 외에 서울大學校 奎章閣에 소장된 1858년 木版本과 1886년 木版本이 있으며, 國立中央圖書館에 1894년 木版本 등이 소장되어 있다. 전반적으로 淸代 末期에 유입된 것이 주종을 이룬다.

書名	出版事項	版式狀況	一般事項	所藏處/所藏番號
高士傳	皇甫謐(晉)著, 張遂辰(淸)閱, 刊寫地未詳, 寫者未詳, 文化2年(1805)	3冊, 日本木版本, 25.6×18㎝	刊記: 文化二乙丑歲(1805)求版, 序: 皇甫謐	國立中央圖書館 BA古6-45-95
高士傳	皇甫謐(晉)著, 刊寫地未詳, 刊寫者未詳, 光緖20年(1894)	2卷1冊, 中國木版本, 四周單邊, 18×12.2㎝, 半郭: 14.5×9.8㎝, 20字, 註雙行, 上黑魚尾	刊記: 光緖甲午(1894) 孟夏藝文書局重雕, 序: 皇甫謐, 合綴, 合刊: 蓮社高賢傳編者 未詳江幼光板	國立中央圖書館 BA252-1
高士傳	皇甫謐(晉)撰, 王錫齡(淸)校, 刊寫地未詳, 刊寫者未詳, 咸豊8年(1858)	2冊(1-2冊), 木版本, 有圖, 29.3×17.6㎝	序: 咸豊七年(1857)…王錫齡	서울大 奎章閣 4522
高士傳	皇甫謐(晉)撰, 上海, 同文書局, 光緖12年(1886)	1冊(53張), 石板本, 有圖, 19.8×12.6㎝	序: 咸豊七年(1857)…王齡	서울大 奎章閣 5646
高士傳	皇甫謐(晉)著, 鄭國勳(中國)輯, 龍谿精舍, 刊寫年未詳	3卷1冊(卷上/中/下), 中國木版本, 上下單邊, 左右雙邊, 27.3×17.2㎝, 半郭: 17×12.7㎝, 有界, 10行21字, 註雙行, 花口, 上下向黑魚尾	叢書事項: 龍谿精舍叢書, 刊記: 龍谿精舍校刊, 刊記: 潮陽鄭氏用明刻本刊, 刊記: 廣陵邱義卿邱紹周監刻, 揚州周楚江刊刻, 序: 皇甫謐	서울大 中央圖書館 0230-29-54

---

44) 한국고전종합 DB 참조(http://db.itkc.or.kr)

16. 神仙傳

≪神仙傳≫은 東晉의 葛洪이 신선들에 대한 기록을 모아 편찬한 10권의 志怪小說이며 神魔小說인 동시에 도교경전 중 전기류에 해당한다. 葛洪은 漢代 劉向의 ≪列仙傳≫을 바탕으로 仙經·道書·百家의 설 및 당시에 전해지고 있던 신선고사를 채집하여 ≪神仙傳≫을 편찬했는데, ≪列仙傳≫에 비하여 내용이 풍부하고 줄거리가 복잡하며 묘사가 치밀하고 편폭이 길어져서 소설적인 색채가 훨씬 강하다. 실제 이 책에서 다룬 84명 중에 ≪列仙傳≫과 중복되는 인물은 '容成公'과 '彭祖' 두 사람뿐이며 나머지는 葛洪이 직접 수록하여 새롭게 선보이는 신선들이다.

현재 〈廣漢魏叢書本〉·〈毛晉刊本〉·〈龍威秘書本〉·〈道藏本〉·〈說郛本〉·〈四庫全書本〉·〈雲笈七籤本〉·≪太平廣記≫ 등에 ≪神仙傳≫의 기록이 전해지고 있다. 각기 그 수록 내용과 문자의 이동이 있으며 그 중 〈毛晉刊本〉과 〈四庫全書本〉을 저본으로 삼고 있다. 明代 〈毛晉刊本〉과 〈說郛本〉에는 84명이 수록되어 있고, 〈廣漢魏叢書本〉·〈龍威秘書本〉 등에는 92명이 수록되어 있다. 한편 ≪文苑英華≫에 인용된 梁肅의 〈神仙傳論〉에 따르면, 그가 본 갈홍의 ≪神仙傳≫에는 모두 190명이 수록되어 있었다고 한 것으로 보아 현존하는 판본은 후인이 집록한 것으로 보인다.[45]

신선의 행적과 장생불사를 다룬 신선 설화집이자 신선 傳奇集으로, 온갖 상상력이 동원되어 한계 극복의 극치를 보여 주며, 인간 세계의 또 다른 모습을 그려내고 있다. 사회 풍조와 문화기층, 인간 내면의 희구와 열망을 극도의 별개 세상으로 설정한 뛰어난 이야기들이 가득하다. 또한 도교의 주요 경전으로 중국의 철학·문학·민간신앙·자연과학에 큰 영향을 미쳤다. 전통적인 도교의 成仙의 방법으로서 傳受·服藥法·辟穀法·行氣法·導引法·房中術·去三尸 등이 나타나 있다.

≪神仙傳≫이 국내 유입된 정확한 기록은 없으나 가장 이른 기록으로는 고려 말 李穀(1298~1351)의 ≪稼亭集≫에 인용된 문구가 보이고, 崔岦의 ≪簡易集≫과 張維의 ≪谿谷集≫에도 보인다. 그 외 ≪朝鮮王朝實錄≫ 正祖 9年 乙巳(1785, 乾隆 50) 2月 29日 (己酉) 〈숙장문에서 김이용과 이율·양형을 친국하다〉에도 ≪神仙傳≫의 내용을

---

45) 葛洪 著, 김장환 譯, ≪神仙傳≫, 지만지, 2010, 9~21쪽 참조.

언급한 부분이 나오고 있다.⁴⁶⁾ 이런 정황으로 보면 적어도 고려 말 이래로 문인들 사이에서 ≪神仙傳≫의 내용이 익숙한 것이었음을 알 수 있다.

국내 소장된 판본은 서울大學校 中央圖書館에 1880년에 간행된 木版本이 있고, 그 외 嶺南大學校, 成均館大學校, 高麗大學校, 國立中央圖書館 등 여러 종이 소장되어 있으나 대부분이 1900년대의 이후에 간행된 것이다.

書名	出版事項	版式狀況	一般事項	所藏處/所藏番號
神仙傳	葛洪(晉)著, 金鷄, 三餘堂, 光緖6年(1880)	10卷2冊, 木版本, 13.5×8.3cm, 四周單邊, 半郭: 9.1×6.7cm, 無界, 10行20字, 花口, 上下向黑魚尾	神仙傳序題: 神遷傳, 叢書標題面(冊1): 經翼二十種 別史十四種 子餘二四種 載籍三二種 漢魏叢書, 叢書: 王謨(淸) 重編, 重刻 漢魏叢書敍: 乾隆壬子(1792)…陳蘭森, 漢魏叢書序: 萬曆壬辰(1592)…屠隆緯 叢書刊記: 光緖六年庚辰歲(1880) 練江三餘堂 藏板, 叢書刊記: 光緖庚辰年(1880) 重鐫, 孔叢序: 丁丑(1577)… 李侶志, 裝幀: 黃色表紙黃絲四綴	서울大 中央圖書館 0230-15B-27-28
繪圖歷代神仙傳	上海, 掃葉山房, 1909	24卷8冊, 中國石印本, 有圖, 20×13.2cm	卷頭: 序: 宣統元年(1909) 夏四月三魚書屋主人目錄, 標題紙裏面: 掃葉山房 新印書籍目錄	嶺南大學校 陶南文庫 [古도]823.6역대신
繪圖歷代神仙傳	編者未詳, 掃葉山房, 刊寫者未詳, 淸, 宣統1年(1909)刊	線裝不分卷8冊, 石印本, 19.9×13.1cm, 四周雙邊, 半郭: 17.1×10cm, 18行38字, 上黑魚尾, 紙質: 竹紙		成均館大學校 B09FC-0039
繪圖歷代神仙傳	上海, 掃葉山房, 1909	24卷8冊, 有圖, 石印本, 20×13.2cm	標題紙裏面: 掃葉山房 新印書籍目錄, 卷頭: 序: 宣統元年(1909) 夏四月三魚書屋主人, 目錄	高麗大學校 화산B12-B28-1-8
				嶺南大學校 古도823.6-역대신
神仙傳	葛洪(晉)著, 孔學聲 校	10卷1冊, 木版本	跋: 王謨, 序: 葛洪	國立中央圖書館 BA2520-22

---

46) 한국고전종합 DB 참조(http://db.itkc.or.kr)

17. 靈鬼志

≪靈鬼志≫는 魏晉南北朝 晉代 志怪小說로 荀氏가 撰했다고 전해진다. ≪隋書≫〈經籍志〉에는 雜傳類 3卷으로 기록되어 있으나, ≪新唐書≫〈藝文志〉에는 小說家類에 포함되었다. 南宋代에 편찬된 책에 ≪靈鬼志≫의 기록이 없는 것으로 보아, 이미 北宋 末에 유실되었을 것이라고 보고 있다. 魯迅은 ≪世說新語≫ 劉孝標注와 ≪法苑珠林≫ 및 唐宋人들의 書輯 등에 남아있는 24條를 모아 ≪古小說鉤沈≫에 수록했다. 물론 그 중 嵇康·蔡謨·李通에 관한 고사는 ≪靈異志≫와 ≪虛異志≫의 내용을 잘못 넣었다는 주장이 있기도 하다.[47]

내용적인 면을 보면, 嚴懋垣의 ≪魏晉南北朝志怪小說書錄附考證≫에서 불교사상의 영향을 받은 작품이라고 분류하였다. ≪太平廣記≫161卷에는, 시름시름 앓던 병자가 여러 방법을 다 써 보아도 차도가 없었는데 승려가 와서 불경을 읽어줌으로써 병이 호전되었고, 잡귀신들도 그 집에 들어가지 못했다는 이야기의 출처가 ≪靈鬼志≫라고 기록되어 있다.

언제 국내에 유입되었는지 정확한 기록은 찾을 수 없으나, 현재 서울大學校 中央圖書館에 宛委山堂에서 간행한 ≪說郛≫本 ≪靈鬼志≫가 소장되어 있다.

書名	出版事項	版式狀況	一般事項	所藏處/所藏番號
靈鬼志	荀氏(晉)撰, 陶珽(明)重輯, 姚安(淸), 宛委山堂, 順治4年(1647)	1册, 木版本, 26×16.8cm, 上下單邊, 左右雙邊, 半郭: 19.2×13.4cm, 有界, 9行20字, 註雙行, 上花口, 上下向白魚尾	金剛經鳩異/段成式(唐) 撰 博異志/鄭還古(唐) 撰 才鬼記/張君房(宋) 撰 括異志/魯應龍(宋) 撰	서울大 中央圖書館 0230-73-141

18. 博物志

≪博物志≫는 총 10卷으로 구성되어 있으며 西晉의 張華가 編撰하였다고 전해진

---

47) 寧稼雨, ≪中國文言小說總目提要≫, 齊魯書社, 1996, 13쪽.

다. 신화·신선고사·인물고사·박물·잡설 등의 내용을 주로 다루고 있으며 간혹 민간 전설 등도 곁들여 있다. 당초에는 400권으로 만들어졌으나 문장이 길고 기괴한 부분이 너무 많다는 晉 武帝의 의견에 따라 10권으로 줄였다고 한다.

판본으로는 〈古今逸史本〉·〈稗海本〉·〈士禮居叢書本〉 등이 있는데 모두 張華의 원본이 아닌 것으로 추정된다. 1980년 中華書局에서 출판한 范寧의 ≪博物志校證≫은 本文 323조와 逸文 212조를 수록하고 歷代著錄·提要·各本의 序跋 등을 수록했다.

張華(232~300)는 자가 茂先이며 范陽 方城(지금의 河北省 固安縣 남쪽) 사람이다. 西晉의 大臣이자 문학가로 司空이라는 벼슬을 지냈으며 시를 잘 지었다고 전한다. 저작에 ≪張司空集≫이 있다. ≪晉書≫권36에 그의 傳이 있다.

내용은 38류로 나누어 산천지리·鳥獸·초목·蟲魚·인물전기·신선고사 등을 기록했는데, 그 가운데에 신화·古史·박물·잡설 등의 내용이 포함되어 있어서 '박물'의 특징을 분명하게 보이고 있다. 또한 일부 고사성이 비교적 강한 전설은 그것의 소설적인 색채를 증가시키고 있다. ≪博物志≫ 이후에 宋代 李石의 ≪續博物志≫와 明代 游潛의 ≪博物志補≫ 등 續作이 계속 나와 ≪博物志≫는 志怪小說 가운데 독특한 일파를 열었다.

작품 모두가 소설이라 할 수는 없지만 一部 故事類 作品들은 소설적 색채가 뚜렷하다. 예를 들면 술에 취해서 1,000일을 계속 잤다는 이야기, 唐代의 傳奇 소설의 바탕을 이루는 원숭이와 인간의 交合 등의 이야기가 실려 있다. 현재 전해지는 ≪博物志≫는 宋나라 때 발간된 것과 明나라 때 발간된 두 가지 다른 책이 있는데, 모두 한때 분실되었던 原本을 다시 엮은 것이다.

국내 유입되었다는 기록은 崔岦(1539~1612)의 ≪簡易集≫과 張維(1587~1638)의 ≪谿谷集≫ 등에 ≪博物志≫를 인용한 문구들이 보이는 것으로 보아 적어도 조선 전기에는 유입되었음을 알 수 있다. 또 다른 기록으로 嘉靖 己未年(1599) 五月 下澣 靑州 垂胡子가 跋文을 쓴 "丁未年 가을 禮部令史 宋糞이라는 자가 나에게 해석을 구하였다. 나는 稗說이 실용에 적당하지 않은데 어째서 해석을 할 필요가 있을까?' 라고 생각하여 사양하였다. 그리고 다시 그것을 생각해 보니 ≪山海經≫·≪博物志≫는 말이 기이하지만 모두 箋疏가 있다."[48] 라는 기록이 있다.

---

48) "歲丁未(1547)秋 禮部令史 宋糞者 求釋於余. 余以爲稗說 不適於實用 何以釋爲 乃辭. 旣而思之 山海經 博物志 語涉吊詭 俱有箋疏." [韓國精神文化硏究院 所藏本, D7C-5A] 林芑

第1章 唐代以前 作品目錄과 解題 75

또 ≪博物志≫는 조선시대에 국내에서 간행되기도 하였다. 즉 宣祖 1年(1568) 간행본 ≪攷事撮要≫49)에 출판기록이 보인다. 宣祖 1年(1568) 간행본 ≪攷事撮要≫와 宣祖 18年(1585) 간행본 ≪攷事撮要≫에 언급된 중국고전소설의 목록을 살펴보면 다음과 같다.

宣祖1年(1568年) 刊行本 ≪攷事撮要≫ : 557종
原州 : ≪剪燈新話≫, 江陵 : ≪訓世評話≫, 南原 : ≪博物志≫, 淳昌 : ≪效顰集≫, ≪剪燈餘話≫, 光州 : ≪列女傳≫, 安東 : ≪說苑≫, 草溪 : ≪太平廣記≫, 慶州 : ≪酉陽雜俎≫, 晉州 : ≪太平廣記≫.

宣祖 18年(1585) 刊行本 ≪攷事撮要≫: 988종
위에 언급된 판본목록은 모두 중복되었고 추가 누락된 것만 소개.
延安 : ≪玉壺氷≫, 固城 : ≪玉壺氷≫, 慶州 : ≪兩山墨談≫, 昆陽 : ≪花影集≫.50)

(朝鮮 明宗·宣祖): 호는 垂胡子이고 서얼 출신의 吏文學官이다. 저서로 瞿佑의 ≪剪燈新話≫를 註釋한 ≪剪燈新話句解≫가 있다.

49) ≪攷事撮要≫는 魚叔權 등이 1554년(명종 9년) 왕명을 받아 ≪帝王曆年記≫ 및 ≪要集≫ 등을 참조하여 편찬한 책으로, 事大交隣과 일상생활에 필요한 여러 가지 사항들을 모아 상·중·하 3권과 부록으로 엮은 것이다. 이후 1771년(영조 47년) 徐命膺이 ≪攷事新書≫로 대폭 개정하고 증보할 때까지 열두 차례에 걸쳐 간행되었다. 현존하는 最古本은 1568년(선조 1년)에 발간한 乙亥字本이다. 1576년(선조 9년)에 간행된 을해자본 복각본은 坊刻本 중 가장 오래 된 것으로 인정받고 있다. 1585년(선조 18년)에 간행된 목판본은 許篈이 필요한 부분을 증보 수정하여 간행했으나, 임진왜란으로 판본이 모두 없어져 1613년(광해군 5년)에 朴希賢이 보충하여 ≪續攷事撮要≫를 간행했다. 1636년(인조 14년)에는 崔鳴吉이 다시 증보하여 ≪續編攷事撮要≫를 편찬했다.

50) 김치우, ≪고사촬요 책판목록과 그 수록간본 연구≫(아세아문화사, 2007년 8월). 필자는 ≪고사촬요≫ 조선시대 선조 1년(1568)판을 근거로 중국고전소설의 출판목록을 따로 만들었다. 1568년 이전에 출간된 책판을 수록한 ≪고사촬요≫ 조선시대 선조 1년 판은 557종이 당시에 출판되었다고 언급되었는데 그 출판시기가 當時로 한정된 것이 아니라 조선시대 개국 이래 출판된 것을 모두 정리해 놓은 것으로 추정된다. 또 선조 18년 출간된 ≪고사촬요≫는 988종이나 늘어났다. 그렇다고 선조 1년에서 18년까지 17년 사이에 431종이나 출판된 것은 아니라 이전의 누락된 것을 다시 수집 정리하여 추가한 것으로 추정된다. 이 출판목록이 임진왜란 이전에 출판되어졌다는 사실은 확실하다.

이처럼 1568년 이전에 전라도 남원에서 출판이 되었다는 사실이 확인된다. 그러나 당시 판본이 실전되어 아직 찾아내지 못하고 있다. 국내 소장되어 있는 판본 중에서 청송 심씨 칠회당고택에 소장되어 있는 필사본 ≪博物志≫는 비록 정확한 연도를 추정할 수는 없으나 필사 원본과의 비교 대조 작업을 위해 살펴볼 가치가 있다고 여겨진다. 그 외에 국내 소장되어 있는 판본은 거의가 청대말기의 판본들로 서지학적 가치는 떨어진다.

書名	出版事項	版式狀況	一般事項	所藏處/所藏番號
博物志	張華 撰	1冊(107張), 筆寫本, 23.3×17.2cm, 11行20字, 註雙行	漢文, 行書, 附: 續博物志	청송심씨칠회당고택, 韓國國學振興院수탁 KS0431-1-02-00022
博物誌	著者未詳, 刊寫地未詳, 刊寫者未詳, 朝鮮朝末期-日帝時代 寫	線裝1冊20, 筆寫本, 行字數不定, 23.1×18cm, 紙質: 楮紙		成均館大學校 C15-0082
博物志	張華(晉)撰, 汪士漢 校	10卷1冊, 中國木版本, 25.5×15.7cm	序: 康熙戊申(1668) …汪士漢考述, 合刊: 桂海虞衡志, 范成大(宋)紀	高麗大學校 C14-B67B
博物誌	范成大 等撰	7冊, 木版本, 18.3×11.9cm, 四周單邊, 半郭: 13.4×9.5cm, 有界, 10行25字, 註雙行, 花口, 上下向黑魚尾, 紙質: 竹紙	桂海虞衡志序: 淳熙二年(1175)…范成大書	釜山大學校 海蒼文庫(子部) OAC 3-11 31
博物志	張華(晉)撰, 鄂官書處, 民國1年(1912)	10卷1冊, 中國木版本, 26.1×17.1cm, 四周雙邊, 半郭: 18.9×13.9cm, 有界, 12行24字, 上下黑口, 上下內向黑魚尾	叙: 錢塘唐琳玉林父識, 刊記: 中華民國元年(1912) 鄂官書處重刊	高麗大學校 (薪菴文庫) C14-B67
博物志	張華(晉)撰, 中華1年(1912)刊	10卷1冊, 中國木版本, 26.2×17cm, 四周雙邊, 半郭: 18.8×14cm, 有界, 12行24字, 註雙行, 大黑口, 內向黑魚尾, 紙質: 竹紙	序: 錢塘唐琳玉林父識, 刊記: 中華民國元年(1912), 所藏印: 邊時淵印	全南 長城郡 邊時淵 (변주승)
博物志	張華(晉)撰, 刊寫地未詳, 鄂官書處, 民國1年(1912)	10卷1冊(43張), 中國木版本, 26×17cm, 四周雙邊, 半郭: 18.6×13.9cm, 有界, 12行24字, 註雙行, 大黑口, 上下內向黑魚尾, 紙質: 노로지	刊記: 中華民國元年(1912) 鄂官書處重刊	釜山大學校 夢漢文庫(子部)ODC 3-11 40

第1章 唐代以前 作品目錄과 解題 77

書名	出版事項	版式狀況	一般事項	所藏處/所藏番號
博物志	張華(晉)撰, 刊寫地未詳, 鄂官書處, 民國1年(1912)	10卷1冊(卷1~10), 26.1×17㎝, 四周雙邊, 半郭: 18.6×13.8㎝, 有界, 12行23字, 大黑口, 上下內向黑魚尾	刊記: 中華民國元年鄂官書處 重刊	慶熙大學校 081.2-장95ㅂ
博物志(幷)續	張華(晉)撰, 鄂官書處, 民國1年(1912)	10卷, 續10卷, 合2冊, 中國木版本, 26.1×17㎝	序: 錢塘唐琳玉林父識, 合刊: 續博物志 李石(唐) 撰	高麗大學校 C14-B67A
博物志(幷)續	張華(晉)撰, 上海, 文瑞樓[19--]	10卷, 續10卷, 合2冊, 中國石印本, 20.2×13.4㎝	標題: 正續博物志, 序: 錢塘唐琳玉林父識, 合刊: 續博物志 李石(唐) 撰	高麗大學校 C14-B67
博物志	張華(晉), 李石 共, 上海, 文瑞樓, 民國年間	20卷2冊(卷1-10, 續卷1-10), 石版本, 20.1×11.4㎝, 四周雙邊, 有界, 14行29字, 半郭: 16.2× 11.4㎝, 註雙行, 上下黑口, 上內向黑魚尾, 紙質: 綿紙	表題: 正續博物志, 跋: 門人迪功郎眉産簿黃公 泰槿跋, 序: 錢塘唐琳玉林父識	東國大學校 D031.902-장96ㅂ -v.1,v.2

19. 拾遺記

≪拾遺記≫는 10卷 220편으로 작자는 後晉時代(10세기)의 王嘉이다. 주울 拾, 전할 遺, 기록할 記로 풀어보면 ≪拾遺記≫는 주워서 전하는 기록이라는 뜻이다. 즉 三皇五帝부터 西晉 末期, 石虎의 이야기까지인데, 王嘉는 그야말로 줍고 싶은 일화를 마음대로 주워 모아 19권의 서적으로 만든 것이다. 원본은 전쟁으로 불타 없어졌고, 현재 ≪漢魏叢書≫ 등에 수록되어 있는 것은 梁나라 蕭綺가 10권으로 복원한 것이다. 제10권은 崑崙山 · 蓬萊山을 비롯한 名山記이다.

'주워서 전한다'는 표현 덕분에 ≪拾遺記≫는 엄격한 학문적 제약을 피해 다양한 이야기들을 주워 담았다. 중국의 신화와 역사를 시작하는 삼황오제는 물론, 진시황으로부터 한 무제, 한의 마지막 황제인 헌제, 너무도 잘 알려진 위나라의 조조 · 조비, 촉의 유비, 오의 손권, 그리고 진류왕 조환을 마지막으로 무제 사마염에게 정권이 넘어가는 晉代의 이야기까지 담겨 있다. 그 안에는 절대 황제답지 않은 황제도 있고, 허세 부리는 데 여념이 없는 귀족들도 있다. 또한 왕에게 시중을 들곤 했던 '왕의 남자'들 또한 있다.

이 외에도 酒池肉林에 관한 이야기가 있다. 문장은 깨끗하지만, 내용은 기괴한 것과 음란한 것이 많으며, 모두 사실이 아닌 것이 주류를 이룬다.51)

≪拾遺記≫가 국내 유입된 정확한 기록은 없으나 가장 이른 기록으로는 高麗 末 李穀(1298~1351)의 ≪稼亭集≫에 인용된 문구가 보이고, 崔岦의 ≪簡易集≫과 張維의 ≪谿谷集≫에도 보인다. 그 외 ≪朝鮮王朝實錄≫ 연산군 11년 乙丑(1505) 8月 26日 (戊寅)〈군신·왕세자 등이 책보를 받들어 존호와 축하 전문을 올리고, 왕이 반사하다〉, 인종 부록〈인종 대왕 哀冊文〉, 仁祖 10年 壬申(1632) 10月 6日 (庚午)〈인목왕후를 장사지내며 지은 지문과 애책문. 대제학 장유가 짓다〉 등에 ≪拾遺記≫의 내용이 인용되어 있다.

국내 소장된 판본으로는 서울大學校 中央圖書館에 1647년 宛委山堂에서 간행된 木版本이 ≪拾遺名≫이라는 이름으로 소장되어 있고, 그 외 全羅南道 長城郡 邊時淵 소장본과 慶熙大 소장본 등은 淸代末期 판본이거나 1912년대 간행된 것들로 판본적 가치는 다소 떨어진다.

書名	出版事項	版式狀況	一般事項	所藏處/所藏番號
拾遺名	王嘉(晉)撰, 陶珽(明)重輯, 姚安(淸), 宛委山堂, 順治4年(1647)	1冊, 木版本, 26×16.8㎝, 上下單邊, 左右雙邊, 半郭: 19.2×13.4㎝, 有界, 9行20字, 註雙行, 上花口, 上下向白魚尾	別國洞冥記花口題: 洞冥記, 海內十洲記/東方朔(漢)撰, 洞天福地記/杜光庭(唐)撰, 別國洞冥記/郭憲(漢)撰, 西京雜記/劉歆(漢)撰	서울大 中央圖書館 [古]0230-73-77
拾遺	刊寫地未詳, 刊寫者未詳, 刊寫年未詳	1冊, 16.8×10.3㎝		漢陽大學校 351.1325-습66
王子年 拾遺記	王嘉(晉)著, 蕭綺(梁)錄, 刊寫地未詳, 刊寫者未詳, 刊寫年未詳	10卷2冊(卷1-10), 木版本, 27×17.8㎝, 上下單邊, 左右雙邊, 有界, 半郭: 19.19.4×13.4㎝, 9行20字, 上下向白魚尾	版心題: 拾遺記	慶熙大學校 812.8-왕72
拾遺記	王嘉(晉)撰, 蕭綺(梁)錄, 中華1年(1912)刊	10卷1冊, 中國木版本, 26.2×17㎝, 四周雙邊, 有界, 半郭: 18.8×14㎝, 12行24字, 註雙行, 大黑口, 內向黑魚尾, 紙質: 竹紙	序: 蕭綺(梁)撰, 刊記: 中華民國元年(1912), 所藏印: 邊時淵印, 內容: 卷1 庖犧 等, 卷2 夏/殷/周, 卷3 周穆王 等, 卷4 燕昭王 等, 卷5 前漢上, 卷6 前漢下, 卷7 魏, 卷8 吳/蜀, 卷9 晉時事, 卷10 崐崘山/蓬萊山	全南 長城郡 邊時淵 (김주승)

---

51) 王嘉 著, 김영지 譯, ≪拾遺記≫, 지만지, 2008, 9~14쪽 참조.

書名	出版事項	版式狀況	一般事項	所藏處/所藏番號
拾遺記	王嘉(晉)撰, 蕭綺(梁)錄, 刊寫地未詳, 鄂官書處, 民國元年(1912)	10卷1册(卷1~10), 中國木版本, 26.1×17㎝, 四周雙邊, 12行24字, 半郭: 18.2×13.7㎝, 有界, 大黑口, 上下內向黑魚尾	刊記: 中華民國元年鄂官書處重刊	慶熙大學校 812.8-왕12ㅅ

20. 搜神記

≪搜神記≫는 魏晉南北朝 志怪小說의 대표작으로서 東晉의 干寶가 撰한 것이다. 原書는 이미 오래 전에 유실되었다. 현재 통용되는 20권 본은 後人이 ≪太平廣記≫·≪太平御覽≫·≪法苑珠林≫ 등에 언급된 내용과 그 출전을 가지고 다시 편집한 것인데, 주요판본에는 〈秘冊彙函本〉·〈學津討原本〉·〈汪紹楹校注本〉 등이 있다. 총 464조의 고사가 수록되어 있어 지금까지 널리 통용되는 善本들이다.

干寶는 자가 令昇이며 新蔡(지금의 河南省 新蔡縣) 사람이다. 東晉의 사학자이자 문학가로서 陰陽術數를 좋아했다. 東晉 元帝 때 佐著作郞이 되어 국사 편찬을 맡아 ≪晉紀≫ 20권을 지었는데 이로 인해 '良史'라는 칭송을 받았다. 벼슬은 散騎侍郎까지 올랐다. ≪晉書≫ 권82에 그의 傳이 있다.

이 책의 내용은 經·史의 옛 전적과 민간전설에서 채집한 신비스럽고 기이한 고사가 대부분이며, 그 창작 의도는 "귀신의 도가 거짓이 아님을 밝히려는 데(發明神道之不誣)" 있다. 일부 고사는 비현실적인 기이한 내용을 통하여 일반백성들의 애증과 소망을 표현하기도 했는데, 그러한 예로 〈干將莫邪〉·〈韓憑夫婦〉·〈李寄斬蛇〉 등의 고사를 들 수 있다. 묘사가 비교적 치밀하고 일부 등장인물은 그 형상성이 선명하며 상상과 허구의 표현수법이 높은 경지에 올라 있어서 중국 고대소설 발전사상 일정한 위치를 차지하고 있다.

≪搜神記≫의 국내 유입은 상당히 이른 것으로 추정된다. 현재 나타난 가장 빠른 기록인 ≪高麗史≫ 宣祖 8年(1091)의 기록으로[52] 보아 고려 초기에 유입된 것으로 추정

---

52) 丙午日에 이자의(戶部尙書) 등이 宋나라에서 돌아와 이렇게 아뢰었다.: "송나라 왕이 우리나라 서적 중에는 좋은 책이 많다고 하는 것을 듣고 館伴書에 명령하여 구하려고 하는 목록을 주

된다. 그러나 국내에 소장되어 있는 판본은 대부분 淸代 後期의 판본들이다. 가장 이른 판본으로는 서울대 중앙도서관에 소장되어 있는 1668년 康熙 7年에 간행한 목판본이고, 전라남도 장성군 邊時淵 소장본과 경희대학교 소장본은 1912년에 간행된 목판본이다. 그 외에도 淸末에 간행된 것으로 보이는 증보 삽화판 《新刻出像增補搜神記》가 규장각에 소장되어 있으며, 마찬가지로 삽화를 넣은 《重增三敎源流聖帝佛師搜神大全》이 성균관대학교 도서관에 소장되어 있다.

書名	出版事項	版式狀況	一般事項	所藏處/所藏番號
搜神記	干寶(晉)撰, 新安(淸), 刊寫者未詳, 康熙7年(1668)序	1冊, 木版本, 25.3×15.9㎝, 上下單邊, 左右雙邊, 半郭: 19.9×13㎝, 有界, 10行20字, 註雙行, 上花口, 上下向黑魚尾		서울大 中央圖書館 0230-98-4
搜神記	干寶(晉)撰, 中華1年(1912)刊	20卷2冊, 中國木版本, 26.2×17㎝, 四周雙邊, 半郭: 18.8×14㎝, 有界, 12行24字, 註雙行, 大黑口, 內向黑魚尾, 紙質: 竹紙	序: 散騎常侍新蔡干寶(晉)令升撰, 刊記: 中華民國元年(1912), 所藏印: 邊時淵印	全羅南道 長城郡 邊時淵
搜神記	干寶(晉)撰, 刊寫地未詳, 鄂官書處, 民國元年(1912)	10卷2冊(卷1~10), 中國木版本, 26.1×17㎝, 四周雙邊, 半郭: 18.2×13.7㎝, 有界, 12行24字, 大黑口, 上下內向黑魚尾	刊記: 中華民國元年鄂官書處重刊	慶熙大學校 812.37-간45ㅅ
搜神記	干寶(晉)撰, 楊先烈(淸)校, 淸初	8卷1冊, 中國木版本, 24.8×16㎝, 上下單邊, 左右雙邊, 半郭: 19.4×13.5㎝, 有界, 9行20字, 白口, 上白魚尾	印: 禮信文庫	海軍士官學校 [중] 95
新刻出像增補搜神記	唐富春(淸)校, 淸板本	6卷4冊, 中國木版本, 有圖, 24.2×15.2㎝	序: 羅懋登, 印: 集玉齋, 帝室圖書之章	서울大 奎章閣 [奎중]5622

며 말하기를 '비록 卷帙이 부족한 것이 있더라도 또한 모름지기 傳寫하여 부쳐보내라' 하였는데 모두 128종입니다."하였다. 《尙書》·《荀爽》·《周易》十卷·《京房易》十卷·《鄭康成周易》九卷·《陸績注周易》十四卷·《虞翻注周易》九卷·《東觀漢記》一百二十七卷·《謝承後漢書》一百三十卷·《漢詩》二十二卷·《業遵毛詩》二十卷·《呂悅字林》七卷·《古玉篇》三十卷·《括地志》五百卷·《輿地志》三十卷·《新序》三卷·《說苑(劉向撰)》二十卷·《劉向七錄》二十卷………《深師方黃帝鍼經》九卷·《九墟經》九卷………《淮南子》二十一卷………《羊祜老子》二卷·《羅什老子》二卷·《鍾會老子》二卷………《吳均齊春秋》三十卷………《班固集》十四卷………《稽康高士傳》三卷………《干寶搜神記》三十卷……등이 그것이다.[高麗史 卷 10 宣宗 8년(西紀 1091년) 6月條]

書名	出版事項	版式狀況	一般事項	所藏處/所藏番號
重增三教源流聖帝佛師搜神大全	干寶(晉)手著, 鼓出如林(清)重增, 清朝末期刻, 後刷	4卷3冊, 中國木版本, 有圖, 18.4×12.6㎝, 四周單邊, 半郭: 13.7×10㎝, 無界, 10行24字, 上黑魚尾, 紙質: 竹紙	書名: 目錄題에 依함, 裏題: 繡像搜神記	成均館大學校 D7C-97

21. 搜神後記

≪搜神後記≫는 晉代 志怪小說集으로 陶潛(365~427)이 撰하였다고 전해진다. 총 10권으로 되어 있으며 一名 ≪續搜神記≫라고도 한다. 干寶 ≪搜神記≫의 뒤를 잇는다는 뜻에서 저작되었으며, 대개가 神怪・동식물 등에 관한 異聞・說話 등 116가지를 기술하고 있다.

≪隋書≫〈經籍志〉에 陶潛의 저작이라고 기록되었고, 또한 卷1에 ≪桃花源記≫가 수록되어 있으므로, 오랫동안 陶潛이 저자로 알려졌으나, 이 책 내용에 陶潛 死後의 年號를 쓴 이야기가 들어 있어 僞作일 가능성이 크다. 唐宋時代에는 각 書目에도 기록되지 않았으나, 明代에 이르러 毛晉의 汲古閣에서 飜刻되어 ≪津逮秘書≫에 수록되었다.[53]

이 책의 국내유입에 관한 정황은 자세히 알 수 없으나, 奇大升(1527~1572)의 ≪高峯集≫, 崔岦(1539~1612)의 ≪簡易集≫ 등에 ≪搜神後記≫의 내용이 소개되어 있다. 현존하는 판본은 대부분이 淸代末期 판본으로 조선후기에 다시 유입된 판본으로 추정된다.

書名	出版事項	版式狀況	一般事項	所藏處/所藏番號
搜神後記	陶潛(晉)著, 劉○(清) 校, 金鷄, 三餘堂, 光緒6年(1880)	2卷1冊(15張), 中國木版本, 13.5×8.3㎝, 四周雙邊, 半郭: 9.3×6.7㎝, 有界, 10行20字, 花口, 上下向黑魚尾	刊記: 光緒六年庚辰歲(1880) 練江三餘堂藏板, 叢書 刊記: 光緒庚辰年(1880)重鐫, 搜神後記, 跋: 王謨, 三輔黃圖 刊記: 述古山莊校刊, 裝幀: 黃色表紙黃絲四綴	서울大 中央圖書館 [古]0230-15B-59-61

---

53) 寧稼雨, ≪中國文言小說總目提要≫, 齊魯書社, 1996, 11쪽.

書名	出版事項	版式狀況	一般事項	所藏處/所藏番號
搜神後記	陶潛(晉)撰, 光緒20年(1894)	1册, 中國木版本, 18×12.2cm, 四周單邊, 半郭: 14.5×9.4cm, 10行20字, 註雙行, 上黑魚尾	合刊: 還冤記(北齊)顏之推, 神異經(漢)東方朔	國立中央圖書館 [古]3738-16
搜神後記	陶潛(晉)撰, 中華1年(1912)刊	10卷1册, 中國木版本, 26.2×17cm, 四周雙邊, 半郭: 18.8×14cm, 有界, 12行24字, 註雙行, 大黑口, 內向黑魚尾, 紙質: 竹紙	刊記: 中華民國元年(1912) 鄂官書處重刊, 所藏印: 邊時淵印	全南 長城郡 邊時淵

22. 述異記

 ≪述異記≫는 魏晉南北朝 梁나라 任昉이 편찬했다고 전해지는 志怪小說集이다. ≪隋書≫〈經籍志〉과 ≪唐書≫〈藝文志〉에는 齊나라 祖沖之가 10卷을 撰했다는 기록이 있고, 宋初 ≪太平御覽≫에는 梁나라 任昉이 ≪述異記≫2卷을 撰했다는 기록이 남아있다. 따라서 ≪隋書≫〈經籍志〉과 ≪唐書≫〈藝文志〉에 기록된 ≪述異記≫와 ≪太平御覽≫에 기록된 ≪述異記≫는 서로 다른 책으로 보아야 한다.54)

 任昉(460~508)은 字가 彦昇, 樂安 博昌(지금의 山東 壽光) 사람으로 ≪雜傳≫247권과 ≪地記≫252권이 있고, 明代 사람이 輯한 ≪任彦昇集≫이 전해진다. 紀昀의 ≪四庫全書總目提要≫卷142에 기록되어 있는 任昉의 著書에 이 책이 기재되어 있지 않다는 점, 任昉이 죽은 사후의 일을 기록하고 있는 점, 내용의 대부분이 여러 소설들을 표절하고 있다는 점, 특히 中唐時期의 책을 표절한 점 등을 들어서 이 책을 中唐 前後時期 사람의 僞作으로 확정지었다. 하지만 1984년 李劍國이 이러한 근거에 반박하며, 梁 任昉 編撰說을 지지했고,55) 지금은 대부분 李劍國의 說을 따르고 있다.

 이 책의 내용은 대부분이 ≪博物志≫처럼 어느 지역의 기이하고 신기한 풍물들을 소개하고 있다. 전체 311조목 중, 신과 인물들의 일화가 44조목을 차지하고, 동식물 및 사물에 대한 정보가 146조목, 지리 및 기상현상에 대한 정보 등이 109조목을 차지하며, 그 외 사회를 풍자한 내용 등이 12조목을 차지한다.56)

---

54) 이화영, 〈述異記 試論 및 譯註〉, 이화여자대학교 석사논문, 2003, 3-4쪽 참조.
55) 李劍國, ≪唐前志怪小說史≫, 天津: 南開大學出版社, 1984.

국내 유입된 시기는 정확히 알 수 없으나 가장 이른 기록으로는 고려시대 말 李奎報(1168~1241)의 ≪東國李相國集≫에 보이고, 李穡(1328~1396)의 ≪牧隱集≫과 李穀(1298~1351)의 ≪稼亭集≫ 등의 문집, 그리고 조선시대 학자들의 문집에서도 ≪述異記≫내용을 인용한 글들이 보인다. 이런 기록을 보면 ≪述異記≫가 비교적 이른 시기에 유입되었을 것으로 추정되지만, 단행본으로 국내 유입되었다고 보기는 어렵고 ≪太平御覽≫속의 ≪述異記≫를 보았을 가능성도 있다.

국내에 소장되어 있는 판본으로는 國立中央圖書館에 1893년 木版本이 소장되어 있다. 이 판본은 書名이 ≪述異記≫라고 되어 있지만, 吳均의 ≪續齊諧記≫[57]와 干寶의 ≪搜神記≫와 合刊한 것이다. 또한 啓明大學校에 筆寫本 ≪述異記≫가 소장되어 있다.

書名	出版事項	版式狀況	一般事項	所藏處/所藏番號
述異記	任昉(梁)撰, 光緖19年(1893)	3冊, 中國木版本, 18×12㎝, 四周單邊, 半郭: 14.5×9.5㎝, 10行20字, 注雙行, 上黑魚尾	合刊: 續齊諧記/吳均(梁)著, 搜神記/干寶(晉)撰	國立中央圖書館 [古]3738-17
述異記	任昉(梁), 年紀未詳	1冊(11張), 筆寫本, 30.5×17.1㎝, 四周單邊, 半郭: 26.9×15㎝, 無界, 12行26字, 無魚尾		啓明大學校 이812.8-임방ㅅ
述異記	任昉(梁)撰, 鄂官書處, 中華1年(1912)刊	2卷1冊, 中國木版本, 26.2×17㎝, 四周雙邊, 半郭: 18.8×14㎝, 有界, 12行24字, 註雙行, 大黑口, 內向黑魚尾, 紙質: 竹紙	刊記: 中華民國元年(1912) 鄂官書處重刊, 所藏印: 邊時淵印	全南 長城郡 邊時淵

---

56) 이화영, 〈述異記 試論 및 譯註〉, 이화여자대학교 석사논문, 2003, 19-22쪽 참조.
57) ≪속제해기≫는 南朝 梁 吳均이 찬했으며 총 1권이다. 서명은 '莊子·逍遙遊'의 "제해는 괴이한 일을 기록한 것이다[齊諧者, 志怪也]"라는 구절에서 따왔다. ≪隋書·經籍志≫의 著錄을 보면 南朝 宋 東陽無疑의 ≪齊諧記≫[이미 망실됨]가 있는데 ≪속제해기≫는 이것의 속서인 것 같다. 내용은 고대 민간전설을 주로 수록했는데 일부 불경고사를 개작한 것도 있어서 불교의 영향을 받은 것이 분명하다.
吳均(469~520)은 자가 叔庠이며 吳興 故鄣(지금의 浙江省 安吉縣 서북) 사람이다. 남조 양의 문학가이자 사학자로 벼슬은 奉朝請에까지 이르렀으며, 시문에 뛰어나 그의 문체를 '吳均體'라고 부른다. 문집으로 ≪吳朝請集≫이 있다. ≪梁書≫권49에 그의 傳이 있다.

書名	出版事項	版式狀況	一般事項	所藏處/所藏番號
述異記	任昉(梁)撰, 刊寫地未詳, 鄂官書處, 民國元年(1912)	上下1冊, 中國木版本, 26.1×17㎝, 上下單邊, 左右雙邊, 半郭: 18.9×13.8㎝, 有界, 12行24字, 大黑口, 上下內向黑魚尾	刊記: 中華民國元年鄂官 書處重刊	慶熙大學校 181.2-임42ㅅ

23. 世說新語

≪世說新語≫는 宋 劉義慶(403~444)이 後漢부터 東晉時代(25~410년)에 걸쳐 사대부의 일화를 기록한 책이다. 劉義慶은 彭城 사람이며 宋나라 武帝 劉裕의 조카로 長沙 景王 劉道憐의 둘째 아들이다. 숙부인 劉道規의 뒤를 이어 420년 臨川王에 襲封되었고, 文帝 때에는 散騎常侍·秘書監이 되었다. 이후 度支尙書·尙書左僕射·中書令·荊州刺史·開府儀同三司 등을 지냈다. 병이 들어 41세의 나이로 죽었는데, 시호를 康王이라 하였다.

그는 성품이 소박하고 문학을 좋아하여, 문학을 하는 선비들이 주위에 많이 모였다. 문집 8권이 있었으나 소실되었고, 작품에 지인소설 ≪世說新語≫와 지괴소설 ≪幽明錄≫ 등이 있다. ≪世說新語≫는 본래 8권이었으나 현재 전해지는 판본은 3권으로 되어 있으며, ≪幽明錄≫은 원래 30권이었으나 이미 소실되었는데 魯迅의 ≪古小說鉤沈≫에 일부가 집록되어 있다.

魏晉南北朝에 이르러 老莊의 玄學思想이 興盛함에 따라 淸談文學이 出現하였는데, 예를 들면 裴啓(晉)의 ≪語林≫·郭澄之(東晉)의 ≪郭子≫·劉義慶(宋)의 ≪世說新語≫·沈約(梁)의 ≪俗說≫·邯鄲淳(後漢)의 ≪笑林≫ 등이 그것이다. 그중 ≪世說新語≫가 가장 뛰어난 작품으로 후대에 많은 영향을 끼쳤다.

≪世說新語≫는 後漢 말부터 東晉까지의 정치가·문인·사대부·승려·서인 등 600명에 이르는 인물의 독특한 언행과 일화 1130조를, 〈德行〉편부터 〈仇隙〉편까지 36편에 주제별로 수록해 놓은 이야기 모음집이다. 당시 지식인과 중세 豪族의 생활 태도를 생기발랄한 콩트식으로 묘사하였으며, 漢末부터 魏晉 무렵의 귀족계급 주변의 사상과 풍조를 후세에 상세히 전하고 있다. 세부묘사도 뛰어나고 개성적인 언어로 인물들의

특색을 잘 그려내어 지인소설이라는 독특한 장르를 개척하였으며, 후대 필기소설의 발전에 영향을 끼친 것으로 평가된다.

≪世說新語≫는 국내에서 몇 차례 原文으로 출판(≪世說新語補≫·≪世說新語姓彙韻分≫)할 정도로 많은 사람들에게 알려졌다. 一名≪劉義慶世說≫·≪世說新書≫라 불렸으나, 北宋 이후로 현재의 명칭이 되었으며, 德行·言行부터 惑溺·仇隙까지의 36門으로 나눈 3권본으로 정해졌다. 梁나라 劉孝標가 註를 달 때 400여 종에 달하는 서적을 인용했으나 오늘날 그 대부분이 없어지고 ≪世說新語注≫를 통해서만 그 내용이 전해지고 있기 때문에 더욱 중요한 가치를 지닌다. 때문에 六朝 때의 同類의 주석인 宋나라 裵松之의 ≪三國志注≫와 北魏 酈道元의 ≪水經注≫와 함께 존중된다. 그 밖에 明나라 王世貞의 ≪世說新語補≫ 등이 있고, 汪藻의 〈敍錄〉을 곁들인 宋版(尊經閣本)이 秦鼎의 주해≪世說新語箋本≫과 함께 많이 이용되고 있다.

≪世說新語≫에 대한 유입기록은 이전까지 구체적 증거가 없이 고려시대로 추측만 해오다가 최근 김장환의 연구에 의해 그 근거가 고증되었다. 그는 이규보의 ≪東國李相國集≫권5 古律詩〈次韻吳東閣世文呈誥院諸學士三百韻詩〉58)에서 ≪世說≫이라는 서명이 있는 것을 발견하여 유입시기를 고증하였다. 다음으로 보이는 기록은 조선 宣祖 39年(1606) ≪陶谷集≫에서 보인다.59) 또한 朝鮮正祖 ≪弘齋全書16≫ 卷162, 〈日得錄〉에 "소설가는 심히 번잡하고 외람되며 명칭은 다르지만 그 지향은 한 가지이

---

58) 李奎報(1168~1241)의 ≪東國李相國集≫卷5 古律詩中〈次韻吳東閣世文呈誥院諸學士三百韻詩〉威已懾王姨(위엄은 이미 왕이를 복종시켰네)라는 句節 끝의 註에: "王夷甫姨也, 事見世說"(왕이는 왕이보의 이모이다. 이 고사는 ≪세설≫에 보인다.) 이 글에서 ≪세설≫에 보인다고 한 것은 바로 ≪세설신어≫〈規箴〉편의 고사를 의미한다. 즉 이 시가 지어진 시기는 고려 명종 25년(1195년)으로, 이미 1195년 이전에 ≪세설신어≫가 국내에 유입되었음을 알 수 있다.
59) 청담지풍의 담론을 논한 서책의 문장은 모두 담박하고 고상하여 즐길 만하다. 이러하기에 劉義慶의 ≪世說≫이 문인들에게 사랑 받는 이유이다. 이런 까닭에 생각해보니, 당시에 그 인물들을 친히 만나보고 그의 말을 직접 듣는 것 같으니 어찌 매료되지 않을 수 있겠는가! 明代 사람이 그 繁雜함을 刪定하고 그 奇特한 것은 補充하여 한 권의 서책을 만들었으니, 진실로 문단의 진귀한 보배로다. 明나라 사신 朱之蕃이 가지고 와서 西坰에게 증정하여 마침내 우리나라 文人들이 즐겨 보게 되었다. (宣祖 39年 : 1606년) [陶谷集 雜著, 陶峽叢說, 保景文化社, 629쪽]-西坰은 조선시대 文臣인 柳根(1549-1627년)을 지칭한다. 그의 字는 晦夫이고, 號는 西坰, 孤山이다. 1591년 建儲問題로 鄭澈이 화를 당했을 때 그 일파로 몰려 탄핵을 받기도 하였으나 평소 그의 학식을 아끼던 宣祖의 배려로 화를 면하였다. 또 1613년에는 廢母論을 반대하다 官職削奪되었다가 1619년에 復職되었다.

다. 오직 유의경의 ≪세설≫만이 가장 볼만하여, 東晉 자제들의 눈썹과 눈, 뺨과 입, 귀 밑머리와 머리카락, 집과 방, 수레와 의복, 술잔 등이 마치 직접 보는 것처럼 역력하다"라는 기록이 있다.

그 외 ≪西浦漫筆≫60)에도 세설신어에 대한 기록이 있고, 許筠의 ≪惺所覆瓿稿≫ 卷之五에도 다음과 같은 기록이 있다. "劉說(劉義慶의 ≪世說新語≫)과 何書(何良俊의 ≪語林≫)가 우리나라에 전해진 것이 오래 되었지만, 그것을 補充하고 뺀 것이 있다는데 아직 그것을 보지 못하였다. 일찍이 弇州의 ≪文部≫에서 그 序를 본 적이 있었다. 그래서 늘 그 全書를 사서 얻고자 했는데, 뜻을 이루지 못하고 있었다. 그러다가 丙午年 봄에 太史(之若)가 皇帝의 命을 받고 우리나라에 왔을 때 내가 接待를 하게 되었다. 후하게 待接하였더니, 돌아갈 때에 여러 가지 책을 나에게 주었는데 그 中에서 한 卷이 이 책이다"61) 이처럼 ≪世說新語≫를 讚美하고 閱讀하고자하는 상황을 勘案하면 당시 상당히 流行했음을 추측할 수 있다.

現在 국내에 보존되어 있는 版本은 朝鮮 刊本과 中國 刊本으로 分類된다. 그 중 중국 간본은 대부분 明淸代 刊行한 것으로 明 萬曆 9年(1581)刊 8권 8책, 明 萬曆 13年(1585)刊 6책, 明 萬曆 37年(1609)刊 6권 6책, 淸 光緖 3年(1877) 崇文書局 刊 6권 4책, 淸 光緖 17年(1891) 思賢講舍 刻 6권 6책, 淸 光緖 22年(1896)刊 6권 4책 등이 있다. 이밖에도 刊年 미상의 完本과 殘本이 10여종 더 있으며, 明代에 증보된 ≪世說

---

60) 劉孝標의 ≪世說新語≫ 註에는, 劉向의 ≪列仙傳≫ 序에 제자백가를 역사적으로 살펴서 서로 점검하여 보면 신선이 된 사람은 146인이다. ……[中略]…… ≪漢武帝故事≫에는 昆邪王이 休屠王을 살해하고 그 무리를 이끌고 투항하여 왔다. ……[中略]…… 伶玄의 ≪趙飛燕外傳≫에 조비연이 추구하는 바는 老方의 西胡를 물리치는 것으로, 소위 음란하지 않고 거짓말을 하지 말아야 한다는 것인데 이것은 바로 불가의 오계이다. ……[中略]…… 지금 세상에는 불서가 극히 많지만, 그것에 정통하여 거의 佛菩薩에 가까운 사람을 신선과 같이 호칭한다면 신선이라고 거명될 사람은 드물다. 따라서 유향이 살았을 당시에도 반드시 70-80인에 이를 정도로 많을 수는 없었을 것이다. 또한 ≪열선전≫이나 ≪隱逸傳≫과 같은 책에는 그 숫자가 모두 72인이라 하였는데, 이는 공자의 제자 숫자를 모방한 것으로, 모두가 의도적으로 그렇게 한 것이다. 어찌 불경에 기재된 것을 제외시키면 꼭 72인이 될 리가 있겠는가? 내 생각으로는 유향이 ≪열녀전≫을 지었기 때문에 후인이 ≪열선전≫을 지어서 이를 유향이 지었다고 가탁한 것이다. 이것은 마치 지금 세상에 전하는 平話本小說 가운데 모두 羅貫中이 지었다고 일컫는 것이 146인이나 된다는 것과 같다. 그 의도는 (나관중의) 이름을 빌어 내용의 해박함을 자랑하려는 것뿐이다.[西浦漫筆, 下卷, 일지사, 239-240쪽]

61) ≪성소부부고≫ 제4권 文部1 序 世說刪補注解序. 한국고전종합 DB 참조(http://db.itkc.or.kr)

新語補≫가 여러 종 있다.[62] 비교적 이른 판본으로는 韓國學中央研究院와 高麗大學校에 소장되어 있으나 대부분은 後印으로 보여 진다.

국내 출판본으로는 朝鮮 肅宗 34年(1708년)에 간행한 ≪世說新語補≫가 있다. 이 판본은 劉義慶(宋)撰·劉孝標(梁)注·劉辰翁(宋)批·何良俊(明)增·王世貞(明)刪定·王世懋(明)批釋·鍾惺(明)批點·張文柱(明)校註로 總 20卷 7冊으로 편집되었으며 後代에 몇 차례 覆印되었다. 또 後代에 覆印된 것으로 ≪世說新語姓彙韻分≫이 있는데 이 책은 ≪世說新語補≫를 다시 姓氏 別로 나누어 재편집한 책으로 상당히 주목을 끄는 작품이다.[63]

그 외 明代 李紹文이 쓴 ≪皇明世說新語≫가 있는데 이는 劉義慶의 ≪世說新語≫와는 다른 책이다. 뿐만 아니라 정확한 시대를 추정할 수 없는 筆寫本 판본이 韓國學中央研究院, 雅丹文庫, 淑明女子大學校 등에 소장되어 있다.

書名	出版事項	版式狀況	一般事項	所藏處/所藏番號
世說新語	劉義慶(宋)撰, 劉孝標(梁), 刊寫地未詳, 刊寫者未詳, 淳熙 戊申年序(1188)	3卷6冊, 25.5×18cm, 中國木版本, 四周單邊, 半郭: 21.2×15.5cm, 有界, 11行21字, 註雙行, 大黑口, 無魚尾	表題: 世說, 舊跋: 淳熙 戊申年(1188)重五月…陸游書, 內容: 冊1(卷1上, 德行, 言語), 冊2(卷1下, 政事, 文學), 冊3(卷2上, 方正, 雅量, 識鑑), 冊4(卷2下, 賞譽, 品藻, 規箴, 捷悟, 夙惠, 豪爽), 冊5(卷3上, 容止, 自新, 企羨, 傷逝, 棲逸, 賢媛, 術解, 巧藝, 寵禮, 任誕, 簡傲), 冊6(卷3下, 排調, 輕詆, 假譎, 黜免, 儉嗇, 汰侈, 忿狷, 讒險, 尤悔, 紕漏, 惑溺, 仇隙)	中央大學校 812.8-왕의경세
世說新語	劉義慶(宋)著, 劉孝標(梁)註, 黃之寀(明)校, 宋, 海易戴, 序1523	6卷6冊(卷1~6), 19.7×13cm, 四周雙邊, 有界, 半郭: 17.5×11.5cm, 小字15行35字, 上下向黑魚尾	內容-卷1: 德行, 言語 卷2: 政事, 文學 卷3: 方正, 雅量 卷4: 賞譽 卷5: 容止, 自新 卷6: 排調	慶熙大學校 812.31-유68ㅅ
世說新語	劉義慶(宋)撰, 劉孝標(梁)註, 劉辰翁(宋)評, 萬曆8年序(1580)	6卷3冊(第3冊缺), 中國木版本, 25.8×16.5cm, 四周單邊, 9行20字, 半郭: 20.3×13.5cm, 上白魚尾	舊序: 劉應登序, 序: 嘉靖乙未(1535)…吳郡袁褧撰 萬曆庚辰(1580)…吳郡王世懋書, 印: [沈喜澤印][靑松]	韓國學中央研究院 [貴]D7C-26

---

62) 유의경 撰, 김장환 역주, 〈세설신어에 대하여〉, ≪세설신어≫(상), 살림출판사, 1996.
63) 민관동·김명신 공저, ≪중국고전소설 비평자료 총고≫, 학고방, 2003년, 42-47쪽 참고.

書名	出版事項	版式狀況	一般事項	所藏處/所藏番號
世說新語	劉義慶(宋)撰, 劉孝標(梁)注, 王世懋(明)批點, 陸瀛初校, 萬曆8年(1580)序	8卷8册, 中國木版本, 26.9×15.8㎝	序: …萬曆庚辰(1580) 穰吳郡王世懋書, 印: 東陽, 申翊聖, 君奭, 樂齋 外2種	高麗大學校 (華山文庫) C14-B76
世說新語	劉義慶(宋)撰, 劉孝標(梁)註, 明, 萬曆9年 (1581)	8卷8册, 中國木版本, 26.5×17㎝, 四周單邊, 半郭: 21.7×13.8㎝, 無界, 8行18字, 註雙行, 頭註, 紙質: 綿紙	表題: 世說, 序: 萬曆辛巳(1581) 之夏月雲間喬懋敬允德甫撰, 印: 李王家圖書之章	韓國學中央研究院 4-228
世說新語	劉義慶(宋)撰, 劉孝標(梁)註, 萬曆13年(1585), 後刷	6册, 中國木版本, 26.6×16.6㎝	序: 嘉靖乙未(1535)…袁褧, 藏版記: 本衙藏版	國立中央圖書館 [古]10-30-나113
世說新語	劉義慶(宋)撰, 劉孝標(梁)註, 劉辰翁(宋)註, 明版本衙藏版, 己酉(1609) 萬曆37	3卷6册, 木版本, 16.1×25.5㎝, 上下單邊, 左右雙邊, 半郭: 14.5× 20㎝, 有界, 10行20字, 細註雙行20字, 白口, 黑魚尾上	序: 袁褧(1535), 印: 閔丙承印	澗松文庫
世說新語	劉義慶(宋)撰, 劉孝標(梁)註, 傳古堂, 明, 萬曆37年(1609) 序	3卷5册(卷上之上, 上之下, 中之上, 中之下, 下之下), 中國木版本, 25×16.9㎝, 上下單邊, 左右雙邊, 半郭: 19.8×15.3㎝, 10行20字, 註雙行, 內向黑魚尾, 紙質: 竹紙	表題: 世說新語補, 序: 吳郡 袁褧 撰, 萬曆己酉(1609) 春開氏博古堂刊序畢, 內容: 德行~簡傲	清州大學校 823.4왕489ㅅ v.1~v.6
世說新語	劉義慶(宋)撰, 劉孝標(梁)註, 刊寫地未詳, 刊寫者未詳, 道光戊子(1828)	1册(全36卷6册), 4, 卷中~下, 中國木版本, 25.4×17.9㎝, 四周單邊, 半郭: 21.4×15.5㎝, 有界, 11行21字, 註雙行, 上黑口無魚尾	版心書名: 世說新語, 表紙書名: 世說, 刊記: 道光戊子(1828)… 周心如, 序: 嘉靖乙未(1535)袁褧, 世說舊跋: 淳熙戊申(1189) 陸遊, 內容: 卷中之下 賞譽, 品藻, 規箴, 捷悟, 夙惡, 豪爽	漢陽大學校 812.34-유678ㅅㄴ -v.4
世說新語	劉義慶(宋)撰, 劉孝標(梁)註, 刊寫地未詳, 刊寫者未詳, 道光戊子(1828)	全36卷6册(1~6, 4, 卷1~36), 中國木版本, 25.4×17.9㎝, 四周單邊, 半郭: 21.4×15.5㎝, 有界, 11行21字, 註雙行, 上黑口無魚尾	版心書名: 世說新語, 表紙書名: 世說, 刊記: 道光戊子 (1828)…周心如, 序: 嘉靖乙未 (1535)袁褧, 世說舊跋: 淳熙戊申 (1189) 陸遊, 內容: 册1: 序-目錄-卷上之上 德行, 言語, 册2: 卷上之下-政事, 文學,	漢陽大學校 812.34-유678ㅅㄴ -v.1~v.4, v.6

第1章 唐代以前 作品目錄과 解題 89

書名	出版事項	版式狀況	一般事項	所藏處/所藏番號
			冊3: 卷中之上-方正, 雅量, 識鑑, 冊5: 卷下之上- 容止, 自新, 企羨, 傷逝, 棲逸, 賢媛, 術解, 巧藝, 寵禮, 任誕, 簡傲, 冊6: 重刊記-卷下之下-排調, 輕詆, 假譎, 黜免, 儉嗇, 汰侈, 忿狷, 讒險, 尤悔, 紕漏, 惑溺, 仇隙	
世說新語	劉義慶(宋)撰, 劉孝標(梁)注, 湖北, 崇文書局, 光緒3年(1877)	6卷4冊, 中國木版本, 30.2×17.7㎝	印: 集玉齋	서울大 奎章閣 [奎중]3511
世說新語	劉義慶(宋)撰, 劉孝標(梁)註, 湖北, 崇文書局, 淸, 光緖3年(1877)刊	6卷4冊, 中國木版本, 27.1×17.3㎝, 四周雙邊, 半郭: 18.5×14㎝, 有界, 12行24字, 註雙行, 大黑口, 內向魚黑尾, 紙質:竹紙	刊記: 光緒三年(1877) 三月湖北崇文書局開雕, 內容: 卷1-德行, 言語, 卷2-政事, 文學, 卷3-方正, 雅量, 識鑒, 卷4-賞譽, 品藻, 規箴, 夙悟, 捷悟, 豪爽, 卷5-容止, 企羨, 棲逸, 術解, 寵禮, 簡傲, 自新, 傷逝, 賢媛, 巧藝, 任誕, 卷6-排調, 假譎, 儉嗇, 忿狷, 尤悔, 惑溺, 輕詆, 黜免, 汰侈, 讒險, 紕漏, 仇隙	成均館大學校 D7C-46a
世說新語	劉義慶(宋)撰, 劉孝標(梁)註, 光緒3(1877)刊	5卷3冊(卷2~6), 中國木版本, 26×17㎝, 四周雙邊, 半郭: 18.5×14㎝, 有界, 12行24字, 註雙行, 大黑口, 內向黑魚尾, 紙質: 竹紙		全北大學校
世說新語	劉義慶 撰, 劉孝標 注, 光緒十有七年(1891)思賢講舍開雕	6卷6冊, 中國木版本, 27㎝, 上下單邊, 左右雙邊, 17.4×12.7㎝, 有界, 11行24字, 註小字雙行, 上下大黑口, 上黑魚尾	序: 嘉靖乙未(1535)歲立秋日 吳郡袁褧撰, 題跋: 淳熙戊申(1188) 重五日 新定郡守 陸游書卷首: 釋名, 卷末附錄: 引用 書目, 佚文, 校勘小識, 校勘小識補, 攷證, 藏書記: 羅州丁氏寓居谷城 珍藏, 印記: 默容室藏 外14種	延世大學校 812.38/6
世說新語	劉義慶(宋)撰, 劉峻(梁)註, 張懋辰(明)訂, 明朝末期刊	8卷4冊, 中國木版本, 26.5×16.5㎝, 四周單邊, 半郭: 21.2×14.2㎝, 有界, 9行19字, 註雙行, 上白魚尾, 紙質: 竹紙	表題: 世說, 裏題: 陳太史增補古世說新語, 序: 萬曆庚辰(1580)秋吳郡王世懋書	成均館大學校 D7C-46
世說新語	劉義慶(宋)撰, 劉孝標(梁)註,	6卷6冊, 中國木版本, 22.5×16.7㎝, 左右雙邊,	表題: 世說, 裏題: 世說新語, 序: 嘉靖乙未歲(1535)	成均館大學校 D7C-46b

書名	出版事項	版式狀況	一般事項	所藏處/所藏番號
	思賢講舍, 清, 光緒17年(1891) 刊	半郭: 17.4×12.8cm, 有界, 11行24字, 註雙行, 大黑口, 上黑魚尾, 紙質: 綿紙	立秋日也吳郡袁褧撰, 刊記: 光緒十有七年(1891) 思賢講舍開雕	
世說新語	劉義慶(宋)撰, 劉孝標(梁)註, 長沙, 清, 光緒22年(1896) 刊	6卷6冊, 中國木版本, 21.6×14cm, 四周單邊, 半郭: 17.5×12cm, 有界, 10行20字, 註雙行, 大黑口, 上黑魚尾, 紙質: 綿紙	序: 嘉靖乙未歲(1535) 立秋日也吳郡袁褧撰, 卷末: 嘉靖乙未歲(1535) 吳郡袁氏嘉趣堂重雕, 刊記: 光緒丙申(1896) 七月重刊於長沙	成均館大學校 D7C-46c
世說新語	劉義慶(宋)撰, 劉孝標(梁)註, 上海, 掃葉山房, 中華年間刊	6卷6冊, 中國石印本, 20×13.8cm, 四周雙邊, 半郭: 15.6×10.6cm, 有界, 12行28字, 註雙行, 上黑魚尾, 紙質: 竹紙		成均館大學校 D7C-46d
世說新語	劉義慶(宋)撰, 劉孝標(梁)註, 上海, 廣益書局, 中華初刊	6卷6冊, 中國石印本, 20×13cm, 四周雙邊, 半郭: 17×15cm, 有界, 15行35字, 註雙行, 上黑魚尾	刊記: 上海棋盤街廣益書局印行	成均館大學校 (友松) D7C-46e
世說新語	王義慶(宋)撰, 思賢講舍, 光緒17年(1891), 清板本	2卷, 附錄, 合4冊, 木版本, 26.7×17.1cm, 四周單邊, 半郭: 17.2×12.8cm, 有界, 11行24字, 註雙行, 黑口, 上黑魚尾	序: 嘉靖乙未(1535)…袁褧, 刊記: 光緒十有七年(1891)… 思賢講舍 開雕	啓明大學校 이812.8유의경ㅅ
世說新語	劉義慶(宋)著, 刊寫地未詳, 長沙, 光緒22年(1896)	6卷2冊, 中國木版本, 24.9×15cm, 四周單邊, 半郭: 19.8×13cm, 有界, 9行18字, 註雙行, 上下向黑魚尾	序: …嘉靖乙未歲(1535)… 吳袁絅撰, 刊記: 光緒丙申(1896) 七月重刊於長沙	檀國大學校 죽전퇴계圖書館 878.4-유294ㅅ
世說新語	劉義慶(宋)撰, 劉孝標(梁)註, 鄂官書處, 1912年	6卷4冊, 中國木版本, 26×17cm, 四周單邊, 半郭: 18.7×13.8cm, 有界, 12行24字, 註雙行, 上下中黑口, 內向黑魚尾, 紙質: 竹紙	刊記: 中華民國元年(1912) 鄂官書處重刊	東國大學校 D819 유68ㅅ2
世說新語	劉義慶(宋)撰	8卷8冊, 木版本, 27.5×18cm	表題: 劉氏世說	延世大學校 812.38
世說新語	劉義慶(宋)撰, 劉孝標(梁)注, 上海, 中華書局, 刊年未詳	6冊, 中國石印本, 13.2×20.8cm (四部備要, 子部)	序: 嘉靖乙未(1535)…吳郡袁褧, 附: 續世說 / 孔平仲(宋)撰, 錢照祚(淸)校	서울大 奎章閣 [古]039.952-W182s- v.1-6

第1章 唐代以前 作品目錄과 解題 91

書名	出版事項	版式狀況	一般事項	所藏處/所藏番號
世說新語	劉義慶(宋)撰, 劉峻(梁)注, 凌濛初(明)訂, 刊年未詳	3卷1冊(零本), 木版本, 25.6×15.6cm, 欄楣註	表紙書名: 世說, 印: 朴鼎源印	서울大 奎章閣 [古]920.052-Y91s-v.2
世說新語	劉義慶(宋)撰, 劉孝標(梁)注, 上海, 掃葉山房, 刊紀未詳	6卷6冊, 中國石印本 20×13cm, 四周雙邊, 半郭: 15.5×10.5cm, 有界, 12行28字, 註雙行, 上下向黑魚尾	內紙: 宋劉義慶撰 梁劉孝標注 世說新語 掃葉山房石印	서울大 奎章閣 [奎古]171
世說新語	劉義慶(宋)撰, 刊年未詳	12卷6冊, 古活字本(木活字), 25.5×17.6cm, 四周單邊, 半郭: 21×15.3cm, 無界, 11行21字, 註雙行, 上黑口, 無魚尾	序: 劉應登	國立中央圖書館 [한]48-224
世說新語	劉義慶 撰, 劉孝標 注, 吳勉學 校	全6卷6冊中一部缺, 木版本, 27cm, 上下單邊, 左右雙邊, 19.7×12.8cm, 界線, 10行18字, 註小字雙行, 上黑魚尾 *落卷: 卷之1,4(共2冊)	單葉으로 切斷하여 每裏面에 筆寫: 第六才子書(西廂記)/王實甫 著; 金聖嘆(輯註)-全6卷中一部缺. -挿圖.-落卷: 卷之,1-3,6	延世大學校 (貴重圖書) [귀]812
世說新語	劉義慶(宋)撰, 劉孝標(梁)注, 上海, 掃葉山房	6卷3冊, 中國石印本, 19.9×13.1cm		高麗大學校 (華山文庫) C14-C76A
世說新語	劉義慶(宋)撰, 劉孝標(梁)注, [19--]	6卷6冊, 石印本, 20.1×13.2cm	標題紙: 宋劉義慶撰… 海易戴恂書耑	高麗大學校 (華山文庫) C14-B76B
世說新語	劉義慶(宋)撰, 劉孝標(梁)注, 張懋辰(明)訂, 刊年未詳	8卷4冊, 木版本, 25.8×16.6cm	叙: 山陰笑菴居士王思任題, 舊序: 嘉靖乙未(1535) 歲立秋日也吳郡袁褧撰, 印: 錦城介石愚民宅之印, 華山, 金䕺房藏書印, 全州世家, 小顔過目, 韓韻海印, 李容書印	高麗大學校 (華山文庫) C14-B76C
世說新語	劉義慶(宋)撰, 劉孝標(梁)注, 吳中珩(明)校, 三畏堂	6卷6冊, 中國木版本, 22.1×14.9cm	標題: 世說新語補, 序: 嘉靖乙未(1535)…吳邑袁褧撰, 印: 太華山人 趙氏宗藏	高麗大學校 C14-B76D
世說新語	劉義慶(宋)撰, 劉峻(梁)注, 凌濛初(明)訂, 寶旭齋	6卷6冊, 中國木版本, 25.9×16cm	標題: 增訂世說新語補, 世說新語鼓吹序: 康熙丙辰(1676) …富春全城後章紋麟來氏書, 吳興後學凌濛初…書, 皇清康熙十一年(1672) …沈荃書于…, 印: 獻窩	高麗大學校 C14-B76E

書名	出版事項	版式狀況	一般事項	所藏處/所藏番號
世說新語	劉義慶(宋)撰, 劉峻(梁)注, 凌濛初(明)訂, 承德堂	6卷, 補4卷, 合10冊, 中國木版本, 25.2×15.8cm	標題: 增定世說新語補, 補序: 康熙丙辰 (1676)… 全城後章紋麟來氏書, 印: 默容室藏, 合刊: 世說新語補, 何良俊(明)撰補, 王世貞(明)刪定, 張文柱(明)校注, 凌濛初(明)攷訂	高麗大學校 C14-B76F
世說新語	劉義慶(宋)撰, 何良俊(明)補, 程稺(淸)重訂, 廣陵, 玉禾堂	8卷, 補4卷, 合4冊, 中國木版本, 26.7×17.1cm, 四周單邊, 20.8×14.2cm, 9行19字, 小字雙行, 上白魚尾	序: 康熙歲在甲戌 (1964)春王正月莆陽余懷撰, 練江寄亭程稺題, 補舊序: 嘉靖丙辰 (1556)季夏瑯琊王世貞譔, 刊記: 廣陵玉禾堂藏板	高麗大學校 C14-B76G
世說新語	劉義慶(宋)撰, 劉孝標(梁)註, 刊寫者未詳, 中華年間刊	1卷1冊(零本, 卷6), 中國石版本, 19.8×13cm, 四周雙邊, 半郭: 16.9×11.1cm, 有界, 15行35字, 註雙行, 上內向黑魚尾, 紙質: 竹紙		東國大學校 D819.34 유68ㅅ
世說新語	劉義慶 撰, 劉孝標 註, 刊年未詳	1冊(零本), 活字本, 25.5×18cm, 四周單邊, 半郭: 21.7×15.3cm, 無界, 11行21字, 上內向長花黑魚尾		建國大學校 [고] 924
世說新語	劉義慶(南朝宋)撰, 劉孝標(梁)註, 劉辰翁(宋)註	6卷6冊1匣, 石印本, 13×19.6cm, 四周雙邊, 半郭: 11.6×17.6cm, 有界, 15行35字, 細註雙行35字, 白口上黑口下, 黑魚尾上		澗松文庫
世說新語	劉義慶(宋)撰, 劉孝標(梁)註, 上海, 掃葉山房, 刊年未詳	6卷6冊, 中國石印本, 19.9×13.2cm		韓國學中央研究院 D7C-26B
世說新語	劉義慶(宋)撰, 劉孝標(梁)註	3卷6冊, 木版本, 半郭: 17.5×12.8cm, 11行24字, 上下黑口, 上黑魚尾	刊記: 光緒十有七年(1891) 思賢講舍開雕	雅丹文庫 823.4-유67ㅅ
世說新語	劉義慶(宋)撰, 劉孝標(梁)註	6卷3冊, 木版本, 半郭: 18.9×14.1cm, 12行24字, 上下黑口, 黑魚尾	印記: 李範修印, 刊記: 中華民國元年(1911) 鄂官書霧重刊	雅丹文庫 823.4-유67ㅅ

第1章 唐代以前 作品目錄과 解題 93

書 名	出版事項	版式狀況	一般事項	所藏處/所藏番號
世說新語	王義慶(宋)撰, 劉孝標(梁)註, 刊寫地未詳, 博古堂, 刊寫年未詳	3卷3冊, 木版本, 26×17cm, 上下單邊, 左右雙邊, 半郭: 19.6×14.5cm, 有界, 10行20字, 註雙行, 白口, 上下內向黑魚尾, 紙質: 노로지	標題: 世說新語補, 序: 萬曆己酉(1609) 春周氏傳古堂刊序畢…袁褧撰, 紋樣: 卍字七寶紋	釜山大學校 海籠文庫 (子部) OBC 3-10 6
世說新語	劉義慶(宋)撰	6卷6冊, 石印本, 22×14cm		慶州市 汶坡文庫
世說新語	劉義慶(宋)撰, 中國, 刊年未詳	4冊(零本, 卷2~5), 木版本, 26×16.5cm, 上下單邊, 半郭: 20.5×15.3cm, 有界, 10行20字, 註雙行, 內向黑魚尾		啓明大學校 고812.8
世說新語	劉義慶(宋)撰, 劉孝標(梁)註	4冊(零本, 全6卷6冊), 中國木活字本(徐氏木活字), 25.7×18.1cm, 四周單邊, 半郭: 21.1×15.5cm, 有界, 11行21字, 註雙行, 上大黑口黑魚尾	卷頭: 世說新語序目: 嘉靖乙未(1535)…吳郡袁, 目錄 世說舊題一首舊跋二首: 舊題, 舊跋: 紹興八年(1138)…董弅, 淳熙戊申(1188)…陸游, 說新語釋名, 所藏: 卷上之上, 中之上, 中之下, 下之下	嶺南大學校 味山文庫 [古宅]823 유의경
世說新語	王義慶(宋)撰, 柳孝標(梁)註, 發行地不明, 發行處不明, 發行年不明	1冊(零本), 中國木版本, 26.3×18cm	表題: 世說, 所藏: 卷下之上	慶尙大學校 D7왕68ㅅ(아천)
世說新語	劉義慶(宋)撰, 劉孝標(梁)註, 劉辰翁(宋)批, 王世貞(明)刪定, 王世懋(明)批釋, 鍾惺(明)批點, 張文柱(明)校註, 刊寫地未詳, 刊寫者未詳, 朝鮮中期	4卷1冊(零本), 木活字本, 31.4×20.5cm, 四周單邊, 半郭: 23.5×16cm, 有界, 10行18字, 註雙行, 上下內向二葉花紋魚尾	表題: 世說, 所藏本: 卷10-13	김민영
世說新語	劉義慶(宋)撰, 劉峻(梁)註, 凌濛初(明)訂, 刊寫地未詳, 刊寫者未詳, 刊寫年未詳	6冊(冊1~6), 木版本, 26×16.3cm, 上下單邊, 左右雙邊, 有界, 半郭: 19.5×12.2cm, 9行20字, 部分雙行, 上下向黑魚尾	內容: 冊1~4, 世說新語, … 冊5~6, 世說新語補	慶熙大學校 812.31-유67ㅅ

書名	出版事項	版式狀況	一般事項	所藏處/所藏番號
世說新語	劉義慶(宋)撰, 劉峻(梁)註, 凌濛初(明)訂	全36卷3冊(5, 卷下, 上), 木版本, 25×15.2cm, 左右雙邊, 有界, 半郭: 23×13.2cm, 9行20字, 註雙行, 上內向黑魚尾	表紙書名: 世說新語, 내용: 卷下之上 容止, 自新, 企羨, 傷逝, 棲逸, 賢媛, 術解, 巧藝, 寵禮, 任誕, 簡傲	漢陽大 812.34-유678ㅅㄷ -v.5
世說新語	劉義慶(宋)撰, 劉孝標(梁)註	5卷3冊(缺帙, 卷2~6), 木版本, 26×17cm, 四周雙邊, 有界, 半郭: 19.1×14cm, 12行24字, 註雙行, 大黑口, 上下內向黑魚尾		全北大學校 812.081-유의록세
世說新語	編者未詳, 壬亂以後刊	12卷4冊, 木活字本, 30×19.1cm, 四周單邊, 半郭: 22×14.7cm, 有界, 10行18字, 註雙行, 內向二葉花紋魚尾, 紙質: 楮紙	版心題: 世說, 序: 嘉靖丙辰(1556) 季夏琅琊 王世貞撰, 舊序: 嘉靖乙未 (1535) 歲立秋日也吳郡袁褧(明)撰, 印記: 滄浪老叟, 苑山, 白元山, 安東世家外5種	山氣文庫 4-694
世說新語	劉義慶(宋)撰, 刊地未詳, 刊寫者未詳, 肅宗年間	17卷7冊(卷1~17), 金屬活字本(顯宗), 32.5×20.3cm, 四周單邊, 半郭: 22.7×15.3cm, 有界, 9行字數不定, 註雙行, 內向黑魚尾, 紙質: 楮紙	序: 萬曆庚辰(1580) 秋吳郡王世懋撰, 萬曆丙戌(1586) 秋日沔陽陳文燭玉叔撰	全南大學校 3Q-세53ㅇ-v.1-7
世說新語		1冊, 筆寫本, 21×22cm		嶺南大學校 823
世說新語	劉義慶(宋)撰, 劉孝標(梁)註, 刊年未詳	6卷3冊, 筆寫本, 24.5×16.7cm	序: 淳熙戊申(1188)…笠澤陸游書	韓國學中央研究院 D7C-26A
世說新語	劉義慶(宋)撰, 刊寫地未詳, 刊寫者未詳, 刊寫年未詳	1冊, 筆寫本, 24.5×18cm, 行字數不定	表題: 世說	淑明女子大學校 CL 812 유의경세
世說新語	劉義慶(宋)著	6卷1冊(95張), 筆寫本, 半郭: 20.6×18cm	表紙: 昭陽協洽閼逢攝提格 始題于南陽石南家	雅丹文庫 823.4-유67ㅅ
世說新語	劉義慶(宋)撰, 朝鮮朝後期寫	1冊, 筆寫本, 24.9×16.6cm, 12行字數不定, 註雙行, 紙質: 楮紙		忠南 論山郡 尹寶重
世說新語	劉義慶(宋)撰, 劉孝標(梁)註, 刊寫地未詳, 刊寫者未詳, 刊寫年未詳	2卷1冊(零本), 筆寫本, 21.1×13.6cm, 無界, 10行字數不定	表題: 世說, 序: 萬曆乙酉(1609) … 吳郡袁	檀國大學校 천안율곡圖書館 羅孫文庫 고878.4-왕984ㅅ-乾

第1章　唐代以前 作品目錄과 解題　95

書名	出版事項	版式狀況	一般事項	所藏處/所藏番號
世說新語	刊寫地未詳, 刊寫者未詳, 刊寫年未詳	1冊, 筆寫本, 26×18cm, 無界, 10行字數不定, 小字雙行, 無魚尾	表題: 世說	京畿大學校 경기-K113427-全
世說新語	劉義慶(宋)撰, 刊寫地未詳, 刊寫者未詳, 朝鮮朝後期	6卷6冊(第1~6), 筆寫本, 22.2×14.6cm	書名: 卷首題, 序題: 刻世說新語序, 表題: 世說(第一), 序: 吳邑袁褧撰, 內容: 卷1-德行, 言語, 卷2-政事, 文學, 卷3-方正, 雅量, 識鑒, 卷4-賞譽, 品藻, 規箴, 夙悟, 捷悟, 豪爽, 卷5-容止, 企羨, 棲逸, 術解, 寵禮, 簡傲, 自新, 傷逝, 賢媛, 巧藝, 任誕, 卷6-排調, 假譎, 儉嗇, 忿狷 尤悔, 惑溺, 輕詆, 黜免, 汰侈, 讒險, 紕漏, 仇隙	東國大學校(경주) D823.4-유68, v.1~6
世說新語	刊寫地未詳, 刊寫者未詳, 刊寫年未詳	1冊, 筆寫本, 26×18.5cm		의성김씨 천전파 제산종택, 韓國 國學振興院수탁 KS03-3048-10276-00276
世說新語	劉義慶(宋)編, 서울, 악관서로, 1912	6卷4冊(卷1~4), 筆寫本, 26×17cm		大邱카톨릭大學校 동991.2-유68人

書名	出版事項	版式狀況	一般事項	所藏處/所藏番號
世說	劉義慶(宋)撰	1冊(23張), 筆寫本, 29×19cm	印記: 尹泓定印	延世大學校 (李源喆文庫) 812.38
世說	著者, 年紀未詳	1冊(76張), 筆寫本, 30×19cm, 11行不同, 半郭: 24.5×14cm		建國大學校 [고] 081
世說	刊寫地未詳, 刊寫者未詳, 刊寫年未詳	1冊, 筆寫本, 29.2×20.4cm, 無界, 12行字數不定, 無魚尾	書名: 表題	京畿大學校 경기-K111953
世說	刊寫地未詳, 刊寫者未詳, 刊寫年未詳	1冊, 筆寫本, 21×14.5cm	셜뎡산실긔	慶熙大學校 812.8-세64
世說	서울, 刊寫者未詳, 19- -	不分卷1冊, 筆寫本, 25.2×12.5cm		大邱카톨릭大學校 동991.2-세53
世說	刊寫地未詳, 刊寫者未詳, 刊寫年未詳	1冊, 筆寫本, 21×14.5cm		韓國國學振興院

書名	出版事項	版式狀況	一般事項	所藏處/所藏番號
世說	刊寫地未詳, 刊寫者未詳, 刊寫年未詳	9冊(共10), 筆寫本, 32.8×21cm		韓國國學振興院
世說	刊寫地未詳, 刊寫者未詳, 刊寫年未詳	1冊, 筆寫本, 22×21cm		韓國國學振興院
世說	劉義慶(宋)著	1冊, 筆寫本, 26.4×17.5cm, 13行27字	內容: 宋臨川王義慶采漢晉 以來諸著, 附錄: 堯山堂記	雅丹文庫 823.4-유67ㅅ
世說 〈上〉	劉義慶 撰	零本1冊, 23cm, 10行20字, 註小字雙行	卷冊次表示는 外題에서 取함	延世大學校 812.38/5
世說	劉義慶(宋)著, 發行地不明, 發行處不明, 發行年不明	3卷1冊, 筆寫本, 23.6×16cm, 9行28字, 註雙行		慶尙大學校 D7c유68ㅅa(아천)
世說抄	劉義慶(宋)撰, 刊寫地未詳, 刊寫者未詳, 刊寫年未詳	1冊(85張), 筆寫本, 22.2×16.2cm		檀國大學校 죽전퇴계圖書館 IOS 고823.4-유294사
世說抄	刊寫地未詳, 刊寫者未詳, 刊寫年未詳	1冊, 筆寫本, 19×13cm		韓國國學振興院
世說抄	劉義慶, 刊寫地未詳, 刊寫者未詳, 刊寫年未詳	2冊, 筆寫本, 22.9×18.2cm	跋: 甲申(?)…蒼史樵夫題, 藏書記: 釀墨山房藏	全北大學校 812.081-세설초
世說抄	劉義慶(宋)撰	2冊, 筆寫本, 21.5×15cm		延世大學校 [고서]812.38
世說抄	劉義慶(南宋)撰, 朝鮮朝後期寫	1冊(44張), 筆寫本, 25.6×11.4cm, 無界, 行字數不定, 紙質: 楮紙	內容: 後漢에서 東晉에 이르기까지 人物들의 逸事瑣語	全北 裡里市 柳在泳
世說抄	俞鎭瓚(朝鮮)編, 年紀未詳	1卷(71張), 筆寫本, 24.5×19.7cm	跋: 甲申…蒼史樵夫題, 印: [曺秉式印][曺], 藏書記: 釀墨山房藏	韓國學中央硏究院 D7C-32
世說抄	劉義慶(宋)撰, 劉孝標(梁)註, 刊寫地未詳, 刊寫者未詳, 刊寫年未詳	1冊(48張), 筆寫本, 24.5×21.2cm, 四周無邊, 無界, 17行字數不定, 註雙行, 無魚尾, 紙質: 楮紙	上欄에 註, 行間에 朱色重要標點	全南大學校 2H1-세53
世說抄	編著者未詳, 刊寫地未詳, 刊寫者未詳, 刊寫年未詳	48張, 筆寫本, 24.5×21.2cm, 四周無邊, 無界, 17行字數不定, 紙質: 楮紙		全南大學校 2H1-세53

第1章　唐代以前 作品目錄과 解題　97

書名	出版事項	版式狀況	一般事項	所藏處/所藏番號
世說抄		1冊, 筆寫本, 24.9×15.4cm	表紙書名: 世說	嶺南大學校 味山文庫 823.099 세설초
世說抄		1冊(66張), 筆寫本, 19×13cm, 12行字數不同, 註雙行	漢文, 行書	의성김씨 개암공파 남호고택, 韓國國學振興院수탁, KS 076-1-04-00036
世說抄語		1冊(1冊, 23張), 筆寫本, 23.8×15cm, 12行字數不同, 註雙行	漢文, 行書, 內容: 德行, 言語, 規箴 等	담양전씨 후당덕현과, 韓國國學振興院 수탁, KS0 361-1-04-00070
世說新語抄	劉義慶(宋)撰, 抄者未詳, 朝鮮朝末期寫	1冊(58張), 筆寫本, 25.5×16.1cm, 17行字數不行, 註雙行, 紙質: 楮紙	內容: 忠孝部, 德行, 志槪部, 言行治郡, 爲政, 假譎, 節義, 慷慨等으로 分類 奇異事蹟, 人名, 略歷特 奇異事를 略抄하였음	誠庵文庫 4-1420
增補世說	劉義慶(宋)撰	10卷1冊, 筆寫本, 22×19cm	序: 嘉靖丙辰(1556)王世貞, 萬曆丙戌(1586)陳文燭	延世大學校 812.38
世說箋本	劉義慶(宋)撰, 劉孝標(梁)註, 尾張泰士鉉(日本) 校讀, 刊寫者未詳, 文政9年(1826)	20卷10冊, 日本木版本, 28×18.9cm, 左右雙邊, 上下單邊, 2段10行 半郭: 22×13.1cm, 有界, 18字, 註雙行, 上欄小字頭註, 上內向黑魚尾, 紙質: 和紙	序題: 世說新語, 補序: 嘉靖丙辰(1556)季夏… 王世貞撰, 序: 萬曆丙戌 (1586)… 陳文燭玉叔撰. 刊記: 文政丙戌(1826)春新刊	東國大學校 도전D819.8 유68ㅅㅁ
世說箋本	劉義慶(宋)撰, 劉峻(梁)注, 滄浪·無疆 箋, 尾張泰士鉉(日本) 校讀, 大阪書林, 天保6年(1835)	20卷10冊, 日本木版本, 24.5×17.2cm	序: 天保乙未(1835)…源誨輔識, 世說新語補序: 嘉靖丙辰 (1556)…王世貞譔, 世說新語序: 萬曆庚辰(1580) …王世懋譔	高麗大學校 C14-C1
世說箋本	刊寫地未詳, 刊寫者未詳, 刊寫年未詳	冊, 日本木版本, 25.8×17.9cm, 左右雙邊, 半郭: 22.8×13cm, 有界, 10行18字, 上內向黑魚尾	內容: 卷13-14, 豪夾 外 --, 卷15-16, 賢媛, 術解, 功藝 寵禮, 任誕 --, 卷17-18, 任誕外 --, 卷19-20, 輕詆 外	漢陽大學校 812.34-세5331 -v.7~10
世說掇英	劉義慶(宋)原著, 年紀未詳	不分卷1冊(82張), 筆寫本, 24.8×15.5cm	筆寫記: 甲子(?) 二月初三日始克成編	韓國學中央研究院 D7C-52
世說新補	劉義慶(宋)著, 發行地不明, 發行處不明, 發行年不明	2冊, 筆寫本, 24×15.4cm, 8行27字, 註雙行	表題: 世說	慶尙大學校 D7유68ㅅ(아천)

98 第一部 韓國 所藏 中國文言小說의 版本目錄과 解題(作品 別)

書名	出版事項	版式狀況	一般事項	所藏處/所藏番號
續世說	著者未詳, 上海 中華書局, 刊寫年未詳	4卷1册(缺帙, 卷9~12), 中國新鉛活字本, 19.6×13.3cm, 四周單邊, 半郭: 14.9×10.2cm, 有界, 13行20字, 小黑口, 上下向黑魚尾	刊記: 中華書局聚珍倣宋版印, 跋: 錢熙祚	全北大學校 812.081-공평중속
世說新語類抄	劉義慶(宋)原著, 朴銑(朝鮮)抄錄, 肅宗年間	上下卷2册, 筆寫本(自筆本), 25.2×19.2cm	表題書名: 世說, 印: [晦叔] [朴銑][高靈後人][止觀齋]	韓國學中央研究院 [貴]D7C-30
世說新語抄	劉義慶(宋)撰, 抄者未詳, 朝鮮朝末期寫	1册(58張), 筆寫本, 25.5×16.1cm, 17行字數不定, 註雙行, 紙質: 楮紙	內容: 忠孝部, 德行, 志槪部, 言行治郡, 爲政, 假譎, 節義, 慷慨等으로分類, 奇異事蹟, 人名, 略歷特, 奇異事를 略抄하였음	誠庵文庫 4-1420
世說新語序	刊寫地未詳, 刊寫者未詳, 刊寫年未詳	1册, 筆寫本, 31.9×21.1cm, 無界, 16行字數不定, 無魚尾	版心題: 世說補	京畿大學校 경기-K115916
世說新語抄	刊寫地未詳, 刊寫者未詳, 刊寫年未詳	1册, 筆寫本, 21.6×14.2cm, 無界, 行字數不定, 註雙行, 無魚尾	表題: 世說	京畿大學校 경기-K119057
增訂世說新語	劉義慶(宋)選, 劉峻(梁)注, 凌濛初(明)訂, 淸板本	4册(零本, 卷上下), 中國木版本, 25.7×15.7cm	印: 巡壁堂叢兒, 義精仁?	서울大 奎章閣 [古]952.052-Y91sb-v.1
世說新語摘誅	盧相稷(朝鮮)著	1卷1册(16張), 筆寫本, 14.6×9cm, 無界, 8行字數不定, 紙質: 楮紙	表題: 世說新語 책의 앞부분에 붉은색과 검은색의 비점이 있음	釜山大學校 小訥文庫(子部) OFC 3-12 59
鍾伯敬批點世說新語補			合綴: 詩傳大全	忠南 大田市 燕亭國樂院

世說新語補

書名	出版事項	版式狀況	一般事項	所藏處/所藏番號
世說新語補	劉義慶(南朝宋)撰, 宣祖19年 丙戌, 萬曆14年 (1585)	20卷5册, 中國木版本, 14.4×22cm, 上下單邊, 左右雙邊, 9行18字, 半郭: 12.5×18.3cm, 有界, 細註雙行18字, 白口, 白魚尾上	版心書名: 世說補, 序: 王世貞(1556), 王世懋(1585), 陳文燭(1586), 劉辰翁(宋)批, 刊記: 梅墅 石渠閣梓, 印: 洪重壽	澗松文庫

第1章 唐代以前 作品目錄과 解題 99

書 名	出版事項	版式狀況	一般事項	所藏處/所藏番號
世說新語補	劉義慶(宋)撰, 劉孝標(梁)註, 劉辰翁(宋)批, 何良俊(明)增, 王世貞(明)刪定, 王世懋(明)批釋, 張文柱(明)校註, 王湛(明)校訂, 萬曆14年(1586)	20卷6冊, 中國木版本, 22×14㎝	標題: 劉須溪先生纂輯, 世說新語補, 梅墅石渠閣梓 序: 萬曆丙戌(1586) 秋日沔陽陳文燭玉叔撰, 嘉靖丙辰(1556)季夏琅琊王世貞撰, 萬曆庚辰(1580) 秋…王世懋書, 丙戌(1586) 李贄序, 嘉靖乙未(1535)… 袁褧撰, 紹興八年(1138)… 董芬題	高麗大學校 (晩松文庫) C14-B8J
世說新語補	劉義慶(宋)撰, 劉孝標(梁)註, 何良俊(明)增補, 王世貞(明)刪定, 劉須漢 纂輯, 明, 萬曆14(1586)刻, 後刷	20卷10冊, 中國木版本, 22.8×14.4㎝, 左右雙邊, 半郭: 18.5×12.6㎝, 有界, 9行18字, 註雙行, 上白, 黑混合魚尾, 紙質: 竹紙	版心題: 世說補, 補刻序: 萬曆丙戌(1586) 秋日沔陽陳文燭玉叔撰, 刊記: 梅墅石渠閣梓, 所藏印: 金氏尙燫, 敬菴, 王性淳印	成均館大學校 D7C-47a
世說新語補	劉義慶(宋)撰, 劉辰翁(宋)批, 何良俊(明)增, 肅宗33年(1707)刊	20卷10冊, 顯宗實錄字版, 30.8×20㎝, 四周單邊, 半郭: 22.8×15.8㎝, 有界, 10行18字, 註雙行, 內向黑魚尾, 紙質: 楮紙	刊年出處: 韓國古印刷技術史	仁壽文庫 4-434
世說新語補	劉義慶(宋)撰, 何良俊(明)增補, 肅宗34(1708)頃	零本1冊, 活字本(顯宗實錄字), 32.5×20.3㎝, 四周單邊, 半郭: 23.1×15.7㎝, 有界, 10行18字, 小字雙行, 上下白口, 上下內向黑魚尾	所藏本中 卷之十六~十七의1冊, 以外缺(全7冊中)	高麗大學校 (薪菴文庫) C14-A37
世說新語補	劉義慶(宋)撰, 劉孝標(梁)注, 何良俊(明)增, 肅宗34年(1708)	20卷5冊, 顯宗實錄字本, 29.5×19.5㎝, 四周單邊, 半郭: 23.2×15.5㎝, 10行18字, 注雙行, 內向黑魚尾	序: 嘉靖丙辰(1556)… (明)王世貞, : 萬曆丙戌(1586)… (明)陳文燭	國立中央圖書館 [古]373-1
世說新語補	劉義慶(宋)撰, 劉孝標(梁)註, 劉辰翁(宋)批, 何良俊(明)增, 王世貞(明)刪定, 王世懋 批釋, 鍾惺(明)批點, 張文柱(明)校註, 肅宗34年(1708)	20卷7冊, 筆寫本, 31.1×19.8㎝, 左右雙邊, 22.9×15.4㎝, 10行18字, 小字雙行, 內向黑魚尾	序: 嘉靖丙辰(1556) 季夏琅琊王世貞撰, 萬曆庚辰(1580)秋日吳郡王世懋譔, 乙酉(1585)世懋再識, 萬曆丙戌(1586)秋日沔陽陳文燭王叔撰, 印: [東陽 汝成 申晩]	高麗大學校 (晩松文庫) C14-A37

書名	出版事項	版式狀況	一般事項	所藏處/所藏番號
世說新語補	劉義慶(宋)撰, 劉孝標(梁)註, 劉辰翁(宋)批, 何良俊(明)增, 張女柱(明)校註, 刊寫者未詳, 肅宗34年(1708)	9卷2冊(零本, 卷1~5, 10~13), 金屬活字本(顯宗實錄字), 31.3×20.5cm, 四周雙邊, 半郭: 24.9×16.2cm, 有界, 10行18字, 頭註 註雙行, 內向二葉花紋魚尾, 紙質: 楮紙	跋: 長州陸師道撰, 序: 嘉靖丙辰(1556)季夏… 王世貞撰	東國大學校 D819.8 유68ㅅ
世說新語補	劉義慶 編, 肅宗34年(1708)	1冊(零本), 古活字本 (顯宗實錄字), 32×20cm, 四周單邊, 半郭: 22.7×15.3cm, 10行18字, 上下花紋魚尾		建國大學校 [고] 924
世說新語補	劉義慶(宋)撰, 劉孝標(梁)註, 何良俊(明)增, 王世貞(明)刪定, 刊地未詳, 刊者未詳, 肅宗34年(1708)	3卷1冊(零本3冊, 卷13-16), 金屬活字本(顯宗實錄字), 31.4×19.5cm, 四周單邊, 半郭: 22.8×15.5cm, 有界, 10行18字, 註雙行, 上下內向黑魚尾	版心題: 世說補, 文化財登錄番號: 140號, 황정문고임	建國大學校 [고]812.38-유68ㅅ -2-13-16
世說新語補	劉義慶(宋)撰, 何良俊(明)增補, 王世貞(明)刪定, 肅宗34年(1708)刊	6卷2冊(卷9~11, 15~17), 顯宗實錄字版, 31.3×20cm, 四周單邊, 有界, 半郭: 22.7×15.5cm, 10行18字, 註雙行, 頭尖, 內向黑魚尾, 紙質: 楮紙	表題: 世說新語, 版心題: 世說補, 刊年出處: 藏書閣目錄, 備考: 共7冊中 2冊存	誠庵文庫 4-1417
世說新語補	劉義慶(宋)撰, 何良俊(明)增補, 王世貞(明)刪定, 肅宗34年(1708)刊	20卷7冊, 顯宗實錄字版, 31.4×19.9cm, 四周單邊, 半郭: 22.8×15.3cm, 有界, 10行18字, 註雙行, 內向黑魚尾, 紙質: 楮紙	表題: 世說新語, 版心題: 世說補, 序: 嘉靖丙辰 (1556)… 琅琊王世貞(明)譔, 序: 萬曆庚辰(1580)… 王世懋(明)譔, 印記: 朴珹, 凝川後人	誠庵文庫 4-1418
世說新語補	劉義慶(宋)撰, 何良俊(明)增補, 肅宗34年(1708)刊	20卷7冊中 14卷5冊(卷1~11, 15~17), 顯宗實錄字版, 30.7×20.1cm, 四周單邊, 半郭: 22.7×15.7cm, 有界, 10行18字, 註雙行, 內向二葉花紋魚尾, 紙質: 楮紙	表題: 世說, 版心題: 世說補, 序: 嘉靖丙辰(1556) 季夏琅琊王世貞(明)譔, 印記: 李世惠, 外4種	誠庵文庫 4-1419
世說新語補	劉義慶(宋)撰, 何良俊(明)增補, 王世貞(明)刪定,	20卷7冊, 31.4×19.5cm, 四周單邊, 有界, 半郭: 22.8×15.5cm,	表題: 世說, 版心題: 世說補, 序: 嘉靖丙辰(1556) 季夏琅琊王世貞譔,	韓國學中央研究院 4-6884

第1章　唐代以前 作品目錄과 解題　101

書名	出版事項	版式狀況	一般事項	所藏處/所藏番號
	顯宗實錄字板, 肅宗34年(1708)	10行18字, 註雙行, 內向黑魚尾, 紙質: 楮紙	序: 萬曆庚辰(1580) 秋吳郡王世懋譔, 序: 萬曆丙戌(1586) 秋日洹陽陳文燭玉叔撰, 印: 豊壤后人, 趙東型印, 李王家圖書之章, 卷6~8은 寫本	
世說新語補	劉義慶(宋)撰, 何良俊(明)增編, 王世貞(明)刪定, 肅宗34(1708)頃刊	2卷1冊(卷1~2), 顯宗實錄字本, 29.1×19.4㎝, 左右雙邊, 半郭: 22.9×15.3㎝, 有界, 10行18字, 註雙行, 內向黑魚尾, 紙質: 楮紙	表題: 世說, 版心題: 世說補, 序: 嘉靖丙辰(1556) 季夏王世貞(明)撰, 萬曆庚辰(1580)秋吳郡王世懋撰, 萬曆丙戌(1586) 秋日洹陽陳文燭玉淑撰	嶺南大學校博物館
世說新語補	劉義慶(宋)撰, 何良俊(明)增補, 肅宗34年(1708)刊	6卷1冊(卷11~16), 顯宗實錄字本, 30.5×19.4㎝, 四周單邊, 10行18字, 半郭: 22.8×15.3㎝, 有界, 註雙行, 內向黑魚尾, 紙質: 楮紙	版心題: 世說補	溫陽民俗博物館
世說新語補	劉義慶(宋)撰, 劉孝標(梁)註, 劉辰翁(宋)批, 何良俊(明)增, 肅宗34年(1708)刊	2卷1冊(卷1~2), 顯宗實錄字本, 29.7×19.5㎝, 上下單邊, 左右雙邊, 半郭: 23×15.5㎝, 有界, 10行18字, 註雙行, 內向黑魚尾, 紙質: 楮紙	表題: 世說新語, 版心題: 世說補, 序: 嘉靖乙未(1535) 袁褧(明)撰, 萬曆丙戌(1586) …玉叔撰	海軍士官學校
世說新語補	劉義慶(宋)撰, 劉孝標(梁)註, 劉辰翁(宋)批, 肅宗34年(1708)刊	20卷7冊, 顯宗實錄字本, 29.7×19.2㎝, 上下單邊, 左右雙邊, 有界, 半郭: 23.1×16.4㎝, 10行18字, 註雙行, 內向黑魚尾, 紙質: 楮紙	表題: 世說, 刻序: 萬曆丙戌(1586)秋日 洹陽陳文燭(明)玉叔撰, 嘉靖丙辰(1556)季夏 琅琊王世貞(明)譔, 內容: 德行~仇隟	清州大學校 823.4유591ㅅ v.1~v.7
世說新語補	劉義慶(宋)撰, 劉孝標(梁)註, 劉辰翁(宋)批, 何良俊(明)增, 肅宗34年(1708)	零本1冊, 古活字本 (顯宗實錄字本), 29.7×19.5㎝, 上下單邊, 左右雙邊, 半郭: 23×15.5㎝, 有界, 10行18字, 小字雙行, 白口, 上下內向黑魚尾	表紙書名: 世說新語, 序: …嘉靖丙辰(1556)王世貞譔, …萬曆丙戌(1586)…燭玉叔撰, 補序:…嘉靖乙未(1535) …袁褧撰, 印: 3種未詳, 所藏本中 卷之一~二의 1冊 以外缺(全20卷7冊中)	海軍士官學校 [한] 248
世說新語補	劉須溪 著, 三畏堂, 肅宗34年(1708)	6卷6冊(卷1-6), 活字本, 24.5×15㎝, 上下單邊, 左右雙邊, 半郭: 19.5×13㎝, 有界, 9行18字, 上下向黑魚尾	內容-卷1: 言語 卷2: 文學, 政事 卷3: 方正 卷4: 賞譽 卷5: 工藝 卷6: 排調	慶熙大學校 819.8유56ㅅ

102 第一部 韓國 所藏 中國文言小說의 版本目錄과 解題(作品 別)

書 名	出版事項	版式狀況	一般事項	所藏處/所藏番號
世說新語補	劉義慶(宋)撰, 劉孝標(宋)註, 劉辰翁(宋)批, 肅宗34年(1708) 頃刊	20卷5冊, 顯宗實錄字版, 31.3×20cm, 左右雙邊, 半郭: 22.9×15.5cm, 有界, 10行18字, 註雙行, 內向黑魚尾, 紙質: 楮紙	表題: 世說, 版心題: 世說補, 序: 萬曆丙戌(1586)… 沔陽陳文燭玉叔撰	尚熊文庫 4-158
世說新語補	劉義慶(宋)撰, 刊寫地未詳, 刊寫者未詳, 肅宗年間 (1675~1720)	17卷7冊(卷1~17), 金屬活字本(顯宗實錄字), 32.5×20.3cm, 四周單邊, 半郭: 22.7×15.3cm, 有界, 9行字數不定, 註雙行, 花口, 內向黑魚尾, 紙質: 楮紙	表題: 世說新語, 版心題: 世說補, 序: 萬曆庚辰(1580) 秋吳郡王世懋撰, 萬曆丙戌 (1586) 秋日沔陽陳文燭玉叔撰, 舊序: 嘉靖乙未(1535) 藏立秋日也吳郡袁褧撰	全南大學校 3Q-세53ㅇ
世說新語補	劉義慶(宋)撰, 刊寫地未詳, 刊寫者未詳, 肅宗年間 (1675~1720)	8卷3冊(卷1~8), 木版本, 32×20.6cm, 上下單邊, 左右雙邊, 半郭: 22.9×15.3cm, 有界, 10行18字, 註雙行, 花口, 內向黑魚尾, 紙質: 楮紙	序: 嘉靖丙辰(1543) 季夏琅琊王世貞撰	全南大學校 3Q-세53ㅇ2
世說新語補	劉義慶(宋)原著, 王世貞(明)刪定, 肅完年間 (1675~1720)刊	20卷7冊, 顯宗實錄字本, 31×19.7cm, 四周單邊, 半郭: 23.2×16.1cm, 有界, 10行18字, 註雙行, 內向黑魚尾, 紙質: 楮紙	版心題: 世說補, 序: 萬曆丙戌 (1586) 秋日沔陽陳文燭玉叔撰, 印記: 國宗外2種	山氣文庫 4-695
(重訂) 世說新語補	劉義慶, 未詳, 茂淸書屋藏 (1762)	6冊, 23cm		嶺南大學校 東濱文庫 [古]823
世說新語補	劉義慶(宋)撰, 劉孝標(梁)註, 劉應登(宋)評, 何良俊(明)增, 王世貞(明)刪, 王世懋(明)評, 張文柱(明)註, 刊寫地未詳, 黃汝琳, 乾隆壬午(1762)	6卷2冊, 23.3×14.8cm, 中國木版本, 左右雙邊, 上下單邊, 有界, 半郭: 17.5×11.7cm, 9行18字, 註雙行, 上下向黑魚尾	序題: 重訂世說新語補, 版心題: 世說補, 表題: 世說, 書名은 卷首題임, 刊記: 乾隆壬午(1762) 春日江夏黃汝琳砥崖補訂重刊茂淸書屋板, 舊序: 萬曆丙戌(1586) 春日沔陽陳燭玉叔撰, 重訂序: 乾隆二十有七年壬午(1762)上元日崇明黃汝琳砥崖氏書…, 內容: 冊1(卷1~3), 冊2(卷4~6)	中央大學校 812.8-유의경세
世說新語補	劉義慶(宋)撰, 何良俊(明)增, 王世懋 評, 茂淸書室, 乾隆27年(1762)	零本8冊, 中國木版本, 24.3×15.3cm, 上下單邊, 左右雙邊, 半郭: 17.7×12cm, 有界, 9行18字, 小字雙行, 白口, 上黑魚尾	版心書名: 世說新, 標題紙: 乾隆壬午(1762)春鐫茂淸 書室藏板, 所藏本은 卷之一~十, 十五~二十의 8冊 以外缺(全20卷10冊中)	海軍士官學校 [중] 86

第1章 唐代以前 作品目錄과 解題

書名	出版事項	版式狀況	一般事項	所藏處/所藏番號
世說新語補	劉義慶 撰, 中國, 茂清書屋, 1762	4冊, 24㎝, 無界, 行字數不定, 無魚尾	版心書名: 世說補, 刊記: 乾隆壬午(1762), 卷首: 嘉靖乙未(1535)…吳限哀聚, 丙戌(1586)…劉應登, 萬曆(1586)…陳文燭(明)	忠北大學校 912.03-ㅅ384-春,夏,秋,冬
世說新語補	劉義慶(宋)撰, 何良俊(明)增補, 王世貞(明)刪定, 茂清書屋, 清, 乾隆27年(1762)刊	20卷8冊, 中國木版本, 24×15.5㎝, 左右雙邊, 半郭: 17.5×12㎝, 有界, 9行18字, 註雙行, 上黑魚尾, 紙質: 竹紙	表題: 世說, 裏題: 重訂世說新語補, 版心題: 世說補, 序: 乾隆二十有七年壬午(1762)上元日崇明黃汝琳砥崖氏書於金閶津西之七桂樓, 刊記: 乾隆壬午(1762)春鐫, 茂清書屋藏板	成均館大學校 D7C-47c
世說新語補	劉義慶(宋)撰, 劉孝標(梁)註, 劉應登(宋)評, 何良俊(明)增, 王世貞(明)刪, 黃汝琳(清)補訂, 乾隆27年(1762)	20卷8冊, 中國木版本, 24.2×15.5㎝, 左右雙邊, 半郭: 17.8×11.9㎝, 有界, 9行18字, 註雙行, 上黑魚尾, 紙質: 竹紙	裏題: 重訂世說新語補, 版心題: 世說補, 序: 萬曆丙戌(1586) 秋日沔陽陳文燭玉叔撰, 刊記: 乾隆壬午(1762)春鐫, 題: 紹興八年(1138) 夏四月 癸亥廣川董弅題, 藏板: 茂清書室藏板, 印: 諺士居人, 讀書秋弓□, 趙□鎬印, 怡堂, 李王家圖書之章 外1種	韓國學中央研究院 4-229
世說新語補	劉義慶(宋)撰, 劉孝標(梁)註, 劉應登(宋)評, 何良俊(明)增, 王世貞 刪, 黃汝琳(清)補訂, 清, 乾隆27年(1762)重刊	20卷8冊, 中國木版本, 24.6×15.4㎝, 左右雙邊, 半郭: 17.4×11.7㎝, 有界, 9行18字, 註雙行, 上黑魚尾, 紙質: 竹紙	表題: 世說, 版心題: 世說補, 序: 乾隆二十有七年(1762)壬午上元日崇明黃汝琳崖氏書於金閶津西之七桂樓, 刊記: 乾隆壬午(27, 1762)春鐫, 茂清書屋藏板, 印: 平山之印, 李王家圖書之章	韓國學中央研究院 4-230
世說新語補	劉義慶(宋)撰, 何良俊(明)增補, 王世貞(明)刪定, 茂清書屋, 清 乾隆27年(1762) 刊, 後刷	20卷6冊, 中國木版本, 23.5×15㎝, 左右雙邊, 半郭: 17.5×12㎝, 有界, 9行18字, 註雙行, 上黑魚尾, 紙質: 竹紙	表題: 世說, 裏題: 重訂世說新語補, 版心題: 世說補, 序: 乾隆二十有七年壬午(1762)上元日崇明黃汝琳砥崖氏書於金閶津西之七桂樓, 刊記: 乾隆壬午(1762)春鐫, 茂清書屋藏板, 所藏印: 尹氏致秀	成均館大學校 D7C-47d
世說新語補	劉義慶(宋)撰, 劉孝標(梁)注, 劉辰(宋)批, 顯宗年間	20卷7冊, 活字本 (顯宗實錄字), 30.5×19.6㎝, 上下單邊, 左右雙邊, 半郭: 22.9×15.4㎝, 10行18字, 註雙行, 上下黑魚尾, 紙質: 楮紙	卷首: 嘉靖丙辰(1556)…王世貞撰, 萬曆庚辰(1580)…王世懋撰, 萬曆丙戌(1586)…燭王權撰, 印: 弘文館	서울大 奎章閣 [奎중]1801,2072

104   第一部 韓國 所藏 中國文言小說의 版本目錄과 解題(作品 別)

書名	出版事項	版式狀況	一般事項	所藏處/所藏番號
世說新語補	何良俊(明)撰補, 張文柱(明)校註, 清板本	4卷4冊, 中國木版本, 24.8×15.1cm		서울大 奎章閣 [古]952.01- H11s-v.1-4
世說新語補	劉義慶(宋)撰, 劉孝標(梁)注, 何良俊(明)增, 李贄(明)批點, 清板本	20卷6冊, 中國木版本, 26.9×16.7cm	標題紙: 李卓吾批點…, 版心書名: 批點世說補, 表紙書名: 世說補, 卷首: 嘉靖乙未(1535)… 吳群舊字, 淳熙戊申(1188)… 陸游, 舊跋	서울大 奎章閣 [가람古]920.052- Y91s-v.1-6
世說新語補	劉義慶(宋)撰, 王世貞(明) 刪, 肅宗年間	20卷7冊, 古活字本 (顯宗實錄字), 30×19.4cm, 四周單邊, 半郭: 22.9×15.6cm, 10行18字, 注雙行, 內向黑魚尾	補序: 嘉靖丙辰(1556)…王世貞	國立中央圖書館 [한]48-225
世說新語補	劉義慶(宋)撰, 何良俊(明)增補, 王世貞(明)刪定	零本3冊,(卷1-2, 9-11, 18-20), 顯宗實錄字本, 四周單邊, 匡郭: 23.5×16.5cm, 有界, 10行18字, 上下黑魚尾	序: 嘉靖丙辰(1556)王世貞	延世大學校 [고서]812.38
	劉義慶(宋)撰, 何良俊(明)增補, 茂靑書室	20卷6冊(卷1-3缺), 木版本, 上下單邊, 匡郭: 18×13cm, 有界, 9行18字, 上黑魚尾	表題: 世說, 印記: 韓章錫印	延世大學校 811.38
世說新語補	劉義慶(宋)撰, 何良俊(明)增補, 王世貞(明)刪定	零本1冊(卷1-2), 顯宗實錄字本, 四周單邊, 匡郭: 23.5×16.5cm, 有界, 10行18字, 上下黑魚尾	序: 嘉靖丙辰(1556)王世貞	延世大學校 (灌斯文庫)
世說新語補	劉義慶(宋)撰, 何良俊(明)增補	20卷6冊(卷1-3, 缺), 木版本, 上下單邊, 匡郭: 18×13cm, 有界, 9行18字, 上黑魚尾	表題: 世說	延世大學校 (韓相億文庫)
世說新語補	劉義慶 撰, 劉孝標 注, 劉辰翁 批, 何良俊 增, 王世貞 刪定, 王世懋 批釋, 鍾惺 批點, 張文柱 校注	20卷6冊, 顯宗實錄字本, 32cm, 上下單邊左右雙邊, 23×15.5cm, 有界, 10行18字, 註小字雙行, 上下內向黑魚尾	版心題: 世說補, 序: 嘉靖丙辰 (1556)季夏 王世貞譔, 萬曆庚辰(1580)秋 吳郡王世懋譔. 萬曆丙戌 (1586)秋日陳文燭撰, 舊序: 嘉靖乙未(1535)立秋日 吳郡袁褧撰, 舊題: 紹興八年 (1138)夏四月癸亥 廣川董弅題, 舊跋: 淳熙戊申(1188)重五日 新定郡守 陸游書 卷首에: 釋名, 印記: 溫陽人鄭宗愚明老除 □之印 外4種	延世大學校 812.38/7

第1章 唐代以前 作品目錄과 解題　105

書名	出版事項	版式狀況	一般事項	所藏處/所藏番號
世說新語補	劉義慶 撰, 劉孝標 注, 何良俊 增, 王世貞 刪定, 王世懋 批釋, 張文柱 校主, 古吳麟瑞堂藏板	20卷10冊, 木版本, 23㎝, 上下單邊, 左右雙邊, 18.6×12.4㎝, 有界, 9行18字, 註小字雙行, 上黑魚尾(上白魚尾혼합)	版心題: 世說補, 序: 萬曆丙戌 (1586)秋日 陳文燭譔, 嘉靖丙辰(1556)季夏 王世貞撰, 萬曆庚辰(1580) 吳郡王世懋書, 舊序: 嘉靖乙未(1535)歲立秋日 吳郡袁褧撰, 卷首에: 釋名, 印記: 日菴 外3種	延世大學校 812.38/8
世說新語補	劉義慶 撰	1冊(卷之6-10), 顯宗實錄字本, 30㎝, 上下單邊, 左右雙邊, 22.9×15.3㎝, 有界, 10行18字, 註小字雙行, 上下內向花紋魚尾	*全20卷6冊中의 零本임	延世大學校 812.38/9
世說新語補	劉義慶(宋)撰, 劉孝標(梁)注, 劉辰翁(宋)批, 何良俊(明)增, 王世貞(明)刪定, 王世懋 批釋, 鍾惺(明)批點, 張文桂(明)校注	20卷7冊, 活字本(實錄字), 31.1×19.8㎝, 上下單邊, 左右雙邊, 有界, 半郭: 22.9×15.4㎝, 10行18字, 白口, 內向黑魚尾, 紙質: 楮紙	補序: 嘉靖丙辰(1556) 季夏琅 琊王世貞譔, 序: 萬曆庚辰(1580) 秋吳郡王世懋譔, 歲乙酉 初春世懋再識, 刻補字: 萬曆丙戌 (1580) 秋日沔陽陳文燭王叔撰, 補舊字: 嘉靖乙未(1535)… 歲立秋日也吳郡袁褧撰	高麗大學校 (華山文庫) C14-A37
世說新語補	劉義慶(宋)撰, 何良俊(明)增補, 王世貞(明)刪定, 顯宗實錄字版, 肅宗年間刊	20卷7冊, 31×20㎝, 左右雙邊, 有界, 半郭: 22.8×15.6㎝, 10行18字, 註雙行, 內向黑魚尾, 紙質: 楮紙	版心題: 世說補, 序: 萬曆丙戌(1586) 秋日沔陽陳文燭玉叔撰, 所藏印: 嚴漢重	成均館大學校 D7C-47
世說新語補	劉義慶(宋)撰, 何良俊(明)增補, 王世貞(明)刪定, 明朝末期刊	4卷1冊, 中國木版本, 26.6×16.5㎝, 四周單邊, 半郭: 21×14.2㎝, 有界, 9行19字, 註雙行, 上白魚尾, 紙質: 竹紙	裏題: 世說, 序: 嘉靖丙辰(1556) 季夏琅琊王世貞譔	成均館大學校 D7C-47b
世說新語補	劉義慶(宋)撰, 何良俊(明)撰補, 王世貞(明)刪定, 張懋辰(明)攷訂, 刊年未詳	1冊(第2冊缺, 全4卷2冊), 木版本, 25.6×16.6㎝, 四周單邊, 半郭: 21.2× 14.1㎝, 有界, 9行19字, 註雙行, 上白魚尾	序: 嘉靖丙辰(1556)… 王世貞撰, 所藏印: 成後龍舜卿印	國會圖書館 [古]812.3 ○998ㅅ
世說新語(及)補	劉義慶(宋)撰, 劉峻(梁)註, 張懋辰(明)訂, 刊年未詳	12卷10冊, 木版本, 25.6×16.7㎝, 四周單邊, 半郭: 21×14.2㎝, 有界, 9行19字, 註雙行, 上白魚尾	序: …王思任題, 所藏印: 成後龍舜卿印, 內容: 冊1-德行, 冊2-言語, 冊3-文學, 冊4-方正, 冊5-賞譽, 冊6-捷悟, 冊7-巧藝, 冊8-輕詆, 冊9~10-補遺	國會圖書館 [古]952.3○431ㅅ

書名	出版事項	版式狀況	一般事項	所藏處/所藏番號
世說 新語補	劉義慶(宋)撰, 劉孝標(梁)註, 劉辰翁(宋)批, 何良俊(明)增, 王世貞 剛定, 王世懋 批釋, 鍾惺 批點, 張文桂 校注	20卷5冊(冊仁, 義, 禮, 智, 信), 金屬活字本 (顯宗實錄字), 31×20cm, 四周單邊, 半郭: 23×15.5cm, 有界, 10行字數不定, 上下向黑魚尾	表題: 世說新語, …序: 嘉靖丙辰 (1556)…王世貞撰, 萬曆庚辰 (1580)…王世懋撰 …乙酉(1585) 世懋識, …萬曆丙戌(1586)… 陳文燭撰, …舊序: 嘉靖乙未 (1535) …袁褧撰	建國大學校 [고]812.34- 유68ㅅ-2
世說新 語補	劉義慶 編, 刊年未詳	9卷2冊, 木活字本, 31.5×20.5cm, 四周雙邊, 半郭: 23×17cm, 有界, 10行17字, 上下花紋魚尾	序: 萬曆丙戌(1586) 汚(沔)陽陳文燭玉叔撰, 版心書名: 世說補, 表紙書名: 世說新語	梨花女子大學校 [고]811.085 유78
世說 新語· 世說新 語補	劉義慶 編, 刊年未詳	11冊(缺本), 木活字本, 26×15.5cm, 上下單邊, 左右雙邊, 有界, 半郭: 23.5×12.8cm, 9行24字, 註雙行 上黑魚尾	內容: 第1~10冊, 外缺	梨花女子大學校 [고]811.085 유78a
世說新 語補	劉義慶(南朝宋) 撰	20卷7冊, 活字本(改鑄甲寅字, 實錄字), 20×31.1cm, 四周單邊, 半郭: 15.8×23.2cm, 10行18字, 細註雙行, 白口, 黑魚尾上下	表紙書名: 世說補, 序: 王世貞(1559), 王世懋(1585), 陳文燭(1586), 劉辰翁(宋)批, 印: 金東弼之直章	澗松文庫
世說新 語補	劉義慶(宋)撰, 劉孝標(梁)註, 王世貞(明)刪定, 肅宗年間	20卷7冊(第2冊缺), 顯宗實錄字版, 30.9×19.9cm, 四周單邊, 半郭: 23.1×15.7cm, 10行18字, 上下黑魚尾, 紙質: 楮紙	表題書名: 世說, 版心書名: 世說補, 序: 嘉靖丙辰(1556)… 琅琊王世貞撰, 萬曆丙戌 (1586)… 沔陽陳文燭玉叔撰	韓國學中央研究院 D7C-61
世說新 語補	劉義慶(宋)撰, 劉孝標(梁)註, 何良俊(明)增	2卷1冊(卷17~18), 木版本, 半郭: 17.9×12.2cm, 9行18字, 黑白混魚尾	印記: 金柱臣(1661~1712) 廈卿印, 慶恩府院君家藏書籍	雅丹文庫 823.4-유67ㅅ
世說新 語補	劉義慶(宋)撰, 何良俊(明)增編	5卷1冊(卷16~20, 貞), 筆寫本, 22×19cm, 10行18字	表紙書名: 世說新語	雅丹文庫 823.4-유67ㅅ
世說新 語補	劉義慶(宋)撰, 劉孝標(梁)註	8卷3冊(卷10~12, 16~20), 木版本, 半郭: 18.9×12.5cm, 9行18字, 上黑魚尾		雅丹文庫 823.4-유67ㅅ
世說新 語補	劉義慶(宋)撰, 劉孝標(梁)註, 何良俊(明)增, 王世貞(明)刪定	7卷2冊(卷1~4, 12~14), 顯宗實錄字本, 半郭: 22.9×15.4cm, 10行18字, 內向黑魚尾	序: 萬曆丙戌(1586) 秋日沔陽陳文燭玉叔撰	雅丹文庫 823.4-유67ㅅ

第1章 唐代以前 作品目錄과 解題 107

書 名	出版事項	版式狀況	一般事項	所藏處/所藏番號
世說新語補	劉義慶(宋)撰, 劉孝標(梁)註, 劉辰翁(宋)批, 何良俊(明)增, 王世貞(明)刪定, 王世懋(明)批釋, 鍾惺(明)批點, 張文柱(明)校註, 肅宗年間刊	20卷5冊(卷1~20), 顯宗實錄字本, 32×18.8cm, 四周雙邊, 半郭: 22.8×15.4cm, 有界, 10行18字, 註雙行, 內向黑魚尾, 紙質: 楮紙	序: 嘉靖丙辰(1556) 季夏琅琊王世貞(明)譔, 萬曆丙戌(1586) 秋日汚陽陳文燭(明)王叔譔, 刊年出處: 藏書閣圖書 韓國版總目錄, 所藏印: 邊時淵印, 內容: 哀册文 箋 表 等	全羅南道 靈巖郡 文昶集
世說新語補	劉義慶(宋)撰, 何良俊(明)增補, 朝鮮朝後期~末期 寫	1冊(56張), 筆寫本, 25.4×18.9cm, 無界, 14行字數不定, 註雙行, 紙質: 楮紙	表題: 世說	慶星大學校 博物館
世說新語補	劉義慶(宋)撰, 肅宗年間刊	9卷3冊(卷6~14), 顯宗實錄字本, 21.6×19.4cm, 四周單邊, 有界, 半郭: 22.8×15.7cm, 10行18字, 註雙行, 內向黑魚尾, 紙質: 楮紙	表題: 世說新語	慶尚南道 密陽郡 申柄澈
世說新語補	劉義慶(宋)集錄	1冊(71張), 筆寫本, 25.9×14.3cm, 10行26字, 無界, 註雙行, 紙質: 楮紙		釜山大學校 小訥文庫(子部) OFC 3-10 6A
世說新語補	劉義慶(宋)撰, 劉孝標(梁)註, 刊寫地未詳, 刊寫者未詳, 刊寫年未詳	17卷6冊(零本, 卷1~20), 木活字本, 30.6×19.7cm, 上下單邊, 左右雙邊, 半郭: 22.9×15.4cm, 有界, 10行18字, 註雙行, 上下內向黑魚尾	版心題: 世說補, 表題: 世說補, 序: 嘉靖丙辰(1556)…王世貞, 序: 萬曆丙戌(1586)…陳文燭	檀國大學校 천안율곡圖書館 羅孫文庫 고878.4-유294ㅅ
世說新語補	劉義慶(宋)撰, 劉孝標(梁)註, 劉辰翁(宋)批, 王世貞(明)刪定, 王世懋(明)批釋, 鍾惺(明)批點, 張文柱(明)校註, 刊寫地未詳, 刊寫者未詳, 朝鮮中期	5卷1冊(零本), 木活字本, 31.4×20.5cm, 四周雙邊, 半郭: 23.2×16.3cm, 有界, 10行18字, 註雙行, 上下內向二葉花紋魚尾	表題: 世說, 序: 萬曆庚辰(1580) 秋 吳郡王世懋譔, 補序: 嘉靖丙辰(1556) 季夏 琅琊王世貞譔, 補序: 萬曆丙戌(1586) 秋日 汚陽陳文燭玉叔撰, 所藏本: 卷1-5	김민영 集部 小說類
世說新語補	刊寫地未詳, 刊寫者未詳, 刊寫年未詳	1冊, 筆寫本, 27.5×16.9cm, 四周單邊, 半郭: 22.5×12.8cm, 有界, 12行字數不定, 註雙行, 無魚尾	表題: 世說新語	京畿大學校 경기-K114463-單

書名	出版事項	版式狀況	一般事項	所藏處/所藏番號
世說新語補	劉義慶(宋)撰, 刊寫地未詳, 刊寫者未詳, 刊寫年未詳	1冊(缺帙, 卷1-2), 木版本, 31.8×18.9cm, 上下單邊, 左右雙邊, 有界, 半郭: 22.9×15.7cm, 10行18字, 註雙行, 上下內向黑魚尾	版心題: 世說補	京畿大學校 경기-K121453-1
世說新語補	劉義慶(宋)選, 河良俊(明)補, 刊寫地未詳, 刊寫者未詳, 年度不明	20卷7冊, 銅活字本, 19.3×28.4cm, 半郭: 16×23cm, 有界, 10行18字, 上黑魚尾	版心題: 世說補	明知大學校 812 유687ㅅ
世說新語補	劉義慶(宋)撰, 刊寫地未詳, 刊寫者未詳, 肅宗年間	8卷3冊(卷1~8), 木版本, 32×20.6cm, 上下單邊 左右雙邊, 有界, 半郭: 22.9×15.3cm, 10行18字, 註雙行, 內向黑魚尾, 紙質: 楮紙	序: 嘉靖丙辰(1543) 季夏琅琊王世貞撰	全南大學校 3Q-세53ㅇ2-v.1-3
世說新語補	劉義慶(宋)撰, 何良俊(明)增, 刊年未詳	20卷5冊, 顯宗實錄字本, 29.2×19.2cm, 四周單邊, 半郭: 23×15.5cm, 有界, 10行18字, 註雙行, 內向黑魚尾	序: 嘉靖丙辰(1556)…王世貞	啓明大學校 이812.8유의경ㅅ
世說新語補	劉義慶(宋)撰, 年紀未詳	1冊, 筆寫本, 28.5×18cm, 四周無邊, 無界, 14行34字		啓明大學校 고812.8유의경ㅅ
世說新語補	劉義慶(宋)撰, 何良俊(明)增, 刊年未詳	20卷5冊, 顯宗實錄字本, 29.2×19.2cm, 四周單邊, 半郭: 23×15.5cm, 有界, 10行18字, 註雙行, 內向黑魚尾	序: 嘉靖丙辰(1556)…王世貞	啓明大學校 고812.8
世說新語補	劉義慶(宋)撰, 年紀未詳	20卷3冊, 筆寫本, 31.8×20.4cm, 四周白邊, 無界, 14行24字, 註雙行	序: 嘉靖丙辰(1556)…王世貞, 年記: 壬辰八月…鳳西冊 畢書 礀翁也	啓明大學校 178-유의경ㅅ
世說新語補	劉義慶(宋)撰, 劉孝標(梁)註, 劉辰翁(宋)批, 何良俊(明)增補, 王世貞(明)刪定	2冊(零本, 全20卷7冊, 本館所藏: 2冊, 卷6~8, 15~17), 金屬活字本 (顯宗實錄字), 29.6×19.4cm, 四周單邊(一部分 左右雙邊), 半郭: 23×15.6cm, 有界, 10行18字, 註雙行, 上下內向黑魚尾	版心題: 世說補, 卷六의 第1張-5張은 筆寫本임, 表紙書名: 世說	嶺南大學校 南齋文庫 [古南]823유의경
世說新語補	劉義慶(宋)撰, 劉孝標(梁)註,	1冊(零本, 全20卷5冊, 本館所藏: 1冊, 卷13~16),	版心題: 世說補, 表紙書名: 世說補	嶺南大學校 南齋文庫

書 名	出 版 事 項	版 式 狀 況	一 般 事 項	所藏處/所藏番號
	劉辰翁(宋)批, 何良俊(明)增補, 王世貞(明)刪定, 王世懋(明)批釋, 張文柱(明)校注, 王湛(明), 彭燧(明)校訂	中國木版本, 22.5×14.9㎝, 上下單邊, 左右雙邊, 半郭: 18.6×12.6㎝, 有界, 9行18字, 註雙行, 上下內向白魚尾		[古南]823유의경 ㅈ
世說新 語補	劉義慶	1冊, 筆寫本, 22×20㎝		嶺南大學校 823
世說新 語補	劉義慶(宋)撰, 王世貞(明)刪定, 發行地不明, 發行處不明, 發行年不明	1冊(130張), 筆寫本, 23.5×14.4㎝		慶尙大學校 C2유68ㅅ(오림)
世說新 語補		1冊, 筆寫本, 31×20.8㎝		영양남씨 영해 난고종택, 韓國 國學振興院수탁 KS04-3061-10538- 00538
世說新 語補	劉義慶(宋)撰, 何良俊(明)增補, 王世貞(明)刪定, 肅宗3年(1677)	3卷1冊(卷9-11), 顯宗實錄字本, 32.5×20.5㎝, 四周單邊, 半郭: 23×16.4㎝, 有界, 10行18字, 註雙行, 頭註, 白口, 內向黑魚尾, 紙質: 楮紙	表題: 世說新語補, 版心題: 世說補	忠淸北道 청주시 古印刷博物館
世說新 語補	劉義慶(宋)撰, 何良俊(明)增補, 王世貞(明)刪定, 1708	3卷1冊(卷3-5), 顯宗實錄字本, 29×19.5㎝, 四周單邊, 10行18字, 半郭: 23.2×16.5㎝, 有界, 註雙行, 頭註, 白口, 內向黑魚尾, 紙質: 楮紙	表題: 世說譜	忠淸北道 청주시 古印刷博物館
世說新 語補	劉義慶(宋)撰, 何良俊(明)增補, 王世貞(明)刪定, 1708	6卷2冊(卷3-8), 顯宗實錄字本, 31×19.4㎝, 四周單邊, 半郭: 23×16.6㎝, 有界, 10行18字, 註雙行, 頭註, 白口, 內向黑魚尾, 紙質: 楮紙	表題: 世說新語補, 版心題: 世說補	忠淸北道 청주시 古印刷博物館
世說新 語補	劉義慶(宋)撰, 何良俊(明)增補, 王世貞(明)刪定	20卷6冊, 木版本, 31×19.8㎝, 上下單邊, 左右雙邊, 10行22字, 半郭: 23.1×16.5㎝, 有界, 註雙行, 頭註, 白口, 內向黑魚尾, 紙質: 楮紙	表題: 世說補, 版心題: 世說補, 序: 余少時得世說新… 爾長洲陸師道撰	忠淸北道 청주시 古印刷博物館

110　第一部　韓國 所藏 中國文言小說의 版本目錄과 解題(作品 別)

書名	出版事項	版式狀況	一般事項	所藏處/所藏番號
世說新語補	劉義慶(宋)撰, 何良俊(明)增補, 王世貞(明)刪定	20卷7冊(卷1-20), 顯宗實錄字本, 32.5×19.7㎝, 上下單邊, 左右雙邊, 10行18字, 半郭: 23×18.3㎝, 有界, 註雙行, 頭註, 白口, 內向黑魚尾, 紙質: 楮紙	表題:世說, 版心題: 世說補	忠淸北道 청주시 古印刷博物館
世說新補卷抄	劉義慶 著, 寫年未詳	2冊, 筆寫本, 23.9×25.4㎝, 無界, 8行字數不定, 紙質: 楮紙	表題: 世說	慶尙南道 晉州市 崔載浩
李卓吾批點世說新語補	劉義慶(宋)撰, 劉孝標(梁)註, 劉辰翁(宋)批, 何良俊(明)增, 王世貞(明)刪定, 王世懋(明)批釋, 李贄(明)批點, 張文柱(明)校注, 萬曆5年(1586)	零本4冊, 中國木版本, 27.4×17.7㎝	表題: 世說新語, 序: 嘉靖丙辰(1556) 季夏瑯琊王世貞譔, 萬曆庚辰(1580)…王世懋撰, 丙戌(1586) 李贄序, 嘉靖乙未(1535) …袁褧撰, 印: 金昌業, 藏本: 卷之一~八, 十八~二十	高麗大學校 (晚松文庫) C14-B83A
李卓吾批點世說新語補	李贄(明)批點, 劉義慶(宋)撰	20卷8冊, 木版本, 四周單邊, 匡郭: 19.5×15㎝, 有界, 9行18字, 無魚尾	序: 萬曆庚辰(1580)王世懋 表題: 世說新語補	延世大學校 (韓相億文庫)
李卓吾批點世說新語補	劉義慶(宋)撰, 李贄(明)批點	20卷8冊, 木版本, 四周單邊, 匡郭: 19.5×15㎝, 有界, 9行18字, 無魚尾	表題: 世說新語補	延世大學校 812.38
李卓吾批點世說新語補	發行地不明, 發行處不明, 發行年不明	6冊(1~6, 9~10, 13~16), 16×25㎝, 四周單邊, 半郭: 14.2×23.6㎝, 有界, 9行18字, 註雙行	刊記: …心云爾長州, 版心題: 批點世說譜, 制尖題: 世說	明知大學校 812-3
(李卓吾批點)世說新語補	劉義慶	20卷5冊, 活印本, 26㎝		嶺南大學校 [慕]823
批點世說補	刊寫事項不明	零本1冊(卷1-3), 新鉛活字本, 27.6×16.8㎝, 四周單邊, 半郭: 20.5×14.8㎝, 有界, 10行18字, 無魚尾	版心題: 批點世說補, 序: 萬曆丙戌穧日汚(洿)陽陳文燭玉叔撰	慶北大學校 [古]812.1 비73

世說新語姓彙韻分

書名	出版事項	版式狀況	一般事項	所藏處/所藏番號
世說新語姓彙韻分	英祖年間	12卷4冊, 古活字本 (顯宗實錄字體木活字), 28×17.7㎝, 四周單邊, 半郭: 22×15㎝, 10行18字, 註雙行, 內向二葉花紋魚尾	補序: 嘉靖丙辰(1556)…王世貞, 舊序: 嘉靖乙未(1535)…袁褧	國立中央圖書館 [한]48-223

第1章 唐代以前 作品目錄과 解題

書 名	出版事項	版式狀況	一般事項	所藏處/所藏番號
世說新語姓彙韻分		12卷6册, 筆寫本, 32×20.5cm	舊序: 嘉靖乙未(1535)吳郡袁, 序: 嘉靖丙辰(1556)王世貞, 表題: 世說	延世大學校 (默容室文庫)812.38
世說新語姓彙韻分	著者未詳	12卷6册, 木活字本, 四周單邊, 匡郭: 22×15.5cm, 有界, 10行18字, 上下花紋魚尾	舊序: 嘉靖乙未(1535)袁褧, 序: 嘉靖丙辰(1556)王世貞	延世大學校 [고서]812.38
世說新語姓彙韻分		12卷6册, 筆寫本, 32×20.5cm	舊序: 嘉靖乙未(1535)袁褧, 序: 嘉靖丙辰(1556)王世貞	延世大學校 [고서]812.38
世說新語姓彙韻分		12卷6册, 木活字本, 30cm, 四周單邊, 21.9×14.6cm, 有界, 10行18字, 註小字雙行, 上下內向花紋魚尾	序題: 世說新語補, 外題: 世說, 序: 嘉靖丙辰(1556)季夏琅琊王世貞撰, 舊序: 嘉靖乙未(1535)立秋日…吳郡袁褧撰, 印記: 默容室藏 外13種	延世大學校 812.38/10
世說新語姓彙韻分	劉義慶(宋)撰, 王世貞(明)補	12卷4册, 木活字本, 28×19.2cm, 四周單邊, 半郭: 22×14.9cm, 10行18字, 小字雙行, 內向二葉花紋魚尾	序: 嘉靖丙辰(1556)季夏琅琊王世貞撰, 舊序: 嘉靖乙未(1535)歲立秋日也吳郡袁褧撰, 印: 完山李彦盡國獻圖書 愛吾廬藏	高麗大學校 (晚松文庫) C14-A37D
世說新語姓彙韻分	劉義慶(宋)撰, 王世貞(明)補	12卷6册, 木活字本, 28.6×18.2cm, 四周單邊, 半郭: 21.8×14.8cm, 10行18字, 小字雙行, 內向花紋魚尾	表題: 世說, 序: 嘉靖丙辰(1556)季夏琅琊王世貞撰, 舊序: 嘉靖乙未(1535)…吳郡袁褧撰	高麗大學校 (晚松文庫) C14-A37C
世說新語姓彙韻分	劉義慶(宋)撰, 王世貞(明)補	零本11册, 木活字本, 29.4×18.7cm, 四周單邊, 半郭: 22.6×14.9cm, 10行18字, 小字雙行, 內向二葉花紋魚尾	序: 嘉靖丙辰(1556)季夏琅琊王世貞撰, 嘉靖乙未(1535)歲立春日也吳郡袁褧撰, 缺本: 卷之八 (全12卷12册)	高麗大學校 (晚松文庫) C14-A37E
	劉義慶(宋)撰, 劉辰翁(宋)編, 丁酉(?)	12卷2册, 筆寫本, 24.8×18cm	筆寫記: 丁酉(?)九月初七日	高麗大學校 (晚松文庫) C14-A37B
世說新語姓彙韻分	劉義慶(宋)撰, 王世貞(明)刪定, 出版事項未詳	12卷3册, 木活字本, 28.5×18.6cm, 四周單邊, 半郭: 21.7×14.5cm, 有界, 10行18字, 小字雙行, 下內向花紋魚尾, 下白口	世說新語補序: …嘉靖丙辰(1556)委夏琅琊王世貞撰, 舊序: …嘉靖乙未(1535)歲立秋日也吳郡袁褧撰, 複本所藏本中 卷之一의 1册 以外缺	高麗大學校 (華山文庫) C14-A37A
世說新語姓彙韻分	著作未詳, 刊寫地未詳, 刊寫者未詳, 刊寫年未詳	8卷4册(缺帙, 卷1-8), 木活字本(訓鍊都監字), 30.7×19.5cm, 四周單邊, 半郭: 21.8×14.5cm, 有界, 10行18字, 註雙行, 上下內向二葉花紋魚尾	文化財登錄番號: 139號, 世說新語補序: 嘉靖丙辰(1556)季夏琅琊王世貞撰, 舊序: 嘉靖乙未(1535)立秋日吳郡袁褧撰, 書記: 崇禎後戊戌(1658)七月買得以爲傳家…	建國大學校 [고]812.34-세53

書名	出版事項	版式狀況	一般事項	所藏處/所藏番號
世說新語姓彙韻分	著作未詳, 刊寫地未詳, 刊寫者未詳, 刊寫年未詳	4卷2冊, 木活字本 (訓練都監字), 30.8×19.5cm, 四周單邊, 半郭: 22×14.6cm, 有界, 10行18字, 上下內向二葉花紋魚尾	版心題: 世說, 表紙題: 世說新語, 文化財登錄番號: 139號, 황정문고임, 卷首: 世說新語補, 序: 嘉靖丙辰(1556)…王世貞撰, 舊序: 嘉靖乙未(1535)…袁褧撰	建國大學校 [고]812.38-세53-1-2-5-6-7-8 [고]812.38-세53
世說新語姓彙韻分	劉義慶(宋)撰, 王世禎(明)補, 年紀未詳	12卷6冊(第2, 4冊缺), 筆寫本, 27.5×18.9cm	表題書名: 世說, 序: 嘉靖丙辰(1556)…王世禎撰, 舊序: 嘉靖乙未(1535)… 吳郡袁褧撰	韓國學中央研究院 D7C-45
世說新語姓彙韻分	劉義慶(宋)撰, 朝鮮朝後期刻	12卷6冊, 木活字本, 30×19.2cm, 四周單邊, 半郭: 22.5×15cm, 有界, 10行18字, 註雙行, 白口, 內向2, 3葉混入花紋魚尾, 紙質: 楮紙	版心題: 世說, 舊序: 嘉靖乙未 (1535) 歲立秋日也吳郡王世懋撰, 嘉靖丙辰(1556)季夏琅琊王世貞撰	漆谷郡 李敦柱
世說新語姓彙韻分	劉義慶(宋)撰, 何良俊(明)增補, 王世貞(明)刪定	2卷2冊, 筆寫本, 17.6×14.1cm, 無界, 10行35字, 註雙行, 紙質: 楮紙	表題: 世說, 所藏印: 夏山	忠南大學校
世說新語姓彙韻分	劉義慶(宋)撰	9卷4冊, 木活字本, 29.2×18.2cm, 四周單邊, 半郭: 21.8×15cm, 有界, 10行18字, 註雙行, 頭註, 內向二葉花紋魚尾, 紙質: 楮紙	表題: 世說, 版心題: 世說, 世說新語補序: 嘉靖乙未(1535) 歲立秋日也吳郡袁褧撰, 舊序: 嘉靖乙未(1535) 歲立秋日也吳郡袁褧撰, 所藏印: 德水李□□, 大仲	忠南大學校 總. 叢書類-52
世說新語姓彙韻分	刊寫地未詳, 刊寫者未詳, 刊寫年未詳	8卷4冊(缺帙, 卷1-4, 7-8, 11-12), 木活字本, 28.4×18.3cm, 四周單邊, 半郭: 22.4×14.7cm, 有界, 10行18字, 註雙行, 上下內向二葉花紋魚尾	表題: 世說	京畿大學校 경기-K121023-1
世說新語姓彙韻分		3冊(零本, 全12卷4冊, 本館所藏: 3冊, 卷1~9), 木活字本, 28.9×19.2cm, 四周單邊, 半郭: 21.9×14.7cm, 有界, 10行18字, 註雙行, 上下內向四瓣黑魚尾	世說新語補序: 嘉靖丙辰 (1556)…王世貞, 舊序: 嘉靖乙未(1535)…吳郡袁, 世說新語姓彙韻分 凡例, 目錄, 版心題: 世說, 表紙書名: 世說	嶺南大學校 味山文庫 [古味]823.099 세설신
世說新語姓彙韻分		5冊(零本), 古木活字本, 30×19cm		嶺南大學校 東濱文庫 [古]823.099

書名	出版事項	版式狀況	一般事項	所藏處/所藏番號
世說新語姓彙韻分	劉義慶(宋)著, 朝鮮朝中期刊	12卷5冊, 木活字本, 30×18㎝, 四周雙邊, 半郭: 22×15㎝, 有界, 10行18字, 內向二葉花紋魚尾, 紙質: 楮紙	表題: 世說新語, 版心題: 世說, 序: 嘉靖丙辰(1556)…琅邪 王世貞(明)撰, 印記: 宿雲堂藏, 菁川, 王振外2種	山氣文庫 4-696
世說新語姓彙韻分	18世紀	20卷4冊, 古活字本 (顯宗實錄字體木活字), 29.4×19.1㎝, 四周單邊, 半郭: 22.3×15.7㎝, 10行18字, 註雙行, 頭註, 白口, 內向二葉花紋魚尾	表題: 姓彙世說, 版心題: 世說	忠淸北道 淸州市 古印刷博物館
世說新語姓彙韻分	英祖年間	12卷3冊, 古活字本, 30.5×19㎝, 四周單邊	表題: 世說, 補序: 嘉靖丙辰(1556)…王世貞, 舊序: 嘉靖乙未(1535)…袁褧	忠北大學校 823-ㅇ591

24. 기타

앞에서 언급한 작품 외에 국내 유입기록은 있으나 판본이 남아있지 않은 작품으로는 ≪漢武故事≫와 ≪齊諧記≫·≪續齊諧≫·≪趙飛燕外傳≫ 등이 있다.

≪漢武故事≫: 一名 ≪漢孝武故事≫ 혹은 ≪漢武帝故事≫라고 불린다. 그 작자에 대해서는 여러 가지 학설이 亂舞하다. 이 작품의 내용은 漢武帝가 猗蘭殿에서 태어나, 죽은 후 茂陵에 장사지내는 것까지의 雜多한 일들을 기록하고 있다. 가장 이른 기록으로는 신라시대 崔致遠(857~?)의 ≪桂苑筆耕集≫제16권 〈記-西州羅城圖記〉중에 ≪漢武故事≫의 내용을 인용한 문구가 보인다.[64] 그 외 이익의 ≪성호

---

64) "蒼鳥가 높이 날고 翠華가 멀리 巡狩하여"라는 부분은 원래 황제의 수레가 西蜀 成都에 행차하였다는 말로 창조는 '靑鳥', 즉 전설적인 선녀인 서왕모(西王母)의 사신으로, 보통 임금의 사신을 뜻하는 말로 쓰인다. 이는 ≪漢武故事≫에 "홀연히 푸른 새 한 마리가 서방에서 날아와 전각 앞에 내려앉자, 상이 동방삭에게 물으니, 동방삭이 서왕모가 오려는 모양이라고 대답하였는데, 과연 얼마 뒤에 서왕모가 도착하였다(忽有一靑鳥從西方來 集殿前 上問東方朔 朔曰 此西王母欲來也 有頃 王母至"라는 말에서 인용한 것이다. 翠華는 帝王의 儀仗 중에 翠羽로

사설≫ 권4 만물문 <청조>와 안정복의 ≪순암선생문집≫<상헌수필> 下 등의 문집에서도 그 내용을 볼 수 있다.

≪齊諧記≫: 南北朝의 宋代 志怪小說集으로 東陽無疑 撰으로 알려져 있다. "齊諧"라는 이름은 ≪莊子≫의 <逍遙遊>에 "齊諧者, 志怪者也"라는 句節에서 연유되었다. 그 내용도 괴이한 고사를 주로 기록하고 있다. 후에 續書로 梁나라 吳均의 ≪續齊諧記≫가 있다. 국내 유입된 기록은 정확하게 언급되어 있지 않지만 洪萬選의 ≪山林經濟≫,65) 李圭景의 ≪五洲衍文長箋散稿≫66) 등에 ≪齊諧記≫의 내용이 소개되고 있어 그 이전에 유입된 것으로 추정된다.

≪趙飛燕外傳≫: 一名 ≪飛燕外史≫또는 ≪趙后外傳≫이라 한다. 漢代에 지어진 文言 傳奇小說로, 작품내용은 漢나라 成帝와 趙飛燕 자매의 사랑이야기를 다루고 있다. 張維(1587~1638)의 ≪谿谷集≫과 李植(1584~1647)의 ≪澤堂集≫에 ≪趙飛燕外傳≫에 관한 고사가 인용되어 전해지고 있다. 하지만 ≪서경잡기≫ 등 다른 경로로 조비연 이야기를 접했을 가능성도 배제할 수는 없다.

장식한 旗幟나 車蓋를 가리키는 말로, 大駕를 뜻한다고 한다. 이런 기록으로 보면 ≪漢武故事≫는 이미 통일신라시대에 국내에 유입된 것이라고 볼 수 있다.

65) ≪齊諧記≫에 이렇게 되어 있다. "吳縣에 사는 張成이 어느 날 밤, 한 부인이 집 남쪽에 있는 것을 보았는데, 그 부인이 손짓을 하여 장성을 부르는 것이었다. 장성이 다가가니 '이곳이 바로 당신 집의 잠실 자리이며, 나는 그 神이오. 내년 정월, 흰 죽을 쑤어 흙 위에 붓고 나에게 제사를 드리면 그 뒤부터는 해마다 蠶農이 잘될 것이오.'하였다.[≪山林經濟≫제2권 (養蠶)]

66) 정오에 頭巾을 벗어 石壁에 걸고 평상 위에 앉아서 ≪齊諧記≫와 ≪山海經≫의 기사를 이야기하다가 피로해지면 左宮枕을 베고 華胥氏의 나라에 노닌다. 오후에 椰子盃(야자의 열매를 쪼개어 銀이나 白鐵을 붙여 만든 잔)에 오이[瓜]와 오얏[李]를 띄어 놓고 연꽃을 찧어서 碧芳酒(연꽃을 담가 빚은 술의 일종)를 마신다. 해가 저물기 시작하면 硃砂溫泉(주사가 포함된 온천)에서 목욕한 뒤에 조각배를 타고 나가서 묵은 덩굴풀이 깔린 물가에 앉아 낚싯대를 드리운다. 땅거미가 지면 籜冠(죽순 껍질로 만든 관)·蒲扇(부들로 만든 부채)으로 높은 산등성이에 올라 火雲(여름철에 천둥이 치면서 비가 내리려고 할 때의 구름)의 변화를 참관한다.[≪五洲衍文長箋散稿≫인사편1-인사류2 (攝生)-"일 년 四時와 하루 열두 시간의 淸趣에 대한 변증설"]

2 唐代 作品目錄과 解題

1. 酉陽雜俎

段成式(?~863)이 지은 ≪酉陽雜俎≫는 唐代 筆記小說 가운데 대표작으로서 독창성이 비교적 높은 작품이다. 이 책은 張華의 ≪博物志≫를 모방하여 만든 작품으로 異事·奇文 등이 주류를 이룬다.

段成式은 字가 柯古이며 齊州 臨淄 출생으로 지금의 山東省 淄博市 사람이다. 唐 穆宗 때 校書郞을 지냈으며 나중에 太常少卿에까지 올랐다. 집안에 藏書가 많아 어려서부터 박학다식했으며 특히 佛經에 정통했다고 전해진다. 그는 일찍부터 文名이 높았는데, 그가 구사하는 언어와 문장은 뜻이 심오하고 광대하여 세상 사람들이 珍異하게 여겼다고 하며, 그의 소설로는 ≪廬陵官下記≫ 2卷이 있었다고 하나 전하지는 않는다. ≪酉陽雜俎≫라는 책이름은 梁 나라 元帝가 지은 賦〈訪酉陽之一典〉에서 따온 것으로 알려지고 있으며, 인용한 책 가운데에는 이미 그 원전이 없어진 것들도 있어서 문헌적 가치도 높다.

前集 20권, 續集 10권을 합하여 총 30권 1288조이며, 수록한 事類에 따라 '史志'부터 '支植'까지 다양한 편목으로 나누었다. '酉陽'은 山名으로 秦代에 책을 보관했던 石室이라고 하며, '雜俎'는 잡다한 것을 모아 놓았다는 뜻이다. 그 내용은 서명에서 알 수 있듯이 人事·神怪·飮食·醫藥·寺塔·動物·植物 등 매우 광범위하며, 傳奇·志怪·雜錄·考證 등 그 문체도 다양하다.

이 책은 ≪四部叢刊≫에 수록되어 있으며, 秘書를 기록하고 異事를 서술하여 仙·佛·人·鬼로부터 동식물에 이르기까지 기재하고 있는데, 같은 類를 모아 놓아 마치 類書처럼 보이기도 한다. 총 30편으로 분류되어 있는 이 책은 忠志·禮異·天咫·玉格·壺史·貝編·境異·喜兆·禍兆·物革·詭習·怪術·禮絶·器奇·樂·酒食·醫·黥·雷·夢·事感·盜俠·物異·廣知·語資·冥跡·尸穸·諾皐記 上/下·廣

動植 1/2/3/4·肉攫部로 되어 있다. 이 중 '壺史'는 道術을 기록한 것이고, '貝編'은 佛經에서 뽑은 것이다. '尸窀'은 喪葬을 서술한 것이고, '諾皐記'는 怪異를 기술한 것이다. 또 '黥'은 文身에 대한 기록이며, '肉攫部'는 매 기르는 방법을 서술하고 있다.

또 續集 10권이 있어서 6편으로 분류되어 있는데, 그 내용은 支諾皐 상/중/하·貶誤·寺塔記 상/하·金剛經鳩異·支植·支動 상/하이다. 이 중 '貶誤'는 考證이고, '寺塔記'는 사찰에 대한 기록이다. 그 중 忠志·詭習·怪術·禮絶·盜俠·語資 등은 소설의 맛이 비교적 강한 작품으로 특히 諾皐記 2권과 支諾皐 3권이 가장 뛰어나다. 이 책은 저자가 섭렵한 바가 넓고 진기한 바가 많아서 세상에서 傳奇와 더불어 愛玩되었다고 한다. 또 이 책에는 《興夫傳》의 根源說話라고 일컬어지는 '방이설화(旁㐌說話)'가 수록되어 있어서 일찍부터 국문학 연구자들에 의해 관심의 대상이 되어 왔다.

이 책이 언제 국내에 유입되었는지는 정확한 기록은 없으나 상당히 일찍 유입된 듯하다. 또 조선시대 초기에는 이미 널리 유통되어 많은 문인들의 관심을 끌었고 아울러 문인들 사이에 상당한 논란을 惹起시킨 책이기도 하다.

《酉陽雜俎》는 조선시대 成宗 23年(1492년)에 《唐段少卿酉陽雜俎》라는 제목의 목판본으로 국내에서 발간[67] 되었고 또 後印되기도 하였다. 이 책은 1492년에 李克墩과 李宗準이 편집하여 간행한 책으로 총 20권 2책이며 한 면이 10행 19자로 되어있다. 또 宣祖 1年(1568) 刊行本《攷事撮要》에도 이 서목이 보이며 慶州에서 간행되었다고 밝히고 있다. 이 판본은 현재 成均館大學校 뿐만 아니라 誠庵文庫, 奉化 沖齋宗宅 등에 소장되어 있다. 이 판본은 여기저기 흩어져 完整本은 없는 상태이고 또 책 크기가 28×16.5㎝, 29.1×16.8㎝, 26.9×17.5㎝, 29.2×16.8㎝ 등의 차이를 보이고 있다.

그리고 嘯皐祠堂에 소장된, 간행지가 불분명한 16세기 판본은 紙質이 和紙인 것으

---

67) 《조선왕조실록》 성종 285권, 24년(1493 계축 / 명 홍치(弘治) 6년) 12월 28일(무자) 3번째기사 《유양잡조》 등의 책의 괴탄과 불결함을 아뢰는 부제학 김심 등의 차자
弘文館副提學 金諶 등이 箚子를 올리기를, "삼가 듣건대, 지난번 李克墩이 慶尙監司가 되고, 李宗準이 都事가 되었을 때 《酉陽雜俎》·《唐宋詩話》·《遺山樂府》 및 《破閑集》·《補閑集》·《太平通載》 등의 책을 刊行하여 바치니, 이미 內府에 간직하도록 명하셨습니다. 그리고 다시 《唐宋詩話》·《破閑集》·《補閑集》 등의 책을 내려 신 등으로 하여금 歷代의 年號와 人物의 出處를 대략 註解하여 바치게 하셨습니다.……

로 보아 신중한 접근이 필요해 보인다. 和紙는 본래 일본에서 기원하였으나 우리나라에서도 사용된 전통 종이이다. 우리나라에서 和紙를 사용한 기록은 조선시대 초기로 거슬러 올라간다. 조선 전기 일본으로부터 들여 온 倭楮(일본의 닥나무)를 충청도 태안과 전라도 진도 그리고 경상도 남해와 하동 등지에서 재배하여 和紙를 생산하였다고 한다. 또한 세종 때에는 ≪綱目通鑑≫을 이 종이로 인출하였다는 기록도 있다. 그러기에 이 판본은 일본 판본일 가능성보다는 오히려 조선전기에 간행된 국내 판본일 가능성이 높다. 충재박물관 소장 ≪唐段少卿酉陽雜俎≫本과 비교해본 결과 충재박물관 소장본이 1492년 원판본이고 嘯皐祠堂本은 後印으로 보여 진다.[68]

그리고 明代에 간행된 것으로 보이는 2종의 판본이 서울大 奎章閣과 韓國學中央硏究院에 소장되어 있다. 또 國立中央圖書館에 소장된 1677년 일본에서 간행된 목판본도 注目된다. 그 외의 판본들은 대부분이 淸代後期 판본들로 문헌적 가치는 높지 않다.

書名	出版事項	版式狀況	一般事項	所藏處/所藏番號
唐段少卿酉陽雜俎	段成式(唐)撰, 月城, 成宗23年(1492) 刻, 後刷	20卷3册, 木版本, 28×16.5cm, 四周雙邊, 半郭: 17.6×12.5cm, 有界, 10行19字, 大黑口, 內向黑魚尾, 紙質: 楮紙	版心題: 俎, 跋: 募工刊于月城廣流布…弘治壬子(1492) 臘前二日廣原李士高識, 備考: 卷6~13紙葉中央毀損	成均館大學校 貴D7C-16
唐段少卿酉陽雜俎	段成式(唐)撰, 成宗23年(1492) 刊	10卷1册(卷11~20), 木版本, 29.1×16.8cm, 四周雙邊, 半郭: 18.4×12.5cm, 有界, 10行19字, 註雙行, 內向黑魚尾, 紙質: 楮紙	表題: 酉陽雜俎, 版心題: 俎, 跋: …弘治壬子(1492)…李士高識, 印記: 權熙淵花山世家實言	誠庵文庫 4-1412
唐段少卿酉陽雜俎	段成式(唐)撰, 成宗23年(1492) 刊	8卷1册(卷12~15, 17~20), 木版本, 26.9×17.5cm, 四周雙邊, 半郭: 18.4×12.5cm, 有界, 10行19字, 註雙行, 上下小黑口, 上向黑魚尾, 紙質: 楮紙	版心題: 俎, 跋: …弘治壬子(1492) 李士高識, …弘治五年(1492) 李宗準謹識, …弘治壬子(1492)… 睡翁崔應賢寶臣謹志	誠庵文庫 4-1413
唐段少卿酉陽雜俎	段成式(唐)撰, 成宗23年(1492) 刊	零本1册, 木版本, 29.2×16.8cm, 四周雙邊, 半郭: 18.6×12.3cm, 有界, 10行19字, 上下大黑口, 上下內向黑魚尾, 紙質: 楮紙	序: …唐太常少卿段 …成式, 所藏: 卷1~10	奉化郡 冲齋宗宅 09-1935

---

68) 소고당본은(영주시 고현동 소고사당) 현재 소수서원에 위탁관리하고 있다.

書名	出版事項	版式狀況	一般事項	所藏處/所藏番號
唐段少卿酉陽雜俎	16世紀刊(後印)	零本1冊, 木版本, 28×18cm, 四周雙邊, 半郭: 21.7×14cm, 有界, 10行23字, 上下白口, 上下向黑魚尾, 紙質: 和紙	藏書記: 夏寒亭, 20卷4冊 중 卷16-20(1冊)이 현존함(소수서원)	榮州 嘯皐祠堂 01-01525
唐殷小卿酉陽雜俎	唐 太常小卿臨惱柯古殷成式 撰, 明, 四川道監察御史內鄉, 李雲鵠 校	30卷(前集, 20卷, 續集, 10卷)4冊, 石印本, 20×14cm		嶺南大學校 汶坡文庫
酉陽雜俎	段成式(唐)撰, 刊寫地未詳, 刊寫者未詳, 元祿10年(1677)	20卷8冊, 日本木版本, 27×19cm		國立中央圖書館 [古]10-30-나3
酉陽雜俎	段成式(唐)撰, 清, 光緒1年(1875)刊	20卷2冊, 木版本, 26.7×17.5cm, 四周雙邊, 半郭: 18.7×14cm, 有界, 12行24字, 註雙行, 上下小黑口, 內向黑魚尾, 紙質: 綿紙	序: 段成式序, 識: 湖南毛晉識, 刊記: 光緒紀元夏月湖北崇文書局開雕	仁壽文庫 4-440
酉陽雜俎	段成式(唐)撰, 鄂官書處, 中華1年(1912)刻, 後刷	20卷4冊, 中國木版本, 26.2×16.9cm, 四周雙邊, 半郭: 18.9×13.9cm, 有界, 12行24字, 註雙行, 大黑口, 內向黑魚尾, 紙質: 竹紙	序: 唐太常小卿段成式撰, 跋: 湖南毛晉識, 刊記: 中華民國元年(1912) 鄂官書處重刊	成均館大學校 D7C-86
酉陽雜俎	段成式(唐)撰, 中華民國元年(1912)	20卷4冊, 中國木版本, 四周單邊, 匡郭: 19.5×15cm, 有界, 12行24字, 上下黑魚尾, 上下黑口	刊記: 中華民國元年(1912)	延世大學校
酉陽雜俎	段成式(唐)撰, 明板本	20卷2冊, 木版本, 25.4×16cm	序: 段成式	서울大 奎章閣 [奎중]4838
酉陽雜俎	段成式(唐)撰, 毛晉(明)訂, 刊年未詳	20卷4冊, 木版本, 24.7×15.2cm, 四周單邊, 半郭: 18.4×13.2cm, 9行19字, 注雙行, 無魚尾	序: (唐)段成式, 識: (明)毛晉	國立中央圖書館 [古]3739-1
酉陽雜俎		4冊, 中國木版本		李朝書院 (三溪書院)
酉陽雜俎	段成式(唐)撰, 毛晉(明)訂, 明朝年間	20卷5冊, 中國木版本, 24.5×15.5cm, 左右雙邊, 半郭: 18.5×13.2cm, 有界, 9行19字, 註雙行, 紙質: 竹紙	序: 唐太常小卿段成式撰… 酉陽雜俎凡三十篇爲二十卷不以此間錄味也, 跋: 以此爲吸矢云湖南毛晉識, 印: 李王家圖書之章	韓國學 中央研究院 4-239

書 名	出 版 事 項	版 式 狀 況	一 般 事 項	所藏處/所藏番號
酉陽雜俎	段成式(唐)撰, 刊寫地未詳, 刊寫者未詳, 刊寫年未詳	12卷2冊(缺帙, 卷1~12), 24.1×15.7cm, 四周雙邊, 半郭: 18.1×12.8cm, 有界, 9行24字, 註雙行, 花口, 內向二葉花紋魚尾	表題(記): 臨川李穆堂輯 酉陽雜俎 本衙藏板, …序: 段成式	檀國大學校 죽전퇴계도서관 873-단258ㅇ
酉陽雜俎	著者未詳, 刊寫地未詳, 刊寫者未詳, 刊寫年未詳	8卷2冊(缺帙, 卷13~20), 23.9×15.6cm, 四周雙邊, 半郭: 18.1×12.8cm, 有界, 9行24字, 花口, 內向二葉花紋魚尾		檀國大學校 죽전퇴계도서관 873-유285
酉陽雜俎	段成式(唐)撰, 上海, 文瑞樓, 刊寫年未詳	20卷3冊(續集10卷2冊, 共5冊, 卷1~20, 續集 卷1~10), 20×13.2cm, 四周雙邊, 半郭: 16.4×11.8cm, 有界, 14行31字, 上下向黑魚尾	表題: 正續酉陽雜俎, 刊記: 上海文瑞樓印行	東亞大學校 (3):12:2-18

2. 宣室志

≪宣室志≫는 唐代 志怪傳奇 小說集으로 張讀(834~886?)이 撰하였다. ≪新唐序≫〈藝文志〉에 小說家類로 10권이 기재되어 있으나, 원서는 이미 유실되었다. 현재 전해지는 가장 오래된 판본은 明代에 宋本을 필사한 것과 ≪稗海≫本으로, 모두 10卷이며 부록 ≪補遺≫1卷이 있다.

≪宣室志≫는 모두 155條의 이야기로 구성되어 있다. ≪太平廣記≫는 이 책에서 200條를 인용했으나, 今本에 없는 것들이 있어 학자들은 지금 전하는 판본이 원본은 아닐 것이라고 추정하였다. 현재 가장 많이 유통된 믿을만한 판본으로는 1983년 中華書局에서 간행한 交點本으로 明代 ≪稗海≫本을 底本으로 삼았다.

張讀의 생애에 대한 기록으로는 ≪唐序≫〈張讀傳〉에서 찾을 수 있는데, 字는 聖用(聖明)으로 深州 陸澤 사람이다. 大中 年間(847~859)에 進士에 급제하여, 中書舍人과 禮部侍郎을 지냈다. 中和 年間(881~884) 초에 吏部侍郎과 弘文館學士를 겸했으며, 尙書左丞까지 올랐다. ≪廣記≫와 ≪闕史≫에 의하면 大和 8年(834)에 태어나서 大中 6年(852)에 진사를 지냈다고 한다. 그의 高祖는 張鷟이고, 祖父는 張荐, 外祖는 右僧孺로 모두 문언 소설로 이름난 사람들로, 그런 재능이 장독에게 이어졌을 것이다.

조선후기 학자 李德懋(1741~1793)의 ≪靑莊館全書≫〈耳目口心書〉에 "≪宣室志≫·≪酉陽雜俎≫·≪異聞總錄≫ 등의 서적만은 모두 기름에 절고 손때가 묻은 것이 굴뚝 속에서 꺼낸 것처럼 해져 있었다"라는 기록이 있는 것을 보면,69) 국내 유입된 시기는 그 이전일 것으로 추정할 수 있다. 이덕무는 조선후기 실학자로, 1779년 正祖가 奎章閣을 설치하면서 박제가·유득공·서이수와 함께 檢書官 首位로 등용하여 여러 서적의 편찬과 교감에 직접 참여시켰다. ≪靑莊館全書≫의 〈耳目口心書〉 외에 〈盎葉記三〉에서도 '적(䭬)'에 대해 언급70)하면서 ≪宣室志≫를 인용하였다. 국내 서울大 奎章閣에 소장되어 있는 유일한 판본은 明代 간행된 ≪稗海≫本이다.

---

69) ≪청장관전서≫ 제48권 〈耳目口心書〉1: 經·史·子·集을 막론하고 첫권은 반드시 때묻고 빛깔이 바랬으며 심지어는 해어지고 떨어져서 읽을 수가 없다. 다음 권부터 끝 권까지는 비록 여러 해가 된 것이라도 씻은 듯이 말끔하다. 내가 항상 탄식하는 것은, 세상 선비들이 인내심이 적어 모든 글을 첫권을 읽을 때는 끝까지 읽을 것같이 하다가 오래지 않아서 게을러지고 싫증이 나면 이내 포기하여 제2권부터는 한 번도 눈으로 보거나 만지지도 않기 때문에 첫 권과 끝 권이 판연히 다른 물건같이 된다. 그리하여 쥐 오줌에 더럽히지 않으면 좀이 먹게 되니 서적의 困厄이 심한 점이다. 또 근자에 어떤 사람의 집에서 보았는데 ≪稗海≫1질은 한 번도 손을 대지 않은 것같이 깨끗한데 ≪宣室志≫·≪酉陽雜俎≫·≪異聞總錄≫ 등의 서적만은 모두 기름에 절고 손때가 묻은 것이 굴뚝 속에서 꺼낸 것처럼 해져 있었다. 이 서책은 모두 귀신과 꿈에 대하여 말해 놓고 재앙과 별스런 것을 좋아하기 때문에 사람들이 많이 읽는다. 이는 바로 식견이 없고 기이한 것을 좋아하기 때문에 그렇다. 비록 사소한 일이라고 하지만 내가 일찍이 개탄하였다.
70) 우리나라의 풍속에 硃砂를 사용하여 적(䭬)자를 써서 방 문설주에 붙였는데 그 뜻을 알 수 없다. 그런데 張自烈의 ≪正字通≫에 그에 대한 기록이 자세하다.……≪정자통≫에 이렇게 되어 있다. 舊註에(구주는 바로 ≪字彙≫이다) '䭬의 音은 積이다. 서로 전하기를, 사람이 죽으면 귀신이 되는데 사람이 귀신을 보면 무서워하고, 귀신이 죽으면 적이 되는데 귀신이 적을 보면 무서워한다. 그런데 만약 이 글자를 篆字로 써서 문설주 위에 붙여 놓으면 온갖 귀신들이 멀리 떠난다 하는데, 그 말의 출처는 알 수 없다.' 하였다. 상고해보니, 䭬은 음이 賤인데 세속에서 그것을 辟邪符(邪氣를 내쫓는 부적)라 하며 적을 귀신의 이름으로 삼고 있다. ≪酉陽雜俎≫에 '時俗에서 문설주 위에 범의 머리를 그려 붙이고 적자를 써서 붙이고는 '陰符鬼神의 이름으로 瘧疾과 癘疫을 소멸시킬 수 있다.' 하였다. 그리고 張讀의 ≪宣室志≫에는 '裵䭬이 伊水가에 숨어 살 때에 道士인 李君이 말하기를 '지금 세상에서 귀신을 제거하는 데에는 䭬보다 더 나은 것이 없다.' 하니, 그때의 조정 선비들이 모두 다 적자를 문설주 위에 써 붙였다'고 하였고 또 漢나라의 舊史에는 '儺禮를 지낼 때에는 桃人(봉숭아나무로 만든 허수아비)·葦索(짚으로 꼬은 새끼)·滄耳·虎頭 등을 세워 놓았는데 창이는 바로 적이다.'라고 하였다. 그리고 ≪通典≫에는 '적은 刀鬼를 맡은 漸耳인데 일명 滄耳이다.' 하여, ≪선실지≫와 矛盾이 되는데, 滄耳와 漸耳를 합하여 하나로 만든 것은 다 믿을 수가 없다.

書名	出版事項	版式狀況	一般事項	所藏處/所藏番號
宣室志	張讀(唐)編, 明板本	10卷2冊, 中國木版本, 25.4×16cm	合綴: 河東先生龍城錄	서울大 奎章閣 [奎중]4381

3. 獨異志

≪獨異志≫는 唐代 志怪小說集으로 李伉(亢)이 撰하였다.71) 李伉의 사적에 대해서는 알려진 것이 거의 없다. ≪獨異志≫는 ≪新唐書≫〈藝文志〉에 小說家類 10卷, '李亢'이 撰하였다고 기재되어 있지만 ≪崇文總目≫에는 李元의 作이라 되어 있으며, ≪四庫全書≫에는 李冗의 作이라고 기재되어 있다.

≪寶刻叢編≫卷10, ≪寶刻類編≫卷5에 의하면, 李伉은 일찍이 夏州에서 節度掌書記를 역임했고, 開成 5年(840)에 방주에서 ≪修秦文公廟記≫를 완성했다고 한다. 또한 ≪全唐文≫卷806을 보면 李伉은 咸豊 6年(865)에 明州刺史를 지냈다고 한다.

이 책의 내용은 三皇五帝부터 작가가 살았던 시대인 隋唐까지의 "世事之獨異"를 기록했다고 한다. 때문에 唐代에 유전되는 奇聞異事들 뿐만 아니라 唐 이전에 각양각색의 전설들까지도 기재되어 있어서 역사서를 보완해주는 문헌학적인 가치도 있다고 할 수 있다. 단편적인 이야기를 짧게는 10자부터 길게는 100자 정도로 간단하게 기술하고 있는데, 예를 들면 女媧와 伏羲 남매의 결합으로 인류가 시작되었다는 이야기부터 破鏡重圓의 樂昌公主의 이야기 등을 기록해 놓아, 후에 소설과 희곡의 제재를 많이 제공해 주었다.72)

지금 전하는 明板本은 ≪稗海≫ 및 ≪四庫全書≫本 등에 남아있는 3卷으로 1983년 중화서국에서 간행한 ≪獨異志≫는 이 ≪稗海≫本을 근거로 하여 출판한 것이다.

국내 유입된 시기는 기록이 남아 있지 않아 정확히 알 수가 없다. 현재 ≪稗海≫本으로 추정되는 明代 목판본이 서울大 奎章閣에 소장되어 있다. 또 康熙 7年(1688)에 출판된 淸代 木版本이 서울大學校 中央圖書館에 소장되어 있는데, ≪四庫全書≫ 叢書本 보다 발간된 시기가 더 이르고, ≪稗海≫ 全書本을 참조로 간행된 것이다.

---

71) 寧稼雨 撰한 ≪中國文言小說總目提要≫에서는 李伉이라고 표기하고 있다.
72) 寧稼雨, ≪中國文言小說總目提要≫, 齊魯書社, 1996, 59쪽.

書名	出版事項	版式狀況	一般事項	所藏處/所藏番號
獨異志	李亢(唐), 商濬(明)校, 明板本	1冊(70張), 中國木版本, 26.5×16.7cm		서울大 奎章閣 [古]952.01-Y56d
獨異志	李亢(唐)撰, 新安(清), 刊寫者未詳, 康熙7年(1668)序	1冊, 木版本, 25.3×15.9cm, 上下單邊, 左右雙邊, 半郭: 19.9×13cm, 有界, 10行20字, 註雙行, 上花口, 上下向黑魚尾	稗海全書	서울大 中央圖書館 0230-98-8

4. 朝野僉載

≪朝野僉載≫는 唐代 志人小說集으로 唐代 張鷟이 撰하였다. ≪新唐書≫〈藝文志〉에 雜傳類 20卷으로 기재되어 있다. 그리고 ≪直齋書錄解題≫에는 小說類 1卷이라고 하면서 "본래는 30권인데 이것은 그 발췌본일 뿐이다(其書本三十卷, 此特其節略耳)"라고 하였다. 또 ≪郡齋讀書志≫에는 補遺 3卷이 저록되어 있으며, 그 외 ≪宋史≫〈藝文志〉에는 20卷과 補遺 3卷으로 기록되어 있다. 余嘉錫의 ≪四庫提要辨證≫에 의하면, 宋·元代까지 이 책들이 전해졌지만 明代에 일실된 것으로 보인다. 隋와 唐 兩代 朝野異聞을 기록했으며, 특히 武則天 時代의 조정인물에 대한 고사가 많다. 洪邁는 ≪容齋續筆≫에서 이를 評하기를 "기록한 것들이 모두 자질구레하며 경박한 언사가 많다(紀事皆瑣尾摘裂, 且多媒語)"고 하였다.

現存 6卷本과 1卷本은 모두 後人이 ≪太平廣記≫에 인용된 문장을 가려 뽑아 집록한 것이다. 이 중 1卷本은 ≪說郛≫·≪歷代小說≫·≪古今說海≫ 등의 諸本에서 집록했으며, 6卷本은 ≪寶顔堂秘笈≫本이다.

張鷟(658~730)은 字를 文成이라 하며 號는 浮休子로서 深州 陸澤(今 河北 深州) 사람이다. 上元 2年(675)에 進士에 급제했다. 일찍이 관직은 岐王參軍·長安尉·鴻臚丞을 역임했다. 儀鳳 2年(677) 약관에 下筆成章科에 응시하여 甲等으로 합격하여 특별히 襄樂縣尉에 제수되었다. 證聖 元年(695)에 監察御史로 옮겼다. 長安 初에 處州司倉·柳州司戶로 좌천되었다가 나중에 德州 平昌令으로 옮겼다. 開元 2年(714), 嶺南으로 좌천되고 龔州刺史가 되었으며, 후에 조정에 들어가 司門員外郎이 되었다. 그의 작품은 日本·新羅에까지 전해져 당시 사람들이 그를 일컬어 "靑錢學士"라 칭했

다.73)

최근 판본인 趙守儼 點校本 ≪朝野僉載≫(中華書局, 1979年)는 ≪寶顔堂秘笈≫本을 저본으로 삼아 ≪太平廣記≫·≪說郛≫·≪歷代小說≫ 등과 對校했으며, 아울러 兩≪唐書≫·≪大唐新語≫ 等으로 校勘했다. 趙守儼은 아울러 ≪酉陽雜俎≫·≪太平御覽≫·≪通鑑考異≫·≪後村詩話≫·≪說郛≫諸書에 인용된 문장을 輯佚匯하여 "補輯"하고, 그 書末에 첨부했다.

국내 유입된 시기는 정확히 추정할 수는 없으나, 가장 이른 기록으로는 李奎報(1168~1241)의 ≪東國李相國集≫전집 제9권 〈任實郡守에게 주다〉라는 古律詩에 보인다. "不妨銀兎暫纏身"라는 구절이 나오는데, '銀兎'는 즉 銀兎符로서 벼슬아치가 휴대하는 부신이다. ≪朝野僉載≫에 "漢 나라에서 군사를 징발할 때 銅虎符를 사용했는데, 唐에 와서 은토부가 되었다." 라는 기록이 있다. 그 외에도 조선시대 여러 문인들의 문집에서 다양하게 인용되었다.74)

국내 소장된 판본으로는 서울大學校 中央圖書館에 順治 4年(1647)에 간행된 木版本과 1919년에 간행된 판본이 소장되어 있다.

書名	出版事項	版式狀況	一般事項	所藏處/所藏番號
朝野僉載	張鷟(唐)撰, 陶珽(明)重輯, 姚安(淸), 宛委山堂, 順治4年(1647)	1冊, 木版本, 26×16.8㎝, 上下單邊, 左右雙邊, 半郭: 19.2×13.4㎝, 有界, 9行20字, 註雙行, 上花口, 上下向白魚尾	唐國史補/李肇(唐)撰, 唐闕史/吳兢(唐)撰, 唐語林/王讜(宋)撰, 大唐新語/劉肅(唐)撰, 三聖記/李德裕(唐)撰, 先友記/柳宗元(唐)撰, 零陵總記/陸龜蒙(唐)撰, 玉堂閒話, 皮子世錄/皮日休(唐)撰, 盧氏雜說/盧言(唐)撰	서울大 中央圖書館 0230-73-56
朝野僉載	張鷟(唐)著, 陶湘重 重編, 定州, 安雅堂, 民國9年(1919)	1冊(27張), 木版本, 25.8×15.3㎝, 四周單邊, 半郭: 16.9×11.8㎝, 有界, 10行22字, 黑口, 無魚尾	序: 黃彭年, 高常侍集: 2卷1冊(62張), 裝幀: 黃色表紙黃絲四綴, 內容: 朝野僉載/張鷟(唐)著, 高常侍集/高適(唐)著	서울大 中央圖書館 0230-27-52

---

73) ≪中國文學大辭典≫, 上海辭書出版社, 2000年.
74) 고려시대 李穡(1328~1396)의 ≪牧隱集≫를 비롯해 조선시대 李圭景의 ≪五洲衍文長箋散稿≫, 金尙憲의 ≪淸陰集≫, 李德懋의 ≪靑莊館全書≫, 韓致奫의 ≪海東繹史≫ 등에서 ≪朝野僉載≫의 내용을 인용한 문구들이 보인다.

5. 北夢瑣言

　　≪北夢瑣言≫은 唐五代 志人小說集으로 孫光憲(?~968)이 撰하였다. ≪郡齋讀書志≫와 ≪直齋書錄解題≫에 小說類 30卷으로 기재되어 있다. 元代以後 書目에는 모두 20卷으로 되어 있다. 서문에는 30권이라고 되어 있으나, 지금 현재 전하는 판본은 모두 20권으로 되어 있다.

　　孫光憲은 字가 孟文이고, 스스로 號를 葆光子라고 하였다. 唐末에 陵州 判官을 지냈고, 後唐 때 江陵에 피해 있었으나, 宋 건국 이후에는 黃州刺史를 역임했다. 이 책은 江陵에서 撰하였다고 하는데, 당 무종 이후의 일들이 기록되어 있다. 대체로 앞의 16권은 당대의 이야기이고, 뒤의 4권은 오대에 대한 이야기이다. 정치적인 일화들을 비롯해서 사대부들의 언행과 사회 풍속까지 기록되어 있어 당시의 사회상을 알 수 있는 좋은 사료가 되고 있다. ≪太平廣記≫뿐 아니라, ≪資治通鑑≫·≪舊五代史≫·≪五代史注≫ 등에서 이 책의 내용을 인용했다.[75]

　　이 책의 판본은 매우 많은데, 주요한 것으로는 ≪稗海≫本과 ≪雅爾堂叢書≫本 및 上海圖書館藏 吳氏 拜經樓 舊抄本이 있다.

　　국내 유입과 관련한 가장 이른 기록은 고려 후기의 학자 李奎報(1168~1241)의 ≪東國李相國集≫에 보인다. 제1권 古律詩 중 〈侍郎 張自牧에게 드린다〉라는 詩의 "癡龍殊未辨" 구절에서 '癡龍'은 큰 염소의 별칭으로 ≪北夢瑣言≫에서 인용된 것이다. 洛中 어떤 동굴 속에 빠졌던 사람이 큰 염소 수염에 달린 구슬을 따먹고 굴 밖에 나오게 되었는데 張華가 그 염소는 치룡이라는 짐승이라 하였다는 내용이다. 이런 기록으로 보면 국내에 유입되어 문인들의 수중에 들어간 시기는 적어도 高麗 末이 될 것이다. 그 외 朝鮮의 문인들 문집에서 더 많이 인용되었으며 ≪朝鮮王朝實錄≫ 燕山君 8年 壬戌(1502) 11월 18일 (丁亥) 〈승지 김감의 시를 왕이 친히 써서 내리다〉에도 인용된 문구가 보인다.[76]

---

75) 寧稼雨, ≪中國文言小說總目提要≫, 齊魯書社, 1996, 188쪽.
76) ……"시를 찾아 몇 곳에 나귀 등에서 읊조렸으며": ≪北夢瑣言≫중에 어떤 이가 鄭綮에게 묻기를 "요사이 詩思가 있느냐?" 하니, "시사가 패교 풍설 가운데 나귀 등위에 있다(詩思在灞橋風雪中驢子背上)"고 했다는 문구를 인용한 것으로 이로 해서 후인들이 나귀 등 하면 나귀 등에서 눈을 맞으면서 시를 생각하는 것으로 쓰게 되었다. [≪朝鮮王朝實錄≫燕山君 8年 壬戌

국내 소장된 판본 기록으로는 東亞大學校와 서울大學校 中央圖書館에 1756년 간행된 木版本 20卷 4冊本이 소장되어 있고, 그 외 서울大 奎章閣에 연도를 알 수 없는 木版本이 소장되어 있다.

書名	出版事項	版式狀況	一般事項	所藏處/所藏番號
北夢瑣言	孫光憲(宋)纂集, 刊寫地未詳, 刊寫者未詳, 乾隆21年(1756)	20卷4冊(卷1~20), 26.7×16.4cm, 四周單邊, 半郭: 17.8×14.3cm, 有界, 10行21字, 註雙行, 上下向黑魚尾	刊記: 乾隆丙子(1756) 鐫雅雨堂藏板, 序: 乾隆丙子(1756) 德州盧見曾序	東亞大學校 (3):12:1-10
北夢瑣言	孫光憲(宋)撰, 中國, 雅雨堂, 乾隆21(1756)	20卷4冊(卷1-20), 中國木版本, 28.3×17.8cm, 四周單邊, 半郭: 18.2×13.4cm, 有界, 10行21字, 花口, 上下向黑魚尾	序: 乾隆丙子(1756) 盧見曾	서울大 中央圖書館 4360-11-1-4
北夢瑣言	孫光憲(宋)纂集, 商濬(明)校, 刊寫地未詳, 刊寫者未詳, 刊寫年未詳	1冊(零本), 木版本, 26.6×16.7cm		서울大 奎章閣 952.02-So57b-v.00

6. 因話錄

≪因話錄≫은 唐代 志人小說集으로 趙璘이 撰하였다. ≪新唐書≫〈藝文志〉小說家類에 6권으로 기재되어 있다. 지금은 ≪稗海≫ 등의 叢書本에 보인다. 上海古典文學出版社에서 1958년에 이에 근거하여 排印하였고, 1979년 上海古籍出版社에서 重印하였다. 또 ≪重輯百川學海≫와 涵芬樓 및 重編≪說郛≫ 등에 1卷本이 있다.

趙璘의 字는 澤章으로 비록 ≪新唐書≫와 ≪舊唐書≫에서는 보이지 않지만, ≪新唐書≫〈宰相世系表〉들을 근거로 살펴보면 그 조상들은 원래 南陽사람으로 후에 지금의 東陵縣인 平原으로 이주하였다고 한다. 德宗때 재상을 지낸 趙儒의 조카손자이다. 太和 8年(834)에 進士가 되었고, 開成 3年(838)에 博士鴻詞科에 급제하였다. 大中年

(1502) 11월 18일 (丁亥) 〈승지 김감의 시를 왕이 친히 써서 내리다〉 : 한국고전종합 DB http://db.itkc.or.kr/ 참조.

間(847~859)에는 歷祠部員外郞·度支·金部郞中 등을 역임했다.

내용을 보면 등장인물의 지위에 따라 宮·商·角·徵·羽 등급으로 나누어 이야기를 전개했다. 宮部는 제왕이나 후비들의 생활을 기재했고, 商部는 王公과 官宦들의 일들을 기재했다. 角部는 평민들의 여러 삶을 기재했으며, 徵部는 典故를 기재하고 해학적인 이야기를 덧붙였다. 마지막으로 羽部는 見聞雜事를 기재했다. 이런 분류법을 엄밀하게 다 지킨 것은 아니지만, 여러 측면에서 의의가 있다. 帝王을 기재한 부분에서는 唐 玄宗부터 宣宗까지 中晚唐 시기의 비탄어린 나라의 전란과 함께 개원성세에 대한 懷念의 정이 그대로 담겨있다. 각 이야기의 편폭이 짧지만, 간략한 언어에 심오한 뜻을 품고 있는 志人小說의 특징을 계승하고 있다.[77]

이 책이 국내에 전해진 시기는 정확하지 않다. 국내 현존하는 판본으로는 서울大學校 中央圖書館에 소장된 1647년 宛委山堂 ≪說郛≫本이 유일하다.

書名	出版事項	版式狀況	一般事項	所藏處/所藏番號
因話錄	趙璘(唐) 撰, 陶珽(明) 重輯, 姚安(淸), 宛委山堂, 順治4年(1647)	1冊, 木版本, 26×16.8㎝, 上下單邊, 左右雙邊, 半郭: 19.2×13.4㎝, 有界, 9行20字 註雙行, 上花口, 上下向白魚尾	본문에 朱墨 口訣 및 傍點	서울大 中央圖書館 0230-73-31

7. 北里誌(志)

≪北里志≫는 唐代 傳奇小說集으로 孫棨가 撰하였다. 晁光武의 ≪郡齋讀書志≫와 陳振孫의 ≪直齋書錄解題≫ 그리고 ≪宋史≫〈藝文志〉에 小說類로 기재되어 있다. 현재는 ≪古今說海≫ 및 古典文學出版社 排印本 등이 있다.

孫棨에 대해서는 전해지는 것이 없지만, ≪新唐書≫〈宰相世系表〉에 이르길, 자는 文威, 安邑(山西 遠城)출신으로 中書舍人의 벼슬을 지냈다고 한다. 陳振孫은 그의 저서에서 孫棨가 唐 學士를 지냈다고 했으며, ≪唐語林≫에는 翰林學士를 지냈다고 기록하고 있어 벼슬에 대한 의견이 분분하다.

---

77) 寧稼雨, ≪中國文言小說總目提要≫, 齊魯書社, 1996, 166쪽.

서문에 "中和甲辰(884)無爲子序"라고 한 것으로 보아 884년 無爲子가 쓴 것임을 알 수 있으며, 또한 孫棨의 호가 無爲子였음을 추측할 수 있다. '北里'는 당시 장안의 고급 기녀들이 집단 거주하던 곳으로, 손계는 자신이 젊은 날 北里에서 기녀들과 노닐 때 겪었던 일을 기억나는 대로 적어 '태평시대의 유사'로 삼고자 했으며,[78] 또한 기루의 악습과 폐해를 고발해서 이를 고치고자 하는 바람이 있다고 했다.

孫光憲은 ≪北夢瑣言≫에서 손계가 이 책을 지은 의도에 대해서 언급을 하였다. 당시 재상이었던 노휴의 딸이 손계의 외조카와 사통을 하여 결혼하게 된 일이 있었는데, 노휴를 풍자하고자 했다고 밝히고 있다. 하지만 책의 내용 어디에서도 그런 의도는 보이지 않는다. 당대 기녀들의 생활 모습과 일화, 선비들과의 교류, 사랑, 詩 등 총 15개의 이야기로 소개되어 있어 당시 北里의 생활상을 엿볼 수 있는 좋은 자료가 된다.

국내 유입된 시기는 관련기록이 없어 정확히 추정하기 어렵다. 국내 현존하는 판본으로 宛委山堂에서 1647년에 간행한 中國 木版本 1冊이 서울大學校 中央圖書館에 유일본으로 남아 있다.

書名	出版事項	版式狀況	一般事項	所藏處/所藏番號
北里志	孫棨(唐)撰, 陶珽(明)重輯, 姚安(淸), 宛委山堂, 順治4年(1647)	1冊, 木版本, 26×16.8cm, 上下單邊, 左右雙邊, 半郭: 19.2×13.4cm, 有界, 9行20字, 註雙行, 上花口, 上下向白魚尾	序: 陳繼儒. 教坊記/崔令欽(唐)撰 青樓記/黃雪簑(元)撰 麗情集/張君房(宋)撰	서울大 中央圖書館 0230-73-93

8. 卓異記

≪卓異記≫는 唐代 傳奇小說集으로 작가에 대해서는 李翱라는 說과 陳翱라는 說

---

78) 每思物極則反, 疑不能久. 常欲紀述其事, 以爲他時談藪. ……尙來聞見, 不復盡記, 聊以編次, 爲太平遺事云. 時中和甲辰歲, 無爲子序. 物이 지극히 흥하면 반드시 쇠하게 된다는 것을 생각하면, 오래갈 수 없음을 알기에 항상 北里의 일을 기록하여 다른 때의 이야깃거리로 삼고자 하였다. 지금까지의 듣고 본 것을 다 기억할 수는 없지만, 차례대로 엮어 '태평시대 유사'로 삼고자 한다. ≪北里志序≫
최진아, 〈唐代 士人의 妓樓 경험담: 孫棨의 北里誌〉, ≪中語中文學≫, 第44輯, 2006. 참조

두 가지가 있으나, ≪中國文言小說總目提要≫에서는 작가를 알 수 없다고 언급하였다. ≪新唐書≫⟨藝文志⟩에 小說家類에 1卷으로 기재되어 있고, 陳翶가 撰했다고 하면서 그 注에 "憲, 穆時人"라고 되어 있다. 하지만 南宋의 ≪郡齋讀書志≫와 ≪直齋書錄解題≫에는 李翶가 撰했다고 하면서 陳翶를 같이 병기했다. ≪宋史≫⟨藝文志⟩에는 陳翶과 李翶 ≪卓異記≫ 각 1卷이라고 하여 한 책에 두 사람의 이름을 표기했다.

하지만 책에 기록된 사건을 보면 가장 늦은 시기가 昭宗인 것으로 보아 憲, 穆宗때의 陳翶는 아닐 것이며, 李翶는 武宗 會昌 중에 세상을 떠났으니, 역시 昭宗 때의 일을 기록 했을 리가 없다는 것이 ≪中國文言小說總目提要≫의 입장이다. 또한 책 서문에 이 책이 쓰여진 시기에 대해 말하길 文宗에서 開成 5年(840) 7月 1日까지라고 되어 있는데, 책에 기록된 사건의 시간과는 상당한 차이가 있어 晚唐에서 五代時期의 後人이 마음대로 작가의 이름을 가탁하고 序文을 썼을 가능성이 있다.[79]

또 宋代 以後 李時珍은 의학서 ≪本草綱目≫을 저술하면서 자신이 인용한 고서 440여 종의 서적을 소개했는데, 그 목록에는 陳翶의 ≪卓異記≫라고 되어 있다. ≪卓異記≫는 각 書目이나 傳本에는 모두 1卷이라고 되어있으나, ≪廣卓異記序≫에서는 3卷이라고 되어있다. 하지만 ≪百川學海≫와 ≪顧氏文房小說≫ 등 叢書本에는 모두 1권이라고 되어있다.

이 책의 내용은 唐代의 君臣功業盛事의 일을 다루었다고 해서 '卓異'라고 했다고 언급했지만 실제 내용은 별로 특별할 게 없다. 모두 27개의 이야기로 구성되어 있으며, 帝王의 일이 3가지, 將相大臣의 일이 14가지 기록되어 있는데, 모두 평범한 이야기들이다.

이 책이 국내 유입된 시기는 관련기록이 없어 정확히 추정할 수는 없다. 국내 현존하는 판본으로는 1647년 宛委山堂에서 간행된 1冊이 유일본으로 서울大學校 中央圖書館에 소장되어 있다.

---

[79] 寧稼雨, ≪中國文言小說總目提要≫, 齊魯書社, 1996, 114쪽.

書名	出版事項	版式狀況	一般事項	所藏處/所藏番號
卓異記	李翺(唐) 撰, 陶珽(明) 重輯, 姚安(淸) 宛委山堂, 順治4年(1647)	1冊, 木版本, 26×16.8㎝, 上下單邊, 左右雙邊, 半郭: 19.2×13.4㎝, 有界, 9行20字 註雙行, 上花口, 上下向白魚尾		서울大 中央圖書館 0230-73-59

9. 玉泉子

≪玉泉子≫는 唐代 傳奇小說集으로 누가 지었는지는 알 수 없다. ≪新唐書≫〈藝文志〉小說家類에 5卷 ≪玉泉子聞見眞錄≫으로 기재되어 있다. ≪通志≫에는 雜史類로 기재되어 있다. 또 ≪直齋書錄解題≫에는 ≪玉泉筆端≫3卷과 다른 1卷이 있다. 3卷本에는 비록 저자가 명시되어 있지는 않지만, 中和 3年(883)에 쓴 서문이 있고, 무명씨의 발문이 있다. 또 다른 1권본 ≪玉泉子≫는 3卷本에 비해 이야기가 적은 52條의 고사로 되어 있으며, 序跋文이 없다.

이 책의 내용은 唐代 中·晚唐의 이야기들로, 志怪 고사가 많다. 中·晚唐때의 인물 裴度·李德裕·杜悰·白敏中·李石·李訥·溫庭筠·王鐸·崔鉉·劉賁·盧携·杜黃裳·崔湜·李抱眞·令狐綯·鄭畋 등 40여 사람들의 일화가 기록되어 있다. 때문에 ≪玉泉子≫는 中·晚唐의 정치, 사회사를 알 수 있는 좋은 자료가 된다.

明刊本 이외에도 ≪稗海≫·≪子書百種≫·≪唐人說薈≫ 등에 모두 이 책이 수록되어 있으며, 1958년 中華書局 판본은 ≪稗海≫本을 저본으로 삼아 간행한 것이고, 82條의 이야기로 구성되어 있다.

국내에 유입된 시기는 관련 자료가 없어 추정하기 어렵고, 국내 현존하는 판본으로는 서울大 奎章閣에 유일본으로 1책이 소장되어 있다.

書名	出版事項	版式狀況	一般事項	所藏處/所藏番號
玉泉子	著者未詳, 刊寫地未詳, 刊寫者未詳, 1368-1644	1冊(37張), 木版本, 26×16.6㎝, 四周單邊, 半郭: 20.6×13.5㎝, 有界, 9行20字, 上黑魚尾		서울大 奎章閣 920.052-Og1

10. 遊仙窟

《遊仙窟》은 唐代 神怪類 傳奇小說로 1卷으로 되어 있으며, 張鷟(660?~740)의 작품이다. 張鷟은 初唐의 인물로 詩文에 뛰어나 進士試를 비롯해 수차례 시험에 壯元하여 文名이 일세를 風靡했다고 하나, 성격이 조급하고 참을성이 적어 末職인 司門員外郎으로 평생을 마쳐, 官運은 비교적 없었다고 전해진다.[80]

이 작품은 당나라 때에 일본으로 건너가 일본인에게 많은 영향을 주었다고 하며, 또 중국에서는 오래 전에 失傳되었다가 근래에 일본에서 다시 초록해 왔다고 전해진다.

《遊仙窟》은 志怪小說에서 傳奇小說로 넘어가는 과도기적 작품으로 독특한 의미를 지니고 있다.

내용은 주인공 張生이 積石山에서 길을 잃고 헤매다가 하룻밤을 지내게 된 神仙의 굴에서 崔十娘과 王五嫂의 환대를 받는다는 이야기로, 유선굴이란 미인의 저택이라는 의미를 가진다. 작자가 풍부한 재능을 가졌으면서도 사회의 제약에 묶여서 발휘하지 못하는 분한 마음을, 당나라와 토번(吐蕃:티베트) 사이 戰雲이 감도는 邊境(甘肅省 寧縣)의 임지에서, 교양 있고 아름다운 여자 道士나 娼妓와의 사랑으로 연소시켰던 일을 바탕으로 하여 지은 것이다. 줄거리는 단순하지만, 산문에는 騈文을 쓰고, 대화에는 운문을 쓰고 있으며, 구어체의 어휘를 많이 구사한 화려한 글이다. 주고받는 詩는 五言의 四句와 八句, 七言의 四句, 五言과 七言의 長句 등 다채로우며, 騈文에 많은 詩를 섞어 이야기를 진행시켜 나가는 형식은, 傳奇 형식에 騈文의 영향이 가해진 것으로 생각된다.

국내에 유입된 시기는 기록이 남아있지 않아 정확히 추정할 수는 없지만 《唐書》에 기록된 "신라와 일본의 사신들이 금은보화를 치르고 그 책을 샀다(張鷟의 遊仙窟) 新羅 日本使臣 必出金寶購其文(魯迅의 《中國小說史略》中 引用)"라는 기록으로 보아 이미 삼국시대에 유입되었음을 알 수 있다. 그 당시 유입된 판본이 남아있지 않아 사정을 알 수는 없고, 현재 국내 소장된 판본으로는 서울大學校 中央圖書館에 日本 東京에서 1690년대 출판한 木版本이 남아 있다.

---

80) 차용주, 〈雙女墳說話와 遊仙窟과의 비교연구〉, 《어문논집》23집, 1982년, 참조.

書名	出版事項	版式狀況	一般事項	所藏處/所藏番號
遊仙窟	張文成(唐) 作, 東京, 松山堂書店, 元祿3年(1690)	5卷2冊, 有圖, 木版本(日本), 22.3×14.8cm, 四周雙邊, 半郭: 18×11.3cm, 無界, 10行11字, 無魚尾	表題: 頭書圖畵遊仙窟, 序題: 遊仙窟, 序: 元祿三年(1690)…平休亭(墨書), 遊仙窟序: 元祿三年(1690), 遊仙窟後序: 文寶三年(1319)…英房, 裝幀: 黃色表紙白絲四綴	서울大 中央圖書館 3477-150-1-2

11. 尙書故實

≪尙書故實≫은 唐代 雜俎小說로 李綽이 撰하였다고 전해진다. ≪新唐書≫〈藝文志〉에는 雜傳記類 1卷으로 기재되어 있다. 그 후 ≪宋史≫〈藝文志〉에 이르러 小說類에 포함시켰다. 陳振孫은 ≪直齋書錄解題≫에서 이 책을 ≪尙書談錄≫이라고 했고, ≪太平廣記≫에서도 ≪尙書談錄≫이라고 했다.

李綽에 대해서 전해지는 기록은 많지 않다. ≪新唐書≫〈宰相世系表〉와 ≪唐郞官石柱題名考≫卷19에 의하면 字가 肩孟, 號가 中子이며, 趙郡 지금의 北趙縣 사람이라고 한다. ≪舊唐書≫〈昭宗紀〉, ≪直齋書錄解題≫에 의하면 그의 아들이 龍紀 初(889)에 太常博士를 지냈고, 乾寧 4年(897) 禮部郞中을 거쳐, 후에 다시 膳部郞中에 올랐다고 한다. 지금 판본은 ≪寶顔堂秘笈≫과 ≪重輯百川學海≫本이 있다.[81]

李綽은 自序에서 그가 唐宋에 圃田으로 피난갔을 때 賓护尙書 河東張公에게서 들은 것이기 때문에 이로써 書名을 삼았다고 하였다. 내용은 張公尙書의 이야기 중 기이한 이야기를 위주로 우스갯 이야기를 섞어 이루어 졌으며, 대부분 晉~唐 사이의 藝林堂故를 모은 것이다.

≪尙書故實≫은 주로 인물에 대한 에피소드 등이 재미있게 담겨있는데, 내용 중에는 '문턱이 뚫어지다'라는 뜻의 '戶限爲穿'이 있다. 이는 문턱이 닳을 정도로 드나드는 사람이 많음을 비유한 고사성어로, 중국 魏晉南北朝時代 陳나라 때의 승려 智永의 故事에서 유래하였다.

智永은 서예의 대가인 王羲之의 손자로, 俗名은 王法極이다. 그는 吳興의 永福寺

---

81) 寧稼雨, ≪中國文言小說總目提要≫, 齊魯書社, 1996, 108쪽.

에 머물면서 여러 해 동안 서예에 힘을 쏟으며, 끝이 뭉툭해져 못 쓰게 된 붓을 항아리에 담아 두었는데, 그 항아리 숫자가 열 개나 되었고, 각 항아리의 무게도 대단하였다. 그의 서예가 뛰어나다는 소문이 퍼져, 그를 찾아와 글씨를 써 달라고 부탁하는 사람들이 점점 많아져서 나중에는 문턱이 닳을 정도였다고 한다.[82] 그래서 문지방에 철판을 씌우게 되었는데, 이를 쇠문턱[鐵戶限]이라고 불렀다. 나중에 못 쓰게 된 붓을 담은 항아리를 땅에 묻고는 退筆塚이라 불렀으며, 자신이 스스로 碑銘을 썼다고 한다.

이 책의 국내 유입된 시기는 관련기록이 없어 알 수가 없다. 국내 현존하는 판본으로는 宛委山堂에서 1647년에 간행한 ≪說郛≫本이 서울大學校 中央圖書館에 소장되어 있다.

書名	出版事項	版式狀況	一般事項	所藏處/所藏番號
尙書故實	李綽(唐)撰, 陶珽(明)重輯, 姚安(淸), 宛委山堂, 順治4年(1647)	1冊, 木版本, 26×16.8㎝, 上下單邊, 左右雙邊, 半郭: 19.2×13.4㎝, 有界, 9行20字, 註雙行, 上花口, 上下向白魚尾	次柳氏舊聞/李德裕(唐)撰 隋唐嘉話/劉餗(唐)撰 劉賓客嘉話錄/韋絢(唐)撰 賓朋宴語/丘昶(宋)撰 法藏碎金錄/晁迪(宋)撰	서울大 中央圖書館 0230-73-44

12. 資暇錄

≪資暇錄≫은 唐代 李匡文(濟翁)이 편찬했다고 한다. ≪新唐書≫〈藝文志〉 小說家類에 ≪資暇≫3卷이 기재되어 있으며, 晁公武의 ≪郡齋讀書志≫에도 같은 기록이 있고 唐 匡乂濟翁이 편찬했다고 언급했다. 陳振孫의 ≪直齋書錄解題≫에는 이 작품을 雜家類에 포함시켰으며 唐 匡文濟翁의 작품이라고 언급했다. ≪資暇≫ 또는 ≪資暇集≫을 병칭하기도 했는데, ≪宋史≫〈藝文志〉에는 ≪資暇錄≫이라고 하였다. ≪四庫全書總目≫에는 子部雜家類로 분류했으며, 李匡乂가 편찬했다고 했다.

李匡文은 匡乂라고도 하며 唐末 사람으로 字는 濟翁으로 宰相 李夷簡의 아들이다. 唐 憲宗 元和 初 806년경에 태어나 漳州刺史·房州刺史·太子賓客·賀州刺史·宗正少卿·宗正卿 등의 관직을 지냈으며 80여세에 생을 마감했다. 저서로는 ≪唐皇室維城錄≫·≪十代鏡疑史目≫·≪漢後隋前瞬貫圖≫·≪兩漢至唐年紀≫ 등이 있다

---

82) 人來覓書, 幷請題頭者如市, 所居戶限爲之穿穴.

고 전해진다.

≪資暇錄≫은 잘못 전해지는 글자의 유래나 속설을 바로잡는 등의 고증을 해 놓는 筆記雜記類의 책이라고 보는 견해가 있어 소설로 보지 말아야 한다는 견해들도 있다.

국내 유입된 기록이 없어 유입시기를 알 수 없지만 1647년에 간행된 판본이 서울大學校 中央圖書館에 소장되어 있다. 이 판본에는 宋代 范公偁이 편찬한 ≪過庭錄≫이 같이 수록되어 있다.

書名	出版事項	版式狀況	一般事項	所藏處/所藏番號
資暇錄	李濟翁(唐)撰, 陶珽(明)重輯, 姚安(淸), 宛委山堂, 順治4年(1647)	2卷1冊, 木板本, 26×16.8㎝ 上下單邊, 左右雙邊, 半郭: 19.2×13.4㎝, 有界, 9行20字 註雙行, 上花口, 上下向白魚尾	본문의 朱墨 口訣 및 傍點 賓退錄/趙與時(宋)撰 過庭錄/范公偁(宋)撰	서울大 中央圖書館 0230-73-21 卷1-2

13. 無雙傳(劉無雙傳·古押衙傳奇)

≪無雙傳≫은 唐代 傳奇小說로 薛調(830-872)가 지었다. ≪太平廣記≫ 卷486에 ≪無雙傳≫을 수록하면서 薛調가 撰했다고 언급했다. ≪虞初志≫에는 ≪無雙傳≫이라 되어있고, ≪綠窓女史≫과 ≪五朝小說≫ 등에는 ≪劉無雙傳≫이라 되어있다. ≪艷異篇≫卷23 義俠部, 魯迅의 ≪唐宋傳奇集≫과 汪闢疆의 ≪唐人小說≫에도 보인다. 국내에서는 ≪古押衙傳奇≫로 더 알려져 있는데, 이 작품은 ≪太平廣記詳節≫ 권46 雜傳2와 ≪刪補文苑楂橘≫上卷에도 수록되어 있다.

薛調는 河中 寶鼎, 즉 지금의 山西 萬榮 西南 사람이다. 文宗 大和 3年에 태어나서 大中 年間에 進士에 등제하여 咸通 元年(860) 右拾遺에 봉해졌다. 咸通 11年(871)에 戶部員外郎과 駕部郞中을 역임하고 翰林學士를 지냈다. 마지막엔 戶部侍郎, 知制誥의 벼슬로 懿宗 咸通 13年에 43年의 생을 마감했다.[83]

국내에는 ≪無雙傳≫이 번역되어 ≪古押衙傳奇≫이라는 제목으로 전해지고 있다.

---

83) 寧稼雨, ≪中國文言小說總目提要≫, 齊魯書社, 1996, 94~95쪽.

현재 金東旭 所藏本(檀國大[天安 율곡도서관] 羅孫本 筆寫本)으로 따로 1책 23장본이 전한다. ≪古押衙傳奇≫의 번역은 직역 위주로 되어 있고 오역은 거의 없는 편이며 간혹 원문에 없는 이야기를 부연 설명한 것도 있지만 문장 끝 감탄사로 시작하는 부분부터는 번역을 생략하고 있다. 이 책은 대략 16세기 후반에서 18세기 전반에 번역되었을 것으로 추정하고 있다.[84]

한글본 ≪고압아≫의 내용은 다음과 같다. 唐 建中 年間에 劉震의 딸 無雙이 있었는데 이종사촌 王仙客과 어려서부터 혼인하기로 되어 있었다. 그런데 유진이 벼슬이 높아지자 왕선객과의 혼인을 반대하였다. 당시 姚令言이 반란을 일으켜 황제를 자칭하며 위세를 떨치고 있었는데 이때 유진도 벼슬을 받게 된다. 이후 난리가 평정되자 유진 부부는 참수되고 무쌍도 掖庭에 들어가게 되어 둘은 연락조차 끊기게 된다. 왕선객은 의협지사 고압아에게 도움을 청하여 무쌍을 구출하고 부부의 연을 맺는다. 두 사람이 행복을 찾은 다음 고압아는 스스로 목숨을 끊어 무쌍을 구출한 사건이 누설되는 것을 막는다.

檀國大 天安 율곡圖書館에 소장되어 있는 한글본 ≪고압아≫판본 이외에 ≪無雙傳≫원본은 서울大學校 中央圖書館에 소장되어 있다. 단행본은 아니지만 ≪綠珠傳≫이라는 표제로 樂史의 작품과 唐代 전기를 모아 엮은 ≪綠珠傳≫책 안에 들어있다. 이 판본은 1647년에 간행된 책으로 ≪無雙傳≫ 외에도 ≪霍小玉傳≫과 ≪蚪髥客傳≫ 등이 들어있다.

書名	出版事項	版式狀況	一般事項	所藏處/所藏番號
綠珠傳 (劉無雙傳)	樂史(宋) 撰, 陶珽(明) 重輯, 姚安(淸), 宛委山堂, 順治4年(1647)	1册, 中國木版本, 26×16.8㎝, 上下單邊, 左右雙邊, 半郭: 19.2×13.4㎝, 有界, 9行20字 註雙行, 上花口, 上下向白魚尾	非煙傳/皇甫枚(唐)撰 霍小玉傳/蔣防(唐)撰 劉無雙傳/薛調(唐)撰 蚪髥客傳/張說(唐)撰 韓仙傳/韓若雲(唐)撰 神僧傳/法顯(晉)撰 劍俠傳	서울大 中央圖書館 0230-73-137 冊1
고압아 古押衙 (無雙傳)	筆寫本, 高宗16年(1879)	線裝1册(37張), 한글필사본, 23×12㎝, 四周雙邊, 半郭: 18×9.8㎝, 烏絲欄, 6行字數不定	表題: 傳奇, 附: 裵枕(배침), 紅線(홍선). 卷末: 歲在己卯三月妊世 本七十一歲書(金東旭所藏)	檀國大學校 천안율곡圖書館 고853.5-고817

---

84) 이재홍, 〈羅孫本 필사본고소설자료 所載 한글번역필사본 唐傳奇에 대하여〉, ≪中國語文學論集≫, 제45호, 2007. 8. 321-341쪽.

14. 기타

앞에서 언급한 작품 외에 국내 유입기록은 있으나 판본이 남아있지 않은 작품으로는 ≪白猿傳≫과 ≪諾皐記≫·≪河間傳≫ 등이 있다.

≪白猿傳≫ : 東漢 焦延壽의 ≪易林≫<坤之剝>의 封辭 중에 "남산의 큰 원숭이가 내 예쁜 첩을 훔쳐갔다"는 기록을 바탕으로 지어진 唐代 傳奇小說이다. 작가는 미상이지만 내용을 살펴보면 '歐陽紇이 처를 원숭이에게 도둑맞았다가 되찾았으나 이미 원숭이의 아이를 임신해 태어난 것이 바로 歐陽詢이다'라고 하여 歐陽詢이 사람이 아닌 원숭이 자식이라고 비방하고 있다.[85] 그 외 이수광의 ≪芝峯類說≫ 권7에도 서명이 보인다.

≪諾皐記≫ : 段成式의 ≪酉陽雜俎≫中의 한 편으로 唐代 傳奇集이다. "諾皐"라는 이름은 본디 古代에 귀신을 부르는 사당을 일컫는다. 그러기에 이 작품의 내용도 대부분 神仙鬼神이나 자연의 괴이한 전설을 주로 다루고 있다. 李圭景의 ≪五洲衍文長箋散稿≫ 경사편4 -경사잡류2 典籍雜說 <고전간행회본 권47>을 보면 ≪酉陽雜俎≫와 ≪諾皐記≫를 구분해서 설명해 주고 있다.[86]

≪河間傳≫ : 柳宗元의 작품으로 비록 唐宋 書目에서는 보이지 않지만, ≪河東先生外傳≫卷上에 기재되어 있다. ≪情史≫에는 <河間婦>라고 되어 있다. 河間은 河間郡에 사는 음란한 여자를 가리킨다. 그녀는 향리에서 태어나 홀로 정조를 지켰지만 출가한 뒤에도 친척과 마을의 못된

---

85) 유병갑, <≪보원총백원전≫의 검토>, ≪중국학논총≫(제6집), 1997, 51~55쪽 참조.
86) ≪酉陽雜俎≫: 唐 나라 사람 단성식이 지었다. 小酉山 石窟 속에 책 1천 권이 있기 때문에 책명으로 삼은 것이다. ≪諾皐記≫: 당 나라 사람 단성식이 지었다. 梗陽巫皐의 일을 인용한 것인데 ≪遁甲中經≫에 "山林 속에 머물면서 '諾皐太陰將軍'이라 주문을 왼다." 하였으니, 낙고란 太陰의 이름이다. 태음은 隱神의 神이니 祕隱한 것을 취한 것이다.

사람들이 그녀를 능욕하려고 온갖 수단 방법을 다하여 마침내 정조를 유린당하고 만다. 정숙한 여자에서 음욕을 채우기 위해 남편도 살해하는 음부로 타락한 河間은 결국 욕정의 늪에 빠져 헤어나지 못하게 된다. 柳宗元은 이 이야기를 빗대어 부부, 친구, 군신간의 관계를 풍자하는 것이라고 밝히고 있다.[87] 비록 국내에 ≪河間傳≫의 판본은 남아있지 않지만, ≪朝鮮王朝實錄≫〈연산군일기〉[88]와 〈숙종실록〉[89]에 河間의 이야기가 나오며, 조선시대 문인들의 문집[90]에도 인용되었던 기록이 남아 있다.

---

87) 박재연 편, ≪中國小說繪模本≫, 강원대학교 출판부, 1993, 180쪽 참조.
88) 연산군 1년 을묘(1495) 5월 28일 (경술) 〈충청도 도사 김일손이 시국에 관한 이익과 병폐 26조목으로 상소하다〉 참조 할 것.
89) 숙종 29년 계미(1703) 5월 21일 (을축) 〈현령 이하성 등이 올린 조부 이경석을 위해 변명하면서 송시열을 침해하는 상소문〉, 숙종 39년 계사(1713) 8월 6일 (신사) 〈지평 이진망이 상소를 올려 조부의 억울함을 호소하니 김진규가 이를 논박하는 상소를 올리다〉, 숙종(실록보궐정오) 39년 계사(1713) 8월 6일 (신사) 〈지평 이진망이 조부 이경석의 억울함에 대해 상소하다〉 참조 할 것.
90) 申欽의 ≪象村集≫, 李瀷의 ≪星湖僿說≫, 朴思浩의 ≪心田稿≫, 朴趾源의 ≪熱河日記≫, 李圭景의 ≪五洲衍文長箋散稿≫, 金宗直의 ≪佔畢齋集≫, 李德懋의 ≪靑莊館全書≫, 魚叔權의 ≪稗官雜記≫ 등에서 인용되었다.

3 宋·元代 作品目錄과 解題

1. 太平廣記

　　≪太平廣記≫는 宋代 文言小說集로 李昉(925~996) 등 12名이 편찬했다. ≪崇文總目≫에 類書類 500卷이라고 되어 있으며, ≪郡齋讀書志≫와 ≪直齋書錄解題≫에 小說家類로 기재되어 있다. 北宋 太宗의 명을 받아 扈蒙, 李穆 등과 함께 太平興國 3年(978)에 편찬하여 太平興國 6年(981)에 판각하였다. 宋나라가 천하를 통일하고 各地의 古書를 蒐集하면서 海內의 소외된 知識階層을 撫摩하고자 그들에게 厚한 祿을 주고 古書를 編修하게 하였는데 이것이 곧 ≪太平廣記≫ 500卷이다. ≪太平廣記≫ 전 500권은 목록 10권, 7000여 편의 이야기를 내용에 따라 神仙·方士·異僧·報應·名賢·貢擧·豪俠·儒行·書·畵·醫·相·酒·諧謔·婦人·情感·夢·幻術·神·鬼·妖怪·再生·龍·호랑이·여우·뱀·雜傳記 등 92개 항목으로 분류하여 수록하고 있다. 그중에서 〈神仙〉·〈女仙〉·〈報應〉·〈神〉·〈鬼〉·〈妖怪〉 등이 다른 부류의 권수보다 상대적으로 분량이 많다. 이러한 경향은 고대 민간풍속과 魏晉南北朝 이래 志怪小說의 흥성을 반영하고 있다. 원본은 981년에 처음 목판 인쇄되었다가 明末에 이르러서야 談愷·許自昌이 교정하여 다시 간행했으며, 淸나라 黃晟이 소형본으로 출판하여 보급시켰다.

　　≪太平廣記≫가 처음 우리나라에 전래된 분명한 시기는 알 수 없지만, 南宋 때의 문인 王闢之가 지은 ≪澠水燕談錄≫을 보면 그 실마리를 찾을 수 있다. 거기에는 宋 神宗 元豊 3年(1080)에 송나라에 사신으로 파견된 朴寅亮이 ≪太平廣記≫에 실려 있는 고사를 능숙하게 활용하여 글을 지었다는 내용이 기록되어 있다. 元豊 3年은 高麗 文宗 34年에 해당하며, ≪太平廣記≫가 간행된 때(981년)로부터 100년이 되기 직전이다. 따라서 그 이전에 ≪太平廣記≫가 국내에 전래되었을 가능성이 높다. 그 후로 ≪三國史記≫(1145, 高麗 仁宗 23년), 고려 문신 尹誧의 〈太平廣記撮要詩〉(1146, 高麗

仁宗 24年), ≪翰林別曲≫(1216, 高麗 高宗 3年), ≪三國遺事≫(1281, 高麗 忠烈王 7年), ≪高麗史≫(1451, 朝鮮 文宗 元年) 등에 ≪太平廣記≫의 書名이나 내용이 계속 나타난다.

그 후 조선 초기에는 중국 판본이 재차 수입되어 당시 식자층의 필독서가 되었다. 그러나 원서는 분량이 너무 방대하고 중국에서 수입해야 했기 때문에 구해보기가 쉽지 않았다. 그래서 世祖 8年(1462)에 成任이 원서를 50권으로 축약한 ≪太平廣記詳節≫을 간행했으며, 그 후 다른 여러 책에서 채록한 30권 분량의 고사를 합쳐 80권으로 된 ≪太平通載≫를 다시 간행했다. 이를 통해 당시 ≪太平廣記≫의 수요가 어느 정도였는지 짐작할 수 있다. ≪太平廣記詳節≫은 일찍이 망실되었지만 최근까지 50권 중 26권이 발굴되었으며, ≪太平通載≫도 현재 일부만 남아 있는 상태이다.

≪太平廣記詳節≫은 현재 온전하게 남아있지 않으나, 目錄 2권이 忠南大學校 圖書館에 완벽한 상태로 남아있다. 현재 전하고 있는 殘卷은 50권 가운데 26권이다. 이 책의 간행지는 草溪와 晉州로 확인된다. 현존하는 판본의 소장처를 보면 다음과 같다.

(1) 목록 2권, 권1-권3 : 忠南大學校 圖書館
(2) 권8-권11, 권20-권23, 권35-권37 : 玉山書院
(3) 권8-권11, 권39-권42 : 高麗大學校 晩松文庫
(4) 권14-권19 : 國立中央圖書館
(5) 권15-권21 : 誠庵古書博物館
(6) 권20-권25 : 박재연 소장 등. 총 목록 2권과 본문 50권 가운데 목록과 본문 26권만 현존한다.[91]

그 후 한문을 해독할 수 없는 일반 서민이나 여성 독자들을 위해서는 우리말로 된 번역본이 필요했다. 이러한 필요에 의해 明宗(1545~1567 재위) 때를 전후해 나온 것이 바로 ≪太平廣記諺解≫이다. ≪太平廣記諺解≫의 판본은 두 종류로 하나는 筧南本이고, 또 다른 하나는 樂善齋本이다. 먹남본은 김일근에 의해 6·25 전란 중 製紙 원

---

91) 김장환, 〈태평광기상절 편찬의 시대적 의미〉, ≪중국소설논총≫제23집, 2006, 3. 191-200쪽 참고. 이 책은 최근 김장환·박재연·이래종 등이 譯註하여 ≪太平廣記詳節≫이라는 이름으로 출간하였다. 이 책은 총 8책(학고방, 2005년)이며 원형을 복원하고자 하는 시도로 상당한 의미가 있다.

료로 쓰기 위해 수집된 폐지더미에서 발견되었다. 한글필사본이며 金·木·水·火·土의 5권 5책인데, 발견될 당시에는 두 번째 권이 없었다. 일실된 것으로 알려졌던 제2권은 김장환과 박재연에 의해 延世大學校 圖書館에서 발견되어 현재에는 5권 5책이 온전히 전해진다. 제작 시기는 기존의 연구들을 종합해보면 대략 명종·선조~현종·숙종 사이이며, 底本은 明나라 판본으로 추정된다. 金卷 26편, 木卷 21편, 水卷 21편, 火卷 26편, 土卷 33편으로 총 127편이 수록되어 있다.

樂善齋本은 9권 9책이고 全帙이 갖추어져 있다. 1권 41편, 2권 28편, 3권 40편, 4권 15편, 5권 41편, 6권 34편, 7권 15편, 8권 23편, 9권 31편으로 총 268편이 수록되어 있다. 특이한 점은 樂善齋本에는 ≪太平廣記≫에 없는 작품 14편이 수록되어 있다는 것이다. 覓南本과 樂善齋本에 공통적으로 수록되어 있는 작품은 75편이고, 覓南本에만 수록된 작품은 52편, 樂善齋本에만 수록되어 있는 작품은 193편이다. 공통적으로 수록되어 있는 작품을 살펴보면 표기에만 차이가 있을 뿐, 언해의 내용적인 측면에서는 차이가 없다.[92]

한글본 ≪태평광긔≫의 번역양상은 축자적인 번역, 불필요한 것을 축약한 번역, 새로운 내용을 첨가한 번역, 과감하게 내용을 생략한 번역 등으로 나누어지고 있다. 그중에서 단순한 축자적인 번역은 제2화 〈니공뎐〉, 제14화 〈뉴즘녀뎐〉, 제24화 〈옥녀뎐〉 등 몇 편에 불과하고 나머지 작품들은 대부분 번역에 상당한 노력을 기울인 것으로 보인다. 멱남본은 대개 16세기 후반에서 18세기 전반에 번역되었고 낙선재본은 18세기 무렵에 번역되었으므로 우리말 어휘에 있어서도 많은 차이를 나타내고 있다고 볼 수 있다.[93]

한글본 ≪태평광긔≫의 내용은 원전 ≪太平廣記≫와 마찬가지로 환상, 명사, 호협, 꿈, 사물 등에 관한 내용으로 다양하게 분류하여 번역하고 있는데, 특히 인물 전기식의 제목 '~뎐' 이라는 형식을 즐겨 사용하여 작품의 내용과 형식을 단순 규격화하고 있다는 특징을 지니고 있다.

---

92) 김영옥, 김정숙, 윤지나, 김동숙, 권경순, 〈태평광기언해와 번역용례사전 구축〉, ≪한자한문연구≫ 제5호, 2009. 12, 283-312쪽,
金長煥, 〈中國 古典 飜譯과 太平廣記 飜譯 佚事〉, ≪中國小說論叢≫ 제32집, 2010, 9. 31-50쪽 참조.
93) 김동욱 풀어옮김, ≪교역태평광기언해≫, 보고사, 2009. 3-9쪽 참조.

140 第一部 韓國 所藏 中國文言小說의 版本目錄과 解題(作品 別)

書名	出版事項	版式狀況	一般事項	所藏處/所藏番號
太平廣記	太宗皇帝 命撰, 刊寫地未詳, 刊寫者未詳, 太平興國三年(977)	17-64(卷125-500)48冊, 15.2×10cm	本書總冊數64冊中 第1冊-第16(16冊은 落秩되어있다)	國立中央圖書館 [古]BA3738-13
태평광기(太平廣記)	約1566年-1608年	5권 5책(卷之二 缺本) 零本1冊, 筆寫本, 27.5×17.5cm		覓南本 (김일근)
태평광기(太平廣記)	約17世紀 後半	卷之二 零本1冊, 筆寫本, 27.5×17.5cm	木覓本(5卷 5冊)의 缺本	延世大學校
太平廣記	李昉(宋)…等編, 許自昌(明)校, (明)刊寫者未詳, 嘉靖45年(1566)	80冊, 25.8×17.7cm, 上下單邊, 左右雙邊, 半郭: 22.3×14.1cm, 有界, 12行24字, 註雙行, 上花口, 上下向黑魚尾	卷1-10, 卷1-500, 目錄10卷4冊, 500卷76冊 共80冊	서울大 奎章閣 [古]0170-35-1-80
太平廣記	李昉(宋)等奉勅撰, 黃晟(清)刊, 清 乾隆20年(1775)	500卷48冊, 中國木版本, 16×10.8cm, 四周雙邊, 半郭: 12.1×9.4cm, 有界, 12行22字, 註雙行, 上黑魚尾, 紙質: 綿紙	序: 乾隆十八年(1753) 藏次癸酉秋八月天都黃晟曉峰氏 校刊於槐蔭草堂, 刊記: 乾隆乙亥(1755)年夏月, 藏板: 槐蔭草堂藏板, 印: 五車樓發兌, 敬業舘之藏書, 安喬之印, 李王家圖書之章,	韓國學中央研究院 4-244
太平廣記	李昉(宋)等受命編, 黃晟(清)校刊, 三讓睦記藏板, 道光26年(1846)	64冊(零本, 卷59~62(1冊)缺), 中國木版本, 17.4×11.2cm	序: 乾隆十八年(1753)…黃晟, 印: 集玉齋, 帝室圖書之章	서울大 奎章閣 [奎중]6006
太平廣記	李昉(宋)等奉勅修, 道光丙午(1846) 鑴, 三讓睦記藏板	500卷64冊, 中國木版本, 四周雙邊, 匡郭: 12×9.5cm, 有界, 12行22字, 上黑魚尾	刊記: 道光丙午(1846) 鑴三讓睦記藏版	延世大學校 812.38
太平廣記	李昉(宋)等奉勅修, 道光丙午(1846)鑴	64冊, 中國木版本, 四周雙邊, 匡郭: 12×9.5cm, 有界, 12行22字, 上黑魚尾	序: 黃晟, 刊記: 道光丙午(1846)鑴	延世大學校 (李源喆文庫)
太平廣記	李昉(宋)…等受命編, 黃晟(清)校刊, 刊寫地未詳, 三讓睦記, (1846)	(1-64 匣1-8)64冊8匣, 中國木版本, 11.4×8.5cm, 有界, 12行22字, 註雙行, 上下向黑魚尾		嶺南大學校 古도082-이방

第3章 宋·元代 作品目錄과 解題　141

書名	出版事項	版式狀況	一般事項	所藏處/所藏番號
太平廣記	李昉(宋)…等, 清, 晟曉峰氏, 光緒26年(1846)	162卷23冊(卷1-162), 中國木版本, 17.3×11.1cm, 四周雙邊, 半郭: 11.1×8.5cm, 有界, 12行22字, 註雙行, 上花口, 上下向黑魚尾	序: 乾隆十八年(1753)…黃晟, 刊記: 道光丙午年(1846)鐫三讓睦記藏板	서울大 奎章閣 [古]039.51-Y51t-v.1-23
太平廣記	李昉(宋)…等奉勅撰, 中國, 文光裕記藏板, 道光26年(1846)	(目錄10卷, 186卷, 目錄卷1-10, 卷1-53, 368-500, 共23冊(全64冊))目錄10卷, 186卷, 共23冊(全64冊), 中國木版本, 15.7×10.7cm		高麗大學校 C14-B25-0.1-0.2(2-6, 47-62, 24-26, 29, 38-39, 41, 45, 47, 51, 53, 58, 60-61)
太平廣記	李昉(宋)等 奉勅編, 談愷·許自昌(明)校	500卷30冊, 中國木版本, 26×16.5cm	表: 太平興國三年(978)…李昉等誠惶…, 印: 金印履度, 李宜顯德哉章	高麗大學校 C14-B53A
太平廣記	李昉(宋)…等奉勅編, 刊寫者未詳, 刊寫年未詳	4冊(缺帙, 5, 8, 10-11), 木版本, 22.8×15.3cm, 左右雙邊, 上下單邊, 半郭: 19.3×13.5cm, 有界, 9行20字, 上下向白魚尾		國民大學校 고823.4 태01
太平廣記	李昉 監修(宋太宗)	47冊(零本), 石印本, 25×16cm, 四周單邊, 半郭: 19×14cm, 有界, 9行20字, 上白魚尾	內容: 第45冊, 外缺	梨花女子大學校 [고]812.08 태854
太平廣記	馬猶龍 輯, 刊寫地未詳, 刊寫者未詳, 刊寫年未詳	(1-40)40冊, 活字本, 25.2×16.3cm, 四周單邊, 半郭: 19×14cm, 有界, 9行20字, 花口, 上下向白魚尾	標題: 正續太平廣記, 卷頭: 茗上野客漫題	嶺南大學校 3-12-33
태평광기(太平廣記)	作者未詳, 寫年未詳	9卷9冊, 筆寫本, 28.8×23.2cm, 13行23字, 註雙行, 無魚尾, 紙質: 楮紙	表題: 太平廣記, 印: 藏書閣印, 樂善齋本(18-19世紀)	韓國學中央研究院 4-6853
太平廣記	李昉(宋), 奉勅監修, 黃晟(淸)校刊, 淸代刊	500卷64冊(目錄2冊, 卷1~500卷62冊), 中國木版本, 16.9×10.8cm, 四周雙邊, 半郭: 11.8×9.3cm, 有界, 12行22字, 上下向黑魚尾, 紙質: 竹紙	序: 乾隆十八年歲次癸酉(1753)秋月天都黃晟曉峰氏	江原道 江陵市 船橋莊
太平廣記	李昉(宋)…等奉敎撰, 刊寫地未詳, 刊寫者未詳, 刊寫年未詳	6冊(缺本), 木版本, 17×11cm		檀國大學校 죽전퇴계圖書館 IOS 고823.4-이712ㅌ

142 第一部 韓國 所藏 中國文言小說의 版本目錄과 解題(作品 別)

書名	出版事項	版式狀況	一般事項	所藏處/所藏番號
太平廣記	黃晟 著, 刊寫地未詳, 刊寫者未詳, 刊寫年未詳	81卷11冊(全500卷40冊, 所藏卷164~244), 木版本, 16.1×10.8cm, 四周雙邊, 半郭: 11.3×8.4cm, 有界, 12行22字, 註雙行, 花口, 上下向黑魚尾		檀國大學校 죽전퇴계圖書館 873.4-황812ㅌ
太平廣記	李昉(宋)…等奉勅編, 黃晟(淸)校刊, 刊寫地未詳, 刊寫者未詳, 刊寫年未詳	405卷48冊(全500卷64冊, 卷105~500), 18×11.8cm, 四周雙邊, 半郭: 11.4×9cm, 有界, 12行22字, 註雙行, 上下向黑魚尾		東亞大學校 (3):12:2-56
太平廣記	許自昌(明)甫校, 刊寫地未詳, 刊寫者未詳, 刊寫年未詳	18卷2冊(缺帙, 卷316~325, 440~447), 26.9×18.6cm, 上下單邊, 左右雙邊, 半郭: 22.3×14.5cm, 有界, 12行24字, 註雙行, 上下向黑魚尾		東亞大學校 (3):12:3-4
太平廣記		一冊(卷四, 五, 六~九存), 袖珍本		박재연
太平廣記	李昉(宋)…等奉勅編, 黃晟(宋)校利, 刊寫地未詳, 刊寫者未詳, 刊寫年未詳	卷目錄合32冊, 32×21.5cm, 四周雙邊, 半郭: 23.2×17.3cm, 12行22字, 註雙行, 內向黑魚尾	序: 乾隆十八年歲次癸酉(1753) …(淸)黃晟	國立中央圖書館 [古]d1032-87
太平廣記詳節	李昉(宋), 奉勅監修撰, 成任(1470~1449)選, 成宗年間(1470~1495)刊	7卷2冊(卷15~21), 木版本, 33.9×20.9cm, 四周單邊, 半郭: 23.8×16.1cm, 有界, 10行17字, 註雙行, 上下小黑口, 內向黑魚尾, 紙質: 楮紙	表題: 太平廣記, 版心題: 廣記詳節, 刊年出處: 淸芬室書目, 內容: 卷15-博物, 卷16-書, 卷17-絶藝, 卷18-酒, 卷19-謟佞等으로分類하여 그 緣由記事를 輯錄한冊	誠庵文庫 4-1433
太平廣記詳節	李昉(宋)等奉勅撰, 世祖8年(1462)序	2卷1冊, 木版本, 30.7×19.9cm, 四周單邊, 半郭: 23×16cm, 有界, 10行17字, 內向黑魚尾, 紙質: 楮紙	表題: 太平廣記, 序: 蒼龍壬午(1462)夏四月有日達城徐居正(1420~1488)剛中書于四佳亨之讀書軒易城李胤侯序	忠南大學校 集, 總集類-1251
太平廣記詳節	李昉(宋)等奉勅撰, 成任改撰, 刊寫地未詳, 刊寫者未詳, 睿宗1年(1469)	(卷14-19)1冊, 木版本, 32.5×20.2cm, 四周單邊, 半郭: 23.4×16.2cm, 有界, 10行17字, 註雙行, 內向黑魚尾	裝幀: 黃色厚褙表紙, 土紅絲綴, 改裝	國立中央圖書館 [古]B2古朝91-58

書名	出版事項	版式狀況	一般事項	所藏處/所藏番號
太平廣記詳節	李昉(宋)等奉勅撰, 成宗年間 (1470~1495)刊	3卷3冊(卷1~3), 木版本, 33.5×20.5㎝, 四周單邊, 半郭: 23.2×15.9㎝, 有界, 10行17字, 註單行, 內向黑魚尾, 紙質: 藁精紙	版心題: 廣記, 序: 易城李胤保序	忠南大學校 集, 總集類-1251
太平廣記詳節	李昉(宋)奉勅監修撰, 成任 (1470~1495)選, 成宗年間 (1470~1495)刊	7卷2冊(卷15~21), 木版本, 33.9×20.9㎝, 四周單邊, 半郭: 23.8×16.1㎝, 有界, 10行17字, 註雙行, 上下小黑口, 內向黑魚尾, 紙質: 楮紙	表題: 太平廣記, 版心題: 廣記詳節, 刊年出處: 淸芬室書目, 內容: -卷15, 博物, -卷16, 書, -卷17, 絶藝, -卷18, 酒, -卷19, 諧佞等으로 分類하여 그 緣由記事를 輯錄한冊	誠庵文庫 4-1433
太平廣記詳節	李昉(宋)等奉勅纂, 成任(朝鮮)編 世祖~成宗年刊	4卷3冊(卷1~3), 木版本, 33.5×20.5㎝, 四周單邊, 半郭: 23.2×15.9㎝, 有界, 行字數不定, 上下內向黑魚尾, 紙質: 藁精紙	版心題: 廣記, 序: 壬午(1462)夏四月有日達成徐居正(1420-1488)剛中書, 序: 易城李胤保序	忠南大學校 集, 總集類-1251
太平廣記詳節	李昉(宋)奉勅撰, 中宗~宣祖年間	3冊(零本), 木版本, 四周單邊, 半郭: 16.2×24㎝, 10行17字, 有界, 黑口, 上下內向黑魚尾, 紙質: 楮紙	所藏本: 卷之8-11, 20-23, 35-37 序: …嘉靖己亥(1539) 藏仲春之賜進士 …李檗拜書	李朝書院 (玉山書院) 01-0545~0547
太平廣記詳節	李昉(宋)等, 奉勅撰, 成任(朝鮮)選, 成宗年間	零本2冊, 木版本, 34×20.7㎝, 四周單邊, 23.7×15.9㎝, 10行17字, 上下黑口, 內向黑魚尾	版心題: 廣記詳節, 刊年: 淸芬室書目, 藏本: 卷之八~十一, 三十九~四十二(全50卷)	高麗大學校 (晩松文庫) [貴]338

2. 楊太眞外傳

≪楊太眞外傳≫은 宋代 傳奇小說로 樂史가 撰했다. ≪遂初堂書目≫에 雜傳類에 ≪楊太眞外傳≫이 기록되어 있으나, 몇 권인지는 언급되어 있지 않고 ≪郡齋讀書志≫ 傳記類에는 ≪楊太眞外傳≫2卷이라고 되어 있다. ≪直齋書錄解題≫·≪宋史≫〈藝文志〉에 ≪楊妃外傳≫이라고 하여 1권이 기재되어 있다. 현재 ≪說郛≫2種과 ≪顧氏文房小說≫ 등의 叢書本에는 모두 ≪楊太眞外傳≫ 2卷이 수록되어 있다.[94]

樂史(940~1007)의 字는 子正으로 撫州 宜黃(지금의 江西省) 사람이다. 처음에는

---

94) 寧稼雨, ≪中國文言小說總目提要≫, 齊魯書社, 1996, 114쪽.

南唐을 섬겼으나, 남당이 망하고는 송나라의 관료가 되었다. 著作郎·直史館·太常博士 등을 역임하였다. 그는 博學하였고 특히 역사와 지리에 통달하였다. 주요저서인 ≪太平寰宇記≫는 천하의 지리를 기술한 책으로, 100여 권 이상의 古書에서 자료를 취하였다. 이밖에 晉의 石崇과 綠珠를 제재로 한 ≪綠珠傳≫ 등의 傳奇小說이 있다.

이 소설의 내용은 唐代 ≪明皇雜錄≫·≪開天傳信記≫·≪高力史外傳≫·≪長恨歌傳≫·≪開元天寶遺事≫ 등과 같이 玄宗과 양귀비의 비극을 다룬 것이다. 소설의 형식으로 양귀비의 일생을 다룬 의미 있는 작품으로 손꼽는다.

국내 남아있는 기록은 고려시대 李穀(1298~1351)의 ≪稼亭集≫에서 찾아볼 수 있다. 제15권 〈同年 南翰林에게 부치다〉에 "給札看君芍藥吟"이라는 구절이 나오는데, 원래 급찰은 筆札을 지급받는다는 말로, 임금으로부터 文才를 인정받는 것을 뜻한다. 여기에서는 唐 玄宗이 沈香亭에서 楊貴妃와 함께 木芍藥을 완상하다가 金花牋을 하사하며 翰林 李白을 불러 시를 짓게 하자 그 자리에서 〈淸平調詞〉 3장을 지어 바쳤다는 ≪楊太眞外傳≫의 내용을 인용한 것이다. 이런 인용문으로 보면 이미 고려시대에 ≪楊太眞外傳≫이 유입되었을 것으로 보인다. 하지만 당시의 판본은 남아있지 않고, 현재 國立中央博物館에 '嘉慶 乙丑年(1805)'에 간행된 木版本이 소장되어 있을 뿐이다.

書名	出版事項	版式狀況	一般事項	所藏處/所藏番號
楊太眞外傳	樂史(宋)撰, 淸刊	2卷1冊(上,下), 中國木版本, 26.3×17㎝	跋: 嘉慶乙丑(1805)…(淸)樂 鈞	國立中央博物館 [古]2521-1

3. 綠珠傳

≪綠珠傳≫은 宋代 傳奇小說로 樂史[95]가 撰했다. ≪郡齋讀書志≫ 傳記類에 一卷으로 기재되어있고 "皇朝樂史撰"이라고 되어 있다. ≪宋史≫〈藝文志〉에는 曾致堯가 撰했다고 잘못 기재되어 있다. 晁載之의 ≪續談助≫에 ≪綠珠傳≫의 내용이 節錄되어 있는데 樂史가 편찬했다고 되어 있다. 또한 跋文에서 "右抄直史館樂史所撰

---

95) 樂史, 앞의 ≪楊太眞外傳≫ 작가소개 참조.

≪綠珠傳≫"이라는 기록이 남아있어 樂史의 작품은 분명해 보인다. ≪續談助≫외에 涵芬樓本 ≪說郛≫에도 ≪綠珠傳≫이 남아있고, ≪綠窓新話≫ 등의 叢書本에서도 볼 수 있는데 ≪說郛≫本과 내용상 크게 차이가 없다.[96]

樂史(940~1007)의 字는 子正으로 撫州 宜黃(지금의 江西省) 사람으로 玄宗과 楊貴妃를 제재로 한 ≪楊太眞外傳≫ 등의 작품이 있다.

≪綠珠傳≫의 내용은 晉의 巨富 石崇과 애첩 綠珠의 사랑 이야기이다. 綠珠의 姓은 梁이며 白州 博白縣 사람이다. 용모가 아름다워 석숭이 진주 三斛(30말)을 주고 데려와 河南 金谷園 별원에서 함께 지냈다. 綠珠는 笛(피리)을 잘 불었고, 춤을 잘 추었으며 악부도 잘 지었다. 때론 석숭이 직접 만든 악부를 부르게 했다. 석숭의 집에는 미인이 천여 명이 있었으나 모두 녹주의 미모를 따르지 못했다고 한다. 그러나 후에 趙王 司馬倫이 녹주를 원하면서 불행이 시작되었다. 석숭은 다른 미인들을 고르되, 녹주만은 줄 수 없다고 끝까지 대항하다가 끝내 모든 재산을 몰수당하고 결국 참수당하고 만다. 녹주 역시 누각에서 떨어져 자결하는 최후를 맞게 된다. 후에 사람들은 그 누각을 "錄珠樓"라 이름 하였다. 이 작품은 후에 關漢卿의 ≪金谷園綠珠墜樓≫ 雜劇과 曼陀居士의 ≪三斛珠≫ 傳奇에도 영향을 주었다.

국내 유입된 시기는 추정할 수 없으나, 서울大學校 中央圖書館에 ≪綠珠傳≫과 唐代 傳奇 ≪非煙傳≫·≪霍小玉傳≫·≪無雙傳≫ 등이 함께 수록된 ≪說郛≫本이 소장되어 있다.

書名	出版事項	版式狀況	一般事項	所藏處/所藏番號
綠珠傳	樂史(宋)撰, 陶珽(明)重輯, 姚安(淸), 宛委山堂, 順治4年(1647)	1册, 中國木版本, 26×16.8㎝, 上下單邊, 左右雙邊, 半郭: 19.2×13.4㎝, 有界, 9行20字 註雙行, 上花口, 上下向白魚尾	非煙傳/皇甫枚(唐)撰 霍小玉傳/蔣防(唐)撰 劉無雙傳/薛調(唐)撰 虯髥客傳/張說(唐)撰 韓仙傳/韓若雲(唐)撰 神僧傳/法顯(晉)撰 劍俠傳	서울大 中央圖書館 0230-73-137 册1

---

96) 寧稼雨, ≪中國文言小說總目提要≫, 齊魯書社, 1996, 145쪽.

4. 믹비젼(梅妃傳)

≪梅妃傳≫은 宋代 傳奇小說로 작가는 정확히 고증되지 않았다. 元末 明初의 陶宗儀가 편찬한 涵芬樓本 ≪說郛≫ 卷38에 최초로 보이고, 다음으로는 明代 顧元慶의 ≪顧氏文房小說≫에 보이는데 모두 편찬자에 대해서는 언급하지 않았다. 그 후 淸代 陳蓮塘의 ≪唐人說薈≫本 제11집에 ≪梅妃傳≫을 수록하고 曹鄴이 撰했다고 기록하였다. 그 외에 ≪唐朝小說大觀≫과 魯迅의 ≪唐宋傳奇集≫에 ≪梅妃傳≫이 수록되어 있다. 또한 金鋒의 ≪中國歷代秘書集成≫⟨隋唐卷⟩(內蒙古人民出版社, 2001), 段啓明 外 ≪唐宋傳奇≫(中國少年兒童出版社, 2003), 徐哲身의 ≪中國秘史大系≫(中國檢察出版社, 1998), 張友鶴의 ≪唐宋傳奇選≫(人民文學出版社, 1982) 등은 古語에 校註를 달아 편찬한 것들이다. 現代漢語로 편찬한 경우는 柯岩의 ≪中國短篇小說卷≫이 있고, 국내에서는 전인초·김장환 공저의 ≪중국문언소설단편소설선≫97)이 있는데, ≪梅妃傳≫원문에 주석을 달아 출판하였다.98)

≪梅妃傳≫의 창작시기는 책 末尾에 있는 跋文을 보고 추정할 수 있다.

漢이 막 흥성했을 때 ≪春秋≫를 숭상했고, 독서하는 사람들도 ≪公羊傳≫과 ≪穀梁傳≫을 믿어 서로 그들의 高低를 쟁론했지만, ≪左傳≫만이 묻혀져서 알려지지 않았다가 마지막에야 드러났다. 대개 고서들은 오랜 시간 유전되어 세상에 남겨진 것들이 많다. 지금 세상에 전해지고 있는 매화를 들고 있는 미인도는 호가 梅妃로 唐明皇 때의 사람이지만 정확한 출처를 알 수 없다. 당명황이 양귀비에게 빠져 자리를 잃게 되었기 때문에 문인들은 양귀비에 대한 이야기를 쓰는 것을 좋아한다. 梅妃는 단지 아름다운 嬪妃일 뿐 양귀비와 비교하면 이름 없는 妃일 뿐이다. 이 전기는 "朱萬卷"이라 불리는 朱遵度 집에서 얻은 것이다. 大中 2년 7월 필사된 것인데, 글자 또한 매우 아름답지만, 문장에 때론 속된 표현이 있다. 안타까운 점은 역사서에 이러한 내용이 산실된 것이다. 내가 약간의 수식을 더해 원래의 말을 보존하려 하였지만 사실 원서에 이르지 못함이 있다. 단지 葉少蘊과 내가 이 문장을 얻어 후세에 전하니 어쩌면 이 책을 근본으로 삼을 수도 있겠다. 이 문장의 내원이 이러함을 글로써 남기는 바이다.99)

---

97) 전인초·김장환, ≪중국문언소설단편소설선≫, 학고방, 2001.
98) 劉淑雙, 〈≪인현왕후전≫과 ≪매비전≫ 대비 연구〉, 강남대학교 석사학위 논문, 2005, 11쪽 참조.
99) 漢興, 尊≪春秋≫靈, 諸儒持≪公≫, ≪穀≫先角勝負, ≪左傳≫獨隱而不宣, 最後乃出. 蓋古書曆久始傳者極眾. 今世圖畫美人把梅者, 號梅妃, 泛言唐明皇時人, 而莫詳所自也. 蓋

第3章 宋·元代 作品目錄과 解題 147

 이 跋文의 내용을 보면 발문을 쓴 사람은 朱遵度의 집에서 이 ≪梅妃傳≫을 구해서 필사하여 葉少蘊(葉夢得)과 함께 이 책을 전한다고 언급했다. 그렇다면 이 작품이 쓰여진 시기는 大中 2年(848) 7月 이전이 된다. 朱遵度는 南唐의 藏書家로 정확한 생졸년은 알 수 없다. 跋文을 쓴 사람이 누구인지 언급은 없지만 葉少蘊[100]의 이름이 거론된 것으로 보아 같은 시대의 사람일 것이다. 이 跋文에 의해 창작시기를 적어도 晩唐으로 보는 견해와 南宋으로 보는 두 가지 견해가 있다. 작가에 대한 說 역시 창작시기에 따라 달라지는 데 ≪梅妃傳≫은 누가 썼는지 정확히 고증되지는 않지만 창작시기에 따라 두 가지 說이 있다.

 첫 번째는 唐末 曹鄴의 작품이라는 說이다. 앞에서 언급한 대로 淸代 陳蓮塘의 ≪唐人說薈≫에서는 曹鄴이 撰했다고 기록하였고, 四川大學校 社學硏究所所長 古木 역시 ≪中國歷代名女人之謎≫에서 曹鄴의 작품이라고 했다. 이 說은 跋文에 의해 ≪梅妃傳≫이 朱遵度의 집에서 발견되었고, 大中 2年 7月에 쓰여졌다고 되어있기 때문에 적어도 唐末의 藏書家 朱遵度와 동시대 사람의 작품일 것이라는 견해인데, 어느 정도 타당성이 있다고 보여 진다.

 두 번째는 南宋 사람의 작품이라는 說이다. 魯迅은 ≪小說史略≫에서 跋文의 내용 중 北宋末의 葉夢得을 언급한 점을 운운하면서 南宋 사람의 작품일 것이라고 주장했다.[101]

　明皇失邦, 咎歸楊氏, 故詞人言傳之. 梅妃特嬪禦擅美, 顯晦不同, 理應爾也. 此傳得自萬卷朱遵度家, 大中二年七月所書, 字亦媚好. 其言時有涉俗者. 借乎史逸其說, 略加情潤而曲循舊語, 懼沒其實也. 惟葉少蘊與餘得之, 後世之傳, 或在此本. 又記其所從來如此.

100) 이름은 夢得으로 1077년에 출생하여 1148년까지 살았다. 號는 石林으로 吳縣(지금의 江蘇 蘇州) 사람이고, 紹聖 4年(1097)에 진사가 되어 徽宗때 翰林學士를 지냈으며 高宗때 戶部尙書에 올랐다.
101) ≪梅妃傳≫ 1권도 역시 지은이가 없다. 대개 당시의 그림에 매화를 들은 미인을 梅妃라 불렀던 것을 보고, 되는 대로 唐明皇 때의 사람일 것이라 말한 듯하다. 그래서 이 傳을 지었다. 江씨 성에 이름이 采蘋인 소녀가 궁궐에 들어갔다가 太眞의 질투로 다시 쫓겨나 안록산의 난을 만나 병사들에게 죽임을 당했다. 跋文에 의하면 이 傳은 大中 2년에 쓰여진 것으로 萬卷 朱遵度의 집에 있었는데 지금은 葉少蘊이 나에게 주어 얻을 수 있었다고 말했다. 말미에 서명을 해놓지 않았지만 대개 본문을 지은 사람일 것이다. 스스로 葉夢得과 동시대라고 말하고 있는 것으로 보아, 南渡 전후에 쓰여졌을 것이다. 현행본 가운데 어떤 것은 당의 趙鄴이 지은 것이라 제하고 있으나 역시 明代 사람들이 근거 없이 덧붙인 것이다.(魯迅 著, 조관희 역, ≪중국소설사≫, 소명출판, 2004, 262쪽)

郭箴一도 ≪中國小說史≫(商務印書館, 1974)에서 ≪梅妃傳≫의 내용을 소개하면서 南宋 사람의 작품이라 언급했으며, 그 외 許道勛과 趙克堯가 쓴 ≪唐玄宗傳≫(人民文學出版社, 2003)에 언급한 내용을 보면 梅妃와 같은 고향사람인 李俊甫가 쓴 ≪莆陽比事≫〈梅妃入侍〉는 ≪梅妃傳≫의 남본이라고 하면서 〈梅妃入侍〉 跋文의 내용을 통해 ≪梅妃傳≫의 작가를 남송 사람으로 추정하였다. 국내 학자 전인초 역시 宋代 사람의 作이라고 보고 있다.102) 이들이 주장하는 說은 跋文을 쓴 사람이 비록 누구인지는 모르지만 작가일 것으로 보고, 葉少蘊과 동시대 사람일 것으로 추정해서 ≪梅妃傳≫의 작가를 南宋代의 사람이라고 주장하는 것이다.

하지만 지금 전해지고 있는 판본이 南宋 때 다듬어진 것이라고 하더라도 晚唐의 藏書家 朱遵度의 집에서 발견된 작품을 底本으로 삼았으니, 원작자는 따로 있다고 보아야 할 것이다. ≪梅妃傳≫의 원작자가 曹鄴이라고 단언할 수는 없지만 ≪唐人說薈≫本에 편찬자로 언급이 되어 있고, 曹鄴을 작자로 보고 있는 학자도 있기 때문에 曹鄴이 아니라고도 말 할 수 없다. 간단히 그의 생애만 살펴보면 曹鄴(816~?)은 晚唐의 저명한 詩人이며, 字는 鄴之로 晚唐 大中때의 陽朔사람이라고 전해진다. 大中 4年(850) 進士에 급제해, 齊州(山東省 濟南)推事 등을 역임하고 天平節度使의 幕府生活을 하였다. 咸通 年間(860~874) 초에, 太常博士와 祠部郞中·洋州(陝西省 洋縣)刺史·吏部郞中을 지내다가 咸通 9年(868) 사임하고 桂林에 머물면서 평생 詩作에 몰두했으며, 그의 작품으로는 ≪曹祠部詩集≫2卷이 있다.103)

≪梅妃傳≫의 내용은 다음과 같다. 환관 高力士가 궁녀를 선발하기 위해 남방에 갔다가 유교교육을 잘 받은 의원의 딸 강채빈을 보고는 궁으로 데리고 온다. 唐 玄宗은 특별히 그녀를 사랑하여 매화를 좋아하는 그녀를 '梅妃'라 부르게 된다. 하지만 현종이 楊玉環의 미모에 빠져 그녀를 결국 귀비로 봉하자, 매비는 上陽宮으로 쫓겨나게 된다. 매비는 현종의 사랑을 되찾고자 〈樓東賦〉를 써서 올리지만 양귀비에게 발각되어 수포로 돌아간다. 현종은 매비를 잊지 못하면서도 여전히 양귀비에게 빠져 벗어나지 못한다. 그러다 안녹산의 난이 일어나 현종은 양귀비와 함께 난을 피하지만, 매비는 전란 중

---

102) 劉淑雙, 〈≪인현왕후전≫과 ≪매비전≫ 대비 연구〉, 강남대학교 석사학위 논문. 2005, 12쪽~13쪽 참조.
103) 寧稼雨, ≪中國文言小說總目提要≫, 齊魯書社, 1996, 114쪽.

에도 궁에 남아 있다가 죽임을 당하게 된다. 전란을 피해 도망을 간 현종은 신하들의 강요로 양귀비를 賜死하게 된다. 궁에 돌아온 현종은 매비와의 옛 정을 잊지 못하여 제문을 써 매비를 회고한다.

≪梅妃傳≫이 국내 유입된 시기에 대해서는 남아있는 기록이 없어서 정확히 추정할 수는 없다. ≪梅妃傳≫이라는 제목으로는 아단문고에 소장되어 있는 한글 번역 필사본이 유일하지만 어떤 원본을 저본으로 삼았는지도 알 수 없다. 하지만 ≪梅妃傳≫이 陶宗儀가 정리한 ≪說郛≫에도 들어있고 淸代 간행된 ≪藝苑捃華≫ 총서에도 찾아 볼 수 있기 때문에, 국내에서는 아마도 ≪說郛≫本을 통해 접했을 가능성이 커진다. 국내에 소장되어 있는 판본들을 살펴보면 아단문고에 소장되어 있는 국내 유일의 번역 필사본 ≪梅妃傳≫을 제외하면 모두 중국에서 간행된 판본이고 국내에서 간행된 흔적은 보이지 않는다.

書名	出版事項	版式狀況	一般事項	所藏處/所藏番號
민비젼		1冊, 筆寫本, 29.2×20.5㎝, 半葉 13行字數不定	附錄: 한성뎨됴비 연합덕전, 당고종무후뎐	雅丹文庫 813.5-민48
說郛 (梅妃傳)	陶宗儀(明)纂, 張縉彥(明)補輯, 宛委山堂, 淸板本(1616-1911)	165冊(10冊), 木版本, 22.4×15.3㎝	說郛에 수록되어 있음	서울大 奎章閣 [奎]4498
藝苑捃華 (梅妃傳)	務本堂, 同治 7年(1868)序	24冊, 木版本, 16.2×11.2㎝, 上下單邊, 左右雙邊, 半郭: 12.1×9.2㎝, 有界, 9行20字, 魚尾無	藝苑捃華에 수록되어 있음	서울大 奎章閣 [奎]6192

5. 漢成帝趙飛燕合德傳

≪漢成帝趙飛燕合德傳≫은 朝鮮時代에 필사 번역된 ≪梅妃傳(민비젼)≫의 附錄에 수록된 작품으로 현재 雅丹文庫에 소장되어 있다. 그러나 아직까지 그 작품에 대한 판본, 내용과 번역 상황에 대해서 제대로 알려진 바가 없어 후속 연구가 기대되는 작품이다.

한글본 ≪한성뎨됴비연합덕젼≫을 살펴보면, 약간의 흘림체로 되어 있고 13행으로 되어 있으며 23장으로 구성되어 있는데, 매우 간결하게 번역되어 있는 것으로 보아 작품의 내용을 전반적으로 축역했을 가능성이 상당히 높다. 이와 비슷한 내용의 작품으로 漢代의 伶元이 편찬한 傳奇小說 ≪趙飛燕外傳≫과 宋代의 秦醇이 지은 傳奇小說 ≪趙飛燕別傳≫이 있는데, 이들 작품을 직역한 것은 아니고 다른 판본을 번역했을 가능성이 있다.[104] 또한 작품의 내용을 필사한 형태로 보아 朝鮮時代 後期에 번역된 것으로 보인다.

한글본 ≪한성뎨됴비연합덕젼≫의 내용은 다음과 같다. 이 작품은 漢나라 成帝 劉驁(B.C. 52~B.C. 7)와 皇后 趙飛燕과 昭儀 趙合德 자매의 사랑 이야기를 묘사한 것이다. 초반부는 조비연과 조합덕 자매의 親父 馮萬金의 이야기부터 시작되어, 아버지의 죽음, 趙氏 성을 얻게 되는 상황과 宮에 들어가게 되는 정황들이 서술되어 있으며 마지막에는 성제와 합덕이 죽은 뒤 庶人으로 강등된 조비연이 황후 된 지 16년 만에 자살로 생애를 마감하는 과정이 묘사되어 있다.

書 名	出版事項	版式狀況	一般事項	所藏處/所藏番號
漢成帝趙飛燕合德傳	1책. 筆寫本, 23장	29.2×20.5cm, 半葉 13行字數不定	≪미비젼≫의 부록1	雅丹文庫 813.5-미48

6. 唐高宗武后傳

≪唐高宗武后傳≫은 朝鮮時代에 필사 번역된 ≪梅妃傳(미비젼)≫의 附錄에 수록된 작품으로 현재 雅丹文庫에 소장되어 있다. 그러나 아직까지 그 작품에 대한 판본, 내용과 번역 상황에 대해서 제대로 알려진 바가 없어 연구가 기대되는 작품이다.

한글본 ≪당고종무후뎐≫은 약간의 흘림체로 되어 있고 13행으로 되어 있으며 22장으

---

104) 魯迅이 校注한 ≪唐宋傳奇集≫이나 기타 文言小說集을 살펴보면, ≪梅妃傳≫과 ≪趙飛燕別傳≫이 함께 수록되어 있어 번역자가 ≪趙飛燕別傳≫을 번역했을 가능성이 있다. 그러나 번역문과 원문을 비교해 보면 체례와 내용이 맞지 않기 때문에 다른 판본을 번역했거나 축역했을 가능성이 더 높다.

로 간략하게 필사 번역되어 있다. 현재까지 원전 작품이 발견되지 않아 번역 양상을 명확하게 알 수 없지만 간략한 번역 상태로 되어 있으므로 文言小說을 저본으로 하여 번역된 것으로 보인다. 또한 비교적 단정하게 필사한 형태로 보아 朝鮮後期에 번역 필사된 것으로 보인다.

한글본 ≪당고종무후뎐≫의 내용을 살펴보면, 唐나라 太宗 때 荊州都督 武士彠의 둘째딸로 태어난 武則天이 14세에 태종의 후궁이 되었다가 다시 高宗의 후궁이 되고, 이후 女帝로서 권력을 휘두르다가 붕어하는 이야기이며, 마지막에는 황소의 난까지 언급되어 있다.

書名	出版事項	版式狀況	一般事項	所藏處/所藏番號
唐高宗武后傳	1冊, 筆寫本, 22장	29.2×20.5cm, 半葉 13行字數不定	≪미비전≫의 부록2	雅丹文庫 813.5-미48

7. 歸田錄

≪歸田錄≫은 宋代 志人小說集으로 歐陽修(1007~1072)가 편찬했다. ≪直齋書錄解題≫ 小說家類에 2卷이, ≪宋史≫〈藝文志〉 傳記類에 8卷이 기재되어 있다. 歐陽修의 字는 永叔, 號는 醉翁, 六一居士라 했으며, 吉州 廬陵(지금의 江西 吉安)사람이다. 어렸을 때 일찍 아버지를 여의고 매우 빈곤하였으나 학문에 관심이 많아, 韓愈의 遺稿를 얻어 읽은 후 문학의 길로 들어섰다. 天聖 8年(1030) 進士가 되었으며, 翰林院學士·參知政事 등의 관직을 거쳐 太子少師가 되었다. 전집으로 ≪歐陽文忠公集≫ 153卷이 있으며, ≪新唐書≫·≪五代史記≫의 편자이기도 하며, 〈五代史伶官傳之序〉를 비롯하여 많은 명문을 남겼다.

宋 朱弁의 ≪曲洧舊聞≫卷9·王明淸의 ≪揮麈後錄≫ 및 陳振孫의 ≪直齋書錄解題≫에서 언급한 내용을 보면, ≪歸田錄≫이 처음 완성되었을 때 간행하지 않았으나, 序文이 먼저 유출되어 읽혀졌고, 神宗이 序文을 보고는 급히 ≪歸田錄≫을 가져오라 命했다고 한다. 당시 歐陽修는 이미 관직에서 물러나 潁州에 있었는데, 그 내용 중에 널리 퍼져서는 안 될 내용들이 있어 이를 없애버리고 戱笑한 이야기들을 보충해

2卷을 완성하였다고 한다. 지금 전해지는 판본은 ≪歐陽文忠公全集≫本이 최초의 간행본이고, ≪涵芬樓秘笈≫本은 ≪歐陽文忠公全集≫을 底本으로 삼아 1卷을 더 보충하였다. 1981년 中華書局에서 간행한 交點本은 涵芬樓本을 底本으로 삼아 완성한 것이다. 그 외에도 ≪稗海≫·≪學津討源≫·≪四庫全書≫·≪四部叢書≫·≪四庫備要≫·≪筆記小說大觀≫·≪宋人小說≫ 등에 2卷이 있다.

治平 4年(1067)에 쓴 歐陽修의 自序에 의하면, "朝廷의 遺事로서 史官이 記錄하지 못한 것으로, 士大夫들과 笑談하는 여가에 기록한 것들로 한가로이 지낼 때 보고자 한 것이다"105)라고 하여, 그 편찬 의도를 밝혔다. 따라서 ≪歸田錄≫내용을 보면 北宋 前期 人物事迹·職官制度, 그리고 官場軼聞 等을 다루었으며, 대체로 作者가 직접 듣고 본 것들이 주를 이루고 있다. 特別한 것으로는 宋代 저명한 문학가들인 楊億·晏殊·林逋·石延年·梅堯臣 등에 관한 事跡들로 모두 文學的인 硏究에 價値가 있다. 또한 歐陽修가 책 내용을 삭제하는 과정에서 적어진 분량을 보충하기 위해 중간 중간 첨가한 해학적이고 신변잡기적인 흥미로운 고사들이 재미를 더해주고 있다. 크게는 인물에 관한 逸話, 정치와 전장제도, 문학과 예술, 풍자와 해학, 기타의 다섯 가지로 분류한다.106)

≪歸田錄≫에 관련된 국내 기록은 高麗時代 李奎報(1168~1241)의 ≪東國李相國文集≫전집 제7권 〈古律詩-찐 게를 먹으며〉에 나온다. "又不見錢卿乞郡非他求"라는 구절이 나오는데, 錢卿은 바로 錢昆을 이르는 말이다. 그가 外職으로 나가기를 바라고 있을 때 누가 "어느 고을을 마음에 두느냐?"고 묻자 "蟹만 있고 通判이 없는 고을이면 되겠노라" 대답했다고 한다. 이는 宋 나라 초기에 통판이 知州보다 높다고 하며 권력다툼을 하는 고을이 있었으므로 그가 이렇게 대답한 것으로, ≪歸田錄≫에 나온 내용을 인용한 것이다. 그 외에도 ≪歸田錄≫의 내용을 인용한 구절이 있는 문인들의 문집들이 있다.107) 이런 기록으로 추정해 보면 ≪歸田錄≫이 국내 유입된 시기는 高麗 末이

---

105) 朝廷之遺事, 史官之所不記, 與士大夫笑談之餘而可錄者, 錄之而備閑居之覽也.
106) 강민경, 〈≪歸田錄≫校釋〉, 연세대학교 중어중문학과 석사논문, 2007, 10~11쪽 참조.
107) 李穡(1328~1396)의 ≪牧隱集≫, 徐居正(1420~1488)의 ≪四佳集≫·≪筆苑雜記≫, 南孝溫(1454~1492)의 ≪秋江集≫, 尹斗壽(1533~1601)의 ≪梧陰遺稿≫, 金誠一(1538~1593)의 ≪鶴峯全集≫, 權韠(1569~1612)의 ≪石洲集≫, 許筠(1569~1618)의 ≪惺所覆瓿藁≫, 金堉(1580~1658)의 ≪潛谷遺稿≫, 金尚憲(1570~1652)의 ≪淸陰集≫, 李植(1584~1647)의 ≪澤

될 것이다.

　국내도서관에 소장된 판본을 보면 서울大學校 中央圖書館에 1647년 간행된 中國木版本 1冊이 소장되어 있고, 서울大 奎章閣에 淸代에 간행된 것으로 보이는 木版本 3冊이 소장되어 있다. 그 외 延世大學校와 國立中央圖書館에 소장되어 있는 판본은 연대를 추정하기 어려운 筆寫本이다.

書名	出版事項	版式狀況	一般事項	所藏處/所藏番號
歸田錄	歐陽修(宋)撰, 陶珽(明)重輯, 姚安(淸), 宛委山堂, 順治4年(1647)	1冊, 中國木版本, 26×16.8cm, 上下單邊, 左右雙邊, 半郭: 19.2×13.4cm, 有界, 9行20字, 註雙行, 上花口, 上下向白魚尾		서울大 中央圖書館 0230-73-48
歸田錄	歐陽修(宋)著, 刊寫地未詳, 刊寫者未詳, (1616~1911)	3冊, 中國木版本, 25.2×16cm	序: 治平四年(1067)…歐陽修, 合綴: 東坡先生志林, 蘇軾著	서울大 奎章閣 5211의2
歸田錄	歐陽修(宋)著, 刊寫地未詳, 刊寫者未詳, 刊寫年未詳	1冊, 筆寫本, 19.3×18.7cm, 無界, 12行18字, 無魚尾	內容: 歸田錄 -- 詩話, --東坡外記, -- 黃山谷年譜抄, -- 參同, -- 稗史, -- 歐陽公事蹟, -- 漢魏五君篇	延世大學校
歸田錄	刊寫地未詳, 刊寫者未詳, 1805	81張, 筆寫本, 31.4×19.9cm	南陽洪世鍾家 甲子(1804)-乙丑(1805)	國立中央圖書館 BC古朝51-나75

8. 夢溪筆談

　≪夢溪筆談≫은 宋代 雜俎小說集으로 沈括(1031~1095)이 편찬했다. ≪郡齋讀書志≫小說家類에 ≪筆談≫26卷이, ≪宋史≫〈藝文志〉에 25卷이 기재되어 있다. 하지만 ≪直齋書錄解題≫와 지금 전하는 다른 판본들에는 모두 제목이 ≪夢溪筆談≫이라고 되어 있다. 지금 전해지는 판본은 본문 26卷 이외에도 ≪補筆談≫3卷과 ≪續筆

堂集≫, 鄭希得(1573~1623)의 ≪海上錄≫, 李瀷(1681~1763)의 ≪星湖僿說≫, 李德懋(1741~1793)의 ≪靑莊館全書≫, 丁若鏞(1762~1836)의 ≪茶山詩文集≫, 崔漢綺(1803~1877)의 ≪人政≫ 등.

談≫11條가 더 추가되었다.

沈括의 字는 存中, 號는 夢溪翁으로 浙江省에서 출생하였다. 司天監(천문대장)이 되어 천체관측법·曆法 등을 창안하였다. 유능한 정치가였을 뿐만 아니라, 박학하여 문학·예술·역사·行政 분야는 물론 수학·물리·동식물·藥學·技術·天文學 등 자연과학의 모든 분야에 걸쳐 一家見을 가지고 있었다. 그는 관직에서 물러나 '夢溪'라는 곳에 살면서 그동안의 연구 결과를 집대성하여 ≪夢溪筆談≫을 편찬했는데, 송나라 科學史 연구의 중요한 자료로서 후세에 공헌한 바 크다. 현존하는 ≪夢溪筆談≫은 백과사전식 저작이며, 故事·辯證·樂律·象數·人事·官政·權智·藝文·書畫·技藝·器用·神奇·異事·謬誤·譏謔·雜誌 등 26권으로 구성되어 있다. 내용은 천문학·수학·지리·지질·물리·생물·의학·약학·군사·문학·역사학·고고학·음악 등에 관한 것이다.

국내 유입된 기록은 정확하지 않지만 남아있는 기록들을 살펴보면 高麗時代 李奎報(1168~1241)의 ≪東國李相國文集≫에 "蛾眉班"이라는 말이 나오는데, 이것은 ≪夢溪筆談≫에 "당 나라 제도에 兩省의 관리(供奉官)들이 동서로 마주서는 것을 아미반이라 한다"라고 한 부분을 인용하여 학사의 반열을 비유한 것이다. 그 외에도 문인들의 저서에 인용된 사례[108]를 볼 수 있다. 따라서 국내 유입된 시기는 高麗 末期로 추정해 볼 수 있다. 하지만 현재 국내에는 韓國學中央硏究院에 明代에 간행된 것으로 보이는 木版本이 소장되어 있고 서울大學校 中央圖書館에 1906년에 간행된 木版本이 소장되어 있을 뿐이다.

書名	出版事項	版式狀況	一般事項	所藏處/所藏番號
夢溪筆譚	沈括(宋)著, 商濬(明)校, 刊寫地未詳, 刊寫者未詳, 明朝年間	26卷4冊, 木版本, 24.3×15.5cm, 四周單邊, 半郭: 20.4×13.7cm, 有界, 半葉9行20字, 註雙行, 上黑魚尾, 紙質: 竹紙		韓國學中央硏究院 C3-209
夢溪	沈括(宋)撰, 番禹陶氏,	26卷3冊, 木版本, 27×17.5cm, 上下單邊,	刊記: 番禹陶氏愛盧校刻光緖三十二年丙午(1906)夏四月刻	서울大 中央圖書館 895.108-Si41m-cv.1-3

---

108) 徐居正(1420~1488)의 ≪東文選≫, 權韠(1569~1612)의 ≪石洲集≫, 許筠(1569~1618)의 ≪惺所覆瓿藁≫, 金堉(1580~1658)의 ≪潛谷遺稿≫, 金尙憲(1570~1652)의 ≪淸陰集≫, 李瀷(1681~1763)의 ≪星湖僿說≫, 李德懋(1741~1793)의 ≪靑莊館全書≫, 丁若鏞(1762~1836)의 ≪茶山詩文集≫

書名	出版事項	版式狀況	一般事項	所藏處/所藏番號
筆談	光緖32年(1906)	左右雙邊, 半郭: 16×11.8cm, 無界, 11行21字, 註雙行, 大黑口, 上下內向黑魚尾	竟藥陽王秉恩署단 刊記: 番禺陶氏校刊 序: 崇禎四年(1631)…馬元調, 重刻後序: 巽甫	

9. 澠水燕談錄

≪澠水燕談錄≫은 宋代 志人小說集으로 王闢之(1031~1097)가 편찬했다. ≪郡齋讀書志≫·≪直齋書錄解題≫ 小說家類에 10卷이 기재되어 있다(≪郡齋讀書志≫에는 王辟이라고 잘못 표기되었다). ≪宋史≫〈藝文志〉에는 ≪澠水燕談≫이라고 기록되어 있다.

王闢之는 字가 聖途로, 臨淄(지금 山東 淄博市東北) 사람이다. 英宗 治平 4年 (1067)에 進士가 되었고, 哲宗 元祐 年間(1086~1094)에 河東縣(지금 山西省 永濟縣)의 知縣을 지냈다. 紹聖 4年(1097) 忠州의 致仕가 되어 고향으로 돌아왔다. 紹聖 2年 (1095)에 쓴 서문을 보면 '澠水'가에서 농부들과 한가로이 담화하는 내용을 담고 있다고 하여 제목을 ≪澠水燕談錄≫이라 하였다고 한다. 서문에 의하면 원래 10卷에 360여개의 이야기를 수록했다고 하나, 지금 전하는 것은 완전한 형태는 아니다.[109]

北宋 哲宗 이전의 雜事들을 〈帝德〉·〈讜論〉 등 17개의 門으로 구분하였다. 그 중 〈奇節〉·〈高逸〉·〈事志〉·〈雜錄〉·〈談謔〉 등은 소설적인 성분이 많이 들어있어 생동감이 넘치는 이야기들이다.

국내 유입된 기록은 정확히 없으나, 朝鮮 中期 尹拯(1629~1714)의 ≪明齋遺稿≫제3권 〈梅邊〉[110], 그리고 朴趾源(1737~1805)의 ≪熱河日記≫〈避暑錄〉에 ≪澠水燕談錄≫내용을 인용한 부분이 있어 유입시기를 17세기로 추정할 수 있다.

---

109) 寧稼雨, ≪中國文言小說總目提要≫, 齊魯書社, 1996, 196쪽.
110) ≪明齋遺稿≫제3권 〈梅邊 成稷〉〈成表叔에 대한 만사〉에서 "五老勝事傳諸公"이라고 하여 ≪澠水燕談錄 高逸≫에 있는 내용을 인용했다. 宋나라 杜衍이 노년을 이유로 벼슬에서 물러나 南京에 살면서 王渙, 畢世長, 朱貫, 馮平과 더불어 五老會를 맺어 詩酒로써 서로 권면하였는데, 다섯 노인이 모두 80여 세의 고령인데도 康寧하여 세인의 부러움을 샀다고 한다.

국내 소장 판본 가운데 啓明大學校에서 소장하고 있는 10卷 1冊 목판본은 간행연도를 정확히 추정할 수 없다. 嶺南大學校에 소장되어 있는 10卷 2冊 목판본은 비록 연도를 기록해 놓지는 않았고 서문에 '紹聖二年(1095)正月甲子序'라는 문구가 있지만 이것은 서문을 써 넣은 시기로 추정되며 〈知不足齋叢書〉라는 것으로 보아 淸代에 출판된 것이라 볼 수 있다.

書名	出版事項	版式狀況	一般事項	所藏處/所藏番號
澠水燕談錄	王闢之(宋)著, 年紀未詳	10卷1冊, 木版本, 26.9×16.5㎝, 四周單邊, 半郭: 21.4×13.5㎝, 有界, 9行20字, 上黑魚尾		啓明大學校 이812.8-왕벽지ㅅ
澠水燕談錄	王闢之(宋)著, 刊寫地未詳, 刊寫者未詳, 刊寫年未詳	10卷2冊, 中國木板本, 17.8×11.8㎝, 左右雙邊, 半郭: 12.8×9.2㎝, 有界, 9行21字, 註雙行, 上下大黑口	標題紙: 澠水燕譚錄, 知不足齋叢書, 全240冊中의 一部임, 卷頭: 澠水燕談錄, 序: 紹聖二年(1095)正月甲子序, 目錄1, 版心下端記錄(木板): 知不足齋叢書, 卷末: 跋, (知不足齋叢書; v.178-179)	嶺南大學校 古南 912.0094-왕벽지

10. 冷齋夜話

≪冷齋夜話≫는 宋代 文言小說集으로 惠洪(1071~1128)이 편찬했다. ≪郡齋讀書志≫ 小說家類에 6卷, ≪直齋書錄解題≫에 10卷, ≪宋史≫〈藝文志〉에 13卷, 涵芬樓 ≪說郛≫에 15卷이 기재되어 있다. 지금은 明刻本 ≪稗海≫·≪津逮秘書≫총서에 모두 15卷이 남아있다. 陳善의 ≪捫虱新話≫에 惠洪의 詩 두 수가 있었다고 하지만, 지금은 전해지지 않고, ≪類說≫에 35수가 있다고 하나 지금은 단지 6수만 남아있어 그 진위여부는 정확히 알 수 없다.

≪四庫全書總目提要≫에는 黃庭堅과의 관계에 대해 언급해 주었는데, 이것 역시 진위여부를 알 수 없다. 惠洪의 원래 姓은 彭이고 이름은 德洪으로 자칭 洪德范, 覺范道人이라 불렀으며, 宜豐 출신으로 지금의 江西 사람이다. 北宋이래 보고 들은 이야기들을 광범위하게 서술했는데 70~80%는 詩話에 해당한다. 詩話 중에도 元祐 年間

사람들이 대다수인데 黃庭堅과 관련된 이야기가 가장 많다. 惠洪이 시를 좋아했고, 黃庭堅과의 사이도 두터워서 이야기의 중심을 이루는 것으로 추정된다. 黃庭堅이 주장한 것으로 알려진 '換骨奪胎'를 비롯하여, '癡人說夢' '滿城風雨' 등의 내용이 실려 있다. 소설적인 이야기뿐 아니라 문인들이 입신하고 도를 행해야 하는 處世之道가 담겨있다.[111]

국내 유입시기를 정확히 추정할 수는 없지만 서울大 奎章閣에 소장된 판본이 明代 木版本이고, 國民大學校에도 시대를 알 수 없는 木版本이 소장되어 있다.

書名	出版事項	版式狀況	一般事項	所藏處/所藏番號
冷齋夜話	[釋]惠洪(宋)著, 明板本	10卷1冊(73張), 中國木版本, 25.3×15.8㎝	印: 帝室圖書之章	서울大 奎章閣 [奎중]4492
冷齋夜話	惠洪 撰, 刊寫地未詳, 刊寫者未詳, 刊寫年未詳	10卷2冊, 中國木版本, 26.5×16.6㎝, 四周單邊, 半郭: 21.3×13.7㎝, 無界, 9行字數不定, 上下向黑魚尾		國民大學校 고824.4 혜01ㄱ

11. 巖下放言

≪巖下放言≫은 宋代 雜俎小說集으로 葉夢得(1077~1148)이 편찬했다. ≪直齋書錄解題≫ 小說家類에 1卷이 기재되어 있다. 지금은 ≪石林遺集≫本에 3卷이, ≪四庫全書總目≫에 3卷이 기재되어 있기 때문에 ≪直齋書錄解題≫에 남아있는 내용이 잘못된 것인가에 대한 의문이 있다. ≪古今說海≫와 ≪稗海≫에 鄭景望의 ≪蒙齋筆談≫2卷이 수록되어 있는데, ≪四庫全書總目提要≫에서 고증하기를 葉夢得이 節度使를 사직하고 卞(弁)山에 머물 때 ≪蒙齋筆談≫2卷을 간추려 ≪巖下放言≫3卷을 완성하였다고 한다.

葉夢得은 宋代 詞人으로 字는 少蘊이고 蘇州 吳縣사람이다. 紹聖 4年(1097)에 進士가 된후, 翰林學士·戶部尙書·江東安撫大使 등의 관직을 지냈다. 만년에 湖州 弁山 玲瓏山 石林에 은거하면서 '石林'이란 이름으로 ≪石林燕語≫·≪石林詞≫·≪石

---

111) 寧稼雨, ≪中國文言小說總目提要≫, 齊魯書社, 1996, 1071쪽.

林詩話≫ 등의 저작을 남겼다.112)

葉夢得은 은거하면서 불교와 노장사상에 심취하여 ≪巖下放言≫에도 그러한 자신의 사상을 반영하였다. 특히 呂洞賓에 대한 중요한 전설들은 元代 谷子敬의 雜劇 ≪呂洞賓三度城南柳≫에도 영향을 주었다. 그 외에 귀신에 대한 이야기나 蘇軾 詩에 대한 褒貶등이 담겨있다.

국내에 유입된 기록이나, 문인들의 저서에 인용된 기록은 없어 유입시기를 알 수 없으나 서울大學校 中央圖書館에 1647년에 간행된 ≪說郛≫本이 소장되어있다.

書名	出版事項	版式狀況	一般事項	所藏處/所藏番號
巖下放言	葉夢得(宋)撰, 陶珽(明)重輯, 姚安(淸), 宛委山堂, 順治4年(1647)	1冊, 木版本, 26×16.8cm 上下單邊, 左右雙邊, 半郭: 19.2×13.4cm, 有界, 9行20字 註雙行, 上花口, 上下向白魚尾		서울大 中央圖書館 0230-73-28

12. 玉壺淸話

≪玉壺淸話≫는 宋代 志人小說集으로, 法名이 文瑩인 승려가 편찬했다. ≪郡齋讀書志≫·≪直齋書錄解題≫·≪宋史≫〈藝文志〉 등에 小說家類 10卷으로 기재되어 있다. ≪四庫全書總目≫에는 ≪玉壺野史≫라고 되어있다. 원래 '野史'라는 말은 元代 사람의 ≪南溪詩話≫에서 처음 보이는 단어라고 한다. 하지만 南宋 李燾의 ≪續資治通鑒長編≫에도 ≪玉壺野史≫라고 되어 있는 것으로 보아 이미 宋代에 두 제목이 같이 불려졌을 것으로 본다. 현존하는 총서≪知不足齋叢書≫·≪守山閣叢書≫ 등에도 ≪玉壺野史≫라고 표기 되었다.

文瑩은 北宋때 유명한 승려로 생졸연대는 정확하지 않다. 字는 道溫·如晦이고, 西湖에 있는 菩提寺에 은거했다가 熙寧元年(1068) 이후에는 荊州 金鑾寺에 기거했다고 전해진다. 北宋 仁宗·英宗·神宗 年間에 주로 활동하며 詩를 짓고 사대부들과 교유

---

112) 寧稼雨, ≪中國文言小說總目提要≫, 齊魯書社, 1996, 178쪽.

했다. 특히 蘇舜欽과는 詩友사이였는데, 蘇舜欽이 그에게 歐陽修를 소개시켜 주었을 정도로 각별했다고한다. 藏書를 좋아해서 고금 문장과 저술들을 많이 수집했는데 宋初부터 熙寧 年間에 200여 명의 대가들의 문집을 모았다. 저서로는 ≪玉壺淸話≫이외에도 ≪湘山野錄≫·≪湘山續錄≫·≪諸宮集≫ 등이 있다.

自序에 의하면 '玉壺'라는 말은 작가가 은거하던 곳의 연못을 말한다고 한다. ≪玉壺淸話≫는 神宗 元豊 元年(1078)에 荊州에서 지은 일종의 野史筆記로, 내용과 형식은 그의 다른 작품 ≪湘山野錄≫·≪湘山續錄≫과 비슷한데, 8卷까지의 160條의 이야기는 北宋 개국부터 神宗 年間까지의 君臣行事·禮樂憲章·詩文逸事·市井見聞 등을 다루고 있고 第9卷 〈李先主傳〉과 10卷 〈江南遺事〉는 五代 후기와 南唐 정권의 혼란스러운 시대를 반영하고 있다. 때문에 五代史와 北宋史의 진귀한 자료를 제공해주고 있다.113)

국내에 남아있는 기록으로는 高麗時代 李奎報(1168~1241)의 ≪東國李相國文集≫에 언급된 것을 볼 수 있다. 전집 제5권 〈東閣 吳世文이 誥院의 여러 學士에게 드린 삼백 韻의 시에 차운하다〉의 시에서 "碧雲何獨趙, 明月不須隨"란 구절이 나오는데, 이 말은 현재에도 훌륭한 인재가 있다는 뜻으로 ≪玉壺淸話≫에 나오는 '碧雲何' 이야기를 인용한 것이다. 碧雲何는 宋 太宗의 御馬로 입가에 푸른 구름무늬가 있어서 그렇게 명명하였는데, 하루에 천 리를 달렸고 太宗이 죽자 따라 죽었다고 한다. 이외에도 李圭景(1788~1856)의 ≪五洲衍文長箋散稿≫경사편4-사적류1 〈史籍總說〉114)와 韓致奫(1765~1814)의 ≪海東繹史≫〈中國書目錄〉에서도 ≪玉壺淸話≫를 소개하고 있다.115) 마찬가지로 ≪海東繹史≫제40권 交聘志8 〈海道〉부분에도 ≪玉壺淸話≫의

---

113) 寧稼雨, ≪中國文言小說總目提要≫, 齊魯書社, 1996, 196쪽.
114) 唐庚의 ≪三國雜事≫에는 "지금 ≪五代史≫에 남당이나 北漢의 世家에는 일찍이 吳와 진(晉)이란 명칭이 없었는데 대개 송나라 사람들의 의논에는 남당을 吳王 恪의 후예라고 하여 〈한 나라의 후예인〉 昭烈帝에 비하였다. 歐公의 ≪오대사≫ 세가에 남당을 첫머리에 내놓았고, 호회와 육유·마영의 책에도 이러한 사실이 중첩해 나오니, 어찌 깊은 뜻이 있는 것이 아니겠는가. 근래 興化 사람으로 淸 나라의 廷尉로 있던 映碧 李淸이 별도로 ≪남당서≫를 지었는데, 마영과 육유의 ≪남당서≫를 경(經)으로 삼고, 江南의 야사와 ≪釣磯立談≫·≪玉壺淸話≫ 등의 책을 많이 채록하여 이것을 緯로 삼아 꽤 볼 만한 점이 있다." 하였다.
115) ≪玉壺淸話≫ : 송나라 僧 文瑩이 찬한 것으로, 총 10권이다. 잡사를 기록하였으며, ≪玉壺野史≫라고도 한다.

내용을 인용한 구절116)이 보인다.

이런 기록으로 보면 ≪玉壺淸話≫가 국내 유입된 시기는 적어도 高麗 末이 될 것이다. 全南大學校에 소장되어 있는 판본은 1780년에 간행된 木版本이라 조선 초 문인들이 참고했을 만한 판본은 아닌 듯싶다.

書名	出版事項	版式狀況	一般事項	所藏處/所藏番號
玉壺淸話	釋文瑩(明)撰, 中國, 寶繪堂, 乾隆45年(1780)序	10卷2冊, 木版本, 19.4×11.5㎝, 上下單邊, 左右雙邊, 半郭: 12.6×9.1㎝, 有界, 9行21字 註雙行, 小黑口, 無魚尾, 紙質: 綿紙	序: 元豊戊午歲(1078) 八月十日餘杭沙門文瑩湘山草堂. 刊記: 乾隆庚子(1780) …寶繪堂	全南大學校 4D - 옥95ㅇ

13. 涑水記聞

≪涑水記聞≫은 宋代 志人小說集으로 司馬光(1019~1086)이 편찬했다. '涑水'는 司馬光을 가리키는 말로, 司馬光의 字는 君實, 號는 迂夫·迂叟으로 山西省 夏縣 涑水鄕 사람이다. 涑水先生이라고도 하며, 죽은 뒤 溫國公에 봉해졌으므로 司馬溫公이라고도 한다. 주요저서로는 ≪涑水記聞≫외에도 ≪資治通鑑≫과 ≪司馬文正公集≫ 등이 있다.

≪涑水記聞≫은 ≪直齋書錄解題≫에 雜史類 10卷으로, ≪宋史≫〈藝文志〉에는 故事類 32卷으로 기재 되어 있으며, ≪四庫全書總目≫에는 小說家類 16卷으로 포함되었다. ≪文獻通考≫〈經籍考〉 卷197 巽岩李氏의 말에 의하면 司馬光과 劉道原은 원래 實錄·正史를 정리하고 여러 異聞 등을 모아 ≪資治通鑑後記≫를 편찬하였다고 한다. 이 책을 ≪後記≫라 하여 자료준비의 하나로 여겼다. 하지만 당시에는 간행되지 못하고 필사본의 상태로 유전되었다. 그러던 중에 紹興 6年(1136) 宋 高宗의 命으로 趙鼎渝·范冲將이 司馬光의 원고를 모으고 다시 范冲將이 10卷으로 정리하여 ≪記

---

116) ≪玉壺淸話≫에 "呂端이 고려에 사신으로 가다가 파도를 만나서 돛대가 부서지고 키가 부러졌다. 이에 뱃사람들이 크게 두려워하였으나 공은 태연스레 글을 읽었는데, 마치 齋閣에 앉아 있는 듯하였다." 하였다.

聞≫이라는 제목으로 高宗에게 바쳤다. 그로부터 약 10년 후에 建州 書坊에서 이 책을 ≪司馬溫公記聞≫이라는 제목으로 私刻하였다. 하지만 이 책은 司馬光의 曾孫 및 秦檜에게 아부하는 이들이, '僞本'일 것이라고 상소를 올려 南宋 朝廷에서 이 판본을 폐기처분하였다. 이외에 晁公武의 ≪郡齋讀書志≫ 雜史類에 ≪溫公記聞≫5卷이 수록되어 있는데, 바로 ≪涑水記聞≫을 말하는 것이다. 그 외에 5卷·10卷·32卷本 등이 있었다고 하는데 지금은 전하지 않는다. 필사본 2卷이 전해지며, 그 중 明代 필사본은 현재 北京圖書館에 소장되어 있고, 淸代 판본 두 種은 北京大學과 中華書局圖書館에 소장되어 있다. 1989년 中華書局에서 간행한 鄧廣銘·張希淸 교점본은 2卷의 필사본과 ≪學海類編≫·≪直齋書錄解題≫·≪宋史≫·≪溫公日記≫ 등과 ≪遂初堂書目≫에 있는 ≪溫公瑣語≫ 등을 底本으로 삼아 완전본을 만든 것이다.

≪涑水記聞≫은 北宋(906-1070) 시대의 정치, 국내외 정세 등의 모순을 제시하여 여러 사회문제들을 반영하였기 때문에 귀중한 사료적 가치가 있다. 그 중 한 이야기를 살펴보면 다음과 같다. 宋 太祖가 황후와 함께 후원에서 새들과 놀고 있을 때, 한 신하가 급한 일로 알현을 청했다. 하지만 上奏한 내용들을 보니 특별한 일이 없었다. 태조는 기분이 나빠져서 왜 알현을 청했는지 물었고, 신하는 이 일이 새와 노는 것보다 급하다고 생각했다고 아뢰었다. 신하의 말에 더욱 화가 난 태조는 옆에 있던 도끼로 신하의 입을 쳤고, 앞니 두 개가 부러졌다. 신하가 얼른 몸을 굽혀 계단아래 치아를 주워 품에 품자, 태조가 신하에게 "그 치아를 가져가서 고소를 할 것이냐"며 욕을 하였다. 그러자 신하가 대답하기를 "신은 감히 고소를 할 수 없으나, 역사를 기록하는 사관의 책임은 있습니다. 이 일은 史書에 기록될 것입니다"라고 하였다. 태조는 다시 기분을 풀고 웃으며, 치아가 부러진 그 신하에게 황금을 주어 위로하였다고 한다.[117]

국내 유입된 기록을 살펴보면 조선중기 曹好益(1545~1609)의 ≪芝山集≫〈가례고증〉 제5권 '親迎' 부분에 ≪涑水記聞≫에 나온 내용을 인용한 구절이 나오고,[118] ≪朝

---

117) 太祖嘗彈雀於後園, 有群臣稱有急事請見, 太祖亟見之, 其所奏乃常事耳. 上怒, 詰其故, 對曰: "臣以尚急於彈雀." 上愈怒, 擧柱斧柄撞其口, 墮兩齒, 其人徐俯拾齒置懷中. 上罵曰: "汝懷齒欲訟我耶?" 對曰: "臣不能訟陛下, 自當有史官書之." 上悅, 賜金帛慰勞之.

118) 신랑이 절을 하면 신부의 아버지가 곧 무릎을 꿇고 부축해 준다.[拜卽跪而扶之]
≪涑水記聞≫에 이르기를, "种放이 處士로서 眞宗에게 부름을 받았는데, 진종이 특별한 예로써 대우하여 이름이 온 천하에 진동하였다. 그 뒤에 황제를 알현하고 終南山으로 돌아갔는데,

鮮王朝實錄≫ 순조 12년 壬申(1812) 11월 8일 (丁丑) 〈동지성균관사 김이교가 김성길의 상소에 대해 논한 상소〉119)에서도 ≪涑水記聞≫의 내용을 인용한 구절이 보인다. 따라서 유입된 시기는 적어도 조선 초기라고 볼 수 있다. 하지만 曺好益이 보았다는 판본은 현재 남아있지 않다.

    국내 소장된 가장 오래된 판본은 東亞大學校에 소장되어 있는 16卷4冊 판본과 國立中央圖書館에 소장되어 있는 4卷7冊 판본이다. 이 판본은 비록 卷冊은 다르지만 모두 1775년에 간행된 것들이다. 國民大學校에 소장되어 있는 판본은 1877년에 간행된 것으로 16卷4冊으로 되어 있다.

書名	出版事項	版式狀況	一般事項	所藏處/所藏番號
涑水記聞	司馬光(宋)撰, 陸錫熊(淸), 紀昀(淸), 蕭芝(淸) 共纂修, 刊寫地未詳, 刊寫者未詳, 乾隆42年(1775)序	16卷4冊(卷1~16), 19.1×13.1cm, 四周雙邊, 半郭: 17.8×12.4cm, 有界, 13行33字, 註雙行, 上下向黑魚尾	序: 乾隆四十二年(1775) 八月恭校上	東亞大學校 (3):12:1-6
涑水紀聞	司馬光 撰, 刊寫地未詳, 刊寫者未詳, 乾隆42年(1775)	4卷7冊, 中國木版本, 26.7×16.9cm		國立中央圖書館 BA3747-78-1-7

    황제의 은혜를 믿고 교만하게 굴었다. 王嗣宗이 長安을 맡게 되자, 충방이 찾아왔다. 通判 이하가 모두 충방을 배알하였는데, 충방이 머리를 조금 숙여 절하면서 답배하였다. 이에 왕사종이 내심 속이 편치 않았던 차에 충방이 자기의 조카를 불러 왕사종에게 나가 절하게 하였다. 왕사종이 자리에 그대로 앉은 채로 절을 받으니, 충방이 화를 벌컥 내었다. 그러자 왕사종이 말하기를, '앞서 통판 이하가 그대에게 절을 할 적에 그대는 단지 부축만 하였는데, 이는 白丁에게나 하는 예이다. 나 왕사종은 장원급제한 사람이며 명망과 직위가 낮지 않다. 어찌 그대의 조카가 절하는 것을 앉아서 받지 못하겠는가.' 하였다." 하였다. 살펴보건대 이것을 보면, '무릎을 꿇고 부축해 준다'는 것은, 무릎을 꿇고서 고개를 조금 수그리고 손을 내려뜨려서 답배하는 것으로, 이는 감히 절을 받을 수가 없어서 半答하는 것이다.

119) ……司馬光의 ≪涑水記聞≫에 呂夷簡과 瑤華의 일이 기재되어 있는데, 여이간의 죄악을 사마광이 알지 못한 것이 아니었으나, 그가 呂氏 여러 사람을 처리한 것이 원한을 감춘 것이라고 말할 수 없습니다. 그렇다면 죄상이 드러나지 않고 典刑을 가하기 전에는 일찍이 사사로이 절교하지 않은 것이 옛부터 그러했던 것이니, 이것이 또한 어찌 신의 집안 여러 사람에게 累가 되겠습니까? 司馬光涑水記聞, 載呂夷簡瑤華事, 夷簡之惡, 光非不知, 然其所以處呂氏諸人者, 未可謂匿怨, 然則罪狀未著, 典刑未加之前, 未嘗私自決絶, 自古伊然, 是又何累於臣家諸人也? ……

書名	出版事項	版式狀況	一般事項	所藏處/所藏番號
涑水紀聞	司馬光(宋), 湖北, 崇文書局, 光緖3年(1877)	16卷4冊, 中國木版本, 29.8×17.6㎝, 四周雙邊, 半郭: 19×14㎝, 有界, 12行24字, 黑口, 內向黑魚尾		國民大學校 912.0094-사04

14. 夷堅志

≪夷堅志≫는 宋代 대표적인 志怪小說集으로 南宋 洪邁(1123~1202)가 편찬하였다. ≪直齋書錄解題≫에 小說家類로 기재되어 있다. 計甲에서 癸까지 200卷, 支甲에서 支癸까지 100卷, 三甲에서 三癸까지 100卷, 四甲에서 四乙까지 20卷으로 모두 420卷으로 구성되어 있다. 하지만 원본은 이미 유실되었다. ≪宋史≫〈藝文志〉小說家類에 두 종류가 기재되어 있다. 하나는 甲·乙·丙志를 포함한 60卷이고, 다른 하나는 丁·戊·己·庚志를 포함한 80卷으로 모두 140卷이다. 明代 胡應麟의 ≪少室山房類稿≫卷104 ≪續夷堅志≫에서는 支甲부터 三甲까지 100卷의 필사본을 언급하였다. 하지만 ≪少室山房筆叢≫〈九流緖論下〉에서 당시 전해지는 것은 단지 50卷이라고 했다. ≪四庫全書總目≫ 小說家類에도 ≪夷堅支志≫50卷이라고 기재되어 있다. 이후 근대에 들어서 張元濟가 여러 자료를 모아 편집하여 ≪新校輯補夷堅志≫를 간행했는데, 計甲·乙·丙·丁 四志 80卷, 支志甲·乙·丙·丁·戊·庚·癸 70卷, 三志己·辛·壬 30卷, 補 25卷補 1卷 등 모두 206卷이다. 1981년 中華書局에서 이 張元濟 本을 저본삼아 三補 1卷을 더하여 207卷으로 출판하여, 가장 완전한 판본을 만들었다.

≪夷堅志≫는 洪邁가 紹興 13年(1143)부터 嘉泰 초까지 60년 동안 심혈을 기울여 편찬했다고 한다. 甲志를 대개 紹興 29年에 완성했다고 하며, 四志를 1201년인 嘉泰 초에 완성했을 것으로 보고 있다.

≪宋史≫〈洪邁傳〉에 의하면 洪邁는 字가 景廬, 號가 容齋, 野處老人으로, 饒州鄱陽(지금의 江西 波陽) 사람이다. 紹興 15年(1145)에 博學宏詞科에 급제하였고, 兩浙轉運司를 제수 받고 공무를 수행하였으며, 마지막엔 端明殿學士를 지내다 隆興 元年(1163)에 관직을 물러나 얼마 되지 않아 80세의 일기로 생을 마감했다. ≪夷堅志≫ 외에 ≪史記法語≫·≪南朝史精語≫·≪萬首唐人絕句≫·≪容齋隨筆≫·≪野處類

稿≫ 등이 있다.

　≪列子≫〈湯問〉에 "대우는 다니면서 보고, 백익은 아는 것에 이름을 붙이고, 이견은 듣고 기록하였다(大禹行而見之, 伯益知而名之, 夷堅聞而志之)"라는 대목이 있는 것으로 보아 '夷堅'은 상고시대 博物學者였음을 알 수 있다. 내용은 北宋 末에서 南宋 中期에 이르는 기간의 기이한 이야기, 사회생활, 종교문화, 윤리도덕, 풍속, 민심, 전고 방언, 의학 등 다양한 분야의 자료들을 담고 있다.[120] 총 2,800여 개의 이야기를 소개하여 다양한 제재와 흥미로운 이야기를 포함하고 있다. 현실 생활의 다양한 모습들을 비교적 사실적으로 묘사하고 있어 통속화되고 시민화된 창작특징을 보여주는 작품들이 많이 포함되어 있다. 때문에 이미 宋末에 "≪夷堅志≫를 보지 않는 사람이 없었다(夷堅志無有不覽)"고 할 만큼 ≪太平廣記≫와 함께 說話人들의 필독서가 되었다고 한다.[121] 남녀 혼인에 관한 이야기가 많아 이후 백화소설 작가들에게도 지대한 영향을 주었다. 예를 들면 支庚 卷一에 있는 "鄂州南市女"이야기는 宋元話本 ≪鬧樊樓多情周勝仙≫의 원형이고, 明代 ≪龍圖公案≫의 〈紅牙珠〉와 范文若의 ≪鬧樊樓≫에 까지 영향을 주었다.

　국내 최초의 기록은 高麗 忠烈王 때 文臣이었던 秋適(1246~1311)이 著述한 것이라고 하는 ≪明心寶鑑≫〈正己篇〉 중에 "이견지에 이르기를, 여색 피하기를 원수 피하는 것과 같이 하고, 바람 피하기를 날아오는 화살 피하는 것 같이 하며, 빈 속에 차를 마시지 말고 밤중에 밥을 많이 먹지 말라"[122]라고 인용된 문구로 볼 수 있다. 이 시기에 이미 ≪夷堅志≫를 인용한 것으로 보아 국내 유입시기는 高麗時代 末로 볼 수 있다.

　그 밖에 1740년경에 간행된 李瀷(1681~1763)의 ≪星湖僿說≫[123] 제2권 〈天地門〉

---

120) 강종임, 〈≪夷堅志≫에 나타난 宋代 여성의 초상〉, ≪중국소설논총≫ 第31輯, 2010. 116쪽.
121) 박명진, 〈≪夷堅志≫공안소설의 몇 가지 유형〉, ≪중국소설논총≫ 第32輯, 2010. 52~54쪽.
122) 夷堅志云, 避色如避讐, 避風如避箭, 莫喫空心茶, 少食中夜飯.
123) 평소에 기록해 둔 글과 제자들의 질문에 답한 내용을 1740년경에 집안 조카들이 정리한 것으로, 30권 30책의 규장각 소장본 등 여러 필사본으로 전해오다가 수차례 영인본으로 간행되었고 민족문화추진회에 의해 한글 완역본도 간행되었다. 주제에 따라 다섯 부분으로 나누어져 있다. 223항으로 구성된 〈天地門〉은 천문과 자연과학, 자연지리 및 역사지리에 대한 내용이고, 368항의 〈萬物門〉은 의식주의 생활 문제와 화초·화폐·도량형·기구 등을 수록하였다. 〈人事門〉은 인간의 사회생활과 학문에 대한 내용을 담았는데, 정치·경제·인물·사건·사상에 대

중 '雹'에 대한 설명에서 이 책에 대한 언급이 보이고,[124] 또 李德懋(1741~1793)의 ≪靑莊館全書≫, 李圭景(1788~1856)의 ≪五洲衍文長箋散稿≫에도 인용문구들이 보인다. 국내 소장 판본 중 가장 오래된 것은 國立中央圖書館에 소장되어 있는 목판본으로 1693년 일본에서 간행된 판본이다. 그 외에 1879년 중국에서 간행된 木版本이 延世大學校에, 1911년에 간행된 木版本이 高麗大學校에 소장되어 있다.

書名	出版事項	版式狀況	一般事項	所藏處/所藏番號
夷堅志	釋齊賢(日本)評, 元祿6年(1693)	8卷8冊, 日本木版本, 27.8×19.3cm	表題: 夷堅志和解, 刊記: 元祿六癸酉(1693) 仲春十一日中村孫兵衛繡梓, 跋: 時貞亨三歲次丙寅(1686) …桑門齊賢, 序: 元祿三載(1690) …近雅散人	國立中央圖書館 BA古5-80-21
夷堅志	洪邁[宋]撰, 光緒5年(1879)	12冊(甲卷1-6缺), 中國木版本, 四周雙邊, 匡郭: 18×13cm, 有界, 9行18字, 上下黑□	刊記: 光緒五年歲在屠維單閼(1879)	延世大學校 812.385
夷堅志	洪邁[宋]撰, 宣統3年(1911)	50卷16冊, 中國石印本, 19.6×13cm	序: 乾道七年(1171) 五月…洪邁景盧叙, 刊記: 宣統三年(1911)七月初版, 印: 唐澄 浩然	高麗大學校 C14-B54

한 990항목이 실려 있다. 〈經史門〉은 유교와 역사에 대한 1,048항목이, 〈詩文門〉에는 중국과 조선의 시와 문장에 대한 비평 378항목이 실려 있다. 형식적 특징은 백과전서적인 포괄적 구성에 있다.

124) 비·눈·서리·싸락눈 같은 것들은 모두 그렇게 되는 이치가 있으되, 오직 우박만은 알 수가 없다. 혹은 크기가 계란만하기도 하고, 馬頭만하기도 하고, 도끼만하기도 하고, 斗만하기도 하니 그것은 반드시 물이 있은 뒤에 한데 뭉쳐서 된 것이다. 그런데 공중에서 어디에 의지하여 이렇게까지 크게 된 것일까? ≪稽神錄≫에, "한 번은 우박이 왔는데 높이가 다락[樓]과 같을 정도로 쌓여서 땅 위에 길[丈]이 넘게 되었다." 하였으니, 이것이 변괴이기는 하나 계란만하고 말만한 것들이 무더기로 쌓이는 그럴 이치도 없지는 않을 것이다. ≪朱子語類≫에, "蜥蜴[도마뱀]이 물을 머금어 만든 것이다." 하였으니, 이 말은 ≪夷堅志≫와 합치되는 것이다. 만약 이런 이치가 없다면 주자가 반드시 龍의 기운이 서로 감동한다는 말을 하지 않았을 것이니, 만물의 이치는 이루 다 궁구할 수 없는 것이다.……(중략)

15. 續博物志

≪續博物志≫는 宋代 志怪小說集으로 李石(1108~?)이 撰했다. 원래 李石이 唐 혹은 晉代 사람인줄 알았으나, 明 徐火勃의 ≪徐氏筆精≫卷6, ≪四庫全書總目提要≫에 南北宋間의 책이라 언급이 되어 있고, 書末에 黃宗泰의 跋文에 "方舟先生"이라 칭하는 부분이 있고, 王安石·曾公亮 등 宋代 사람이 등장하고, 宋代 이야기가 등장하기 때문에 李石이 宋代 사람임이 고증되었다. '方舟'는 李石의 號로, 字는 知幾이며 資州 출신으로 지금의 四川 資中 사람이다. 紹興 21年(1151)에 進士가 되어 太學博士를 역임하였다. 이 책이 비록 宋代의 書目에는 보이지 않지만 明 弘治 刊本 10卷이 남아있고 ≪古今逸史≫·≪稗海≫·≪秘書廿一種≫本 등에 남아있다. ≪四庫全書總目提要≫에 小說家類로 기재되어 있다. 최근에는 1991년 巴蜀書社에서 李之亮 交點本으로 출판되었다.

≪續博物志≫는 宋의 李石이 張華의 책에서 빠진 것을 보충하여 지은 것으로 地理·典禮·樂·服飾 등으로 구성되어 있다. 특히 南宋代까지 중국인들이 잘 모르고 있었던 '普洱茶'에 대해 처음으로 언급을 해주고 있다는 점도 주목할 만하다. "西南의 夷는 普茶(보이차)를 음용하였는데 이는 唐代부터이고 每 餠 40兩의 가격으로 西蕃으로 판매되었다. 黨項(西夏)에서 이를 귀하게 여겼다. 이러한 사실을 宋나라 사람들은 알지 못하였다." 또는 "차는 은생의 모든 산에서 나고 어느 때나 채취하며 후추, 생강과 함께 끓여 마신다." 라는 언급 등이 다양하게 실려 있다.

국내 문인들에 의해서도 ≪續博物志≫의 내용이 언급된 부분이 많이 눈에 띈다. 金昌協(1651~1708)의 ≪農巖集≫제34권 〈雜識-外篇〉에서는 이 책의 편찬 연대에 대해 궁금증을 제시하는 글이 실려 있다.[125] 이 외에도 李瀷(1681~1763)의 ≪星湖僿說≫,[126]

---

[125] ≪續博物志≫에 대해 편목에는 당나라 隴西의 李石이 지었다고 하였는데, 그 글 속에 송나라의 일도 상당히 들어 있다. 예컨대 "관상가가 이르기를, '신하가 용의 肢體를 하나라도 얻으면 벼슬이 三公이나 재상까지 이른다. 曾公亮은 용의 척추를 얻었고, 王安石은 용의 눈동자를 얻었다.' 하였다." 하고, 또 '역대 임금들이 남달리 총애한 歐陽脩, 石延年 같은 이들'이라 하고, 또 "陳正敏이 높이 산 이들은 陳搏, 李瀆, 林逋, 魏野 등으로 모두 세상을 피해 은둔한 선비들이다." 하였다. 어쩌면 혹시 후세 사람이 딴 데서 따다 넣었기 때문에 이런 일이 생긴 것이 아닐까 한다. 알 수 없다. ≪속박물지≫에 또 이르기를, "지금 임금은 이전 왕조 때에 睢陽太守였는데, 개국하여 大宋이라고 국호를 정함에 이르러서는 또 大火(28宿 중의 하나인 心

李圭景(1788~1856)의 ≪五洲衍文長箋散稿≫127), 李植(1584~1647)의 ≪澤堂集≫, 韓致奫(1765~1814)의 ≪海東繹史≫ 등에 ≪續博物志≫의 내용이 언급 되어 있다.

국내 소장되어 있는 판본으로는 全南大學校에 1875년에 간행된 것으로 보이는 판본이 소장되어 있지만, 조선시대 문인들이 읽었던 ≪續博物志≫ 판본은 아닌 것으로 보이며, 建國大學校, 慶熙大學校, 全羅南道 長城郡 邊時淵에게 소장되어 있는 판본은 모두 1912년에 간행된 것으로 판본으로서의 가치는 높지 않다고 볼 수 있다.

書名	出版事項	版式狀況	一般事項	所藏處/所藏番號
續博物志	李石(宋)撰, 湖北, 崇文書局, 光緒1年(1875)	10卷1冊(卷1~10), 中國木版本, 26.8×17cm, 四周雙邊, 半郭: 18.3×13.9cm, 有界, 12行24字, 大黑口, 內向黑魚尾, 紙質: 竹紙	刊記: 光緒紀元(1875) 夏月湖北崇文書局開雕	全南大學校 3N4 - 속41○
續博物志	李石(宋)著, 民國1年(1912)	1冊, 中國木版本, 26×17cm, 四周雙邊, 半郭: 18.5×14cm, 有界, 12行24字, 上下內向黑魚尾		建國大學校 [고] 049
續博物志	李石(宋)撰, 刊寫地未詳, 鄂官書處, 民國1年(1912)	10卷1冊(卷1~10), 中國木版本, 26.1×17cm, 四周雙邊, 半郭: 18.6×13.8cm, 有界, 12行23字, 上下內向黑魚尾	刊記: 中華民國元年 鄂官書處重刊	慶熙大學校 081.2-이54ㅅ

星) 아래에 도읍을 건설하였다." 하였는데, 이를 근거로 볼 때 이 책의 작자는 또 송 태조 때의 사람인 것 같다. 그러나 왕안석, 증공량이라는 말이 또 그 뒤에 들어 있으니 누가 지은 것인지 아무래도 알 수가 없다.

126) ≪續博物志≫에는, "면화 종자는 번우 사신 黃始가 갖고 온 것이라 하여, 지금 廣州 지방에 그의 사당을 세우고 제사를 지내 준다."고 하였으니, 광주에서 황시의 공로를 대우하는 것이 우리나라에서 문익점을 대우하는 것과 똑같다.

127) ≪續博物志≫에는, "麈의 꼬리를 붉은 옷감속에 넣어 두면 오래도록 붉은 빛깔이 변하지 않고 보존되며, 氈은 좀먹지 않는다."고 했다.
李石의 ≪續博物志≫에 "부처의 本號는 釋迦文인데, 곧 天竺 釋迦衛國王의 아들이다. 4월 8일 밤에 어머니의 오른쪽 옆구리로 탄생하였는데, 32相이 있었다. 때는 周莊王 9년이요, 魯莊公 7년 여름 4월인데, 이날 恒星은 나타나지 않고 밤이 환히 밝았다. 석가는 주 소왕 24년(壬子) 4월 8일에 탄생하여 주 목왕 52년(辛未) 2월 15일에 입적하여 壽가 80이었는데, 혹은 79세라고도 한다."
"사람의 집에 서식하는 작은 벌레 하나가 있는데, 몸뚱이는 몹시 작으나 소리는 매우 청초하고 사람이 찾아내려 하면 금세 사라져버리므로 이름을 竊蟲이라 한다. 다시 말해서, 크기는 胡麻 반쪽만하고 모양은 쥐며느리[鼠婦]와 비슷하며, 두 개의 뿔에 빛깔이 하얗고 머리를 움직이면 소리가 난다."

書 名	出版事項	版式狀況	一般事項	所藏處/所藏番號
續博物志	李石(宋)撰, 中華1年(1912)刊	10卷1册, 中國木版本, 26.2×17㎝, 四周雙邊, 半郭: 18.8×14㎝, 有界, 12行24字, 註雙行, 大黑口, 內向黑魚尾, 紙質: 竹紙	跋: 門人迪功郎眉山簿黃公泰謹跋, 刊記: 中華民國元年(1912) 鄂官書處重刊, 所藏印: 邊時淵印	全羅南道 長城郡 邊時淵
新刻續博物志	李石(宋)編, 胡文煥(明)校, 刊地, 刊者, 刊年未詳	10卷1册, 木版本, 25.6×15.7㎝, 左右雙邊, 半郭: 19.7×12.7㎝, 有界, 10行20字, 上下內向白魚尾	版心書名: 續博物志, 表紙書名: 續博物志	漢陽大學校 031.2-이532ㅅ

16. 鷄肋編

《鷄肋編》은 宋代 雜俎小說集으로 莊綽이 편찬했다. 宋代 書目에서는 보이지 않지만, 《四庫全書總目》 小說家類에 3卷이 기재되어 있다. 현존하는 가장 오래된 것은 北京圖書館에 소장되어 있는 元代 필사본을 影印한 판본이지만, 통상적으로는 《琳琅秘室叢書》과 涵芬樓本을 宋人의 小說本으로 보기도 한다. 현재는 1983년 中華書局 교점본이 가장 완정된 판본이다. 《鷄肋編》 序文에 紹興 3年(1133)에 지었다고 되어있는데, 내용 중에는 紹興 9年(1139)의 일도 기록되어 있어, 이즈음에 완성했거나 나중에 보충한 것으로 보인다. 莊綽(1126~?)은 字가 季裕이고 清源 출신으로 지금의 山西 사람이며, 順昌과 澧州 등지에서 관직을 지냈다.[128]

《鷄肋編》의 내용은 사물에 대한 고증이나, 遠域奇聞이라든지 人物詩文·社日節令·財政天文·寺廟碑石·風俗忌諱·草木醫藥·僧佛傳聞 등을 기록하고 있으며, 또한 宋代 結婚이나 喪禮까지도 상세하게 기록하고 있어 민속학과 민간문화 방면에 귀중한 자료를 제공해 주고 있다.

《鷄肋編》의 국내 기록은 李圭景(1788~1856)의 《五洲衍文長箋散稿》 〈경사편 5-논사류2〉에 인용한 문구가 보인다.[129] 이런 문구로 볼 때 국내 유입된 시기는 적어도

---

128) 寧稼雨, 《中國文言小說總目提要》, 齊魯書社, 1996, 176쪽.
129) 송 나라 莊綽의 《鷄肋篇》에서 小人들의 상호에 대해 논한 말도 서로 부합되는 것이 많다. 그가 장난삼아 쓴 絶句 1首를 보면, "사람의 천한 상호 알려거든(欲識爲人賤), 이 네 가지 여건부터 관찰하소(先須看四般), 밥은 더디 먹고 大便은 빨리 보며(飯遲屙屎疾), 잠은 쉽게 들

18세기경이라고 볼 수 있다. 현재 서울大學校 中央圖書館에 소장되어 있는 木版本은 順治 4年인 1647년에 간행된 ≪說郛≫本에 들어있는 것이다.

書 名	出版事項	版式狀況	一般事項	所藏處/所藏番號
鷄肋編	莊綽(宋)撰, 陶珽(明)重輯, 姚安(清), 宛委山堂, 順治4年(1647)	1冊, 木版本, 26×16.8㎝, 上下單邊, 左右雙邊, 半郭: 19.2×13.4㎝, 有界, 9行20字, 註雙行, 上花口, 上下向白魚尾	浩然齋視聽抄花口題: 視聽抄, 본문에 朱墨 口訣 및 傍點	서울大 中央圖書館 0230-73-35

17. 過庭錄

≪過庭錄≫은 宋代 志人小說集으로 范公偁이 편찬했다. 宋代 書目에는 보이지 않지만, ≪四庫全書總目≫小說家類에 1卷으로 기재되어 있다. 지금은 ≪稗海≫·≪筆記小說大觀≫本 등에 보인다. 范公偁은 范仲淹(989~1052)[130]의 손자로 그의 생평에 대해서는 자세하지 않다. 책의 서문을 보면, 紹興 丁卯~戊辰年(1147~1148)에 아버지가 남긴 말을 기재하였다고 해서 ≪過庭錄≫이라 명명하였다고 한다.[131]

주로 조상의 덕을 위주로 서술하면서, 范仲淹 및 자손들의 관직, 업적, 교우관계, 보고 들은 일사 등을 생동감 있게 소설적인 요소들을 가미하여 기록하였다.

국내 유입된 시기는 정확하지 않지만 서울大 奎章閣에 소장된 판본이 淸代 木版本인 점을 감안해 볼 때 조선 후기에 유입된 것으로 볼 수 있다.

고 옷 입는 것을 싫어한다네(睡重着衣難)"하였으니, 우리나라의 속어와 어찌 그리 흡사한지 모르겠다.
130) 범중엄 : 北宋 때의 정치가·학자. 江蘇省 蘇州 출생. 字 希文. 시호 文正. 仁宗의 親政이 시작되자 부름을 받아 중앙에서 諫官이 되었다. 그러나 그 무렵 郭皇后의 폐립문제를 놓고 찬성파인 재상 呂夷簡과 대립했기 때문에 다시 지방으로 쫓겨났다. 그 뒤로 歐陽修·韓琦 등과 함께 呂夷簡 일파를 비난하였으며, 자기들 스스로 군자의 朋黨이라고 자칭하여 慶曆黨議를 불러일으켰다.
131) 寧稼雨, ≪中國文言小說總目提要≫, 齊魯書社, 1996, 203쪽.

書名	出版事項	版式狀況	一般事項	所藏處/所藏番號
過庭錄	范公偁(宋)著, 淸板本	1冊(92張), 中國木版本, 25.2×16㎝	合綴: 泊宅編上·中·下, 方勺著	서울大 奎章閣 [奎中]5213
過庭錄	李義平 (1772~1839)著, 1900年代 寫	1冊, 定稿本, 29×20.1㎝, 四周雙邊, 半郭: 20.6×14.5㎝, 有界, 10行20字, 註單行, 上下向二葉花紋魚尾, 紙質: 楮紙	被傅者: 李泰永 (1744~1803)	忠淸南道 大田市 文忠祠

18. 桯史

≪桯史≫는 宋代 志人小說集으로 岳珂(1173~1240)가 편찬했다. ≪直齋書錄解題≫에 小說家類 15卷으로 기재되어 있다. 현재 丁丙藏明嘉靖刻本·≪津逮秘書≫·≪學津討原≫·≪四庫全書≫本 등이 있다. 1981년 中華書局 排印本은 ≪四部籠刊續編≫ 影元刊本을 底本으로 삼아 출판한 것이다.

岳珂의 字는 肅之, 號는 亦齋·倦翁으로 湯陽(河南) 사람이다. 岳飛[132]의 손자고, 岳霖의 아들로 宋의 光宗·寧宗·理宗 三朝동안 內勸農使·嘉興知府·戶部侍郎(1227)·淮東宗領兼制置使 등의 직을 역임했다고 한다.

≪桯史≫는 15卷 140條로 구성되어 있으며 兩宋代의 인물, 정치 등의 일사를 기록하였는데, 그 중 南宋의 일들은 대부분 작가가 직접 보거나 부친이나 형님에게 들은 일들이라 믿을 만하며 사료적 가치가 높아 역사가들이 중시하고 있다.

≪桯史≫에 대한 국내 기록은 金尙憲(1570~1652)의 ≪淸陰集≫제11권 〈雪窖集〉〈비분한 마음을 읊다〉에 '一榻容留鼾睡聲(바로 곁서 코를 고는 소리 내게 버려뒀나)'라는 구절에서 보인다. 이것은 송 태조가, 강남에 웅거하던 南唐 李煜이 복종하지 않아 공격하니, 남당에서는 徐鉉을 보내 공격을 늦추어 줄 것을 누차 청하였다고 한다. 그러자 태조는 '강남이 무슨 죄가 있겠는가? 다만 천하가 일가인데 잠자는 옆자리에 다른 사람이 코고는 것을 용납할 수 없기 때문이다(江南亦何罪 但天下一家 臥榻之側 豈容

---

132) 악비(1103~1141) : 南宋 초기의 武將이자 학자이며 서예가. 북송이 멸망할 무렵 의용군에 참전하여 전공을 쌓았으며, 남송 때 湖北 일대를 영유하는 大軍閥이 되었지만 무능한 고종과 재상 진회에 의해 살해되었다.

他人鼾睡)'라고 한 부분을 인용한 것이다.

그 외 李瀷(1681~1763)의 《星湖全集》, 安鼎福(1712~1791)의 《東史綱目》, 李德懋(1741~1793)의 《靑莊館全書》 등에서도 《桯史》의 내용을 인용한 문구를 찾을 수 있다. 국내 誠庵文庫에 소장되어 있는 목판본은 1475년에 간행된 것이다.

書名	出版事項	版式狀況	一般事項	所藏處/所藏番號
桯史	岳珂(宋)著, 陳文東(明)批點, 明, 成化11年(1475)刊	15卷2冊, 中國木版本, 30×17.7cm, 四周雙邊, 半郭: 21.3×14cm, 有界, 10行20字, 上下大黑口, 下向黑魚尾, 紙質: 綿紙	序: 嘉定焉逢淹茂歲(?) 圉如旣望珂(宋)序, 跋: 成化十一年 乙未(1475)月元日建安江浜(明)題, 印記: 聞韶世家, 金琛伯溫, 內容: 南北宋雜事中 140餘條의 詼諧之詞를 裒輯한것	誠庵文庫 4-1437

19. 齊東野語

《齊東野語》는 宋代 雜俎小說集으로 周密(1232~1298)이 편찬했다. 《國史經籍志》, 《千頃堂書目》 小說家類에 20卷이라고 기재되어 있다. 현재 20권본 외에 《歷代小史》 등에 1卷本이 있다. 1983년 中華書局에서 출판한 排印本은 涵芬樓의 《宋元人說部書》를 底本으로 한 것이다.

周密의 字는 公謹, 號는 草窓·四水潛夫·弁陽老人 등이다. 본적은 濟南이었으나 후에 吳興지방으로 옮겼다. 일찍이 부친의 벼슬로 인해 여러 지역을 다녔는데, 평생 과거를 한 번도 본적이 없지만, 부친과 조부의 덕으로 健康府都錢庫·和濟藥局에서 낮은 벼슬을 지냈으며, 兩浙運司幕屬·豊儲倉檢察 등의 직을 지냈다. 宋이 망한 후에는 벼슬을 지내지 않고, 저술에 매진하였다. 그에 대한 事迹은 《新元史》·〈周密傳〉 《周草窓年譜》 등에 보인다.

《齊東野語》에는 至元 辛卯年(1291)에 쓴 戴表元의 序文과 작가 周密의 自序가 있다. 周密은 自序에서 "余世爲齊人, 居歷山下"라 하여 "齊東野人之語"에서 제목을 취하여, 망국의 한을 담아 조국의 모습을 기록한다고 하였다. 戴表元의 서문에서도 부친의 뜻을 이어받아 몸은 吳에 있으나 마음은 齊를 못 잊는 마음으로 北宋을 그리워하는 마음이 담겨있다고 했다. 뿐만 아니라 南宋의 여러 모습까지도 담겨 있어 史料로서의 가치도 크다.

　≪四庫全書簡明目錄≫에 ≪齊東野語≫에 대해 "옛 것의 고증에 있어 모두 핵심을 잘 파악하고 있다. 남송의 옛 일들을 기록한 것이 많고 모두 흥망치란의 단서가 된 일들이어서 역사가가 빠트린 부분을 보충하기에 충분하다.(考證古意, 皆極典核, 而所記南宋舊事爲多, 皆興亡治亂之大端, 足以補史傳闕失)"고 했는데 ≪齊東野語≫의 대부분의 내용은 고증을 위한 자료로 쓰이기에 충분한 가치가 있는 것이 사실이다.133) 이 작품의 내용은 후대 소설과 희곡에도 많은 영향을 주었다. 예를 들어 〈吳季謙改秩〉은 宋·元代 ≪陳光蕊江流和尙≫, 明 楊暹의 ≪西遊記≫雜劇 중 '江流故事', 오승은의 ≪西遊記≫제9회, 무명씨의 ≪江流和尙≫, ≪江流記≫ 등에 영향을 주었다.

　국내 최초의 기록으로는 조선전기 徐居正(1420~1488)의 ≪四佳集≫제21권 詩類 〈雪岑이 山上人을 위하여 山中 四時의 경치에 대하여 시를 지어 주기를 요구하므로, 크게 취한 채 붓을 달려 사십 字를 써서 주다〉라는 시에 인용문구가 보인다. 그 시에 언급된 "밤은 토란을 구울 때에 길다오(夜永燒芋時)"는 唐나라 때 衡嶽寺의 고승 明瓚禪師가 성격이 게을러서 남이 먹고 남은 음식만 먹었으므로 懶殘이라 호칭했는데, 李泌이 일찍이 형악사에서 글을 읽을 때 나잔 선사를 몹시 기이하게 여겨 한번은 밤중에 나잔 선사를 방문했더니, 그때 마침 나잔 선사가 화롯불을 뒤적여서 토란을 굽고 있다가 이필에게 구운 토란 반 조각을 나눠 주어서 먹었다는 데서 온 말이다. 그 밖에 張維의 ≪谿谷集≫, 李恒福의 ≪白沙集≫, 李圭景의 ≪五洲衍文長箋散稿≫, 金正喜 ≪阮堂集≫, 李德懋의 ≪靑莊館全書≫, 韓致奫의 ≪海東繹史≫ 등에도 ≪齊東野語≫의 이야기가 인용된 부분이 있다. 이런 기록을 바탕으로 추정해 보면 ≪齊東野語≫가 적어도 조선전기에 이미 유입되었을 것이라고 볼 수 있다.

　국내 소장된 판본은 國立中央博物館에 淸代 간행된 것으로 보이는 목판본이 소장되어 있다. 서문에 "至元辛卯(1291)…戴表元(元), 周密(宋)"라고 기재되어 있지만, 정확히 언제 간행된 것인지는 알 수 없다. 그 외에 國民大學校, 서울大 奎章閣·國立中央圖書館·成均館大學校·啓明大學校에 石印本이 소장되어 있다.

---

133) 성윤숙, 〈≪齊東野語≫중의 소설제재 유형 분석 초탐〉, ≪중국소설논총≫ 제18집, 2003 208쪽.

書名	出版事項	版式狀況	一般事項	所藏處/所藏番號
齊東野語	周密(宋)著, 上海, 掃葉山房, 刊年未詳	20卷6冊, 中國木版本, 19.9×13.3cm	序: 至元辛卯(1291)··· 戴表元(元), 周密(宋), 標題紙: 朱弁陽老人周密著 上海掃葉山房石印	國立中央博物館 [古]2529-1
齊東野語	周密(宋), 上海, 掃葉山房, 刊寫年未詳	20卷6冊1匣, 中國石印本, 20×13.5cm, 四周雙邊, 半郭: 17.1×11.5cm, 無界, 14行28字, 上下向黑魚尾	序: 至元辛卯(1291)··· 剡源戴表元序, 自序: 周密公謹父書	國民大學校 고823.4 주01
齊東野語	周密(宋)著, 上海, 掃葉山房	20卷6冊, 中國石印本, 19.8×13.3cm	序: 至元辛卯(1291)···載表元	서울大 奎章閣 398.21-J868j 1-6冊
齊東野語	周密(宋)著, 上海, 掃葉山房	20卷6冊, 中國石印本, 19.9×13.3cm	標題紙: 朱弁陽老人周密著 上海掃葉山房石印, 序: (宋)周密, 序: 至元辛卯(1291)···(元)載表元	國立中央圖書館 BA2529-1
齊東野語	周密(宋)著, 上海, 掃葉山房,	20卷6冊, 中國石印本, 19.9×13.3cm	標題紙: 朱弁陽老人周密著 上海掃葉山房石印, 序: (宋)周密, 序: 至元辛卯(1291)···(元)載表元	成均館大學校 C14B-0043
齊東野語	周密(宋), 上海, 掃葉山房	20卷3冊, 石印本, 19.5×13cm, 四周雙邊, 半郭: 17×11.5cm, 無界, 14行28字, 上黑魚尾	序: 周密	啓明大學校 812.4-주밀ㅈ

20. 鶴林玉露

≪鶴林玉露≫는 宋代 雜俎小說集으로 羅大經이 편찬했다. 宋代 書目에는 기재되어 있지 않지만, ≪百川書志≫에 小說家類 16卷으로 기재되어 있고, ≪四庫全書總目≫에는 雜家類에 포함되었다. 현존하는 판본은 많지만 주요한 것으로는 18卷과 16卷 두 종류이며, 18卷本이 羅大經의 원본에 가깝다. 1983년 中華書局 排印本은 日本 版本을 底本으로 삼아 간행한 것으로 원형에 가장 가깝다고 할 수 있다.

羅大經의 字는 景綸이고, 盧陵 출생으로 지금의 江西 吉水 사람이다. 嘉定 15年(1222)에 鄕試에 통과하였고, 寶慶 2年(1226) 進士에 급제하여, 容州法曹掾과 撫州 軍事推官 등을 지냈다. ≪鶴林玉露≫에는 작가가 1248년에 쓴 자서가 있는데, '鶴林'에서 한가하게 지내면서 손님들과 淸談을 나눈 이야기를 적은 것이라고 언급했다. 1252년에 완성했다고 하며 詩話·語錄·小說의 文體로 文人 및 道學者·山人의 말을 실었으며, 朱憙·張載 等의 말을 引用하고, 歐陽修·蘇東坡의 글을 讚揚하였다. 구성은 天·地·人의 세 부로 分類하였다.

내용 중에는 자신의 지식을 겸손하게 이르거나 학습의 중요함을 비유적으로 표현한 '半部論語', 작은 노력이라도 끊임없이 계속하면 큰 일을 이룰 수 있다는 '水滴穿石', 노끈으로 톱질하여도 나무를 자를 수 있고, 물방울이 떨어져 돌에 구멍을 낸다는 '繩鋸木斷, 水滴石穿', 한 치밖에 안 되는 칼로 사람을 죽인다는 뜻의 '寸鐵殺人', 봄은 나뭇가지 끝에 이미 무르익어 있어서, 진리는 가까운 곳에 있다는 것을 비유한 '春在枝頭已十分' 등의 유명한 고사들이 포함되어 있다.

국내 남아있는 기록을 보면 徐居正(1420~1488)의 ≪四佳集≫, 沈守慶(1516~1599)의 ≪遣閑雜錄≫, 奇大升(1527~1572)의 ≪高峯集≫, 尹拯(1629~1714)의 ≪明齋遺稿≫, 金昌協(1651~1708)의 ≪農巖集≫, 許筠(1569~1618)의 ≪惺所覆瓿藁≫ 등에 ≪鶴林玉露≫ 내용을 인용한 문구가 보이고, ≪朝鮮王朝實錄≫⟨광해군일기⟩ 4년 壬子(1612, 만력 40) 6월19일 (壬午) ⟨윤효선이 상소하여 자신의 공훈을 감정하라는 명령을 거둘 것을 청하다⟩라는 기록에서 尹孝先[134]이 金時言이 소장하고 있던 ≪鶴林玉露≫ 2권을 열람했다고 언급하는 부분이 있다. 이런 기록으로 볼 때 ≪鶴林玉露≫의 국내 유입시기를 조선 전기로 추정할 수 있다.

국내 소장된 판본들을 살펴보면 ⟨광해군일기⟩에서 윤효선이 보았다는 판본은 남아있지 않다. 가장 오래된 것은 1662년 일본에서 간행된 木版本으로 國立中央圖書館, 大邱市立中央圖書館에 소장되어 있으며, 그 외 시대를 추정할 수 없는 중국 목판본들도 있다. 주목할 점은 목판본 이외에 國立中央圖書館 등에 소장되어 있는 필사본들인데, 정확한 필사년도는 알 수 없으나, 필체와 종이를 살펴본 결과 적어도 조선 후반으로 추정된다. 이렇게 필사본이 다량으로 소장되어 있는 정황을 보면 ≪鶴林玉露≫가 국내에서 얼마나 많은 사랑을 받았었는지를 알 수 있다.

---

134) 尹孝全(1563~1619)은 조선중기의 문신, 성리학자이다. 초명은 孝先, 字는 詠初 또는 貽永, 號는 沂川이다. 당색은 북인, 소북이었고 윤휴의 아버지였다. 본관은 남원이다. 徐敬德의 손제자로, 서경덕의 문하생인 閔純과 이황의 제자인 鄭逑 등에게 수학하였다. 宣祖末年에 光海君을 지지하고 臨海君의 옥사를 주관했으며 1613년에는 익사공신 2등관에 책록되었다. 그 뒤 대사헌, 지의금부사를 거쳐 경주부윤으로 재직 중 사망하였다.

第3章 宋·元代 作品目錄과 解題 175

書名	出版事項	版式狀況	一般事項	所藏處/所藏番號
新刊鶴林玉露	羅大經 撰, 刊寫地未詳, 刊寫者未詳, 寬文2年(1662)	18卷8冊, 日本木版本, 25×18㎝, 四周雙邊, 半郭: 20×13.2㎝, 6行19字, 註雙行, 上白魚尾	刊記: 寬文二壬寅(1662) 仲秋日野市右衛門梓行, 序: 萬曆甲申(1584)…黃貞升, 序: 時宋淳祐戊申(1248) …(宋)羅大經	國立中央圖書館 BA1221-11
新刊鶴林玉露	羅大經 著, 日本, 守野市右衛門, 寬文2年(1662)	18卷3冊, 日本木版本, 25×16.4㎝, 四周單邊, 半郭: 20.2×13㎝, 無界, 8行19字	序: …後學黃貞升撰…萬曆甲申(1584)一陽月下浣之吉; …時宋淳祐戊申(1248)正月望日 廬陵羅大經景綸 刊記: …寬文二(1662) 壬寅仲秋日守野市右衛門梓行	大邱市立圖書館 OL820.82-나222-1-18 卷1-18
新刊鶴林玉露	羅大經(宋)著, 刊年未詳	1冊(卷3~4), 日本木版本, 25.1×17.9㎝, 四周單邊, 半郭: 20.2×13.3㎝, 8行19字, 註雙行, 上白魚尾	印記: 遠藤氏藏書記, "おくりがな"	國立中央圖書館 [古]3848-7
(新刊)鶴林玉露	羅大經(宋)著, 刊寫地未詳, 中野市右衛門梓, 寬文2年(1662)	18卷9冊, 木版本, 27×18.5㎝	序: 萬曆甲申(1584)… (明)黃貞升	國立中央圖書館 BA古10-30-나2
鶴林玉露	羅大經(宋)撰	3卷1冊(缺帙), 木版本, 26.4×16.5㎝, 上下單邊, 左右雙邊, 半郭: 20.8×13㎝, 有界, 10行22字, 上下向白魚尾, 紙質: 綿紙		誠庵文庫 3-970
鶴林玉露	羅大經	3卷3冊, 23.7×15.3㎝, 四周雙邊, 半郭: 18.1×11.1㎝, 有界, 9行20字, 上下向黑魚尾		慶熙大學校 812.081-나23ㅎ
鶴林玉露	羅大經(宋)編	24卷7冊, 26×16.4㎝, 四周單邊, 半郭: 19.4×14.3㎝, 有界, 9行19字, 上下向黑魚尾		東亞大學校 (4):3-72
鶴林玉露	羅大經 撰	12卷3冊(缺帙), 木版本, 25×16.3㎝, 四周單邊, 半郭: 20.3×13.3㎝, 有界, 9行20字, 上下向黑魚		大邱市立圖書館 OL820.82-나222-1-12 卷1-12
鶴林玉露	羅大經(宋)著, 明板本	16卷4冊, 木版本; 25.4×16㎝	序: 羅大經	서울大 奎章閣 4410 冊1-4
鶴林玉露	羅大經(宋)著	17卷5冊, 木版本, 22㎝	石田文庫 序: 羅大經	大邱가톨릭大學校 820.8-나222ㅎ
鶴林玉露	羅大經 著, 清板本	4冊, 24㎝		國立中央圖書館 a13747-27

書名	出版事項	版式狀況	一般事項	所藏處/所藏番號
鶴林玉露	羅大經(宋)著	3冊(第4冊缺), 木版本, 26.3×16.3cm, 四周單邊, 上白魚尾		韓國學中央研究院 C14B-5C C14B-5B
鶴林玉露	羅大經(宋)撰, 李穆堂(明)輯, 刊寫地未詳, 刊寫者未詳, 刊寫年未詳	16卷4冊, 木版本, 26.3×15.8cm, 四周單邊, 半郭: 21×13.4cm, 有界, 9行20字, 上下向黑魚尾, 紙質: 竹紙	刊記: 臨川李穆堂輯本衙藏板	忠南大學校 子.雜家類-613
鶴林玉露	羅大經(宋) 著	1冊(零本), 金屬活字本, 30×18.6cm, 四周雙邊, 半郭: 22×15cm, 12行20字, 大黑口, 上下花紋魚尾		서울大 奎章閣 895.18-N11h-v.6/11
鶴林玉露	羅大經(宋) 撰	7卷2冊(卷1-3, 13-16缺帙), 木版本, 25.9×15.9cm, 四周單邊, 半郭: 21.2×13.1cm, 有界, 10行22字, 上下向白魚尾	跋: …萬曆戊申(1608) 二月甲子餘姚孫鑛識: …萬曆七年(1579)首夏之望甫田林大甫識	大邱市立圖書館 OL820.82-나222-1-3, 13-16 卷1-3, 13-16
鶴林玉露	羅大經(宋) 撰	2冊(缺帙), 新鉛活字本, 26.3×15.2cm, 無界, 行字數不定, 無魚尾	序: …後學黃貞升撰…萬曆甲申(1584)一陽月下浣之吉: …時宋淳祐戊申(1248)正月望日廬陵羅大經景綸	大邱市立圖書館 OL820.82-나222-天, 地 冊2
鶴林玉露	羅大經(宋)撰	16卷4冊, 木版本, 23.5×14.1cm, 四周單邊, 半郭: 16.5×12.5cm, 有界, 11行21字, 大黑口, 無魚尾	表題: 芸四, 本文에 朱墨傍點 있음. 내용: 卷1-4(元), 卷5-8(亨), 卷8-11(和), 卷12-16(貞)	서울大 中央圖書館 0330-24A-1-4
新刊鶴林玉露	羅大經(宋)著, 日本	6冊, 木版本, 26.8×16.8cm, 四周單邊, 半郭: 20.3×14cm, 8行19字, 註雙行, 花口, 上下向白魚尾	表題 및 版心題: 鶴林玉露, 朱墨傍點, 重梓鶴林玉露題詞: 萬曆甲申後學黃貞升, 集序: 宋淳祐戊申 羅大經, 地集序: 宋淳祐辛亥, 人集序: 宋淳祐壬子	서울大 中央圖書館 0330-24B-1-6 冊1
(新刊)鶴林玉露	羅大經(宋)撰	1冊(第2-9冊缺), 木版本, 25×17.5cm, 四周單邊, 半郭: 20×13.2cm, 8行19字, 上白魚尾	表紙書名: 鶴林玉露, 序: 萬曆甲申(1584)… 黃貞升: 時宋淳祐戊申(1248) … 羅大經景綸	韓國學中央研究院 C14B-6 全9冊
鶴林玉露	羅大經(宋)著, 刊寫地未詳, 刊寫者未詳, 1844	1冊(68張), 筆寫本, 24.5×16cm, 10行24字	卷末: 甲辰(1844) 孟夏終於德林齋	國立中央圖書館 BA2521-22

第3章 宋·元代 作品目錄과 解題 177

書名	出版事項	版式狀況	一般事項	所藏處/所藏番號
鶴林玉露	羅大經(宋)撰	全16卷3册, 筆寫本, 26.3×15㎝		高麗大學校 신암C12-A48 만송C12-A48A 만송C12-A48B-2 만송C12-A48C-1 (卷1-11)
鶴林玉露	羅大經(宋)撰	全16卷3册, 筆寫本, 26.3×15㎝		韓國學中央研究院 C14B-5
鶴林玉露	羅大經(宋)著	1册(54張), 筆寫本, 28.3×15.5㎝		國民大學校 818-나01 818-나01ㄱ
鶴林玉露	羅大經(宋)著	1册(54張), 筆寫本, 28.3×15.5㎝		忠南大學校 子.儒家類 - 2295
鶴林玉露	羅大經(宋)著	1册(54張), 筆寫本, 28.3×15.5㎝		韓國學中央研究院 C14B-5D 全
鶴林玉露	羅大經 著	3卷3册, 筆寫本, 29.6×18.4㎝, 無界, 10行34字	序: 羅大經	安東大學校 824.4-나222ㅎ
鶴林玉露	羅大經 著, 刊寫地未詳, 刊寫者未詳, 刊寫年未詳	1册, 筆寫本, 26×20.4㎝		嶺南大學校 古韶820.9-나대경
鶴林玉露	羅大經(宋), 刊寫地未詳, 刊寫者未詳, 刊寫年未詳	16卷2册, 筆寫本, 24.2×18㎝, 四周白邊, 無界, 12行字數不定		啓明大學校 812.0904-나대경ㅎ
鶴林玉露	刊寫地未詳, 刊寫者未詳, 刊寫年未詳	1册, 筆寫本, 25.6×14.7㎝, 無界, 半葉12行31字, 紙質: 楮紙		忠南大學校 子.雜家類-1259
鶴林玉露	羅大經(宋) 刊寫地未詳, 刊寫者未詳, 刊寫年未詳	1册, 筆寫本, 21.8×14.7㎝, 四周白邊, 無界, 12行26字		啓明大學校 812.0904-나대경ㅎ
鶴林玉露	羅大經(宋)著, 刊寫地未詳, 刊寫者未詳, 刊寫年未詳	1册, 筆寫本, 25㎝	石田文庫	大邱가톨릭大學校 동820.8-나222ㅎ
鶴林玉露	羅大經(宋)撰	1册, 筆寫本, 28.7×19㎝, 無界, 行字數不定, 無魚尾		京畿大學校 圖書館 경기-K118875-單 册1
鶴林玉露	羅大經(宋)撰	1册, 筆寫本, 20.7×20㎝, 無界, 行字數不定, 無魚尾		京畿大學校 경기-K103261-1 册1

書名	出版事項	版式狀況	一般事項	所藏處/所藏番號
鶴林玉露抄	羅大經(宋)著	1冊(57張), 筆寫本, 29.1×16.5cm 四周單邊, 半郭: 13.6×25.4cm, 有界, 14行42字, 註雙行, 無魚尾, 紙質: 楮紙	表題: 鶴林抄	全南大學校 4D-학239ㄴ 冊1
鶴林玉路	羅大經, 조선후기	1冊, 筆寫本		忠淸北道 鎭川郡 申章澈

21. 癸辛雜識

≪癸辛雜識≫는 宋代 雜俎小說集으로 周密(1232~1298)[135]이 편찬했다. 各家 書目에 卷數가 정확히 기재되어 있지는 않다. ≪四庫全書總目≫ 小說家類에 前後集 각 1卷, 續別集 각 2卷 모두 6卷이라고 기재되어 있고, ≪千頃堂書目≫에는 雜識 1卷, 新識 4卷, 後食 4卷, 續識 2卷, 모두 12卷으로 되어 있으며, ≪歷史經籍志≫에는 ≪癸辛雜識≫4卷으로 적혀 있다. 처음엔 필사본으로 전해지다가 明代 商濬이 ≪稗海≫를 수집하는 과정에서 ≪齊東野語≫의 半을 前集으로, 別集을 後集으로 잘못 편집해 넣으면서 後集과 續集이 빠졌다. 明代 閔原衢가 蘇州 小肆에서 전체 필사본을 구해서 毛晉에게 주었고, ≪津逮秘書≫에 같이 넣어 편찬했다. 淸代 ≪四庫全書≫, ≪學津討原≫은 이 毛本을 근거로 한 것이다. 그 후 1988년 中華書局에서 편찬한 배인본이 가장 잘 완비된 형태의 책이다. 이 책은 杭州 癸辛街에서 지었다고 해서 ≪癸辛雜識≫라는 이름이 붙었으며, 宋이 망하고 격분한 목소리가 담겨있어 ≪齊東野語≫와 내용이 일맥상통한다고도 볼 수 있다.

南宋의 雜事 중에서도 愛國과 영웅들의 내용이 많이 담겨있다. 특히 續集에 있는 "宋江三十六人贊"은 ≪水滸傳≫의 내용을 연구하는데 중요한 자료가 되고 있다.

국내 유입 시기는 정확히 알 수 없으며, 서울大 奎章閣에 弘文館 藏書印이 찍힌 明代 木版本과 淸代 木版本이 소장되어 있다.

---

135) 周密에 대해서는 ≪齊東野語≫해제를 참조하기 바란다.

書名	出版事項	版式狀況	一般事項	所藏處/所藏番號
癸辛雜識 (新後集)	周密(宋)著, 商濬(明)校, 明板本	2冊, 中國木版本, 27×16.8cm	印: 弘文館, 帝室圖書之章 合綴: 江隣幾雜志	서울大 奎章閣 [奎중]3298
癸辛雜識 外集	周密(宋)著, 商濬(明)校, 明板本	1冊(112張), 中國木版本, 27.2×17cm	印: 弘文館	서울大 奎章閣 [奎중]5339
癸辛雜識	周密(宋)著, 商濬(明)校, 淸板本	1冊(50張), 中國木版本, 26.6×16.7cm		서울大 奎章閣 [古]895.18-J869g

22. 鬼董

 《鬼董》은 宋代 志怪小說集으로 편찬자는 미상이다. 黃虞稷의 《千頃堂書目》에 5卷이 기재되어 있고 關漢卿이 撰했다고 되어있다. 현재는 淸 乾隆 年間에 간행한 《知不知齋叢書》와 涵芬樓 排印本 등이 전한다. 책 뒤에는 元 泰定 丙寅年(1326)에 錢孚의 跋이 있다. 原書에도 小序가 있었다고 하나 정확히 글자를 판명할 수 없고, 단지 '太學生沈'과 '孝光時人, 而關解元之所傳也' 글자만 분간 할 수 있다. 때문에 後人들이 關漢卿이나 宋代 沈氏가 撰했다고 여겼다. 하지만 小序에 언급된 두 사람이 반드시 편찬자라고 볼 수 없으며, '關解元之所傳也'도 반드시 關漢卿일 수는 없다고 보는 견해들도 있다. 鮑廷博은 《鬼董》卷4를 근거로 하여 嘉定 戊寅(1218)때의 말들이 언급되기 때문에 늦어도 寧宗 때의 사람일 것이라고 고증했다. 또한 紹定 己丑年(1229) 때의 일이 책에 기록된 것으로 보아 理宗 때의 사람이란 고증도 나왔으나 정확히 누구인지는 알 수가 없다.[136]

 《鬼董》에는 唐·宋代 사람들이 대거 등장한다. 唐代 작품에서 그대로 가져온 흔적도 있고, 등장인물의 이름과 연대만 살짝 바꾼 것들도 있다. 前者의 예로, 卷一 앞부분에 있는 〈洛陽人牟穎〉·〈章翰〉·〈章仇兼琼〉 같은 이야기는 《瀟湘錄》·《通幽錄》·《尙書故實》 등에 수록된 이야기들이다. 後者의 예로는 卷二의 〈襄陽主

---

136) 寧稼雨, 《中國文言小說總目提要》, 齊魯書社, 1996, 140쪽.

簿張有新〉이 있는데 ≪太平廣記≫卷335 ≪紀聞≫에 있는 〈楚丘主簿王無有〉를 변형시킨 것이다. 뿐만 아니라 ≪鬼董≫에 담긴 내용들이 화본과 의화본에도 많은 영향을 주었다.

국내 유입된 시기는 정확히 추정할 수 없으나 東國大學校에 소장되어 있는 판본이 淸 乾隆연간에 간행한 ≪知不知齋叢書≫本이기 때문에 유입시기도 조선 후기로 볼 수 있다.

書名	出版事項	版式狀況	一般事項	所藏處/所藏番號
鬼董	編者未詳, 刊寫者未詳, 中華年間刊	5卷1册, 中國木版本, 19.7×12cm, 左右雙邊, 半郭: 12.7×9cm, 有界, 9行21字, 註雙行, 上下小黑口, 紙質: 綿紙	(知不知齋叢書) 版心題: 泰定丙寅(1326) 淸明日臨安錢子跋	東國大學校 D819.34 귀225

23. 閑窓括異志

≪閑窓括異志≫은 宋代 志怪小說集으로 魯應龍이 편찬했다. ≪四庫全書總目≫에 小說家類 1卷으로 기록되어 있다. 현재 ≪鹽邑志林≫·≪稗海≫·≪敬修堂叢書≫·≪廣百川學海≫ 등에는 서명이 ≪括異志≫라고 되어 있다. 魯應龍의 생애에 대한 기록은 거의 남아 있지 않고, ≪四庫全書總目提要≫〈宋詩紀事〉에 그의 字가 子謙이고 嘉禾, 즉 지금의 浙江省 嘉興 사람으로 理宗 淳祐 年間에 살았다고만 전해진다.

≪四庫提要≫에서 이 책은 모두 神怪한 일을 다루며 因果應報를 명확히 전달하고 있다고 했다. 전반부는 작자가 보고 들은 내용을 주로 기록하고 있지만 후반부는 잡다한 옛 일들을 다루고 있어 唐五代 小說과 유사하다고 할 수 있다. 작자가 地理와 博物 등 잡다한 상식에 능해서 山川古跡 및 仙佛 유적지 등에 전해지는 이야기들을 많이 수집하였다.

≪閑窓括異志≫의 국내 유입시기는 기록이 남아있지 않아 추정하기 힘들다. 다만 서울大 奎章閣에 소장되어 있는 두 판본이 모두 明代 간행된 木版本인 것으로 보아 대략 조선시대 후반에 유입되었을 것으로 보인다.

書名	出版事項	版式狀況	一般事項	所藏處/所藏番號
閑窓括異志	魯應龍(宋)著, 明板本	1冊(59張), 中國木版本, 25.4×16cm	合綴: 搜采異聞錄, 宋永亨著	서울大 奎章閣 [奎중]5153
閑窓括異志	魯應龍(宋)著, 商濬(明)校	1冊(30張), 中國木版本, 26.2×16.6cm, 四周雙邊, 半郭: 20.4×13.5cm, 有界, 9行20字, 上黑魚尾		서울大 奎章閣 915.2-N658h

24. 五色線

≪五色線≫은 宋代 文言小說 발췌집으로 羅叔恭이 편찬했다. ≪遂草堂書目≫에 類書類로 기재되어 있지만, 몇 卷인지 편찬자가 누구인지는 언급되어 있지 않다. ≪宋史≫〈藝文志〉에 類書類 1卷이라는 기록과 함께 '不知作者'라는 注가 달려있다. 丁丙의 ≪善本書室藏書志≫에는 舊필사본이 수록되어 있으며, 繆筌孫의 ≪藝風堂藏書續記≫에 明 刻本 3卷이 수록되어 있다. 原書는 1卷인데, 후인들이 2권을 더 추가한 듯하다. ≪津逮秘書≫에는 上·下 2卷만 있고 中卷은 빠져있다. ≪四庫全書總目≫ 小說家類에 書目이 있으나, 작가가 명시되어 있지 않다. 宋 周紫芝의 ≪太倉黃米集≫ 卷21 詩題에 인용된 '羅叔共≪五色線≫' 이라는 문구에 의해 그렇게 추정한다.

羅叔恭은 叔共 혹은 叔恭이라고 하며, 이름은 竦이다. 지금의 河南인 開封 사람이지만, 江都(지금의 江蘇 揚州)로 이주해서 생활했다. 형 羅靖과 함께 私淑 程氏의 가르침을 받았다고 하며 南宋 初의 사람으로, 그의 생애에 관해서는 ≪宋元學案≫卷27에 기록되어 있다.[137]

≪五色線≫의 내용은 주로 神仙과 怪異한 이야기들로, 비록 분류를 해 놓거나 차례를 정해 놓지는 않았지만 唐宋 소설들을 모아놓았기 때문에 유실된 이야기 등을 참고할만한 가치가 있다.

국내 유입된 기록이 없어 유입시기를 추정하기 어렵다. 단지 安東大學校에 필사 연대를 알 수 없는 필사본이 소장되어 있다.

---

137) 寧稼雨, ≪中國文言小說總目提要≫, 齊魯書社, 1996, 172쪽.

書名	出版事項	版式狀況	一般事項	所藏處/所藏番號
五色線	發行事項不明	1冊, 筆寫本, 23.2×15.4cm		安東大學校 [古小]082 오52

25. 睽車志

≪睽車志≫는 宋代 志怪小說集으로 郭彖이 편찬했다. ≪直齋書錄解題≫ 小說家類에 5卷, ≪宋史≫〈藝文志〉에 1卷, ≪四庫全書總目≫에 6卷으로 기재되어 있다. 현재는 ≪稗海≫·≪說海滙編≫ 등에 5卷, 續1卷 모두 6卷이 남아있다. ≪睽車志≫라는 책의 제목은 ≪易≫〈睽卦〉의 "載鬼一車"라는 말에서 취했다고 한다.

郭彖의 생애에 대한 기록은 남아있지 않지만 ≪直齋書錄解題≫, ≪宋會要輯稿≫〈選擧〉 등을 토대로 보면 그의 字는 伯象이고 和州(지금의 安徽 和縣)사람이다. 進士가 된 후 知興國軍 등을 역임했으며, 孝宗때의 사람으로 추정하고 있다.

≪睽車志≫의 내용은 모두 작가가 듣고 본 이야기로 高宗·孝宗때의 귀신 이야기와 怪異한 奇聞異事들이 주를 이루고 있으며, 因果應報와 勸善懲惡을 주제로 다루고 있다. 가치관의 면에서도 사회적인 의의가 큰 작품들도 있고, 소설 작법 역시 새로움을 추구해서 후대의 소설과 희곡 발전에 많은 영향을 주었다. 예를 들면 卷4의 "士人寓佛寺"은 馬絢娘의 죽은 영혼과 선비의 사랑을 그린 내용으로 선비가 묘를 파고 관을 꺼내 결국 다시 환생하여 사랑을 이룬다는 이야기이다. 이 내용은 결국 湯顯祖 ≪牧丹亭≫의 모태가 되었다. 이 외에도 凌濛初의 "二拍"에 영향을 준 작품들도 적지 않다.

≪睽車志≫의 국내 기록은 朝鮮朝 許筠(1569~1618)의 ≪惺所覆瓿藁≫〈閑情錄≫ 제12권 〈靜業〉에서 ≪睽車志≫의 내용을 인용하였고[138], 李圭景(1788~1856)의 ≪五洲衍文長箋散稿≫경사편2 〈道藏總說〉에도 인용문구가 있으며[139] 韓致奫(1765~1814)

---

[138] 宋次道(차도는 宋 宋敏求의 자) 집의 책은 모두 3~5번의 校勘을 거쳤으므로 세상에서 송차도 집의 책을 善本으로 삼았다. 송차도가 春明坊의 昭陵에 있을 적에 士大夫로서 책을 좋아하는 자는 송차도의 집 곁에 많이 집을 세내어 살았는데, 이는 송차도에게 책을 쉽게 빌리기 위해서였다. 당시 춘명방의 집 전세 값은 다른 곳에 비해 배나 비쌌다. 陳叔易(숙역은 宋 陳恬의 자)이 항상 이 일을 찬탄하면서 말하였다. "이러한 광경을 어찌 다시 볼 수 있겠는가."

[139] 【도사의 令牌와 印】 도사들은 영패와 인이 있다. ≪物理小識≫에 "벼락을 맞은 대추나무를

의 ≪海東繹史≫중 〈中國書目錄〉에도 보이고[140], 〈交聘志8-海道〉에도 ≪睽車志≫의 내용을 인용한 문구가 있다.[141] 이렇듯 조선중기 문인들이 ≪睽車志≫를 읽고 인용한 문구들이 기록에 남아있지만, 그 당시 보았던 판본이 남아있는지에 대한 여부는 정확히 알 수 없다. 현재는 국내 高麗大學校와 延世大學校에 ≪睽車志≫판본이 소장되어 있을 뿐이다.

書名	出版事項	版式狀況	一般事項	所藏處/所藏番號
睽車志	郭彖(宋)撰	6卷6冊, 中國木版本, 四周單邊, 半郭: 20×14.5cm, 有界, 9行20字, 上黑魚尾		高麗大學校 [고서중]812.385
睽車志	郭彖(宋)撰	20卷7冊, 26.5×16.5cm	序: 歷陽郭彖…淳熙(1194)8月, 標題: 六種奇話卷1-6, 睽車志…郭彖撰	延世大學校

26. 江隣幾雜志

≪江隣幾雜志≫는 宋代 志人小說集으로 江休復(1005~1060)이 편찬했다. ≪郡齋讀書志≫ 小說家類에 3卷이 기재되어 있고, ≪直齋書錄解題≫·≪宋史≫〈藝文志〉에는 ≪嘉祐雜志≫라고 기재되어 있다. 원래는 단지 ≪雜志≫라고 했으나, 후대 사람들이 구별을 위해 혹은 姓을 붙여 ≪江氏雜志≫라 하고, 字를 붙여 ≪江隣幾雜志≫ 등으로 불렀다. 현존하는 판본은 淸代 필사본 ≪江氏筆錄≫2卷을 제외하고는 다른 모든 판본은 ≪江隣幾雜志≫1卷이라고 되어 있다. 현존하는 판본으로는 ≪稗海≫本·≪寶顏堂秘笈≫本·≪粉欣閣叢書≫本·≪學海類編≫本·≪四庫全書≫本 등이 있

사용하여 印牌를 만드는데, 이는 대추나무 속이 붉고 단단하며 벼락을 맞아 신통함을 취한 것이다. ≪唐六典≫의 羨門式法에도 대추나무 속으로 만든다 하였다. ≪睽車志≫에는 '귀신은 白玉을 두려워하니 백옥으로 만든 인을 차되 雄精囊에 넣어야 한다.' 했다." 하였다.
140) ≪睽車志≫는 송나라 郭彖이 찬한 것으로, 6권이다. 기이한 일에 대하여 기술하였다.
141) ≪睽車志≫에, "四明 사람 鄭邦傑이 고려와 일본을 왕래하면서 배를 타고 가다가 깃발이 번쩍번쩍 빛나는 가운데 양쪽 뱃전에 수십 명이 앉아 있는 것을 보고는 鬼划船이라 하였다." 하였다.

으며, 南京圖書館에 소장된 필사본으로 淸 乾隆 年間 趙氏의 星鳳閣 필사본이 있다.

江休復의 字는 隣幾이고 開封 陳留(지금의 河南 開封) 사람, 혹은 臨川 사람으로 알려져 있기도 하다. 詩와 문장에 능했으며 琴과 술을 좋아했다고 한다. 進士에 급제하여 信州·滁州의 司法參軍을 역임하는 등 관직이 刑部郎中에까지 이르렀다. ≪江隣幾雜志≫는 嘉祐 2年(1057)에 완성하였으며 1060년에 56세의 일기로 세상을 떠났다.

≪江隣幾雜志≫에는 宋代 사람들의 다양한 이야기와 풍속·典製들이 담겨있을 뿐 아니라 소소한 것으로는 어떤 부부가 아주 사소한 일로 강에 투신자살한 이야기까지 비교적 폭넓은 인간사를 다루고 있다. 또한 蘇東坡를 비롯한 宋代 문인들이 鬪茶한 이야기 및 歐陽修에 관련된 이야기도 담겨있다. ≪郡齋讀書志≫에서는 이 작품을 "所記精博, 絶人遠甚"이라 평가하여 사료적으로도 가치가 있음을 인정하고 있다.

국내 유입된 기록이 없어 유입시기를 정확히 알 수 없으나 대략 조선후기로 추정된다. 淸代 간행된 목판본이 서울大 奎章閣에 소장되어 있다.

書名	出版事項	版式狀況	一般事項	所藏處/所藏番號
江隣幾雜志	商濬(明)校, 淸板本	1冊(42張), 中國木版本, 26.4×16.5cm		서울大 奎章閣 [古]818-Sa58g

27. 南村輟耕錄

≪南村輟耕錄≫은 元代 雜俎小說集으로 陶宗儀가 편찬했다. ≪國史經籍志≫·≪千頃堂書目≫·≪明史≫〈藝文志〉小說家類에 ≪輟耕錄≫30卷이 기재되어 있고, ≪四庫全書總目≫에는 ≪南村輟耕錄≫이라는 제목으로 되어있다. 현재 전하는 판본으로는 明 成化刊本·明 玉蘭草堂刊本·1923年 武進陶湘 및 ≪四部叢刊≫元刻本 영인본·光緖 11年(1885) 刊本·浙湖 許恒元堂刻本·≪津逮秘書≫本과 1959년 中華書局 排印本 등이 있다.

陶宗儀(1321~1407)는 字가 九成, 號는 南村이며 浙江 臺州 黃巖 사람이다. 먼 조상은 東晋時代 저명한 시인 陶淵明이라 한다. 아버지 陶煜은 字가 明元이고 號는 逍遙山人이다. 陶宗儀는 영달와 이익을 구하지 않고 청빈하게 살았으며 오직 저술하는 일로써 즐거움을 삼았다 한다. 그의 평생 저서는 10여部 수백 卷에 이른다. ≪輟耕錄≫과 ≪書史會要≫를 제외하고도 ≪說郛≫·≪南村詩集≫·≪國風尊經≫·≪四書備遺≫·≪古唐類苑≫·≪草莽私乘≫·≪遊志續編≫·≪古刻叢鈔≫·≪元代掖庭記≫·≪金丹密語≫·≪滄浪棹歌≫·≪淳化帖考≫ 등이 있다.

≪南村輟耕錄≫는 見聞鎖事를 기록한 것으로 내용이 풍부하여 史料的으로나 文學的으로나 가치가 있다. 元나라 시대의 법령제도 및 至正(1341~1370) 말년의 東南 병란에 관한 일들이 자세히 기록되어 있으며, 書畵·文藝의 考訂 등도 참조할 만하다. 元代 文學家와 戱曲家, 연예인들에 관한 사적뿐 아니라 戱曲 名目까지 기술하고 있어 중요한 가치가 있다.

≪南村輟耕錄≫의 국내 유입기록은 상세히 나와 있지는 않지만 沈守慶(1516~1599)의 ≪遣閑雜錄≫에서 沈守慶이 읽은 중국 서책을 나열하며 우리나라의 책과 비교하는 과정에서142) ≪南村輟耕錄≫을 언급했고, 李滉(1501~1570)의 ≪退溪集≫ 〈계몽전의-占의 변화를 보는 법 제4〉에서는 ≪南村輟耕錄≫에 나온 내용을 인용한 문구143)가 보인다. 때문에 유입된 시기는 적어도 16세기로 추정할 수 있다. 하지만 국내 高麗大學校에 소장되어 있는 판본은 조선시대 문인들이 읽었던 판본이 아니라 民國 초기 上海 涵芬樓에서 간행한 石印本으로 비교적 늦게 간행된 것이다.

書名	出版事項	版式狀況	一般事項	所藏處/所藏番號
南村輟耕錄	陶宗儀(元)編, 上海, 涵芬樓, 民國年刊	30卷8冊(卷1-30), 中國石印本, 20×13.2㎝	刊記: 上海涵芬樓景印吳縣潘氏滂熹齋藏元刊, 四部叢刊三編, 子部	高麗大學校 육당C14-B4-1-8

---

142) …… 예나 지금이나 문인으로서 저술한 잡기(雜記)가 많은데, 내가 본 것을 들어보면 ≪南村輟耕錄≫·≪江湖記聞≫·≪酉陽雜俎≫·≪詩人玉屑≫·≪鶴林玉露≫ 등의 서적과 고려 때 李仁老의 ≪破閑集≫, 李齊賢의 ≪櫟翁稗說≫과 우리나라에서는 徐居正의 ≪太平閑話≫·≪筆苑雜記≫·≪東人詩話≫, 李陸의 ≪靑坡劇談≫, 成俔의 ≪慵齋叢話≫, 曹伸의 ≪謏聞鎖錄≫, 金正國의 ≪思齋撫言≫, 宋世琳의 ≪禦眠楯≫, 魚叔權의 ≪稗官雜記≫, 權應仁의 ≪松溪漫錄≫ 등은 모두 견문을 기록한 것으로 한가할 때 볼 수 있는 자료이다……

143) ……"옛 사람이 주역을 만든다(古人做易)"라는 대목의 '也好則劇': ≪南村輟耕錄≫에 "宋의 楊太后는 어려서 궁중에 들어가서 칙극을 하는 어린아이가 되었다."라고 하였으니, 칙극이란 연극의 명칭일 것이며, 칙극을 하는 어린아이[則劇孩兒]라 함은 지금의 連花隊라 하는 것이나 마찬가지일 것이다……

28. 稗史

　≪稗史≫는 元代 志人小說集으로 仇遠이 편찬하였다. 비록 元代에 간행된 책 목록에는 보이지 않지만 涵芬樓本 ≪說郛≫에 逸文 34條와 11개의 篇目이 수록되어 있고, 錢大昕의 ≪補元史藝文志≫에는 ≪稗史≫1卷이 기재되어 있다.

　仇遠의 字는 近仁으로 人父, 號山村民, 山村先生 등으로 불리었으며, 錢塘 출신으로 지금의 浙江 杭州 사람이다. 宋末 元初의 사람으로 그에 관한 사적은 ≪新元史≫〈吾邱衍傳〉 및 ≪元史類編≫卷36 등에서 찾아 볼 수 있다.

　原本 ≪說郛≫에 기재된 편목은 志忠·志孝·志善·志惡·志政·志賢·志言·志疾·志異·志談·志雜 등이다. 重編 ≪說郛≫에서는 原本 ≪說郛≫에 수록된 것을 취하였으나 志忠·志政·志惡·志疾·志雜 등의 篇名은 보이지 않는다. 原本 ≪說郛≫중 "志忠"편의 〈金伶官〉條, "志異"편의 〈好奇〉條, "志雜"편의 〈諱名〉條는 모두 重編 ≪說郛≫의 "志談"편에 삽입되었다.

　남아있는 逸文들은 宋末 元初의 일들을 담고 있는데, 작가는 遺民 신분으로 元初 漢人 민족들의 정서를 대신 반영해 주고 있다. 예를 들면 "志忠"편의 〈金伶官〉條에서는 金伶官이라는 인물을 내세워 元의 관리가 되어버린 宋 관리들을 풍자하고 있다. 뿐만 아니라 〈割股批乳〉에서는 孝行을 강조했으며, 〈丐者報恩〉·〈富隣還券〉 등에서는 德行을 강조하기도 하였다. 이처럼 ≪稗史≫ 작품에 작가의 전통적인 사상을 반영해 놓았다. 또한 민간에 전승되던 이야기를 적절히 융합해 宋元의 전란을 통해 핍박받는 일반가정의 상황을 그려내는 등 소설적인 요소가 많이 가미되어 있다.[144]

　국내 유입기록이 없어 유입된 정황은 알 수 없으나 延世大學校와 서울大 奎章閣, 그리고 豊山金氏 門中에 필사본이 소장되어 있다.

書名	出版事項	版式狀況	一般事項	所藏處/所藏番號
稗史		172張, 筆寫本, 28cm, 10行29字 內外	目次: 雪壑謏聞, 荷潭野乘, 紫海筆談, 荷潭破寂, 宣廟中興志, 名分說, 卷末 歲丁卯孟夏上澣書	延世大學校 (貴重圖書) [귀]884

---

144) 寧稼雨, ≪中國文言小說總目提要≫, 齊魯書社, 1996, 209쪽.

書名	出版事項	版式狀況	一般事項	所藏處/所藏番號
稗史		1冊, 筆寫本, 17.8×17㎝	註記: 丙申七月~十月	五美洞 豐山金氏 虛白堂 門中, 韓國國學振興院에 수탁 KS0063-1-02-00111
稗史		1冊(46張), 筆寫本, 27.6×18.4㎝	內容目次: 三學士傳(洪翼漢, 尹集, 吳達濟), 朴泰輔直諫記 / 師善 編	서울大 奎章閣 7771

29. 기타 - 嬌紅記·避署錄話

위에 언급한 작품 이외에 유입기록은 있으나 판본이 없는 작품으로 ≪嬌紅記≫와 ≪避署錄話≫가 있다.

≪嬌紅記≫: 元代 傳奇小說로 宋遠이 편찬했다. 宋遠은 宋梅洞으로도 알려져 있으며 江西 樟樹 사람이다. ≪嬌紅記≫의 내용은 다음과 같다. 申純과 嬌娘은 서로 사랑하지만 교랑의 집 시녀 飛紅의 방해를 받게 된다. 결국 巫女가 이 둘이 天上의 西王母의 侍者였던 금동과 옥녀의 變身임을 알려 주게 되고, 申純과 嬌娘은 맺어져 천상으로 올라간다. ≪百川書志≫外史類에 2卷이 기재되어 있으며, 현재 통용되고 있는 소설 ≪嬌紅記≫는 ≪艶異編≫·≪國色天香≫·≪繡谷春容≫·≪情史類略≫·≪風流十使≫·≪燕居筆記≫와 같은 소설총집에 두루 실려 있다.145)

≪嬌紅記≫의 국내 유입기록은 ≪朝鮮王朝實錄≫〈燕山君日記〉(권63-3, 燕山君 12年[1506년] 4월 13일)에 처음 보이는데, 여기에서 연산군이 전교하기를, "≪剪燈新話≫·≪剪燈餘話≫·≪效顰集≫·≪嬌紅記≫·≪西廂記≫ 등을 謝恩使로 하여금 사오게 하라"라고 하였다. 이런 책들이 이미 유입되어 유통되었다가 유실되었는지, 또는 국

---
145) 이시찬, 〈원대 ≪교홍기≫ 문체와 인물에 관한 소고〉, ≪중국어문학논총≫ 제67호, 2011, 398쪽.

내에 필요한 책을 새로 구입하려했던 것인지 정확하게 추정할 수 없으나, 이 시기에 많은 중국 소설이 국내로 유입되었던 것으로 보인다. 그러기에 유입 시기는 16세기 중반 무렵으로 추정 할 수 있다.

≪避署錄話≫ : 宋代 雜俎小說集으로 葉夢得(1077~1148)이 편찬했다. ≪直齋書錄解題≫와 ≪宋史≫〈藝文志〉 小說家類에 ≪石林避署錄≫2권이 著錄되어 있고, ≪四庫全書總目≫ 雜家類에 ≪避署錄話≫라고 기재되어 있다. 지금 전해지는 明 嘉靖 項氏宛委山堂刊本은 4卷이며, ≪稗海≫·≪津逮秘書≫·≪學津討原≫ 등의 叢書本은 모두 2卷이다. 葉夢得의 字는 少蘊, 號는 石林으로 吳縣(지금의 江蘇 蘇州) 사람이다. 紹聖 4年(1097)에 진사가 되어 徽宗 때 翰林學士를 지냈으며 高宗 때 戶部尙書에 올랐다. 北宋의 雜事를 폭넓게 수집하여 ≪避署錄話≫를 편찬하였기 때문에 사료로서의 가치도 지닌다.

국내 유입 기록은 정확하지 않지만 韓致奫(1765~1814)의 ≪海東繹史≫제27권 〈文房類〉에 ≪避署錄話≫의 내용이 소개되어[146] 있는 것을 보면 18세기 말에서 19세기 초에는 유입되었을 것이다. 한치윤이 본 판본이 어떤 판본인지는 알 수 없으나 현재 국내에는 ≪稗海≫本이 남아있다.

---

146) 黃山의 소나무는 풍만하고 단단하면서도 결이 치밀해서 다른 주에 있는 소나무와는 다르며, 또 漆이 많다. 예전에는 칠을 쓰는 자가 없었는데, 30년 전부터는 사람들이 비로소 칠을 썼다. 소나무를 칠에다 적셔서 함께 불태운다. 내가 大觀(1107~1110) 연간에 墨工 高慶和를 시켜서 산에서 그을음을 채취하게 하고는 그에 대한 값의 고하를 따지지 않고 다 주었다. 또 일찍이 三韓 사신들을 접대하는 館伴의 명을 받고는 그들이 조공하는 먹을 얻어서 이를 잘게 부순 다음 3분의 1을 섞어서 먹을 만드니, 潘谷과 張谷 및 陳瞻의 무리가 만든 먹이 모두 이 먹만 못하였다. ≪避署錄話≫

4 明代 作品目錄과 解題

1. 說郛

　≪說郛≫는 文言小說 叢書로 元末 明初의 인물 陶宗儀가 편찬했다. ≪說郛≫는 ≪國史經籍旨≫ 小說家類에 100卷이 기재되어 있고, ≪千頃堂書錄≫에는 類書類에, ≪四庫全書總目≫에는 雜家類에 포함되었다. 莫伯驥의 ≪五十萬卷樓藏書目錄≫에 의하면, 弘治 9年(1496) 郁文博과 楊維楨의 序文이 있는 郁文博 校正本이 가장 오래된 것이라고 한다. 하지만 이 판본은 유실되었고, 지금은 明代 필사본만 여러 種이 전해지고 있으며, 혹은 "上海後學郁文博校正"이라고 언급한 郁文博校本 계통이 전해지고 있다.

　陶宗儀(1321~1407)는 字가 九成이고, 號는 南村이며 浙江 臺州 黃岩 사람이다.147) 陶宗儀는 臺州 출신으로는 가장 많은 저작이 ≪四庫全書≫에 수록된 작가로 알려졌는데 ≪說郛≫를 완성하고 난 후 얼마 되지 않아 病卒하였다.

　≪說郛≫는 野史·隨筆·經典·傳記·文集·小說 등 정통적인 것이 아닌 진기한 서적 1,000여 종을 抄錄하여 편찬한 것으로, 지금 현재 전해지고 있는 ≪說郛≫총서는 크게 두 종류로 나뉜다. 첫째는 오랫동안 필사본으로만 전해지고 있던 것을 1927년에 張宗祥이 이들 필사본 중 6종의 明代 필사본을 校訂하여 ≪明鈔本說郛≫ 총 100권을 출판하였다. 여기에는 109종의 서적이 수록되어 있으며, 원본에 가장 가깝다. 두 번째는 明末 天啓~崇禎 年間(1621~1644)에 陶廷이 ≪重編百川學海≫·≪續百川學

---

147) ≪南村輟耕錄≫참조할 것- 도종의의 먼 조상은 東晉時代 저명한 시인 陶淵明이라 한다. 아버지 陶煜은 字가 明元이요 號는 逍遙山人이다. 榮利를 탐하지 않고 평생을 청빈하게 살았으며 오직 저술하는 일로써 즐거움을 삼았다 한다. 그의 평생 저서는 10여部 수백 卷에 이른다. ≪輟耕錄≫과 ≪書史會要≫를 제외하고도 ≪說郛≫·≪南村詩集≫·≪國風尊經≫·≪四書備遺≫·≪古唐類苑≫·≪草莽私乘≫·≪遊志續編≫·≪古刻叢鈔≫·≪元代掖庭記≫·≪金丹密語≫·≪滄浪棹歌≫·≪淳化帖考≫ 등이 있다.

海≫·≪廣百川學海≫·≪廣漢魏叢書≫·≪五朝小說≫ 등 明代叢書의 版本을 이용하여 1,364종의 서적을 수록한 ≪重校說郛≫ 전 120권을 출판하였다. ≪說郛≫라고 하면, 이상의 2種 총서를 가리키는 경우가 많다.148)

국내의 가장 이른 기록으로는 고려시대 李穀(1298~1351)의 ≪稼亭集≫에서 찾아볼 수 있다. 雜錄 〈李中父가 征東行省에 사신으로 나가는 것을 전송하며 지은 序〉에서 당나라 때에는 관직을 지닌 자는 皁袍를 입고, 관직이 없는 유생은 白袍를 입고, 서민은 布袍를 입었는데, 여기에서 유래하여 백포가 擧人 즉 入試生의 복장으로 쓰이게 되었다는 ≪說郛≫卷44上 〈臣庶許服紫袍〉의 내용이 나온다. 뿐만 아니라 제16권 〈辛巳年(1341) 元日에 감회에 젖어〉라는 律詩에서도 ≪說郛≫卷12 〈鬱壘〉의 내용이 소개되었다. 섣달 그믐날 밤과 새해 아침에 폭죽을 터뜨리면 질병을 옮기는 악귀가 그 소리를 듣고 달아난다고 하였으며, 桃符는 두 개의 복숭아나무 판자에다 神茶와 鬱壘의 두 귀신 이름을 써서 만든 부적으로, 邪氣를 막을 목적으로 정초에 이것을 문간에 걸어 두었다는 것이다. 이런 기록을 통해 보면 ≪說郛≫가 국내 유입된 시기는 고려시대로 추정할 수 있으나, 정확한 유입기록은 없다.

조선시대 許筠은 ≪한정록≫에서 ≪說郛≫를 여러 차례 인용하고 있고 일찍이 두해(1614~15)에 걸친 북경사행 길에 4,000여 권의 중국서적을 구입해 돌아왔는데, ≪說郛≫를 비롯한 明나라 판본 서적 상당수가 구입목록에 포함되어 있다.149) 따라서 1610년을 전후로 유입되어 읽혀졌을 것으로 추정하기도 한다.

국내에는 서울大 奎章閣과 延世大學校, 忠南大學校, 全南大學校, 成均館大學校, 國立中央圖書館 등에 淸代 木版本이 소장되어 있다.

書名	出版事項	版式狀況	一般事項	所藏處/所藏番號
說郛	陶宗儀(明)纂, 張縉彦(明)補輯, 刊寫地未詳, 宛委山堂, 淸板本(1616-1911)	165冊(10冊), 中國木版本, 22.4×15.3㎝	序: 弘治九年(1496)…郁文博, 第121冊부터는 續集임(冊1-10,11-22, 23-30, 31-40, 51-59, 60-68, 69-80, · 81-90, 91-100, 101-110)	서울大 奎章閣 [古]4498

---

148) 寧稼雨, ≪中國文言小說總目提要≫, 齊魯書社, 1996, 188쪽.
149) 임철규, ≪조선 문인이 걸어온 길≫, 한길사, 2004, 572쪽.

第4章 明代 作品目錄과 解題 191

書名	出版事項	版式狀況	一般事項	所藏處/所藏番號
說郛	陶宗儀(明)編	本集120卷93冊(卷101缺), 續集46卷40冊(卷1缺), 合133冊, 木版本, 四周雙邊, 匡郭: 19.5×14.5cm, 有界, 10行20字, 上白魚尾	序: 順治四年丁亥(1647) 王應昌, …… 順治三年丙戌(1646) 李際期	延世大學校 (李源喆文庫)
說郛	陶宗儀(明)編, 陶珽(明)重輯, 清代刊	零本18冊, 中國木版本, 24.2×15.4cm, 上下單邊, 左右雙邊, 9行20字, 半郭: 19.2×14.3cm, 有界, 上下向白魚尾, 紙質: 竹紙	(18冊: 5, 12, 13, 15, 16, 30, 37, 38, 39, 48, 58, 59, 78, 111, 116, 117, 118, 續16)	忠南大學校 總.叢書類-13
說郛	陶宗儀(明)纂, 陶珽(明)重輯	38冊(缺帙), 中國木版本, 22.8×15.4cm, 上下單邊 左右雙邊, 9行20字 半郭: 19.1×13.6cm, 有界, 註雙行, 花口, 上下向白魚尾, 紙質: 竹紙		全南大學校 3N4 - 설47ㄷ
說郛	陶宗儀(明)編, 陶珽(明)重輯, 宛委山堂, 清, 順治4年(1647)序	121卷118冊, 木版本, 23.2×15.7cm, 左右雙邊 半郭: 19.2×13.6cm, 有界, 9行20字, 上白魚尾, 紙質: 竹紙		成均館大學校 C14D-0018
說郛	陶宗儀(明)纂, 順治4年(1647)序	160冊, 中國木版本, 24.8×16.3cm	序: 順治四年(1647)…王應昌. 弘治九年(1496)…郁文博	서울大 奎章閣 3649
說郛	陶宗儀(明)編	168冊, 中國木版本, 25.1×15.5cm		國立中央圖書館 BA古10-00-나42

2. 山中一夕話

≪山中一夕話≫는 笑話 및 戱作의 모음집으로 ≪開卷一笑≫라고도 한다. '山中一夕話'라는 말은 '與君一夕話, 勝讀十年書'라는 詩句에서 따온 것이다. 이 책은 上·下 二集 14권으로 구성되어 있는데, 上集은 諧諧小品과 寓言이 대부분이고 下集은 笑話이다. 卷首에 "卓吾編次, 笑笑先生增訂, 哈哈道人校閱"이라고 되어 있다. 明代 李卓吾가 편찬했다고 하나 가탁으로 보기도 한다.

李贄는 字가 卓吾로 晉江 사람이다. 萬曆年間에 雲南 姚安府知事까지 역임했으나, 도학자적인 기풍을 싫어하고 佛敎나 道敎를 가까이하며, 머리를 깎고 佛僧 모양을 하는 등의 태도로 딱딱하기만 한 儒學者들을 비판하였다. 만년에 북쪽 通州에서 노닐다가 給事中 張文達의 탄핵을 입어 옥중에서 숨졌다.

'笑笑先生'과 '哈哈道人'은 모두 그 성씨를 알 수 없으나 封面 판심에 '開元一笑'라고 크게 쓰여있고, 우측 상단에 '屠赤水先生參閱', 좌측 하단에는 '梅墅石渠閣梓行'이라 되어 있다. 屠赤水는 明代 屠隆으로, 결국 도적수가 笑笑先生일 가능성이 크다고 볼 수 있다. 卷頭 序文에 "三台山人題於欲精樓"라고 되어 있고, 序에 "봄빛 좋은 날 우연히 구곡에서 노닐다가 모산 북쪽에서 소소선생을 만났다. 책 한권을 꺼내 보여주셨는데 이탁오 선생이 편집한 〈개원일소〉에 진부한 것은 빼고 청신한 것을 보충한 것이었다. 무릇 우주간의 기뻐할 일, 웃을 만한 일, 제해 유희의 문장이 갖추어 실리지 않은 것이 없었다. 제목하기를 '산중일석화'라 하였다150)"라 되어 있다. 이 문장에 의하면 이 책은 李卓吾가 모은 것을 笑笑先生이 增訂한 것이고, '山中一夕話'는 總刻의 總名이고 '開卷一笑'는 그 가운데의 一種일 것이다.151)

국내 유입된 시기는 정확히 추정할 수 없으나, 완산 이씨 ≪朝鮮小說繪模本≫에 유입기록이 남아있는 것을 보아 1762년 이전에는 유입된 것으로 보여진다. 中國木版本이 梨花女子大學校와 國立中央圖書館에 소장되어 있다. 梨花女子大學校에는 7卷 4冊이, 國立中央圖書館에는 14卷 6冊이 소장되어 있는데, 비록 책의 크기는 22×14㎝, 25.5×16.4㎝로 차이가 있지만 글자 수가 모두 8行 18字이고 판의 크기가 19×13㎝, 18.9×12.2㎝로 비슷한 상황을 보이고 있어 같은 판본일 가능성이 높다고 할 수 있다.

書名	出版事項	版式狀況	一般事項	所藏處/所藏番號
山中一夕話	李卓吾(明)編	7卷4冊, 新集7卷2冊, 共6冊, 22×14㎝, 四周單邊, 半郭: 19×13㎝, 有界, 8行18字, 上黑魚尾		梨花女子大學校 812.308-이841ㅅ-1-6

---

150) 春光明媚, 偶遊句曲, 遇笑笑先生於茅山之陽, 班荊道及, 因出一編, 蓋李卓吾先生所輯開卷一笑, 刪其陳腐, 補其淸新, 凡宇宙間可喜可笑之事, 齊諧遊戱之文, 無不備載, 顔曰山中一夕話.

151) 이화여자대학교 한국문화연구원 편, ≪이화여자대학교 중앙도서관 소장 고서해제2≫, 평민사, 2008, 96~97쪽 참조.

書名	出版事項	版式狀況	一般事項	所藏處/所藏番號
山中一夕話	李卓吾(明)編, 笑笑先生 增訂, 哈哈道士 較閱	14卷6册(本卷1-7, 新卷1-7), 中國木版本, 25.5×16.4cm, 四周雙邊, 8行18字, 半郭: 18.9×12.2cm, 有界, 註雙行, 上下向黑魚尾	(表)題紙書名: 開卷一笑	國立中央圖書館 BA古5-80-42

3. 聘聘傳(娉娉傳)

≪聘聘傳≫은 5卷 5冊本으로 현재 중국에서는 서목조차 보이지 않는 작품인데 韓國學中央硏究院 樂善齋 문고에는 한글 번역본이 전해지고 있다. 다만 안타깝게도 현재 제1권은 없고 나머지만 전해지고 있는 상황이다.

李明九는 이 작품에 古語가 많이 사용된 것을 보고 朝鮮 中期의 작품으로 추정하고 있고 박재연은 1762년 이전에 번역된 작품으로 보고 있으며 ≪剪燈餘話≫ 卷5 〈賈雲華還魂記〉를 바탕으로 한 才子佳人小說이 있었을 것으로 가정하고 있다. 전반적으로 살펴보면 내용은 〈賈雲華還魂記〉와 거의 유사하나 편폭에 있어서는 차이가 있기 때문에 분명히 다른 판본이 존재했을 가능성이 있다.[152]

≪聘聘傳≫이 언제 국내에 유입되었는지에 대해서는 명확하지 않지만 朝鮮 英祖 38年(1762) 完山 李氏가 지은 ≪中國小說繪模本≫의 序文에 작품명에 등장하는 것으로 볼 때 대개 18세기 중반 이전에는 확실히 유입되었을 것으로 보인다.

한글본 ≪빙빙뎐≫의 내용은 다음과 같다. 송나라 때 위참정의 아들 魏鵬이 편모 슬하에서 어렵게 자라다가 약혼녀 聘聘을 찾아가지만 빙빙의 어머니 莫夫人이 그를 탐탁치 않게 여기고 양녀 吳 소저와 혼인을 시킨다. 후에 위붕이 장원급제하자 막부인은 다시 딸 빙빙을 그에게 시집보내고자 하는데 吳 소저가 투기를 부려 감옥에 갇혔다가 서로 화해하게 되고, 결국 빙빙, 오 소저, 첩 해춘은 사이좋게 지내며 자손을 많이 낳아 융성하게 되었다는 이야기이다.

---

152) 박재연, 〈≪剪燈餘話≫와 낙선재본 ≪빙빙뎐≫ 연구〉, ≪중국소설논총≫ 제4집, 1995, 3. 371-396쪽.
김완진, 〈빙빙전 권지일〉, ≪한국문화≫ 제6집, 1985, 12. 169-238쪽.
박재연 校注, ≪빙빙뎐≫(賈雲華還魂記), 학고방, 1995. 참조.

書名	出版事項	版式狀況	一般事項	所藏處/所藏番號
빙빙뎐 (聘聘傳)	著者未詳, 寫年未詳	5卷5冊(卷2, 3, 4, 5), 筆寫本, 28×20㎝, 無郭, 無絲欄, 12行28字, 無版心, 紙質: 楮紙	表題: 聘聘傳, 印: 藏書閣印	韓國學中央研究院 귀4-6814

4. 太原志(太原誌)

≪太原志≫는 4卷 4冊本으로 중국에서는 아직 발견되지 않은 英雄小說이다. 중국 원전은 전하지 않지만 우리나라 樂善齋 문고에 전해지고 있다. 한글 필사본으로 되어 있고 현재 韓國學中央硏究院에 소장되어 있다.153) 임치균이 교주한 ≪태원지(太原誌)≫가 2010년에 韓國學中央硏究院 출판부에서 출판되었다.

≪太原志≫는 현재 여러 가지 논란이 일고 있는 작품이다. 조희웅은 ≪中國小說繪模本≫에 ≪太原志≫가 기록된 점을 들어 중국소설일 가능성을 제기했고154) 김진세는 조선을 동방예의지국으로 예찬한 점, 중국인을 부정적으로 묘사한 점, 혼인의 법도 등을 들어 우리 소설로 보고 있으며, 민관동과 박재연은 ≪太原志≫를 중국소설로 보고 영웅소설로 분류하고 있다.155) 최근 임치균은 조선에 대한 찬양, 중국인에 대한 부정적 서술과 ≪童蒙先習≫의 수용, 중국에 대한 상대적 인식 등을 근거로 우리소설로 보고 있으며156) 홍현성은 임치균의 논리에 적극 찬동하면서 ≪太原志≫의 시공간에 대해서 좀 더 구체적인 연구를 진행하여 화이질서에 반하는 세계를 형상하고자 했다고 주장하고 있다.157)

이처럼 ≪太原志≫에 대한 다양한 논리가 전개되고 있지만 현재까지 명확하게 우리나라 소설이라 확정할만한 근거는 제시되지 않고 있다. 따라서 앞으로 정확한 고증과 후속적인 연구가 기대되는 작품이라 하겠다.

---

153) 朴在淵 編, ≪中國小說繪模本≫, 강원대학교출판부, 1993. 168쪽 참조.
154) 조희웅, 〈낙선재본 번역소설 연구〉, ≪국어국문학≫62-63 합집, 국어국문학회, 1973. 266-267쪽.
155) 민관동, 〈중국고전소설의 한글 번역문제〉, ≪고소설연구≫제5집, 1998. 445쪽, 朴在淵 編, ≪中國小說繪模本≫, 강원대학교출판부, 1993. 168쪽.
156) 임치균, 〈태원지 연구〉, ≪고전문학연구≫제35집, 2009. 355-384쪽.
157) 홍현성, 〈太原誌 시공간 구성의 성격과 의미〉, ≪고소설연구≫제29집, 2010. 291-319쪽.

한글본 ≪태원지≫의 내용은 다음과 같다. 금릉 땅에 임위라는 가난한 도사가 치성을 드려 아들 임성을 낳았는데, 총명하고 용감한 그의 아들 임성은 호걸들과 결의형제하고 중원을 정복할 뜻을 세운다. 마침내 임성은 太原 다섯 나라를 정벌하고 황제로 추대되며 고향에 있는 부모님을 모셔와 태평성대를 누리게 된다.[158]

그 외 연세대에 ≪太原志≫ 殘本 1책(권2)이 필사본으로 남아있다.

書名	出版事項	版式狀況	一般事項	所藏處/所藏番號
太原志	零本1册(卷2), 筆寫本	29.5×21cm		延世大學校 811.36
太原誌	4卷4册, 筆寫本	29.1×15.6cm, 無郭, 無絲欄, 10行20-25字, 無版心, 紙質: 楮紙	表題 : 太原誌	韓國學中央研究院 K4-6852

5. 廣博物志

≪廣博物志≫ 50卷은 明代 董斯張(1587~1628)이 편찬하였다. 晉代 張華의 ≪博物志≫는 진위여부가 불투명하고 내용도 매우 간략하였다. 南宋代에 李石이 ≪續博物志≫를 지어 새로운 내용을 첨가했지만 여전히 이전의 체례를 따르고 있었다. 이에 董斯張은 唐 以前의 역대 典籍 중에서 사물의 기원이 되는 자료들을 모아 정리하면서 전반적인 체례를 개편하여 天道·時序·地形 등 크게는 22개의 목록으로 나누고, 다시 167항목으로 세분화시켜 ≪廣博物志≫를 완성하였다. 原書 ≪博物志≫의 全文을 직접적으로 인용하여 명확한 출처와 주까지 달아 놓았기 때문에 참고할 가치가 크다.

董斯張은 字가 然明이고, 號는 遐周·借庵으로 浙江 烏程 사람이다. 祖父는 董份으로 嘉靖 年間에 進士에 합격해 工部尙書·禮部尙書 겸 翰林學士 등을 지냈다. 董斯張은 어려서부터 몸이 약하고 병이 많아 책속에 빠져 지내는 날이 많았다고 한다. 자칭 "瘦居士"라고도 했으며 수백 권을 손수 필사할 정도로 책을 좋아 했다고 한다. 지리

---

158) 민관동·김명신이 출판준비중인 〈國內 中國古典小說 出版本·飜譯本 目錄〉 자료에서 참고하였음.

방면에도 뛰어나 天啓 4年(1624) 당시 吳興(지금의 浙江 湖州) 지방의 역사와 지리·문화 등을 소개한 ≪吳興備志≫32卷을 남겼는데, 이 책은 지리학적으로 매우 중요한 서적으로 꼽힌다. 董斯張은 통속소설과의 인연도 깊은데 章回小說 ≪西游補≫의 작가 董說이 그의 아들이고, "三言"과 "二拍"의 편찬자로 유명한 馮夢龍, 凌蒙初와도 우의가 깊었다고 한다.

국내 기록을 살펴보면 李圭景(1788~1856)의 ≪五洲衍文長箋散稿≫〈氏姓과 譜牒에 대한 변증설〉에서 ≪廣博物志≫의 내용을 소개하고[159] 있어 이 시기에 유입되었을 것으로 추정할 수 있다.

국내 소장된 판본을 살펴보면, 漢陽大學校와 成均館大學校에 소장된 木版本은 明代 萬曆 年間 '高暉堂'에서 간행된 같은 판본이고, 서울大 奎章閣과 慶熙大學校, 延世大學校에는 淸代 간행된 木版本이 소장되어 있다. 그 외에 梨花女子大學校에 淸代 石印本이 소장되어 있다.

書名	出版事項	版式狀況	一般事項	所藏處/所藏番號
廣博物志	董斯張(明)纂, 刊寫地未詳, 高暉堂, 萬曆35年(1607)	册(卷18~23), 中國木版本, 25.7×16.2cm, 四周單邊, 半郭: 20.2×14.4cm, 有界, 9行18字, 註雙行, 上向黑魚尾	모두 22門167子目, 唐宋의 古書를 많이 引用	漢陽大學校 031.2-동51ㄱㄱ-v.1, 3, 4
廣博物志	董斯張(明)纂, 刊寫地未詳, 高暉堂, 萬曆35年(1607)	全50卷24册(卷20, 25~27), 中國木版本, 25.7×16.2cm, 四周單邊, 半郭: 20.2×14.4cm, 有界, 9行18字, 註雙行, 上下向黑魚尾	內容: 卷20: 人倫, 師友, 卷25: 形體, 卷26~27: 藝花1~2	漢陽大學校 031.2-동51ㄱㄱ-v.2, 5, 6
廣博物	董斯張(明) 纂, 高士燁, 高暉堂, 刊寫者未詳, 明, 萬曆 35年(1607)刊	線裝21卷11, 中國木版本, 25.5×17.3cm, 四周單邊, 半郭: 20.5×14.5cm, 有界, 9行18字, 上黑魚尾, 紙質: 竹紙		成均館大學校 C15-0080

---

159) ≪廣博物志≫에, "천황씨의 성은 望, 이름은 獲, 자는 子潤이고 지황씨의 성은 岳, 이름은 鏗, 자는 子元이고, 인황씨의 성은 愷, 이름은 胡絑, 자는 文生이다."하였다. 무릇 성씨에 관한 책을 編著하는 데 있어, 글자로 논한 이는 글자의 偏旁(글자의 왼편 획과 오른편 획)을 주장하고, 聲으로 논한 이는 글자의 四聲을 범례로, 地望으로 논한 이는 출신의 貴賤을 격식으로 삼았다. 이것이 마치 다른 책들의 分門類彙한 체제와 같은데, 譜學家는 반드시 이 점을 알아야 한다.

書名	出版事項	版式狀況	一般事項	所藏處/所藏番號
廣博物志	董斯張(明)纂, 楊鶴(明)等訂, 高暉堂藏板, 乾隆26年(1761)	50卷24冊, 中國木版本, 24.2×16cm	序: 萬曆丁未(1607)…	서울大 奎章閣 [古]039.51-D717g-v.1-24
廣博物誌	董斯張 纂, 刊寫地未詳, 高暉堂, 丁巳(1857)	50卷33冊(卷1-50), 25cm, 四周單邊, 半郭: 20×14cm, 有界, 9行18字, 上下內向黑魚尾		慶熙大學校 001-동52ㄱ
廣博物志	董斯張(明)纂, 楊鶴(明)訂, 學海堂, 光緒5年(1879)	50卷24冊, 中國木版本, 29.5×17.4cm	序: 萬曆丁未(1607)…韓敬, 印: 集玉齋, 帝室圖書之章	서울大 奎章閣 [奎중]2726
廣博物志	董斯張(明)撰	32冊, 木版本, 四周單邊, 匡郭: 21×15cm, 有界, 9行18字, 上黑魚尾	表題: 博物誌	延世大學校 (默容室文庫) 031.02
廣博物志	董斯張(明)編, 刊年未詳	零本, 石印本, 24.5×16cm, 四周單邊, 半郭: 20×15cm, 有界, 9行22字, 小字雙行, 上黑魚尾	內容: 卷46, 外缺	梨花女子大學校 [고]812.8 동61

6. 皇明世說新語

≪皇明世說新語≫는 8卷으로 된 명대 文言小說集으로 李紹文이 편찬했다. 현재 萬曆 38년(1610) 雲間李氏 原刊本이 전해진다. ≪皇明世說新語≫ 또는 ≪明世說新語≫라고도 하며 沈懋孝·王圻·陸從平·陳繼儒 등의 序文이 있다. 그 중 陸從平의 서문은 萬曆 丙午(1606)에 쓴 것이라서 책의 成書 時期도 추정할 수 있다.

李紹文은 ≪世說新語≫의 형식을 빌려와 다양하고 광범위한 소재를 취하여 明初부터 嘉靖·隆慶에 이르기까지의 逸聞瑣語와 명사들에 관한 떠도는 이야기들을 다루면서 인물의 이름과 시호·직위·고향 등에 이르기까지 상세히 기록하였다. 明代 사회 전반을 다루고 있어 당시 사회의 여러 면모들을 살피기에 좋은 자료를 제공해 주고 있다.

卷1-2는 德行·言語·文學·政事, 卷3-4는 方正·雅量·識鑑·賞譽·品藻·規箴·捷悟, 卷5-6은 夙惠·豪爽·容止·自新·企羨·復逸·捷逸·賢媛·術解·巧藝·寵禮·任誕, 卷7-8은 簡傲·排調·輕詆·假譎·黜免·儉嗇·汰侈·忿狷·讒險·尤悔·紕漏·惑

溺·仇隟 등으로 구성되어 있다.160)

　국내 유입에 관한 구체적은 기록은 없지만 許筠(1569~1618)의 ≪惺所覆瓿藁≫〈한정록〉제1권 〈隱遁〉161), 제2권 〈高逸〉162), 제3권 〈閒適〉163)에 ≪皇明世說新語≫의 내용이 언급되어 있다. ≪皇明世說新語≫ 原刊本이 1610년에 간행되었고, 許筠의 사망연대가 1618년임을 감안해 볼 때 국내 유입 시기는 1610년에서 1618년 사이일 것으로 추정된다. 그 후 조선 후기에 ≪皇明世說新語≫는 국내에서 木版本으로 간행되어 유통되어졌다. 현재 成均館大學校와 全羅南道 長城郡 筆巖書院(근래 분실)에 소장되어 있는 木版本은 紙質이 楮紙로 되어 있는 확실한 국내 간행본이다. 그 외 國立中央圖書館과 延世大學校, 啓明大學校, 서울大 奎章閣 등에 소장되어 있는 ≪皇明世說新語≫ 木版本 역시 국내 간행본으로 좀 더 전문적인 연구와 판본의 비교가 요구된다.

---

160) ≪中國古典小說鑑賞辭典≫, 中國展望出版社, 1981년.
161) 太祖(明太祖)의 옛 친구 焦某는 태조가 여러 번 불렀으나 오지 않으므로 사람을 시켜 그를 찾도록 하였다. 하루는 焦가 닭과 술을 가지고 御街로부터 곧장 궁궐로 들어오니, 上은 기뻐서 光祿寺에 음식을 장만하게 하여 함께 술을 마시고 서로 매우 즐거워하였다. 술자리가 파한 뒤 태조는 金帶·銀帶·角帶를 내어 놓고 초에게 마음대로 고르게 하여 그가 고른 帶에 따라 벼슬을 주려 하였는데, 초가 각대를 취하므로 千戶에 除授하였다. 며칠 뒤 초는 高橋門으로 나아가서 冠과 帶를 뽕나무에 걸어 놓고 돌아갔다. ≪明世說新語≫
162) 王恭이 나이 60여 세에 천거되어 京師에 가게 되었는데, 같은 고을에 사는 王俌이 우스갯소리로 말하기를, "자네는 會稽太守의 인끈을 숨겨가지고 오는 일이 없도록 하게" 하니, 왕공이 웃으며 대답하였다. "山中의 도끼자루가 다행히 별탈이 없네" ≪明世說新語≫
　이 수레를 버리고 몸소 그 집 문앞에 이르니, 왕빈이 누구냐고 물었다. 요선이라고 대답하자 그제야 문을 열고 맞아들여 서로 담소하였다. 다음날 왕빈이 府門 앞에 가서 두 번 절하고 돌아오려 하니, 요선이 몸소 나와서 맞아들이려 했다. 그러자 왕빈이 사양하면서 말하였다. "公事가 아니므로 감히 들어갈 수가 없습니다." ≪明世說新語≫
　"吉水縣 鄒南皐里를 지나다보니 그 石水가 淸涼하여 참으로 사람으로 하여금 貪廉懦立하는 생각을 갖게 한다. 또 거기에서 어떤 선생을 만났는데, 한 마디 말이 다 끝나기도 전에 이미 吟風弄月하면서 돌아오는 흥취가 있었다." ≪明世說新語≫
163) 莫雲卿은, "내가 일찍이 산 속에서 僧房을 빌려 혼자 거처할 적에 매번 林巒이 막 개고 새 소리가 요란하고 巖扉가 환해지고 雲山이 눈앞에 흔들리는 듯하는 사이에 山椒가 걷히고 紫翠가 머리맡에 와서 떨어지는 듯하곤 하므로, 마치 금방 신선이라도 된 듯이 이 몸과 이 세상이 허공으로 붕 떠오르는 것만 같았다." 하였다. ≪明世說新語≫

書名	出版事項	版式狀況	一般事項	所藏處/所藏番號
皇明世說新語	李紹文(明)撰, 刊年未詳	8卷4冊, 木版本(覆刻), 30.9×20.4㎝, 四周雙邊, 半郭: 18.5×14.9㎝, 10行20字, 註雙行, 上二葉花紋魚尾	印記: [申甲O印][武臣經O]	國立中央圖書館 [한]48-221
皇明世說新語	李紹文(明)撰	8卷4冊, 木版本, 四周雙邊, 半郭: 18.9×14.8㎝, 有界, 10行20字, 下向二葉上花紋魚尾	序: 萬曆庚戌(1610)陸從平	延世大學校 (元氏文庫) [고서]950.952
皇明世說新語	李紹文(明)撰, 刊年未詳	8卷4冊, 木版本, 30×20.3㎝, 四周雙邊, 半郭: 19.8×15.4㎝, 有界, 10行20字, 上花紋魚尾	序: 萬曆庚戌(1610)…陸從平	啓明大學校 082-이소문ㅎ
皇明世說	李紹文(明)撰	8卷4冊, 木版本, 31×20㎝ 四周雙邊, 半郭: 19×14.8㎝, 有界, 10行20字, 上花紋魚尾	卷頭書名: 皇明世說新語 序: 萬曆庚戌(1610)…陸從平	서울大 奎章閣 4660-17 冊1-4
皇明世說新語	李紹文(明)撰, 朝鮮朝後期刊	8卷4冊, 木版本, 32.8×21.4㎝, 四周雙邊, 半郭: 18.7×15㎝, 有界, 10行20字, 註雙行, 上二葉花紋魚尾, 紙質: 楮紙		成均館大學校 B09FC-0029
皇明世說新語	李紹文(明)撰, 朝鮮朝後期刊	8卷4冊, 木版本, 30.3×19.5㎝, 四周雙邊, 半郭: 18.9×14.8㎝, 有界, 10行20字, 上下向二葉花紋魚尾, 紙質: 楮紙	表題: 皇明世說, 版心題: 皇明世說, 序: 萬曆庚戌(1610) 陽月友人陸從平頓首書, 所藏印: 筆巖書院之章	全南 長城郡 筆巖書院 (분실)
皇明世說新語	李紹文(明)撰	8卷3冊, 筆寫本, 23.5×17.9㎝, 四周單邊, 半郭: 19.7×13.8㎝, 有界, 10行20字, 上下向二葉花紋魚尾	本文에 朱墨校正字 있음, 表題: 明世說, 序: 萬曆庚戌(1610)陽月 友人陸從平頓首書	延世大學校 (용재문고) [고서]1110-1

7. 正續太平廣記

≪正續太平廣記≫는 8卷으로 된 文言小說集으로, 陸壽名이 편찬했다고 하나 국내 소장된 판본들에는 馮夢龍 輯이라고 되어 있다. 天地·山·水·禽鳥·獸·昆蟲·珍玩·寶部·異物·妖怪·智術·高逸·廉儉·器量·厚德·剩史·雜志 등 크게 17개 항목으로 분류하고 ≪太平廣記≫에 기재되지 않은 北宋에서 明代까지의 여러 逸聞과 野史, 志怪, 瑣事 등의 광범위한 이야기를 폭넓게 수록하고 있다.

그 내용을 보면 사료적인 측면, 교화적인 측면, 감상적인 측면, 오락적인 측면에서 모두 가치가 있다. 하지만 ≪太平廣記≫의 보충자료임에도 불구하고 ≪太平廣記≫의 원문을 인용하고 출처를 밝히지 않고 주석도 명확하게 달지 않아 한계로 지적되는 단점이 있다.

국내 유입기록은 찾을 수 없으며, 서울大 奎章閣에 소장된 明代 木版本≪正續太平廣記≫에는 '馮夢龍 輯'이라고 되어 있고, 成均館大學校에 소장된 清代 간행된 木版本≪正續太平廣記≫에도 역시 馮夢龍 輯이라고 되어있다.

書名	出版事項	版式狀況	一般事項	所藏處/所藏番號
續太平廣記	明時代刊	1冊, 中國木版本, 24.5×15.5cm, 左右雙邊, 半郭: 19×14.5cm, 有界, 9行20字, 上內向白魚尾		國史編纂委員會 D7C-2
正續太平廣記	馮夢龍(明)輯, 明板本	15冊(零本), 中國木版本, 24.4×15.6cm	印: 熙政堂, 帝室圖書之章	서울大 奎章閣 [奎中]5189
正續太平廣記	馮夢龍(明)輯, 清朝年間刊	386卷33冊, 中國木版本, 24.5×15.7cm, 四周單邊, 半郭: 19.2×13.5cm, 有界, 9行20字, 上白魚尾, 紙質: 竹紙	魏晉序: 茗上野客漫題, 唐人序: 桃源居, 宋人序: 壬申(?), 春日桃源(缺), 皇明序: 甲戌(?), 小寒日…石閭沈廷松(明)	成均館大學校 D7C-193

8. 剪燈新話

≪剪燈新話≫는 21회본으로 明代 初期 瞿佑(1347~1433)가 지은 傳奇小說集이다. 작자 瞿佑는 字가 宗吉, 別號는 存齋라고 하다가 만년에는 樂全叟라고 했다. 그는 일찍부터 詩로써 이름을 날렸지만 일생 동안 제대로 뜻을 펴지 못하고 불우하게 지내면서 겨우 지방의 敎諭나 訓導 등의 학관을 역임하였다. 더욱이 永樂 年間에는 詩로 인해 화를 입어 옥살이를 해야 했고 河北省 保安으로 가서 십 년이나 귀양살이를 하기도 했다.

전문가들에 의하면, ≪剪燈新話≫ 초간본의 출현은 1381년일 것으로 보고 있다. 瞿佑의 自序(1378) 및 凌雲翰의 서문(1380), 吳植의 引語(1381), 金冕의 跋文(1381) 등이 작성된 연대가 그 증거로 제시된다. 이후 1442년 국자감의 좨주 李時勉(1374~1450)의 상소로 인해 이 책의 간행과 판매, 소장이 금지되어 오늘날 초기 판본은 거의 볼 수 없게 되었다. 초간본 이외에 ≪剪燈新話≫의 판본은 1917년 董康의 誦芬室刊本, 일본 慶長 年間(1596~1614) 활자본과 元和 年間(1615~1623) 활자본, 1931년 上海 大通書局 排印本, 1935년 상해 生活書局 간행본, 1957년 周夷 교주본, 1962년 상해 中華書局 重刊本, 1981년 上海古籍出版社 周楞伽 교주본 등이 있다.[164]

≪剪燈新話≫는 글자 그대로 풀이하면 등불의 심지를 자르면서 밤이 깊어가는 줄도

모르고 들어도 싫증나지 않는 참신하고 새로운 이야기라는 말이다. ≪剪燈新話≫의 전반적인 내용은 남녀의 사랑, 용궁 잔치, 저승 구경, 귀신 이야기 등 다양한 소재로 구성되어 있다.

≪剪燈新話≫가 국내에 언제 유입되었는지 명확하진 않지만 가장 이른 기록으로는 金安老(1481~1537)의 ≪龍泉談寂記≫에 보인다. 김시습의 ≪金鰲新話≫에 대해 언급하면서 明의 ≪剪燈新話≫를 모방해서 지었다고 언급했다. 실제 기록은 이렇지만, 김시습이 ≪剪燈新話≫를 모방해서 ≪金鰲新話≫를 창작한 것이 확실하고, 김시습의 생졸연대가 1435년부터 1493까지 임을 감안하면 이미 15세기 중반에는 국내 유입되었을 것으로 추정된다. 그 외에도 奇大升(1527~1572)의 ≪高峯集≫, 許葑(1551~1588)의 ≪海東野言≫, 魯認(1566~1622)의 ≪錦溪日記≫, 許穆(1595~1682)의 ≪眉叟記言≫, 許筠(1569~1618)의 ≪惺所覆瓿藁≫, 安鼎福(1712~1791)의 ≪順菴集≫, 李肯翊(1736~1806)의 ≪燃藜室記述≫, 李圭景(1788~1856)의 ≪五洲衍文長箋散稿≫, 成大中(1732~1812)의 ≪靑城雜記≫, 李德懋(1741~1793)의 ≪靑莊館全書≫, 黃玹(1855~1910)의 ≪梅泉集≫, 權鼈(?~?)의 ≪海東雜錄≫ 등에 ≪전등신화≫ 내용을 인용한 부분이 나온다. 또한 朝鮮 英祖 38年(1762) 完山李氏作 ≪中國小說繪模本≫ 序文에 서명이 나온 것으로 보아 18세기 중반에도 유통되고 있었던 것으로 추정된다.

≪攷事撮要≫에 의하면 ≪剪燈新話≫는 原州에서 출간된 것으로 되어 있다. 이 책은 尹春年과 林芑가 편찬한 책으로 2권 2책으로 되어 있으며 朝鮮 明宗 4年(1549), 明宗 14年(1559), 明宗 19年(1564), 1704年 等 여러 차례 출간되었다. 후대에 방각본이 나온 이후에는 더 많은 출간이 이루어져 전국 각지에서 적어도 수십 차례 이상 출간된 것으로 보인다. 국내에서 가장 많은 판본 중의 하나가 바로 ≪剪燈新話句解≫本 이다.

≪剪燈新話≫의 조선시대 한글 번역본은 서울大 일사문고 소장본, 高麗大學校 中央圖書館 소장본, 西江大學校 소장본, 檀國大學校 천안 율곡도서관 소장본 등이 있다. 서울大 소장본 ≪剪燈新話≫는 총 5권으로 완역된 언해본인데 현재 후반부 3권 13편만 남아있다. 그 번역 양상은 직역, 의역, 첨역, 축역 등이 다양하게 나타나고 있으며, 달필의 궁체로 되어 있어 19세기 초기 이전에 나왔을 것으로 추정된다.

檀國大學校 소장본 ≪諺釋剪燈新話≫는 선장본 10권 1책으로 되어 있으나 실제적

---

164) 최용철 역주, ≪전등삼종≫(상), 소명출판사, 2007. 6-13쪽, 469-527쪽.

으로 9편의 작품이 언해되어 있다. 번역문이 다른 책의 뒷면에 적혀 있는 것으로 보아 민간에 전사되었던 작품이며, 번역 문체로 보아 19세기 말 이후에 출현된 것으로 보인다. 번역문은 원전의 배열을 따르지 않고 한두 편씩 건너뛰어 번역되어 있어 완역본인지의 여부를 알 수 없다.

高麗大學校 소장본은 ≪剪燈新話≫의 〈滕穆醉遊聚景園記〉를 번역한 한글 필사본 〈취경원긔〉이다. 그 번역 상황을 보면 원문의 제목을 간략하게 줄이고 원문의 내용도 그대로 번역하지 않았으며 원문보다 훨씬 많은 내용을 첨역하고 있는 번안에 가까운 작품이다.[165]

西江大學校 소장본 ≪剪燈新話≫는 총 1권 4편, 즉 〈聯芳樓記〉·〈令狐生冥夢錄〉·〈天台訪隱錄〉·〈滕穆醉遊聚景園記〉가 수록되어 있는데 그 번역 양상은 서울대 일사문고와 비슷하게 직역, 의역, 첨역, 축역 등이 다양하게 나타나고 있고 19세기 초기에 나온 것으로 보이며 궁체로 되어 낙선재 번역본 계열일 가능성이 있다.[166]

書名	出版事項	版式狀況	一般事項	所藏處/所藏番號
剪燈新話	瞿佑(明)著, 滄洲(明)訂正, 垂胡子(明)集解, 刊寫地未詳, 刊寫者未詳, 壬亂以前刊	4卷1冊, 乙亥字本, 21×13.7cm, 四周單邊, 半郭: 17.4×10.7cm, 有界, 14行18字, 紙質: 楮紙	備考: 卷首卷末缺張	忠南大學校 集, 小說類-1228
剪燈新話	瞿佑(明)著, 朝鮮朝中期刊	下卷1冊, 木版本, 33×22.5cm, 四周單邊, 半郭: 23.2×16cm, 有界, 18行18字, 內向二葉花紋魚尾, 紙質: 楮紙	備考: 剪燈新話後記, 後志, 後序, 補寫	山氣文庫 4-716
剪燈新語	朝鮮刊本	上下二卷二冊, 木版本		박재연
剪燈新話	瞿佑(明)著, 垂胡子(朝鮮)集釋, 朝鮮朝後期刊	1冊, 木版本, 31.4×21.9cm, 四周雙邊, 半郭: 23.9×16.5cm, 有界, 10行18字, 註雙行, 內向二葉花紋魚尾, 紙質: 楮紙		蔚珍郡 張甫均
剪燈新話	瞿佑(明)著, 滄洲 訂正, 垂胡子 集釋, 刊年未詳	1冊(下), 木版本, 31.3×21cm, 四周單邊, 半郭: 22.1×16.5cm, 有界, 10行18字, 註雙行, 上下黑口魚尾		國立中央圖書館 [東谷古]3736-57

---

165) 최용철, 박재연, 우춘희 교주, ≪전등신화≫, 학고방, 2009. 머리말, 1-14쪽.
166) 이재홍 교주, ≪전등신화≫(서강대본), 선문대학교 중한번역문헌연구소, 2011. 머리말.

書名	出版事項	版式狀況	一般事項	所藏處/所藏番號
剪燈新話	朝鮮朝後期~末期 寫	1冊, 筆寫本, 32×19㎝, 四周單邊, 半郭: 22.8×15㎝, 烏絲欄, 10行字數不定, 紙質: 楮紙		慶星大學校 博物館
剪燈新話	瞿佑(明)著, 朝鮮朝末期寫	1冊, 筆寫本, 10行16字, 紙質: 楮紙		忠淸南道 濟州道 韓益洙
剪燈新話	瞿佑(明)編, 庚子字覆刻本, 年紀未詳	1冊(78張), 33.7×21㎝, 四周雙邊, 半郭: 25.3×17.8㎝, 有界, 10行18字, 註雙行, 上下向二葉花紋魚尾	序: 洪武己巳(1389) …桂衡(明) * 東谷3736~57 下卷所藏	國立中央圖書館 [일모고]3736-70
剪燈新話	瞿佑(明)著	零本1冊(下冊: 全2冊), 木版本, 29.5×19.8㎝, 四周單邊, 22.4×18.1㎝, 12行18字, 小字雙行, 上黑魚尾	書名: 版心題	高麗大學校 (晩松文庫) C14-A5G
剪燈新話	瞿佑(明)著, 胡子昂(明)集釋	2卷2冊, 木版本, 28×18㎝, 四周單邊, 半郭: 23×15.7㎝, 11行20字, 版心: 上下花紋魚尾		建國大學校 [고] 923.5
剪燈新話	瞿佑(明)著, 滄洲(朝鮮)訂正 垂胡子(朝鮮)集釋	2卷2冊, 木版本, 28×20㎝, 四周單邊, 半郭: 21.5×16.8㎝, 11行20字, 版心: 上下花紋魚尾, 紙質: 楮紙	注記: 下卷筆寫本	建國大學校 [고] 923.5
剪燈新話	瞿佑(明)著, 刊年未詳	2卷2冊(缺本), 29.5×21.2㎝, 四周單邊, 半郭: 23×16.2㎝, 有界, 11行20字, 小字雙行, 上下花紋魚尾	內容: 第2冊, 卷下, 外缺	梨花女子大學校 [고]812.8 구77
剪燈新話	瞿佑(明)著	1冊(下卷), 木版本, 半郭: 23.5×16.7㎝, 10行18字, 內向二葉魚尾		雅丹文庫 823.5-구66ㅈ
剪燈新話	瞿佑(明)著	1冊, 木版本		慶州市 金相宅
剪燈新話	瞿佑(明)著, 刊寫地未詳, 刊寫者未詳, 刊寫年未詳	2卷2冊(卷1~2), 木版本, 16.9×10.8㎝, 四周單邊, 半郭: 12.9×9㎝, 有界, 9行17字, 黑口, 上下向黑魚尾		檀國大學校 죽전퇴계圖書館 873.5-구173ㅈ
剪燈新話	刊寫地未詳, 刊寫者未詳, 刊寫年未詳	1卷1冊(全2卷2冊, 卷下), 木版本, 33.2×22㎝, 四周單邊, 半郭: 22.5×17㎝, 有界, 10行18字, 小字雙行, 上下內向二葉花紋魚尾	書名: 版心題	京畿大學校 경기-K108328-2
剪燈新話	瞿佑(明)著, 서울, 刊寫者未詳,	2卷2冊(卷1~2), 木版本, 26.5×19㎝, 四周單邊,	本館所藏: 51回-100回	大邱市立圖書館 OL823.5-구67-上,

書名	出版事項	版式狀況	一般事項	所藏處/所藏番號
	刊寫年未詳	半郭: 23×16cm, 有界, 11行20字, 上下內向花紋魚尾		下
剪燈新話	刊寫地未詳, 刊寫者未詳, 刊寫年未詳	1冊		韓國國學振興院
	瞿佑(明), 刊寫地未詳, 刊寫者未詳, 刊寫年未詳	3冊, 木版本, 29×21.2cm		韓國國學振興院
	刊寫地未詳, 刊寫者未詳, 刊寫年未詳	1冊(坤), 木版本, 26×19cm		韓國國學振興院
剪燈新話	瞿佑(明)著, 滄洲(朝鮮)訂正, 垂胡子(朝鮮)集釋, 刊寫地未詳, 刊寫者未詳, 刊寫年未詳	2卷2冊(卷1~2), 有圖, 30.5×22.4cm, 四周單邊, 半郭: 22×18cm, 有界, 12行18字, 註雙行, 上下內向黑魚尾, 紙質: 楮紙		慶熙大學校 812.3-구66ㅈㄱ
剪燈新話	瞿佑(明)著, 刊寫地未詳, 刊寫者未詳, 刊寫年未詳	1冊, 29.6×19.7cm, 四周單邊, 半郭: 23.1×16.4cm, 11行20字, 上下二葉花紋魚尾	版心題: 剪燈	朝鮮大學校 895.13-ㄱ483저
剪燈新話	瞿佑	2冊(第1冊), 25×19cm		嶺南大學校 823.5
剪燈新話	瞿佑	2冊(第2冊), 32×21cm		嶺南大學校 823.5
	瞿佑	2冊, 木版本, 19cm		嶺南大學校 823.5
剪燈新話	瞿佑(明)著	不分卷1冊, 木版本, 32.2×20.5cm, 四周單邊, 半郭: 21.5×16.8cm, 有界, 11行20字, 註雙行, 白口, 上下內向二葉花紋魚尾	漢文, 楷書	영주 아성송씨 송고고택 韓國國學振興院 수탁KS0401-1-03-00012
剪燈新語	復刷本	未詳		박재연
剪燈新話	瞿佑(明)著	3冊, 木版本, 板本不同		안동권씨 가은후손 韓國國學振興院 수탁KS02-3001-10156-00156

第4章 明代 作品目錄과 解題 205

書 名	出版事項	版式狀況	一般事項	所藏處/所藏番號
剪燈新話	瞿佑(明)著, 京城, 太華書館, 1916年	2卷2冊, 木版本(覆刻), 27.4×19cm, 四周單邊, 半郭: 22.7×16cm, 11行20字, 註雙行, 內向二葉花紋魚尾		國立中央圖書館 [한]48-2-2
	瞿佑(明)編, 南宮濬編, 京城, 惟一書館, 1916年	1冊(78張), 新鉛活字本, 22.5×14.8, 四周雙邊, 半郭: 17.5×11.8cm, 有界, 13行35字, 註雙行, 無魚尾	藏版記: 京城[唯一書館新舊書林]藏版	國立中央圖書館 [古]3736-64
剪燈新話	瞿佑(明)著, 滄洲(朝鮮)訂正, 垂胡子(朝鮮)集釋, 京城, 翰南書林, 大正5年(1916)	1卷1冊(卷1~2), 26.5cm, 四周單邊, 半郭: 23×16cm, 有界, 11行20字, 上下內向二葉花紋魚尾		慶熙大學校 812.3-구66ㅈ
剪燈新話	瞿佑(明)原著, 白斗鏞編集, 京城, 翰南書林, 大正5年(1916)	2冊(冊1~2), 木版本, 26.7×19.3cm, 四周單邊, 半郭: 22.8×15.9cm, 有界, 11行20字, 註雙行, 內向二葉花紋魚尾, 紙質: 楮紙	刊記: 大正五(1916)年發行	全南大學校 3Q-전228ㄱ2 -v.1-2
剪燈新話	瞿佑(明)著, 刊寫地未詳, 刊寫者未詳, 刊寫年未詳	1冊, 筆寫本, 24.5×18cm, 行字數不定	表題: 新話	淑明女子大學校 CL 812 유의경 세
전등신화	瞿佑(明)著, 刊寫地未詳, 刊寫著未詳, 刊寫年未詳	1卷1冊(全5冊), 筆寫本, 29.7×21.5cm, 無界, 10行22字內外, 無魚尾, 紙質: 壯紙	表題: 剪燈新話, 한글본임	西江大學校 [고서]전228v.2
전등신화 ([취]경원긔)	〈滕穆醉遊聚景園記〉를 번역한 〈취경원긔〉, 憲宗 10(1884)頃	1冊(14張), 한글筆寫本, 32.5×16.4, 紙質: 楮紙	裏面: 太淸道光二十四年(1884)歲次甲辰時憲書. 國文小說임(서명표기의 [취]는 한글고어의 번자임)	高麗大學校 대학원C14-A31
전등신화	5권(후반부 3권13편)		완역	서울大 일사문고
剪燈新話	瞿佑(明)著, 刊寫年未詳	1冊(64張), 筆寫本, 33.4×21.6cm, 四周雙邊, 半郭: 24.5×17.6cm, 烏絲欄, 10行24字, 上下內向二葉花紋魚尾, 紙質: 楮紙		檀國大學校 천안율곡圖書館 羅孫文庫, [古] 873.5/구173ㅈ
剪燈新話	瞿佑(明)著, 己巳(?)寫	1冊, 筆寫本, 27.4×16.9cm, 無界, 12行20字, 註雙行, 紙質: 楮紙	寫記: 己巳(?) 初八月初八日書記, 備考: 水浸本	忠南 大田市 燕亭國樂院

書名	出版事項	版式狀況	一般事項	所藏處/所藏番號
剪燈新話	瞿佑(明)著, 滄州(朝鮮)訂正, 垂胡子(朝鮮)集釋, 刊寫地未詳, 刊寫者未詳, 刊寫年未詳	1冊(59張), 筆寫本, 23×16cm, 無界, 12行字數不定, 紙質: 楮紙		檀國大學校 천안율곡圖書館 고873.5-구173지
전등신화	瞿佑(明)著, 刊寫地未詳, 刊寫者未詳, 刊寫年未詳	10卷1冊, 筆寫本, 28.5×19.2cm, 無界, 8行字數不定, 紙質: 楮紙	諺釋剪燈新話, 異面: 檢案書, 合철: 삼산복지지, 금봉챠뎐, 녕호찬명몽녹, 모란등긔, 부귀발○○젼, 신양동긔, 의경젼, 일층에 잇도다. 취취뎐, 풍○이젼	檀國大學校 천안율곡圖書館 고873.5-구173조
剪燈新話	瞿佑(明)著, 刊寫地未詳, 刊寫者未詳, 刊寫年未詳	1冊(64張), 筆寫本, 33.4×21.6cm, 四周雙邊, 半郭: 24.5×17.6cm, 烏絲欄, 10行24字, 上下內向二葉花紋魚尾		檀國大學校 천안율곡圖書館 고873.5-구173ㅈ
剪燈新話	刊寫地未詳, 刊寫者未詳, 刊寫年未詳	1冊, 筆寫本, 23×14.9cm, 無界, 9行16字, 無魚尾		京畿大學校 경기-K118857
剪燈新話	瞿佑(明)著, 서울, 刊寫者未詳, 19- -	冊(卷上下), 筆寫本, 22×15cm		大邱카톨릭大學校 동823.5-구67ㅈ
剪燈新話	刊寫地未詳, 刊寫者未詳, 刊寫年未詳	2冊, 筆寫本, 29×18.5cm	板本本不同	韓國國學振興院
剪燈新話	刊寫地未詳, 刊寫者未詳, 刊寫年未詳	1冊, 筆寫本, 29×19.5cm	板本本不同	韓國國學振興院
剪燈新話	瞿佑(1347~1433)著, 刊年未詳	1冊, 筆寫本, 33.8×22.5cm, 四周無邊, 無界, 12行27字, 註雙行, 紙質: 楮紙		啓明大學校 고812.35구우-젼ㄷ
	瞿佑(明)著, 庚戌年, 刊年未詳	2卷1冊, 筆寫本, 23.8×19.5cm, 四周無邊, 無界, 12行20字, 註雙行, 紙質: 楮紙		啓明大學校 이812.35구우ㅈ
剪燈新話	瞿佑	2冊(上), 筆寫本, 23×18cm		嶺南大學校 中央圖書館823.5
	瞿佑	2冊(下), 筆寫本, 30×19cm		嶺南大學校 中央圖書館823.5
	瞿佑	1冊, 筆寫本, 29×18cm		嶺南大學校 中央圖書館823.5

第4章 明代 作品目錄과 解題 207

書名	出版事項	版式狀況	一般事項	所藏處/所藏番號
剪燈新話		2冊, 筆寫本, 29×18.5㎝, 紙質: 楮紙		안동장씨 남산파 회당종택 韓國國學振興院에 수탁KS03-3046-10 848-00848
剪燈新話		1卷1冊, 木版本, 25.5×19.2㎝		國立淸州博物館
剪燈新話	羅大經, 조선후기	1卷1冊, 木版本, 22×32㎝		忠淸北道 보은군 김석중
剪燈新話		2卷1冊, 木版本, 17×27.3㎝		忠淸北道 괴산군 이구범
剪燈新話	연대미상	1冊, 活字本, 18.7×25.3㎝		忠淸北道 괴산군 김현길
剪燈新話	羅大經, 조선후기	1卷1冊, 木版本, 22×32㎝		忠淸北道 보은군 김석중
剪燈新話		2卷1冊, 木版本, 17×27.3㎝		忠淸北道 괴산군 이구범
剪燈新話	연대미상	1冊, 活字本, 18.7×25.3㎝		忠淸北道 괴산군 김현길
剪燈新話		1卷1冊, 木版本, 25.5×19.2㎝		國立淸州博物館
剪燈傳	刊寫事項不明	1冊, 筆寫本, 26.6×17.7㎝, 無界, 8行19字, 無魚尾	表題를 書名으로 채기함, 表題: 剪燈傳	慶北大學校 [古]812.3 전228
諺文懸吐剪燈新話	唯一書館·新舊書林板	1冊, 舊活字本		박재연
諺文懸吐剪燈新話	瞿佑(明)著, 京城(서울), 唯一書館, 刊年寫未詳	2卷1冊(卷1~2), 新鉛活字本, 22.2×15㎝		檀國大學校 죽전퇴계圖書館 IOS 고823.5-구173자
諺文懸吐剪燈新話	瞿佑(明)著, 朴頤陽 懸吐, 京城, 唯一書館, 大正5年(1916)	2卷1冊(158面), 新鉛活字本, 22.4×15㎝, 四周單邊 半郭: 17.3×11.4㎝, 無界, 行字數不定, 註雙行, 紙質: 洋紙		釜山大學校 于溪文庫(子部) OIC 3-12 32C
諺文懸吐剪燈新話	瞿佑(明)著, 滄洲(朝鮮)訂正, 垂胡子(朝鮮)集釋, 朴頤陽(朝鮮)懸吐, 京城, 漢城書館, 大正5年(1916)	2卷1冊, 鉛活字本, 22.5×15㎝, 四周雙邊, 半郭: 17.4×11.6㎝, 無界, 13行35字		檀國大學校 천안율곡圖書館 秋汀文庫 [古]873.5/구173즈
諺文懸吐剪燈新話	瞿佑(明)著, 朴頤陽 懸吐, 京城(서울), 唯一書館, 新舊書林, 大正5年(1916)	2卷1冊, 22.2×14.9㎝	書名의 "諺文懸吐"는 작은글씨 쓰기임, 表題: 剪燈新話	慶尙大學校 古(춘추) D7A 구67o

書名	出版事項	版式狀況	一般事項	所藏處/所藏番號
諺文懸吐剪燈新話	瞿佑(明)著, 滄洲(朝鮮)訂正, 垂胡子(朝鮮)集釋, 朴頤陽(朝鮮)懸吐, 刊寫地未詳, 唯一書館, 大正6年(1917)	上下卷1冊, 23.2×15㎝, 四周雙邊, 半郭: 17×11.2㎝, 無界, 13行34字, 註雙行, 無魚尾	書名: 卷首題, 刊記: 唯一書館, 新舊書林 藏版, 國漢文混用, 本文이 한글과 漢文으로 된 資料	東國大學校 D823.5-구67박
剪燈新話句解	瞿佑(明)著, 林芑(朝鮮)集釋, 明宗14年(1559)	2冊, 木版本, 30.4×21㎝, 四周雙邊, 半郭: 23.6×17㎝, 有界, 1行20字, 大黑口, 上下細花紋魚尾, 紙質: 楮紙	序: 洪武11年(1378)… 瞿佑, 跋: 嘉靖己未(1559)…林芑, 印: 伊達佣觀瀾閣圖書印	서울大 奎章閣 [古貴]895.1308-G93j-v.1-2
剪燈新話句解	瞿佑(明)著, 胡子昻(明)集釋, 萬曆42年甲寅(1614)中秋新刊	2卷2冊, 木版本, 四周單邊, 匡郭: 21.5×18㎝, 有界, 11行20字, 上下黑魚尾	刊記: 萬曆四十二年甲寅(1614)中秋新刊	延世大學校 812.36
剪燈新話句解	瞿佑(明)著, 刊寫地未詳, 刊寫者未詳, 仁祖11年(1633)刊	2卷2冊, 28.3×20.7㎝, 四周單邊, 半郭: 22.7×16.4㎝, 行字數不同, 上二葉花紋魚尾	表紙題: 剪燈新話, 版心題: 剪燈, 동장본임	朝鮮大學校 895.13-ㄱ483전
剪燈新話句解	瞿佑(明)著, 滄洲(朝鮮)訂正, 垂胡子(朝鮮)集釋, 刊寫地未詳, 刊寫者未詳, 仁祖11年(1633)刊	2卷2冊, 30.5×20.7㎝, 四周單邊, 半郭: 21.6×18.8㎝, 10行22字, 黑口, 上下黑魚尾, 紙質: 楮紙	版心題: 剪燈新話, 동장본임	朝鮮大學校 895.13-ㄱ483ㅈ
剪燈新話句解	瞿佑(明)著, 滄洲(朝鮮)訂正, 垂胡子(朝鮮)集釋, 仁祖11年(1633)刊	2卷2冊, 木版本, 31×19.7㎝, 四周單邊, 半郭: 20.8×16.7㎝, 有界, 11行20字, 註雙行, 內向黑魚尾, 紙質: 楮紙	題簽: 剪燈新話, 刊記: 崇禎六年癸酉(1633) 六月日開刊	忠南大學校集, 小說類-1229
剪燈新話句解	瞿佑(明)著, 仁祖11年(1633)後刷	1冊(卷下), 木版本, 36×20㎝, 四周單邊, 半郭: 21.8×17.5㎝, 有界, 11行20字, 註雙行, 內向黑魚尾, 紙質: 楮紙	刊記: 崇禎六年(1633) 癸酉六月日開刊	山氣文庫 4-718
剪燈新話句解	瞿佑(明)著, 肅宗30年(1704)後刷	1卷1冊(卷下缺), 木版本, 33.4×22㎝, 四周單邊, 半郭: 21.5×18.3㎝, 有界, 12行18字, 註雙行, 下向黑魚尾, 紙質: 楮紙	表題: 剪燈新話	山氣文庫 4-719
剪燈新話句解	瞿佑(明)著, 滄洲(朝鮮)訂正, 垂胡子(朝鮮)集釋, 肅宗30年(1704)	零本1冊(卷之下: 全2卷2冊), 木版本, 31.5×21.3㎝, 四周單邊, 23×17㎝, 10行18字, 小字雙行, 內向黑魚尾	刊記: 康熙四十三年甲申(1704)八月日開刊	高麗大學校 (晩松文庫) C14-A5D

第4章　明代 作品目錄과 解題　209

書名	出版事項	版式狀況	一般事項	所藏處/所藏番號
剪燈新話句解	瞿佑(明)著, 滄洲(朝鮮)訂正, 垂胡子(朝鮮)集釋, 刊寫地未詳, 刊寫者未詳, 肅宗30年(1704)刊	1卷1冊(全2卷2冊, 卷下), 木版本, 31.5×21.3㎝, 四周單邊, 半郭: 23×17㎝, 有界, 10行18字, 小字雙行, 上下內向黑魚尾	刊記: 康熙四十三年甲申(1704)八月日開刊	京畿大學校 경기-K102682-上
剪燈新話句解	瞿佑(明)著, 刊寫地未詳, 刊寫者未詳, 肅宗30年(1704)	2卷2冊, 木版本, 33×22㎝, 紙質: 楮紙		檀國大學校 죽전퇴계圖書館 IOS, 고823.5 -구173ㅈ
剪燈新話句解	瞿佑(明)著, 滄洲(朝鮮)訂正, 垂胡子(朝鮮)集釋, 康熙43年(1704)	2卷2冊(第2冊缺), 木版本, 30.8×21㎝, 四周單邊, 半郭: 25×17.8㎝, 10行18字, 上下混入花紋魚尾, 紙質: 楮紙	表紙書名: 剪燈新話, 刊記: 康熙四十三年甲申(1704)八月日開刊	韓國學中央硏究院 D7C-5B
剪燈新話句解	瞿佑(明)著, 垂胡子(朝鮮)集解, 甲寅字覆刻版, 肅宗30年(1704)刊	2卷1冊, 30.2×21㎝, 四周單邊, 半郭: 23×16.9㎝, 有界, 10行18字, 註雙行, 內向黑一, 二葉花紋魚尾, 紙質: 楮紙	刊記: 康熙四十三年甲申(1704)八月日開刊	成均館大學校 D7C-91
剪燈新話句解	瞿佑(明)著, 滄洲(朝鮮)訂正, 垂胡子(朝鮮)集釋, 武橋 哲宗14年(1863)	2卷2冊(上下卷2冊), 木版本, 24.1×19.3㎝, 四周單邊, 半郭: 22×16.7㎝, 12行20字, 上下二葉花紋魚尾, 紙質: 楮紙	表紙書名: 剪燈新話, 版心文字: 剪燈, 刊記: 癸亥(1863) 仲秋武橋新刊	韓國學中央硏究院 D7C-5H
剪燈新話句解	瞿佑(明)著, 林芑(朝鮮)集釋, 高宗時	2冊, 木版本(後刷), 33.4×22.2㎝, 四周單邊, 半郭: 21.6×18.4㎝, 有界, 12行18字, 上下黑魚尾, 紙質: 楮紙	印: 集玉齋, 帝室圖書之章	서울大 奎章閣 [奎중]1467, 1468
	瞿佑(明)著, 林芑(朝鮮)集釋, 高宗時	2冊, 木版本(後刷), 33.4×22.2㎝, 四周單邊, 半郭: 21.6×18.4㎝, 有界, 12行18字, 上下黑魚尾, 紙質: 楮紙	印: 集玉齋, 帝室圖書之章	서울大 奎章閣 [奎중]1467, 1463
	瞿佑(明)著, 胡子昂(明)集釋, [19--]	2冊, 木版本, 25.4×18.8㎝, 四周單邊, 半郭: 23.1×16㎝, 有界, 11行20字, 上下花紋魚尾		서울大 奎章閣 [가람古]895.13 -G93jd-v.1-2
	瞿佑(明)著, 刊寫年未詳	2卷2冊, 木版本, 35×22.5㎝, 四周單邊, 半郭: 21.7×18.3㎝, 有界, 12行18字, 上下內向黑魚尾	印: 末松圖書, 鄭贊容印, 震旦學會, 想白文庫, 劇中有此閑	서울大 奎章閣 [想白古]895.135 -G93ja-v.1-2
	瞿佑(明)著, 胡子昂(明), 林芑(朝鮮)集釋, 刊年未詳	2卷2冊, 木版本, 34.7×21.2㎝, 四周單邊, 半郭: 23×16㎝, 有界, 11行20字, 上下內向花紋魚尾, 紙質: 楮紙	印: 震旦學會, 想白文庫	서울大 奎章閣 [想白古]895.135 -G93j-v.1-2

書名	出版事項	版式狀況	一般事項	所藏處/所藏番號
剪燈新話句解	瞿佑(明)著, 尹春年(朝鮮)訂正, 林芑(朝鮮)集釋, 刊年未詳	2卷1冊, 木版本, 33×20cm, 四周雙邊, 半郭: 24.3×16.8cm, 有界, 10行18字, 上下內向花紋魚尾	表紙書名: 剪燈新話, 序: 洪武十三年(1380) …錢塘, 洪武己巳(1389) …桂衡, 跋: 洪武辛酉 (1381)…金冕	서울大 奎章閣 [古]3472-7
	瞿佑(明)著	64張 1冊, 木版本(覆刻), 25.8×19cm, 四周單邊, 半郭: 23.5×15.9cm, 11行20字, 註雙行, 內向二葉花紋魚尾		國立中央圖書館 [한]48-2
	瞿佑(明)著, 滄洲(朝鮮)訂正, 垂胡子(朝鮮)集釋, 刊年未詳	2卷2冊, 木版本(覆刻), 36.1×22.3cm, 四周單邊, 半郭: 21.8×14.6cm, 10行20字, 註雙行, 上二葉花紋魚尾		國立中央圖書館 [한]48-19
	瞿佑(明)著, 刊年未詳	1冊(卷下), 木版本, 29×19cm, 四周單邊, 半郭: 23×16cm, 11行20字, 註雙行, 內向二葉花紋魚尾		國立中央圖書館 [무구재고]3736-19
		1冊(卷下), 木版本, 30.4×20.8cm, 四周單邊, 半郭: 21×17cm, 11行20字, 註雙行	刊記: 庚子年七月日刊	國立中央圖書館 [무구재고]3736-20
	瞿佑(明)著, 滄洲(朝鮮)訂正, 垂胡子(朝鮮)集釋, 刊年未詳	2冊(卷上下), 木版本, 28×18.2cm, 四周單邊, 半郭: 23×16cm, 11行20字, 註雙行, 內向二葉花紋魚尾, 紙質: 楮紙	印記: [臣申甲均][醉樵] [華林主人][平山世家]	國立中央圖書館 [古]3736-7
	瞿佑(明)著, 刊年未詳	2卷2冊(卷上下), 木版本, 26×19cm, 四周單邊, 半郭: 23.5×16cm, 11行20字, 註雙行, 內向二葉花紋魚尾		國立中央圖書館 [의산고]3730-16
	瞿佑(明)著, 滄洲(朝鮮)訂正, 垂胡子(朝鮮)集釋, 刊年未詳	2卷2冊(卷上下), 木版本, 28.5×18.6cm, 四周單邊, 半郭: 23×16cm, 11行20字, 註雙行, 內向二葉花紋魚尾		國立中央圖書館 [古]3735-2
	瞿佑(明)著, 刊年未詳	1冊(卷上), 筆寫本, 30.2×18.5cm, 紙質: 楮紙		國立中央圖書館 [의산고]3736-11
		1冊(卷下), 木版本, 30.5×20.7cm, 四周單邊, 半郭: 23.3×19cm, 11行18字, 註雙內向黑魚尾		國立中央圖書館 [의산고]3736-14
	瞿佑(明)著, 胡子昂(明)集釋, 刊年未詳	卷下(74張), 33×21.1cm, 四周雙邊, 半郭: 24.9×17.3cm, 10行18字, 註雙行, 內向二葉花紋魚尾	印記: 丹城後人	國立中央圖書館 [일산고]3736-5
	瞿佑(明)著, 滄洲(朝鮮)訂正, 垂胡子(朝鮮)集釋, 刊年未詳	1冊(卷上), 木版本, 28.6×19cm, 四周單邊, 半郭: 23×16cm, 11行20字, 註雙行, 內向二葉花紋魚尾, 紙質: 楮紙		國立中央圖書館 [古]373-2

第4章 明代 作品目錄과 解題

書 名	出版事項	版式狀況	一般事項	所藏處/所藏番號
剪燈新話句解	瞿佑(明)著, 滄洲(朝鮮)訂正, 垂胡子(朝鮮)集釋, 刊年未詳	2冊, 木版本, 30.6×19.7㎝, 四周單邊, 半郭: 23×16.2㎝, 11行20字, 註雙行, 內向二葉花紋魚尾, 紙質: 楮紙	印記: 碧海異珠	國立中央圖書館 [위창고]3736-3
	瞿佑(明)著, 胡子昂(明)集釋	2卷2冊, 木版本, 四周單邊, 匡郭: 24×16.5㎝, 有界, 11行20字, 上下花紋魚尾		延世大學校 (默容室文庫) 812.38
	瞿佑(明)著, 胡子昂(明)集釋	2卷2冊, 木版本, 四周單邊, 匡郭: 24×16.5㎝, 有界, 11行20字, 上下花紋魚尾		延世大學校 812.36
	瞿佑 著, 滄洲(朝鮮)訂正, 垂胡子(朝鮮)集釋, 京城, 翰南書林, 大正7年(1918)	2卷2冊, 木版本, 27㎝, 四周單邊, 23.1×15.9㎝, 有界, 11行20字, 註小字雙行, 上下內向花紋魚尾	外題: 剪燈新話, 版心題: 剪燈	延世大學校 812.36/52
	瞿佑(明)著, 滄洲(朝鮮)訂正, 垂胡子(朝鮮)集釋	2卷2冊, 木版本, 30㎝, 四周單邊: 21.6×18.2㎝, 有界, 12行18字, 註小字雙行, 上下內向黑魚尾, 紙質: 楮紙	外題: 剪燈新話, 複本1部를 더 所藏하고 있음	延世大學校 812.36/53
	(卷之下) 瞿佑著, 滄洲(朝鮮)訂正, 垂胡子(朝鮮)集釋	60張(上下2卷2冊의 零本임), 木版本, 33㎝, 四周單邊, 21.2×17.4㎝, 有界, 11行20字, 註小字雙行, 上下內向花紋魚尾, 紙質: 楮紙	版心題: 新話	延世大學校 812.36/54
		57張(上下2卷2冊의 零本임), 木版本, 27㎝, 四周單邊, 23.3×16.1㎝, 有界, 11行20字, 註小字雙行, 上下內向花紋魚尾, 紙質: 楮紙	版心題: 剪燈	延世大學校 812.36/55
剪燈新話句解	瞿佑(明)著, 滄洲(朝鮮)訂正, 垂胡子(朝鮮)集釋, 出版事項未詳	2卷2冊, 木版本, 28.3×18.7㎝, 四周單邊, 半郭: 23×15.9㎝, 有界, 11行20字, 小字雙行, 上下白口, 上下內向花紋魚尾, 紙質: 楮紙		高麗大學校 (薪菴文庫) C14-A5B
	瞿佑(明)著, 滄洲(朝鮮)訂正, 垂胡子(朝鮮)集釋, 順天, 廣松寺, 壬午(?)	零本1冊(卷下), 木版本, 31×19.9㎝, 四周單邊, 半郭: 21.2×16.8㎝, 11行20字, 小字雙行, 上下黑口, 內向黑魚尾	刊記: 壬午(?)三月日	高麗大學校 (晚松文庫) C14-A5
	瞿佑(明)著, 滄洲(朝鮮)訂正, 垂胡子(朝鮮)集釋	零本1冊(卷之下: 全2卷2冊), 木版本, 24.5×18.5㎝, 四周單邊, 半郭: 20×17.4㎝, 11行20字, 小字雙行, 內向二葉花紋魚尾		高麗大學校 (晚松文庫) C14-A5E

書名	出版事項	版式狀況	一般事項	所藏處/所藏番號
剪燈新話句解	瞿佑(明)著, 滄洲(朝鮮)訂正, 垂胡子(朝鮮)集釋	零本1册(卷之下: 全2卷2册), 木版本, 34.2×21.5cm, 四周單邊, 半郭: 23.4×18.6cm, 11行18字, 小字雙行, 上下黑口, 內向黑魚尾, 紙質: 楮紙		高麗大學校 (晚松文庫) C14-A5F
	瞿佑(明)著	2卷2册, 筆寫本, 28.4×16cm		高麗大學校 (晚松文庫) C14-A5C
	瞿佑(明)著, 滄洲(朝鮮)訂正, 垂胡子(朝鮮)集釋, 廣松寺, 壬午(?)	零本1册(卷之下), 木版本, 29.2×20cm, 四周單邊, 半郭: 21.3×16.9cm, 11行20字, 小字雙行或上下黑口 內向黑魚尾	刊記: 壬午(?) 三年日刊廣松寺, 附錄: 秋香亭記	高麗大學校 C14-A5
	瞿佑(明)著, 滄洲(朝鮮)訂正, 垂胡子(朝鮮)集釋	零本1册(卷之下: 全2卷2册), 木版本, 31.2×21.4cm, 四周單邊, 半郭: 22.1×18.4cm, 12行18字, 小字雙行內向或下向黑魚尾, 紙質: 楮紙		高麗大學校 A14-A5A
	瞿佑(明)著, 垂胡子(朝鮮)集解, 武橋癸亥(?)刊	2卷2册, 木版本, 24.8×19.1cm, 四周單邊, 半郭: 21.7×16.6cm, 有界, 12行20字, 註雙行, 內向二葉花紋魚尾, 紙質: 楮紙	刊記: 癸亥(?) 仲秋武橋新刊	成均館大學校 D7C-91a
	瞿佑(明)著, 垂胡子(朝鮮)集解, 朝鮮朝後期刊	2卷2册, 木版本, 30×19.3cm, 四周單邊, 半郭: 23.2×16cm, 有界, 11行20字, 註雙行, 內向二葉花紋魚尾, 紙質: 楮紙	版心題: 剪燈	成均館大學校 D7C-91b
	瞿佑(明)著, 垂胡子(朝鮮)集解, 朝鮮朝後期刻, 後刷	1卷1册, 木版本, 29.8×20.6cm, 四周單邊, 半郭: 20.8×17cm, 有界, 11行20字, 註雙行, 內向黑魚尾, 紙質: 楮紙		成均館大學校 D7C-91c
	瞿佑(明)著, 垂胡子(朝鮮)集解, 朝鮮朝後期刻, 末期後刷	2卷2册, 木版本, 30.4×20.8cm, 四周單邊, 半郭: 21.6×18.2cm, 有界, 12行18字, 註雙行, 內向黑魚尾, 紙質: 楮紙	版心題: 剪燈新話	成均館大學校 D7C-91d
	瞿佑(明)著, 垂胡子(朝鮮)集解, 京城, 翰南書林, 1916後刷	2卷2册, 木版本, 26.5×19cm, 四周雙邊, 半郭: 23.2×16.1cm, 有界, 11行20字, 註雙行, 內向二葉花紋魚尾, 紙質: 楮紙	刊記: 大正五年(1916) 六月三十日發行, 京城府仁寺洞二百七十 番地, 翰南書林	成均館大學校 D7C-91e
	瞿佑(明)著, 垂胡子(朝鮮)集解, 朝鮮朝末期寫	2卷2册, 筆寫本, 24.7×17.5cm, 半郭: 20×14cm, 青絲欄, 10行20字, 註雙行, 紙質: 楮紙	所藏印: 上黨人韓 麋鏞字伯游號小玉	成均館大學校 D7C-91f
	瞿佑(明)著, 垂胡子(朝鮮) 集解, 京城, 匯東書館, 1914刊	2卷2册, 木版本, 27.5×18.8cm, 四周單邊, 半郭: 23×16.3cm, 有界, 11行20字, 註雙行, 內向二葉花紋魚尾, 紙質: 楮紙	刊記: 大正三年(1914) 八月二十日發行, 京城, 匯東書館	成均館大學校 (友松) D7C-91g

書名	出版事項	版式狀況	一般事項	所藏處/所藏番號
剪燈新話句解	瞿佑(明)著, 滄洲(朝鮮)訂正, 垂胡子(朝鮮)集釋, 刊寫者未詳, 朝鮮朝後期刊	2卷2冊, 韓國木版本, 28×18㎝, 四周單邊, 半郭: 23×15.8㎝, 11行20字, 註雙行, 內向二葉花紋魚尾, 紙質: 楮紙	表題: 剪燈新話	東國大學校 D819.35 구67ㅈ
	瞿佑(明)著, 滄洲(朝鮮)訂正, 垂胡子(朝鮮)集釋, 韓國, 刊寫者未詳, 朝鮮朝後期刊	1卷1冊(零本, 卷下), 韓國木版本, 27.8×20㎝, 四周單邊, 半郭: 21×17.2㎝, 有界, 11行20字, 註雙行, 內向二葉花紋魚尾, 紙質: 楮紙	表題: 剪燈新話	東國大學校 D819.35 구67ㅈ2
	瞿佑(明)著, 滄洲(朝鮮)訂正, 垂胡子(朝鮮)集釋, 刊寫者未詳, 朝鮮朝後期刊	2卷2冊, 韓國木版本, 30×20.5㎝, 四周單邊, 半郭: 21.5×18.2㎝, 有界, 12行18字, 註雙行, 間混黑口, 內向黑魚尾, 紙質: 楮紙	表題: 剪燈新話	東國大學校 D819.35 구67ㅈ3
剪燈新話句解	瞿佑(明), 刊寫地未詳, 刊寫者未詳, 刊寫年未詳	2卷1冊, 木版本, 28.6×18.9㎝, 四周單邊, 半郭: 23.2×16.1㎝, 有界, 11行20字, 內向二葉花紋魚尾, 紙質: 楮紙		國民大學校 고823.5 구01-1
		1冊(缺帙, 下), 木版本, 28.9×19.2㎝, 四周單邊, 半郭: 23.2×16.1㎝, 有界, 11行20字, 內向二葉花紋魚尾		國民大學校 고823.5 구01-1ㄱ
		1冊(缺帙, 下), 木版本, 33.6×22.2㎝, 四周雙邊, 半郭: 23.9×17.4㎝, 有界, 10行18字, 內向二葉花紋魚尾		國民大學校 고823.5 구01-1ㄴ
	瞿佑(明)著, 垂胡子(朝鮮)集釋, 刊寫地未詳, 刊寫者未詳, 19--	1冊(缺帙), 筆寫本, 24.6×19.9㎝	印文: 曉山書室藏	國民大學校 고823.5 구01-1ㄷ
剪燈新話句解	瞿佑(明), 胡子昂(明)釋, 1916(大正6年)	2卷2冊, 活字本, 29×20㎝, 11行20字, 上下黑花紋魚尾		建國大學校 [고] 923.5
	瞿佑(明)著, 刊年未詳	1冊(零本), 木版本, 26×18.7㎝, 四周單邊, 半郭: 23.2×16㎝, 有界, 11行19字, 註雙行, 上下內向花紋魚尾		建國大學校 [고] 923.5
	瞿佑(明)著, 刊年未詳	1冊(零本), 木版本, 27.2×19.8㎝, 四周單邊, 半郭: 21×17㎝, 有界, 11行20字, 註雙行, 上內向黑魚尾, 紙質: 楮紙		建國大學校 [고] 923.5

書名	出版事項	版式狀況	一般事項	所藏處/所藏番號
	瞿佑(明)著, 年紀未詳	2卷2冊, 木版本, 28×19cm, 四周單邊, 半郭: 22.8×15.7cm, 11行21字, 上下花紋魚尾		建國大學校 [고] 923.5
	瞿佑(明)著, 滄洲(朝鮮)訂正, 年紀未詳	2卷2冊, 木版本, 31×20cm, 四周單邊, 14行25字, 上黑魚尾, 紙質: 楮紙		建國大學校 [고] 148.8
剪燈新話句解	瞿佑(明)著, 胡子昂(明)集釋	2冊, 木版本(後刷), 29.4×20.7cm, 四周單邊, 半郭: 22.3×19cm, 有界, 12行18字, 內向黑魚尾		龍仁大學校 D7-18
	瞿佑(明)著, 胡子昂(明)集釋	殘本1冊(卷下), 木版本, 29.4×20.7cm, 四周單邊, 半郭: 22.3×19cm, 有界, 12行18字, 內向黑魚尾, 紙質: 楮紙		龍仁大學校 D7-19
	瞿佑(明)著, 胡子昂(明)集釋	2冊, 木版本, 30×20cm, 四周單邊, 半郭: 22.3×19cm, 有界, 12行18字, 內向黑魚尾		龍仁大學校 D7-20
	瞿佑(明)著, 胡子昂(明)集釋	2冊, 木版本(後刷), 29.4×20.7cm, 四周單邊, 半郭: 22.3×19cm, 有界, 12行18字, 內向黑魚尾, 紙質: 楮紙		龍仁大學校 D7-21
剪燈新話句解	瞿佑(明)著	2卷2冊, 木版本, 18.7×28.7cm, 四周單邊, 半郭: 16×23cm, 有界, 11行20字, 細註雙行20字, 白口, 花紋魚尾上下	表紙書名: 剪燈新話, 版心書名: 剪燈, 印: 全鍾源章(靑印)	澗松文庫
	瞿佑(明)著	2卷2冊, 木版本, 19.1×27.4cm, 四周單邊, 半郭: 16.3×23cm, 有界, 11行20字, 細註雙行20字, 白口, 花紋魚尾上下	表紙書名: 剪燈新話, 版心書名: 剪燈, 印: 藕齋, 基晟基印, 閔丙承印, 閔晟基(英文印)	澗松文庫
剪燈新話句解	瞿佑(明)著, 垂胡子(朝鮮)集釋, 朝鮮朝後期刊	1卷1冊(卷下), 初鑄甲寅字覆刻版, 31.5×21.3cm, 四周單邊, 10行18字, 半郭: 23.7×17cm, 有界, 註雙行, 內向二葉花紋魚尾, 紙質: 楮紙	版心題: 剪燈新話	誠庵文庫 4-1427
	瞿佑(明)著, 垂胡子(朝鮮)集釋, 朝鮮朝後期刊	1卷1冊(卷上), 木版本, 27×19.5cm, 四周單邊, 12行18字, 半郭: 23.1×18cm, 有界, 註雙行, 內向黑魚尾, 紙質: 楮紙		誠庵文庫 4-1428
	瞿佑(明)著, 垂胡子(朝鮮)集釋, 1942年頃寫	1卷1冊(卷下), 筆寫本, 25.4×16.8cm, 12行20字, 紙質: 楮紙	冊末識記: 壬午(1942) 八月初二日始終	誠庵文庫 4-1429
剪燈新話句解	瞿佑(明)著, 垂胡子(朝鮮)集釋, 刊年未詳	2卷2冊(上下卷2冊), 木版本, 30.2×20cm, 四周單邊, 半郭: 22.3×16.2cm, 11行20字, 上下二葉花紋魚尾	表紙書名: 剪燈新話, 版心文字: 剪燈	韓國學中央硏究院 D7C-5

第4章 明代 作品目錄과 解題   215

書 名	出 版 事 項	版 式 狀 況	一 般 事 項	所藏處/所藏番號
	瞿佑(明)著, 滄洲(朝鮮)訂正, 垂胡子(朝鮮)集釋, 刊年未詳	2卷2冊(第2冊缺), 木版本, 33.1×22.2㎝, 四周單邊, 半郭: 23.8×19㎝, 11行18字, 上黑魚尾, 紙質: 楮紙	表紙書名: 剪燈新話, 跋: 永樂庚子(1420) 廬陵晏璧彦文甫跋, 後序: 永樂十九年 歲次辛丑(1421)… 錢塘瞿佑宗吉甫書于保 安城南寓舍	韓國學中央研究院 D7C-5A
	瞿佑(明)著, 滄洲(朝鮮)訂正, 垂胡子(朝鮮)集釋, 刊年未詳	2卷2冊(第1冊缺), 木版本, 31.2×20.5㎝, 四周單邊, 半郭: 23.5×19.2㎝, 11行18字, 上下黑魚尾, 紙質: 楮紙	表紙書名: 剪燈新話	韓國學中央研究院 D7C-5C
	瞿佑(明)著, 滄洲(朝鮮)訂正, 垂胡子(朝鮮)集釋, 刊年未詳	2卷2冊(上下卷2冊), 木版本, 28.7×19.7㎝, 四周單邊, 半郭: 21.6×17.1㎝, 11行20字, 上下黑魚尾, 紙質: 楮紙		韓國學中央研究院 D7C-5D
	瞿佑(明)著, 滄洲(朝鮮)訂正, 垂胡子(朝鮮)集釋, 刊年未詳	2卷2冊(第2冊缺), 木版本, 30.5×20㎝, 四周單邊, 半郭: 22.8×18.4㎝, 12行18字, 上下二葉花紋魚尾, 紙質: 楮紙		韓國學中央研究院 D7C-5E
	瞿佑(明)著, 刊年未詳	2卷2冊(第1冊缺), 木版本, 28.3×21.5㎝, 四周雙邊, 半郭: 23.4×17㎝, 10行18字, 上下二葉花紋魚尾	表紙書名: 剪燈新話	韓國學中央研究院 D7C-5F
	瞿佑(明)著, 滄洲(朝鮮)訂正, 垂胡子(朝鮮)集釋, 刊年未詳	2卷2冊(第2冊缺), 木版本, 31.7×20.1㎝, 四周單邊, 半郭: 21.7×14.6㎝, 10行18字, 上二葉花紋魚尾, 紙質: 楮紙	表紙書名: 剪燈新話, 版心文字: 剪燈	韓國學中央研究院 D7C-5G
	瞿佑(明)著, 滄洲(朝鮮)訂正, 垂胡子(朝鮮)集釋, 刊年未詳	上下卷1冊(91張), 筆寫本, 36.3×24㎝, 紙質: 楮紙	表紙書名: 剪燈新話	韓國學中央研究院 D7C-5I
	瞿佑(明)著, 胡子昂(明)集釋, 刊年未詳	卷2, 1冊存(卷, 1冊1缺), 木版本, 32.8×22.1㎝, 四周雙邊, 半郭: 21.5×18.1㎝, 有界, 12行8字, 註雙行, 內向黑魚尾, 紙質: 楮紙	表題: 剪燈新話, 印: 藏書閣印	韓國學中央研究院 4-6886
	瞿佑(明)著, 胡子昂(明)集釋, 刊年未詳	2卷2冊存, 木版本, 31.3×20.3㎝, 四周單邊, 半郭: 23×16.5㎝, 有界, 11行20字, 註雙行, 內向二葉花紋魚尾, 紙質: 楮紙	表題: 剪燈新話, 版心題: 剪燈, 印: 李王家圖書之章	韓國學中央研究院 4-6887
	瞿佑(明)著, 胡子昂(明)集釋, 刊年未詳	卷2, 1, 1冊缺冊(卷), 木版本, 34.4×23.3㎝, 四周雙邊, 半郭: 24.3×17.1㎝, 有界, 10行18字, 註雙行, 內向黑二葉 三葉 混入花紋魚尾, 紙質: 楮紙	表題: 山陽集, 印: 藏書閣印	韓國學中央研究院 4-6888

216   第一部 韓國 所藏 中國文言小說의 版本目錄과 解題(作品 別)

書名	出版事項	版式狀況	一般事項	所藏處/所藏番號
剪燈新話句解	瞿佑(明)著, 滄洲(朝鮮)訂正, 垂胡子(朝鮮)集釋, 刊寫地未詳, 刊寫者未詳, 刊寫年未詳	2卷1冊, 木版本, 30.2×19.7㎝, 四周單邊, 半郭: 23×15.9㎝, 有界, 11行20字, 註雙行, 上下內向二葉花紋魚尾	版心題: 剪燈 원래2책이나 1책으로 양장제본되어 있음	西江大學校 [고서]전228
剪燈新話句解	瞿佑(明)著, 滄洲(朝鮮)訂正, 垂胡子(朝鮮)集釋	2卷2冊, 木版本, 25.8×19㎝, 四周單邊, 半郭: 23.3×15.8㎝, 有界, 11行20字, 註雙行, 內向二葉花紋魚尾, 紙質: 楮紙	版心題: 剪燈	忠南大學校 集.小說類-1230
	瞿佑(明)著, 滄洲(朝鮮)訂正, 垂胡子(朝鮮)集釋	2卷2冊, 木版本, 26.8×19.1㎝, 四周單邊, 半郭: 23.1×15.9㎝, 有界, 11行20字, 註雙行, 內向二葉花紋魚尾, 紙質: 楮紙	版心題: 剪燈	忠南大學校 集, 1230
	瞿佑(明)著, 滄洲(朝鮮)訂正, 垂胡子(朝鮮)集解, 京城, 翰南書林, 大正5年(1916)刊	全2卷2冊, 木版本, 29×19.5㎝, 四周單邊, 半郭: 23.2×16㎝, 有界, 11行20字, 註雙行, 上下內向二葉花紋魚尾	版心題: 剪燈, 表題: 剪燈新話, 刊記: 大正五年(1916) 六月三十日發行, 紙質: 楮紙	忠南大學校 136集.小說類 上,下
	瞿佑(明)著, 刊寫地未詳, 刊寫者未詳, 刊寫年未詳	2卷2冊, 木版本, 30.6×20㎝, 四周單邊, 半郭: 23×16㎝, 有界, 11行20字, 白口, 上下內向二葉花紋魚尾	版心題: 剪燈, 表題: 剪燈新話	忠南大學校 集.小說類-1296 卷1-2
	瞿佑(明)著, 滄洲(朝鮮)訂正, 垂胡子(朝鮮)集釋, 刊寫地未詳, 刊寫者未詳, 刊寫年未詳	2卷2冊, 木版本, 30.4×20.8㎝, 四周單邊, 半郭: 20.9×16.9㎝, 有界, 11行20字, 註雙行, 內向黑魚尾	刊記: 庚子(?) 年七月日刊	忠南大學校 集.小說類-1296 卷1-2
	瞿佑(明)著, 滄洲(朝鮮)訂正, 垂胡子(朝鮮)集解, 發行地不明, 發行處不明, 發行年未詳	零1冊(卷下), 木版本, 29×19.5㎝, 四周單邊, 半郭: 23×16㎝, 有界, 10行20字, 註雙行, 上下內向二葉花紋魚尾, 紙質: 楮紙	表題: 剪燈新話, 版心題: 剪燈, 識記: 昭和三載(1928) 正月初五日修繕本	忠南大學校 鶴山文庫 集, 小說類-2034
	瞿佑(明)著, 滄洲(朝鮮)訂正, 垂胡子(朝鮮)集解, 發行地不明, 發行處不明, 壬亂以前	2卷2冊, 木版本, 32×21㎝, 四周單邊, 半郭: 32×21㎝, 有界, 12行18字, 註雙行, 小黑口, 上下內向黑魚尾, 紙質: 楮紙	表題: 剪燈新話	忠南大學校 鶴山文庫 集,小說類-2032

第4章　明代 作品目錄과 解題　217

書 名	出 版 事 項	版 式 狀 況	一 般 事 項	所藏處/所藏番號
剪燈新話句解	瞿佑(明)著, 滄洲(朝鮮)訂正, 垂胡子(朝鮮)集釋, 壬亂以後刻 後刷	1卷1冊(卷下), 木版本, 有圖, 31.5×21.8㎝, 四周單邊, 半郭: 22×17.2㎝, 有界, 10行18字, 註雙行, 內向黑魚尾, 紙質: 楮紙	表題: 剪燈新話	忠南 大田市 趙鍾業
	瞿佑(明)著, 滄洲(朝鮮)訂正, 垂胡子(朝鮮)集釋, 朝鮮朝後期刊	1卷1冊(卷下), 木版本, 29×19.5㎝, 四周單邊, 半郭: 23×15.9㎝, 有界, 11行20字, 註雙行, 內向二葉花魚尾, 紙質: 楮紙		忠南 大田市 趙鍾業
剪燈新話句解	瞿佑(明)著, 垂胡子(朝鮮)集釋, 朝鮮朝後期刊	1冊, 木版本, 28.6×19.2㎝, 四周單邊, 半郭: 21.7×16.8㎝, 有界, 11行18字, 註雙行, 內向黑魚尾, 紙質: 楮紙	表題: 奇談	忠南 論山郡 尹寶重
	瞿佑(明)著, 垂胡子(朝鮮)集釋, 朝鮮朝後期刊	1卷1冊(卷下), 木版本, 33.5×21.5㎝, 四周雙邊, 半郭: 23.2×17.2㎝, 有界, 10行18字, 註雙行, 內向二葉花紋魚尾, 紙質: 楮紙	表題: 剪燈新話, 版心題: 剪燈新話, 跋: 洪武辛酉(1381) 重陽前一日…西齋寫	忠南 論山郡 尹寶重
剪燈新話句解	瞿佑(明)著, 滄洲(朝鮮)訂正, 垂胡子(朝鮮)集釋, 朝鮮朝後期 寫	2卷1冊(卷上, 下), 筆寫本, 30.8×23.2㎝, 無界, 11行28字, 註雙行, 紙質: 楮紙	墨書識記: 歲在壬寅(?) 子月日裂	江原道 江陵市 權純顯
剪燈新話句解	瞿佑(明)著, 滄洲(朝鮮)訂正, 垂胡子(朝鮮)集釋, 朝鮮朝後期刊	1卷1冊(卷上), 木版本, 29.6×21㎝, 四周單邊, 半郭: 22.5×18.9㎝, 有界, 12行18字, 註雙行, 內向黑魚尾, 紙質: 楮紙		江原道 三陟郡 靈隱寺
剪燈新話句解	瞿佑(明)著, 垂胡子(朝鮮)集釋, 辛亥(?)寫	1卷1冊(卷上), 筆寫本, 30.2×18.7㎝, 四周雙邊, 有界, 11行20字, 註雙行, 紙質: 楮紙	刊記: 辛亥(?) 滿月旬九日謄終	江原道 春城郡 崇德祠
剪燈新話句解	瞿佑(明)著, 垂胡子(朝鮮)集釋, 朝鮮朝期後, 末期 後刷	1冊, 木版本, 26×19.3㎝, 四周單邊, 半郭: 22.8×18.4㎝, 有界, 12行18字, 註雙行, 小黑口, 內向黑魚尾, 紙質: 楮紙	版心題: 剪燈新話, 內容: 水官慶會錄~富貴發蹟司志	全北 高敞郡 林鍾秀
剪燈新話句解	瞿佑(明)著, 垂胡子(朝鮮)集釋	1卷1冊(69張), 木版本, 29×18.3㎝, 四周單邊, 半郭: 23.1×16.7㎝, 有界, 11行20字, 白口, 上下內向二葉花紋魚尾, 紙質: 楮紙	表題: 剪燈新話, 版心題: 剪燈	釜山大學校 海蒼文庫(子部) OAC 3-12 32

218   第一部 韓國 所藏 中國文言小說의 版本目錄과 解題(作品 別)

書名	出版事項	版式狀況	一般事項	所藏處/所藏番號
	瞿佑(明)著, 垂胡子(朝鮮)集釋	1卷1冊(57張), 木版本, 27.8×17.8㎝, 四周單邊, 半郭: 22.8×15.8㎝, 有界, 11行20字, 註雙行, 白口, 上下內向二葉花紋魚尾, 紙質: 楮紙	表題: 剪燈新話, 版心題: 剪燈, 紋樣: 卍字紋	釜山大學校 直齋文庫(子部) OCC 3-12 32
	瞿佑 著	1卷1冊(64張), 木版本, 30.6×20㎝, 四周單邊, 半郭: 23×16㎝, 有界, 11行20字, 註雙行, 白口, 上下內向二葉花紋 魚尾, 紙質: 楮紙	版心題: 剪燈	釜山大學校 芝田文庫(子部) OEC 3-12 32A
	瞿佑(明)著, 尹春年(朝鮮)訂正	1卷1冊(60張), 木版本, 28×20㎝, 四周單邊, 半郭: 21.3×17.3㎝, 有界, 11行20字, 註雙行, 白口, 上下內向二葉花紋魚尾, 紙質: 楮紙	版心題: 新語	釜山大學校 蒼原文庫(經書部) OHC 3-12 32B
	瞿佑(明)著, 垂胡子(朝鮮)集釋	1卷1冊(60張), 木版本, 26.4×19.3㎝, 四周單邊, 半郭: 20.7×17.1㎝, 有界, 11行20字, 註雙行, 白口, 上下內向二葉花紋魚尾, 紙質: 楮紙	表題: 剪燈新話	釜山大學校 于溪文庫(子部) OIC 3-12 32E
剪燈新 話句解	瞿佑(明)著	1冊(卷下), 木版本		慶州市 蔣燉
剪燈新 話句解	瞿佑(明)著	2冊, 木版本		慶州市 鄭炳琂
剪燈新 話句解	瞿佑(明)著, 滄洲(朝鮮)訂正, 垂胡子(朝鮮)集釋, 刊寫地未詳, 刊寫者未詳, 刊寫年未詳	2卷2冊, 木版本, 25.8×19㎝, 四周單邊, 半郭: 23.3×15.8㎝, 有界, 11行20字, 註雙行, 內向二葉花紋魚尾, 紙質: 楮紙		檀國大學校 천안율곡圖書館 고873.5-구173주- 上
	瞿佑(明)著, 滄洲(朝鮮)訂正, 垂胡子(朝鮮)集釋, 刊寫地未詳, 刊寫者未詳, 刊寫年未詳	1卷1冊(零本), 木版本, 33×22㎝, 四周單邊, 半郭: 23×18.5㎝, 有界, 12行18字, 註雙行, 上下內向黑魚尾		檀國大學校 천안율곡圖書館 고873.5-구173져- 上
	瞿佑(明)著, 滄洲(朝鮮)訂正, 垂胡子(朝鮮)集釋, 刊寫地未詳, 刊寫者未詳, 刊寫年未詳	2卷2冊(卷1~2), 木版本, 28.6×19㎝, 四周單邊, 半郭: 23×16㎝, 有界, 11行20字, 註雙行, 內向二葉花紋魚尾		檀國大學校 천안율곡圖書館 고873.5-구173쥬- 上-下

第4章　明代 作品目錄과 解題　219

書 名	出 版 事 項	版 式 狀 況	一 般 事 項	所藏處/所藏番號
	瞿佑(明)著, 滄洲(朝鮮)訂正, 垂胡子(朝鮮)集釋, 刊寫地未詳, 刊寫者未詳, 刊寫年未詳	2卷2册(卷上,下), 木版本, 28.5×18.6㎝, 四周單邊, 半郭: 23×16㎝, 有界, 11行20字, 註雙行, 內向二葉花紋魚尾		檀國大學校 천안율곡圖書館 고873.5-구173죠- 上
	瞿佑(明)著, 滄洲(朝鮮), 垂胡子(朝鮮)(共)集釋, 刊寫地未詳, 刊寫者未詳, 刊寫年未詳	1卷1册(零本, 卷1), 木版本, 33.7×22.2㎝, 四周雙邊, 半郭: 23.8×17.8㎝, 有界, 10行18字, 註雙行, 上下內向二葉花紋魚尾, 紙質: 楮紙	表題: 剪燈新話(坤), 卷末: 道光九年己丑 (1829)南至月日買來價 文一兩共上下	檀國大學校 천안율곡圖書館 고873.5-구173죠- 下
	瞿佑(明)著, 滄洲(朝鮮)訂正, 垂胡子(朝鮮)集釋, 刊寫地未詳, 刊寫者未詳, 刊寫年未詳	2卷2册, 木版本, 30.4×20.8㎝, 四周單邊, 半郭: 20.9×16.9㎝, 有界, 11行20字, 註雙行, 內向黑魚尾, 紙質: 楮紙	刊記: 庚子(?) 年七月日刊	檀國大學校 천안율곡圖書館 고873.5-구173죠- 下, 고873.5-구173저- 上
	瞿佑(明)著, 滄洲(朝鮮)訂正, 垂胡子(朝鮮)集釋, 刊寫地未詳, 刊寫者未詳, 刊寫年未詳	1册(卷下), 木版本, 31.3×21㎝, 紙質: 楮紙		檀國大學校 천안율곡圖書館 고873.5-구173자- 下
	瞿佑(明)著, 滄洲(朝鮮)訂正, 垂胡子(朝鮮)集釋, 刊寫地未詳, 刊寫者未詳, 刊寫年未詳	1卷1册(卷下), 木版本, 30.5×20.7㎝, 四周單邊, 半郭: 22.3×16.9㎝, 有界, 10行18字, 註雙行, 上下黑口, 內向黑魚尾, 紙質: 楮紙		檀國大學校 천안율곡圖書館 고873.5-구173자- 下
	瞿佑(明)著, 滄洲(朝鮮)訂正, 垂胡子(朝鮮)集釋, 刊年未詳	1卷1册(零本), 木版本, 31×21.2㎝, 四周單邊, 10行18字, 半郭: 22.9×17㎝, 有界, 註雙行, 上下內向二葉花紋魚尾	表題: 剪燈新話	檀國大學校 천안율곡圖書館 羅孫文庫 [古]873.5/구173자
	瞿佑(明)著, 滄洲(朝鮮)訂正, 垂胡子(朝鮮)集釋, 刊年未詳	1册(零本), 木版本, 31.7×20㎝, 四周單邊, 半郭: 22×14.4㎝, 有界, 10行19字, 註雙行, 上下內向二葉花紋魚尾	表題: 剪燈新話, 版心題: 剪燈	檀國大學校 천안율곡圖書館 羅孫文庫 [古]873.5/구173자
	瞿佑(明)著, 滄洲(朝鮮)訂正, 垂胡子(朝鮮)集釋, 刊年未詳	1卷1册(零本), 木版本, 30.6×20.8㎝, 四周單邊, 半郭: 21.1×17.1㎝, 有界, 11行20字, 註雙行, 上下內向 二葉花紋魚尾, 紙質: 楮紙	表題: 剪燈新話, 序: 洪武十一年戊午 (1378)…瞿 佑, 序: 洪武十三年(1380) …凌雲翰, 跋: 洪武辛酉(1381)…?	檀國大學校 천안율곡圖書館 羅孫文庫 [古]873.5/구173저

220   第一部   韓國 所藏 中國文言小說의 版本目錄과 解題(作品 別)

書 名	出版事項	版式狀況	一般事項	所藏處/所藏番號
	瞿佑(明)著, 滄洲(朝鮮)訂正, 垂胡子(朝鮮)集釋, 刊年未詳	1卷1冊(零本), 木版本, 27.7×18.2㎝, 四周單邊, 半郭: 23.1×16.6㎝, 有界, 11行20字, 註雙行, 上下內向 二葉花紋魚尾, 紙質: 楮紙	表題: 剪燈新話, 版心題: 剪燈	檀國大學校 천안율곡圖書館 羅孫文庫 [古]873.5/구173죠
	瞿佑(明)著, 滄洲(朝鮮)訂正, 垂胡子(朝鮮)集釋, 刊年未詳	1卷1冊(零本), 木版本, 33.7×22.2㎝, 四周雙邊, 半郭: 23.8×17.8㎝, 有界, 10行18字, 註雙行, 上下內向 二葉花紋魚尾, 紙質: 楮紙	表題: 剪燈新話, 卷末: 道光九年己丑(1829) 南至月日買來價文一兩 共上下	檀國大學校 천안율곡圖書館 羅孫文庫 [古]873.5/구173죠
	瞿佑(明)著, 滄洲(朝鮮)訂正, 垂胡子(朝鮮)集釋, 刊年未詳	1冊(零本), 木版本, 26.5×18.7㎝, 四周單邊, 半郭: 23.1×16.5㎝, 有界, 11行20字, 註雙行, 上下內向二葉花紋魚尾	表題: 剪燈新話, 版心題: 剪燈	檀國大學校 천안율곡圖書館 羅孫文庫 [古]873.5/구173쥬
	瞿佑(明)著, 滄洲(朝鮮)訂正, 垂胡子(朝鮮)集釋, 刊年未詳	1卷1冊(零本), 木版本, 33×22㎝, 四周單邊, 半郭: 23×18.5㎝, 有界, 12行18字, 註雙行, 上下內向黑魚尾		檀國大學校 천안율곡圖書館 其他 [古]873.5/구173져
	瞿佑(明)著, 滄洲(朝鮮)訂正, 垂胡子(朝鮮)集釋, 刊年未詳	1卷1冊(零本), 木版本, 29.4×21.7㎝, 四周單邊, 半郭: 20.4×17.3㎝, 有界, 11行20字, 註雙行, 上下內向黑魚尾		檀國大學校 천안율곡圖書館 其他 [古]873.5/구173죠
	瞿佑(明)著, 滄洲(朝鮮)訂正, 垂胡子(朝鮮)集釋, 刊年未詳	2卷2冊, 木版本, 28.5×18㎝, 四周單邊, 半郭: 23×15.9㎝, 有界, 11行20字, 註雙行, 上下內向二葉花紋魚尾	印記: 金O培信	檀國大學校 천안율곡圖書館 其他 [古]873.5/구173쥬
剪燈新 話句解	瞿佑(明)著 刊寫地未詳, 刊寫者未詳, 刊寫年未詳	2卷2冊(卷1~2), 木版本, 35×22.5㎝, 四周單邊, 有界, 半郭: 21.7×18.3㎝, 12行18字, 上下內向黑魚尾, 紙質: 楮紙		京畿大學校 경기-K108327-1
剪燈新 話句解	瞿佑(明)著, 滄洲(朝鮮)訂正, 垂胡子(朝鮮)集釋, 刊寫地, 刊寫者, 刊寫年未詳	1卷1冊(缺帙, 卷下), 34.9×23㎝, 四周單邊, 半郭: 22.3×17㎝, 有界, 行字數不定, 註雙行, 上下內向黑魚尾	表題: 剪燈新話	京畿大學校 경기-K119038-2
	瞿佑(明)著, 滄洲(朝鮮)訂正, 垂胡子(朝鮮)集釋, 刊寫地, 刊寫者, 刊寫年未詳	1卷1冊(全2卷2冊, 卷上), 木版本, 27.6×20㎝, 四周單邊, 半郭: 21×16.9㎝, 有界, 11行21字, 註雙行, 上下內向混葉花紋魚尾, 紙質: 楮紙	表題: 剪燈新話, 跋: 辛酉(?)端陽前一… 由義西齋寫	京畿大學校 경기-K115075-1 (乾)

書名	出版事項	版式狀況	一般事項	所藏處/所藏番號
	刊寫地未詳, 刊寫者未詳, 刊寫年未詳	1卷1冊(缺帙, 卷下), 木版本, 28×20㎝, 四周單邊, 半郭: 20.3×16.9㎝, 有界, 11行20字, 小字雙行, 上下內向二葉花紋魚尾		京畿大學校 경기-K107364-2
	瞿佑(明)著, 滄洲(朝鮮)訂正, 垂胡子(朝鮮)集釋, 刊寫地, 刊寫者, 刊寫年未詳	1卷1冊(缺帙, 卷上), 木版本, 30.1×19.8㎝, 四周單邊, 半郭: 21.9×18㎝, 有界, 12行18字, 註雙行, 上下內向黑魚尾		京畿大學校 경기-K118786-1
	刊寫地未詳, 刊寫者未詳, 刊寫年未詳	1卷1冊(缺帙, 卷上), 木版本, 26.3×19.4㎝, 四周單邊, 半郭: 22.9×16.8㎝, 有界, 12行18字, 註雙行, 上下內向黑魚尾		京畿大學校 경기-K119860-1
	瞿佑(明)著, 刊寫地未詳, 刊寫者未詳, 刊寫年未詳	2卷2冊(卷1~2), 木版本, 30.6×20㎝, 四周單邊, 半郭: 23×16㎝, 有界, 11行20字, 白口, 上下內向二葉花紋魚尾	版心題: 剪燈, 表題: 剪燈新話	京畿大學校 경기-K104513-1 (上)=2
	瞿佑(明)著, 滄洲(朝鮮)訂正, 垂胡子(朝鮮)集釋, 刊寫地未詳, 刊寫者未詳, 刊寫年未詳	2卷2冊(卷1~2), 木版本, 25×19㎝, 四周單邊, 半郭: 22×16.6㎝, 有界, 12行20字, 註雙行, 上下內向二葉花紋魚尾	表題: 剪燈新話, 版心題: 剪燈, 刊記: 癸亥(?) 仲秋武橋新刊	京畿大學校 경기-K114698-2
	刊寫地未詳, 刊寫者未詳, 刊寫年未詳	1卷1冊(缺帙, 卷下), 筆寫本, 28.1×19.6㎝, 無界, 9行17字, 無魚尾	表題: 剪燈新話	京畿大學校 경기-K116750-2 (下)
	瞿佑(明)著, 垂胡子(朝鮮)集釋, 刊寫地未詳, 刊寫者未詳, 刊寫年未詳	2卷2冊(卷1~2), 30.4×20.8㎝, 四周單邊, 半郭: 21.6×18.2㎝, 有界, 12行18字, 紙質: 楮紙		京畿大學校 경기-K105758-上
剪燈新話句解	瞿佑(明)著, 滄洲(朝鮮)訂正, 垂胡子(朝鮮)集釋, 刊寫地未詳, 刊寫者未詳, 刊寫年未詳	1冊(缺帙), 朝鮮木版本, 30.2×18.5㎝, 紙質: 楮紙		慶熙大學校 812.3-구66ㅈㅍ
剪燈新話句解	瞿佑(明)著, 滄洲(朝鮮)訂正, 垂胡子(朝鮮)集釋, 刊寫地未詳, 刊寫者未詳, 刊寫年未詳	1冊, 28.2×18.7㎝, 四周單邊, 半郭: 23.2×16㎝, 有界, 11行字數不定, 註雙行, 上下內向二葉花紋魚尾	版心題: 剪燈	慶熙大學校 812.3-구66ㅈㄷ

222 第一部 韓國 所藏 中國文言小說의 版本目錄과 解題(作品 別)

書 名	出版事項	版式狀況	一般事項	所藏處/所藏番號
剪燈新話句解	瞿佑(明)著, 刊寫地未詳, 刊寫者未詳, 刊寫年未詳	1卷1册(缺帙, 卷下), 木版本, 29.5×20.3㎝, 四周單邊, 半郭: 20.7×16.5㎝, 有界, 11行20字, 上下內向花紋魚尾	刊記: 大正九年四月… 三版發行	카톨릭大學校
剪燈新話句解	瞿佑(明)著, 垂胡子(朝鮮)集釋, 刊寫地未詳, 刊寫者未詳, 刊寫年未詳	上下2册(册1~2), 筆寫本, 28.3×19.2㎝	口訣本(筆寫), 剪燈新話	漢陽大學校 812.35-구65ㅈ乾
剪燈新話句解	瞿佑(明)著, 滄洲(朝鮮)訂正, 垂胡子(朝鮮)集釋, 刊寫地未詳, 刊寫者未詳, 刊寫年未詳	2卷2册(卷1~2), 木版本, 28.6×19㎝, 四周單邊, 半郭: 23×16㎝, 有界, 11行20字, 註雙行, 上下內向二葉花紋魚尾	內容: 册3, 魯顚傳外, 內容: 卷3~4, 馬伶傳外, 卷7~8, 書戚三郎事外, 卷9~10, 劍俠傳外, 卷11~12, 過百遠令傳外, 卷13~14, 曼殊別誌書外, 卷15~16, 記同夢外, 卷17~18, 紀袁樞遇仙始末外	漢陽大學校 812.35-구65ㅈㄱ-v.2坤
剪燈新話句解	瞿佑(明)著, 滄洲(朝鮮)訂正, 垂胡子(朝鮮)集釋, 刊寫地, 刊寫者, 刊寫年未詳	2卷2册(卷上, 下), 30.7×20.5㎝, 四周單邊, 半郭: 21.4×18.4㎝, 有界, 12行18字, 註雙行, 內向黑魚尾, 紙質: 楮紙	表題: 剪燈新話	東亞大學校 (3):12:2-6
剪燈新話句解	瞿佑(明)著, 滄洲(朝鮮)訂正, 垂胡子(朝鮮)集釋, 刊寫地未詳, 刊寫者未詳, 刊寫年未詳	2卷2册(卷上, 下), 29.7×18.6㎝, 四周單邊, 半郭: 23.2×16.3㎝, 有界, 11行20字, 註雙行, 內向二葉花紋魚尾	版心題: 剪燈, 表題: 剪燈新話	東亞大學校 (3):12:2-7
剪燈新話句解	瞿佑(明)著, 發行地未詳, 發行處未詳, 發行年未詳	2册, 木版後刷本, 29.4×18.8㎝, 四周單邊, 半郭: 23.3×16.9㎝, 有界, 11行19字, 註雙行, 內向4葉花紋魚尾		明知大學校 812-4
剪燈新話句解	瞿佑(明)著, 子昻 集釋, 發行地未詳, 發行處未詳, 發行年未詳	2卷2册, 木版後刷本, 33×22.8㎝, 四周單邊, 半郭: 22.7×18.2㎝, 有界, 10行18字, 註雙行, 內向4葉花紋魚尾	卷末에 大韓隆熙四年 (1910)庚戌正月二十四 日書也라는 소장자 印記가 있음	明知大學校 812-3
	瞿佑(明)著, 發行地未詳, 發行處未詳, 發行年未詳	1册(零本), 木版本, 22.8×33㎝, 四周單邊, 半郭: 22.7×18.2㎝, 有界, 10行18字, 註雙行, 魚尾多樣		明知大學校 812-6

第4章 明代 作品目錄과 解題 223

書 名	出 版 事 項	版 式 狀 況	一 般 事 項	所藏處/所藏番號
剪燈新話句解	瞿佑(明)著, 滄洲(朝鮮)訂正, 垂胡子(朝鮮)集釋, 京城(서울), 東美書市, 大正3年(1914)刊	零本1冊(全2卷2冊, 卷下), 26.8×18.3cm, 四周單邊, 半郭: 23×15.5cm, 有界, 11行20字, 註雙行, 內向二葉花紋魚尾	書名: 卷首題, 版心題: 剪燈, 表題: 剪燈新話(下), 刊記: 大正三年(1914) 八月二十日發行, 京城匯東書館, 訂正: 滄洲, 集釋: 垂胡子	東國大學校 D823.5-구67, v.2
	瞿佑(明)著, 滄洲(朝鮮)訂正, 垂胡子(朝鮮)集釋, 刊寫地未詳, 刊寫者未詳, 朝鮮朝後期	1冊(上), 木版本, 28.3×21.5cm, 四周單邊, 半郭: 22×17.9cm, 有界, 12行18字, 註雙行, 無魚尾, 紙質: 楮紙	書名: 卷首題, 本文이 漢文으로 된 資料	東國大學校 D823.5-구671
	瞿佑(明)著, 滄洲(朝鮮)訂正, 垂胡子(朝鮮)集釋, 刊寫地未詳, 刊寫者未詳, 刊寫年未詳	2卷2冊(卷1~2), 木版本, 28.6×19cm, 四周單邊, 半郭: 23×16cm, 有界, 11行20字, 註雙行, 無魚尾, 紙質: 楮紙	書名: 卷首題, 本文이 漢文으로 된 資料	東國大學校 D813-전94
	瞿佑(明)著, 滄洲(朝鮮)訂正, 垂胡子(朝鮮)集釋, 京城, 東美書市, 大正4年(1915)刊	零本1冊(全2卷2冊, 卷上), 木版本, 26.9×18.4cm, 四周單邊, 半郭: 23×15.5cm, 有界, 10行20字, 註雙行, 內向二葉花紋魚尾	書名: 卷首題, 版心題: 剪燈, 表題: 剪燈新話(上), 刊記: 大正三年(1914) 八月二十日發行, 京城匯東書館, 訂正: 滄洲, 集釋: 垂胡子.	東國大學校 D823.5-구67, v.1
剪燈新話句解	瞿佑(明)著, 滄洲(朝鮮)訂正, 垂胡子(朝鮮)集釋, 刊寫事項不明	2卷2冊, 木版本, 27×18.3cm, 四周單邊, 半郭: 22.9×15.8cm, 有界, 11行20字, 上下內向二葉花紋魚尾	表題: 剪燈, 版心題: 剪燈	慶北大學校 [古]812.3 구67ㅈ
	瞿佑(明)著, 滄洲(朝鮮)訂正, 垂胡子(朝鮮)集釋, 刊寫事項不明	2卷2冊, 木版本, 32×21.4cm, 四周雙邊, 半郭: 21.2×17.1cm, 有界, 10行18字, 上下內向二葉花紋魚尾	版心題: 剪燈新話	慶北大學校 [古]812.3 구67ㅈ(2)
	瞿佑(明)著, 滄洲(朝鮮)訂正, 垂胡子(朝鮮)集釋, 刊寫事項不明	零本1冊(卷下), 木版本, 26.3×19.5cm, 四周單邊, 半郭: 21×17.3cm, 有界, 11行20字, 上下內向二葉花紋魚尾	表題: 剪燈新話, 版心題: 新話	慶北大學校 [古]812.3 구67ㅈ(3)
	瞿佑(明)著, 滄洲(朝鮮)訂正, 垂胡子(朝鮮)集釋, 刊寫事項不明	零本1冊(卷下), 木版本, 29.5×20.5cm, 四周單邊, 半郭: 20.7×17.5cm, 有界, 11行20字, 上下內向二葉花紋魚尾	表題: 剪燈新話, 版心題: 新話	慶北大學校 [古]812.3 구67ㅈ(4)

書名	出版事項	版式狀況	一般事項	所藏處/所藏番號
	瞿佑(明)著, 滄洲(朝鮮)訂正, 垂胡子(朝鮮)集釋, 刊寫事項不明	零本1冊(卷下), 木版本, 31×21㎝, 四周單邊, 半郭: 21.3×16.8㎝, 有界, 11行20字, 上下內向二葉花紋魚尾		慶北大學校 [古]812.3 구67ㅈ(5)
	瞿佑(明)著, 滄洲(朝鮮)訂正, 垂胡子(朝鮮)集釋, 刊寫事項不明	零本1冊(卷下), 木版本, 28.1×20.2㎝, 四周單邊, 半郭: 20.4×17.3㎝, 有界, 11行20字, 上下內向二葉花紋魚尾	表題: 剪燈新話, 版心題: 新話	慶北大學校 [古]812.3 구67ㅈ(6)
	瞿佑(明)著, 滄洲(朝鮮)訂正, 垂胡子(朝鮮)集釋, 刊寫事項不明	零本1冊(卷上), 木版本, 32.5×22㎝, 四周單邊, 半郭: 21.5×17㎝, 有界, 10行18字, 上下內向二葉花紋魚尾	表題: 剪燈新話, 版心題: 新話	慶北大學校 [古]812.3 구67ㅈ(7)
	瞿佑(明)著, 滄洲(朝鮮)訂正, 垂胡子(朝鮮)集釋, 刊寫事項不明	零本1冊(卷上), 木版本, 31.2×20.7㎝, 四周單邊, 半郭: 21.5×18.2㎝, 有界, 12行18字, 上下內向黑魚尾, 紙質: 楮紙	表題: 剪燈	慶北大學校 [古]812.3 구67ㅈ(8)
	瞿佑(明)著, 滄洲(朝鮮)訂正, 垂胡子(朝鮮)集釋, 刊寫事項不明	零本1冊(卷上), 木版本, 28×19㎝, 四周單邊, 半郭: 23.1×15.6㎝, 有界, 11行20字, 上下內向二葉花紋魚尾	表題: 剪燈新話, 版心題: 新話	慶北大學校 [古]812.3 구67ㅈ(9)
	瞿佑(明)著, 滄洲(朝鮮)訂正, 垂胡子(朝鮮)集釋, 刊寫事項不明	零本1冊(卷上), 木版本, 30.8×21㎝, 四周單邊, 半郭: 22.7×18.4㎝, 有界, 12行18字, 上下內向黑魚尾, 紙質: 楮紙	表題: 剪燈新話	慶北大學校 [古]812.3 구67ㅈ(10)
	瞿佑(明)著, 滄洲(朝鮮)訂正, 垂胡子(朝鮮)集釋, 刊寫事項不明	零本1冊(卷上), 木版本, 30.9×21.2㎝, 四周雙邊, 半郭: 23×17.4㎝, 有界, 10行18字, 上下內向二葉花紋魚尾	版心題: 剪燈新話	慶北大學校 [古]812.3 구67ㅈ(11)
	瞿佑(明)著, 滄洲(朝鮮)訂正, 垂胡子(朝鮮)集釋, 刊寫事項不明	零本1冊(卷上), 木版本, 25.5×19.4㎝, 四周單邊, 半郭: 22×16.6㎝, 有界, 12行20字, 上下內向二葉花紋魚尾	表題: 剪燈新話, 版心題: 新話下	慶北大學校 [古]812.3 구67ㅈ(12)
	瞿佑(明)著, 滄洲(朝鮮)訂正, 垂胡子(朝鮮)集釋, 刊寫事項不明	零本1冊(卷上), 木版本, 27.3×17.8㎝, 四周單邊, 半郭: 21.9×14.5㎝, 有界, 10行18字, 上下內向二葉花紋魚尾		慶北大學校 [古]812.3 구67ㅈ(13)
	瞿佑(明)著, 滄洲(朝鮮)訂正, 垂胡子(朝鮮)集釋, 刊寫事項不明	零本1冊(卷上), 木版本, 26.4×19㎝, 四周單邊, 半郭: 22.5×18㎝, 有界, 12行18字, 上下內向黑魚尾, 紙質: 楮紙	表題: 剪燈新話	慶北大學校 [古]812.3 구67ㅈ(14)

第4章　明代 作品目錄과 解題　225

書名	出版事項	版式狀況	一般事項	所藏處/所藏番號
	瞿佑(明)著, 滄洲(朝鮮)訂正, 垂胡子(朝鮮)集釋, 刊寫事項不明	零本1册(卷下), 木版本, 32.5×22.9㎝, 四周單邊, 半郭: 23.1×17.3㎝, 有界, 10行18字, 上下內向二葉花紋魚尾	版心題: 剪燈新話	慶北大學校 [古]812.3 구67ㅈ(15)
	瞿佑(明)著, 刊寫事項不明	1册, 筆寫本, 33.7×21.2㎝, 無界, 10行24字, 無魚尾		慶北大學校 [古]812.3 구67ㅈ(16)
	瞿佑(明)著, 滄洲(朝鮮)訂正, 垂胡子(朝鮮)集釋, 刊寫事項不明	1册(卷下), 筆寫本, 29×22.7㎝, 四周雙邊, 半郭: 23.2×21㎝, 無界, 11行20字, 無魚尾		慶北大學校 [古]812.3 구67ㅈ(17)
	瞿佑(明)著, 滄洲(朝鮮)訂正, 垂胡子(朝鮮)集釋, 刊寫事項不明	零本1册(卷下), 筆寫本, 29.4×17.8㎝, 無界, 10行20字, 無魚尾, 紙質: 楮紙	版心題: 剪燈新話	慶北大學校 [古]812.3 구67ㅈ(18)
	瞿佑(明)著, 滄洲(朝鮮)訂正, 垂胡子(朝鮮)集釋, 刊寫事項不明	零本1册(卷下), 筆寫本, 29.7×20㎝, 無界, 11行18字, 無魚尾	表題: 剪燈新話	慶北大學校 [古]812.3 구67ㅈ(19)
	瞿佑(明)著, 滄洲(朝鮮)訂正, 垂胡子(朝鮮)集釋, 刊寫事項不明	零本1册(卷下), 筆寫本, 27.5×20㎝, 無界, 行字數不定, 無魚尾		慶北大學校 [古]812.3 구67ㅈ(20)
	瞿佑(明)著, 滄洲(朝鮮)訂正, 垂胡子(朝鮮)集釋, 刊寫事項不明	零本1册(卷下), 筆寫本, 22.2×21.3㎝, 四周單邊, 半郭: 19.8×18.3㎝, 無界, 10行18字, 無魚尾		慶北大學校 [古]812.3 구67ㅈ(21)
	瞿佑(明)著, 滄洲(朝鮮)訂正, 垂胡子(朝鮮)集釋, 刊寫事項不明	零本1册(卷上), 筆寫本, 26×15.2㎝, 四周單邊, 半郭: 21.7×12.3㎝, 有界, 8行20字, 無魚尾	表題: 剪燈	慶北大學校 [古]812.3 구67ㅈ(22)
	瞿佑(明)著, 滄洲(朝鮮)訂正, 垂胡子(朝鮮)集釋, 刊寫事項不明	零本1册(卷坤), 筆寫本, 31.5×22.5㎝, 無界, 11行20字, 無魚尾	表題: 剪燈新話	慶北大學校 [古]812.3 구67ㅈ(23)
	瞿佑(明)著, 滄洲(朝鮮)訂正, 垂胡子(朝鮮)集釋, 刊寫事項不明	零本1册(卷下), 筆寫本, 29.5×19㎝, 無界, 10行20字, 無魚尾	表題: 孟解	慶北大學校 [古]812.3 구67ㅈ(24)
剪燈新 話句解	瞿佑(明)著, 滄洲(朝鮮)訂正, 垂胡子(朝鮮)集釋, 刊寫地未詳, 刊寫者未詳, 康熙 58年(1719)	1卷1册(缺本), 木版本, 32×20.5㎝, 四周雙邊, 半郭: 20×17.5㎝, 有界, 10行18字, 註雙行, 上下向二葉花紋魚尾	刊記: 康熙五十八(1719) 年己亥春嘉善, 表題: 新話	淑明女子大學校 CL 812.3 구우 전

書名	出版事項	版式狀況	一般事項	所藏處/所藏番號
剪燈新話句解	瞿佑(明)著, 서울, 武橋, 刊寫年未詳	1卷1冊(卷下), 木版本, 25×19cm, 四周單邊, 半郭: 22×18cm, 有界, 12行20字, 註雙行, 上下內向二葉花紋魚尾	表題: 剪燈, 版心題: 剪燈, 刊記: 癸亥(?)仲秋武橋新刊	淑明女子大學校 CL 812.3 구우 전
	瞿佑(明)著, 刊寫地未詳, 刊寫者未詳, 刊寫年未詳	1卷1冊(卷下), 筆寫本, 22×15cm, 10行18字, 註雙行	表題: 剪燈神話, 刊記: 壬辰(?)四月日抄	淑明女子大學校 CL 812.3 구우 전-가
	瞿佑(明)著, 滄洲(朝鮮)訂正, 垂胡子(朝鮮)集釋	2卷2冊, 木版本, 半郭: 23.4×15.7cm, 11行20字, 內向二葉魚尾, 紙質: 楮紙	標題: 山陽集	雅丹文庫 823.5-구66ㅈ
	瞿佑(明)著, 滄洲(朝鮮)訂正, 垂胡子(朝鮮)集釋	2冊(卷上, 同書2部), 木版本, 半郭: 23.1×16cm, 11行20字, 內向二葉魚尾		雅丹文庫 823.5-구66ㅈ
	瞿佑(明)著	1卷1冊(卷下), 木版本, 半郭: 20.5×16.5cm, 11行20字, 大黑口, 內向黑魚尾		雅丹文庫 823.5-구66ㅈ
	瞿佑(明)著, 滄洲(朝鮮)訂正, 垂胡子(朝鮮)集釋	1卷1冊(卷上), 木版本, 半郭: 22.4×14.6cm, 10行18字, 上二葉魚尾		雅丹文庫 823.5-구66ㅈ
	瞿佑(明)著, 滄洲(朝鮮)訂正, 垂胡子(朝鮮)集釋	2卷2冊, 木版本, 半郭: 20.4×17.1cm, 11行20字, 黑口內向黑魚尾		雅丹文庫 823.5-구66ㅈ
	瞿佑(明)著	2卷2冊, 木版本, 半郭: 23.1×15.9cm, 11行20字, 內向二葉魚尾		雅丹文庫 823.5-구66ㅈ
	瞿佑(明)著, 滄洲(朝鮮)訂正, 垂胡子(朝鮮)集釋	2卷1冊, 木版本, 半郭: 23.6×16cm, 11行20字, 內向二葉魚尾		雅丹文庫 823.5-구66ㅈ
	瞿佑(明)著	2卷2冊(同書3帙), 木版本, 半郭: 21.6×18.1cm, 12行18字, 內向黑魚尾		雅丹文庫 823.5-구66ㅈ
	瞿佑(明)著, 京城, 翰南書林, 1917年刊	2卷2冊(同書2帙), 木版本, 半郭: 23×15.9cm, 11行20字, 內向二葉魚尾		雅丹文庫 823.5-구66ㅈ
	瞿佑(明)著, 滄洲(朝鮮)訂正, 垂胡子(朝鮮)集釋	1冊(下卷), 筆寫本, 21.6×21.1cm, 行字數不定		雅丹文庫 823.5-구66ㅈ
剪燈新話句解	瞿佑(明)著, 垂胡子(朝鮮)集釋, 朝鮮朝後期刻, 後刷	2卷2冊, 中國木版本(戊申字覆刻), 29.5×20.3cm, 四周單邊, 有界, 半郭: 22.1×18.2cm, 12行18字, 註雙行, 內向黑魚尾, 紙質: 楮紙	表題: 剪燈新話	達成郡 成垓濟
剪燈新話句解	瞿佑(明)著, 滄洲訂正, 垂胡子 集釋, 朝鮮朝後期寫	2卷1冊, 筆寫本, 26.4×18.9cm, 四周雙邊, 半郭: 22.2×15.4cm, 12行26字, 烏絲欄, 紙質: 楮紙	表題: 剪燈新話, 所藏印: 金憲在印	安東市 豐山邑 金直鉉

第4章　明代 作品目錄과 解題　227

書名	出版事項	版式狀況	一般事項	所藏處/所藏番號
剪燈新話句解	瞿佑(明)著, 垂胡子集釋, 朝鮮朝後期刊	1卷1冊(卷下), 木版本, 27×19.5㎝, 四周單邊, 11行20字 半郭: 23.1×18㎝, 有界, 註雙行, 內向二葉花紋魚尾, 紙質: 楮紙		安東市 祿轉面 金台正
剪燈新話句解	瞿佑(明)著, 滄洲(朝鮮)訂正, 垂胡子(朝鮮)集釋, 壬亂前後刊	1卷1冊(卷下), 木版本, 33.5×22.1㎝, 四周雙邊, 半郭: 24.5×17.2㎝, 有界, 10行18字, 註雙行, 內向黑魚尾, 紙質: 楮紙		安東市 臨東面 金源宅
	瞿佑(明)著, 滄洲(朝鮮)訂正, 垂胡子(朝鮮)集釋, 壬亂前後刊	1卷1冊(卷下), 木版本, 33.5×22.1㎝, 四周雙邊, 半郭: 24.5×17.2㎝, 有界, 10行18字, 註雙行, 內向黑魚尾, 紙質: 楮紙		安東市 臨東面 金源宅
剪燈新話句解	瞿佑(明)著, 滄洲(朝鮮)訂正, 垂胡子(朝鮮)集釋, 朝鮮朝後期刊	2卷2冊, 木版本, 27.8×19.8㎝, 四周單邊, 半郭: 20.8×17.5㎝, 有界, 11行21字, 註雙行, 內向一·二·三葉混入花紋魚尾, 紙質: 楮紙	表題: 剪燈新話, 版心題: 剪燈新話, 序: 洪武十三年(1380) 夏四月錢唐凌雲翰(明)序	慶星大學校 博物館
剪燈新話句解	瞿佑(明)著, 滄洲(朝鮮)訂正, 垂胡子(朝鮮)集釋, 朝鮮朝後期刊	1卷1冊(卷下), 木版本, 27.2×18.5㎝, 四周單邊, 半郭: 23×15.9㎝, 有界, 11行20字, 註雙行, 內向二葉花紋魚尾, 紙質: 楮紙	表題: 剪燈新話, 版心題: 剪燈	釜山直轄市 金戊祚
剪燈新話句解	瞿佑(明)著, 滄洲(朝鮮)訂正, 垂胡子(朝鮮)集釋, 朝鮮朝後期刊	2卷2冊, 木版本, 31.5×21㎝, 四周單邊, 半郭: 23×16㎝, 有界, 11行20字, 註雙行, 內向二葉花紋魚尾, 紙質: 楮紙	表題: 剪燈新話	釜山大學校
剪燈新話句解	瞿佑(明)著, 滄洲(朝鮮)訂正, 垂胡子(朝鮮)集釋, 朝鮮朝後期刻, 後刷	1卷1冊(卷上), 木版本, 28×17.3㎝, 四周單邊, 半郭: 23.5×16㎝, 有界, 11行20字, 註雙行, 內向二葉花紋魚尾, 紙質: 楮紙	表題: 剪燈新話, 跋: 洪武辛酉(1381)… 金冕…庠之由義西齋寫	釜山大學校
	瞿佑(明)著, 滄洲(朝鮮)訂正, 垂胡子(朝鮮)集釋, 朝鮮朝後期刻, 末期後刷	1卷1冊(卷上), 木版本, 31.6×21.2㎝, 四周單邊, 半郭: 23×18㎝, 有界, 12行18字, 註雙行, 小黑口, 內向黑魚尾, 紙質: 楮紙	表題: 剪燈新話	釜山大學校
	瞿佑(明)著, 滄洲(朝鮮)訂正, 垂胡子(朝鮮)集釋, 1900年代 刊	1卷1冊(卷上), 木版本, 28×18.2㎝, 四周單邊, 半郭: 23.2×16㎝, 無界, 12行20字, 紙質: 楮紙	題簽: 剪燈新話, 版心題: 剪燈	釜山大學校

書名	出版事項	版式狀況	一般事項	所藏處/所藏番號
剪燈新話句解	瞿佑(明)著, 滄洲(朝鮮)訂正, 垂胡子(朝鮮)集釋, 朝鮮朝末期 刊	2卷2冊, 木版本, 有圖, 30.1×20.8㎝, 四周單邊, 半郭: 21.6×18.1㎝, 有界, 12行18字, 紙質: 楮紙	表題: 剪燈新話, 附錄: 秋香亭記	釜山女子大學校 伽倻文化研究所
剪燈新話句解	瞿佑(明)著, 垂胡子(朝鮮)集解, 朝鮮朝末期刊	2卷2冊(卷上下), 木版本, 30.5×20㎝, 四周單邊, 半郭: 22.4×25.3㎝, 有界, 上卷12行18字, 下卷10行19字, 註雙行, 內向黑一·二葉混入花紋魚尾, 紙質: 楮紙	表題: 剪燈新話	淸州大學校
剪燈新話句解	瞿佑(明)著, 垂胡子(朝鮮)集解, 朝鮮朝後期刊	1卷1冊(卷上), 木版本, 27.5×19.3㎝, 四周單邊, 半郭: 21.6×17.6㎝, 有界, 12行18字, 註雙行, 內向黑魚尾, 紙質: 楮紙	刊記: 金錫範	淸州大學校 民俗博物館
剪燈新話句解	瞿佑(明)著, 滄洲(朝鮮)訂正, 垂胡子(朝鮮)集釋, 純祖~哲完 (1801~1863)	零本1冊, 木版本, 29.5×20.5㎝, 四周單邊, 半郭: 21.2×17.3㎝, 有界, 11行21字, 小字雙行, 白口, 上下內向二葉花紋魚尾, 紙質: 楮紙	序: …洪武十三年(1380) 夏四月錢唐凌雲翰序, …洪武十四年(1381) 秋八月吳植書…洪武己巳(1389) 六月六日睦人桂衡書…, 卷首跋: 洪武辛酉(1381) …, 所藏本中卷之上의 1冊 以外缺(全2卷2冊中)	海軍士官學校 [한] 408
	瞿佑(明)著, 滄洲(朝鮮)訂正, 垂胡子(朝鮮)集釋, 哲宗14年(1863)	零本1冊, 木版本, 25.4×19㎝, 四周單邊, 半郭: 22.3×16.9㎝, 有界, 12行20字, 小字雙行, 白口, 上下內向二葉花紋魚尾, 紙質: 楮紙	表紙版心書名: 剪燈, 刊記: 癸亥(1863) 仲秋武橋新刊, 所藏本中卷之下의 1冊 以外缺(全2卷2冊中)	海軍士官學校 [한] 407
	瞿佑(明)著, 滄洲(朝鮮)訂正, 垂胡子(朝鮮)集釋, 高宗末	零本1冊, 木版本, 29.7×19.4㎝, 四周單邊, 半郭: 22.8×16㎝, 有界, 11行20字, 小字雙行, 白口, 上下內向二葉花紋魚尾	所藏本中卷之下의 1冊 以外缺(全2卷2冊中)	海軍士官學校 [한] 406
剪燈新話句解	瞿佑(明)著, 滄洲(朝鮮)訂正, 垂胡子(朝鮮)集釋, 刊寫地未詳, 刊寫者未詳, 刊寫年未詳	2卷2冊(卷上, 下), 木版本, 28.5×18.6㎝, 四周單邊, 半郭: 23×16㎝, 有界, 11行20字, 註雙行, 上下內向二葉花紋魚尾, 紙質: 楮紙	內容: 冊3, 魯顓傳外, 內容: 卷3~4, 馬伶傳外, 卷7~8, 書戚三郞事外, 卷9~10, 劍俠傳外, 卷11~12, 過百遠он傳外, 卷13~14, 曼殊別誌書外, 卷15~16, 記同夢外, 卷17~18, 紀袁樞遇仙始末外	漢陽大學校 812.35-구65ㅈㄱ- v.1乾

第4章 明代 作品目錄과 解題 229

書名	出版事項	版式狀況	一般事項	所藏處/所藏番號
剪燈新話句解	瞿佑(明)著, 滄洲(朝鮮)訂正, 垂胡子(朝鮮)集釋, 刊寫地未詳, 刊寫者未詳, 刊寫年未詳	2卷2冊(卷1~2), 木版本, 29×19㎝, 四周單邊, 半郭: 23×16㎝, 有界, 11行20字, 註雙行, 內向二葉花紋魚尾		仁荷大學校 H812.35-구66전
	瞿佑(明)著, 滄洲(朝鮮)訂正, 垂胡子(朝鮮)集釋, 京城(서울), 翰南書林, 大正5年(1916)刊	全2卷2冊(卷1~2), 木版本, 29×19.5㎝, 四周單邊, 半郭: 23.2×16㎝, 有界, 11行20字, 註雙行, 上下內向二葉花紋魚尾, 紙質: 楮紙	版心題: 剪燈, 表題: 剪燈新話, 刊記: 大正五年(1916) 六月三十日發行	仁荷大學校 H812.35-구66전 등-v.1-2
剪燈新話句解	瞿佑(明)著, 서울, 刊寫者未詳, 19- -	冊(卷1~2), 33㎝		大邱카톨릭大學校 동823.5-구67ㅈ
前燈新話句解	尹春年訂匡, 林芑集解, 朝鮮刊本	卷 1,2,3, 朝鮮出版本, 紙質: 楮紙		대구가톨릭대 823.5-367
剪燈新話句解	瞿佑(明)著, 尹春年(朝鮮)訂正, 林芑(朝鮮)集釋, 京城, 匯東書館, 1914	1冊(零本, 卷下), 本版本, 27.2×19㎝, 四周單邊, 半郭: 23.2×16㎝, 有界, 11行20字, 註雙行, 上下二葉花紋魚尾, 紙質: 竹紙	板心題: 剪燈, 表題: 剪燈新話, 刊記: 大正三年(1914), 京城, 匯東書館, 高裕相發行	圓光大學校 AN823.5-ㄱ483
	瞿佑(明)著, 尹春年(朝鮮)訂正, 林芑(朝鮮)集釋	1冊(零本, 卷下), 後刷本版本, 29×20.3㎝, 四周單邊, 半郭: 22×18.3㎝, 有界, 12行18字, 註雙行, 上下黑魚尾, 紙質: 楮紙	表題: 剪燈新話	圓光大學校 AN823.5-ㄱ483ㄱ
	瞿佑(明)著, 尹春年(朝鮮)訂正, 林芑(朝鮮)集釋	1冊(零本, 卷下), 本版本, 27×19.4㎝, 四周單邊, 半郭: 23.3×16㎝, 有界, 11行20字, 註雙行, 上下二葉花紋魚尾, 紙質: 楮紙	表題: 剪燈新話	圓光大學校 AN823.5-ㄱ483ㄷ
	瞿佑(明)著, 尹春年(朝鮮)訂正, 林芑(朝鮮)集釋, 後刷	1冊(零本, 卷下), 本版本, 29.2×19㎝, 四周單邊, 半郭: 23×16.6㎝, 有界, 11行20字, 註雙行, 上下二葉花紋魚尾, 紙質: 楮紙	版心題: 剪燈, 表題: 剪燈新話	圓光大學校 AN823.5-ㄱ483ㄹ
	瞿佑(明)著, 尹春年(朝鮮)訂正, 林芑(朝鮮)集釋, 後刷	1冊(零本, 卷下), 本版本, 30×20.5㎝, 四周單邊, 半郭: 23×17.5㎝, 有界, 11行18字, 註雙行, 上下黑魚尾, 紙質: 楮紙	表題: 剪燈新話	圓光大學校 AN823.5-ㄱ483ㅁ

書名	出版事項	版式狀況	一般事項	所藏處/所藏番號
剪燈新話句解	瞿佑(明)著, 垂胡子(朝鮮)集解, 刊寫地未詳, 刊寫者未詳, 甲寅字飜刻本, 1910年代	2卷2冊(上, 下), 金屬活字本, 四周雙邊, 半郭: 23.2×16.1㎝, 有界, 11行20字, 註雙行, 上下內向二葉花紋魚尾		全州大學校 OM823.5-구67ㅈ
	瞿佑(明)著, 滄洲(朝鮮)訂正, 垂胡子(朝鮮)集釋, 刊寫地未詳, 刊寫者未詳, 刊寫年未詳	2卷2冊(下卷欠), 木版本, 25.8×19㎝, 四周單邊, 半郭: 23.3×15.8㎝, 有界, 11行20字, 註雙行, 內向二葉花紋魚尾		全州大學校 OM823.5-구67저
剪燈新話句解	瞿佑(明)原著, 白斗鏞 編集, 京城(서울), 翰南書林, 大正5年(1916)	2卷2冊(卷1~2), 木版本, 26.7×19.3㎝, 四周單邊, 半郭: 22.8×15.9㎝, 有界, 11行20字, 註雙行, 內向二葉花紋魚尾, 紙質: 楮紙	表題: 剪燈新話, 版心題: 剪燈, 上欄에 註, 刊記: 大正五(1916) 年六月三十日發行, 京城 翰南書林	全南大學校 3Q-전228ㄱ2
	瞿佑(明)編, 刊寫地未詳, 刊寫者未詳, 朝鮮後期	2卷2冊(卷1~2), 木版本, 29.6×20.5㎝, 四周單邊, 半郭: 21.2×18.3㎝, 有界, 12行19字, 註雙行, 大黑口, 內向二葉花紋魚尾, 紙質: 楮紙	表題: 剪燈新話	全南大學校 3Q-전228ㄱ
	瞿佑(明)著, 刊寫地未詳, 刊寫者未詳	2卷2冊(卷1~2), 木版本, 30.9×21.5㎝, 四周單邊, 半郭: 22.5×16.7㎝, 有界, 10行18字, 註雙行, 內向二葉花紋魚尾, 紙質: 楮紙	表題: 剪燈	全南大學校 3Q-전228ㄱ
	瞿佑(明)著, 刊寫地未詳, 刊寫者未詳, 刊寫年未詳	2卷1冊(卷1~2), 木版本, 29.5×19㎝, 四周單邊, 半郭: 23.2×15.7㎝, 有界, 11行20字, 註雙行, 二葉花紋魚尾, 紙質: 楮紙		全南大學校 3Q-전228ㄱ2
	瞿佑(明)著, 刊寫地未詳, 刊寫者未詳, 後刷	2卷1冊(卷1~2), 木版本, 30.9×21.5㎝, 四周單邊, 半郭: 22.5×16.7㎝, 有界, 10行18字, 註雙行, 內向黑魚尾, 紙質: 楮紙		全南大學校 3Q-전228ㄱ-v.1-2
	瞿佑(明)著, 刊寫地未詳, 刊寫者未詳, 朝鮮後期	2卷1冊(卷1~2), 木版本, 29.5×19㎝, 四周單邊, 半郭: 23.2×15.7㎝, 有界, 11行20字, 註雙行, 花口, 內向二葉花紋魚尾, 紙質: 楮紙	表題: 剪燈新話	全南大學校 3Q-전228ㄱ2

第4章 明代 作品目錄과 解題 231

書名	出版事項	版式狀況	一般事項	所藏處/所藏番號
	瞿佑(明)編, 刊寫地未詳, 刊寫者未詳, 刊寫年未詳	2冊, 木版本, 29.6×20.5㎝, 四周單邊, 半郭: 21.2×18.3㎝, 有界, 12行19字, 註雙行, 花口, 上黑內向魚尾, 紙質: 楮紙		全南大學校 3Q-전228ㄱ-v.1-2
剪燈新 話句解	瞿佑(明)著, 發行事項不明	2卷2冊, 木版本, 25.7~29.8 ×19.5~19.8㎝, 四周單邊, 半郭: 21.6~22.2×18.1~16.9㎝, 有界, 12行18字, 註雙行, 上下內向黑魚尾		安東大學校 [古小]823.5 구67ㅈ
	瞿佑(明)著, 尹春年(朝鮮)訂正, 林芑(朝鮮)集釋, 發行事項不明	零本1冊(2卷2冊, 卷2), 木版本, 29.2×18.8㎝, 四周單邊, 半郭: 23.2×15.9㎝, 有界, 11行20字, 註雙行, 上下內向二葉花紋魚尾		安東大學校 [古小]823.5 구67ㅈ
剪燈新 話句解	瞿佑(1347~1433)著, 尹春年(朝鮮)訂正, 林芑(朝鮮) 集釋, 刊年未詳	2卷2冊, 木活字本, 28.3×20.3㎝, 四周單邊, 半郭: 21.6×14.7㎝, 有界, 10行18字, 註雙行, 上二葉花紋魚尾		啓明大學校 고812.35구우ㅈ
	瞿佑(1347~1433)著, 尹春年(朝鮮), 訂正, 林芑(朝鮮) 集釋, 刊年未詳	2卷2冊, 木版本, 32.3×21㎝, 四周單邊, 半郭: 21.5×18.4㎝, 有界, 12行18字, 註雙行, 內向黑魚尾		啓明大學校 고812.35구우전
	瞿佑(1347~1433)著, 尹春年(朝鮮)訂正, 林芑(朝鮮)集釋, 刊年未詳	2卷2冊, 木版本, 25.4×18.8㎝, 四周單邊, 半郭: 24.1×15.3㎝, 有界, 11行20字, 註雙行, 內向二葉花紋魚尾		啓明大學校 고812.35구우전 ㄷ
	瞿佑(明)著, 年紀未詳	1冊(零本), 筆寫本, 33.5×22㎝, 四周單邊, 半郭: 29.2×18.4㎝, 烏絲欄, 11行20字, 註雙行, 內向二葉花紋魚尾		啓明大學校 고812.35구우저
	瞿佑(明)著, 尹春年(朝鮮)訂正, 林芑(朝鮮)集釋, 刊年未詳	2卷2冊, 木活字本, 28.3×20.3㎝, 四周單邊, 半郭: 21.6×14.7㎝, 有界, 10行18字, 註雙行, 上二葉花紋魚尾		啓明大學校 812.35-구우ㅈ
剪燈新 話句解	瞿佑(明)著, 垂胡子(朝鮮)集釋	上下2冊, 木版本, 26.7×18.8㎝, 四周單邊, 半郭: 23.1×16㎝, 有界, 11行20字, 註雙行, 上下內向四瓣黑魚尾	版心題: 剪燈, 表紙書名: 剪燈新話	嶺南大學校 味山文庫 823.5 구우
	瞿佑(明)著, 垂胡子(朝鮮)集釋	1冊(零本, 全上下2冊, 本館所: 1冊, 卷上), 木版本, 28.3×19.2㎝, 四周單邊, 半郭: 23.1×16㎝, 有界, 11行20字, 註雙行, 上下內向四瓣黑魚尾	版心題: 剪燈, 表紙書名: 剪燈新話	嶺南大學校 味山文庫 823.5 구우-2

書 名	出 版 事 項	版 式 狀 況	一 般 事 項	所藏處/所藏番號
	瞿佑(明)著, 垂胡子(朝鮮)集釋	1冊(零本, 全上下2冊, 本館所: 1冊, 卷下), 木版本, 29×20.3cm, 四周雙邊, 半郭: 21.1×16.7cm, 有界, 10行18字, 註雙行, 上下內向 四瓣黑魚尾 (一部分有紋黑魚尾)	版心題: 剪燈新話, 表紙書名: 剪燈新話	嶺南大學校 昧山文庫 823.5 구口
	瞿佑(明)著, 垂胡子(朝鮮)集釋, 京城, 泰華書館, 年刊未詳	上下2冊, 木版本, 27.4×19cm, 四周單邊, 半郭: 23×16.3cm, 有界, 11行20字, 註雙行, 上下內向四瓣黑魚尾	版心題: 剪燈 表紙書名: 剪燈新話	嶺南大學校 陶南文庫 [古도]823.5구우
	瞿佑(明)著, 垂胡子(朝鮮)集釋	1冊(零本, 全上下2冊, 本館所藏: 1冊, 卷上), 木版本, 33.4×21.9cm, 四周單邊, 半郭: 22.1×18.4cm, 有界, 12行18字, 註雙行, 上下內向四瓣黑魚尾	表紙書名: 剪燈新話	嶺南大學校 南齋文庫 [古南]823.5구우
	瞿佑(明)著, 垂胡子(朝鮮)集釋	1冊(零本, 全上下2冊, 本館所藏: 1冊, 卷上), 木版本, 32.1×21cm, 四周單邊, 半郭: 22.1×18.4cm, 有界, 12行18字, 註雙行, 上下內向四瓣黑魚尾	表紙書名: 剪燈新話	嶺南大學校 南齋文庫 [古南]823.5구우-2
	瞿佑(明)著, 垂胡子(朝鮮)集釋	1冊(零本, 全上下2冊, 本館所藏: 1冊, 卷上), 木版本, 26×19.8cm, 四周單邊, 半郭: 22.1×18.4cm, 有界, 12行18字, 註雙行, 上下內向四瓣黑魚尾		嶺南大學校 南齋文庫 [古南]823.5구우-3
	瞿佑(明)著, 垂胡子(朝鮮)集釋	1冊(零本, 全上下2冊, 本館所藏: 1冊, 卷下), 木版本, 有圖, 31.4×20.9cm, 四周單邊, 半郭: 22.4×17.2cm, 有界, 10行18字(第5張以後는 11行), 註雙行, 一部分, 上下大黑口, 上下內向黑魚尾	表紙書名: 剪燈新話	嶺南大學校 南齋文庫 [古南]823.5구우口
	瞿佑(明)著, 垂胡子(朝鮮)集釋	上下2冊, 筆寫本, 33.9×21.5cm	表紙書名: 剪燈新話	嶺南大學校 南齋文庫 [古南]823.5구우ㅍ
	瞿佑(明)著, 垂胡子(朝鮮)集釋	1冊(零本, 全上下2冊, 本館所藏: 1冊, 卷下), 筆寫本, 33.3×20.2cm	原本印出記錄(卷末): 崇禎六年癸酉(1633) 六月日開刊, 筆寫記錄 (表紙裏面): 道光二十七年 (1847) 菊月二十八日記, 表紙書名: 剪燈新	嶺南大學校 南齋文庫 [古南]823.5구우ㅍ ㄱ

第4章　明代 作品目錄과 解題　233

書名	出版事項	版式狀況	一般事項	所藏處/所藏番號
	瞿佑(明)著, 垂胡子(朝鮮)集釋	1冊(零本, 全上下2冊, 本館所藏: 1冊, 卷上), 筆寫本, 33.9×21.2㎝	筆寫記錄(卷末): 乾隆六十乙卯(1795), 表紙書名: 剪燈新話, 口訣本(筆寫), 表紙書名: 剪燈新話	嶺南大學校 南齋文庫 [古南]823.5구우ㅍ ㄴ
	瞿佑(明)著, 垂胡子(朝鮮)集釋	1冊(零本, 全上下2冊, 本館所藏: 1冊, 卷上), 筆寫本, 28.3×19.2㎝	口訣本(筆寫), 表紙書名: 剪燈新話	嶺南大學校 南齋文庫 [古南]823.5구우ㅍ ㄷ
	瞿佑	2冊, 木版本, 29×19㎝		嶺南大學校 中央圖書館 [韶]823.5
剪燈新話句解	瞿佑(明)著, 滄洲(朝鮮)訂正, 垂胡子(朝鮮)集釋, 發行地不明, 發行處不明, 發行年不明	1冊(零本, 卷上), 木版本, 有圖, 26×19.7㎝, 四周單邊, 半郭: 22×18.3㎝, 有界, 12行18字, 註雙行, 上下內向黑魚尾		慶尙大學校 D7C구67ㅈ(아천)
	瞿佑(明)著, 滄洲(朝鮮)訂正, 發行地不明, 發行處不明, 發行年不明	1卷1冊(卷上), 木版本, 31.8×22.2㎝, 四周單邊, 半郭: 21.8×18.3㎝, 有界, 12行18字, 註雙行, 上下內向黑口魚尾		慶尙大學校 D7C구67ㅈ(오림)
	瞿佑(明)著, 垂胡子(朝鮮)集釋, 發行地不明, 發行處不明, 發行年不明	1冊(零本, 卷下), 木版本, 有圖, 26.9×20.5㎝, 四周單邊, 半郭: 22.5×17㎝, 有界, 10行18字, 註雙行, 上下內向黑魚尾		慶尙大學校 D7C구67ㅈa (아천)
	瞿佑(明)著, 滄洲(朝鮮)訂正, 垂胡子(朝鮮)集釋, 刊寫地未詳, 刊寫者未詳, 刊寫年未詳	1卷1冊(全2卷2冊), 木版本, 30.6×20.8㎝, 四周單邊, 半郭: 22.5×18㎝, 有界, 12行28字, 註雙行, 內向黑魚尾	表題: 剪燈新話	慶尙大學校 古(춘추) D7A 구67ㅈ v.1
	瞿佑(明)著, 滄洲(朝鮮)訂正, 垂胡子(朝鮮)集釋, 刊寫地未詳, 刊寫者未詳, 刊寫年未詳	2卷1冊, 木版本, 28.7×20㎝, 四周單邊, 半郭: 21×17.3㎝, 有界, 11行21字, 註雙行, 內向二葉花紋魚尾	版心題: 剪燈新話, 序: 洪武十一年(1378) 戊午…瞿佑書于吳山大 隱堂…	慶尙大學校 古(춘추) D7A 구67ㅈ v.1-2

234 第一部 韓國 所藏 中國文言小說의 版本目錄과 解題(作品 別)

書名	出版事項	版式狀況	一般事項	所藏處/所藏番號
	瞿佑(明)著, 刊寫地未詳, 刊寫者未詳, 刊寫年未詳	1卷1册(缺帙), 木版本, 25.9×19.7㎝, 四周單邊, 半郭: 22.9×18.4㎝, 有界, 12行18字, 註雙行, 內向混葉花紋魚尾		慶尙大學校 古(춘추) D7B 구67ㅈ v.1
	瞿佑(明)著, 滄洲(朝鮮)訂正, 刊寫地未詳, 刊寫者未詳, 刊寫年未詳	2卷2册, 筆寫本, 32.2×21.7㎝, 10行字數不定	表題: 瞿文	慶尙大學校 勿川文庫 古(물천) D7A 구67ㅈ v.1-2
剪燈新 話句解	瞿佑(明)著	卷下, 木版本, 27×19㎝, 半郭: 21.9×14.2㎝, 上二葉魚尾		安東市 臥龍面 後彫堂(金俊植)
剪燈新 話句解	瞿佑(明)著, 胡子昂 集釋	零1册, 木版本, 30×22㎝, 四周單邊, 半郭: 23.7×18.3㎝, 有界, 10行18字, 小字雙行		大邱大學校 송곡문고 古 823 ㄱ483ㅈ
剪燈新 話句解	瞿佑 著	1册(1册, 52張), 筆寫本, 27.8×18.4㎝, 9行字數不同	漢文, 楷書, 背面記錄: 祭文	청송중평평산신씨 사남고택 韓國國學振興院 수탁, KS0336- 1-03-00005
剪燈新 話句解	瞿佑 著	不分卷1册, 木版本, 29.7×20.3㎝, 四周單邊, 半郭: 23×18.5㎝, 有界, 12行18字, 註雙行, 白口, 上下內向黑魚尾	漢文, 楷書	안동김씨해헌고택, 韓國國學振 興院 수탁, KS0 378-1-03-00021
剪燈新 話句解	瞿佑 著	下1册, 木版本, 31.2×21.4㎝, 四周單邊, 半郭: 22.8×19㎝, 有界, 11行18字, 註雙行, 黑口, 上下內向混入魚尾	漢文, 楷書	청송심씨칠회당고 택, 韓國國學 振興院, 수탁 KS0431-1- 03-00033
剪燈新 話句解	瞿佑 著	上1册, 木版本, 31.3×221㎝, 四周單邊, 半郭: 18.9×16.3㎝, 有界, 11行18字, 註雙行, 黑口, 上下內向混入魚尾	漢文, 楷書	진주강씨해은공파 박사댁 韓國國學振興院 수탁. KS0438- 1-03-00006
	瞿佑 著	下1册, 木版本, 27.3×19.8㎝, 四周單邊, 半郭: 20.5×17.3㎝, 有界, 11行18字, 註雙行, 黑口, 上下內向混入魚尾	漢文, 楷書	진주강씨해은공파 박사댁 韓國國學振興院 수탁. KS0438 -1-03-00007
剪燈新 話句解	瞿佑 著	上1册, 木版本, 26.6×18.6㎝, 四周單邊, 半郭: 22.9×15.6㎝, 有界, 11行20字, 註雙行, 白口, 上下內向二葉花紋魚尾	漢文, 楷書	장헌구-家 韓國國學振興院 수탁KS0553-1-04- 00026

第4章　明代 作品目錄과 解題　235

書 名	出 版 事 項	版 式 狀 況	一 般 事 項	所藏處/所藏番號
剪燈新話句解	瞿佑(明)著, 壬亂以後刊	1卷1冊(卷上缺), 木版本, 31.5×21㎝, 四周單邊, 半郭: 23.2×16.9㎝, 有界, 10行18字, 註雙行, 內向二葉花紋魚尾, 紙質: 楮紙	表題: 剪燈新話	山氣文庫 4-717
	瞿佑(明)著, 滄洲(朝鮮)訂正, 垂胡子 集釋, 朝鮮朝中期刊	1冊(卷上), 木版本, 29.5×19㎝, 四周單邊, 半郭: 23×16㎝, 有界, 11行20字, 註雙行, 內向二葉花紋魚尾, 紙質: 楮紙	版心題: 剪燈	山氣文庫 4-720
	瞿佑(明)著, 滄洲(朝鮮)訂正, 垂胡子 集釋, 朝鮮朝中期刊	1冊(卷上), 木版本, 28.3×18.2㎝, 四周單邊, 半郭: 21.5×14.2㎝, 有界, 10行18字, 註雙行, 上二葉花紋魚尾, 紙質: 楮紙	版心題: 剪燈	山氣文庫 4-721
	瞿佑(明)著, 滄洲(朝鮮)訂正, 朝鮮朝中期刊	2卷2冊(卷上, 下), 木版本, 28×19㎝, 四周單邊, 半郭: 22×14.5㎝, 有界, 10行18字, 註雙行, 上二葉花紋魚尾, 紙質: 楮紙		山氣文庫 4-722
剪燈新話句解	瞿佑(明)著, 垂胡子(朝鮮)集釋, 朝鮮朝後期刊	1冊(卷下), 木版本, 33.3×22㎝, 四周單邊, 半郭: 22.2×17.2㎝, 有界, 10行18字, 內向黑魚尾, 紙質: 楮紙		尙熊文庫 4-171
	瞿佑(明)著, 垂胡子(朝鮮)集釋, 朝鮮朝後期刊	1冊(卷下, 74張), 木版本, 31.4×21.4㎝, 四周單邊, 半郭: 23×17.2㎝, 有界, 10行18字, 註雙行, 內向黑二葉花紋魚尾, 紙質: 楮紙	版心題: 剪燈新話(或無)	尙熊文庫 4-172
	瞿佑(明)著, 垂胡子(朝鮮)集釋, 朝鮮朝後期刊	1冊(卷上, 69張), 木版本, 33.3×22㎝, 半郭: 21.6×18.4㎝, 有界, 12行18字, 註雙行, 內向黑魚尾, 紙質: 楮紙		尙熊文庫 4-173
	瞿佑(明)著, 垂胡子(朝鮮)集釋, 朝鮮朝後期刊	1冊(卷上), 木版本, 31.6×21.8㎝, 半郭: 22×18㎝, 有界, 12行18字, 註雙行, 內向黑魚尾, 紙質: 楮紙		尙熊文庫 4-174
剪燈新話句解	瞿佑(明)著, 朝鮮朝後~末期刊	卷2冊(上, 下), 木版本, 24.5×18㎝, 四周單邊, 有界, 半郭: 22.8×15.8㎝, 11行20字, 內向二葉花紋魚尾, 紙質: 楮紙	表題: 剪燈新話	玩樹文庫 4-194
剪燈新話句解	瞿佑(明)著, 垂胡子(朝鮮)集釋, 朝鮮朝後期刊	1卷1冊(卷下), 初鑄甲寅字覆刻版, 31.5×21.3㎝, 四周單邊, 半郭: 23.7×17㎝, 有界, 10行18字, 註雙行, 內向二葉花紋魚尾, 紙質: 楮紙	版心題: 剪燈新話	誠庵文庫 4-1427

書名	出版事項	版式狀況	一般事項	所藏處/所藏番號
	瞿佑(明)著, 垂胡子(朝鮮)集釋, 朝鮮朝後期刊	1卷1册(卷上), 木版本, 27×19.5㎝, 四周單邊, 半郭: 23.1×18㎝, 有界, 12行18字, 註雙行, 內向黑魚尾, 紙質: 楮紙		誠庵文庫 4-1428
剪燈新 話句解	瞿佑(明)著, 滄洲(朝鮮)訂正, 垂胡子(朝鮮)集釋, 朝鮮朝後期刊	2卷2册, 木版本, 四周單邊, 半郭: 23.1×15.3㎝, 紙質: 楮紙	備考: 卷上, 1~2張落	惠愚文庫
剪燈新 話句解	朝鮮朝後期	1册(卷下), 木版本, 四周單邊, 半郭: 22.8×18.2㎝, 有界, 10行18字, 上下黑魚尾, 紙質: 楮紙	版心題: 下	김천시 직지사 직지성보박물관
剪燈新 話句解	朝鮮時代	1册(卷上), 木版本, 四周單邊, 半郭: 21.6×18㎝, 有界, 12行18字, 註雙行, 上下內向黑魚尾, 紙質: 楮紙	版心題: 剪燈新話	부산시 범어사 성보박물관
剪燈新 話句解	朝鮮時代	1册(卷上), 木版本, 26.1×19.4㎝, 四周單邊, 半郭: 23.3×16.8㎝, 有界, 11行不定字, 二葉花紋黑魚尾, 紙質: 楮紙	版心題: 前(剪)燈上	서귀포시 광명사 주지실
剪燈新 話句解	瞿佑 著	1册, 筆寫本, 32.3×22.2㎝, 無界, 13行24字	漢文, 行書	광산김씨 낙음재 韓國國學振興院 수탁 KS0556-1- 04-00036
剪燈新 話句解	朝鮮朝後期	1册(卷下), 筆寫本, 34.5×21.7㎝	墨書 刊記: 乙未四月初八日罷	김해시 은하사 수장고
剪燈新 話句解	瞿佑 著	1册, 筆寫本, 28×18.7㎝, 10行20字	漢文, 楷書	반남박씨 판광공파 청하재 韓國國學振興院 수탁KS0468-1-03- 00021
剪燈新 話句解	瞿佑(明)著, 滄洲(朝鮮) 訂正, 垂胡子(朝鮮)輯釋, 朝鮮朝末期 寫	1卷1册(卷上), 筆寫本, 32.5×19.7㎝, 11行20字, 註雙行, 紙質: 楮紙		仁壽文庫 4-436
剪燈新 話句	瞿佑(明)著, 서울, 刊寫者未詳, 19- -	卷(句下), 33.2×22.4㎝		大邱카톨릭大學校 동823.5-구67ㅈ
剪燈新 話句解	18世紀	1卷1册, 木版本, 31.2×21㎝		國立淸州博物館
剪燈新 話句解 (上)	戊午年	1卷1册, 筆寫本, 20.5×31.2㎝		忠淸北道 보은군 김석중
剪燈新 話句解		1卷1册, 木版本, 20×30㎝		忠淸北道 옥천군 관성회관
剪燈新 話句解		1卷1册, 木版本, 19×25.5㎝		忠淸北道 괴산군 김문기

9. 剪燈餘話

≪剪燈餘話≫는 明代 傳奇小說集으로 李昌祺(1376~1452)가 1420년경에 편찬했다. 이 책은 ≪百川書志≫ 小史類에 4卷 20篇이 기록되어 있다. 매 권 5편씩 구성되어 있으며, 책 말미에 별도로 ≪還魂記≫1篇이 부록으로 첨가되어 있다. 현재 남아있는 明 成化 刊本과 淸 乾隆 刊本 및 同治 刊本 등이 있으며 모두 3卷으로 되어 있다. 근대사람 董康 誦芬室[167]은 日本의 慶長·元和 年間의 活字本 翻刻本을 근거로 하여 20篇을 다시 회복시켰고, 뒤에 붙어있던 ≪還魂記≫1篇을 한 권으로 독립시켜 모두 5卷 21篇으로 만들었다. 1957년 古典文學出版社에서 편찬한 周楞伽 校注本은 誦芬室本을 위주로 출판한 것이다.

李昌祺는 이름이 禎으로 廬陵(지금의 江西 吉安) 사람이다. 永樂 2年(1404)에 進士에 합격해 翰林院 庶吉士로 발탁되어 ≪永樂大典≫ 편찬에도 참여했을 만큼 해박한 지식을 갖고 있었으며 재주와 학문을 드러내길 좋아했다. 洪熙 元年(1425) 廣西布政使로 천거되었다가 후에 또다시 河南布政使까지 역임하였다. 성격이 곧고 강직한 인물로 전해진다. 그에 대한 기록은 ≪明史≫ 本傳과 ≪列朝詩集小傳≫ 乙集 등에 전한다.

≪剪燈餘話≫는 瞿祐의 단편 전기소설집인 ≪剪燈新話≫를 모방하여 지은 것이다. 李昌祺가 房山으로 귀양 갔을 때 ≪剪燈新話≫를 보고 극구 칭송하여 "效顰"의 뜻을 두고 백방으로 고사를 수집하여 20여 편을 엮었다고 한다. 元末에서 明初의 사실 중에서도 愛情故事를 위주로 취하여 편찬하였지만 부분적으로 사회문제까지도 언급하고 있다. 예를 들면 권1의 〈長安夜行錄〉, 권2의 〈鸞鸞傳〉, 권3의 〈瓊奴傳〉 등은 봉건사회의 퇴폐한 정치와 예교의 불합리를 폭로한 작품으로 꼽힌다. 특히 남녀의 자유연애와 혼인문제를 다루고 있다는 점에 큰 의의가 있다. 내용도 풍부하고 구성도 뛰어나 당시에 이미 일본까지 전해져 간행되었고, 화본이나 희곡의 소재로도 많이 인용되었다.

≪剪燈餘話≫는 1419년에 완성되고 나서 처음에는 필사본으로 전해지다가 宣德 8年(1433) 복건성 建寧知縣이던 張光啓에 의해 初刻되었다. 張光啓는 ≪剪燈新話≫

---

[167] 董康(1867~1947), 字는 授經·經金·綬經, 號는 誦芬室主人으로 江蘇 武進 사람이다.

와 ≪剪燈餘話≫를 합본하여 간행하여 '剪燈二種'을 널리 전파했다고 한다. 현재 통행본은 明代 憲宗 成化 23年(1487) 余氏 雙桂堂 重刊本 5권이 있는데 張光啓 간본을 저본으로 한 것으로 일본 內閣文庫에 소장되어 있다. 이외에도 일본 에도[江戶] 초기에 간행된 활자 5권본과 元和 활자본이 있다.168)

국내 남겨진 최초의 기록은 世宗때 만들어진 ≪龍飛御天歌≫에 보인다. ≪龍飛御天歌≫를 편찬할 때 집현전 학사들이 ≪剪燈餘話≫의 한 대목을 주석으로 인용함으로써 최초의 전래기록을 남기고 있다.169) 그 외에도 ≪朝鮮王朝實錄≫〈燕山君日記〉 12年(1506) 4月 13日, 壬戌에 나와 있는데 전교하기를, "≪剪燈新話≫·≪剪燈餘話≫·≪效顰集≫·≪嬌紅記≫·≪西廂記≫ 등을 謝恩使로 하여금 사오게 하라"하였다. ……[中略]…… 또 전교하기를 "≪剪燈新話≫·≪剪燈餘話≫ 등을 인쇄하여 바치라" 하였다는 기록도 남아있다.170) 이런 기록은 당시 이 작품에 대한 구독과 간행 사실을 엿볼 수 있다. 그 후 문인들의 문집에서도 그 흔적을 찾을 수 있는데 許筠(1569~1618)의 ≪惺所覆瓿藁≫와 李瀷(1681~1763)의 ≪星湖僿說≫에 ≪剪燈餘話≫를 인용한 문구가 보인다. 이러한 상황으로 보아 국내 유입된 시기는 적어도 15세기가 될 것으로 보인다.

또 ≪古文書集成≫ 7 ≪五倫全傳≫ 忠州本 沈守慶 跋文에 "언우가 비로소 여러 판본을 새겨 그 전함을 축수하니 세상에 ≪剪燈新話≫·≪剪燈餘話≫ 등의 책이 있게 되었다. 세상 사람들에 많이 전하여 玩賞되었다. 비록 수식한 문사가 볼 만하기는 하지만, 모두가 우스갯소리에 불과할 따름이다"171)라는 기록이 보인다. 이는 당시 ≪剪燈新話≫와 ≪剪燈餘話≫에 대한 독자들의 수요가 많았다는 사실을 증명해주고 있지만, 동시에 내용이 우스갯소리에 불과하다는 낮은 평가를 내리고 있다.

≪剪燈餘話≫의 간행기록으로는 ≪朝鮮王朝實錄≫〈燕山君日記〉제62조에 燕山君이 印刷하여 進上하라는 御命이 있었으나 진상여부는 확인할 수 없었다. 그러나 壬辰倭亂 이전에 魚叔權이 지은 ≪攷事撮要≫〈八道冊板條〉에 전라도 순창에서 ≪剪

---

168) 구우 외 저, 최용철 역, ≪전등삼종≫, 소명출판, 2005, 494~496쪽.
169) 구우 외 저, 최용철 역, ≪전등삼종≫, 소명출판, 2005, 513쪽.
170) 민관동, ≪중국고전소설비평자료총고≫, 학고방, 2003년, 86쪽.
171) 彦遇始鋟諸梓 而壽其傳 世有剪燈新話 餘話等書. 人多傳玩. 雖鋪張文詞之可觀 皆不過滑稽戲談耳. [古文書集成 7, 五倫全傳, 忠州本 沈守慶(1516~1599)跋文, 精神文化硏究院刊]

燈餘話≫가 간행되었다는 기록이 있어 ≪剪燈餘話≫가 국내에서 출판된 것이 명확하게 증명된다. 여기에서 나오는 ≪剪燈餘話≫가 연산군이 印刷하여 進上하라고 한 것과 같은 판본인지 확인할 수 없지만 1568년 이전에 간행된 것은 확실해 보인다. 그러나 국내에서는 아직 당시 출간본은 발굴하지 못하였다.

근래에 최용철이 일본의 내각문고에서 일본간본과 조선간본이 합철되어 있는 것을 확인하였다고 한다. 그러나 안타깝게 나머지 사항은 확인이 되지 않고 있다.[172] 결론적으로 위에서 언급한 기록으로 볼 때 ≪剪燈餘話≫는 16세기 民間에서도 상당한 독자층이 형성되었다는 사실은 부인할 수 없는 사실이다. 현재 국내에서는 國立中央圖書館에 1692년에 일본에서 간행된 木版本과 간행지·간행연도를 정확히 알 수 없는 木版本이 소장되어 있다. 중국 간본으로 보이는 이 판본은 전체 중에서 2권까지 남아있고 판의 크기가 12.4×9㎝로 크지 않으며 9行 17字로 구성되어 있다.

書名	出版事項	版式狀況	一般事項	所藏處/所藏番號
剪燈餘話	李昌祺(明)編著 張光啓(明)校, 日本, 元祿5年(1692)	7卷1册, 日本木版本, 25.7×17.3㎝	版心題: 餘話, 表題: 新編剪燈餘話, 刊記: 元祿五年壬申(1692) 十月之吉林○兵衛壽梓, 序: 永樂庚子(1420)…曾棨, 序: 張光啓	國立中央圖書館 BA古5-80-22
剪燈餘話	李禎(明)撰, 刊年未詳	1册(103張), 木版本, 16.5×11.5㎝, 四周雙邊, 有界, 半郭: 12.4×9㎝, 9行17字, 註雙行, 上下向黑魚尾	序: 永樂庚子(1420)…李禎	國立中央圖書館 [古]3736-63

10. 覓燈因話

≪覓燈因話≫는 明 邵景詹이 편찬한 傳奇小說集이다. ≪紅雨樓書目≫·≪千頃堂書目≫ 小說類에 2卷이 기재되어 있다. 현재는 淸 同治 年間에 간행한 ≪剪燈新話≫本이 있고[173], 1957년 古典文學出版社에서 편찬한 周楞伽 ≪剪燈新話≫ 校注本 등

---

172) 최용철, 〈금오신화와 전등신화의 판본에 대하여〉, ([책을 좋아하는 사람들 모임]발표문, 2010. 12.17), 6쪽 참고.

이 있다. 邵景詹에 대해서는 그의 필명이 '自好子'라는 것 외에는 자세한 생평이 나와 있지 않지만 책 서두에 나오는 〈小引〉174)에 의하면 ≪覓燈因話≫를 萬曆 壬辰年(1592)에 완성하였다고 되어있다. 따라서 邵景詹도 萬曆年間 사람임을 추정할 수 있다.

이 책에는 모두 8편의 이야기가 수록되어 있는데 모두 元·明 時代의 逸話 및 小事들로서, 대부분의 내용이 勸善懲惡이나 封建禮敎의 宣揚으로 이루어져 있다. 그러나 비교적 질박한 필체로서 문체미를 추구하지 않고 이야기의 전달에 충실한 까닭에 ≪剪燈新話≫나 ≪剪燈餘話≫ 등과는 사뭇 다른 풍격을 나타내고 있다. 권1에는 〈桂遷夢感錄〉·〈姚公子傳〉·〈孫恭人傳〉·〈貞烈墓記〉·〈翠娥語錄〉의 5편이, 권2에는 〈唐義士傳〉·〈臥法師入定錄〉·〈丁縣丞傳〉의 3편이 실려 있다. 각 편의 마지막에는 邵景詹의 평어가 실려 있다. 그 중 卷1의 〈貞烈墓記〉를 살펴보면 이 이야기는 ≪輟耕錄≫의 〈貞烈墓〉를 개편한 것으로 여성을 소재로 삼은 것으로 높이 평가 받는 작품이다. 부인 郭氏의 미색이 本官 李奇의 눈에 띠어 핍박을 받다가 본인은 죽임을 당하고 결국 부인 郭氏마저 자살하고 만다는 이야기를 담고 있다. 어떤 유혹과 핍박에도 굴복하지 않는 郭氏를 통해 당시 권력을 가진 권세가들의 부패상을 폭로하고 있다.175)

또한 총 8편의 이야기 중 〈桂遷夢感錄〉을 비롯한 4편은 擬話本小說로도 개작되는 등 晚明小說의 창작에도 일정한 영향을 끼쳤는데, 예를 들어 〈桂遷夢感錄〉은 馮夢龍에 의해 〈桂員外途窮懺悔〉로 개작되어 ≪警世通言≫ 25권에 수록되었으며, 〈臥法師入定錄〉은 凌濛初에 의해 〈喬兌換胡子宣淫, 顯報施臥師入定〉으로 개작되어 ≪初刻拍案驚奇≫ 32권에 수록되었다.176)

국내 유입에 대한 기록이 없어 유입된 정확한 연도는 추정할 수 없으나 서울大 奎章閣에 淸代 간행된 木版本이 소장되어 있다.

---

173) 淸 同治 年間(1862~1874)에 간행된 ≪剪燈叢話≫本에는 ≪剪燈新話≫와 ≪剪燈餘話≫ 두 책이 수록되어 있고, ≪覓燈因話≫를 부록으로 함께 수록하고 있다.
174) 作者의 〈小引〉에는 이 책의 편찬 경위가 나타나 있다. 이에 따르면, 邵景詹이 客人과 더불어 함께 ≪剪燈新話≫를 읽었는데, 이어 客人이 자신이 듣고 본 고금의 일화들을 그에게 이야기 해주었다고 한다. 그는 이것을 받아 기록하였고, 客人이 이것으로 ≪剪燈新話≫를 이을 수 있겠다고 말함에 ≪覓燈因話≫라는 이름으로 이 책을 간행하였다고 한다(서울大 奎章閣 해제).
175) 구우·이정·소경첨 저, 주릉가 교주, 최용철 역주, ≪전등삼종≫(상) 〈멱등인화〉 참조.
176) 주기평이 ≪四庫大辭典≫, ≪續修四庫全書總目提要≫를 참조해서 정리한 서울大 奎章閣 해제를 참조했음. http://e-kyujanggak.snu.ac.kr/ 인용.

書名	出版事項	版式狀況	一般事項	所藏處/所藏番號
覓燈因話	邵景詹(明)撰, 遙青閣纂錄, 淸板本	1冊(零本, 卷1), 中國木版本, 17.3×11.8㎝		서울大 奎章閣 [古]920.052-Solm

11. 效顰集

≪效顰集≫은 明代 傳奇·志怪小說集으로 趙弼이 편찬했다. ≪千頃堂書目≫·≪四庫全書總目≫ 小說家類에 3卷으로 기재되어 있다. 지금 남아있는 판본은 明 宣德 年間 刻本이 있는데 1957년 古典文學出版社에서 편찬할 당시 저본으로 삼았다. 後序를 보면 26편이라고 되어 있으나 지금 남아있는 판본과 高儒의 ≪百川書志≫에는 모두 25편으로 되어 있다.

趙弼에 대한 사적은 남아있지 않지만 책에 있는 기록들과 ≪千頃堂書目≫의 注를 보면 字는 補之이고 號는 雪航으로 南平(지금의 四川 巴縣) 사람이다. 처음엔 成都에 머물렀으나 永樂初에 翰林院 儒學敎諭, 宣德 初에 漢陽敎諭를 역임했다. 저서로는 ≪效顰集≫외에 ≪雪航膚見≫ 10卷이 있다.[177]

趙弼은 後序에서 洪邁와 瞿佑의 작법을 본받으려 했기 때문에 '效顰'이라 이름 하였다고 언급하고 있으며, 실제로 洪邁의 ≪夷堅志≫의 지괴 작법을 본받고, 瞿佑의 ≪剪燈新話≫의 전기 작법을 본받아 ≪效顰集≫을 창작한 것이다. 특히 卷上의 11篇 傳記는 모두 사실의 내용을 쓰고 있다. 특히 歷史 傳奇小說로 꼽히는 앞의 세 편 〈續宋丞相文文山傳〉·〈宋進士袁鏞忠義傳〉·〈蜀三忠傳〉에 등장하는 文天詳·袁鏞·朗革歹 세 주인공은 모두 元代 충의를 지키기 위해 몸을 바쳐 순국한 사람들이며, 그 외 나머지 이야기에 등장하는 인물들도 明初 고아한 선비의 풍격을 지닌 사람들을 묘사했다. 中·下卷 14篇은 귀신에 대한 이야기로 勸善懲惡的인 내용을 담고 있다. 역사상 善·惡의 인물들, 예를 들면 司馬遷·岳飛·趙高·秦檜 등을 仙界와 地獄으로 나누어 보낸 후, 상을 주거나 벌을 받게 하는 등의 줄거리로 忠節을 숭상하고 奸惡함을 경계하는 교훈적인 내용을 담고 있다.

---

177) 寧稼雨 撰, ≪中國文言小說總目提要≫, 1996, 231~232쪽 참조.

국내 유입과 관련한 기록은 ≪朝鮮王朝實錄≫〈연산군일기〉에 처음 보인다.[178] 하지만 이 기록으로는 ≪效顰集≫의 구입과 간행여부를 확인할 수는 없고, 다른 기록들을 통해 ≪效顰集≫이 국내에서 간행되었고, 중국으로부터 구입되어 왔을 것이라는 추정을 할 수 있다.

≪攷事撮要≫에 의하면 전라도 淳昌에서 木版으로 ≪效顰集≫이 간행되었음을 밝히고 있지만 안타깝게도 국내에선 그 판본이 유실되었고, 일본 나고야(名古屋)에 있는 蓬左文庫에 국내에서 간행한 ≪效顰集≫ 판본이 남아있다. 이 판본은 현재 국내로 다시 가져올 수는 없지만, 국립 중앙도서관에 복제본이 소장되어 있다. 최용철은 대개 연산군이 책을 구입해 오라고 언급(1505)한 이후 임진왜란 발발(1592) 사이에 나온 16세기 조선 간본일 것으로 추정하고 있으며, 이 판본이 전란을 거치면서 일본으로 약탈되어 간 것으로 보고 있다.[179] 李德懋의 ≪靑莊館全書≫ 제69권 〈明氏의 사적〉에서도 ≪效顰集≫의 내용을 인용하고[180] 있는 부분이 나온다. 이런 기록들이 당시에 ≪效顰集≫ 판본이 있었음을 증명해주고 있는 것이다.

현재 국내에는 國立中央圖書館에 나고야 蓬左文庫에 있는 판본의 영인본이 소장되어 있고, 정확한 연도를 추정할 수는 없지만 國民大學校에 ≪效顰集≫ 漢文 筆寫本이 소장되어 있다.

---

178) ≪燕山君日記≫(卷六三·3, 燕山君 12年(1506)4月 13日)에 연산군이 전교하기를, "≪전등신화≫·≪剪燈餘話≫·≪效顰集≫·≪嬌紅記≫·≪西廂記≫ 등을 謝恩使로 하여금 사오게 하라." 하였다······. 또 전교하기를 "≪전등신화≫·≪전등여화≫ 등을 印出하여 바치라." 라고 한 구절이 있다. 그러나 그 해(1506년) 9월 中宗反正이 일어나 연산군은 폐위되고 中宗이 왕위를 계승하였기에 이러한 책들이 실제 간행되었는지는 알 수가 없다. 일반적으로 간행되지 못했다는 것이 중론이지만 가능성도 상존한다고 할 수 있다.
179) 최용철, 〈≪效顰集≫의 전파와 판본 연구〉, ≪중어중문학≫, 2003, 181~182쪽 참조.
180) 癸卯年(1783, 정조 7) 7월, 서울로 가는 길에 全州 南門 밖에 사는 明德祚의 집에서 묵게 되었다. 내가, "그대 집에 家乘이나 族譜가 있는가?" 물으니, 덕조가 곧 책 두 권을 내보였다. 明廷耉는 夏主의 13대 손으로 銀溪察訪을 지냈는데 申奎가 족보 발문을 썼다. 이에 촛불을 켜고 땀을 흘리며 한번 보고 나서 霌(光葵의 처음 이름)를 시켜 베껴서 고사를 살피는 자료로 삼게 하였는데, 내용은 다음과 같았다 ···≪效顰集≫: 하주는 나라를 세워 황제를 일컫기 9년 만에 포로가 되어 우리나라에 왔다. 그의 모친 彭氏가 밤마다 하늘에 빌기를 '하늘이시여, 우리가 播遷하게 된 것은 전적으로 蜀의 대신들 죄입니다. 대신들이 명나라와 내통해서 우리 군사들이 동쪽을 막는 데만 힘쓰도록 해 놓고는 군사를 이끌고 서남쪽으로 침입하였으므로 드디어 망하게 된 것입니다.' 하였다.···

第4章 明代 作品目錄과 解題 243

書 名	出版事項	版式狀況	一般事項	所藏處/所藏番號
效顰集	趙弼(明)著	3卷1册, 木版本, 四周雙邊, 有界, 12行21字 註雙行, 上下內向黑魚尾	序: 宣德七年壬子(1432) ...王靜, *복제본소장기관: 國立中央圖書館(古3747-287)	日本蓬左文庫(名古屋市 敎育委員會 蓬左文庫) 103-27
效顰集	趙弼(明)著	1册, 筆寫本, 23.9×16.7㎝, 12行字數不定, 無魚尾	書名: 表題임	國民大學校 001-효01

12. 花影集

　≪花影集≫은 4권 20편으로 작자가 陶輔(1441~?년)이며 明代 文言小說集이다. 작자 陶輔의 字는 廷弼, 號는 夕川老人・安理齋 또는 海平道人이며 鳳陽 사람이다. 그는 음관으로 應天衛指揮를 세습했으나 무관 직무에는 힘쓰지 않고 문학을 좋아하였다고 한다. 그의 작품은 ≪花影集≫ 이외에도 ≪桑楡漫志≫1권, ≪四端通俗詩詞≫1권, ≪夕川愚特≫2권, ≪蚓竅淸娛≫2권, ≪閭檐通俗詩詞≫1권, ≪夕川詠物詩≫1권이 있다.

　≪花影集≫은 임진왜란 이전 조선에서 출판되었다. 이 사실은 朝鮮 宣祖 때 송도삼절의 한명이었던 崔岦(1539~1612년)이 쓴 跋文을 통해 밝혀졌다. 崔岦은 이 글에서 朝鮮 中宗 때 첨지 尹溪가 중국에 갔을 때 구해온 ≪花影集≫을 40년 뒤인 1586년 신천, 곤양군수를 역임한 그의 손자 尹景禧가 昆陽(지금의 경남 사천지방)에서 새로 찍어낸 것이라고 밝히고 있다.

　≪花影集≫은 ≪剪燈新話≫와 ≪剪燈餘話≫ 및 ≪嬌紅記≫와 같은 明나라 초기의 다른 중국소설을 본떠 남녀의 사랑 얘기를 주로 다룬 傳奇體 小說로 조선 전기에 중국에서 들어와 사대부들 사이에서 꽤 많이 읽혔고 출판까지 된 것이다. 여기에 포함된 소설 20편 가운데 특히 인기가 높았던 것은 줄거리가 우여곡절이 있고 생동감이 있는 연애 이야기 〈心堅金石傳〉과 〈劉方三義傳〉이라는 작품이다. 특히 〈劉方三義傳〉은 ≪太平廣記諺解≫에도 포함되어 있었던 작품이다.[181]

　한글본 〈뉴방삼의뎐〉의 내용은 다음과 같다. 明代 宣德 年間에 河西 地方에 劉氏 노부부는 方氏 부자를 병간호했다가 방씨가 죽자 그 아들을 양자로 삼아 劉方이라 개명시켜 양육하였다. 그 후 다시 劉奇 부부를 구해 준 것을 계기로 유방과 유기가 인연

---

181) 박재연 교주, ≪뉴방삼의뎐≫, 선문대학교 중한번역문헌연구소, 1999. 1-19쪽 참조.

을 맺게 되고 자자손손 번창하게 되었다.

書名	出版事項	版式狀況	一般事項	所藏處/所藏番號
花影集	昆陽郡守 尹景禧編纂, 崔岦跋文, 昆陽板刻(現泗川地方), 1586年		花影集序文	日本 와세다(早稻田)大學
화영집 (花影集)	4卷 20篇, 〈뉴방삼의뎐〉 1편만 번역	국문필사본	번역: 18세기(추정)	낙선재본 태평광긔언해의 附錄

13. 玉壺氷

≪玉壺氷≫은 明代 雜俎小說集으로 都穆(1458~1525)이 편찬하였다. 焦竑의 ≪國史經籍志≫와 黃虞稷의 ≪千頃堂書目≫ 小說類에 1卷이 著錄되어 있다. 현재 중국에서는 ≪續說郛≫本 등에서 찾을 수 있고, 明 天啓 年間(1621~1627)에 孫如蘭이 교감한 판본과 宋代 呂祖謙의 ≪臥遊錄≫明刊本 부록에 첨부되어 있는 판본은 臺灣 國家圖書館에 소장되어 있다.[182]

都穆은 明代 문학가이자 金石學者·藏書家로, 字는 玄敬이며 吳縣(江蘇 蘇州)사람이다. 부친 都昂의 字는 維明으로 博學多藝 했다고 전해진다. 都穆은 唐寅과 깊은 친분을 나누었고, 7세에 이미 詩를 지을 줄 알았다고 한다. 생계를 유지하기 위해 鳳陽에서 20년 가까이 글을 가르치다가, 나중에 吳寬을 통해 추천을 받아 비로소 秀才가 되었고, 3년 뒤 弘治 12年(1499) 41세에 進士가 되어 工部主事에 임명되었고, 正德 年間, 1506~1521에 禮部郎中에 올랐으며, 太僕寺少卿으로 벼슬을 마쳤다. 벼슬을

---

[182] 현대에 들어와서 ≪옥호빙≫에 대한 언급은 ≪中國文言小說書目≫(1981)과 ≪中國文言小說總目提要≫(1996)에 보이는데, 모두 ≪續說郛≫본에만 현존한다고 기술되어 있다. 그렇지만 ≪속설부≫본은 도목이 본래 편록했던 판본이 아니므로 이것은 잘못된 기술이다. 현재까지 확인한 바에 따르면, 현존하는 ≪옥호빙≫ 刻本은 국내에 4종, 대만에 3종, 일본에 1종이 남아 있는데, 모두 도목의 원각본은 아니다. 이 중에서 국내에 소장된 4종은 모두 조선시대 간행본으로, 도목의 원본 계통이라 판단되고, 대만에 소장된 3종은 그중 1종만 원본 계통이고 나머지 2종은 후인이 증보한 증보본으로 판단된다. 일본에 소장된 1종은 국내 간행본과 같은 판본으로 판단된다. 특히 국내 간행본 가운데 1종은 현존하는 ≪옥호빙≫ 판본 가운데 가장 빠른 것으로 추정된다. (김장환, ≪옥호빙≫, 지만지, 2010)
그러나 본 연구팀이 조사한 ≪옥호빙≫의 국내 출판본은 10여 종이나 되었고, 필사본도 수종이 확인되었다.

그만둔 후 약 14년 동안 집에서 칩거했는데, 집안 형편은 날로 곤궁해졌지만 늘 옛 전적을 교감하면서 학문을 게을리 하지 않았다. ≪玉壺氷≫외에 ≪都公談纂≫·≪聽雨紀談≫·≪使西日記≫·≪南濠賓語≫·≪奚囊續要≫ 등의 저서가 있다.183)

'玉壺氷'은 옥으로 만든 병 속의 얼음처럼 맑고 깨끗한 마음을 뜻한다. 총 72條의 짤막한 문장들로 이루어져 있는데 그 내용은 六朝부터 明初까지 ≪世說新語≫·≪容齋隨筆≫ 등 31종의 典籍 중에서 '高逸'한 문장이나 故事만을 가려 뽑아 시대순으로 編錄해 놓은 것으로, 宋代가 37條로 전체의 절반 이상을 차지하고, 채록 작품으로는 ≪世說新語≫가 16條로 가장 많다.184)

국내 남겨진 가장 이른 기록으로는 조선의 成渾(1535~1598)의 ≪牛溪集≫ 제6권 〈雜著〉에 소개된 〈≪玉壺氷≫의 跋文〉이다.185) 바로 宣祖 13年인 1580년 여름 務安縣에서 ≪玉壺氷≫을 간행한 庚辰年에 쓴 것이다. 그 후 宣祖 39年(1606) 사신으로 왔던 朱之蕃이 遠接使 柳根의 종사관이었던 許筠에게 선물하고 허균은 이때 선물로 받은 ≪玉壺冰≫·≪世說刪補≫·≪臥遊錄≫에서 글을 뽑고 약간의 내용을 보충하여 1610년에 ≪閒情錄≫ 초고본을 만들었다고 한다. 이런 기록으로 보면 ≪玉壺氷≫은 확실히 1580년 이전에 국내 유입되어 출판되어 읽혀졌던 것으로 보인다.

출판 시기는 정확히 추정할 수 없으나 安東市 臥龍面 군자마을 後彫堂에 소장되어 있는 ≪玉壺氷≫의 跋文을 보면 "正德乙亥(1515)夏六月吳郡都穆"이라고 명시되어 있다. 비록 어디에서 간행했는지 언급하지 않았지만 글자 수가 9行 17字本으로 되어

---

183) ≪使西日記≫·≪南濠賓語≫·≪奚囊續要≫등은 이미 유실되어 전하지 않는다.(김장환, 〈명대필기≪옥호빙≫의 국내전래와 조선간본〉, ≪人文科學≫, 2001, 125~126쪽 참조).
184) 정길수의 규장각해제 참조. 서울대학교규장각한국학연구원 http://e-kyujanggak.snu.ac.kr/ 인용.
185) 成渾의 ≪牛溪集≫제6권 〈雜著〉 중 ≪玉壺氷≫ 跋文〉 庚辰年(1580, 宣祖13) 여름
이 책은 한가로움을 좋아하는 말을 모아 엮어서 보고 즐기며 세상을 잊고자 한 것이니, 이른바 玉壺氷이라는 것은 얼음 병처럼 깨끗하고 투명한 뜻을 취한 것이다. 그러나 陶淵明의 한가로움은 산과 물이나 물고기와 새에 있지 않고, 고상한 마음과 원대한 식견에 있었다. 고상한 마음과 원대한 식견이 없으면서 外物로 한가로움을 삼고자 한다면 참으로 한가로운 자가 아니다. 반드시 사물의 이치를 達觀할만한 식견이 있어야 하고 處地를 편안히 여기고 天命에 순응할 만한 지킴이 있어야 하니, 이런 뒤에야 한 그릇 밥과 한 그릇의 음료로 누추한 골목에 살면서도 남이 알아주기를 바라지 않고 자신의 즐거움을 변치 않을 수 있는 것이다. 그러하니 山陰 길가의 빼어난 물과 푸른 산만이 즐길 만한 것은 아니다. 이 책을 엮은 자는 기이한 것을 좋아하고 외물에 대한 것만을 힘써서 그 근본을 탐구하지 않은 듯 하므로 이것을 아래에 써서 보는 자들이 내면에 오로지 힘쓰고 한가로움만을 구하지 않기를 바라는 바이다.(한국고전종합DB 참조)

있어 1580년 全羅道 務安 간행본과는 약간의 차이가 있다. 소장되어 있는 곳을 살펴보면 주로 경북지역에 밀집되어 있어, 이 지역에서 먼저 간행된 것일 수도 있다. 安東市 臥龍面 군자마을 後彫堂과 慶尙南道 密陽郡 申柄澈 등의 개인 소장자 외에도 慶北大學校, 啓明大學校, 서울大 奎章閣, 國立中央圖書館, 韓國學中央硏究院 장서각, 延世大學校 등에 이 판본이 소장되어 있다.

그 후 1580년경 務安縣에서 다시 ≪玉壺氷≫을 출판한 것으로 보이는데, 1515년 발문이 있는 9行 17字本을 다시 찍은 것이 아니라 9행 18자본으로 다시 판을 구성해서 출판하였다. "庚辰(1580)[?]十月日務安縣刊"라고 刊記에 출판 장소까지 명시를 해주어 '務安'에서 간행했음을 알 수 있다. 이 1580년 務安縣 간행본은 高麗大學校와 서울大 奎章閣 등에 소장되어 있다. 그 외에 10행 18자본, 10행 20자본 등의 판본이 더 있는 것으로 보아 後印이 있었음을 알 수 있다.[186] 10행 18자본은 延世大學校에 소장되어 있고, 10행 20자본의 필사본이 成均館大學校에, 10행 21자본과 10행 22자본의 필사본이 각각 京畿大學校와 淑明女子大學校에 소장되어 있다. 1585년판 ≪攷事撮要≫에도 ≪玉壺氷≫이 延安과 固城에서 출간되었다는 기록이 있어 국내에서 여러 번 출판되었다는 사실을 뒷받침해준다. 이렇듯 ≪玉壺氷≫은 국내에서 비교적 이른 시기에 출판된 것으로 보아 조선전기에 유입된 것으로 보인다.

또한 1653년 제주에서 간행된 ≪탐라지≫ 창고조 책판고에 제주향교에 보관된 책판 기록에 ≪玉壺氷≫이 나와 있어 ≪玉壺氷≫이 17세기 중반 경에 제주에서도 간행되었음을 알 수 있다.[187]

書名	出版事項	版式狀況	一般事項	所藏處/所藏番號
玉壺氷	都穆(明)著, 中宗10年(1515) 跋, 後刷	1冊(24張), 朝鮮木版本, 27×18cm, 四周單邊, 半郭: 19.5×15cm, 有界, 9行17字, 註雙行, 內向二葉花紋魚尾, 紙質: 楮紙	內容: 中國小說, 跋: 正德乙亥(1515) 夏六月吳郡都穆	安東市 臥龍面 군자마을 後彫堂(金俊植)
玉壺氷	都穆(明)著	1冊, 朝鮮木版本, 22×17.1cm, 四周單邊, 半郭: 17.8×13.8cm, 有界, 9行17字, 內向黑白魚尾	跋: 正德乙亥(1515)… 都穆	啓明大學校 이812.8

---

186) 김장환, 〈조선간본 명대필기집 옥호빙 연구〉, ≪중어중문학≫제26집, 2006년, 6월. 190-196쪽.
187) 윤세순, 〈17세기, 간행본 서사류의 존재양상에 대하여〉, ≪민족문학사연구≫, 2008, 150쪽.

第4章　明代 作品目錄과 解題　247

書名	出版事項	版式狀況	一般事項	所藏處/所藏番號
玉壺氷	都穆(明)著	1册(14張), 朝鮮木版本, 28.5×18cm, 四周單邊, 半郭: 17.5×13.7cm, 有界, 9行17字, 上下內向黑魚尾	卷末: 正德乙亥(1515) …都穆	서울大 奎章閣 [想白古]895.135-D650a
玉壺氷	都穆 編	24張, 朝鮮木版本, 24.1×16.9cm, 四周單邊, 半郭: 17.5×13.5cm, 9行17字, 註雙行, 內向3葉花紋魚尾	後識: 正德乙亥(1515) …都穆	國立中央圖書館 BC古朝93-117
玉壺氷	都穆(明)編	24張, 木版本, 24.1×16.9cm, 四周單邊, 半郭: 17.5×13.5cm, 9行17字, 註雙行, 內向3葉花紋魚尾	後識: 正德乙亥(1515) …都穆	韓國學中央研究院 C14C-17 全
玉壺氷	都穆	1册, 木版本, 24cm	識1515	嶺南大學校 東濱文庫 [古]824
玉壺氷	都穆(明)著	1册(23張), 木版本, 24.8×16.4cm, 四周單邊, 半郭: 19.4×13.3cm, 無界, 9行18字, 上下花紋魚尾	卷末: 正德乙亥(1515) …都穆文	서울大 奎章閣 一簑古 049.51-D65o
玉壺氷	都穆(明)撰	1册(23張), 木版本, 四周單邊, 匡郭: 18.5×14.5cm, 有界, 9行17字, 上下黑魚尾		延世大學校 812.36
玉壺氷	都穆(明)著, 朝鮮朝後期刊	1册(24張), 朝鮮木版本, 27.9×18cm, 四周單邊, 半郭: 17.6×13.8cm, 有界, 9行17字, 註雙行, 內向黑, 二葉混入魚尾, 紙質: 楮紙		慶尙南道 密陽郡 申柄澈
玉壺氷	都穆(明)編	1册, 朝鮮木版本, 24.4×17.8cm, 四周單邊, 半郭: 17.4×13.4cm, 有界, 9行17字, 上下內向二葉花紋魚尾	表題: 玉壺氷, 版心題: 玉壺氷	慶北大學校 [古]812.04 도35ㅇ
玉壺氷	都穆(明)編	1册(24張), 中國木版本, 25.7×17.7cm, 四周單邊, 半郭: 17×13.8cm, 有界, 9行17字, 上下向黑魚尾		慶尙大學校 古(춘추) D2C 도95ㅇ
玉壺氷		1册, 筆寫本, 24cm		國立中央圖書館 a13749-2
玉壺氷	都穆(明)撰	1册, 木版本(朝鮮), 44cm		國立中央圖書館 a13749-4
玉壺氷	都穆(明)編, 務安, 宣祖13年(1580)	1册, 韓國木版本, 25.2×16.7cm, 四周單邊, 半郭: 19.4×13.2cm, 有界, 9行18字, 上向2葉花紋魚尾	卷末: 正德(1515) 夏六月吳郡都穆去敬文, 刊記: 庚辰(1580) [?]十月日務安縣刊	高麗大學校 만송E4-A7 册1

書名	出版事項	版式狀況	一般事項	所藏處/所藏番號
玉壺氷	都穆(明)著, 務安縣	1冊(23張), 韓國木版本, 25.6×17.2cm, 四周單邊, 半郭: 19.5×13.3cm, 有界, 9行18字, 上下內向花紋魚尾	卷末: 正德乙亥(1515) …都穆, 刊記: 庚辰(?) 十月日務安縣刊, 印: 末松圖書	서울大 奎章閣 [想白古]895.135-D6 5o
玉壺氷	都穆(明)撰	1冊(20張), 木版本, 四周單邊, 匡郭: 25.5×18.5cm, 有界, 10行18字, 上下花紋魚尾		延世大學校 812.38
玉壺氷	都穆(明)著, 大學章句大全, 朱熹(宋)編, 刊寫地未詳, 覽輝齋, 刊寫年未詳	1冊(36張), 筆寫本, 27×22.2cm, 10行22字	寫記: 歲甲申(?) 暮春覽輝齋開刊, 大學章句序: 淳熙己酉(1189) 二月甲子新安朱熹序	淑明女子大學校 CL 811.3 도목 옥
玉壺氷	刊寫地未詳, 刊寫者未詳, 刊寫年未詳	1冊, 筆寫本, 25.5×18.7cm, 四周單邊, 半郭: 20.8×16.2cm, 有界, 10行21字, 無魚尾		京畿大學校 경기-K109044
玉壺氷	都穆(明)撰, 朝鮮朝末期-日帝時代寫	1冊19張, 筆寫本, 28.8×19.5cm, 10行20字, 紙質: 楮紙		成均館大學校 C14C-0028

14. 稗史彙編

≪稗史彙編≫은 明代 文言小說叢抄로 王圻(1530~1615)가 編輯하였다. ≪千頃堂書目≫ 小說家類에 175卷이 著錄되어 있고, ≪四庫全書總目≫ 子部雜家類에도 기재되어 있다. 王圻는 字가 元翰이고 上海사람이다. 嘉靖 乙丑年(1565)에 進士에 급제한 뒤, 歷官 陝西參議를 지냈다. 史와 稗 부분에 모두 뛰어난 식견을 가지고 있었는데, 평생 총 20여 종 8백여 권의 책을 저술했다고 한다. 그 중에서 萬曆 30年(1602)에 완성한 ≪續文獻通考≫와 萬曆 35年(1607)에 완성한 ≪稗史彙編≫이 가장 유명하다고 한다. 지금 남아있는 판본이 바로 萬曆本이다.

≪稗史彙編≫은 소설의 심미적인 특성 및 통속소설의 문학적 가치까지 긍정하고 있어, 소설개념의 변화·발전을 촉진시키고 소설의 문화적 지위까지 올려놓았다는 평가를 받는다.

국내 유입된 기록은 분명하지 않지만 許筠의 ≪惺所覆瓿藁≫〈한정록〉 제4권 〈退

休)¹⁸⁸⁾와 제5권 〈遊興〉¹⁸⁹⁾에 ≪稗史彙編≫의 내용이 소개되어 있어 〈한정록〉이 간행되기 이전에 유입되었다고 볼 수 있다. 현재 서울大 奎章閣에 明代 木版本이 소장되어 있다.

書 名	出版事項	版式狀況	一般事項	所藏處/所藏番號
稗史彙編	王圻(明)纂集, 明板本	19冊, 中國木版本, 25.6×16.4cm	印: 弘文館, 帝室圖書之章 所藏本: 卷8~11, 97~166, 124~129, 134~147, 154~156(19冊)	서울大 奎章閣 [奎중]4382

15. 紅梅記

≪紅梅記≫는 원제목이 ≪古杭紅梅記≫이며, 환상적인 내용을 담고 있는 애정소설이다. ≪紅梅記≫의 판본은 다음과 같은 것들이 있다. ≪新刻袁中郞先生批評紅梅記≫는 2권본으로 明나라 崇禎 年間 三元堂 판각본이 있다. 2卷 二冊이 현재 北京大學

---

188) 楚나라 令尹인 虞丘子가 莊王에게 아뢰기를, "신이 영윤으로 있은 지가 10년입니다. 그런데도 나라가 더 잘 다스려지지도 않았고 獄訟도 끊이지 않았습니다. 오랫동안 높은 지위에 있으면서 어진 이들의 進路를 막았고, 지위만 차지하고서 俸祿을 받아먹었습니다. 이는 끝없이 탐욕을 부린 것이니, 신의 죄를 다스려야 합니다. 신이 사적으로 叔孫敖란 國士를 천거합니다. 그는 몸이 약하지만 재능이 많고 성품도 욕심이 전혀 없습니다. 왕께서 그를 기용하여 政事를 맡기신다면 나라가 잘 다스려지게 할 수 있을 것입니다. 오랫동안 祿位를 고수하는 것은 탐욕이요, 어진 이를 추천하지 않는 것은 임금을 속이는 것이요, 지위를 양보하지 않는 것은 청렴하지 못한 것입니다. 이 세 가지를 잘 시행하지 못하면 이는 不忠입니다. 임금에게 충성하지 못하면 어떻게 충신이라 할 수 있겠습니까. 진심으로 辭職합니다." 하니, 莊王이 허락했다. 그리고 우구자에게 采地(그 고을의 租稅를 받아 개인이 쓰도록 하는 것) 3백戶를 내리고 國老라 불렀다. ≪稗史彙編≫

189) 司馬溫公(온공은 司馬光의 봉호)이 洛陽에서 한가롭게 지내면서 세상일엔 마음을 두지 않았다. 그리하여 物我의 관념을 버리고 窮通을 한결같이 여겼으므로 스스로 齊物子라 일컬었다. 元豊(宋神宗의 연호) 연간 어느 中秋에 榮숭子와 함께 洛汭를 방문하기 위해 말고삐를 나란히 하여 길을 떠났다. 韓城을 지나 登封에 이르렀고 峻極書院에서 쉰 다음, 嵩陽으로 달려 崇福宮으로 나아가 紫極觀에 이르렀다. 會善寺를 찾아보고 轘轅을 지나 西沙에 이르렀다. 廣度寺에서 잠시 머물다가 龍門을 거쳐 伊陽에 이르러 奉先寺를 찾아보고 華嚴閣에 올라 千佛巖을 구경했다. 산길을 걸어 올라가 高公直堂을 구경했다. 도보로 潛溪를 건너 保應으로 돌아와 文富(富弼과 文彦博) 두 公을 모신 廣化寺를 구경하고 邠陽堂에 참배한 다음 내려왔다. 伊水를 건너 香山에 올라 白公影堂에 이르렀고, 黃龕院에 나아가 石樓에 의지했다가 八節灘을 거쳐 伊口로 돌아왔다. 무릇 유람하면서 지나는 곳마다 그곳의 경치를 읊었었다. 돌아와서는 이를 정리하여 ≪遊錄≫을 만들었는데, 士大夫들이 다투어 傳寫하였다. ≪稗史彙編≫

圖書館과 中國藝術硏究院圖書館에 소장되어 있다. 그리고 ≪玉茗堂批評紅梅記≫는 2권으로 된 明末 판각본이다. 2卷 四冊이 中國國家圖書館, 北京大學圖書館, 中國藝術硏究院圖書館에 소장되어 있다. 그 외 ≪古杭紅梅記≫1권은 明나라 萬曆 年間 金陵 판각본이 있는데 國家圖書館에 소장되어 있다.

≪古杭紅梅記≫는 萬曆 年間의 작품집인 ≪國色天香≫·≪繡谷春容(一名 騷壇摭粹嚼麝譚苑)≫·≪燕居筆記≫에 실려 있는 작품으로 언제 조선에 유입되었는지 명확한 시기는 알 수 없지만, 그 번역된 시기는 대개 18世紀末로 보이며 ≪繡谷春容≫이 아닌 다른 판본을 번역 대본으로 삼았을 것으로 추정되고 있다.

한글본 ≪홍미긔≫는 개별적으로 번역·전사·유통되다가 낙선재본 ≪틴평광긔≫에 수록된 것으로 보인다.[190] 한글본 ≪홍미긔≫의 내용을 살펴보면 다음과 같다. 唐나라 때 王鶚이 紅梅閣 앞에 핀 매화, 즉 紅梅仙女의 화신인 張笑桃와 인연을 맺게 된다. 그들이 혼인한 이후 왕악이 장소도의 도움으로 과거에 급제해서 安郡자사로 부임하러 가는데 三峰山 아래에서 巴蛇에게 장소도를 빼앗겼다가 鹿皮先生의 도움으로 소도를 구하게 된다. 그러나 그 후 소도는 선경으로 돌아가고 왕악은 진씨 부인을 얻어 여생을 마무리하게 된다.

書名	出版事項	版式狀況	一般事項	所藏處/所藏番號
홍미긔 (紅梅記)	한글 필사본(18세기말)		낙선재본 ≪틴평광기≫ 권4에 실림	韓國學中央硏究院 4-6853

16. 西湖遊覽志餘

≪西湖遊覽志餘≫는 明代 雜俎 小說集으로 田汝成이 편찬했다. ≪明史≫〈藝文志〉 小說類에 田藝蘅의 ≪西湖志餘≫26卷이 기록되어 있고, ≪千頃堂書錄≫에는 田汝成이 撰했다는 기록이 남아있다. ≪四庫全書總目≫에는 ≪西湖遊覽志≫ 뒤에

---

190) 박재연, ≪홍미긔≫, 선문대학교 중한번역문헌연구소, 1994. 16-17쪽.
최윤희, 〈古杭紅梅記의 수용 양상과 미적 거리〉, ≪중국소설논총≫제32집, 2010, 9. 109-130쪽 참조.

≪志餘≫라는 제목을 덧붙여 田汝成의 작품이라고 언급했다. 현재 존재하는 판본은 明 嘉靖 刊本과 嘉惠堂本 및 후에 간행된 鉛活字本 등이 있는데 모두 ≪西湖遊覽志餘≫가 田汝成의 작품이라고 되어 있다.

田汝成은 字가 叔禾이고 錢塘(지금의 浙江 杭州) 사람이다. 생졸년은 정확하지 않으나, 박학다식하고 특히 고문에 능통해서 敍述에 뛰어났다고 한다. 嘉靖 5年(1526) 進士에 합격했으며 ≪西湖遊覽志餘≫외에도 ≪炎徼紀聞≫·≪龍凭紀略≫·≪遼記≫·≪武夷游咏≫ 등의 작품이 있다.[191]

≪西湖遊覽志≫는 杭州 西湖의 명승고적들과 명사들과 얽힌 이야기들을 권24로 정리한 것이다. 원래는 지리지 성격의 작품이었으나, 그 중에 역대 시인들과 관련된 이야기들을 광범위하게 수집하였기 때문에 宋·元·明의 문학을 연구하는데 참고할 가치가 있다. ≪西湖遊覽志餘≫는 田汝成이 ≪西湖遊覽志≫를 편집하는 과정에서 수집한 西湖에 관련된 소재 등을 정리하여 완성시킨 것으로 杭州에 관련된 일들이 많이 기재되어 있다. ≪西湖遊覽志≫와의 차이점은 산천지리 위주의 정리가 아닌 이야기와 전설·설화 등이 중심을 이룬다는 점이다. 때문에 ≪西湖遊覽志≫보다 문학적으로 더 가치가 있다고 할 수 있다. 宋元이래 杭州라는 지역을 중심으로 지어진 작품은 몇 몇 역사서를 제외하면 많지 않다. ≪西湖遊覽志餘≫는 여러 시사를 기록했으나 재밌는 이야기를 덧붙였기 때문에 후에 백화소설의 제재로도 많이 이용되었다. ≪西湖遊覽志餘≫권5의 史弥遠에 대한 이야기는 ≪西湖二集≫의 〈覺黎一念錯投胎〉의 모태가 되었고, 〈吳越王再世索江山〉도 ≪西湖遊覽志餘≫권1에 있는 이야기를 바탕으로 쓴 것이다. 하지만 이런 사료적·문학적 가치가 있다고 해서 오류가 없는 것은 아니다. 예를 들면 ≪水滸傳≫의 작가 羅貫中을 언급하면서 南宋시대 사람이라고 한 점과 〈幽怪傳疑〉중에 기록된 邢風의 일을 원래는 唐代傳奇 ≪異夢錄≫에서 따온 것을 宋代라고 언급한 점 등이 그렇다. 그래도 이 작품이 후대 '三言'·'二拍'을 비롯한 백화소설에 많은 영향을 주었다는 점은 간과할 수 없다.

국내 유입된 시기는 정확히 알 수 없으나 조선시대 鄭蘊(1569~1641)의 ≪桐溪集≫ 속집 제2권 〈輓詩 劉希道〉와 李植(1584~1647)의 ≪澤堂集≫속집 제4권 〈進士李克

---

191) 寧稼雨, ≪中國文言小說總目提要≫, 齊魯書社, 1996, 266쪽.

健에 대한 만사〉에 宋나라의 奸臣 秦檜의 별칭인 '東窓'에 대한 얘기가 인용되었다. 그가 충신인 岳飛를 죽이려고 할 때 그의 처 王氏와 東窓 아래에서 모의하였는데, 나중에 죽어 지옥에 떨어져서 온갖 고통을 맛보는 가운데, 자기 부인에게 "동창의 일이 발각되고 말았다[東窓事發矣]고 전해 달라."고 도사에게 말했다는 설화가 전한다고 한다 (≪西湖游覽志餘≫〈倖盤荒〉). 이런 기록으로 보면 국내 유입되어 읽혀진 시기는 적어도 17세기 초반이라고 추정된다.

국내 소장된 판본은 萬曆 47年(1619)에 간행된 木版本, 淸代 간행된 木版本, 淸代 간행된 삽화 있는 木版本, 그리고 조선에서 필사한 것으로 보이는 筆寫本 등 4종류의 판본이 존재한다.

書名	出版事項	版式狀況	一般事項	所藏處/所藏番號
西湖遊覽志	田汝成(明)編, 中國, 萬曆47年(1619)	4冊(零本, 所藏本: 卷1~24), 中國木版本, 25.5×21.2cm, 四周單邊, 半郭: 22.4×13.7cm, 有界, 10行21字, 註雙行, 上白魚尾	序: 萬曆47年(1619)	啓明大學校 812.8-전여성ㅅ
西湖遊覽志	田汝成 編, 萬曆47年(1619)	26卷16冊, 24cm		國立中央圖書館 BA2822-10
西湖遊覽志	田汝成(明)輯撰	2卷1冊(卷12~13), 中國木版本, 半郭: 19.6×12.7cm, 10行20字, 上黑魚尾		雅丹文庫 813.7종298
西湖遊覽志	田汝成(明)撰, 商濬(明)重校, 淸代刊	4卷1冊(卷4~7, 零本), 中國木版本, 26.5×17cm, 四周單邊, 半郭: 22×14cm, 有界, 10行21字, 上向白魚尾, 紙質: 竹紙	表題: 西湖志, 版心題: 西亙志	忠南大學校 학산고서 史.地理類1609
西湖遊覽志	田汝成(明)撰, 1895	24卷4冊(卷1-24), 木版本, 有圖, 24.3×15.8cm, 四周雙邊, 半郭: 16.5×11cm, 有界, 10行20字 註雙行, 上黑魚尾	刊記: 光緖乙未(1895) 仲春餘杭孫樹義仁和羅厹孫峻 校字姜德銓摹圖, 序: 萬曆十二祀歲次甲申(1584) 季秋望日巡按浙江監察御史江陰范鳴謙撰, 敍: 錢唐田汝成叔禾撰, 嘉靖二十六年(1547)冬十一月	東亞大學校 (2):11:9-5
西湖遊覽志	田汝成 編	24卷6冊, 餘22卷9冊, 共46卷15冊(缺帙), 木版本, 有圖, 27.2×16.7cm, 四周雙邊, 半郭: 18.8×12.8cm, 有界, 10行20字, 上下向黑魚尾	表題: 西湖志, …序: …萬曆十二歲次甲申(1584) …范鳴謙撰, 敍:…田汝成… 嘉靖二十六年(1532)…	檀國大學校 죽전퇴계圖書館 915.3-전358ㅅ

第4章　明代 作品目錄과 解題　253

書名	出版事項	版式狀況	一般事項	所藏處/所藏番號
西湖遊覽志餘抄	田汝成 撰	1冊, 28.8×17.4㎝, 四周無邊, 無界, 無版, 行數不定 小字雙行, 無版, 無魚尾	表題: 西湖覽餘	中央大學校 812.6-전여성서
西湖遊覽志餘	田汝成(明)編, 中國 刊年未詳	26卷6冊, 中國木版本, 25.5×16.2㎝, 四周單邊, 半郭: 22.4×13.7㎝, 有界, 10行21字, 上白魚尾		啓明大學校 812.8-전여성서
西湖遊覽志	田汝成(明)輯撰	21卷5冊(全26卷6冊, 卷1-4, 10-26), 筆寫本, 四周單邊, 半郭: 19.5×15㎝, 有界, 11行20字, 上下花紋魚尾		梨花女子大學校 915.2-전74-1, 3-6
西湖志餘	朝鮮, 錢塘田汝成輯撰	1冊, 筆寫本	朝鮮人筆寫	박재연
西湖志	田汝成(明)輯	1卷1冊, 筆寫本, 24.5×15.3㎝, 無界, 10行27字, 註雙行, 紙質: 楮紙		圓光大學校 AN820.819-ㅈ294ㄱ
西湖志	田汝成(明)輯	1卷1冊, 筆寫本, 25.5×16㎝, 無界, 11行30字, 註雙行, 紙質: 楮紙		圓光大學校 AN820.819-ㅈ294ㄴ
西湖志	田汝成(明)輯	1卷1冊, 筆寫本, 22.8×14.5㎝, 無界, 8行31字, 註雙行, 紙質: 楮紙		圓光大學校 AN820.829-ㅈ294서
西湖志餘	田汝成 輯撰	1冊, 筆寫本, 22×13.2㎝, 8行字數不定, 註雙行	表題: 東坡集, 表題: 西湖誌 附錄: 東坡志林. 坡仙別集抄	慶尙大學校 B15BC-전64ㅅ
西湖志林	田汝成 輯撰, 姚靖 增刪	103張, 筆寫本, 21.9×14.4㎝		國立中央圖書館 c12820-1
西湖志餘	田汝成 割收 輯撰, 姚靖 增刪, 純祖13年(1813) 書	1冊56張, 筆寫本, 32×18.8㎝, 紙質: 楮紙		高麗大學校 만송D3-A21 冊1
西湖志餘	田汝成 割收 輯撰, 姚靖 增刪, 純祖13年(1813) 書	1冊56張, 筆寫本, 32×18.8㎝, 紙質: 楮紙		成均館大學校 B16BC-0009
西湖志	田汝成(明) 著	1冊, 筆寫本, 28.5×18.5㎝		韓國國學振興院
西湖志抄	田汝成(明) 著	1冊46張, 筆寫本, 26.4×20.7㎝	標題: 絶粧	檀國大學校 죽전 퇴계圖書館. IOS,고 981.202-전358ㅅ

17. 亘史

≪亘史≫는 明代 文言小說集으로 潘之恒이 편찬하였다. ≪千頃堂書目≫과 ≪明史≫〈藝文志〉 小說類에 ≪亘史鈔≫91卷이 著錄되어 있고, ≪四庫全書總目提要≫에 子部 類書類로 되어 있으나 권수는 나와 있지 않다. 현존하는 明代 鷟嘯軒藏板本에도 권수가 명시되어 있지 않으나, 天啓 年間 潘弼亮刻本에는 93卷이라고 되어 있고, 제목은 두 판본 모두 ≪亘史≫라고 되어있다. 天啓本 앞에 "潘景升先生輯", 본문에는 "天都逸史冰華生輯"이라고 되어있다. 卷首에는 萬曆 壬子年(1612) 顧起元의 서문이 있고, 卷末에는 天啓 丙寅年(1626) 潘之恒의 아들 弼亮의 跋文이 있다.

潘之恒의 字는 景升이고, 歙縣(지금의 安徽省) 사람이다. 후에 金陵(지금의 江蘇南京)으로 이주하여, 嘉靖 年間에 中書舍人을 지냈다. 어려서부터 詩에 능했고, 재주가 많았으며 公安派 삼형제인 袁宗道·袁宏道·袁中道와 친분이 두터웠다고 한다. 潘之恒의 사적은 ≪列朝詩集小傳≫丁集, ≪四庫全書總目提要≫ 등에서 찾아 볼 수 있다.

潘之恒의 아들 潘弼亮이 쓴 跋文에 의하면 潘之恒이 晩年에 수집한 자료들을 모아 급히 출판하느라 미흡한 점이 많다고 한다. 더군다나 天啓 年間에 雕板(刻手)들이 이미 사방에 흩어지고 기술자들조차 모으기 힘들었기 때문에 編錄이 좀 정리되지 않았다고 한다. 〈內紀〉12卷은 孝·貞 兩部로 나누고, 〈內篇〉23卷은 貞·懿·閨·壽·忠 5部로 나누고, 〈外紀〉45卷은 俠, 寵, 艶, 方 4部로 나눴으며, 〈外篇〉2卷은 方 1部, 〈雜記〉5卷은 生 1部, 〈雜篇〉6卷은 文 1部로 구분하였다. 주로 기존의 문언소설들을 수집한 것들이 많은데, 후에 凌濛初의 '兩拍' 창작에 많은 영향을 주었다.

또한 ≪亘史≫에는 許筠의 누이였던 許蘭雪軒(1563~1589)의 詩 〈聚沙元倡〉이 실려 있는 것으로도 유명하다.[192] 1606년 明 사신이었던 朱之番이 許蘭雪軒의 시를 보

---

[192] 2000년 9월에는 그의 시 작품집 ≪聚沙元倡≫이 새롭게 발굴 되었는데, 許蘭雪軒의 詩 168편을 모아 청 만력 40년(1612)에 중국에서 간행한 시집이다. ≪聚沙元倡≫은 중국 安徽省 출신 문인인 潘之恒의 문집 ≪亘史≫에 1책으로 수록되어 들어있었다. 이 시집에는 허난설헌의 산문 글 1편도 들어있었는데, 당시 중국 난징대학교 박사과정 유학생인 김영숙이 처음 발견했고 한중문화교류사 전공인 순천향대 중문학과 교수 박현규가 대만 고궁박물관에 소장 중이던 이 소장품을 정밀 분석해 한국 학계에 소개하면서 알려지게 되었다.

고 매우 경탄하여 중국으로 가져가 ≪許蘭雪軒集≫을 발간하게 되는데, 〈聚沙元倡〉은 ≪許蘭雪軒集≫에도 없는 詩作들이었기에 학계의 주목을 받게 되었다. ≪亘史≫가 국내에 소개된 시기는 적어도 19세기 전반이라고 추정할 수 있다. 成海應(1760~1839)의 ≪研經齋全集≫에 이미 潘之恒의 ≪亘史≫를 언급했던 기록이 남아있다.[193] 정확히 책이 유입되었는지는 알 수 없으나, 成海應은 이미 이 책을 보았기 때문에 자신의 문집에 소개할 수 있었을 것이다.

국내에 남아있는 판본은 明代 간행된 木版本이 서울大 奎章閣에 소장되어 있다.

書名	出版事項	版式狀況	一般事項	所藏處/所藏番號
亘史	逸史氷華生(明) 輯, 明板本	8冊(零本), 中國木版本, 26.3×16.8cm	印: 弘文館, 帝室圖書之章, 所藏本-內編: 卷1~23, 外編: 卷1~5, 雜編: 卷1~6, 卷15~43(8冊)	서울大 奎章閣 [奎중]3759

18. 五雜俎

≪五雜俎≫는 明代 雜俎小說集으로 謝肇淛(1567~1624)가 편찬하였다. ≪千頃堂書目≫과 ≪明史≫〈藝文志〉 小說類에 16卷이 著錄되어 있다. 현재는 明 刻本과 明 萬曆刻本, 明 萬曆 44年(1616) 潘氏如韋軒刻本 등이 남아있으며, 民國 年間 上海 中央書局에서 간행한 排印本이 있고, 1959년 中華書局에서 간행한 排印本은 ≪中國文學參考資料叢書≫중 하나이다.

謝肇淛의 字는 在杭이고 長樂(지금의 福建) 사람이다. 萬曆 20年 進士에 합격하여 湖州推官을 거쳐 廣西右布政使를 지냈다. 작품에는 ≪五雜俎≫이외에도 ≪小草齋文集≫ 등이 있다.

---

193) 成海應(1760~1839)의 ≪研經齋全集≫ 外集 卷61 筆記類 蘭室譚叢 〈婦人詩集〉
婦人詩集. 始於顔竣, 殷淳. 而徐陵, 李康成有玉臺之編. 蔡省風有瑤池之詠代以甄綜韋穀才調集. 輯閨秀一卷. 宋元以降. 選家類不見遺. 明朝則有酈琥之彤管遺編. 張之象之彤管新編. 田藝衡之詩女史. 劉之珍之翠樓集. 兪憲之淑秀集. 周履淸之宮閨詩. 鄭琰之名媛彙編. 梅鼎祚之女士集. 靑泥蓮花記. 姚旅之露書. 潘之恒之亘史. 趙問奇之古今女史. 无名子池上客之名媛璣囊. 竹浦穢氏之臙脂璣. 蘭陵鄒氏之紅蕉集. 江邦申之玉臺文苑. 方維儀之宮閨詩史. 沈宜修之伊人思. 季嫻之閨秀集. 而靑黃雜糅. 眞贗交錯. 濟南王士祿悉從考正. 爲然脂集.

≪五雜俎≫는 총 16권으로 되어 있으며 전체를 天・地・人・物・事 의 5部로 나누고, 自然現象・人事現象 등의 넓은 범위에 걸쳐서 저자의 견문과 의견을 항목별로 정리하였다. 그 중에서도 허구와 사실과의 관계를 논한 소설이론은 상당히 중요한 가치를 지닌다. 대체적으로 그 무렵 유행한 小品에 가까운 스타일을 취했고, 전체적으로 전통적인 문인 취향의 영역을 벗어나지 못한 점은 있지만, 음양・풍수라는 미신사상을 부정하고 합리적 경향을 띤 독특한 관찰안은 당시의 사회가 가진 여러 모순을 날카롭게 꿰뚫어본 면이 있다. 소설적인 면 이외에도 明代의 정치・경제・사회・문화에 관한 귀중한 자료가 되고 있다.

국내에서 유입되어 문인들의 문집에 인용된 기록으로는 李瀷(1681~1763)의 ≪星湖僿說≫제4권 〈萬物門・箕仙〉에서 찾아볼 수 있다.

> …謝肇淛의 ≪五雜俎≫에 기선이란 말이 있다. 거기에, "귀신 중에 기선이란 이름을 가진 한 종류의 귀신이 있는데, 능히 사람과 언어를 통하고 靈怪를 나타내며, 또 詩도 짓는다. 土人들에게는 기선을 부르기도 하고 보내기도 하는 술법이 있는데, 어느 書堂 학자는 부르는 술법만 배우고 보내는 술법은 알지 못해서 그 귀신은 끝내 머무르고 떠나지 않았다……" 하였다.…194)

이 외에도 李圭景(1788~1856)의 ≪五洲衍文長箋散稿≫경사편1-경전류1 〈易의 괘・효・단・상에 대한 변증설〉에도 인용되었고,195) 李德懋(1741~1793)의 ≪靑莊館全書≫제19권 雅亭遺稿十一 서5 〈金直齋에게〉에서도,196) 韓致奫(1765~1814)의 ≪海東繹史≫제27권 〈物産志2・禽類〉 '매[鷹]'에 대해 서술하는 부분에서도 인용되었다.197)

---

194) 李瀷(1681~1763)의 ≪星湖僿說≫ 제4권 〈萬物門・箕仙〉 한국고전종합 DB (http://db.itkc.or.kr/) 참조.
195) 謝肇淛의 ≪五雜俎≫에는, "상은 온갖 짐승의 고기를 갖추고 있는데 오직 코만이 그 본래의 고기이며, 기름지고 연하고 달고 맛이 있다."하였다.
196) ≪五雜俎≫에 '蕭何가 篆字를 잘 썼다.' 한 것은, 상고하건대 漢 나라 許愼의 ≪說文≫서문에 '≪秦書≫에 8體가 있는데, 여섯 번째가 署書다.' 했고, 그 註에 '蕭子良이 말하기를, 서서는 漢高祖 6년에 소하가 정한 것인데, 그것으로 蒼龍闕・白虎闕에 썼다고 했다.' 하였고…….
197) 매는 遼東에서 나는데, 바다를 건너서 登州와 萊州까지 날아온다. 그 가운데 가장 뛰어난 매는 바다 속에 있는 여러 가지 물체를 보고서 물을 쳐올려서 먹이를 잡는다. 그러므로 중국의 매는 고려에서 나는 매만 못하다. ≪五雜俎≫

이렇듯 문인들의 문집에서 인용된 정황을 보면 ≪五雜俎≫는 적어도 18세기 후반에는 국내 유입되어 많은 독자층을 형성했을 것으로 보인다.

국내 소장된 판본으로는 明末 淸初에 중국에서 간행된 것으로 보이는 木版本이 韓國學中央研究院 장서각, 서울大學校 中央圖書館에 소장되어 있고, 그 외에 국내 남아있는 1661년 판본과 1795년 판본들은 모두 日本에서 간행된 것들이다.

書名	出版事項	版式狀況	一般事項	所藏處/所藏番號
五雜俎	謝肇淛(明)撰, 京都, 松敏軒, 寬文1年(1661)	16卷8冊(卷1-16), 木版本(日本), 22.4×15㎝, 半郭: 19.2×13.3㎝, 無界, 9行18字, 花口, 上下向黑魚尾	日漢混用本彩筆書入, 序: 李維楨, 裝幀: 藍色表紙藍絲四綴	서울大 中央圖書館 0330-13A-1-8
五雜俎	謝肇淛(明)撰, 潘膺祉 校, 中國, 德聚堂, 17世紀以後	16卷16冊, 中國木版本, 29.5×17.7㎝, 四周單邊, 半郭: 21.4×14㎝, 有界, 9行18字, 花口, 上下向白魚尾	標題紙: 謝在杭先生緝著, 序: 李維楨(墨書), 各卷末: 東吳范汪漫翁審定, 各卷末: 新安如韋館藏板, 刊寫者: 黃行素刻, 裝幀: 藍色表紙黃絲四綴	서울大 中央圖書館 0330-13-1-16
五雜俎	謝肇淛(明)撰, 日本, 松梅軒, 寬政7年(1795)	16卷8冊(卷1-16), 木版本(補刻)(日本), 23×16.8㎝, 四周單邊, 半郭: 19.3×13㎝, 無界, 9行18字, 上花口, 上下向黑魚尾	刊記: 寬文元辛丑歲(1661) 仲冬刊行 寬政七乙卯歲(1795) 仲夏補刻 松梅軒 序: 大泌山人 李維楨	서울大 中央圖書館 081-Sa11o-v.1-8
五雜俎	謝肇淛(明)撰, 明末淸初年間 (1600-1700)	16卷10冊, 中國木版本, 24.6×15.9㎝, 半郭: 21.7×14.8㎝, 有界, 半葉9行18字, 上白魚尾, 紙質: 竹紙	序: 大泌人李雜禎本寧父撰 五雜淛序	韓國學中央研究院 C3-307
五雜俎	謝肇淛(明)撰, 日本, 寬政7年(1795)	16卷8冊, 木版本(日本), 22.4×15.8㎝	序: 李維楨	韓國學中央研究院 J3-439
五雜俎	謝肇淛(明)撰, 日本, 寬政7年(1795)	16卷8冊, 木版本(日本), 22.4×15.8㎝	序: 李維楨	國立中央圖書館 BA古10-30-나4

19. 智囊補

≪智囊補≫는 明代 文言小說叢抄로 馮夢龍(1574~1646)이 編輯했다. ≪四庫全書總目≫ 小說家類에 28권이 저록되어 있다. 현존하는 明 天祿閣刻本과 淸初 斐齋刻

本에 ≪智囊補≫라고 되어있고, 明末 還讀齋刻本에는 ≪智囊全集≫, 淸初에 10卷짜리 袖珍本에는 ≪增智囊補≫, ≪筆記小說大觀≫에는 ≪增廣智囊補≫라고 되어있다. 袖珍本을 제외하곤 모두 28권으로 되어있다. 天啓 丙寅年(1626) ≪智囊≫을 이미 간행하였는데 그 후 보충하고 내용을 세분화하여 ≪智囊補≫ 혹은 ≪智囊全集≫으로 정리 하였다. ≪四庫全書總目≫에 ≪智囊≫과 ≪智囊補≫가 각각 28권으로 기재되어 있다. 증보 후의 ≪智囊≫과 원본 ≪智囊≫은 내용상 중복되는 점이 매우 많았고, 유통 면에서도 ≪智囊≫이 ≪智囊補≫에 못 미쳤다.

馮夢龍의 字는 猶龍·子猶·耳猶이고, 別號는 龍子猶이고 자칭 馮仲子라고 불렀으며 별실은 墨憨齋라 하였는데 이를 필명으로 삼았다. 吳縣 長洲(지금의 江蘇 蘇州) 사람이다. 崇禎 年間에 福建省 壽寧縣의 知縣을 지냈다. 다재다능하여 여러 가지 저술·편찬·교정 등을 하였는데, 특히 "三言" 등 통속문학 분야의 업적이 많다. 희곡·설화·민요 등의 편집이나 창작뿐만 아니라 ≪平妖傳≫이나 ≪列國志≫의 改作 등에 남긴 업적도 매우 크다.

≪智囊補≫는 선진시대부터의 歷代 子史 典籍 중에서 지혜와 계책을 줄 수 있는 일들 1238條를 수집하여 〈上智〉·〈明智〉·〈察智〉·〈膽智〉·〈術智〉·〈捷智〉·〈語智〉·〈兵智〉·〈閨智〉·〈雜智〉 등 10부로 나누고, 각 部를 다시 2~4類로 분류하여 모두 28類로 나누어 10部 28卷으로 만들어, 각 部가 시작할 때마다 總叙를 두고, 類가 시작할 때마다 引語를 두었다. 〈上智〉·〈明智〉·〈察智〉에는 역대의 정치이야기를 수집하였으며 〈膽智〉·〈術智〉·〈捷智〉에는 여러 治理政務의 수단까지 다루었으며 〈語智〉에는 辯才善言의 이야기를, 〈兵智〉에는 군사적 계략을 모아 놓았고, 〈閨智〉에는 지혜 있는 여성들의 이야기를, 〈雜智〉에는 黠狡小技에 이르기까지의 騙術을 기록하였다. 이렇듯 男女老少, 貧富尊貴를 떠나 역대로 지혜롭다는 인물들의 일화를 그렸는데, 東方朔을 비롯해 漢武帝, 陳子昂 등과 관련된 일들이 소개되어 있다.[198]

국내 유입에 관한 기록은 남아있지 않지만 현재 남아있는 판본으로 볼 때 1900년대 전후에 대거 유입된 것으로 보인다. 高麗大學校와 啓明大學校에 소장되어 있는 木版本은 정확한 간행년도를 알 수 없지만 늦어도 明末 淸初에 출판된 판본인 듯하다. 光

---

198) 寧稼雨, ≪中國文言小說總目提要≫, 齊魯書社, 1996, 283쪽.

緒 21年(1895)에 上海에서 간행된 ≪智囊補≫부터는 石印本으로 간행되었다.

書名	出版事項	版式狀況	一般事項	所藏處/所藏番號
智囊補	上海, 文盛書局, 1910年	38卷6冊, 石印本		박재연
智囊補	馮夢龍(明)重輯	28卷7冊, 中國木板本, 25×15.6㎝, 四周單邊, 半郭: 20×13.8㎝, 無界, 9行20字, 上黑魚尾	自序: 馮夢龍	高麗大學校 B12-B30-1-7
智囊補	馮夢龍(明)重輯	28卷7冊, 中國木板本, 25×15.6㎝, 四周單邊, 半郭: 20×13.8㎝, 無界, 9行20字, 上黑魚尾	自序: 馮夢龍	啓明大學校 920.952-풍몽룡ㅈ
智囊補	經綸堂板	12卷6冊, 木版本		박재연
增廣智囊補	馮夢龍(明) 重輯, 張明弼(明)…[等]閱, 上海, 文海書局, 光緒21年(1895)	28卷6冊, 中國石版本, 17.2×10.5㎝, 四周單邊, 半郭: 14.2×9.5㎝, 無界, 行字數不定, 上下向黑魚尾	書名: 內題임 自敍: 馮夢龍題於…	國民大學校 991.2-풍01
增補智囊補	馮夢龍(明) 重輯, 上海, 二西山房, 清, 光緒21年(1895)刊	28卷6冊, 中國石版本, 16.8×10.1㎝, 四周單邊, 半郭: 13.4×8.5㎝, 18行40字, 上黑魚尾, 紙質: 錦紙		成均館大學校 C14C-0017b
增廣智囊補	馮夢龍(明) 重輯, 上海, 文盛書局, 光緒34年(1908)	21卷4冊(零本), 中國石印本, 16.7×10.2㎝, 四周單邊, 半郭: 13.2×8.7㎝. 無界, 18行40字 註雙行, 上下向黑魚尾	版心題: 增智囊補 表題: 增補智囊補 序: 馮夢龍題	檀國大學校 천안율곡圖書館 고183-풍52ㅈ-
增廣智囊補	馮夢龍(淸) 重輯, 上海, 文盛書局, 光緒34年(1908)	1冊(零本), 石印本		檀國大學校 죽전퇴계圖書館 IOS,고032-풍52ㅈ
增廣智囊補	馮夢龍(明) 輯, 宣統2年(1910)	27卷6冊, 中國石版本, 20×12.9㎝	表紙書名: 增補智囊補 庚戌夏五駝署	高麗大學校 육당B12-B12-1-6 卷1-27
增補智囊補	馮夢龍(明) 重輯, 張明弼…等同閱, 上海, 文盛書局, 清, 宣統3年(1911)刊	28卷4冊, 中國石版本, 19.7×13㎝, 四周單邊, 半郭:17.2×11㎝, 無界, 18行字數不定, 上黑魚尾, 紙質: 綿紙		成均館大學校 C14C-0017
增定智囊補	馮夢龍(明)著, 刊年未詳	28卷10冊, 中國石印本, 22×15.5㎝	"返還文化財" 序: (明)馮夢龍	國立中央圖書館 [古]3738-10
增補智囊補	馮要龍(明)	6冊, 中國石版本		國立中央圖書館 BA2205-6

書名	出版事項	版式狀況	一般事項	所藏處/所藏番號
增定智囊補	馮夢龍 著	28卷10冊, 筆寫本, 22×15.5cm, 四周單邊 半郭: 17.4×13.4cm, 9行24字	序: 吳門馮夢龍題 於松陵之舟中	國立中央圖書館 B13738-10-1-10
增廣智囊補	馮夢龍(明) 重輯, 張明弼…等同閱	28卷6冊, 中國石版本, 19.9×12.8cm	序: 吳門馮夢龍題…	高麗大學校 목당B12-B30-1-6 卷1-28

20. 野記

≪野記≫는 明代 志人小說集으로 祝允明(1460~1527)이 편찬했다. ≪四庫全書總目≫ 小說家類에 4卷이 저록되어 있고, 현존하는 明刊本과 淸 同治 13年(1874) 元和 祝氏 刊本, 宣統 3年(1911) 時局書局 排印本, ≪申報館叢書續集≫本 등에도 모두 4권으로 되어 있다. 하지만 ≪歷代小史≫本과 ≪續說郛≫本에는 ≪九朝野記≫1卷으로 되어있고, 傅增湘의 ≪藏園群書經眼錄≫권9에는 "翰林院印"이라는 직인이 찍혀있는 ≪枝山野記≫ 筆寫本 4권이 있다고 기록되어 있는데 이 판본은 전하지 않는다.[199]

祝允明의 字는 希哲, 號는 枝山으로 長洲(지금의 江蘇 蘇州)사람이다. 오른손 손가락이 여섯 개라 스스로 '枝指生'·'枝山老樵'·'枝指山人'이라 불렀다. 功名에 뜻을 두지 않았으며 詩文과 書法에 능했는데 草書중에서도 狂草는 사람들의 찬사를 받았다고 한다. 특히 〈六體書詩賦卷〉·〈草書杜甫詩卷〉·〈古詩十九首〉·〈草書唐人詩卷〉·〈草書詩翰卷〉 등이 유명하다.

明初부터 嘉靖까지의 九朝에 관한 사적들을 기록해 놓았다 하여 ≪野記≫라 이름하였다 한다. 책 앞부분 작가의 〈野記小叙〉에 의하면 '野'는 '大略不欲侵于史焉'이고, ≪論語≫에 "質勝文則野, 文勝質則史"라고 하였기 때문에 史家들의 수식을 취하지 않고, 史 이외의 傳聞들을 이야기 소재로 삼은 것이라고 한다. 때문에 "三言"과 "二拍"에 영향을 주었으며 문언소설과 시민문학을 융합시킨 성공적인 작품으로 손꼽힌다.

국내 유입된 기록은 정확하지 않지만 淸 同治 13年(1874)에 간행된 木版本이 成均館大學校에 소장되어 있고, 그 다음해인 光緖 元年(1875)에 간행된 石印本이 東國大

---

[199] 寧稼雨, ≪中國文言小說總目提要≫, 齊魯書社, 1996, 297~298쪽 참조.

學校에 소장되어 있다.

書名	出版事項	版式狀況	一般事項	所藏處/所藏番號
野記	祝允明(明)纂, 淸, 同治13年(1874)刊	4卷2冊, 中國木版本, 25.6×15㎝, 左右雙邊, 半郭: 18.5×13㎝, 有界, 12行22字, 註雙行, 上黑魚尾, 紙質: 綿紙	序: 玉笥山人毛文煒序, 刊記: 同治甲戌(1874) 開雕元和祝氏藏板	成均館大學校 D7C-76
野記	祝允明(明)纂, 中國, 元和祝氏藏, 光緖元年(1875)	4卷2冊, 中國石印本, 26×15.5㎝, 左右雙邊, 半郭: 18.8×12.8㎝, 有界, 半葉 12行22字, 上內向黑魚尾, 紙質: 竹紙	刊記: 同治甲戌(1875) 開雕 元和祝氏藏板	東國大學校 도전D952.004-축67ㅇ-v.1~2

21. 何氏語林

≪何氏語林≫은 明代 志人小說集으로 何良俊(1506~1573)이 편찬했다. ≪國史經籍志≫·≪明史≫〈藝文志〉 小說家類에 ≪語林≫30卷이 저록되어 있고, ≪千頃堂書目≫과 ≪四庫全書總目≫ 小說家類에는 ≪何氏語林≫으로 되어있다. 현재는 明 嘉靖 何氏淸森閣刻本과 何氏繙經堂刻本, 套板本들을 原刻本으로 보고 있으며 그 외에도 ≪四庫全書≫本이 있는데 1984년 上海 古籍出版社에서 ≪四庫全書≫本을 영인하여 출판하였다.

何良俊은 明代 戲曲理論家로도 잘 알려진 인물로 字가 元朗, 號는 柘湖로, 明 華亭 柘林(지금의 上海市 奉賢區 柘林鎭 柘林村) 사람이다. 젊어서 20여년 두문불출 학문에 매진하였으나 관직과는 인연이 없어 은거하면서 저술에만 매진하였다. 자신이 莊周·王維·白居易들과 교유한다고 하여 서재 이름을 '四友齋'라 하였다. ≪何氏語林≫ 이외에도 ≪柘湖集≫·≪四友齋叢說≫·≪書畫銘心錄≫ 등이 있다.

書名은 東晉 裴啓가 지은 ≪語林≫에서 취하였고, 또 편집 방법은 劉義慶의 ≪世說新語≫를 모방하여 꾸민 책으로, 대략 嘉慶 30年(1551) 前後로 만들어진 책이다. 전반적인 체제는 ≪世說新語≫를 따랐고, 〈言志〉·〈博識〉 두 門을 덧붙였다. 後漢부터 元代에 이르는 동안 문인들의 언행을 모두 38門으로 나누고 2천 7백여 條의 이야기로 엮었다. ≪世說新語≫의 모방작으로서 ≪何氏語林≫이 지니는 가장 두드러진 특징과 가치는 兩漢에서 東晉까지 약 300년간을 시대 범위로 하고 있는 ≪世說新語≫에 비해 ≪何氏語林≫은 兩漢에서 宋·元代까지 약 1500년간을 그 범위로 하고 있어 긴 역사와 다채로운 문화를 배경으로 탄생된 여러 인물의 이야기가 더 폭넓게 수록되어 있다는 점이다. 또한 작가 何良俊은 사상적으로 왕학 좌파의 영향을 받아 개성과 眞情을 중요시 여겨 위선적인 창작을 반대하였기 때문에, 이 작품에 수록된 이야기들 역시 인물의 정감이나 개성을 위주로 그려내었다고 평가받는다.[200]

　　許筠(1569-1618년)의 ≪惺所覆瓿稿≫에 그 書名이 보이는데 이것으로 보아 1600年代 初期 以前에는 국내에 유입된 것으로 추정된다. 許筠은 이 서책을 구하게 된 계기에 대해 자세히 서술하였을 뿐 아니라 자신의 文集에 ≪何氏語林≫의 내용을 여러 차례 인용하였다.[201] 국내에서는 ≪世說新語補≫로 인해 ≪何氏語林≫이 더 많이 알려지기도 하였다. 明代 王世貞(1526~1590)은 劉義慶의 ≪世說新語≫와 何良俊의 ≪何氏語林≫ 중에서 각각 일부분을 삭제해 합쳐 ≪世說新語補≫를 엮었다. 물론 처음에는 두 책이 刪定된 한 형태로 있다가 나중에는 두 책이 혼합한 형태로 발전한 것으로 보인다.

　　국내 소장된 판본으로는 嘉靖 29年(1550)에 간행된 何氏繙經堂刻本이 韓國學中央硏究院에 소장되어 있고, 天啓 4年(1624)에 간행된 木版本이 서울大 奎章閣에 소장되어 있다.

書名	出版事項	版式狀況	一般事項	所藏處/所藏番號
何氏語林	何良俊(明)撰幷註, 嘉靖29年(1550)	30卷10冊, 中國木版本, 25.7×17.5cm, 左右雙邊, 半郭: 20.4×14.4cm, 有界, 10行20字, 註雙行, 內向黑魚尾, 紙質: 綿紙	序: 辛亥(1551)四月之望文徵明書, 刊記: 嘉靖庚戌(1550) 華亭柘湖何氏繙經堂雕梓, 印: 莱名文庫, 立教館圖書印, 白河文庫, 李王家圖書之章, 外2種	韓國學中央硏究院 4-247

---

200) 寧稼雨, ≪中國文言小說總目提要≫, 齊魯書社, 1996, 302~303쪽 참조.
201) 〈한정록〉 제1권〈隱遁〉: 張薦(字 孝擧. 唐 나라 사람)은 은거하며 뜻을 수양했다. 집에 참대[苦竹] 수십 이랑이 있었는데, 장천이 그 대밭 속에 집을 짓고 항시 그 속에서 지내므로 王右軍(왕휘지의 별칭)이 듣고서 찾아갔으나, 장천이 대밭 속으로 도피해 버리고 만나주지 않았다. ≪하씨어림≫陶處靜(晉 陶淡의 字)은 나이 15세에 어느새 服食(道家의 양생법)을 하고 곡식을 끊었으며, 집에 수천 金이 있고 종과 食客이 수백 명이 있었으나, 도처정은 종일토록 단정하게 拱手하고, 절대로 결혼하거나 벼슬하지 않았다. 臨湘縣의 산중에 살며 조그마한 초가집을 지었는데 겨우 몸을 용납할 만했고, 때로 집에 돌아오면, 작은 평상을 가져다 혼자 앉아 다른 사람들과 어울리지 않았다. ≪하씨어림≫

書名	出版事項	版式狀況	一般事項	所藏處/所藏番號
何氏語林	何良俊(明)撰, 茅坤(明)評, 天啓4年(1624)	30卷6冊, 中國木版本, 26.4×17㎝	序: 天啓甲子(1624)…文震孟, 印: 帝室圖書之章	서울大 奎章閣 [奎중]3300

22. 訓世評話

≪訓世評話≫는 사실 소설이 아니라 조선시대에 中國語敎育用 學習工具書이다. 그러나 學習書임에도 불구하고 이 책에는 65편의 고사가 나오는데 그중 60편이 ≪太平廣記≫나 ≪搜神記≫ 등에서 발췌하여 인용한 것이고 나머지는 우리나라 설화로 구성되어 있다.

高麗末 朝鮮初에 살았던 李邊[202](1391~1473년)이 元代에 나온 많은 講史話本을 접하고 이와 같은 講史話本에 착안하여 名賢과 節婦에 관련된 고사를 중국 전적에서 취하고, 또 ≪三國史記≫·≪三國遺事≫·≪高麗史≫와 같은 국내의 문헌설화에서 귀감이 될 만한 이야기를 몇 편을 추려, 팔순의 나이에 그 당시 중국어 구어체로 번역했다.[203] ≪訓世評話≫의 서문을 보면 "중국어를 배우는 후학들에게 도움을 주기 위해 이를 陰騭 諸書에서 勸戒가 될 만한 이야기 수십조와 평소 들었던 고사 수십조 도합 65조를 추려 중국어로 번역하여 ≪訓世評話≫라 이름하고, 깨끗이 정서하여 成宗 임금에게 보여 임금의 재가를 얻어 典校署에서 간행하도록 하였다"[204]라는 기록이 남아 있다. 하지만 간행되었는지 정확히 알 수는 없다. 그 후 7년 뒤 이 책을 간행했을 것으

---

202) 고려 공민왕 3년에 태어나 성종 4년에 세상을 떠난 朝鮮 초기의 文臣이다. 시호는 貞幹. 본관은 德水. 判事宰寺事 李公晋이 아버지이고, 어머니는 鄭光祖의 딸이다. 1419년(세종 1) 문과에 급제, 承文院博士·副校理·형조 판서·예문관·대제학·공조 판서·知中樞院事 등을 지내고 1467년(세조 13) 杖仗를 받았으며 특히 輔國崇祿大夫에 오르고 領中樞府事에 임명되었다. 특히 漢訓에 정통하여 일찍이 承文院司譯院提調로서 활약이 컸다.
203) 박재연, 〈15세기 역학서 ≪訓世評話≫에 대하여〉, ≪한국중국소설논총≫제7집, 1998, 132쪽 참조.
204) 이 부분에 대한 〈성종실록〉의 기록을 보면 다음과 같다. 成宗 4年 癸巳(1473, 성화 9) 6월13일 (壬申) 〈영중추부사 이변이 ≪훈세평화≫를 찬집하여 올리다〉 領中樞府事 李邊이 古今의 名賢과 節婦의 事實을 纂集하여 漢語로 번역하고서 이름을 ≪訓世評話≫라 하여 올리니 傳旨하기를, "이제 撰述한 책을 보니, 嘉尙하기 그지없다." 하고, 油席 1張과 蓑衣 1件을 내려 주고, 이어 술을 대접하게 하였으며 典校署로 하여금 印行하게 하였다.

로 보이는 기록이 ≪朝鮮王朝實錄≫ 〈成宗實錄〉에 남아 있다.

> 成宗 11년 庚子(1480, 성화 16) 10월19일 (乙丑)
> 〈시독관 이창신이 漢語에 능한 자로 하여금 ≪노걸대≫ 등을 고치도록 아뢰다〉
> 晝講에 나아갔다. 侍讀官 李昌臣이 아뢰기를, "지난번에 명령을 받고 漢語를 頭目 戴敬에게 質正하는데, 대경이 ≪老乞大≫와 ≪朴通事≫를 보고 말하기를, '이것은 바로 元나라 때의 말이므로, 지금의 중국말[華語]과는 매우 달라서, 理解하지 못할 데가 많이 있다.'고 하고, 즉시 지금의 말로 두어 귀절을 고치니, 모두 解讀할 수 있었습니다. 청컨대 漢語에 능한 자로 하여금 모두 고치게 하소서. 그리고 전에 領中樞 李邊과 高靈府院君 申叔舟가 중국말로 책 하나를 지어 이름을 ≪訓世評話≫라 하였는데, 그 原本이 承文院에 있습니다." 하니, 임금이 말하기를, "그것을 속히 刊行하고, 또 한어에 능한 자를 선발하여 ≪노걸대≫와 ≪박통사≫를 刪改하라."하였다.205)

기록대로라면 1480년에 이 책이 간행되었어야 한다. 하지만 현전하는 판본은 中宗 13年(1518) 그의 외증손 尹希仁이 江原道 觀察使 兼兵 馬水軍節度使로 있으면서 관내 각 고을에 각각 나누어 판각하게 하여 나중에 江陵에서 모아 간행한 판본이다. 그러나 임진왜란과 병자호란을 겪으면서 이 판본마저 유실되어 당시로서도 얻어 보기 힘들었으며 肅宗 8年(1682) 元官 吳克興이 겨우 한권을 구했다는 기록이 있을 뿐이다.206) 이에 대한 자세한 고증은 이 책을 처음 발견한 박재연의 연구논문에 있다.

1518년 尹希仁이 간행한 판본은 현재 일본 나고야(名古屋) 蓬左文庫에 소장되어 있으며, 국내 國立中央圖書館에 있는 것은 그 영인본이다.

書名	出版事項	版式狀況	一般事項	所藏處/所藏番號
訓世評話	李邊(朝鮮) 撰, 刊寫地未詳, 刊寫者未詳, 刊寫年未詳(1473)	2卷1冊, 木版本, 四周單邊, 有界, 10行17字, 註雙行, 上下內向黑魚尾	跋: 正德十三年 戊寅 (1518)…尹希仁, 漢語學習 教材(故事를 백화문으로 注解했음)	國立中央圖書館 [古]327-6 日本蓬左文庫(名古屋市 教育委員會 蓬左文庫) 103-36

---

205) 成宗實錄 11년 庚子(1480, 성화 16) 10월19일 (乙丑) 한국고전종합 DB http://db.itkc.or.kr/
206) 박재연, 〈15세기 역학서≪訓世評話≫에 대하여〉, ≪한국중국소설논총≫제7집, 1998, 134쪽 참조.

23. 鐘離葫蘆

≪鐘離葫蘆≫는 明代 笑話集 ≪絶纓三笑≫의 작품을 가져다가 추려서 조선에서 간행한 소화집이다. 처음 조선조 중기 문인 柳夢寅(1559~1623)이 자신이 엮은 ≪於于野談≫에서 이 책에 관한 중요한 기록을 남겼고,207) 조선 후기 소설가 鄭泰齊(1612~1669)가 지은 ≪天君演義≫의 서문에서 우리나라에서 나온 책이라 언급하여208) 주목을 받았었다. 최용철은 아단문고에 소장되어 있는 ≪鐘離葫蘆≫ 판본을 검토하고 연구하여 全文 번역을 하였고, 그에 관련된 유입기록과 관련 자료를 찾았다. 그러던 중 김준형은 金烋(1597~1638)가 엮은 ≪海東文獻總錄≫에 ≪鐘離葫蘆≫의 제목으로 기록이 남아있는 것을 보게 되었으며, ≪鐘離葫蘆≫의 출처까지도 파악할 수 있게 되었다.209)

≪絶纓三笑≫라는 책은 원래 4冊으로 되어 있는 明나라 笑話 모음집인데, 笑山子라는 사람이 이를 정리하여 모두 78편의 이야기를 모아 ≪鐘離葫蘆≫라 이름 하였다. 비록 제왕이 되거나 나라를 다스리는 일과는 상관이 없지만 또한 정신을 추스르는 데는 약간의 도움이 되는 이야기들이어서 天啓 壬戌年(1622) 봄에 평양 가촌에서 간행하였다는 것이다. 이 기록은 원래 ≪鐘離葫蘆≫의 後記인데, 원서의 뒷부분이 온전하지 못한 탓에 남아있지 않던 것을 ≪海東文獻總錄≫로 인해 다시 찾아낸 것이다.

---

207) 최용철, 〈조선간본 중국소화 ≪종리호로≫의 발굴〉, ≪중국소설논총≫제16집, 2001, 267~268쪽.
  금년 봄에 새로 간행된 中原작품인 70편의 (필기)소설이 있는데 제목이 ≪鐘離葫蘆≫로서, 西伯으로부터 들여온 것이다. 그러나 외설스럽기 그지없어 차마 눈을 뜨고 볼 수 없었다. 다만 그 중의 두 가지 고사는 世敎에 도움이 될 만 하다……(중략)
208) 최용철, 〈조선간본 중국소화 ≪종리호로≫의 발굴〉, ≪중국소설논총≫제16집, 2001, 269쪽.
  근세의 소설과 잡기 중에서 세상에 전해지는 것이 많지만 그 중에서 이름난 것으로 말하면 중국에서 온 책으로 ≪전등신화≫, ≪염이편≫등이 있고, 우리나라에서 나온 것으로는 ≪종리호로≫, ≪어면순≫등의 책이 있다……(중략)
209) 김준형, 〈≪종리호로≫와 우리나라 稗說문학의 관계양상〉, ≪중국소설논총≫제18집, 2003, 133쪽.
  그 後에 스스로 다음과 같이 썼다. ≪절영삼소≫는 명나라 사람의 웃음의 도구다. 예전에는 4본이 있었는데, 지금 내가 더하고 깎아 그 셋은 버리고 하나만 취하여 이름을 ≪종리호로≫라 하였다. 무릇 78편의 이야기는 비록 정권을 잡거나 국가의 大計를 결정하는 데에는 관계하지 못하지만 정신을 수렴하는 데에는 도움이 될 것이다. 宰予가 썩은 나무에서의 꾸짖음을 면할 수 있고, 邵雍이 주나라로의 걸음을 수고로이 하지 않아도 되기에 이것은 大曆으로 어찌 조그마한 도움이 되지 않겠는가? 天啓 壬戌(1622) 봄에 笑山子가 箕城(평양)의 可村에서 쓰다.

笑山子가 정확히 누구인지 고증되지는 않았지만 최용철과 김준형은 1618년부터 1623년까지 평안도 관찰사로 있었던 朴燁(1570~1623)으로 보았다.210)

최용철은 일본 東京大學에 소장되어 있는 ≪絶纓三笑≫ 판본을 연구하여 78편의 ≪鐘離葫蘆≫의 내용 중 71편이 거의 같은 내용으로 ≪絶纓三笑≫에서 가져왔다는 것을 증명하였다.211) 이렇듯 1622년에 ≪鐘離葫蘆≫가 평양에서 간행되었다는 사실을 밝혀냈지만, 국내 아단문고에서만 유일하게 1冊을 소장하고 있어 아쉬움이 남는다.

書名	出版事項	版式狀況	一般事項	所藏處/所藏番號
鍾離葫蘆	朝鮮朝後期刊	1冊(30張), 木版本, 20×14cm, 7行15字, 內向二葉魚尾		雅丹文庫 813.7종298

24. 兩山墨談

≪兩山墨談≫은 明 陳霆(약 1477~1550)이 편찬한 작품으로 ≪千頃堂書目≫·≪明史≫〈藝文志〉 小說家類에 18卷이 저록되어 있다. ≪國史經籍志≫에는 8卷으로 되어 있으며, ≪四庫全書叢目≫에는 雜家類에 속해있다. ≪惜陰軒叢書≫와 ≪吳興叢書≫本에도 들어있다.212)

陳霆은 字가 聲伯이고, 號가 水南이며 浙江 德淸縣 사람이다. 弘治 15年(1502)에 進士가 되어 刑科給事中을 역임했다. 正德 元年(1506) 劉瑾에 의해 옥에 갇혔으나, 후에 다시 刑部主事로 복직되었다. 다음해에 山西提學僉事로 임용되었으나 오래지 않아 사직하고 낙향하여 은거하면서 저술에만 힘썼다. 작품으로는 ≪兩山墨談≫외에도 ≪仙潭志≫·≪水南稿≫·≪淸山堂詩話≫·≪淸山堂詞話≫ 등이 있다.

---

210) 朴燁: 조선 중기의 문신으로 字는 叔夜, 號는 菊窓이다. 1597년(선조 30) 별시문과에 급제하여 1601년 正言에 이어 병조정랑·直講·海南縣監 등을 역임하고, 광해군 때 함경도 병마절도사, 평안도관찰사를 지냈는데, 인조반정 후 학정의 죄를 쓰고 1623년 사형 당했는데, 사형당하기 1년 전 이 ≪종리호로≫를 간행하고 서문을 썼을 것이라고 보고있다.
211) 최용철, 〈명대소화 ≪절영삼소≫와 조선간본 ≪종리호로≫〉, ≪중국어문학≫제36집, 2005. 78편중 7편에 대해서는 아직까지 정확한 출처를 파악하지 못했다.
212) 寧稼雨, ≪中國文言小說總目提要≫, 齊魯書社, 1996, 444쪽.

第4章 明代 作品目錄과 解題 267

≪兩山墨談≫의 내용은 비록 고증을 위주로 하였지만 기존에 전해 내려오는 야사나 전설 등의 이야기들의 근원과 사실을 밝혀내고 기이한 이야기 뿐 아니라 폭넓은 잡학들이 담겨있어 일찍이 小說家類와 雜家類에 모두 속하는 작품이 되었다. 筆記方式의 서술을 채택하여 자신의 의견을 많이 담아놓았기도 했는데 목차나 소제목을 따로 두지 않았고 兩山墨談卷之一부터 兩山墨談卷之十八까지 나열되어 있다. 卷之一은 殷나라 湯王이 崩御 한 후 太子 太丁이 뒤를 잇지 못하고 太丁의 동생 外丙이 2년, 外丙의 동생 仲壬이 4년, 그 뒤를 다시 太丁의 아들 太甲이 계승한 문제에 대해 ≪史記≫와 ≪孟子≫의 글을 인용해서 어느 문건이 사실에 더 가까운지에 대해 자신의 의견을 피력하면서 고증하는 내용부터 시작한다. 湯王 이후부터 여불위와 吳越春秋 등에 관한 상세한 이야기뿐 아니라 자신이 보고 들은 이야기들, 직접 다닌 곳에 대한 이야기들을 담아 놓았다. 예를 들면 자신의 유배지였던 六安의 茶에 대해 자세히 서술했고 부채에 관한 유래에 대해서도 나열했고, 長淮地域과 압록강에 대한 지형적인 설명까지도 담고 있다. 卷之十八은 宋代의 관찰사 汪介然의 이야기로 시작된다. 元人 汪幼鳳의 저작에 있는 내용을 보면 洪忠宣 皓213)가 金에 사신으로 갔다가 '虜'라는 지역에 사로잡혀 오랫동안 돌아오지 못하자 高宗이 그의 아들 適을 재상으로 삼고 여러 번 교지를 내려 皓를 구해 오라고 하였지만 虜가 어디인지 알 수가 없었다고 한다. 이 때 介然이 虜 지역을 여행하고 있었는데, 洪皓에 관한 얘기를 듣고 南音 지역임을 알고 황제에게 밀서를 보내 알현하여 그 다음해에 사로잡힌 사람들을 모두 돌아올 수 있게 했다는 기록이 있다. 陳霆은 이 부분에 대해 의혹을 제기하면서 다른 사료를 인용해 그 기록이 잘못 되었음을 밝힌다. 文言으로 되어 있음에도 불구하고 인물이나 사건에 대한 일화들을 소개하고 잘못된 부분들을 사실에 맞게 수정하려고 하였는데 元代까지의 인물과 사건을 위주로 서술하여 소설적인 요소들이 돋보인다.

≪兩山墨談≫은 당시 德淸의 知縣이던 李榘이 초고를 읽은 후에 선생의 책에 감탄해서 "선생의 墨談 책은 크게는 經에 근간을 두고 史을 근거로 하여 오류를 바로잡았

---

213) 洪皓는 洪適과 洪邁의 아버지로 이들 세 부자를 가리켜 '三洪'이라고 부르기도 한다. 洪適과 洪邁는 학문에도 뛰어나 형제 둘이 博學鴻詞科에 나란히 급제했다. 洪邁의 저서로는 ≪夷堅志≫가 있고, 洪適은 재상의 자리에까지 오른다. 洪皓는 金에 갔다가 사로잡힌 채 15년 동안 돌아오지 못했지만, 절개를 지켜 무사히 돌아올 수 있었다.

다. 작게는 事와 物을 나누고 情變을 다했다. 기이하지만 허황되지 않고, 옛 틀을 이어 받았지만 얽매이지는 않았다. 분별력이 있되 거짓됨은 없고 자랑하되 지나침은 없다. 증명함에 있어 근거가 없지 않고 넓게 그 근원을 찾아 상세하게 설명하였다"214)라고 극찬하고 明 嘉靖 十八年(1539)에 이 책을 간행하였다. 이 初刻本에는 간행자 李檗의 序文뿐 아니라, 저자 陳霆의 跋文215)이 있다. 간행본 외에도 현재 北京 國家圖書館에는 일본 天保 6年(1835)에 필사된 것으로 보이는 ≪兩山墨談≫ 일본 필사본 일부가 소장되어 있다. 그 이후 淸 道光 19年(1839) 三原 李錫齡이 惜陰軒에서 간행한 惜陰軒叢書本이 있는데, 이 刻本은 四冊으로 엮었으며, 初刻本에 있는 李檗의 序文과 함께 重刻者 李錫齡의 序文이 들어있다. 그 외에도 주요 판본으로는 淸 道光 26年(1846)刊本과 淸 光緖 14年(1888)刊本이 있고, 淸 光緖 22年(1896)刊本과 民國 年間 嘉業堂劉氏本 등이 남아 있다.

≪兩山墨談≫

  明 嘉靖 十八年(1539), 德淸知顯李檗刊, 刻本(善本), 1冊 [上海圖書館, 天津圖書館]

  日本 天保 六年(1835) 日本 필사본 10卷 [北京國家圖書館]

  淸 道光 十九年(1839), 三原李錫齡惜陰軒刊, 刻本, 18卷 4冊, 惜陰軒叢書本 [北京大學圖書館]

  淸 道光 二十六年(1846)刊, 宏道書院本 [臺灣大學圖書館]

  淸 光緖 十四年(1888)刊, 刻本, 3冊, 惜陰軒叢書本 [北京大學圖書館, 臺北國家圖書館]

  淸 光緖 二十二年(1896)刊, 長沙胡元堂, 刻本, 3冊, 惜陰軒叢書第十三函本

  民國(1912~1949) 年間刊, 嘉業堂劉氏, 刻本, 4冊, 吳興叢書本

  民國 五十八年(1969)刊, 臺灣藝文印書館, 影印本, 叢書集成初編本

---

214) 先生墨談之書. 大則根經據史. 訂疑考誤. 少則別事與物. 窮情盡變. 奇而匪浮. 襲而匪固. 辨而無誕. 炫而無畔. 證而無晦. 殆博求而詳說者也.

215) 予著墨談十八卷. 藏襲久矣. 邑侯雙崖先生雅尙文事. 因就予取閱. 旣徹偏. 則以書來曰. 是不可不傳也. 爰遂斥俸付之梓. 且命邑民沈懷. 調度其事. 工旣訖. 衆謂侯此擧. 蓋不欲以論衡自私之意. 而懷之率義. 亦宜得書. 因識之未簡. 嘉靖己亥春正月吉旦陳霆書.

≪兩山墨談記≫

與權齋老人筆記, 月河所聞集合刻 [臺灣中研院文哲所圖書館]

≪兩山墨談≫이 국내 유입되었다는 기록은 정확히 남아있지는 않지만, 국내에서 1575년에 출판된 판본이 남아있기 때문에 明 嘉靖 18年(1539)에 간행된 初刻本이 국내에 유입되어 그 판본을 底本으로 삼아 간행했을 것으로 보고 있다.

朝鮮 宣祖 8年(1575) 慶尙道 慶州官廳에서 간행한 ≪兩山墨談≫ 판본은 嘉靖 乙亥年(1539)에 陳霆이 쓴 跋文이 있으며, 당시 경학에 뛰어난 실력을 겸비했던 성균관 유생 崔起南(1559~1619)의 교정에 의해 편찬되었다. 당시 간행에 참여한 경상도 관찰사 尹根壽 등 28名의 이름이 책 뒤에 명기되어 있고 刊記가 분명한 貴重書로 희귀본으로 분류되어 있다. 啓明大學校에 소장되어 있는 1575년 慶州 간행 ≪兩山墨談≫은 完整本인데 刊記에는 다음과 같은 기록이 남아있다.

嘉善大夫慶尙道觀察使兼兵馬水軍節度使 尹根壽[216)
都事 崔滉[217)
通政大夫守慶州府尹慶州鎭兵馬節制使 朴承任[218)
中直大夫行慶州府判官慶州鎭節制都尉 元豪[219)
校正成均生員 金得基[220)
校正成均生員 崔起南[221)

---

216) 윤근수(1537~1616)는 조선 중기의 문신으로 본관은 海平 字는 子固, 號는 月汀. 掌苑 繼丁의 증손으로, 할아버지는 司勇 希林이고, 아버지는 軍資監正 忭이며, 어머니는 副司直 玄允明의 딸이다. 영의정 斗壽의 동생이다.

217) 최황(1529~1603)은 태어나면서 병이 많아 15세에 이르도록 글을 배우지 못했으나 글을 배우고 싶다 하여 李仲虎 문하로 가서 고작 한 줄 정도의 글을 배우고 부지런히 밤새도록 읽었는데, 이렇게 하기 3개월만에 文義가 급속히 진취하여 1566년 文科에 급제하면서 관직생활을 시작하였다.

218) 박승임(1517년~1586) 조선 중기의 문신·학자. 경상북도 영주 출신으로 본관은 나주, 字는 重甫, 號는 嘯皐. 아버지는 珩이며, 어머니는 禮安 金氏로 萬鎰의 딸이다. 李滉의 문인이다.

219) 원호(1533~1592) 조선 중기의 무신. 이탕개의 침입을 격퇴했고 임진왜란 때 여주 신륵사, 구미포에서 적을 무찔렀다.

220) 자세한 생평은 나와 있지 않다. 義城金氏族譜에 이름이 올라있다. 본관은 경주이고 宣祖 3년(1570) 庚午 式年試 생원 三等으로 합격했다.

221) 최기남(1559~1619) 조선 중기의 문신. 본관은 全州. 字는 興叔. 號는 晩谷·晩翁·養庵. 장사랑 命孫의 증손으로, 할아버지는 별제 業이고, 아버지는 증좌승지 秀俊이며, 어머니는 증

書寫定虜衛 朴道生[222)
書寫承訓郎 趙逐壁
都色 崔壽近
刻手 僧幸文 鄭泗 僧性湛 林潤富 金甫千 徐德龍 黃雲進
　　　鄭萬年 金春福 李仍邑金 金壽福 僧義全 崔千孫 僧性明
　　　僧哲玄 金順年 崔芮同 朴光 金老連 際
皇明萬曆三年歲在乙亥春慶州府開刊

위의 명단에서 알 수 있듯이 당시 경상도관찰사였던 尹根壽 외에 都事 崔滉과 병마절도사 朴承任, 절제도위였던 元豪 등이 ≪兩山墨談≫ 간행에 관여했다. 그리고 실질적인 판본 작업을 위해 책을 교정하는 작업은 당시 성균관 유생이었던 金得基와 崔起南 등이 일을 도왔고, 본격적으로 판을 제작함에 있어 글씨체를 제공한 사람은 당시 유명한 비문 등에 글을 남긴 朴道生과 趙逐壁 등이 書寫 작업을 담당했다. 都色은 崔壽近이 담당했고, 판을 짜고 글자를 새기는 일은 비교적 여러 사람이 나누어 작업을 했다. 刻手로는 승려 幸文, 鄭泗, 승려 性湛, 林潤富, 金甫千, 徐德龍, 黃雲進, 鄭萬年, 金春福, 李仍邑金, 金壽福, 승려 義全, 崔千孫, 승려 性明, 승려 哲玄, 金順年, 崔芮同, 朴光, 金老連 등 총 19명이 참여했는데, 승려만 해도 5명이나 된다. 이때 간행된 ≪兩山墨談≫은 일본에까지 전해졌다는 기록까지 남아있다.[223) 뿐만 아니라 많은 문인들의 사랑을 받아 여러 문집에 인용되기도 하였다. 조선 중기의 학자 李墍(1522~1600)의 ≪松窩雜說≫에 나와 있는 ≪兩山墨談≫에 대한 기록[224), 鄭逑(1543~1620)가 ≪寒岡集≫ 속집 제7권 書 〈孫景徵에게 보냄〉에서 이 작품을 빌려달라는 서신을 孫景徵에게 보내

　　　호조참의 南尙質의 딸이다. 成渾의 문인이다.
222) 박도생 : 글씨체가 뛰어났으며 경상남도 문화재자료 제392호 〈松溪申季誠閭表碑〉를 쓴 것으로 유명하다.
223) 천혜봉, ≪일본 봉좌문고 한국전적≫, 지식산업사, 2003. 참조.
224) 李墍의 ≪松窩雜說≫: 한국고전종합 DB http://db.itkc.or.kr/
　　　……나라 풍속에 大便과 小便을 大馬·小馬라 한다. 나는 이 말이 무슨 일과 관련된 것이며, 어느 때에 나온 것인지 몰랐다. 그런데 우연히 ≪兩山墨談≫을 열람하다가, '貴嬪의 집에서 오줌 그릇을 만들 때에, 복판은 비게 하고 말 모양같이 굽게 한다. 등 위에 구멍이 있고 그 등에 걸터앉아서 변을 보는데 이것을 "獸子"라 한다.'라는 것을 보았다. 그것을 본 다음에야 비로소 그 말이 중국에서 나온 것임을 알았고, 똥을 누면서 馬 본다는 것도 또한 의심이 없었다. 우리 나라에서 '馬腰(마렵다는 말)'라고 하는 것도 또한 '수자'와 관련해서 한 말이었다.

第4章 明代 作品目錄과 解題 271

는 기록225) 등, 金時讓(1581~1643)의 《紫海筆談》226)에서도 인용된 흔적을 찾을 수 있다. 그 외에도 李德懋(1741~1793)의 《靑莊館全書》盎葉記二〈臣瓚〉227)와 李圭景의 《五洲衍文長箋散稿》, 朴趾源(1737~1805)의 《熱河日記》〈渡江錄〉228)와 〈銅蘭涉筆〉229)에도 《兩山墨談》의 내용을 인용한 문구들이 남아있다.

국내 소장된 《兩山墨談》판본은 크게 韓國版本과 中國版本 두 가지로 구분 할 수 있다. 첫째는 앞에서 살펴본 宣祖 8年(1575)에 慶州에서 간행된 木版本으로 國立中央圖書館과 啓明大學校, 京畿大學校, 高麗大學校 등에 소장되어 있고, 두 번째는 東國大學校에 소장되어 있는 中國木版本이다. 國立中央圖書館과 啓明大學校, 京畿

---

225) 《寒岡集》속집 제7권 書〈孫景徵에게 보냄〉: 한국고전종합 DB http://db.itkc.or.kr/
……내가 병중에 우연히 《兩山墨談》을 훑어보고 싶은 생각이 있어 사방으로 구해 보았으나 얻지 못하다가 어제서야 비로소 그대의 책상 위에 그 책이 있다는 말을 듣고 기쁘기 그지없었네. 이에 빌려 달라고 간청하는 바이니, 혹시 나에게 좀 빌려 주지 않으려는가? 한번 만나 볼 길이 막연하기에 종이를 마주 대하고 이 글을 쓰노라니 그리움이 더욱 간절하네.

226) 근래에 陳霆의 《兩山墨談》을 보니, 嬴氏를 呂氏로 바꾸고 馬씨를 牛씨로 바꾼 일을 논하여 말하기를, "邯鄲 美姬의 일은 애매하고, 馬牛의 일은 의혹스럽다."하였다. 중국 문헌의 논의가 적은 나라의 좁은 소견과 같을 줄이야 누가 알았으랴? 그런 까닭에 군자는 거슬러 올라가 옛날 어진이를 벗으로 삼는 것이다. ……《兩山墨談》에, 司馬公이 《通鑑》을 짓는데, 唐太宗의 시대를 기술할 때가 되자 홀연히 누른빛 도포를 입은 사람이 앞에 나타나서 말하기를, "바라건대 선생께서는 잘 써 주십시오." 라고 하였다. 공이 그가 황제인 것을 알고 꿇어 앉아 말하기를, "폐하께서는 惡德이 많습니다. 신의 머리는 벨 수 있지만 붓은 빼앗을 수 없을 것입니다." 하니, 드디어 보이지 않았다는 것이다. 이것은 제나라 동쪽 야인의 허황된 이야기이다.……

227) 《兩山墨談》에 이렇게 되어 있다."신찬이라는 자는 옛사람들이 누구인지 모른다고 하였다. 지금 상고하건대, 晉 나라 中書監 和嶠가 명을 받고 《목천자전》5권을 교정하였는데, 찬은 그의 校書官屬인 郎中 傅瓚이다. 후세 사람이 그의 설을 취하여 《한서》를 풀이하였기 때문에 신찬의 註가 생긴 것이다."

228) 《兩山墨談》 에는, "淮水 이북은 北條(북쪽 가닥)라 일컬어서 모든 물이 황하로 모여들므로 강으로 이름 지은 것이 없는데, 다만 북으로 고려에 있는 것을 압록강이라 부른다."하였으니, 대체 이 강은 천하에 큰 물로서 그 발원하는 곳이 시방 한창 가무는지 장마인지 천 리 밖에서 예측하기 어려웠으나, 이제 이 강물이 이렇듯 넘쳐흐름을 보아 저 백두산의 장마를 가히 짐작할 수 있겠다.……

229) ……《兩山墨談》에 이르기를, "長淮는 남북의 큰 한계가 되는데, 장회 이북은 北條가 되어 모든 물은 황하를 조종으로 삼고 있으므로 '江'이란 이름을 붙인 물은 없고, 장회 남쪽은 南條가 되어 모든 물은 大江(양자강)을 조종으로 삼고 있으므로 '河'라는 이름을 붙인 물은 없다. 두 가닥 물 이외에 북으로 고려에 있는 물은 混同江・압록강이라 하고, 남으로 蠻詔에 있는 물은 大渡河라고 하는데, 그것은 禹의 치수 사업 중에 들지 않았다." 하였으나, 나는 이 말들을 옳지 않다고 생각한다. 강과 河는 맑고 흐린 것으로 구별한 것이니, 내가 압록강을 건널 때 강 넓이는 漢江보다 넓은 것이 없으나, 물이 맑기는 한강에 비할 만했다.……

大學校, 高麗大學校 등에 소장되어 있는 국내 출판 ≪兩山墨談≫본은 비록 전체 책 크기는 다르지만 판의 크기가 거의 비슷하고 글자 수도 9行 18字로 일치하고 있어 1575년에 간행된 같은 판본일 것으로 추정하고 있다. 高麗大學校 소장본도 비록 총 18卷 중에서 卷之十부터 卷之十三까지 1冊만이 남아있지만, 판심에 역시 '墨談'이라고 찍혀있고 종이질도 楮紙로 되어있어 宣祖 8年(1575)에 경상도 慶州에서 같이 간행되었던 판본이 확실해 보인다. 그 외 東國大學校에 소장되어 있는 판본은 光緖 22年(1896) 中國에서 간행된 木版本으로 국내에서 간행된 판본에 비해 300여년 후에 출판된 판본이다.[230]

書名	出版事項	版式狀況	一般事項	所藏處/所藏番號
兩山墨談	陳霆(明)撰, 李檗 編, 崔起南…等校正, 慶州, 慶州府, 宣祖8年(1575)	13卷3冊(全18卷4冊), 木版本, 33.4×20.8㎝, 四周雙邊, 半郭: 21.6×15.2㎝, 有界, 9行18字, 註雙行, 內向黑魚尾, 紙質: 楮紙	版心題: 墨談, 序題: 刻兩山墨談, 序文: 行書筆寫體大字, 跋: 嘉靖己亥(1539)…陳霆(明), 刊記: 皇明萬曆三年歲在乙亥(1575) 春慶州府開刊 手書刻序: 嘉靖己亥(1539) …李檗(明)	國立中央圖書館 BA3638-39
兩山墨談	陳霆(明), 慶尙道, 慶州府, 宣祖8年(1575)	18卷4冊, 木版本, 24.2×20.9㎝, 四周雙邊, 半郭: 21.6×15㎝, 有界, 9行18字, 內向黑魚尾	刊記: 皇明萬曆三年歲在乙亥(1575)春慶州府開刊 序: 嘉靖己亥(1539)…/李檗	啓明大學校 812.8-진정○
兩山墨談	陳霆 撰, 宣祖8年(1575)刊	9卷2冊(缺帙), 木版本, 32×20.1㎝, 四周雙邊, 半郭: 20.9×15㎝, 有界, 9行18字, 上下內向黑魚尾	版心題: 墨談, 刊記: 皇明萬曆三年歲在乙亥(1575) 春慶州府開刊	京畿大學校 경기-K120798-4 卷6-10,15-18
兩山墨談	陳霆(明)撰	4卷1冊(缺帙), 木版本, 29×19㎝, 四周雙邊, 半郭: 21.5×15.1㎝, 有界, 9行18字, 內向黑魚尾		高麗大學校 만송귀-309-10-13 卷10-13
兩山墨談	陳霆(明)著, 李錫齡(淸)校刊, 長沙, 惜陰軒, 光緖22年(1896)	18卷3冊, 中國木版本, 24.1×15㎝, 四周單邊, 半郭: 17.8×12.1㎝, 有界, 10行22字, 註雙行, 上下中黑口, 上內向黑魚尾, 紙質: 竹紙	惜陰軒叢書, 序: 嘉靖己亥(1539) 歲仲春…李檗(明)拜書, 道光己亥(1839)仲春…李錫齡(淸) 識於惜陰軒, 跋: 嘉靖己亥(1539) 春正月吉旦陳霆(明)書, 刊記: 光緖丙申(1896) 七月重刊於長沙	東國大學校 도전D819.35 진73○

---

230) 유희준·민관동, 〈兩山墨談의 국내 출판과 수용양상〉, ≪中國語文論譯叢刊≫ 제32집, 2013, 참조.

書名	出版事項	版式狀況	一般事項	所藏處/所藏番號
兩山墨談	陳霆 著,	18卷4册, 朝鮮木版本, 32.1×20.6cm, 西周單邊, 半郭: 21.8×15.3cm, 有界, 10行20字, 大黑口, 上下內向黑魚尾, 線裝, 紙質: 楮紙	刊記: 皇明萬曆三年藏在乙亥春慶州府開刊, 序: 刻兩山墨談水南先生…嘉靖己亥(1539)藏仲春之右 賜進 士知德淸縣事…李檗拜書 印: 玉山書院(墨印), 玉山書院(朱印)	玉山書院(慶州)01-0745~0748
兩山墨談	陳霆(明)著	8卷4册, 朝鮮木版本, 32.5×20.4cm, 西周單邊, 半郭: 22.3×15.3cm, 有界, 9行18字, 註雙行, 上下內向黑魚尾, 線裝, 紙質: 楮紙	嘉靖己亥(1539)藏仲春之吉賜進士…李檗拜書	玉山書院(慶州)01-1230~1233

25. 花陣綺言

≪花陣綺言≫은 12卷12册으로 된 叢書로 7種의 문언소설을 수록하고 있다. 책 머리에 '仙隱石公編次'라고 되어 있는데 '仙隱石公'은 袁宏道를 말한다. 또한 〈花陣綺言題詞〉가 있고 "楚人袁宏道題"라고 기록되어 있다. 卷1에는 '楚江仙叟石公纂輯' '吳門翰史茂生評選'이라 되어 있으며 卷2부터는 '仙叟'·'仙隱'이라고 되어있다. '仙隱石公'은 袁宏道를 말하는 것이기 때문에 기록대로라면 편집자는 袁宏道로 보아야 한다.

수록된 7種의 문언소설은 1卷 ≪三奇合傳≫, 2卷·3卷 ≪花神三妙≫(上下), 4卷·5卷 ≪天緣奇遇≫(上下), 6卷·7卷 ≪鍾情麗集≫(上下), 8卷 ≪嬌紅雙美≫, 9卷·10卷 ≪金谷懷春≫, 11卷·12卷 ≪覓蓮記≫(上下) 등이 있다.

袁宏道의 字는 中郎, 號 石公으로 湖北省 公安縣 사람이다. 형 宗道, 동생 中道와 함께 '三袁'으로 일컬어지며, 출신지 이름을 따서 '公安派'로 불린다. 25세 때 進士에 급제하여 吳縣의 知縣이 되었으며, 그 후 國子監助教·禮部儀制司主事·吏部稽勳侍郎을 역임하였다. 古文辭派에 의한 擬古運動에 반대해 詩의 眞髓는 개성의 자유로운 발로이며 격조에 얽매여서는 안 된다고 주장했다

≪日本東京所見中國小說書目≫에 수록된 ≪新刻鍾情麗集≫의 내용을 참고하면 ≪鍾情麗集≫은 이미 1487년에 지어진 것이라고 되어있다. ≪天緣奇遇≫(上下), ≪花神三妙≫(上下), ≪三奇合傳≫ 등의 작품은 비록 작가에 대한 언급은 없지만, 이 작

품들이 ≪覓蓮記≫(上下)에서 거론되고 있는 것을 보아 萬曆 15年(1587)에 편찬된 ≪國色天香≫보다는 늦지 않다고 보아야 한다. 이 문언소설들은 ≪剪燈新話≫의 傳奇적인 특징을 계승하고 발전시켰다는 평가를 받고 있는데, 어떤 작품은 ≪剪燈新話≫보다 더 추상적이고 대담하게 묘사하여 明末 擬話本에 가깝다는 평가도 받는다. 결국 明 前期의 傳奇와 明末 擬話本의 중간 단계에 있다고 볼 수 있다.[231]

국내 유입된 기록은 정확히 추정할 수 없지만 國立中央圖書에 袁宏道의 序文이 있는 木版本이 소장되어 있다.

書名	出版事項	版式狀況	一般事項	所藏處/所藏番號
花陣綺言	儂叟石公(明)編, 翰史茂生(明)評撰	12卷12冊, 木版本, 22.9×15.4cm	序: 袁宏道, 內容: 卷1-三奇合傳, 2~3-花神三妙, 4~5-天緣奇遇, 卷6~7-鍾情麗集, 8~9-金谷懷春, 10~11- 覓蓮雅, 12-嬌紅記	國立中央圖書館 [古]5-80-35

26. 情史

≪情史≫는 明代 文言小說叢抄로 馮夢龍(1575~1645)이 엮은 것으로 추정된다. ≪千頃堂書目≫ 小說類에 24권이 저록되어 있다. 현존하는 가장 오래된 판본은 明末 東溪堂刻本인데, 내용이 비교적 완정하고 글자도 깨끗하고 오탈자도 적어 최고의 선본으로 꼽힌다. ≪情史類略≫·≪情天寶鑒≫이라고도 하며, 책 앞부분에 "詹詹外史評輯", "東溪堂藏版", "馮夢龍先生原本"이라고 되어있다. 馮夢龍[232]을 가리키는 龍子猶의 〈情史序〉와 詹詹外史의 序가 있는데, 글의 상태로 봐서 동일인은 아닐 것으로 보고 있다. 이 외에도 嘉慶 14年(1809) 刊本과 淸 芥子園 刊本, 淸 道光 28年(1848) 三讓堂과 經國堂 刊本, 光緖 20年(1894) 上海 石印本, 淸 平妖堂 刻本, 民國年間 上海 會文堂書局에서 간행한 排印本 등이 있다.[233]

백광준의 奎章閣 해제에서 馮夢龍의 序文을 번역해 놓았는데 그 내용을 보면 "六經

---

231) ≪花陣綺言≫, 上海古籍出版社, 1974. 前言을 참조.
232) 馮夢龍에 관해서는 앞의 ≪智囊補≫의 해제를 참조하기 바란다.
233) 寧稼雨, ≪中國文言小說總目提要≫, 齊魯書社, 1996, 284쪽.

은 모두 감정으로 가르치는 것이다…이 책의 분류와 저술, 편집, 해학은 평범하지 않다. 비록 내용이 오로지 남녀문제만을 다루어 雅正하지는 않지만, 이야기의 흐름은 情으로 귀납된다. 잘 읽는 사람은 감정을 넓힐 수 있을 것이고, 잘 읽지 못한 자 또한 욕망을 자극하는 데 이르지는 않을 것이다…감정의 가르침을 세워 뭇 중생을 계도하고자 한다"라고 밝히고 있다. ≪情史≫의 내용은 馮夢龍이 역대 필기와 소설, 사전 및 기타 책에서 남녀 간의 사랑에 관련된 이야기를 뽑아 정리하여 만든 것이다. 夏·殷·周로부터 明代에 이르기 까지 수천 년의 노예사회, 봉건사회 속의 남녀 간의 감정에 얽힌 각양각색의 이야기를 모아 수록하였다. 작가는 고금의 감정을 분류하고 배열하여, 순결하고 곧은 고상한 정조를 동정, 찬미하고, 추악하고 저질스러운 용속한 기질을 비판하고 책망함으로써 당시의 부패하고 냉혹한 현실을 바꾸고자 한 것이다.234)

≪情史≫의 국내 유입에 대해서는 池圭植의 ≪荷齋日記≫235)에 보인다. ≪荷齋日記≫는 궁궐과 관청에 각종 그릇을 납품하는 貢人이었던 지규식이 高宗 28年(1891)부터 1911년까지 20여 년간에 걸쳐 쓴 일기로, 〈癸巳甲午陰晴(계사년(1893) 10월) 15일〉에 지규식이 ≪情史≫중에서 볼만한 것을 직접 한글로 필사했다는 대목이 나온다.

> 아침에 비가 오고 저녁에 갬.
> 助哀稧에서 18냥 4전씩 각각 거두어 변주국에게 齋를 치러 주었다. 여주 도곡 林敬海가 水土船 편에 正租 1석을 내려 보내고 편지하였다. 뱃삯 5냥을 주었다. 밤에 춘헌에 가서 정담을 나누고 돌아왔다. ≪情史≫ 중에서 볼 만한 것을 한글로 베꼈다.236)

이 기록에 의하면 1800년대 중반에 국내에 ≪情史≫가 유입이 되었을 것이고, 비록 현재까지는 발견되지 않았지만 지규식이 필사한 한글 번역본이 어디엔가 남아있을 것이다. 하지만 국내 소장된 판본들을 보면 한글 번역 필사본을 비롯해 明代 간행된 판본조차 남아있지 않고, 지금까지는 清代 嘉慶本과 道光本이 국내 소장된 판본 중에서 가장 이른 판본이다. 그 외에 판본들은 삽화를 넣어 간행한 木版本과 石印本들로 清末에

---

234) 백광준의 규장각 해제 참조. 서울대학교 규장각한국학연구원 http://e-kyujanggak.snu.ac.kr/ 인용.
235) 이 책의 국역 대본인 ≪하재일기≫는 서울大 奎章閣에 소장되어 있으며, 도서번호는 '고 4655-44'로, 전 9책 가운데 제4책(1895. 1월~1896. 8월)이 번역·탈초되어 원문과 함께 수록되어 있음.
236) 池圭植의 ≪荷齋日記≫: 한국고전종합 DB http://db.itkc.or.kr/ 참조.

간행된 것들이다.

書名	出版事項	版式狀況	一般事項	所藏處/所藏番號
情史	詹詹外史(明)評輯, 經綸堂, 道光28年(1848)	13卷6冊, 中國木版本, 16.1×11.2cm	卷頭書名: 情史類畧, 序: 龍子猶, 印: 集玉齋, 帝室圖書之章	서울大 奎章閣 [奎중]5887
情史	馮夢龍偏	24卷6冊, 石印本		박재연
情史類略	著者未詳, 嘉慶14(1809)	零本7冊(所藏本中卷之一~四, 七~十一, 十九~二十의 7冊以外缺, 全24卷12冊中), 中國木版本, 17.2×10.6cm, 四周單邊, 11行24字, 半郭: 12×9.2cm, 無界, 白口·上黑魚尾	版心書名: 情史, 標題紙刊記: 嘉慶己巳(1809)年鐫	海軍士官學校 [중]173
情史類略	馮猶龍原本, 詹詹外史(明)評輯, 中國(淸代)刊	22卷11冊(卷1~7, 10~24), 中國木版本, 有圖, 24.4×15.5cm, 上下單邊, 左右雙邊, 半郭: 19.4×14.5cm, 有界, 11行24字, 上下向黑魚尾, 紙質: 竹紙	表題: 情史, 版首題: 情史, 版尾題: 情蹟, 序: 江南詹詹外史述, 所藏印: 趙文和章, 玄問, 內容: 情貞類~情蹟類	淸州大學校
情史類略	詹詹外史(明)評輯, 淸板本	13卷6冊(零本, 卷9,14~24 (8冊)), 中國木版本, 23.6×15.2cm	印: 顧?藏, 帝室圖書之章	서울大 奎章閣 [奎중]4304
情史類略	詹詹外史(明)撰, 淸朝年間刻 後刷	1卷1冊(卷19), 中國木版本, 23.7×15.5cm, 左右雙邊, 半郭: 19.2×13.9cm, 有界, 11行24字, 頭註, 上黑魚尾, 紙質: 竹紙	版心題: 情史	成均館大學校 D7C-168
繪圖 情史	詹詹外史(明)評輯, 北京, 自强書局, 淸宣統1(1909)刊	24卷6冊, 中國石印本, 20.3×13.4cm, 四周單邊, 半郭: 17.1×11.5cm, 行字數不定, 頭註, 紙質: 竹紙	刊記: 宣統元年(1909) 莫春北京自强書局石印	成均館大學校 (曺元錫) D7C-182
繪圖 情史	詹詹外史(明)評輯, 刊寫地未詳, 刊寫者未詳, 宣統1(1909)	5卷1冊(卷9-13, 缺帙), 20×13cm, 四周雙邊, 半郭: 17×11.6cm, 無界, 23行48字, 上下向黑魚尾	上欄外에 小字頭註 있음	東亞大學校 (3):12:2-71
繪圖 情史	著者未詳, 上海, 上海書局, 1911	24卷6冊, 1函6冊(布匣本), 1-6(卷1-24), 中國石印本, 有圖, 20.2×13.4cm, 四周雙邊, 半郭: 16.3×11.2cm, 無界, 上下向黑	書名: 卷首題, 序題: 情史序, 版心題: 繪圖情史, 表題: 繪圖情史, 序: 吳人龍子猶敍, 本文이 漢文으로 된 資料, 卷首刊記: 中華民國元年 上海書局石印	東國大學校(경주) D912.0094-회25 v.1-v.6

書名	出版事項	版式狀況	一般事項	所藏處/所藏番號
繪圖情史	馮夢龍(明)編, 上海, 上海書局, 中華元年(1912)	全4卷6冊(卷1-24), 中國石印本, 有圖, 20.3×13.4cm, 四周雙邊, 半郭: 16.7×11.3cm, 無界, 21行43字, 上內向黑魚尾	序: 吳人 龍子猶, 內容: 目錄 -- 情貞類 -- 情緣類 -- 情私類, 刊記: 中華民國元年 上海書局 印行	漢陽大學校 812.36-풍446ㅎ-v.1, 3~6
繪圖情史	龍子猶(吳)編, 民國1年(1912)	1冊(所藏: 冊6, 全24卷 6冊), 中國石印本, 20.1×13cm	內容: 卷21, 情妖類, 卷22, 情外類, 卷23, 情通類, 卷24, 情蹟類	國會圖書館 [古]812.3 ㅎ275
繪圖情史	龍子猶編, 上海, 上海書局, 中華1年(1912)刊	24卷6冊, 中國石印本, 有圖, 20.3×13.4cm, 四周雙邊, 半郭: 16.7×11.5cm, 無界, 21行43字, 頭註, 上黑魚尾, 紙質: 竹紙	刊記: 中華民國元年(1912) 上海書局石印	成均館大學校 D7C-121
繪圖情史	龍子猶(?)編, 上海, 上海書局, 民國1年(1912)	2卷1冊(全24卷, 卷1-2), 20.1×13.4cm, 四周雙邊, 半郭: 16.3×11.3cm, 無界, 21行43字, 上下向黑魚尾	序: 吳人龍子猶敍, 印記: 中華民國元年 (1912) 上海書局石印	東亞大學校 (3):12:2-92
繪圖情史	詹詹外史(明)評輯, 刊寫地未詳, 刊寫者未詳, 刊寫年未詳	11卷3冊(卷14-24, 缺帙), 19.9×13cm, 四周雙邊, 半郭: 16.9×11.5cm, 無界, 23行48字, 上下向黑魚尾	上欄外에 小字頭註 있음	東亞大學校 (3):12:2-83
會圖情史		24卷6冊, 中國板, 20.2×13cm, 四周雙邊, 半郭: 17.4×11.8cm, 23行48字, 白口, 上下向黑魚尾	漢文, 行草書, 序: 吳人 龍子猶	아주신씨 인재파 전암후손가. 韓國國學振興院 수탁 KS0236-1-02-00079
新編評點古今情史類纂	編者未詳, 新小說社, 淸朝末~中華初刊	2卷1冊(卷1~2), 中國石印本, 20.5×13.6cm, 四周雙邊, 半郭: 17.2×11.8cm, 有界, 19行42字, 上黑魚尾, 紙質: 竹紙	刊記: 新小說社印行	成均館大學校 D7C-158

27. 太平淸話

≪太平淸話≫은 明代 雜俎 小說集으로 陳繼儒(1558~1639)가 편찬했다. ≪千頃堂書目≫ 雜家類에 4卷이 著錄되어 있고, ≪四庫全書總目≫에는 小說類에 들어있다. 현재는 ≪寶顔堂秘笈≫本에 있고, ≪眉公十種藏書≫本과 ≪說庫≫本에 2卷이 들어있다. 4卷本과 2卷本은 차이가 좀 나고 順序도 같지 않다. 4卷本은 序頭에 張韜文과 陳繼儒 序文이 있는데, 2卷本에는 張韜文 서문이 없고, 오히려 뒤에 4卷本에 없는

陳繼儒의 跋文이 있다. 4卷本의 序文은 萬曆 乙亥年(1595)에 쓴 것으로 되어 있는데 이때를 成書 시기로도 볼 수 있다. 이때 여러 각지에서 농민봉기가 일어났고, 작가는 외진 곳에 은거하며 태평성세의 귀중함을 생각하게 되어 '太平淸話'라 이름 하였다고 한다.237)

陳繼儒는 字가 仲醇, 號가 眉公으로 江蘇省 華亭에서 출생하였다. 어려서부터 글재주가 뛰어났는데, 29세 때 의관을 태워 버리고 官途의 뜻을 포기한 뒤, 崑山 남쪽에서 은거하면서 82세로 생을 마칠 때까지 풍류와 자유로운 문필생활로 일생을 보냈다. 저서로는 ≪寶顔堂秘笈≫과 ≪眉公全集≫이 있다.

국내 유입 기록은 우선 許筠(1569~1618)의 ≪惺所覆瓿藁≫〈한정록〉 제12권 〈靜業〉에 다음과 같은 인용문이 있다.

> 古帖을 두루 찾아 책상 위에 놓으면 다섯 가지 좋은 점이 있다. 긴 해를 소일하고 속된 마음을 없앨 수 있는 것이 그 하나요, 六書와 字劃法을 분별할 수 있는 것이 둘째요, 고인의 奇字를 많이 아는 것이 셋째요, 先賢의 風流와 韻致가 눈앞에 선하게 보이고, 그들의 遺行이나 逸籍, 그리고 그들의 交遊 관계와 宅墓를 알 수 있는 것이 넷째요, 책상에 매달려 앉아 날마다 머리를 모아 공부하지 않아도 고첩을 통하여 저절로 점진적으로 공부가 되는 것이 다섯째의 좋은 점이다. ≪太平淸話≫238)

그 외에도 李圭景(1788~1856)의 ≪五洲衍文長箋散稿≫〈釋典總說-釋敎・梵書・佛經에 대한 辨證說〉, 李德懋(1741~1793)의 ≪靑莊館全書≫제59권 〈盎葉記六〉, 韓致奫(1765~1814)의 ≪海東繹史≫〈해동역사 인용 서목〉과 제26권 〈物産志〉, 제42권・제49권 〈藝文志〉 등에서도 ≪太平淸話≫가 인용되었다. 때문에 국내 유입 시기는 늦어도 17세기 전반으로 볼 수 있다.

국내 소장된 판본은 서울大 奎章閣에 표제 '眉公秘笈'이라고 되어있는 ≪尙白齋鐫陳眉公訂正秘笈≫本으로 제72책에 ≪太平淸話≫2卷이 들어있다.

---

237) 寧稼雨, ≪中國文言小說總目提要≫, 齊魯書社, 1996, 272쪽.
238) 許筠의 ≪惺所覆瓿藁≫〈한정록〉 제12권 〈靜業〉 : 한국고전종합 DB http://db.itkc.or.kr/

書 名	出 版 事 項	版 式 狀 況	一 般 事 項	所藏處/所藏番號
太平淸話(眉公秘笈)	陳繼儒(明)編, 萬曆34년(1606)	69冊(零本), 木版本, 24.4×14.9㎝, 四周單邊, 半郭: 20.4×12.5㎝, 有界, 8行18字, 上黑魚尾(不同)	≪尙白齋鑴陳眉公訂正秘笈≫表紙書名: 眉公秘笈. 序: 麟叔祥[萬曆]丙午(1606)…陳萬言, 〈第72冊-太平淸話 2卷〉	서울大 奎章閣 4332 冊40-74

28. 林居漫錄

≪林居漫錄≫은 明代 雜俎小說集으로 伍袁萃가 편찬했다. ≪四庫全書總目提要≫ 小說家類에 前集 6권, 畸集 5권이 著錄되어 있는데, 北京圖書館에 소장되어 있는 萬曆 刻本은 前集 6권, 別集 9권, 畸集 5권, 多集 6권으로 나누어져 있다. "五吳松菊主人伍袁萃撰"이라고 되어 있으며 萬曆 35年(1607) 自序와 萬曆 36年에 쓴 跋文이 있다. 또한 臺灣 偉文圖書出版社에 ≪淸代禁毀書叢刊≫本이 있는데, 臺灣 中央圖書館에 소장된 萬曆刊本을 영인한 것으로 北京圖書館에 소장된 판본과 일치한다.

伍袁萃는 字 聖起, 號 寧方으로 吳縣(지금의 江蘇) 사람이다. 생졸년은 확실하지 않지만, 萬曆 庚辰年(1580)에 進士가 되어 廣東海北道 按察司副使까지 올랐다. ≪林居漫錄≫ 이외에도 ≪彈園雜志≫가 있다. ≪林居漫錄≫에서는 明初에서 明 中葉까지의 사회문제와 폐단을 고발하고 있기 때문에 因果應報의 색채가 두드러지는 소설 작품들이 많이 들어있다.

국내 유입과 관련해서는 許筠(1569~1618)이 북경에 사신으로 다녀오면서 사온 것으로 추정된다. 許筠은 1614년(46세) 2월에 호조참의가 되고 천추사가 되어 중국에 갔다가 오는 길에 ≪太平廣記≫를 포함하여 많은 책을 사왔다. 하지만 許筠은 광해군에게 ≪林居漫錄≫에 조선 왕실의 종계가 잘못 기록되어 있다고 알리게 된다. 놀란 광해군은 허균에게 북경에 가서 잘못된 부분을 바로 잡아줄 것을 명하게 된다. 그 다음해 1615년(47세) 2월에 허균은 승문원 부제조가 되어, 왕의 명으로 중국에 다녀와 가져온 ≪林居漫錄≫과 네 가지 종류의 책을 올렸다고 한다. 그러나 이 때 허균은 많은 금은보화를 가지고 중국을 갔다 온 듯 위장한 후 중간에서 양쪽 나라에서 사용하는 문서의 도장을 위조하여 찍고 중국어를 잘하는 현응민을 시켜 ≪林居漫錄≫을 쓰게 하여 광해군에게 올렸다고 한다. 광해군은 크게 기뻐하며 허균에게 그 공을 치하했지만, 原任

沈喜壽라는 사람이 허균의 속임수를 눈치채고 이를 이상히 여겨 의심하다가 오히려 沈喜壽 자신이 관직을 잃게 되는 결과를 낳게 된다. 허균의 ≪惺所覆瓿藁≫〈한정록〉제4권〈退休〉239), 제7권〈崇儉〉240)에 ≪林居漫錄≫의 내용을 인용한 부분이 나오고, 문서를 위조하고 沈喜壽를 관직에서 쫓겨나게 만든 일에 관한 기록은 趙慶男의 ≪續雜錄≫과 ≪光海朝日記≫〈丁巳年(1617)에서 戊午年(1618) 정월까지〉, 李肯翊의 ≪燃藜室記述≫제21권〈廢主光海君故事本末-許筠이 사형 받다〉에서 볼 수 있다.241) 이런 기록들로 보면 ≪林居漫錄≫은 적어도 16세기 말에서 17세기 초에는 국내에 유입되었을 것이다.

하지만 국내 남아있는 판본을 살펴보면, 허균이 사가지고 들어온 판본은 이미 유실되었고, 조선 후기에 필사한 것으로 보이는 筆寫本만 고려대학교에 소장되어 있다.

---

239) 옛사람이 지은 小詞에, "금으로 만든 완구가 가득한 좋은 집이거나 대나무로 울타리를 한 초라한 띳집이거나 이 모든 것에 無心해야 한다. 處士가 진실로 무심으로 세상에 응한다면, 쓰여져 높은 벼슬에 오르거나 버려져 초야에 은거하거나 간에 어딜 간들 유유자적하지 않겠는가. 그러나 만에 하나라도 有心하다면 빈천은 말할 것도 없고 극도의 부귀를 누린다 해도 유유자적할 수 없는 것이다." 했다.(한국고전종합 DB http://db.itkc.or.kr/ 참조)

240) 搢紳의 집에는, 婢妾이 많기 때문에 女色을 탐하기에는 족하나 수명의 원천을 기르는 데는 부족하고, 노복이 많기 때문에 위엄을 부리기에는 족하나 安靜한 복을 끼쳐 주기에는 부족하고, 田宅이 많으니 사치함을 과시하기에는 족하나 권세가에게 침탈을 받아 자손이 패몰하는 화를 막기에는 부족하다. 이 때문에 武侯(諸葛亮)의 부인은 추물이었고, 荊公(王安石의 봉호)의 나귀는 절름발이였으며, 蕭相國(蕭何)은 담장과 가옥을 치장하지 않았으니 여러 선배 哲人들에게 質正하면 법 받을 것 아님이 없다. 여러 군자들이여 어찌하여 이를 따르지 않는가. ≪林居漫錄≫(한국고전종합 DB http://db.itkc.or.kr/ 참조)

241) 형조 판서 허균이 나라를 해칠 마음을 품고 먼저 공을 세워, 나라의 권세를 휘어잡으려고 언제나 근거 없는 말을 지어내어 왕실이 전복되도록 했다. 이때에 京師(북경)에서 돌아와 말하기를, "中原에 ≪林居漫錄≫이란 책이 있는데, 王室의 宗系가 잘못 기록되어 있어 지금까지도 고쳐지지 않았습니다." 했다. 光海가 듣고 놀라서 의혹에 싸여 즉시 역적 허균으로 하여금 가서 고치도록 하였다. 역적 허균은 금은 보화를 많이 싣고 갔다 온 것처럼 하고 저쪽과 이쪽 임금이 사용하는 문서에 도장을 위조하여 찍고 황제의 결정을 얻었다고 보고했다. 이에 광해는 곧 경사라고 크게 사면령을 내리고, 增廣科를 실시하였다. 모든 관원들이 조정에서 치하하여 '敍倫立紀明誠光烈'이라고 존호를 올렸다. 原任 沈喜壽는 역적들의 정상을 알고, 동료에게 이르기를, "지난날 기축년에 이미 다 밝히고 씻었는데, 오늘 또 무슨 잘못을 고친다는 것인지 모르겠소." 하였다.… (한국고전종합 DB http://db.itkc.or.kr/ 참조)

第4章 明代 作品目錄과 解題 281

書名	出版事項	版式狀況	一般事項	所藏處/所藏番號
林居漫錄	朝鮮朝末期	1冊, 筆寫本, 30×18.6㎝, 無界, 10行24字, 無魚尾	書名: 表題임	高麗大學校 만송D1-A2008

29. 癡婆子傳

≪癡婆子傳≫은 明代 中期의 소설로 芙蓉主人이 편찬했다. 책 서두에 乾隆甲申(1764) 排浪月의 서문이 있는데, 아마도 책이 간행된 시기인 것 같다. 작가 芙蓉主人이 누구인지는 고증되지 않았지만 胡令毅는 〈≪癡婆子傳≫的作者問題〉라는 논문에서 芙蓉主人과 책 속의 여자 주인공을 비교하면서 작가는 분명 여성일 것이라고 주장하기도 했다.[242]

明代 禁書 중 하나로 阿娜라는 여인의 일을 다루었다. 작가가 70세가 된 阿娜를 찾아가 그녀의 지난 일을 듣는 것으로부터 이야기는 시작된다. 阿娜가 한창 性에 대해 관심이 생길 10대 무렵 이웃집 젊은 부인에게 남녀 간의 은밀한 情慾의 세계와 행위의 방법 등에 관한 이야기를 상세히 듣게 된다. 그녀는 곧 그것을 사촌 동생과 실행에 옮기면서 慾情의 여인으로 전락하게 된다. 결혼을 하고도 그녀가 상대한 남자는 시아버지와 시숙, 노비 심지어 승려에 이르기까지 39세 이전에 관계한 남자가 13명에 이를 정도였다. 결국 아들의 선생님과 情을 나누면서 깊이 사랑에 빠져 다른 남자들과의 관계를 정리하게 되고, 그것을 질투한 주위 남자들에 의해 남편과 아들에게까지 알려지게 되고, 이혼을 당하고 만다. 그때부터 阿娜는 자신의 행동을 깊이 반성하고 자식을 위해 치성 드리며 남자들과의 관계를 모두 끊고 慾情의 세계에서 빠져나온다. 아들이 성장하여 성공하였다는 소식이 들려왔지만 찾아가지도 못하고, 단지 慾情의 세계에 너무 깊이 빠지지 말라 경계하는 것으로 이야기가 끝이 난다.

이 소설은 阿娜라는 여인이 작가에게 자신의 이야기를 들려주고 있는 형식을 취하고 있기 때문에 話者가 여성이라는 점이 특징이다. 때문에 여성의 심리와 감정이 고스란히 전해지고 있으며 비교적 상세한 性 묘사가 이 작품의 묘미라 할 수 있다.

---

242) 胡令毅, 〈≪癡婆子傳≫的作者問題〉, ≪明淸小說硏究≫, 2006 第1期.

국내 유입된 기록은 찾아보기 어렵지만 乾隆 甲申年(1764) 排浪月의 서문이 있는 판본이 崇實大學校에 소장되어 있다. 이 작품은 중국 내에서도 禁書로 여겨져 판본이 많이 남아있지 않기 때문에 崇實大學校에 소장된 ≪癡婆子傳≫ 판본은 매우 가치 있는 貴重書라고 할 수 있다.

書名	出版事項	版式狀況	一般事項	所藏處/所藏番號
癡婆子傳	芙蓉主人(明)輯	漢文木字活本, 2卷1冊, 31장, 26×18.2cm, 四周單邊, 半郭: 21.6×15.1cm, 10행20자, 上下向黑魚尾	題簽: 癡婆子傳完, 序: 乾隆甲申(1764)排浪月, 校: 清痴子批	崇實大學校 5002

30. 逸史搜奇一百四十家小說

≪逸史搜奇≫는 明代 傳奇小說 叢抄로 汪雲程(약 1621~?)이 편집했다. ≪四庫全書總目≫ 小說家類에 목록이 남아있으나, 권수는 기재되어 있지 않다. 漢·唐 이래의 傳奇小說 140종을 모아 수록하였기 때문에 ≪逸史搜奇一百四十家小說≫이라 하였고 현재는 明 萬曆 刊本이 北京圖書館에 소장되어 있다. 汪雲程에 대해서는 알려진 바가 없고 책에 있는 題로 인해 徽州(지금의 安徽) 사람으로만 전해진다.

국내 유입된 기록은 없으나 韓國學中央硏究院에 刊年未詳의 木版本이 소장되어 있다. 이 판본은 비록 완질이 아니라 결본이지만, 조선 문인 安鼎福(1712~1791)의 인장이 찍힌 것으로 보아 18C에는 유입된 것으로 볼 수 있다. 따라서 국내 유일의 소장본으로서 나름의 가치가 있다고 하겠다.

書名	出版事項	版式狀況	一般事項	所藏處/所藏番號
逸史搜奇一百四十家小說	汪雲程(淸)編集, 刊年未詳	全10卷10冊(1冊, 第2~10冊缺), 中國木版本, 24.3×15.7cm, 四周雙邊, 半郭: 20×14cm, 12행26자, 下黑魚尾	表紙書名: 逸史搜奇, 印: 廣州安鼎福百順庵	韓國學中央硏究院 D7C-9

31. 稗海

≪稗海≫는 明代 文言小說叢書로 商濬이 편찬했다. ≪明史≫〈藝文志〉 小說家 類에 368卷이 著錄되어 있다. 권수는 불분명하지만 ≪千頃堂書目≫ 子部 類書類에 들어있다. 稗海는 稗說 즉 '小說의 바다'라는 의미로서 이 총서에는 魏晉 이후로 전래되던 74종의 소설, 잡기류의 글이 수록되어 있다. 전해지는 판본으로 萬曆 時期 會稽 商氏 半野堂刻本과 淸 康熙 年間 振鷺堂本, 乾隆 年間 李孝源이 振鷺堂本을 수정하고 보완해서 다시 간행한 重訂本 것이 있다.

商濬은 商維濬이라고도 부르며, 會稽(지금의 浙江 紹興) 사람으로 字는 初陽이다. 생졸년과 사적에 대해서 자세한 기록이 전해지지 않는다. 저서로는 ≪稗海≫ 외에도 ≪古今評錄≫이 있다. 저자가 활동할 시기에 會稽지역에 紐世溪선생이라는 사람이 집안에 世學樓를 세우고 백만 권의 장서를 소장하고 있었다. 商濬은 그곳에 소장된 책의 내용이나 글자의 잘못을 정정하는 일을 하면서 동시에 당시 세습관리의 집안에 전해져 오던 遺書들을 수집하여 책으로 편찬, 세상에 전해지게 할 목적으로 이 총서를 만들었다고 한다.[243]

이 총서에 수록되어 있는 서적은 晉 張華의 ≪博物志≫를 비롯해서 晉 葛洪의 ≪西京雜記≫·晉 王嘉의 ≪拾遺記≫·晉 干寶의 ≪搜神記≫·梁 任昉의 ≪述異記≫·唐 李石의 ≪續博物志≫·唐 王保定의 ≪摭言≫·唐 陸龜蒙의 ≪小名錄≫·唐 范攄의 ≪雲溪友議≫·唐 李冗의 ≪獨異志≫·唐 蘇鄂의 ≪杜陽雜編≫·唐 裴庭裕의 ≪東觀奏記≫·唐 劉肅의 ≪大唐新語≫·唐 趙璘의 ≪因話錄≫·唐 무명씨의 ≪玉泉子≫·五代 孫光憲의 ≪北夢瑣言≫·宋 李昌齡의 ≪樂善錄≫·宋 王銍의 ≪蠹海集≫·宋 范公偁의 ≪過庭錄≫·宋 方勺의 ≪泊宅編≫·宋 魯應龍의 ≪閑窓括異≫·宋 永亨의 ≪搜採異聞錄≫·宋 魏泰의 ≪東軒筆錄≫·宋 吳處厚의 ≪靑箱雜記≫·宋 鄭景望의 ≪蒙齋筆談≫·宋 張舜民의 ≪畫墁錄≫·宋 張世南의 ≪游宦紀聞≫·宋 沈括의 ≪夢溪筆談≫과 ≪補筆談≫·≪學齋佔畢≫·≪祛疑說纂≫·宋 張邦基의 ≪墨莊漫錄≫과 ≪侍兒小名錄拾遺≫·宋 馬永卿의 ≪懶眞子≫·宋

---

243) 寧稼雨, ≪中國文言小說總目提要≫, 齊魯書社, 1996, 279쪽.

歐陽修의 《歸田錄》·宋 蘇軾의 《東坡志林》·宋 蘇轍의 《龍川別志》·宋 王
闢之의 《澠水燕談》·宋 僧惠洪의 《冷齋夜話》·宋 陸游의 《老學庵筆記》·宋
趙彦衛의 《雲麓漫抄》·宋 葉夢得의 《石林燕語》와 《避暑錄話》·宋 周煇의
《淸波雜志》·宋 彭乘의 《墨客揮犀》·宋 무명씨의 《異聞總錄》·元 鄭元祐의
《遂昌雜錄》·唐 段成式의 《西陽雜俎》·唐 張讀의 《宣室志》·唐 柳宗元의
《龍城錄》·宋 羅大經의 《鶴林玉露》·宋 무명씨의 《儒林公議》·宋 趙德麟의
《侯鯖錄》·宋 郭彖의 《睽車志》·宋 江休復의 《江隣幾雜志》·宋 岳珂의 《程
史》·宋 陳隨隱의 《隨隱漫錄》·宋 무명씨의 《楓牕小牘》·宋 胡錡의 《耕祿稿》
·宋 李元綱의 《厚德錄》·宋 姚寬의 《西溪叢話》·宋 王楙의 《野客叢書》·宋
兪元德의 《螢雪叢說》·宋 孫升의 《孫公談圃》·宋 許顗의 《許彦周詩話》·宋
陳無己의 《後山詩話》·宋 周密의 《齊東野語》와 《癸辛雜識》·元 蔣止子의
《山房隨筆》 등이다.244)

국내 유입기록에 대해서는 金昌協(1651~1708)의 《農巖集》을 비롯한 여러 문집
들에서 보인다. 우선 《農巖集》제34권〈雜識〉外篇에 나와 있는 내용을 보면 金昌
協은 《稗海》를 자세히 정독했음을 알 수 있다.

> ···요사이 누구에게 《稗海》를 빌려 보았는데, 그것은 바로 明나라 사람이 漢, 唐, 宋
> 이후의 소설을 수집하여 한 部의 책으로 엮은 것이었다. 그중에는 비록 神怪하여 이치에
> 닿지 않는 말이나 근거 없는 농담으로 汲冢書, 齊東野言에 가까운 것도 있기는 하나, 세
> 상에 드러나지 않은 일과 처음 듣는 말, 명언과 아름다운 이야기는 역사서에 빠진 내용을
> 보충하고 藝文의 문채를 갖추어 줄 만하였다. 또한 名敎에 관계되고 이치를 돕는 내용도
> 많을 뿐이 아니었으니, 풍부하고 고상한 文辭를 돕기에도 충분하였다.······245)

이런 기록은 《稗海》가 적어도 17세기 후반에는 국내 유입이 되어 읽혀졌던 사실을
뒷받침해주고 있다. 이 외에도 許筠의 《惺所覆瓿藁》, 朴思浩의 《心田稿》, 李德
懋의 《靑莊館全書》, 李瀷의 《星湖僿說》, 李圭景의 《五洲衍文長箋散稿》, 韓
致奫의 《海東繹史》, 正祖의 《弘齋全書》 등에 《稗海》를 읽었거나, 판본을 보

---

244) 문준혜의 규장각해제 참조. 서울대학교 규장각한국학연구소 http://e-kyujanggak.snu.ac.kr/ 참조.
245) 金昌協의 《農巖集》: 한국고전종합 DB http://db.itkc.or.kr/ 참조

第4章 明代 作品目錄과 解題 285

았다는 기록들이 남아있다.

국내 소장되어 있는 판본들은 주로 淸代 간행된 판본으로 서울大 奎章閣에 本衙藏板과 振鷺堂藏板이 소장되어 있고 國立中央圖書館에는 어디서 간행한 것인지 확실치는 않지만 목판본과 활자본이 소장되어 있고, 梨花女子大學校에 필사본이, 高麗大學校에 목판본이 소장되어 있다.

書名	出版事項	版式狀況	一般事項	所藏處/所藏番號
稗海	商濬(明)編, 本衙, 淸板本(1616-1911)	80冊, 木版本, 25.4×16.2cm	本衙藏板 序: 商濬	서울大 奎章閣 3656
稗海	商濬(明)編, 振鷺堂, 淸板本(1616-1911)	100冊, 木版本, 25×16.2cm	振鷺堂藏板 序: 商濬	서울大 奎章閣 4255
稗海	商濬(明)等校	9冊, 木版本, 26.5×16cm		國立中央圖書館 BA古10-00-나27
稗海	商濬 編,	45冊, 活字本, 25.5×16.9cm	序: 陶望齡(明)書	國立中央圖書館 BA3730-15
稗海	商濬(明)編	1冊(14張), 筆寫本, 16×13cm, 四周單邊, 半郭: 12.3×10.3cm, 有界, 16行16字	表紙書名: 三山日記	梨花女子大學校 [고]812.8 비92
稗海 全書	商濬(明)編, 中國, 槐蔭山房	80冊, 木版本, 24.3×16.1cm	標題: 稗海 序: 會稽商濬書	高麗大學校 E1-B1-1-80

32. 國色天香

≪國色天香≫은 明代 傳奇小說選集으로 吳敬所가 편집했다. 현존하는 最古本으로는 일본 內閣文庫에 소장되어 있는 明 萬曆 丁酉(1597)刊本 10卷이며, ≪新鍥公余勝覽國色天香≫·≪幽閑玩味奪趣群芳≫이라고도 한다. 책 서두에는 萬曆 丁亥年(1587)에 九紫山人 謝友可의 序文이 있다. 萬卷樓系 金陵書肆名이 있어서 이 책을 萬卷樓本이라고도 한다. 謝友可의 서문에 의하면 "作家咸臻, 養純吳子乃大搜詞苑"이라고 되어있어,[246] 纂輯에 대한 정보를 제공해 주고 있지만 吳敬所의 생애에 대해서는 알려진 바가 없다.

---

246) 寧稼雨, ≪中國文言小說總目提要≫, 齊魯書社, 1996, 240쪽.

≪國色天香≫의 구성은 다음과 같다. 卷一에 〈龍會蘭池錄〉, 卷二에 〈劉生覓蓮記〉(上), 卷三에 〈劉生覓蓮記〉(下), 卷四에 〈尋芳雅集〉, 卷五에 〈雙卿筆記〉, 卷六에 〈花神三妙傳〉, 卷七에 〈客夜瓊談〉·〈賣妻果報錄〉·〈聯咏錄〉·〈酒藁迷人傳〉·〈翠珠傳〉·〈買臣記〉·〈醒迷錄〉·〈琴精記〉·〈箒精記〉·〈天緣奇遇〉(上), 卷八에 〈天緣奇遇〉(下)〈古杭紅梅記〉·〈相思記〉·〈蛤蟆吐丹記〉, 卷九에 〈金蘭四友傳〉·〈東郭集〉·〈筆辯論〉·〈蚪須叟傳〉·〈俠婦人傳〉·〈鍾情麗集〉(上), 卷十에 〈鍾情麗集〉(下)·〈張于湖傳〉·〈續東窗事犯傳〉·〈淸虛先生傳〉·〈麗香公子傳〉·〈飛白散人傳〉·〈玄明高士傳〉·〈風流樂趣〉이 수록되어 있다. 총 20여 편의 소설과 詩話, 逸事, 笑談 등이 들어있는데, 〈劉生覓蓮記〉·〈花神三妙傳〉·〈天緣奇遇〉·〈鐘情麗集〉 등은 중국소설사에서 손꼽히는 중편작품들이다.

모두 재자가인들의 애정혼인 등을 소재로 삼았는데, 고대 젊은 남녀가 사랑을 추구함에 있어 일어나는 일들을 표현하였다. 등장하는 남자주인공은 하나같이 文才를 겸비했으며, 여자는 하나같이 미모에 뛰어난데 이들은 꽃 앞에서 혹은 달 아래에서, 혹은 규방에서 詩詞를 주고받는다. 내용뿐 아니라 청신하고 전아하면서 화려한 문장들은 후대 염정소설에 많은 영향을 주게 되지만, 지나치게 情을 강조하여 官府에서는 '誨淫小說'로 여겨 책을 없애기도 하였다. 淸代 이후에 翻刻本이 많이 나왔지만 이미 내용이 삭제된 상태라 온전한 것들이 많지 않고, 그나마 益善堂本·敬業堂本 등을 善本으로 친다. 〈龍會蘭池錄〉과 〈鐘情麗集〉이 단행본으로 간행되기도 했지만 오탈자가 많은 단점이 있다. 1989년 春風藝術出版社에서 소설부분만 발췌해서 출판한 排印本이 볼만하다. 또한 1999년 ≪國色天香·趙飛燕外傳≫제목으로 吉林文史出版社에서 출판하였는데 〈國色天香〉과 〈趙飛燕外傳〉을 비롯해서 〈趙飛燕別傳〉, 그리고 중국 최초의 艶情小說로 일컬어지는 〈遊仙窟〉까지 묶어서 간행하였다.

국내 유입기록은 李宜顯(1669~1745)의 ≪庚子燕行雜識≫下에 나와 있다. 李宜顯은 景宗이 즉위하고 冬至正使로 淸나라에 다녀온 뒤 형조판서에 올랐다. 淸에서 돌아온 후 사온 책의 목록을 상세히 적어 기록하였는데 그 목록 중에 ≪國色天香≫도 포함되어 있다.[247] 景宗이 1720년 재위에 올랐기 때문에 李宜顯이 淸에 다녀온 시기도

---

247) 우리가 산 책은 다음과 같다. ≪冊府元龜≫301권, ≪續文獻通考≫100권, ≪圖書編≫78권, ≪荊川稗編≫60권, ≪三才圖會≫80권, ≪通鑑直解≫24권, ≪名山藏≫40권, ≪楚辭≫8권,

1720년이 될 것이고, ≪國色天香≫도 그 해에 유입된 것이라 볼 수 있다.

국내 소장된 판본을 살펴보면, 東亞大學校에 大業堂本이, 서울大學校 中央圖書館에 書業堂本과 益善堂本이 소장되어 있고, 成均館大學校에 淸代 간행한 것으로 보이는 木版本이 소장되어 있다.

書名	出版事項	版式狀況	一般事項	所藏處/所藏番號
國色天香	吳敬所(明)編, 刊寫地未詳, 刊寫年未詳, 大業堂	10卷3冊(卷1-10), 木版本, 22.9×14.6cm, 四周雙邊, 半郭: 20.8×13.2cm, 有界, 13行30字, 上黑魚尾	版心題: 國色天香, 內表紙書名: 京臺新鋟公餘勝覽國色天香, 刊記: 大業堂重校梓	東亞大學校 (3):11-140 卷1-10
新刻京臺公餘勝賢國色天香	吳敬所(明)編, 如山甫(明)重梓, 中國, 書業堂, 刊寫年未詳	10卷8冊(卷1-10), 中國木版本, 17.4×11cm, 四周單邊, 半郭: 7.8×10cm, 有界, 13行16字, 註雙行, 花口, 上下向黑魚尾	裏題: 公餘勝賢國色天香, 表題: 國色天香, 序: 謝友可	서울大 中央圖書館 3432-68A-1-8
新刻京臺公餘勝賢國色天香	中國, 益善堂	10卷10冊(卷1-10), 中國木版本, 26.3×15.9cm, 上下單邊, 左右雙邊, 半郭: 20.3×12.8cm, 有界, 13行16字, 花口, 上下向黑魚尾	標題: 公餘勝賢國色天香, 版心題: 國色天香, 書眉에 註, 刻公餘勝賢國色天香序: 謝友可	서울大 中央圖書館 3432-68-1-10
新刻京臺公餘勝覽國色天香	吳敬所(明)編輯, 淸朝後期刊	10卷8冊, 木版本, 23×14.6cm, 四周單邊, 半郭: 21.4×13cm, 有界, 13行30字, 上黑魚尾, 紙質: 竹紙		成均館大學校 D02C-0081

≪漢魏六朝百名家集≫60권, ≪全唐詩≫120권, ≪唐詩正聲≫6권, ≪唐詩直解≫10권, ≪唐詩選≫6권, ≪說唐詩≫10권, ≪錢註杜詩≫6권, ≪瀛奎律髓≫10권, ≪宋詩鈔≫32권, ≪元詩選≫36권, ≪明詩綜≫32권, ≪古文覺斯≫8권, ≪司馬溫公集≫24권, ≪周濂溪集≫6권, ≪歐陽公集≫15권, ≪東坡詩集≫10권, ≪秦淮海集≫6권, ≪楊龜山集≫9권, ≪朱韋齋集≫6권, ≪張南軒集≫20권, ≪陸放翁集≫60권, ≪楊鐵厓集≫4권, ≪何大復集≫8권, ≪王弇州集≫30권, ≪續集≫36권, ≪徐文長集≫8권, ≪抱經齋集≫6권, ≪西湖志≫12권, ≪盛京志≫6권, ≪通州志≫8권, ≪黃山志≫7권, ≪山海經≫4권, ≪四書人物考≫15권, ≪黃眉故事≫10권, ≪白眉故事≫6권, ≪列朝詩集小傳≫10권, ≪萬寶全書≫8권, ≪福壽全書≫10권, ≪發微通書≫10권, ≪壯元策≫ 10권, ≪彙草辨疑≫1권, ≪製錦篇≫2권, ≪艷異篇≫12권, ≪國色天香≫10권. (한국고전종합 DB http://db.itkc.or.kr/ 인용)

33. 顧氏文房小說

≪顧氏文房小說≫은 明代 文言小說叢書로 顧元慶(1487~1565)이 편집하였다. 현재는 明 嘉靖 年間 顧氏夷白齋刊本과 1925年 上海 商務印書館에서 발간한 影印本 등이 남아있다.

顧元慶은 藏書家로 字는 大有, 號는 石山人이고 長洲(지금의 江蘇 蘇州) 사람이다. 書法에 능했으며 책을 매우 좋아해서 "夷白堂"이라 불리는 서가에 만 여권을 수집했다고 한다. 저서로는 78세로 생을 마감할 때까지 ≪十友圖贊≫・≪云林遺事≫・≪夷白齋詩話≫・≪紫府奇言≫・≪陽山新錄≫ 등 십여 종이 있다. 茶에 대해 연구한 ≪茶譜≫는 생을 마치기 1년 전인 77세(1541년)에 완성하였다고 한다.

≪顧氏文房小說≫에는 漢魏부터 宋代에 이르기까지의 歷代 문언소설 40여 종이 수록되어 있다. 특히 ≪續齊諧記≫・≪漢武帝別國洞冥記≫・≪海內十洲記≫・≪博物志≫・≪集異記≫・≪開元天寶遺事≫・≪白猿傳≫・≪周秦行記≫・≪高力士外傳≫・≪虬髥客傳≫・≪梅妃傳≫・≪陽太眞外傳≫ 등은 중요한 판본으로 꼽힌다.

국내 유입된 기록은 정확하지 않고, 국내 소장되어 있는 판본도 1925년 上海에서 간행한 石印本이 서울大 奎章閣에 소장되어 있을 뿐이다.

書名	出版事項	版式狀況	一般事項	所藏處/所藏番號
顧氏文房小說	上海, 涵芬樓	10冊, 中國石印本, 19.5×13.2cm		서울大 奎章閣 [古]895.13-G697-v.1-10

34. 廣四十家小說

≪廣四十家小說≫은 明代 문언소설 총서로 顧元慶(1487~1565)이 편집하였다. ≪明史≫〈藝文志〉 小說家類, ≪千頃堂書目≫ 類書類에 모두 袁褧이 편찬했다고 되어 있지만 현재 남아있는 明 嘉靖 年間의 顧氏夷白齋刊本과 1915년 上海 文明書局 石印本에 모두 顧元慶[248]이 편집했다고 기록되어 있다.

≪廣四十家小說≫은 漢부터 元・明間의 문언소설 40여 종을 수록하고 있는데 비교

적 가치 있는 작품으로는 ≪神異經≫·≪綠珠內傳≫·≪杜陽雜編≫·≪明皇十七事≫·≪桂苑叢談≫·≪中朝故事≫ 등이 있다. 그 외 王達의 ≪景仰撮書≫·祝允明의 ≪蠹衣≫등의 작품은 ≪顧氏文房小說≫과 중복되며, 소설과 상관없는 작품인 ≪太湖新錄≫이나 ≪天隱子≫ 등과 같은 작품도 수록되어 있다.

국내 유입된 기록은 정확하지 않으며 成均館大學校에 民國 初 1915년 上海 文明書局에서 간행한 石印本이 소장되어 있다.

書 名	出版事項	版式狀況	一般事項	所藏處/所藏番號
廣四十家小說	顧元慶(明)編輯, 上海, 文明書局, 淸朝末~中華初刊	不分卷6册, 中國石印本, 15.4×9.9cm, 四周雙邊, 半郭: 12.7×8.3cm, 有界, 14行32字, 內向黑魚尾, 紙質: 竹紙	刊記: 上海文明書局印行	成均館大學校 (曹元錫) D7B-130

35. 五朝小說

≪五朝小說≫은 明代 文言小說叢書로 편찬자는 미상이다. 비록 書名이 明代 서적들의 목록에는 없지만, 淸代 劉心이 光緖 15年(1889)에 편찬한 ≪叢書綜錄≫에는 ≪說郛≫本과 ≪續說郛≫本에 의거하여 다시 엮어 ≪五朝小說≫이라 이름 붙인 간행본이 기록되어 있다. 현재 南開大學 도서관에 明 刊本 ≪五朝小說≫殘本 17종이 남아있는데, 대부분 ≪魏晉小說≫〈傳奇家〉에 해당되는 작품들로 原刊本으로 친다. ≪五朝小說≫은 重編 ≪說郛≫本(1647) 그리고 ≪續說郛≫本과도 판식이 상당히 비슷해서, 重編 ≪說郛≫本일수도 있다는 의견도 있지만, 그래도 통상적로 보면 대부분의 학자들은 重編 ≪說郛≫本보다는 ≪五朝小說≫本이 먼저 간행되었을 것으로 추정한다. 게다가 현재 남아있는 ≪五朝小說≫과 重編 ≪說郛≫ 판본이 서로 일치하지 않는 부분이 있기 때문에, ≪五朝小說≫이 重編 ≪說郛≫보다는 먼저 간행되었다고 보는 것이 일반적이다. 1926년에는 上海 掃葉山房에서 ≪五朝小說≫에 조금 더 작품을 추가해서 石印本 ≪五朝小說大觀≫을 간행하였다.

---

248) 顧元慶에 대한 설명은 앞의 ≪顧氏文房小說≫ 해제를 참조하기 바란다.

≪五朝小說≫은 魏晉에서 明代까지의 志怪·傳奇·志人 등의 筆記雜記가 500종이 남아있다. 魏晉小說, 唐人百家小說, 宋人百家小說, 皇明百家小說 등 4부분으로 나뉘었고, 다시 傳奇·志怪·偏錄·雜傳 등의 '門'으로 정리됐다. '魏晉小說' 부분에는 '魏'와 '晉' 兩代 작품을 모두 포함하고 있기 때문에 '五朝小說'이라고 명명했다. 많은 작품을 수록한 만큼 ≪五朝小說≫의 서체도 광범위해서 明代이전 文言小說의 叢書라고 볼만하다. 하지만 일부분의 편목은 다른 이의 책에서 가져와 편명과 작가를 마음대로 고쳐놓은 것들이 있어 혼란을 야기하는 부분도 있다. 예를 들면 〈魏晉小說〉 부분에서 漢 桓驎의 ≪西王母傳≫은 杜光庭의 ≪墉城集仙錄≫에서, 漢 趙曄의 ≪楚王鑄劍記≫는 干寶의 ≪搜神記≫에서 가져왔다. 〈唐人百家小說〉 부분 중 張鷟의 ≪耳目記≫는 張鷟의 ≪朝野僉載≫에서, 段成式의 ≪劍俠傳≫은 ≪酉陽雜俎≫ 등의 책에서 가져온 것이다. 馮延巳의 ≪墨昆侖傳≫은 劉崇遠의 ≪耳目記≫에서, 宋若昭의 ≪牛應貞傳≫은 牛肅의 ≪紀聞≫에서, 楊巨源의 ≪紅線傳≫은 袁郊의 ≪甘澤謠≫ 등에서 가져온 것들이다. 때문에 이런 작품들은 주의해서 볼 필요가 있다.

국내 소장된 판본은 ≪五朝小說≫ 전체가 아니라 그 중 일부분인 宋代小說 몇 편이 수록된 2冊만 淸州大學校에 소장되어 있다.

書名	出版事項	版式狀況	一般事項	所藏處/所藏番號
五朝小說	淸代刊	2冊, 中國木版本, 22.8×16.5cm, 上下單邊, 左右雙邊, 半郭: 19.3×14.4cm, 有界, 9行20字, 註雙行, 下向白魚尾, 紙質: 竹紙	內容: 家王故事, 錢惟演(宋)著, 家世 舊聞 陸游(宋)著, 褚氏遺書 褚澄著등을 모은 小說册	淸州大學校 823.4오451 v.1, v2

36. 古今說海

≪古今說海≫는 明代 文言小說叢書로 陸楫(1515~1552) 등이 편집하였다. ≪國史經籍志≫·≪明史≫〈藝文志〉小說家類에 142卷이 著錄되어있다. ≪天頃堂書目≫에는 子部類에, ≪四庫全書總目≫에는 子部 雜家類에 들어있다. 현재는 嘉靖 23年(1544) 苕溪邵氏 西山堂 刊本과 淸 宣統 元年(1909) 上海 集成圖公司 排印本, 上

海 中華書局 排印本, 1915年 上海 進步書局 石印本, 1988年 巴蜀書社 排印本 등이 있다. 陸楫의 字는 思豫, 上海 사람으로 ≪古今說海≫ 이외에도 ≪蒹葭堂稿≫가 있다.[249]

전체는 說選·說淵·說略·說纂 등 4部와 小錄·編記·別傳·雜記·逸事·散錄·雜纂 등 七家로 분류하여, 六朝에서 明代까지의 문언소설을 135種이나 담아 142卷을 구성하였다.[250] 모두 후대 문언소설에 지대한 영향을 끼쳐 중요한 자료로 꼽힌다.

국내 유입된 기록을 살펴보면 尹拯(1629~1714)의 ≪明齋遺稿≫ 제25권 〈정만양, 정규양에게 답함〉에 ≪古今說海≫ 卷89에 있는 내용을 인용하였다. 王元澤이 어릴 때에 어떤 사람이 사슴과 노루를 한 우리에 넣고서 어느 것이 노루이고 어느 것이 사슴인지 묻자, 한참을 생각하다가 "노루 쪽에 있는 것이 사슴이고, 사슴 쪽에 있는 것이 노

---

[249] 寧稼雨, ≪中國文言小說總目提要≫, 齊魯書社, 1996, 261~262쪽.

[250] 제1부 說選部에는 小錄家 3卷 〈北征錄〉·〈北征後錄〉·〈北征記〉와 編記家 17卷 〈平夏錄〉·〈江南別錄〉·〈三楚新錄 三卷〉·〈溪蠻叢笑〉·〈北邊備對〉·〈桂海虞衡志〉·〈眞臘風土記〉·〈北戶錄〉·〈西使記〉·〈北轅錄〉·〈滇載記〉·〈星槎勝覽 四卷〉 등이 들어있다.
제2부 說淵部에는 別傳家 64卷, 〈靈應傳〉·〈洛神傳〉·〈夢遊錄〉·〈吳保安傳〉·〈崑崙奴傳〉·〈鄭德璘傳〉·〈李章武傳〉·〈韋自東傳〉·〈趙合傳〉·〈杜子春傳〉·〈裴伷先別傳〉·〈震澤龍女傳〉·〈袁氏傳〉·〈少室仙姝傳〉·〈李林甫外傳〉·〈遼陽海神傳〉·〈虯蚜傳〉·〈甘棠靈會錄〉·〈顔濬傳〉·〈張無頗傳〉·〈板橋記〉·〈鄴侯外傳〉·〈洛京獵記〉·〈玉壺記〉·〈姚生傳〉·〈唐晅手傳〉·〈獨孤穆傳〉·〈王恭伯傳〉·〈中山狼傳〉·〈崔煒傳〉·〈陸顒傳〉·〈潤玉傳〉·〈李衛公別傳〉·〈齊推女傳〉·〈魚服記〉·〈聶隱娘傳〉·〈袁天綱外傳〉·〈曾季衡傳〉·〈蔣子文傳〉·〈張遵言傳〉·〈侯元傳〉·〈同昌公主外傳〉·〈睦仁蒨傳〉·〈韋鮑二生傳〉·〈張令傳〉·〈李淸傳〉·〈薛昭傳〉·〈王賈傳〉·〈烏將軍記〉·〈寶玉傳〉·〈柳參軍傳〉·〈人虎傳〉·〈馬自然傳〉·〈寶應錄〉·〈白蛇記〉·〈巴西侯傳〉·〈柳歸舜傳〉·〈求心錄〉·〈知命錄〉·〈山莊夜怪錄〉·〈五眞記〉·〈小金傳〉·〈林靈素傳〉·〈海陵三仙傳〉이 들어있다.
제3부 說畧部에는 雜記家 32卷 〈默記〉·〈宣政雜錄〉·〈靖康朝野僉言〉·〈朝野遺紀〉·〈墨客揮犀〉·〈續墨客揮犀〉·〈聞見雜錄〉·〈山房隨筆〉·〈諧史〉·〈昨夢錄〉·〈三朝野史〉·〈鐵圍山叢談〉·〈孔氏雜說〉·〈瀟湘錄〉·〈三水小牘〉·〈談藪〉·〈淸尊錄〉·〈暌車志〉·〈話腴〉·〈朝野僉載〉·〈古杭雜記〉·〈蒙齋筆談〉·〈文昌雜錄〉·〈就日錄〉·〈碧湖雜記〉·〈錢氏私誌〉·〈遂昌山樵雜錄〉·〈高齋漫錄〉·〈桐陰舊話〉·〈霏雪錄〉·〈東園友聞〉·〈拊掌錄〉 등이 있다.
제4부 說纂部에는 逸事家 6卷 〈漢武故事〉·〈艮嶽記〉·〈青溪寇軌〉·〈煬帝海山記〉·〈煬帝迷樓記〉·〈煬帝開河記〉와 散錄家 6卷 〈江行雜錄〉·〈行營雜錄〉·〈避暑漫抄〉·〈養痾漫筆〉·〈虛谷閒抄〉·〈蓼花洲閒錄〉, 雜纂家 11卷 〈樂府雜錄〉·〈敎坊記〉·〈北里志〉·〈青樓集〉·〈雜纂 三卷〉·〈損齋備忘錄〉·〈復辟錄〉·〈靖難功臣錄〉·〈備遺錄〉 등이 있다. (俞頌雍, 〈古今說海考〉, 華東師範大學, 碩士論文, 2007)

루입니다." 하니, 그가 매우 기특하게 여겼다는 이야기이다. 또한 韓致奫(1765~1814)의 ≪海東繹史≫〈해동역사 인용 서목-中國書目錄〉에 "〈北轅錄〉: 宋나라 周煇가 찬한 것으로, 1권이다. ≪古今說海≫에 들어 있다"라는 대목이 보인다. 이런 기록으로 살펴 보면 ≪古今說海≫는 적어도 18세기 초반에는 국내에 유입되었을 것으로 추정할 수 있다.

국내에 소장된 판본은 4종류로 구분할 수 있다. 첫 번째로는 嘉靖 23年(1544) 刊本을 필사한 판본으로 서울大 奎章閣과 高麗大學校에 소장되어 있다. 이 판본은 序文과 刊記로 보아 嘉靖本을 보고 필사한 것으로 보이며, 중국에서 필사한 것인지, 국내에서 필사한 것인지 정확히 구별하기는 어렵다. 하지만 高麗大學校에 소장된 판본은 비교적 全文이 필사되어 있어 보관상태가 양호하다고 볼 수 있다. 두 번째로는 道光 1年 (1821)에 간행한 木版本으로 忠南大學校와 서울大學校 中央圖書館에 소장되어 있는데, 이 판본의 刊記를 살펴보면 1544년 苕溪邵氏酉山堂本을 다시 重刊한 것으로 보인다. 세 번째로는 宣統 1年(1909)에 간행한 活字本으로 東亞大學校에 소장되어 있다. 마지막으로 같은 해 宣統 1年(1909) 북경에서 간행한 揷畫本으로 梨花女子大學校에 소장되어 있다.

書名	出版事項	版式狀況	一般事項	所藏處/所藏番號
古今說海	陸楫(明)輯, 嘉慶23年(1544) 序	7冊(零本, 第1-7冊), 筆寫本, 24.3×15.5cm	表紙書名: 說海, 序: 嘉靖甲辰(1544)…唐錦	서울大 奎章閣 5041
古今說海	陸楫(明)輯	142卷24冊(卷1~142), 筆寫本, 22.1×15.6cm	表題: 說海, 引: 嘉靖甲辰(1544)…唐錦題	高麗大學校 E2-B2-1-24
古今說海	陸楫(明)編, 淸 道光1年(1821) 刻, 後刷	5冊, 中國木版本, 25×16.4cm, 上下單邊, 左右雙邊, 半郭: 16.1×11.2cm, 有界, 8行16字, 下向白魚尾, 紙質: 竹紙	表題: 說選, 版心題: 說選甲集, 引: 嘉靖甲辰(1544) 歲夏四月 朔龍江唐錦題, 刊記: 道光元年 (1821) 苕溪邵氏酉山堂重刊, 道光元年(1821)苕溪邵氏酉山堂 松巖重刊本, 所藏印: 安鍾和	忠南大學校 集.總集類-中國- 1324
古今說海	陸楫(明)輯, 淸, 松岩, 道光1年(1821)	142卷20冊(卷1~142), 木版本(淸), 25.3×16.1cm, 上下單邊, 左右雙邊, 半郭: 16.4×11.2cm, 有界, 8行16字, 註雙行, 花口, 上下下向白魚尾	4部7家135種142卷으로 수록됨, 刊記: 松岩補刻	서울大 中央圖書館 3403-10-1-20

書名	出版事項	版式狀況	一般事項	所藏處/所藏番號
古今說海	陸楫(明)編, 上海, 集成圖書公司, 宣統1年(1909)	142卷12册(卷1~142), 中國新活字本, 20.2×13.3cm, 四周雙邊, 半郭: 16.4×10.6cm, 無界, 13行32字, 註雙行, 無魚尾	刊記: 宣統元年(1909) 季冬月第二次印於上海, 引: 嘉靖甲辰歲(1544) 四月朔龍江唐錦題, 重刻序: 無名氏	東亞大學校 (3):10:5-9
古今說海	陸楫(明)著, 北京, 北京 集成圖書公司, 宣統1年(1909)	142卷12册(卷1-142), 印本 (中國), 有圖, 19.7×13.5cm, 四周雙邊, 半郭: 16.2×10.4cm, 無界, 13行32字, 無魚尾	序: 嘉靖甲辰歲夏四月朔(1544), 重刻序: 陸楫宣統一年(1909)	梨花女子大學校 952-육818-1-12

37. 漢魏叢書

≪漢魏叢書≫는 程榮이 편찬하여 萬曆 20年 壬辰(1592)에 간행하였다. 漢·魏·晉·梁·陳·隋 등 六朝의 서적 38종을 經·史·子의 3부로 나누어 총 251卷으로 분류하였다. ≪漢魏叢書≫는 漢魏사람들의 저작을 위주로 정리한 전문서적으로 이 책이 출판된 이후 明代 사회 전반에 한동안 叢書를 간행하는 열풍이 사라지지 않았다고 한다. 程榮은 字가 伯仁이고 歙縣사람이다. ≪漢魏叢書≫ 이외에도 ≪山房淸賞≫28卷이 있으며 ≪茶譜≫는 그의 저서 중에서도 제일로 친다.

程榮이 1592년 ≪漢魏叢書≫를 정리한 이후 萬曆(1573~1620) 말기에 활동했던 武林(지금의 浙江 杭州) 사람 何允中이 38종을 다시 76종으로 늘려 ≪廣漢魏叢書≫를 만들어 經翼, 別史, 子餘, 載籍 네 부분으로 정리하였다. 그 후 1791년에 淸나라의 王謨가 86종으로 보완하고 448권으로 정리하여 ≪增訂漢魏叢書≫를 편찬하였다. 王謨는 江西 金溪 사람으로 字는 仁圃 또는 汝上이다. 乾隆 43年(1778)에 進士가 되었고 建昌府敎授 등의 관직을 역임하였다. 평생 저술에 힘써서 ≪讀書引≫·≪漢唐地理書抄≫·≪江西考古錄≫·≪豫章十代文獻略≫·≪經說≫ 등의 저서를 남겼다. 王謨는 何允中의 ≪廣漢魏叢書≫에 오류가 많다고 판단하고, 그 오류를 정정하여 목차를 새롭게 구성하고, 또 ≪唐宋叢書≫에서 漢魏時期의 저작 10종을 보충하여 이 총서를 만들었다고 한다. ≪廣漢魏叢書≫의 오류를 정정하였다는 점 외에도, 漢魏 시기 고적의 師承 源流를 밝혀 놓은 중대한 의의가 있다. 저자는 ≪文獻通考≫ 등의 전적을 참고하여 漢魏 시기의 학술유파에 대해 그 원류를 밝히고 卷末에 跋語를 지어 이에 대해서 자세히 서술해 놓았다. 그 후 판을 새로 짜면서 거듭 증보되어 94種本·96種本 등이 간행되었으나, 현재는 이들 모두를 ≪漢魏叢書≫라고 부른다. 六朝時代 이전의 書를 참고하는 데 편리한 총서이며, 종류는 뒤로 갈수록 늘어났으나, 교정은 최초 程榮 의 것이 가장 뛰어나다.

국내 유입기록은 조선시대 문인들의 문집에 남아있다. 安鼎福(1712~1791)의 ≪順菴集≫ 제13권 〈雜著:橡軒隨筆下〉에서 본인이 수 십 번 읽은 책을 나열하면서 "≪漢魏叢書≫ 중에서 〈大戴禮〉·〈王氏易例〉·焦氏와 京氏의 〈易文〉·〈申公詩說〉 같은 종류는 각각 수십 번 읽었으며, 太史公의 ≪史記≫와 韓文公의 ≪昌黎集≫은 백 번 혹은 수십 번을 抄讀했다…"라고 언급했다. 또한 李德懋(1741~1793)의 ≪青莊館全書≫ 제9권 〈雅亭遺稿一:呵呵生으로부터 柳琴肝이 宋子堂에서 ≪漢魏叢書≫를 耽讀한다는 말을 듣고, 장난삼아 시를 붙여 답을 구함〉이라는 글이 실려 있으며, 〈雅亭遺稿 八: 尹曾若에게〉에서는 결국 이 책을 빌려달라고 편지를 썼던 기록이 남아있다.251)

국내 소장된 판본을 살펴보면 서울大 奎章閣에 何鏜(何允中)編, 표지에 '廣漢魏叢書'라고 쓰여 있는 萬曆 何氏刊本이 소장되어 있고, 1792년에 간행된 王謨本의 重刻本이 소장되어 있다. 그 외에 高麗大學校에 1791년·1792년 간행된 王謨의 '增訂漢魏叢書' 木版本이 소장되어 있다. 延世大學校에는 시대를 알 수 없는 9行 20字의 木版本이 소장되어 있으며, 全南大學校와 高麗大學校에 淸代 後半에 간행된 것으로 보이는 石印本이 소장되어 있다.

書名	出版事項	版式狀況	一般事項	所藏處/所藏番號
漢魏叢書	何鏜(明)編, 萬曆20年(1592)序	99册(零本)(65册), 中國木版本, 24.3×15.6cm, 左右雙邊, 半郭: 19×14.3cm, 有界, 6行14字, 上白魚尾	序: 萬曆壬辰(1592)…緯眞甫纂	서울大 奎章閣 [古]4686-35-99

---

251) 이 女婢가 아무리 연약해도 책 두 질은 감당할 수 있으니, 梅花龕 위에 있는 ≪漢魏叢書≫를 꺼내 부쳐 주소서. 사람의 배고픔을 보면 금전을 주어 구제하고, 선비가 글을 읽고 싶어서 책을 찾으면 빌려주는 것이 사대부의 일입니다. 나도 가난하고 중약도 가난하니 재물로써 서로 구제하기는 참으로 쉽지 않거니와, 나도 책이 없고 중약도 책이 없으나 중약은 남에게서 책을 빌려서 나에게까지 보여 주십시오. 아! 자신의 식견만 넓히고 벗과 함께하지 않는 일을 중약은 차마 하지 못하는구려. 책을 빌려 주는 것은 바로 천하의 큰 布施입니다.(한국고전종합 DB http://db.itkc.or.kr/ 인용.)

書名	出版事項	版式狀況	一般事項	所藏處/所藏番號
漢魏叢書	王謨(淸)輯, 中國, 本衙藏板, 乾隆56年(1791)	75卷75冊(缺帙), 中國木版本, 24.2×15.7cm	標題紙: 乾隆辛亥(1791)重鐫 本衙藏板	高麗大學校 육당E2-B20-1-18, 20-21, 23, 25-71, 73-79
增訂漢魏叢書	王謨(淸)加輯, 中國, 乾隆57年(1792) 後刷	(冊1-72)72冊, 中國木版本, 24.1×16.4cm	標題: 漢魏叢書, 序: 乾隆壬子(1792)…陳蘭森撰, 萬曆壬辰(1592)…東海屠隆緯眞甫纂, 小爾雅, 穆天子傳, 西京雜記, 飛燕外傳, 神仙傳, 新序, 博物志	高麗大學校 E2-B1-1-72
漢魏叢書	王謨(淸)編, 淸板本	80冊(1-80冊), 木版本, 24.2×15.4cm	表紙書名: 漢魏叢書, 序: 萬曆壬辰(1592)…屠隆, 跋: 王謨, 內容: 小爾雅, 神仙傳, 新序, 抱朴子, 搜神記, 神異經, 洞冥記, 西京雜記	서울大 奎章閣 [古]3713-1-80
漢魏叢書		79冊(冊76缺), 中國木版本, 上下單邊, 匡郭: 20×14.5cm, 有界, 9行20字, 上白魚尾	序: 壬辰 緯眞甫, 內容-冊24: 穆天子傳1-6, 冊25: 飛燕外傳 神仙傳1-4 神仙傳5-9 十洲記, 冊63: 述異記上下, 冊64: 拾遺記1-10, 冊65: 博物志1-10	延世大學校 (李源喆文庫)
漢魏叢書	王謨(中國)編, 刊寫地未詳, 育文書局, (19--)	(冊1-6)6冊(缺帙), 中國石版本, 20.5×13.3cm, 四周單邊, 半郭: 17×11.9cm, 有界, 18行45字, 註雙行, 上黑魚尾, 紙質: 竹紙	內容: 說苑, 博物志, 拾遺記, 述異記, 搜神記, 神異經, 洞冥記, 枕中書	全南大學校 3N4-한67ㅇ-v.1-6
漢魏叢書	王謨(淸)輯, 中國, 震東學社, 19--	16冊(冊20, 22-36, 缺帙), 石印本, 20.3×13.3cm	題簽題: 校精漢魏叢書, 版心: 育文書局	高麗大學校 E2-B20A-20, 22-36
漢魏叢書		42卷12冊, 木版本, 15×26cm		忠清北道 괴산군 김문기

38. 獪園志異

≪獪園志異≫은 錢希言이 편찬한 明代 志怪小說集으로 ≪千頃堂書目≫·≪四庫全書總目≫ 小說家類에 16卷으로 기재되어 있다. 지금 남아있는 판본은 明 萬曆 刻本과 知不足齋 刊本이다.

錢希言은 字가 簡棲이고 常熟(지금의 江蘇省) 사람이다. 박학다식하고 詩 짓는 데 심혈을 기울였다고 한다. 錢希言이 지은 다른 소설로는 ≪劍筴≫·≪桐薪≫·≪戲瑕≫

등이 있으며 그에 관한 사적은 ≪列朝詩集小傳≫ 丁集下에서 찾아볼 수 있다.

≪獪園志異≫는 晚明小說史上 중요한 사료적 가치가 있는 작품이다. 이야기마다 그 이야기 제공자가 누구인지 명시해 놓았는데 이들은 모두 錢希言과 교유관계에 있던 명사들이다. 예를 들면 袁宏道·江盈科·李維楨·馮時可·王稚登·陳繼儒·宋懋澄·錢允治·董其昌 等과 같은 인물들인데, 이러한 기록은 明代라는 소설 전성기에 소설이 어떻게 창작되고 널리 읽히고 전파되었는지를 보여주는 생동적인 자료라고 할 수 있다.252) ≪獪園志異≫의 전체 구성은 仙幻·釋異·影響·報緣·冥迹·靈祇·淫祀·奇鬼·妖孽·醜聞의 10類로 이루어져 있으며 당시의 奇聞雜事를 주로 기록하였으나 문장 서술이 정연하고 文彩도 볼만하다고 평가받는다.

국내에 언제 유입되었는지 확실하지 않지만 李德懋의 ≪靑莊館全書≫ 제67권 〈入燕記〉 下에서 正祖 2년 5월 北京 琉璃廠에 가서 우리나라에 없는 책과 희귀본의 서목을 적어 놓은 대목에서 ≪獪園≫을 찾을 수 있다. 이 기록으로 보아 1778년 이전에는 아직 이 책이 국내에 유입되지 않았음을 알 수 있다. 현재 서울大 奎章閣에 知不足齋에서 간행한 淸代 木版本이 소장되어 있다.

書名	出版事項	版式狀況	一般事項	所藏處/所藏番號
獪園志異	錢希言(明)撰, 知不足齋, 淸板本	8卷4冊, 中國木版本, 17.4×11.6cm	序: 癸丑(?)…錢希言, 印: 集玉齋, 帝室圖書之章	서울大 奎章閣 [奎중]5889

39. 艶異編

≪艶異編≫은 王世貞이 편찬한 明代 傳奇小說集으로 ≪千頃堂書目≫ 小說家類에 35卷이라고 기록되어 있다. ≪販書偶記續編≫에는 편찬한 이를 알 수 없는 56卷本 3種이 수록되어 있다. 우선 '息庵居士'의 序가 있는 嘉靖 刊本, '息庵居士' 撰이라고 되어 있는 隆慶 刊本, 마지막으로 湯若士(顯祖) 評選과 王世貞 撰이라고 되어 있고 續編 十九卷을 덧붙인 天啓 年間 玉若堂 刊本 등이다. 이 56卷本 3種 이외에도 45卷本, 40卷本, 12卷本 등도 현존한다.

---

252) 袁媛, 〈錢希言≪獪園≫呈現的晚明小說圈〉, ≪明淸小說硏究≫, 2008年, 3期 참조.

王世貞(1526~1590)은 字는 元美, 號는 鳳洲, 弇州山人으로 江蘇 太倉 사람이다. 文學家이자 史學家로 시문을 잘했고 복고주의를 지향했으며 20년에 걸쳐 문단의 주도자로 '後七子' 중의 한 명으로 이름을 날렸다. 嘉靖 26年(1547)에 進士가 되어 관직은 刑部主事, 刑部尙書를 거쳐 南京兵部侍郞에 이르렀다. 저서로는 ≪弇州山人四部稿≫·≪王氏書畫苑≫·≪弇山堂別集≫·≪嘉靖以來首輔傳≫·≪觚不觚錄≫ 등이 있다.

'息庵居士'가 '王世貞'인가에 대해서도 많은 고증들을 하고 있는데 어떤 학자들은 王世貞에게 息庵居士라는 號가 없기 때문에 王世貞이 ≪艷異編≫을 편찬한 것일 수 없고, 대신 張大復(1554~1630)의 ≪梅花草堂筆談≫ 卷五를 보면 자신의 거처를 스스로 '息庵'이라고 표현하고 있으니 아마도 張大復이 息庵居士일 가능성이 높다고 주장하기도 한다. 또한 湯顯祖가 評選했다고 하는 것에 대해서도 湯顯祖가 이미 세상을 떠난 뒤 2년이 지난 萬曆 戊午年(1618)에 評選했다고 되어 있기 때문에 후인이 湯顯祖의 이름을 가탁한 것이라고 주장한다. 하지만 ≪艷異編≫에 선별해 놓은 작품들은 대부분 원래 작품을 그대로 보존하고 있지만 ≪續艷異編≫은 ≪廣艷異編≫의 精選修訂本으로 原作과 약간의 차이가 있는 것으로 보아 한 사람의 손에서 나온 것이 아닌 것으로 보인다. 萬曆 17年(1589)에 天都外臣이 쓴 ≪水滸傳≫敍에서 ≪艷異編≫을 언급하고 있는데, 이를 근거로 보면 작자는 아마도 嘉靖 年間 前後의 인물인 듯하다.

현재 전해지는 40권본 ≪艷異編≫은 星·神·水神·龍神·仙·官掖·戚裏·幽期·冥感·夢遊·義俠·徂異·幻術·妓女·男寵·妖怪·鬼 等 17門으로 나누어 361편을 수록하고 있고 ≪續艷異編≫은 神·龍神·鴻象·宮掖·幽期·情感·妓女·義快·幻術·鱗介·器具·珍寶·禽·昆蟲·獸·鬼·徂異·定數·冥跡·冤報·草木 等 22門으로 나누어 163편을 수록하고 있다. 이야기는 역대 筆記·傳奇·史傳·雜記 중에서 남녀 애정에 관한 이야기와 괴이한 이야기만을 골라 편집하였으며 시대는 漢代부터 明代까지 이 두 부류의 소설 명편들을 두루 망라하였다. 그 중에는 ≪姚花仕女≫ 등과 같이 다른 곳에서는 보이지 않는 작품도 수록되어 있다.

국내 유입과 관련한 기록은 朝鮮 光海君때 許筠이 쓴 ≪惺所覆瓿稿≫에 수록된 〈閑情錄〉 凡例 中 中國稗官小說의 書目 중에서 찾아 볼 수 있으므로, 유입 시기는 16세기 초로 추정된다. 현재 국내에는 박재연 교수가 목판본 ≪新鐫玉茗堂批選王

弇州先生艷異編≫을 소장하고 있으며, 國立中央圖書館에 필사본 ≪新鑴玉茗堂批選王弇州先生艷異編≫上 1冊이 소장되어 있다.

書名	出版事項	版式狀況	一般事項	所藏處/所藏番號
艷異編	新鑴玉茗堂批選王弇州先生艷異編	1冊(卷十~卷十四存), 木版本	宮掖部	박재연
艷異編	新鑴玉茗堂批選王弇州艷異編	1冊(66張), 筆寫本, 29.8×18.6㎝, 10行24字, 註雙行, 無魚尾		國立中央圖書館 BA3749-61

40. 宋人百家小說

 ≪宋人百家小說≫은 明代에 편찬된 宋代의 文言筆記集이다. 서울大 奎章閣 소장본에는 편찬자에 대한 기록이 없지만 중국에 남아있는 판본에 明末에 陳鼎이 편찬했다는 기록이 있다. 하지만 陳鼎의 생애에 대해서는 알려진 바가 없다. 또한 刊記가 없어서 출판된 시기를 추정할 수는 없다. 하지만 '桃源溪父'가 쓴 序文이 남아있는데, '桃源溪父'는 明代 사람으로 ≪五朝小說≫을 편찬한 출판업자로 알려져 있다. '桃源溪父'의 실명이 언급되지 않아 그가 陳鼎 인지는 알 수 없으나 이 책이 明末 淸初에 간행된 것은 확실해 보인다. 서문에 밝혀진 編纂 年代도 그저 '壬申 春日'이라고만 되어 있어서 정확한 편찬 시기를 알 수 없으나, 대략 18세기 전후에 간행된 듯하다.

 ≪五朝小說≫이 '魏晉小說'·'唐人百家小說'·'宋人百家小說'·'皇明百家小說' 네 부분으로 나뉘는데, 서울大 奎章閣에 소장된 판본이 그 중의 한 부분인 것으로 추정되며, 宋代 文人들의 文言 筆記 152種을 偏錄家와 瑣記家로 나누어 엮은 것이다. 내용을 보면 錢世昭의 ≪錢氏私誌≫·錢惟演의 ≪家王故事≫·陸游의 ≪家世舊聞≫·錢惟演의 ≪玉堂逢辰錄≫·王闢之의 ≪澠水燕譚錄≫·石茂良의 ≪避戎嘉話≫·周密의 ≪紹熙行禮記≫ 등 偏錄家 110종과 周必大의 ≪乾道庚寅奏事錄≫·張淏의 ≪退嶽記≫등 瑣記家 42종이 수록되어 있다.[253]

---

253) 홍상훈의 규장각해제 참조. 서울대학교 규장각한국학연구원 http://e-kyujanggak.snu.ac.kr/ 참조.

국내 유입된 시기는 정확히 알 수 없으나 서울大 奎章閣에 淸代 간행된 것으로 보이는 판본이 남아있다. 이 ≪宋人百家小說≫에는 전체 중에서 제3, 5, 12, 22책이 없어 偏錄家 22종과 瑣記家 20종이 빠져 있지만, 기존의 選集에 빠져 있는 작품과 저작을 상당히 많이 수록하고 있다.

書 名	出 版 事 項	版 式 狀 況	一 般 事 項	所藏處/所藏番號
宋人百家小說	編者未詳, 淸板本	19冊(零本), 中國木版本, 25.4×16.5cm	序: 任申(?)…桃源, 印: 摛文院, 帝室圖書之章, *4冊(第3,5,12,22冊)缺	서울大 奎章閣 [奎중]5215

41. 기타 - 春夢瑣言 · 虞初志 · 仙媛傳 · 富公傳 · 迪吉錄

앞에서 언급한 작품 외에 국내 유입기록은 있으나 판본이 남아있지 않은 작품으로는 ≪春夢瑣言≫·≪虞初志≫·≪林居漫錄≫·≪仙媛傳≫·≪富公傳≫·≪迪吉錄≫ 등이 있다.

≪春夢瑣言≫ : 明代 傳奇小說로 胡永僖가 편찬했다. 네델란드 학자 高羅佩(Robert Hans van Gulik 1910~1967)가 일본으로부터 사와서, 교감을 하고 영어로 序文을 써서 1篇으로 엮어 1950년 200部를 출판하였다. 原書에는 作家 서명이 보이지 않지만 책 서두에 崇禎 丁丑(1637) 沃焦山人의 서문에 의하여 胡永僖의 작품으로 추정한다고 한다.[254)]

내용은 다음과 같다. 會稽 富壽사람 韓仲璉이 노닐다가 우연히 李娘, 棠姐 두 여인을 만나 枕席을 같이 하는 즐거움을 누리게 된다. 그러나 눈을 떠보니 모두 꿈이었고 자신은 돌에 기대 앉아있을 뿐이고 옆에는 배나무 한 그루와 매화나무 한 그루가 있을 뿐이었다.

---

254) 寧稼雨, ≪中國文言小說總目提要≫, 齊魯書社, 1996, 246쪽.

아마도 그녀들이 나무의 精靈들이었을 것이라는 내용이다. 이 이야기는 ≪桃花源記≫와 ≪游仙窟≫의 영향을 받았다고 하며 전편의 문장이 아름답지만, 잠자리 묘사에서는 음란함이 지나치다고 한다. 沃焦山人은 서문에서 이 일은 嘉靖年間 南寧侯妻의 남동생의 일을 묘사한 것이라 했지만 정확한 출처는 알 수 없다.

≪虞初志≫: 明代 傳奇·志怪小說 選集으로 吳仲虛가 편집했다. ≪四庫全書總目≫ 小說家類에 ≪陸氏虞初志≫ 8卷이 著錄되어 있고, ≪千頃堂書目≫에도 같은 제목으로 되어 있으나 권수와 편찬자가 나와 있지 않았기 때문에 오랫동안 작가가 누구인지에 대한 의문이 해결되지 않았었다. 各本 卷端 總目에 "石公袁宏道參評, 赤水屠隆點閱"이라고 되어 있고, 王穉登·湯顯祖·閔性德 등의 序文이 있다. 王穉登의 서문에 "吾友仲虛吳君, 博雅好古, 以虞初一志, 幷出唐人之撰, 乃于游戲之暇, 刪厥舛訛, 授之剞劂"이라는 말이 있어 吳仲虛가 확실해졌다. 비록 吳仲虛의 생애에 대해 정확하게 나와 있지 않지만 王穉登의 친구인 것으로 보아 嘉靖年間의 사람일 것이다.
이 책은 南北朝에서 唐代 志怪와 傳奇 소설들 위주로 卷3에 5편, 卷4에 6편, 나머지 1,2,5,6,7,8권에 4편씩 담아 모두 31편으로 구성됐다. 梁吳均의 ≪續齊諧記≫를 제외하면 모두 唐代 傳奇이다. ≪續齊諧記≫·≪集異記≫·≪叫髥客傳≫·≪謝小娥傳≫·≪鶯鶯傳≫·≪霍小玉傳≫·≪飛煙傳≫·≪高力士傳≫ 8편은 모두 작가가 기재되어 있고, 그 외에는 작가에 대한 언급이 없다. 唐代 소설의 보급과 전파, 보존 등 중요한 가치를 지니며, 남아있는 소설 평점은 소설이론사에 있어 귀중한 자료로 평가되고 있다.

≪迪吉錄≫: 필기소설이고 宋의 忠臣 岳飛에 관한 〈東窗事犯〉의 일화가 실려 있다고 한다. ≪中國小說繪模本≫[255]에서 국내에 유입되었다고 언급하였으나 판본이 남아있지 않다.

≪仙媛傳≫: 조선중기에 간행된 ≪中國小說繪模本≫에 중국에서 유입된 소설목록에 언급되어 있으나 중국과 우리나라에 판본이 남아있지 않아 정확한 내용을 추정하기는 어렵다.

≪富公傳≫: ≪富公傳≫ 역시 조선중기에 간행된 ≪中國小說繪模本≫에 중국에서 유입된 소설목록에 언급되어 있어, 대만 ≪國際漢學≫에 실린 오순방의 논문에서도 국내에 유입된 소설로 소개하였다.[256] 하지만 판본이 남아있지 않아 정확한 내용을 추정하기는 어렵다.

---

255) 완산 이씨 서, 금덕성외 화, 박재연 편, ≪중국소설회모본≫, 강원대학교 출판부, 1993, 189쪽.
256) 오순방은 2007년 ≪國際漢學≫에 발표한 〈韓國中國語文學硏究現況〉에 朝鮮中期에 간행한 ≪中國小說繪模本≫〈小敍〉 부분을 인용하면서 ≪仙媛傳≫와 ≪富公傳≫을 언급하였다.

5 淸代 作品目錄과 解題

1. 典故列女傳

≪典故列女傳≫은 漢代 劉向이 편찬한 ≪列女傳≫의 영향으로 淸末에 출판된 책이다. 저자는 미상이며, 남아 있는 판본에 "曉星樵人復校重刊"이라고 새겨져 있는 것으로 보아 淸 光緖 年間(1875~1908) 南京의 三山街에서 書肆를 운영하던 李光明이 간행했던 것임을 알 수 있다. 李光明의 字는 椿峰, 號는 曉星樵人이며 자신이 간행한 책 목록을 책 끝에 부록으로 붙여 놓았는데, 여기에서도 ≪典故列女傳≫의 제목이 확인된다.

母儀·賢明·仁智·貞順·節義·辯通·孼嬖 등 7종목으로 분류한 ≪列女傳≫과는 달리 ≪典故列女傳≫은 明淸代를 거치며 강화된 烈女觀을 반영하여 女性들의 敎育을 위해 婦德, 婦言, 婦容, 婦功 等의 각 편으로 나누고 각 편의 主題와 관련된 古人들의 言行을 적고 이와 관련된 列女들의 行蹟들을 서술하였다.

국내에 언제 유입되었는지는 기록을 찾아볼 수 없으나 남아 있는 판본으로 보아 19세기 말이나 20세기 초에 유입된 것으로 보인다. 국내에는 서울大 奎章閣, 慶熙大學校, 釜山大學校, 建國大學校 圖書館 등에 중국 목판본이 소장되어 있다.

書名	出版事項	版式狀況	一般事項	所藏處/所藏番號
繪圖典故列女全傳	著者未詳, 中國, 掃葉山房, 宣統3年(1911)	4卷4册(卷1~4), 有圖, 19.7×13.1㎝, 四周單邊, 半郭: 16.5×11.3㎝, 有界, 11行26字, 上下向黑魚尾		慶熙大學校 812.3-회24
典故列女全傳	淸朝末期刊	4卷4册, 中國木版本, 23.6×15.4㎝, 四周單邊, 半郭: 19×13㎝, 有界, 9行17字, 註雙行, 頭註, 上下向黑魚尾, 紙質: 竹紙	表題: 列女傳, 裏裏題: 列女傳, 刊記: 曉星樵人復校重刊	釜山大學校
典故列女全傳	曉星樵人復校重刊, 刊年未詳	1册, 中國木版本, 23.1×15.5㎝, 四周單邊, 半郭: 19.3×13.2㎝, 有界, 9行17字, 頭註, 上內向黑魚尾		建國大學校 [고] 159.2

書名	出版事項	版式狀況	一般事項	所藏處/所藏番號
典故列女傳	朝鮮出版本(推定)	1冊, 木版本, 23.9×15.4cm, 四周單邊, 半郭: 19.8×13.2cm, 有界, 9行17字, 註雙行, 頭註, 上下向黑魚尾, 紙質: 楮紙	表題: 列女傳, 印記: 劉氏世藏	蔚珍郡 南汶烈(紛失)
新刻典古列女傳	掃葉山房, 光緒9年(1883)	4卷 4冊, 重刊木版本, 24×15.5cm		서울大 奎章閣 [奎中]4053-v.1-4

2. 簷曝雜記

≪簷曝雜記≫는 雜俎小說集으로 淸代 趙翼(1727~1814)이 편찬했다. ≪八千卷樓書目≫小說家類에 6卷이 기재되어 있고, 현재는 ≪甌北全集≫本이 남아 있다.

趙翼은 字가 雲松(혹은 雲崧·耘松), 號가 甌北이며 陽湖(지금의 江蘇省 武進) 사람이다. 乾隆 26年(1761) 進士 第三에 합격하여 編修를 제수 받았고 관직이 貴西兵備道에 이르렀다. 퇴직한 후에는 安定書院에서 강의하였다. 史學에 정통하였고 詩를 잘 지었으며 저술이 매우 풍부하다. 사적은 ≪淸史稿≫〈趙翼傳〉및 ≪甌北先生年譜≫ 등에 보인다.

이 책의 내용은 주로 淸代 조정에서의 일화, 과거시험에 관한 일화, 京城의 풍모, 奇聞異事 등 朝野事迹에 관한 것이다.

국내 유입 기록은 보이지 않는다. 현재 嘉慶 16年(1811)에 일어난 일이라고 기록된 목판본이 韓國學中央硏究院에 소장되어 있고, 또 國立中央圖書館에 소장되어 있는 목판본은 文政 12年(1829)에 쓴 序가 수록된 것으로 보아 일본에서 간행한 것으로 보인다.

書名	出版事項	版式狀況	一般事項	所藏處/所藏番號
簷曝雜記	趙翼(淸)著, 淸, 刊寫者未詳, 嘉慶 16年(1811)	線裝6卷2冊, 木版本, 24.5×15.5cm, 左右雙邊, 半郭: 17.8×12.8cm, 有界, 11行21字, 註雙行, 上黑魚尾, 紙質: 竹紙	表題: 簷曝雜記, 刊年: 妖民吸精髓末, -嘉慶十六(1811) 年八九月間事	韓國學中央硏究院 C2-124
簷曝雜記	趙翼(淸)編, 刊寫地未詳, 刊寫者未詳, 文政 12年(1829)	4卷3冊, 木版本, 26.1×17.2cm	序: 文政戊子(1828)…奧山翼	國立中央圖書館 [古]BA古10-30-나39

3. 挑燈新錄

≪挑燈新錄≫은 淸代 傳奇小說集으로 모두 6권 60편이며, 荊園居士가 지었다. 荊園居士가 누구인지는 알려져 있지 않지만 책의 내용에 근거하면 姓은 吳氏이며 乾隆·嘉慶 年間 連城(지금의 福建省) 사람이다.

이 책의 내용은 주로 당시 시정에 떠돌던 소문과 기이한 일에 관한 것으로 시민 색채가 농후하다. 예를 들어 〈羅姓少年〉은 다른 사람과 이미 혼사를 맺기로 한 陳秀姑가 羅生과 사랑에 빠지게 되고 이로 인해 고발당했는데 현령이 이들을 짝으로 맺어주었다는 이야기이다. 이것은 정통 예교관념과는 크게 다르며 ≪醒世恒言≫〈喬太守亂點鴛鴦譜〉의 내용과 흡사하다. 다른 이야기들도 대부분 明淸代 擬話本小說과 才子佳人小說의 영향을 받은 것으로 보인다.[257]

중국에는 현재 同治 2年(1863) 重刊本과 民國 時期 大達圖書供應社에서 간행한 鉛印本 등이 있다. 국내에는 조선 후기에 유입된 것으로 보이며, 서울大 奎章閣에 嘉慶 庚午年(1810) 序가 수록된 同治 2年 목판본이 소장되어 있다.

書名	出版事項	版式狀況	一般事項	所藏處/所藏番號
挑燈新錄	吳荊園(淸)編次, 本堂藏板, 同治2年(1863)	6卷4冊, 中國木版本, 18.6×12cm	序: 嘉慶庚午(1810)… 荊園居士題	서울大 奎章閣 [古]895.12-O5d-v.1-4

4. 客窓閒話

≪客窓閒話≫는 吳熾昌이 ≪聊齋志異≫를 모방하여 지은 志怪小說集으로 初集 4卷, 續集 4卷이 있다. 내용은 모두 89편의 이야기로 이루어져 있으며 대부분 '蘇庁曰' 또는 '或曰'이라는 형식으로 작자의 評이 붙어 있다. 비록 ≪聊齋志異≫를 모방하긴 하였으나 귀신의 일보다는 인간의 일을 더 중요하게 여겨 사회의 어둡고 추악한 면을 비판하고 있으며 작자의 평에는 운명론, 인과응보론, 적극적인 여성관 등이 드러나고 있다.

---

257) 寧稼雨 撰, ≪中國文言小說總目提要≫, 齊魯書社, 1996, 361쪽 참조.

吳熾昌(1780?~?)은 號가 藫厈이며 鹽官(지금의 절강성 海寧) 사람이다. 젊었을 때 명성을 얻었으나 과거에 거듭 낙방을 하고 30여 년간 幕友生活을 하였다.

중국에는 현재 道光 年間 처음 간행된 敬義堂藏板本이 전해지고 있다. 正集은 道光 19年(1839)에 처음 판각되었고 道光 4年(1824)에 쓴 長白山人 序와 道光 14年 (1834)에 쓴 작자의 自序가 수록되어 있다. 續集은 道光 30年(1850)에 처음 판각되었으며 앞 부분에 같은 해에 쓴 작자의 自序가 수록되어 있다. 光緒 刻本과 ≪申報館叢書≫本은 道光 刻本의 序를 실으면서 시간을 光緒 乙亥年(1875)으로 고쳤다. 이후 ≪筆記小說大觀≫本과 ≪淸代筆記叢刊≫本 등에서는 序를 쓴 시간을 光緒 戊申年 (1908)으로 고쳤을 뿐만 아니라 부분적으로 刪去하였다.258)

국내에 유입기록이 없어 정확한 유입시기를 알 수 없으나 대략 朝鮮末期에 유입된 것으로 추정된다. 현재 소장된 판본으로는 光緒 刻本과 淸末 上海 ≪繪圖野叟奇談 正續客窓閒話≫石印本에 해당하는 것들이 주로 남아 있다.

書名	出版事項	版式狀況	一般事項	所藏處/所藏番號
客窓閒話	吳熾昌(淸)著, 本堂藏板, 光緒2年(1876)	8卷4冊, 中國木版本, 16.8×11.4cm	序: 乙亥(1875)…長白山人, 印: 集玉齋, 帝室圖書之章	서울大 奎章閣 [奎中]5798
客窓閒話	上海, 錦章圖書局, [19--]	4卷4冊, 中國石印本, 15.2×9cm		高麗大學校 (華山文庫) [小]72
客窓閒話	吳藫厈 撰	初集4卷2冊, 續集4卷2冊, 共4冊, 中國石印本, 有圖, 15cm	內題: 繪圖野叟奇談正續客窓閒話, 序: 甞在光緒乙未 (1895)仲冬, 吳縣裵錫華書, 印記: 默容室藏書印 外4種	延世大學校 812.38/1
客窓閒話	刊寫事項不明	初集4卷2冊, 續集4卷2冊(合4冊), 石印本, 有圖, 14.7×8.9cm, 四周單邊, 半郭: 11.6×7.9cm, 無界, 16行36字, 上下向黑魚尾	題簽題: 繪圖野叟奇談正續客窓閒話, 版心題: 繪圖客窓閒話	慶北大學校 [古]812.4 객811

---

258) 서울大 奎章閣 학국학연구원 ≪客窓閒話≫백광준 해제 참조. http://e-kyujanggak.snu.ac.kr/

5. 續客窓閒話

≪續客窓閒話≫는 吳熾昌이 지은 ≪客窓閒話≫의 續集이다. 續集은 道光 30年(1850)에 처음 판각되었으며, 앞부분에 같은 해에 泉州(지금의 天津市 寶坻縣)에서 쓴 작자의 自序가 수록되어 있다. 序에 의하면 吳熾昌이 어려서부터 장년 때까지 30여 년간 보고 들은 이야기를 간행한 후 장년에서 노년까지 또 30여 년간 수집한 기이한 이야기를 모아 續集을 내어 골계와 유희로 삼는다고 하였다.

≪客窓閒話≫와 마찬가지로 귀신, 여우, 괴이한 일을 소재로 한 것을 비롯하여 다양한 인간사에 관해 적고 있다. 예를 들면 권4의 〈一技養生〉 중에 자신의 운명이 큰 부자가 되는 것이라고 듣고 자란 어느 양말 만드는 장인의 아들 이야기가 있다. 그는 그 운명만 믿고 아무 것도 하지 않고 지내다 굶어 죽어 염라대왕 앞에 항의하러 갔다. 그가 돈을 벌기 위한 최소한의 행위도 하지 않았기 때문에 그를 위해 준비했던 돈이 그에게 갈 기회가 없었던 것임이 판명되고 결국 그는 내세에 부자집 고양이로 환생하게 되었다. 이와 같은 이야기는 노력 없이 운명만 믿는 어리석은 사람들을 해학적으로 비판한 것이라고 할 수 있다. 또 〈補訟師二則〉은 뛰어난 기지로 송사 사건에서 힘없는 이를 도와 악한 사람들을 처단하는 訟師의 활동을 묘사하고 있는데, 이는 전통사회에서 불법적인 행위를 일삼으며 송사를 부추기는 부정적 이미지의 訟師와는 다른 모습을 보여주고 있다. 이것은 오랜 막료생활을 하며 겪은 체험과 관련이 있는 것이라고 할 수 있다.[259]

국내에 유입된 기록이 남아 있지 않아 유입시기를 알 수가 없지만, 현재 初集과 續集이 함께 수록된 ≪客窓閒話≫本이 서울大 奎章閣과 延世大學校, 慶北大學校 등에 소장되어 있고 光緒 乙亥年(1875) 서문이 수록된 잔본 ≪續客窓閒話≫3冊이 國民大學校에 소장되어 있다.

書名	出版事項	版式狀況	一般事項	所藏處/所藏番號
續客窓閒話	吳熾昌(淸), 滋本堂, 光緒 1年(1875)	3冊(缺帙, 1-3), 中國木版本, 15.8×11.7㎝, 四周雙邊, 半郭: 11.9×9㎝, 有界, 8行20字, 上下向黑魚尾	標題[記]: 光緒乙亥(1875) 年鐫…滋本堂藏版, …序: 性甫謝理拜撰, 光緒乙亥(1875) …薌斥自序	國民大學校 고823.6 오02

---

259) 吳熾昌·淸涼道人 著, ≪客窗閒話·聽雨軒筆記≫, 重慶出版社, 1999, 3쪽 참조.

6. 夢園叢說(夢園叢記)

≪夢園叢說≫은 清代 方浚頤가 편찬한 志怪·傳奇小說集으로 ≪八千卷樓書目≫ 小說家類에 8卷으로 기록되어 있다. ≪販書偶記≫에 同治 13年(1874)에서 光緒 年間 동안에 간행된 揚州刊本이 있으며 ≪夢園叢說內篇≫8卷과 ≪外篇≫8卷으로 나뉘어 있다.

方浚頤(1815~1889)는 字가 子箴이며 定遠(지금의 安徽省) 사람으로, 道光 年間 進士가 되어 관직은 四川按察使를 역임했다. 저서로 ≪二知軒文集≫이 있다.

≪夢園叢說≫은 同治 年間 志怪傳奇集 간행이 다시 활발해지며 중흥기를 맞는 시기에 나온 대표작으로[260] 내용은 기이한 이야기뿐만 아니라 각 지역의 문화와 문화인에 관한 이야기들이 수록되어 있다.

국내에 유입된 시기는 알 수 없지만, 현재 同治 13年(1874) 揚州에서 간행한 목판본이 東亞大學校에 소장되어 있고, 申報館에서 간행한 활자본이 서울大 奎章閣에 소장되어 있다.

書名	出版事項	版式狀況	一般事項	所藏處/所藏番號
夢園叢說	方浚頤(清) 撰, 同治13年(1874)	16卷4冊, 木板本, 26×15.8㎝ 四周雙邊, 半郭: 16.2×12.4㎝, 有界, 10行21字, 下黑口, 上黑魚尾	刊記: 同治十三年甲戌(1874) 仲冬月刊於揚川, 序: 光緒紀元歲在乙亥(1875) 孟夏之月桐城許恩叔平甫撰, 序: 受業朱銘盤謹序	東亞大學校 (3):10:3-11
夢園叢說	方浚頤(清)著, 申報館, 光緒1年(1875)	8卷2冊, 中國活字本, 17×11㎝	序: 光緒紀元歲在乙亥(1875)…許奉恩, 印: 集玉齋, 帝室圖書之章	서울大 奎章閣 [奎중]5908
夢園叢說	方濬頤(清) 撰, 光緒1年(1875)	16卷4冊, 24.3×15㎝, 四周雙邊, 半郭: 16.1×13㎝, 有界, 10行21字, 花口(上), 小黑口(下), 上下向黑魚尾	序: 光緒乙亥(1875)…許奉恩, 序: 朱銘盤, 裝幀: 黃色表紙黃絲四綴	서울大 中央圖書館 0330-17-1-4

---

260) 張振國, ≪晚清民國志怪傳奇小說集研究≫, 鳳凰出版社, 2011 참조.

7. 見聞隨筆

≪見聞隨筆≫은 齊學裘가 지은 志怪小說集으로 모두 26卷이다. 齊學裘는 字가 子貞, 號가 玉溪이며 同治·光緒 年間 婺源(현재 江西省에 속함) 사람이다.

이 책은 淸代 後期의 괴이하고 잡스러운 일들을 기록한 것으로 대부분 권선징악의 내용이지만 서사성이 떨어져 소설적 가치는 그다지 높지 않다. 그러나 권3〈丁小仙劣迹〉과 같이 아편전쟁 때 淸 정부의 부패가 불러온 참상을 묘사한 작품이나 권6〈單莫誓報〉와 같이 남의 돈을 빼앗고 발뺌하다 결국 惡報를 받게 되는 이야기 등은 묘사가 상세하고 흥미진진하여 볼 만하다.

중국에는 同治 10年(1871) 天空海闊之居刊 巾箱本이 남아 있으며, 국내에는 언제 유입되었는지 알 수 없으나 同治 10年 刊本이 國立中央圖書館에 소장되어 있고, 張德堅의 跋이 수록된 同治 11年(1872) 刊本이 서울大 奎章閣에 남아 있다.

書名	出版事項	版式狀況	一般事項	所藏處/所藏番號
見聞隨筆	齋學裘著, 淸版, 同治10年(1871)	26卷6冊, 24cm		國立中央圖書館 BA092-1
見聞隨筆	齋學裘著(淸), 同治11年(1872)跋	26卷6冊, 木版本, 17.8×12cm	跋: 同治十一年(1872)…張德堅, 序: 同治七年(1868)…許國年	서울大 奎章閣 5927 (1-6冊)

8. 遯窟讕言

≪遯窟讕言≫은 王韜가 편찬한 淸代 傳奇小說集이다. 현재 光緒 6年(1880) ≪申報館叢書≫本, 光緒 6年 上海 木活字本, 光緒 26年(1890) 江南書局刻本, 1913年 借陰書屋 石印本, 1935年 上海大達圖書供應社 排印本 등이 전해진다. 다른 이름으로 ≪遁叟奇談≫이라고도 하며 모두 13권이다.

王韜 (1828~1879)는 처음에 이름이 利賓이었다가 후에 瀚으로 바꾸었으며 홍콩으로 간 후 다시 韜로 바꾸었다. 字는 懶今·仲弢·紫詮이고, 號는 天南遁叟로 長洲(지금의 江蘇省 蘇州) 사람이다. 18세에 1등으로 수재가 되었으나 그 후 계속 낙방하자 과거 시험에 뜻을 접었다. 22세에 上海에 가서 墨海書館에서 일을 하였고 咸豐 11年

(1861)에 太平軍에 작전책략을 제안하였다가 淸 정부에 의해 사로잡혔지만, 영국 영사의 도움으로 12년에 홍콩으로 탈출할 수 있었다. 同治 6年(1867)에 선교사 레그(J.Legge)를 따라 영국과 프랑스 등지를 유람하였으며,261) 同治 13年 홍콩에서 ≪循環日報≫의 편집을 담당했다. 光緖 5年(1879)에는 일본을 유람하였고, 1884년에는 李鴻章의 묵인 하에 상해로 다시 돌아와 거주하였다. 1893년에 상해에서 申報館의 편집 업무를 주관하였고 格致書院을 운영하며 저술활동을 하였다.262) 洋務派 인사와 왕래하였으며 근대 改良派 사상의 선구자이자 문단의 대가였다. 주요 저서로 ≪遯窟讕言≫·≪淞隱漫錄≫·≪淞濱瑣話≫ 등의 문언소설집이 있으며, 그 외에도 ≪弢園詩文集≫·≪瀛壖雜志≫·≪海陬冶游錄≫ 등 40여 종의 문집이 남아있다. 王韜는 매일 일기를 쓰는 습관이 있었다고 하는데, 53세로 생을 마감할 때까지 거의 매일의 기록을 남겼다. 그의 일생 기록은 자서전 ≪弢園老民自傳≫에 고스란히 남아있다. 이 책은 王韜의 생애를 이해하는데 좋은 자료가 된다. 현재까지 출판된 王韜의 일기는 모두 4冊이다.263)

≪遯窟讕言≫은 同治 元年(1862) 王韜가 홍콩으로 도망간 후에 지은 것으로 光緖 元年(1875)에 처음 간행된 王韜의 첫 문언소설집이다. 어린 시절 王韜는 이미 ≪鷄窗瑣話≫라는 제목으로 짧은 단편들을 약간 집필 했었고, 홍콩에 머무는 시간 동안 추가로 집필한 것을 모아 ≪遯窟讕言≫12권을 완성했다고 한다.264)

王韜는 유년시절부터 여러 소설류의 고사들을 접하면서 관심 있는 분야에 관해 글을 짓곤 했는데, 홍콩으로 도망 온 후로 고독하고 적막한 생활을 하면서, 자신의 울분을 글에 담아 만청 사회의 암흑상과 부조리 등을 비판하는 일종의 견책류 소설을 완성한 것이다. ≪聊齋志異≫의 문체를 모방하여 태평천국과 관련된 일화들을 소재로 삼아 쓰기도 했고, 홍콩의 풍물과 자신의 생활을 반영하기도 했다. 〈傳鷺史〉·〈范德隣〉·〈無頭女鬼〉·〈江西神異〉 등 20여 편의 작품은 태평천국의 농민혁명에 대한 내용을 대표적으로 반영한 작품들이다. 그 외 〈二狼〉과 같은 작품은 上海 川沙에 사는 顧氏와 蔣氏 두 사람이 마을에서 권세가로 군림하여 민간인을 억압하고 만행을 저질러 사람들이 그

---

261) 서울大 奎章閣 학국학연구원 ≪遯窟讕言≫ 백광준 해제 참조. http://e-kyujanggak.snu.ac.kr/
262) 吳志達, ≪中國文言小說史≫, 齊魯書社, 1994, 781쪽.
263) 代順麗, 〈王韜小說創作研究〉, 福建師範大學, 博士學位論文, 2007, 7쪽 참조.
264) ≪弢園著述總目≫에서 王韜가 언급했다고 하며 그 내용은 湯克勤의 〈論王韜的文言小說創作〉(≪中國文言小說研究≫, 2007) 논문에서 볼 수 있다.

들을 '二狼(두 마리 이리)'으로 불렀다는 풍자적인 이야기이다. 〈碧蘅〉과 〈魏生〉 등은 각각 八股文의 무용함을 지적하고 재능이 없는데도 1등으로 합격했다가 망신을 당하는 선비의 이야기를 소개하였는데 이를 통해 과거제도의 폐해를 풍자하였다. 王韜가 이전에 쓴 작품들도 있지만 홍콩에 머물면서 책을 완성한 것이기 때문에 작품의 3분의 1은 홍콩에서 집필한 홍콩에 관련된 것들이다. 편폭은 길지 않지만 인간과 귀신의 사랑이라든지 인정세태를 묘사한 것들이 대부분을 차지한다.[265]

≪遯窟讕言≫이 국내에 유입되었다는 기록은 아직까지 찾을 수 없다. 단지 서울大 奎章閣과 간송문고에 光緖 6年(1880)에 간행된 12卷 4冊의 활자본이 소장되어 있기 때문에 유입 시기는 적어도 19세기 말이 될 것으로 추정된다. 국내 유일의 소장본인 이 두 판본은 1875년 初刻本이 아니라 1880년에 다시 重刊한 木活字本으로, 여러 판식 사항이 비슷하고 책 크기가 동일한 것으로 보아 같은 판본인 것으로 보인다.

書名	出版事項	版式狀況	一般事項	所藏處/所藏番號
遯窟讕言	王韜(淸)撰, 光緖6年(1880)	12卷4冊, 中國活字本(叭活子), 21×13.6cm	序: 光緖六年(1880)…洪士偉 跋: 光緖紀元乙亥(1875)…王塔 印: 集玉齋, 帝室圖書之章	서울大 奎章閣 [奎중]5290
遯窟讕言	王韜(淸)撰, 高宗17年庚辰, 光緖6年(1880)	12卷4冊, 中國鉛活字本, 13.6×21cm, 四周雙邊, 半郭: 9.7×13.1cm, 有界, 12行23字, 白口, 黑魚尾上	序: 洪士偉(前序1875, 後序1880) 黃懷珍 王韜自序(1875), 跋: 梁鶚(1875) 錢徵(1875), 印: 善齋, 閔丙承印, 刊記: 庚辰仲夏重校以活字版印行	澗松文庫

9. 耳食錄

≪耳食錄≫은 樂鈞이 편찬한 淸代 志怪·傳奇小說集으로 ≪八千卷樓書目≫小說家類에 12卷이라고 기록되어 있다. 현재 전해지는 판본으로 夢花樓刊本 初編 120권, 112편과 二編 8권 97편이 있다. 初編에는 乾隆 57年(1792)에 쓴 自序가 수록되어 있고 二編에는 乾隆 59年(1794)에 쓴 自序가 수록되어 있다. 또 道光 元年(1821) 靑芝山館 兩編合刊本과 同治 7年(1868) 藏修堂合刊本, 同治 10年 味經堂合刊本과 民

---
265) 유희준·민관동, 〈淸代 文言小說集 ≪閒談消夏錄≫연구-국내 유입된 ≪閒談消夏錄≫판본과 번역본을 중심으로〉, ≪중어중문학≫ 53집, 2012. 참조.

國 時期 ≪筆記小說大觀≫本 등이 있다. 그러나 ≪筆記小說大觀≫本은 50여 편의 내용을 빼고 5권으로 축소시켰다.

樂鈞(1766~1816?)은 원명이 宮譜, 字가 元淑, 號가 蓮裳으로 臨川(지금의 江西省 撫州) 사람이다. 嘉慶 6年(1801)년 擧人이 되었으나 그 후 進士 시험에는 계속 낙방하여 江蘇, 浙江, 廣東 등지에서 幕友生活을 하였다. 嘉慶 12年 이후 蘇州 楊仁山別業에 기거하였으며 翁方綱의 문하생으로 詩와 騈文 짓기를 좋아했다. 저서로 ≪靑芝山館詩文集≫·≪靑芝山館騈體文集≫·≪斷水詞≫ 등이 있다.[266]

自序와 吳蘭雪·吳山錫의 序에 의하면 ≪耳食錄≫은 작자가 옛 이야기를 추억하여 지은 것이라고 한다. 대부분의 내용이 남녀 애정과 신선과 귀신의 신기한 이야기, 민간의 해학적인 이야기들로 이루어져 있으며 이러한 이야기를 통해 사회와 인생에 대한 작자의 寓意를 기탁하고 사회의 어둡고 추악한 모습을 비판하고 있다. 체재는 傳奇小說과 志怪小說을 모두 포함하고 있다. 傳奇小說은 ≪聊齋志異≫를 모범으로 삼아 지었으며 〈南埜縣令〉·〈綠雲〉과 같은 작품은 ≪聊齋志異≫의 〈王六郎〉〈阿英〉과 비슷한 이야기이다. 또한 〈痴女子〉는 ≪紅樓夢≫에 심취한 여성 독자가 결국 賈寶玉과 林黛玉을 그리워하다 죽는 내용인데, 이야기에 풍부한 서정성을 더하여 독자들을 깊이 감동시키는 필치를 발휘하고 있다. 지괴소설 중에는 〈宋定伯〉 이야기처럼 사람이 귀신을 속이는 이야기인 〈田賣鬼〉 등 육조 지괴소설의 영향을 받은 작품이 많다. 〈鄧無影〉이라는 이야기는 鄧 아무개가 처음에는 몸과 그림자가 반반이었는데 후에 그림자도 멀리 떠나버렸다는 내용이다. 이것은 적막한 인간관계와 고독감에 대해 비유적으로 묘사한 지괴 작품으로 새로운 분위기를 자아낸다. 또한 ≪耳食錄≫중 많은 내용이 이후 희곡 작품으로 발전하여 공연되기도 하였다. 예를 들면, 초편 권2의 〈雪媒〉는 傳奇 ≪雨雪媒≫로, 권12의 〈段生〉은 傳奇 ≪酪奴夢≫로 개편되었다.[267] 이 책의 제재와 필법 등은 후대 ≪夜雨秋燈錄≫ 등 소설에도 많은 영향을 주었다고 할 수 있다.

국내에 유입된 기록은 찾아보기 어려우나 조선 후기에 유입된 것으로 보이며, 현재 道光 元年(1821) 靑芝山館本 10冊이 嶺南大學校에 소장되어 있고, 東亞大學校에는 ≪耳食錄≫ 二編만 소장되어 있다.

---

266) 陳文新, ≪文言小說審美發展史≫, 武漢大學出版社, 2002, 593쪽 참조.
267) 寧稼雨 撰, ≪中國文言小說總目提要≫, 齊魯書社, 1996, 358쪽 참조.

書名	出版事項	版式狀況	一般事項	所藏處/所藏番號
耳食錄	樂鈞(淸), 靑芝山館, 1821	10冊, 16.8×11.8cm	道光元年中刊 內容: 1冊-6冊, 上編 -- 7冊-10冊, 下編	嶺南大學校 古凡824.6-악균
耳食錄 二編	道光 1年 (1821)	8卷4冊, 18.5×11.3cm, 四周雙邊, 半郭: 12.3×10.2cm, 有界, 8行16字, 上下向黑魚尾	包匣題: 耳食錄, 刊記: 道光元年(1821) 重刊靑芝山館藏板. 序: 乾隆甲寅(1794) 歲十二月樂宮譜元洲自序於?邸芳陰別業	東亞大學校 (3):12:2-108 卷1-8

10. 忘忘錄

≪忘忘錄≫은 朱海가 지은 志怪小說集이다. 朱海는 字가 蕉圃이고, 乾隆 年間 江蘇省 吳縣 사람이라는 기록 외에는 자세한 생평이 알려져 있지 않다. 이 책은 저자가 노년에 사람들에게 들은 귀신 이야기를 정리하여 12권으로 엮은 것이다.

내용은 전부 귀신에 관한 일을 기록한 것으로, 괴이한 이야기 외에도 卷3〈鬼公子〉와 같이 귀신을 빌어 당시 인물들을 조롱하고 비판하는 이야기가 수록되어 있다.

현재 道光 10年(1830) 刊本이 전해지고 있으며 그 안에 乾隆 59年(1794)에 쓴 自序와 道光 2年(1822)에 쓴 葉世倬의 序가 수록되어 있다. 우리나라에 언제 들어왔는지는 알 수 없으나 서울大 奎章閣에 이 판본이 소장되어 있다.

書名	出版事項	版式狀況	一般事項	所藏處/所藏番號
忘忘錄	朱海(淸)著, 道光10年(1830)	10卷5冊, 中國木版本, 17×10cm	序: 道光二年(1822)…葉世倬, 印: 集玉齋, 帝室圖書之章	서울大 奎章閣 [奎중]5759

11. 景船齋雜記

≪景船齋雜記≫는 淸代 章有謨가 지은 文言筆記小說로 ≪八千卷樓書目≫ 小說家類에 1卷이 기록되어 있다. 현재 ≪申報館叢書續集≫本이 남아 있다. 寧稼雨의 ≪中國文言小說總目提要≫에서는 이 책이 典章制度와 地方風俗 等에 관해 잡다하게 적어 놓은 것으로 小說 체재가 아니라고 하였지만, 侯健 主編의 ≪中國小說大辭

典≫에서는 이 책을 '淸代文言筆記小說集'으로 분류하며 明 隆慶以後 朝野軼事를 위주로 특히 章有謨의 고향인 松江지역 이야기가 많다고 지적하였다. 또한 朱一玄 主編≪聊齋志異資料彙編≫〈本事編〉에서 볼 수 있듯이 ≪景船齋雜記≫의 몇몇 지괴 제재 이야기가 ≪聊齋志異≫ 작품의 本事로 수용되고 있는 것으로 보아 ≪景船齋雜記≫가 문언필기소설집의 성격을 지니고 있음을 알 수 있다.

章有謨(1648~1735 或 1736)는 字가 載謀이고 松江 華亭(지금의 上海 松江) 사람이다. 그의 부친 章曠은 明이 망하자 淸에 항거하다 죽은 明의 大臣이었으며, 章有謨는 王夫之에게 학문을 배우며 평생 벼슬에 나가지 않고 上海 佘山에 은거하며 布衣로 살았다. 경사에 해박하고 정통했으며 시문을 잘 지었다. 王夫之를 흠모하여 자신의 서재 이름을 '景船'이라고 불렀다. 저서에 ≪禮記說約≫30권(또는 10권)이 있다고 하나 지금은 남아 있지 않다.

≪景船齋雜記≫는 朝野의 軼事를 위주로 하여 관료 사대부의 瑣聞逸事를 기록하였는데, 정통 유가사상에서 출발하여 청렴하고 강직하며 德政을 베푸는 관리를 찬양하고 용렬한 관원은 비판하며 관부의 부패와 어두운 실상을 폭로하였다. 또한 淸初에 청병들의 만행과 그로 인한 백성들의 고통, 불행한 결혼 생활로 고통 받는 여성에 관한 이야기 등은 明末淸初 松江 一帶의 여러 社會生活을 반영하는 거울로서 당시 역사를 생동적으로 묘사해 주고 있다.[268]

국내에 유입된 기록은 보이지 않으며, 현재 서울大 奎章閣에 陸明睿가 교감한 ≪申報館叢書≫本이 소장되어 있다.

書名	出版事項	版式狀況	一般事項	所藏處/所藏番號
景船齋雜記	章有謨(淸)著, 陸明睿(淸)校, 申報館, 光緒年間(1875~1908)	2冊, 中國活字本, 17.5×11.3cm	序: 乾隆二十九年(1764)…章德榮, 印: 集玉齋, 帝室圖書之章	서울大 奎章閣 [奎중]6154

12. 無稽讕語

≪無稽讕語≫는 淸代 傳奇小說集으로 王蘭皐가 지었다. 王蘭皐는 號가 蘭皐居

---

268) 曾垂超, 〈≪景船齋雜記≫考辨〉, ≪蒲松齡研究≫, 2006年 第1期 참조.

士 또는 蘭皐主人이며 杭州 사람이다. 乾隆 45年(1780)에 進士가 되어, 후에 福建 壽寧縣 知縣을 역임했다. 그의 사적은 ≪福建通志≫에 보인다.

이 책은 내용이 잡다하고 용속하며, 어떤 부분은 유희적인 필치로 심심함을 달래는 정도에 불과하지만 중간에 詩나 詞 등을 운용한 부분은 제법 운치가 있다.

중국 판본으로는 淸代 坊刻本 5卷(약 100편)이 전해진다. 이 책은 乾隆 59年(1794)에 간행되었으나 道光·同治 年間 江蘇省·浙江省에서 禁書가 되었다. 光緖 29年(1903)에 간행된 石印本은 6권이며 ≪續夜雨秋燈錄≫이라고 제목을 달리 적고 있는데, 실제로 권6은 潘綸恩의 ≪道聽途說≫에서 발췌하여 엮어 놓았다. 국내에는 조선 후기에 유입된 것으로 보이며 서울大 奎章閣에 淸代 木版本(5권)이 소장되어 있다.

書名	出版事項	版式狀況	一般事項	所藏處/所藏番號
無稽讕語	蘭皐居士(淸)編, 淸板本	5卷4冊, 中國木版本, 17.8×11.6cm	印: 集玉齋, 帝室圖書之章	서울大 奎章閣 [奎중]5937

13. 鸝砭軒質言

≪鸝砭軒質言≫은 戴蓮芬이 지은 志怪小說集이다. 戴蓮芬은 光緖 年間 霽峰 사람이라는 기록만 있을 뿐 그의 자세한 생평은 알 수가 없다. 光緖 5年(1879)에 쓴 自序에는 소설이란 믿을 만한 근거가 있어야 한다고 말하는 한편 그 의도가 소일거리와 권선징악에 있다고 했다.

책 내용에는 당시의 괴이한 이야기와 시정 백태 등의 묘사가 주를 이루며 당시 과거제도나 결혼제도의 폐해나 염량세태 등을 훌륭한 글 솜씨로 서술하고 있어 ≪聊齋志異≫의 뒤를 잇는 볼만한 작품으로 평가받는다. 〈書燈自走〉·〈鬼梳斗〉·〈狐打甕〉 등과 같은 귀신이나 여우의 이야기, 〈破鏡重圓〉 같은 작자와 기녀와의 사랑이야기, 〈打人王〉·〈賣姜女〉와 같은 무협 이야기 등이 있다.[269]

중국 판본으로는 ≪申報館叢書≫本 4卷, 上海 大達圖書供應社 鉛印本(1935) 등이 남아 있으며 국내에는 서울大 奎章閣에 ≪申報館叢書≫本이 소장되어 있다.

---

[269] 서울大 奎章閣 한국학연구원 ≪甕牖餘談≫ 백광준 해제 참조. http://e-kyujanggak.snu.ac.kr/

書名	出版事項	版式狀況	一般事項	所藏處/所藏番號
鸝砭軒質言	戴蓮芬(淸)著, 上海, 申報館, 光緖5年(1879)	4卷2冊, 中國活字本, 17.4×11.2cm	序: 光緖五年(1879)…戴蓮芬, 印: 集玉齋, 帝室圖書之章	서울大 奎章閣 [奎중]6155

14. 甕牖餘談

≪甕牖餘談≫은 王韜(1828~1879)가[270] 편찬한 文言筆記小說集으로 ≪販書偶記≫ 小說家類에 5卷이라고 기록되어 있다. 현재 光緖 元年(1875) 申報館鉛字排印巾箱本, ≪淸代筆記叢刊≫·≪筆記小說大觀≫本 등이 전해진다.

이 책은 주로 만청사회의 여러 현상에 대해 비분강개한 태도로 서술하고 있다. 光緖 乙亥年(1875)에 縷馨仙史가 쓴 〈甕牖餘談序〉에 의하면, ≪甕牖餘談≫은 세상을 다스리는 글로서 아시아, 유럽, 아프리카, 아메리카 등 이국의 풍토와 사적을 기록하고 있으며 태평천국을 일으킨 무리 등의 반란의 전말과 충신, 의사, 절부, 열녀에 관한 여러 이야기가 담겨 있음을 알 수 있다. ≪遯窟讕言≫과 저작 의도는 비슷하지만 ≪遯窟讕言≫보다 사실성이 더 뛰어나다.

국내 유입된 경로와 시기를 알려주는 정보는 찾기 어려우나 현재 서울大 奎章閣에 1875년에 간행된 판본을 바탕으로 다시 重刊한 것으로 추정되는 申報館本이 소장되어 있다.

書名	出版事項	版式狀況	一般事項	所藏處/所藏番號
甕牖餘談	王韜(淸)撰, 申報館, 光緖元年(1875)	8卷4冊, 中國活字本, 17.1×11.3cm	序: 同治十二年(1873)…林昌彝, 跋: 光緖元年(1875)…錢徵, 印: 集玉齋, 帝室圖書之章	서울大 奎章閣 [奎중]6156

15. 埋憂集

≪埋憂集≫은 朱翊淸(1786~?)이 지은 淸代 傳奇小說集으로, 10卷, 續集 2卷으로 총 12권 208편으로 구성되었다. ≪八千卷樓書目≫에 小說家類로 저록되어 있고 ≪中

---

[270] 王韜(1828~1879)에 관한 설명은 앞에 수록한 청대 傳奇小說集 ≪遯窟讕言≫를 참고할 것.

國叢書綜錄≫에 小說類雜錄으로 저록되어 있으나 '朱翔淸'의 작품이라고 잘못 언급되어 있다. ≪筆記小說大觀≫本과 ≪淸代筆記叢刊≫本에도 '朱翔淸'으로 잘못된 표기를 그대로 따랐다. 同治 13年 ≪湖州府志≫과 光緖 8年 ≪歸安顯志≫에 모두 이 책이 언급되었고, ≪烏靑鎭志≫卷38 〈著述·上〉에도 '12卷'을 正·續을 나누어 언급하였다. 현존하는 판본 중 가장 오래된 판본은 同治 12年(1873)刊本으로 卷首에 '埋憂集'·'癸酉年新鎸'·'本堂藏板'·'戌上紅雪山莊外史著'라는 언급들이 있다. 책 앞에는 道光 25年(1845)에 쓴 작가의 自序와 秀水沈岩의 序, 道光 26年(1846) 桐鄕 周士炳의 序가 있다. 그리고 각 卷마다 校勘者를 언급해 주었다.

校勘者는 〈一卷-震澤沈味辛〉, 〈二卷-秀水高杰〉, 〈三卷-烏程張揆〉, 〈四卷-烏程邱廷銓〉, 〈五卷-桐鄕張丹書〉, 〈六卷-烏程陳寶善〉, 〈七卷-桐鄕周士燮〉, 〈八卷-秀水馬成志〉, 〈九卷-秀水高汝霖〉, 〈十卷-烏程周如懷〉, 〈續集二卷-桐鄕張光錫〉 등이다.

그 후 同治 13年에 杭州 文元堂에서 간행된 刻本이 있는데 沈岩 序文과 周士炳의 序文이 빠져있고 작가의 自序만 남겨두었는데, 自序를 쓴 날짜 역시 道光 25年(1845)을 바꾸지 않았다. 그리고 遼寧省 圖書館에 소장된 同治 13年 刻本의 책 앞부분에는 '新鎸' ≪談怪埋憂集≫ '戌上紅雪山莊外史著'라고 되어있으며, 沈岩 序文과, 周士炳의 序文을 그대로 남겨놓았고 작가가 自序를 쓴 시기만 同治 13年이라고 고쳐졌다.

1921년 廣益書局 汪少雲 重編의 ≪埋憂集≫은 沈岩과 周士炳의 序文을 싣고, 同治 13年의 작가 自序가 모두 들어있지만 篇數는 200편으로 더 적게 구성하였다. 1936년 상해 大達圖書 校點本은 卷을 나누지 않았고, 〈捉奸〉 한 편만을 더 첨가했다. 그 후 1985년 岳麓書社에서 출판한 校點本은 同治 13年에 출간된 杭州 文元堂刊本을 底本으로 삼아 간행한 것이다.271)

朱翊淸은 역사 기록에 실린 바가 없어서 그의 생애를 정확히 파악하기 어렵다. 그러나 民國 25年 ≪烏靑鎭志≫卷29 〈人物〉篇에 나온 기록에 의하면 字는 載垣이고, 號는 梅叔, 別號는 紅雪山莊外史로 歸安(지금의 浙江 湖州市 吳興縣)에서 1786년에 출생했다고 한다.

道光 10年 貢生이었으며 누차 시험에 응시하였으나 합격하지 못하였다. 道光 戊子

---

271) 張振國, 〈可奈人間難索解 從敎地下永埋憂-歸安朱翊淸≪埋憂集≫後論〉, ≪湖州師範學院學報≫, 第31卷 第3期 2009, 6. 39쪽.

年(1828)에 부인 吳氏가 사망하자, 장례를 마치고 武林으로 가서 향시를 보았으나, 역시 합격하지 못한 채 돌아오게 된다. 일생 아들이 없었는데 이때부터 어린 딸을 돌보며 부유하지 못한 삶을 영위하게 된다. 이후에도 몇 번 시험에 응시했으나, 낙방하고 결국 벼슬길을 단념하였으며 평생 어려운 삶을 살다가 1846년에 사망하였다.

　작가의 自序를 보면 이 책은 道光 13年(1833)에서 道光 25年(1845)사이에 집필된 것임을 알 수 있다. 周士炳의 序文과 작가의 自序를 보면 작가는 이미 생전에 이 ≪埋憂集≫ 출간을 준비하고 있었다. 만약 그가 갑자기 세상을 뜨지 않았다면 이 바람은 이루어졌을 것이다. 그가 세상을 떠나고 그의 사위는 장인의 장례를 치를 만한 여력이 없어, 여러 사람들이 조금씩 금전을 보태어 朱翊淸의 장례를 마쳤다. 때문에 ≪埋憂集≫ 출판이 늦어질 수밖에 없었다.272) 후에 ≪埋憂集≫ 출간을 사위가 했는지, 정확히 누가 도왔는지는 알 수 없으나, 현재 남아있는 最古本은 同治 12年(1873)本 이다.

　하지만 1855년에 출판된 陸以湉273)의 ≪冷廬詩鈔≫중 〈感舊詩〉에 朱翊淸에 대해 언급한 구절이 있다. "豪情健筆敵曹劉, 氣壓元龍百丈樓. 可奈人間難索解, 從敎地下永埋憂." 라는 문구 뒤에 주를 달기를 "同里 朱梅叔 翊淸은 烏程 사람인데……저서로는 ≪埋憂集≫四卷이 있다. 그의 사위 張幹齋 光錫274)이 간행하여 세상에 내놓았다"275)라고 하였다. 이 문구를 보면 적어도 ≪冷廬詩鈔≫가 간행되었던 咸豊 5年(1855) 전에 ≪埋憂集≫4卷이 이미 간행되어 있었다고 추정할 수 있다.276)

　≪埋憂集≫은 내용이나 체재 면에서 기존의 소설을 넘어섰다고 볼 수 없고, 많은 작

---

272) 張振國, 〈可奈人間難索解 從敎地下永埋憂-歸安朱翊淸≪埋憂集≫後論〉, ≪湖州師範學院學報≫第31卷 第3期 2009. 6. 39쪽.
273) 陸以湉(1802~1865) 字 敬安, 號 定甫, 浙江 桐鄕 사람이다. 道光 16年(1836)에 進士가 되어 19年(1839)台郡敎授가 되었고, 29年(1849)에 杭州敎授가 되었다. 咸豊 6年(1856)에 咸豊學舍에서 ≪冷廬詩鈔≫8卷을 발간했을 당시는 이미 54세의 나이였다. 咸豊 10年(1860) 太平軍이 杭州를 공격했을 때 관직을 그만두고 고향으로 낙향했다. 태평군이 항주에서 퇴각한 후 잠시 다시 관직을 받았으나 반년도 못되어 同治 4年(1865)세상을 떠났다.
274) 張光錫은 朱翊淸의 사위로 字는 幹齋, 張夢廬의 차남으로 1822년 6월 5일 출생한 后珠村 사람이다.
275) 同里朱梅叔明經翊淸, 烏程籍, 材調惊人, 抱不可一世之志, 應試屢不售, 鬱抑以沒, 著有 ≪埋憂集≫ 說部四卷, 其婿張幹齋明經光錫爲刊行于世
276) 張振國, 〈可奈人間難索解 從敎地下永埋憂-歸安朱翊淸≪埋憂集≫後論〉, ≪湖州師範學院學報≫第31卷 第3期, 2009. 6. 40쪽.

품들이 전기의 색채를 띠고 있어 전대 작품을 모방한 흔적이 보인다. 이전에 나온 이야기에 좀 더 수식을 가하거나 생략한 경우도 있고, 대부분 淸代 이래의 雜事로, 귀신이나 괴이한 일에 관한 것과 異聞·考證 등을 엮어 놓았다. 권2〈諸天驥〉의 경우 전반부는 ≪聊齋志異≫〈羅刹海市〉와〈粉蝶〉의 내용과 많이 흡사하다. 실의에 빠져있는 文人의 白日夢을 나타내었는데, 전반부는 가치관이 전도된 나라 이야기이고 후반부는 女兒國 이야기이다. 권8〈眞生〉은 ≪聊齋志異≫〈葉生〉이야기에 근거한 것으로 남녀 애정을 다룬 이야기이다. 이 외에도 당시 역사적 사실을 다룬 빼어난 작품들도 적지 않다. 예를 들어, 권8의〈陳忠愍公死難事〉는 道光 年間 閩省 水師提督 陳化成이 영국군에 항거한 사실을 기록하고 있으며, 권10의〈乍浦之變〉은 영국군이 사포를 공격하여 양민들을 죽인 참상을 기록하고 있다. 또한 공안 이야기와 형벌의 참혹함을 묘사한 이야기들도 볼 만한 것이 많다. 208편중에서도〈穿雲琴〉과〈熊太太〉,〈薛見揚〉은 독창성이 돋보이는 작품들도 손꼽힌다. 문체는 간결하고 소박하지만 서사가 정련되고 난삽하지 않으며, 중간에 구어를 잘 활용하여 생동감을 주는 등, 근대 문언소설 중 佳作으로 여겨진다.

중국 판본으로는 同治 13年(1874) 杭州 文元堂 刊本, ≪筆記小說大觀≫本, ≪珠村談怪≫라고 題가 되어 있는 光緒 年間 石印本이 있다. 국내에는 적어도 20세기 초에 유입된 것으로 보이며, 延世大學校에 民國 時期 上海 進步書局에서 간행한 石印本 소장되어 있고 高麗大學校와 成均館大學校에 民國 三年(1914) 上海 掃葉山房에서 간행한 石印本이 소장되어 있다. 국내 소장되어 있는 판본 모두에는 저자가 '朱翔淸'이라고 잘못 언급되어 있어 '朱翊淸'으로 바로잡아야 한다.[277]

書名	出版事項	版式狀況	一般事項	所藏處/所藏番號
埋憂集	朱翊淸 著, 上海進步書局印行	10卷2冊, 續集2卷1冊, 共3冊, 中國石印本, 16cm, 四周雙邊, 12.7×7.9cm, 14行35字, 上下小黑口, 上黑魚尾	自序: 歲次甲戌(1874)孟秋月八日 朱梅叔自題, 印記: 默容室藏書印 外5種	延世大學校 812.38/3
埋憂集	朱翊淸(淸)著, 上海, 掃葉山房, 民國3年(1914)	10卷, 續集2卷, 合3冊, 中國石印本, 20×13.3cm, 15行32字	序: 沈巖敬識, 同治十三年歲次甲戌(1874)…周士炳謹識, 甲戌孟秋… 朱翔淸梅叔氏自題於潯溪寓舍, 印: 默容室書印	高麗大學校 C14-B28

---

277) 유희준·민관동,〈淸代 文言小說集 ≪聞談消夏錄≫연구-국내 유입된 ≪聞談消夏錄≫판본과 번역본을 중심으로〉, ≪중어중문학≫ 53집, 2012, 참조.

書名	出版事項	版式狀況	一般事項	所藏處/所藏番號
埋憂集	朱翊淸(淸)著, 上海, 掃葉山房, 中華3年(1914)刊	本集10卷, 續集2卷, 合4冊, 中國石印本, 19.7×13cm, 四周雙邊, 半郭: 16×11cm, 有界, 15行32字, 上黑魚尾, 紙質: 竹紙	自序: 同治十三年歲次甲戌(1874)孟秋月八日歸安朱翔淸梅叔氏自題於潯溪寓舍, 刊記: 民國三年(1914) 掃葉山房石印	成均館大學校 D7C-29

16. 子不語(新齊諧)

≪新齊諧≫는 二十四卷으로 이루어져 있으며 淸代 乾隆 末年 袁枚가 지은 것이다. 袁枚(1716~1797)는 字가 子才이고 號는 簡齋·隨園으로서 수원선생으로 불리며 性靈說을 주장해 복고주의적 사조에 반대하고, 시는 性情이 流露하는 대로 자유롭게 노래해야 하며, 古人이나 기교에 얽매여서는 안 된다고 주장했다. 주요 저서에는 ≪小倉山房集≫과 ≪隨園詩話≫ 등이 있다. ≪新齊諧≫는 원래 ≪子不語≫라는 제목이었으나 ≪說郛≫ 중에 같은 제목의 작품이 있어서 후에 ≪新齊諧≫로 바꾸었다.

수록된 내용은 袁枚의 反理學的, 개성 해방을 추구하는 사상을 그대로 반영하고 있다. 중국 판본으로는 乾隆 53年 隨園三十種本, 嘉慶 20年 美德堂 刻本 등이 있다.

우리나라에는 李圭景(1788~1856)의 ≪五洲衍文長箋散稿≫에서 처음 서명이 언급된 것으로 보아 1700년대 말이나 1800년대 초에는 유입된 것으로 추정된다. 유입된 판본은 乾隆 53年 隨園 刻本을 비롯하여 隨園三十種本을 初集과 續集으로 나누어 간행한 ≪新齊諧子≫ 등이 있다.

書名	出版事項	版式狀況	一般事項	所藏處/所藏番號
新齊諧	袁枚(淸)編, 乾隆53年(1788)	24卷12冊, 中國木版本, 24.1×14.7cm, 左右雙邊, 半郭: 16.4×13cm, 有界, 11行21字, 上黑魚尾, 紙質: 綿紙	版心題: 子不語, 序: 書成初名子不語後見人說部有雷同者乃改爲新齊諧云, 刊記: 乾隆戊申(1788)翻刻必究, 藏板: 隨園藏板, 印: 李王家圖書之章, 內容: 編者가 游心駭耳之事를 廣採하여 保存할 目的으로 엮은 내용임	韓國學中央研究院 4-237
子不語(新齊諧)	上海, 中華圖書館, 1913年	20卷4冊, 鉛印本		박재연

第5章 淸代 作品目錄과 解題 321

書名	出版事項	版式狀況	一般事項	所藏處/所藏番號
新齊諧	袁枚 編, 上海 錦章圖書房, 民國3年(1914)	5卷5冊, 續集3卷3冊, 共8冊, 中國石印本, 有圖, 21㎝, 四周雙邊, 17.2×12㎝, 有界, 21行45字, 上黑魚尾	內題: 繪圖子不語正集, 外題: 繪圖正續子不語, 印記: 默容室藏書印 外5種	延世大學校 812.38/11
新齊諧	袁枚(淸)編, 淸板本	2冊(零本, 卷6~8, 9~11), 中國木版本, 17.3×11.8㎝		서울大 奎章閣 [古]895.13-W49s -v.6/8,9/9/11
子不語(新齊諧)	袁枚(淸)編, 蓮溪書屋, 淸板本	24卷12冊, 中國木版本, 12.2×11㎝	印: 集玉齋, 帝室圖書之章	서울大 奎章閣 [奎중]5847
新齊諧子	袁枚(淸)編, 上海, 錦章圖書局, 刊寫年未詳	8卷8冊(初集 卷2, 3, 5), 中國石印本, 有圖, 20.2×13.4㎝, 四周雙邊, 半郭: 17.3×11.9㎝, 有界, 21行45字, 上內向黑魚尾	裏表紙書名: 繪圖正續子不語, 版心書名: 新齊諧初集 淸 袁枚(隨園)이 지은 隨園三十種의 일부로서 奇異한 逸話들을 모아 初集과 續集으로 나누어 만든 책	漢陽大學校 812.36-원418ㅅ -v.2,- v.3,- v.5
新齊諧子	袁枚(淸)編, 上海, 錦章圖書局, 刊寫年未詳	1卷1冊(初集 卷1, 4), 中國石印本, 有圖, 20.2×13.4㎝, 四周雙邊, 半郭: 17.3×11.9㎝, 有界, 21行45字, 上內向黑魚尾	裏表紙書名: 繪圖正續子不語, 版心書名: 新齊諧初集(卷4), 新齊諧續集(卷1)	漢陽大學校 812.36-원418ㅅ -v.1,-v.4
新齊諧子	袁枚(淸)編, 上海, 錦章圖書局, 刊寫年未詳	8卷8冊(續集 卷上), 中國石印本, 有圖, 20.2×13.4㎝, 四周雙邊, 半郭: 17.3×11.9㎝, 有界, 21行45字, 上內向黑魚尾	裏表紙書名: 繪圖正續子不語, 版心書名: 新齊諧續集	漢陽大學校 812.36-원418ㅅ-v. 6, 812.36-원418ㅅ -v.8
新齊諧子	袁枚(淸)編, 上海, 錦章圖書局, 刊寫年未詳	1卷1冊(續集 卷中), 中國石印本, 有圖, 20.2×13.4㎝, 四周雙邊, 半郭: 17.3×11.9㎝, 有界, 21行45字, 上內向黑魚尾	裏表紙書名: 繪圖正續子不語, 版心書名: 新齊諧續集	漢陽大學校 812.36-원418ㅅ -v.7
繪圖正續子不語	隋園戱 編, 上海, 綿章圖書局, 民國3年(1914)	8冊, 中國石版本, 20×13㎝, 四周雙邊, 21行45字, 半郭: 17.1×11.8㎝, 上黑魚尾		建國大學校 [고] 923

17. 夜譚隨錄

≪夜譚隨錄≫는 和邦額의 筆記體 文言短篇小說集으로 전체 4卷(혹은 12卷)으로 이루어져 있으며 傳奇와 志怪小說 약 160篇 정도를 수록하고 있다. 和邦額의 字는 閒齋, 號는 霽園主人 또는 蛾術齋主으로 만주족이다. 생졸년은 미상이며 乾隆 年間 사람이다. 어린 시절 조부와 부친을 따라 서북지역, 동남지역 등에서 오랜 기간 거주하며 견문을 넓혔으며 현령을 지낸 바 있다.

이 책은 대략 和邦額이 44세 전후에 지은 것이며 자칭 '志怪之書'라고 하였다. 형식상 ≪聊齋志異≫를 모방하였으며, 특히 평민 여자의 묘사에 뛰어났다. 예를 들면, 〈碧碧(≪碧碧≫)〉·〈香雲(≪香雲≫)〉·〈白萍(≪白萍≫)〉·〈收香(≪婁方華≫)〉·〈白氏(≪王侃≫)〉·〈秀姑(≪秀姑≫)〉 등의 천진난만하고 쾌활하며 대범한 소녀들의 형상을 창조하였다. ≪夜譚隨錄≫의 제재는 袁枚의 ≪新齊諧≫ 등 다른 책에서 취해온 것도 있다. 또한 ≪夜譚隨錄≫은 만주족 旗人의 生活을 여러 측면에서 다각적으로 다룬 것이 특징으로 旗人을 소재로 한 작품이 전체의 1/5을 차지한다. 旗人들이 본 괴이한 이야기뿐만 아니라 乾隆 年間 이미 심각해진 旗人의 生計問題, 만주족 특유의 풍속과 개성, 시정문화 등을 묘사한 것이 많다. 이후에 나온 ≪小豆棚≫·≪蘭苕館外史≫등도 ≪夜譚隨錄≫의 풍격과 매우 비슷하며, 鄒弢의 ≪澆愁集≫은 ≪夜譚隨錄≫에서 많은 부분을 그대로 베끼고 있다.[278]

현재 중국에 남아 있는 판본으로는 原本과 刪本 두 계통이 있다. 原本은 12권이며 저자 및 그 친구 恩茂先·蘭岩·福霽堂·李齋魚 등의 批語가 덧붙여져 있다. 刪本은 4권으로 대부분의 批語를 생략했으며 원문 역시 생략하고 덧붙인 곳이 있다. 乾隆 44年(1777) 本衙刊本과 光緖 2年(1876) 愛日堂 刊本 등이 있다. 국내에는 대략 조선 말기에 유입된 것으로 추정되며 현재 蘭岩의 評語가 있는 淸代 판본 殘本이 서울大 奎章閣에 남아 있다.

書名	出版事項	版式狀況	一般事項	所藏處/所藏番號
夜譚隨錄	霽園主人閒齋氏(?)著, 蔡國主人蘭氏評閱, 淸板本	1冊(零本, 卷10), 中國木版本, 16×10cm	印: 權益濟印	서울大 奎章閣 [古小]920.052-J55y-v.10

---

[278] 寧稼雨 撰, ≪中國文言小說總目提要≫, 齊魯書社, 1996, 335쪽 참조.

18. 夜雨秋燈錄(續錄)

≪夜雨秋燈錄≫은 清 宣鼎(1832~1880)이 편찬한 傳奇小說集이다. 宣鼎은 字가 子九이고 號는 瘦梅, 懊儂이며 별칭으로는 香雪道人·問香庵主·東魯游人·瘦尊者·太瘦生·虎口逋客·是此花身館主·雲山到處僧·墮落行脚 등이 있다. 天長(현 安徽省 天長縣) 사람이다. 부유한 가문 출신으로 20세 즈음에 부모가 세상을 떠나자 가세가 기울었다. 27세에 종군을 하여 죽을 고비를 넘겼으며, 나중에 上海로 돌아와 그림을 파는 것으로 생계를 꾸렸다. 31세에 권력자의 막부에 들어가 筆札을 담당하였으며, 35세에 淮海(현 江蘇 鹽城)에서 游幕하였다. 39세에 山左(현 山東)에서 遊歷하였고, 이듬해에 滋陽(현 山東 袞州)의 막부에 들어갔다. 서화에 뛰어났으며 詩로 명성을 날렸다.

작자는 자서에서 책 속에 기록한 것은 "평생에 눈으로 보고 귀로 들은 것으로, 마음속에 기억하고 있으며 깊이 믿는 것"이라고 하였다. 그러므로 책 속의 이야기가 취한 소재는 현실적인 것이다. 설령 귀신이나 여우 등의 이야기도 있지만, 대개는 인간과 관련된 것들이다. 이야기 말미에는 '懊儂氏曰'이라 하여 해당 문장과 관련한 작자의 말이 이어지고 있다. 많은 이야기들이 사회 정치의 암흑상이나 열강이 가져온 재난이나 굴욕에 대해 기록하고 있다. 예컨대 권4의 〈長人〉은 서양 사람이 생김새가 기이한 중국인을 사서 장난감으로 삼은 내용을 적었으며, 권3의 〈父子神槍〉, 권4의 〈白長老〉는 권문세족의 殘惡無道한 행위를 고발하고 있다. 그 외에 권4의 〈鐵簪子〉와 같은 작품은 당시의 타락한 시대상을 비판하고 있다. 또한 하층 민중의 고상한 품성을 기리는 작품도 있는데, 예컨대 권1의 〈劉子醫膏藥〉, 권2의 〈桑兒〉, 〈圍俠〉 등이 그것이다. 그 중 특히 애정을 노래하고 인성을 찬양한 권3의 〈瘋癲女邱麗玉〉이 가장 뛰어나다. 또한 작자는 다양한 예술 기교를 구사하는 데 뛰어나서, 권1의 〈雅賺〉는 구조가 짜임새가 있으며 이야기에 파란이 일어 의표를 찌르며, 권4의 〈冰炭緣〉은 상상이 기발하여 참신하다. 이런 표현 기법과 관련하여 蔡爾康은 서문에서 "말은 은미하지만 더욱 드러나고, 뜻은 기이하지만 실제 쓰임에 닿는다. 풍자는 모두 ≪詩經≫에 근본하고, 내용은 〈子虛賦〉에 속하지만 해롭지 않다. 비방과 칭찬이 늘 곧은 도리를 담고 있으니, 말은 비록 분노하고 있지만 무엇을 상하겠는가. 하물며 책 속에 기이한 일을 쓰면 놀라는 듯, 기이한 행동을 기록하면 슬픈 듯, 시사를 논하면 풍자하듯, 염정을 묘사하면 나아가지도 떠나지도 못하는 듯하니, 말할 것도 없다. 대개 說部의 모든 장점을 합쳐 감회를 서술하는 또 다른 가락을 만든 것이다"라고 평가하였다.279)

중국에 전해지는 판본으로는 光緖 3年(1877) 申報館에서 간행한 8권본이 있다. 앞부분에는 光緖 3年에 쓴 〈自序〉와 蔡爾康의 〈夜雨秋燈錄序〉가 실려 있다. 뒤이어 光緖 6年 申報館에서 간행한 ≪夜雨秋燈錄續錄≫8권본에는 蔡爾康의 〈序〉가 있고, 작자가 사망했다고 되어 있다. 후에 ≪淸代筆記叢刊≫本, ≪筆記小說大觀≫本, 기타 민간 간행본 등에서는 3집 12권 또는 상편·하편으로 나누고 있지만 편목은 모두 113편으로 동일하다. 그 중 앞의 2集 8卷 55편만 작자의 原作이고, 마지막 3集 4卷 58편은 長白浩歌子의 ≪螢窓異草≫와 吳熾昌의 ≪客窓閑話≫ 등의 책에서 취한 것이다. 1987년 上海古籍出版社가 原刊本 正集과 續集에 근거해 간행한 排印本이 현재 가장 완전한 판본으로 여겨진다.

국내에는 조선 말기에 유입된 것으로 보이며, 서울大 奎章閣과 全南大學校에 소장된 ≪夜雨秋燈錄≫은 光緖 3年(1877)에 申報館에서 간행한 8권 활자본이다. 그 밖에 雅丹文庫에는 1912년 上海 大一統書局에서 간행한 3集 12卷 本이 소장되어 있으며, 延世大學校에는 上海 鴻文書局에서 간행한 삽화본이 소장되어 있다.

書名	出版事項	版式狀況	一般事項	所藏處/所藏番號
夜雨秋燈錄	宣鼎(淸)著, 申報館, 光緖3年(1877)	8卷8冊, 中國活字本, 17×11.4㎝	序: 光緖三年(1877)…宣鼎, 印: 集玉齋, 帝室圖書之章	서울大 奎章閣 [奎중]5771
夜雨秋燈錄	宣鼎(淸)著, 中國, 刊寫者未詳, 光緖3年(1877)序	5冊(缺帙, 冊1, 3~4, 6~7), 中國新鉛活字本, 17×11.2㎝, 四周雙邊, 半郭: 12.2×9.3㎝, 無界, 12行24字, 花口, 上下向黑魚尾, 紙質: 竹紙	自序: 光緖三年(1877) 春二月花朝日天長宣鼎瘦梅 自序於仙蝶來館	全南大學校 3N1 - 야67ㅅ
夜雨秋燈錄	宣鼎(淸)著, 刊寫地未詳, 刊寫者未詳, 光緖3年(1877)序	5冊(缺帙), 中國新鉛活字本, 17×11.2㎝, 四周雙邊, 半郭: 12.2×9.3㎝, 無界, 12行24字, 上黑魚尾, 紙質: 竹紙	自序: 光緖三年(1877) 春二月花朝日天長宣鼎瘦梅 自序於仙蝶來館	全南大學校 3N1-야67ㅅ-v.1,3 -4,6-7

---

279) 백광준 서울大 奎章閣 해제 참조. 서울대학교 규장각한국학연구원 http://e-kyujanggak.snu.ac.kr/ 참조.

書名	出版事項	版式狀況	一般事項	所藏處/所藏番號
夜雨秋燈續錄	宣鼎(清)著, 申報館, 光緒6年(1880)	8卷8冊, 中國活字本, 17×11.2cm	序: 光緒六年(1880)… 蔡爾康, 跋: 光緒庚辰(1880) …何鏞, 印: 集玉齋, 帝室圖書之章	서울大 奎章閣 [奎중]5837
夜雨秋燈錄	天長宣 著, 上海, 大一統書局, 1912年刊	12卷6冊(1函), 中國石印本, 半郭: 17.3×11.3cm, 17行36字, 下黑口, 上黑魚尾	表題: 大字足本夜雨秋燈錄, 所藏: 本集4卷2冊, 續集4卷2冊, 三集4卷2冊	雅丹文庫 823.6-천74ㅇ
夜雨秋燈錄	宣鼎(清)著, 上海, 鴻文書局印行	6卷6冊, 中國石印本, 有圖, 14cm	版心題: 繡像夜雨秋燈錄, 印記: 黙容室藏書印 外4種	延世大學校 812.38/13
夜雨秋燈錄		2冊(卷之一, 二), 活字本	申報館仿聚珍版印	박재연

19. 燕山外史

≪燕山外史≫는 淸 陳球(生卒年未詳)가 편찬한 文言長篇小說이다. 陳球의 字는 蘊齋이고 號는 一蠹山樵이며 秀水(현 浙江省 嘉興縣) 사람이다. 대략 嘉慶 年間 (1795-1820)의 인물이다. 그는 성격이 호방하였으며 주로 그림을 팔아 생계를 꾸렸다고 전한다.

이 책은 明代 馮夢禎이 지은 ≪竇生傳≫의 줄거리를 확대 부연한 才子佳人小說이며, 해학적인 문장으로 시험 삼아 지은 것이다. 간단한 줄거리는 다음과 같다. 永樂 年間 嘉興의 서생 竇繩祖는 가난한 李愛姑와 결혼했으나, 아버지의 명령으로 그녀를 버리고 명문의 규수와 결혼한다. 妓樓를 떠돌던 애고는 협객의 도움으로 두승조와 재회하지만, 본처의 질투로 두승조와 달아났다가 唐賽兒의 난을 만나 헤어지고 만다. 두승조의 본처는 다른 사람에게 시집가고, 두승조는 후에 과거에 급제하였으며 우여곡절 끝에 애고와 다시 부부가 된다. 나중에 유모로 고용한 여자가 본처였으며, 마지막으로 두승조와 애고와 함께 신선이 된다는 이야기이다. 두승조와 이애고의 悲歡離合을 통해 예교에 대항하는 '情'에 대해 긍정한다는 점과 당시 역사적 상황인 당새아의 반란을 통해 官逼民反의 이치를 드러내고 있다는 점에 있어서 이 책은 그 사회적 의의가 크다고 할 수도 있으나 여전히 재자가인의 구태의연함에서 벗어나지 못하였다. 전체 3만여 자로 唐代 ≪游仙窟≫이후 소설로서는 보기 드물게 騈文을 사용하였다. 그러나 노신은 이 책이 변려문 격식에 얽매여 지나친 성률을 추구한 나머지 "대상의 묘사와 감정의 서술, 두 측면 모두 생기를 잃었다"고 지적하였다.280)

중국의 판본으로는 光緒 5年 상해 廣益書局의 石印本이 있는데 若駿子(傅聲谷)가 집주하였다. 또한 光緒 12年(1886) 重刊本은 8권인데 여기에도 주석이 달려있다. 光緒 32年(1906) 상해 江左書局에서 출판한 석인본이 있다. 1914년 醉經堂 석인본 역시 주석이 붙어있는데, 2권으로 편집했다. 현재 통행본은 春風文藝出版社 校點本으로 ≪孤山再夢≫과 합간한 것이다. 국내에는 19세기 말에 유입된 것으로 보이며 소장 판본은 대부분 若駿子가 집주한 ≪燕山外史註釋≫ 本이다.

서울大 奎章閣 所藏本 ≪燕山外史註釋≫은 1879년에 상해 광익서국에서 간행된 판본에 바탕을 둔 판본으로 추정되며, 이 책의 體裁는 총 8권 4책으로 이루어졌고, 매책 당 두 권씩 묶여 있다. 먼저 光緒 五年(1879)에 若駿子가 쓴 서문과 嘉慶 辛未年(1811) 겨울에 吳展成이 쓴 서문이 실려 있다. 그 뒤에는 같은 해 呂淸泰가 쓴 서문, 光緒 己卯年(1879) 겨울에 戴咸弼이 쓴 서문이 수록되어 있다. 연이어 明代 馮夢禎이 쓴 〈竇生本傳〉이 실려 있고, 다시 작자의 〈舊例〉가 있고, 若駿子가 주석과 관련한 입장을 밝히고 있는 〈凡例〉가 있다. 권8의 끝에는 〈燕山外史補註〉가 실려 있고, 맨 뒤에는 光緒 5年(1879)에 頂震新이 쓴 발문이 실려 있다. 高麗大學校, 成均館大學校, 忠南大學校에 소장된 판본은 모두 光緒 丙午(1906) 上海海左書局 石印本이며, 延世大學校에는 明治 11年(1878) 大鄕穆이 訓點하여 일본 동경에서 간행한 목판본이 소장되어 있다.

書名	出版事項	版式狀況	一般事項	所藏處/所藏番號
燕山外史	陳球 著, 大鄕穆 訓點, 東京, 長野龜七, 明治11年(1878)	2卷2冊, 日本木版本(訓點本), 19㎝, 四周雙邊, 12.5×9.1㎝, 有界, 9行20字, 上下大黑口	序: 嘉慶辛未(1811)仲冬 吳展成拜手題	延世大學校 812.36/43
燕山外史	陳球(淸)著, 若駿子 輯註, 淸朝末~中華初刊	2卷2冊, 中國石印本, 20×13.2㎝, 四周單邊, 半郭: 17.4×11.5㎝, 16行38字, 註雙行, 紙質: 竹紙	序: 光緒己卯(1879) 仲冬嘉善戴咸弼拜譔	成均館大學校 (曹元錫) D7C-162

---

280) 백광준 서울大 奎章閣 해제 참조. 서울대학교 규장각한국학연구원 http://e-kyujanggak.snu.ac.kr/ 참조.

第5章 清代 作品目錄과 解題　327

書名	出版事項	版式狀況	一般事項	所藏處/所藏番號
燕山外史	香港(中國), 五桂堂書局, 刊寫年未詳	1冊(164面), 中國轉寫本, 18.7×13㎝, 無界, 行字數不定, 註雙行, 紙質: 노로지	序: 己卯仲冬…戴咸弼撰, 序: 嘉慶辛未 (1811)仲冬… 吳展成題, 序: 民國二十二年 癸酉 (1933)八月…朱益明謹識	釜山大學校 夢漢文庫(子部) ODC 3-12 47
燕山外史		8卷1冊(1冊缺, 卷三, 四, 五, 六, 七, 八存), 石印本		박재연
燕山外史註釋	陳球 著, 若駃子 輯註, 嘉慶辛未 (1811)仲冬, 上海袖海山房石印	8卷2冊, 中國石印本, 20㎝, 四周雙邊, 15.5×10.2㎝, 12行26字, 註小字雙行, 上黑魚尾	內題: 註釋燕山外史, 序: 光緒五年歲在己卯(1879) 孟冬月 永嘉若駃子序, 嘉慶辛未(1811)仲冬 吳展成拜手題	延世大學校 812.36/44
燕山外史註釋	陳球(淸)著, 若駃子(淸)輯註, 新東垣(淸)參校, 淸, 光緒5(1879)刊	2卷2冊(卷上, 下), 中國石印本, 有圖, 20×13㎝, 四周單邊, 半郭: 17.3×12.2㎝, 無界, 16行38字, 註雙行, 紙質: 洋紙	裏題: 繡像燕山外史, 序: 光緒己卯(1879) 仲冬嘉善戴咸弼拜譔	江原道 江陵市 船橋莊
燕山外史註釋	陳球 著, 光緒5年(1879)	8卷4冊, 中國木版本, 22.4×13.4㎝		高麗大學校 (華山文庫) C14-B26
燕山外史註釋	陳球(淸)著, 若駃子(淸)輯註, 光緒5年(1879)	8卷4冊, 中國木版本, 22.8×13.4㎝	序: 光緒五年(1879)…若駃子, 跋: 光緒五年…項震新, 印: 集玉齋, 帝室圖書之章	서울大 奎章閣 [奎중]5273
燕山外史註釋	陳球(淸)著, 刊寫地不明, 刊寫者不明, 乙未(1895)	8卷2冊, 石印本, 有圖, 15×9.4㎝, 四周雙邊, 半郭: 11.3×7.5㎝, 有界, 13行字數不定, 上下向二黑魚尾	表題: 燕山外史, 版心題: 註釋燕山外史, 序: 嘉慶辛未(1811)… 淸泰鐵崖氏拜手, 跋: 爲池校勘爰書數語以歸之, 刊記: 乙未(1895)	慶北大學校 [古]812.3 진17ㅇ
燕山外史註釋	陳球 著, 若駃子 輯註, 上海, 海左書局, 淸, 光緒32年(1906)刊	8卷4冊, 中國石印本, 有圖, 20×13.3㎝, 四周雙邊, 半郭: 17.3×11.1㎝, 有界, 13行32字, 註雙行, 上下向黑魚尾, 紙質: 洋紙	表題: 言情小說燕山外史, 版心題: 註釋燕山外史, 裏題: 繡像全圖註釋燕山外史, 序: 嘉慶辛未(1811) 仲冬古橫塘螾巢居士吳展成拜手題, 刊記: 光緒丙午(1906) 上海海左書局石印	忠南大學校 集, 小說類-1218
燕山外史註釋	陳球(淸)著, 上海, 海左書局, 光緒32年(1906)	8卷4冊, 中國石印本, 有圖, 20×13㎝	標題: 繡像全圖註釋燕山外史, 序: 嘉慶辛未(1811)… 吳展成拜手題	高麗大學校 C14-B26
言情小說燕山外史	陳球(淸)著, 若駃子 輯註, 葉璋(淸)等 校字, 上海, 海左書局, 淸, 光緒32年(1906)刊	8卷4冊, 中國石印本, 20×13.2㎝, 四周雙邊, 半郭: 17.9×11.5㎝, 有界, 13行32字, 註雙行, 上黑魚尾, 紙質: 竹紙	標題: 繡像全圖註釋燕山外史, 版心題: 註釋燕山外史, 序: 嘉慶辛未(1811) 仲冬古橫塘螾巢居士吳展成拜手題, 刊記: 光緒丙午(1906) 上海海左書局石印	成均館大學校 D7C-78

20. 閱微草堂筆記

≪閱微草堂筆記≫는 淸代 紀昀(1724~1805)이 만년에 보고 들었던 것을 기록한 志怪小說集이다. 乾隆 54年(1789)에 지은 ≪灤陽消夏錄≫6권을 포함하여 乾隆 56年의 ≪如是我聞≫4卷·乾隆 57年의 ≪槐西雜志≫4卷·乾隆 58年의 ≪姑妄聽之≫4卷·嘉慶 3年 ≪灤陽續錄≫6卷을 嘉慶 5年(1800)에 문하생 盛時言이 합간하여 ≪閱微草堂筆記五種≫이라 이름 붙였다. 이 책이 간행된 이후 많은 번각본과 선본, 주석본 등이 유행했다.

紀昀은 號가 曉嵐이고 字는 春帆이다. 만년에 石雲·觀奕道人·孤石老人·茶星·紀河間이라 불렸으며, 시호는 文達이다. 31세에 進士에 합격하여 翰林院 庶吉士를 거쳐 翰林院編修를 제수 받았으며 乾隆 33年(1768)에는 侍講讀學士로 발탁됐다. 乾隆 33年 사돈 盧見曾을 비호하다 관직을 삭탈당하고 우루무치로 유배됐다. 후에 석방되어 ≪四庫全書≫ 편찬시 總纂을 맡았으며 禮部尙書, 太子太保 등의 관직을 역임했다. 紀昀은 박학다식하며 저작이 풍부하여 일대 문호로 칭송받았으며 그의 사적은 ≪淸史≫〈列傳〉 권28 등에 보인다.[281]

≪閱微草堂筆記≫에는 明나라 말기에서 淸나라 초기 康熙·雍正·乾隆·嘉慶 4代에 걸친 정치·경제·문화·군사·민속 등 다방면의 내용을 담고 있으며, 그 가운데 여우와 귀신 등 괴이한 이야기를 많이 수록하였으나 창작의도나 서사기법상 ≪聊齋志異≫와는 달리 학자의 입장에서 권계와 교화를 목적으로 다양한 사회상과 인물군상을 묘사했다.

중국에서 간행된 판본으로는 嘉慶 5年(1800) 盛時彦合刊 ≪閱微草堂筆記五種≫과 道光 15年(1835) 二十四卷本, 民國時期 上海 中華圖書館 石印本 등이 있다. 현재 국내에 소장되어 있는 판본을 살펴볼 때 ≪閱微草堂筆記≫는 국내에 1800년대 초·중기에 유입되어 일부 사대부층과 고서점에서 읽힌 것으로 보인다.

---

281) 紀昀 著, 이민숙 역, ≪열미초당필기≫, 지만지, 2009, 13-16쪽 참조.

第5章 淸代 作品目錄과 解題

書 名	出版事項	版式狀況	一般事項	所藏處/所藏番號
閱微草堂筆記	紀昀(淸)著, 嘉慶5年(1800)	24卷10冊, 中國木版本, 24×15.1cm	序: 嘉慶庚申(1800)…盛時彦, 印: 成女, 集玉齋, 帝室圖書之章(赤色絹表紙)	서울大 奎章閣 [奎중]5178
閱微草堂筆記	觀奕道人(紀昀, 淸) 著, 蘇州, 振新書社, 嘉慶5年(1800)	24卷12冊, 中國木版本, 25.6×14.9cm	序: 嘉慶庚申(1800) 八月 門人北平盛時彦謹序, 印: 默容室藏	高麗大學校 C14-B37
閱微草堂筆記	紀昀, 北平, 盛氏(1804)	10冊, 25cm		嶺南大學校 東濱文庫 [古]820.21
閱微草堂筆記	觀奕道人 撰, 同文堂校刊, 羊城, 同文堂, 淸, 咸豊2年(1852)刊	24卷12冊, 中國木版本, 16×11.4cm, 左右單邊, 半郭: 13.3×9.5cm, 有界, 10行20字, 上黑魚尾, 紙質: 竹紙	序: 道光丁未(1847) 嘉平月旣望小蓬萊山館主人附識, 刊記: 咸豊二年(1852)羊城同文堂鐫	成均館大學校 D7C-79
閱微草堂筆記	紀昀(淸)著, 上海, 錦章圖書局, [19--]	24卷4冊, 中國石版本, 20.3×13.5cm	標題紙: 繪圖閱微草堂筆記	高麗大學校 (華山文庫) C14-B37A
閱微草堂筆記	紀昀(淸)著, 上海, 廣益書局, [19--]	24卷4冊, 中國石版本, 20.1×13.2cm	題簽書名: 紀文達公筆記	高麗大學校 (華山文庫) C14-B37B
閱微草堂筆記	觀奕道人(淸), 刊年未詳	24卷12冊, 木版本, 23.7×15.4cm	序: 嘉靖庚申(1800)…盛時彦, 藏版記: 北平盛氏開雕, 印記: 朴齋純印	國立中央圖書館 [古]10-30-나18
閱微草堂筆記	紀曉嵐(淸)著, 上海 中華圖書館	24卷6冊(1函), 中國石印本, 半郭: 16.1×11.3cm, 14行32字, 上黑魚尾		雅丹文庫 823.6-기950
閱微草堂筆記 (灤陽消夏錄)	紀昀(淸)著, 上海, 中華圖書館, 刊寫年未詳	24卷6冊(卷1~6), 中國石印本, 有圖, 20.1×13.3cm, 四周雙邊, 半郭: 15.9×10.8cm, 有界, 14行32字, 上內向黑魚尾	序: 嘉慶 庚申(1800)八月 門人 北平 盛時彦 謹序	漢陽大學校 812.86-기662ㅇ-v.1
閱微草堂筆記 (如是我聞)	紀昀(淸)著, 上海, 中華圖書館, 刊寫年未詳	24卷6冊(卷7~10), 中國石印本, 有圖, 20.1×13.3cm, 四周雙邊, 半郭: 15.9×10.8cm, 有界, 14行32字, 上內向黑魚尾	序: 嘉慶 庚申(1800)八月 門人 北平 盛時彦 謹序	漢陽大學校 812.86-기732ㅇ-v.2

書名	出版事項	版式狀況	一般事項	所藏處/所藏番號
閱微草堂筆記 (槐西雜志)	紀昀(淸)著, 上海, 中華圖書館, 刊寫年未詳	24卷6冊(卷11~12), 中國石印本, 有圖, 20.1×13.3cm, 四周雙邊, 半郭: 15.9×10.8cm, 有界, 14行32字, 上內向黑魚尾	序: 嘉慶 庚申(1800)八月 門人 北平 盛時彦 謹序	漢陽大學校 812.86-기732ㅇ-v.3
閱微草堂筆記 (槐西雜志)	紀昀(淸)著, 上海, 中華圖書館, 刊寫年未詳	24卷6冊(卷12~14), 中國石印本, 有圖, 20.1×13.3cm, 四周雙邊, 半郭: 15.9×10.8cm, 有界, 14行32字, 上內向黑魚尾	序: 嘉慶 庚申(1800)八月 門人 北平 盛時彦 謹序	漢陽大學校 812.86-기732ㅇ-v.4
閱微草堂筆記 (姑妄聽之)	紀昀(淸)著, 上海, 中華圖書館, 刊寫年未詳	24卷6冊(卷15~18), 中國石印本, 有圖, 20.1×13.3cm, 四周雙邊, 半郭: 15.9×10.8cm, 有界, 14行32字, 上內向黑魚尾	序: 嘉慶庚申(1800)八月 門人北平盛時彦謹序	漢陽大學校 812.86-기732ㅇ-v.5
閱微草堂筆記 (灤陽續錄)	紀昀(淸)著, 上海, 中華圖書館, 刊寫年未詳	24卷6冊(卷19~24), 中國石印本, 有圖, 20.1×13.3cm, 四周雙邊, 半郭: 15.9×10.8cm, 有界, 14行32字, 上內向黑魚尾	序: 嘉慶庚申(1800)八月 門人北平盛時彦謹序	漢陽大學校 812.86-기732ㅇ-v.6
閱微草堂筆記五種	紀昀(淸)著, 緯文堂, 道光27年(1847)	12冊, 中國木版本, 16×11cm	序: 道光丁未(1847)… 小蓬萊山館主人, 印: 集玉齋, 帝室圖書之章, 內容: 灤陽消夏錄, 如是我聞, 槐西雜志, 姑妄聽之, 灤陽續錄	서울大 奎章閣 [奎중]5864
閱微草堂筆記五種	紀昀(淸)著, 唐文星堂, 光緖3年(1877)	10冊, 中國木版本, 17×11.3cm	序: 道光丁未(1847)… 小蓬萊山館主人, 印: 集玉齋, 帝室圖書之章, 內容: 灤陽消夏錄, 如是我聞, 槐西雜志, 姑妄聽之, 灤陽續錄	서울大 奎章閣 [奎중]6044

21. 灤陽消夏錄

≪灤陽消夏錄≫은 乾隆 54年(1789) 紀昀이 熱河에 가서 秘籍을 교감·정리하다가 남는 시간에 기록한 稗說로 모두 6권으로 되어 있다. 이후 ≪閱微草堂筆記五種≫에 수록되었다. 자세한 사항은 ≪閱微草堂筆記≫참조.

書名	出版事項	版式狀況	一般事項	所藏處/所藏番號
灤陽消夏錄	觀弈道人 撰, (閱微草堂筆記: 1), 粤東同文堂校刊	1冊(卷1-3, 全6卷2冊中의零本임), 中國木版本, 16cm, 四周雙邊, 12.9×9.6cm, 有界, 10行20字, 上黑魚尾	觀弈道人은 紀昀의 別號임	延世大學校 812.38/2
閱微草堂筆記(灤陽消夏錄)	紀昀(淸)著, 上海, 中華圖書館, 刊寫年未詳	24卷6冊(卷1~6), 中國石印本, 有圖, 20.1×13.3cm, 四周雙邊, 半郭: 15.9×10.8cm, 有界, 14行32字, 上內向黑魚尾	序: 嘉慶 庚申(1800)八月 門人 北平 盛時彥 謹序	漢陽大學校 812.86-기662ㅇ-v.1

22. 聊齋志異

≪聊齋志異≫는 淸代의 대표적인 文言小說로 500여 편의 단편소설(통행본 431편)로 되어 있다. 이 책은 蒲松齡(1640~1715)이 젊은 시절부터 만년에 이르기까지 필생의 사업으로 편찬한 책으로 알려져 있다. 이 책의 창작과정에 대해 본인의 題辭에서 "재능은 干寶만 못하나 搜神을 좋아하고, 情은 黃州(蘇東坡)와 같아 다른 사람들이 귀신이야기 하는 것을 즐겨 듣고, 한가하면 곧 붓을 들어 편찬하였다."라고 밝히고 있다. 또 이 책이 나온 시기가 淸代임에도 불구하고 한동안 文言小說의 붐을 다시 일으키기도 하였으며, 우리나라의 문인들 사이에서도 상당한 호평을 받아왔다.

주요내용은 여우와 귀신 등 환상적인 이야기를 통해 당시 사회의 부정부패와 비리에 대해 비판을 하고 또 사회모순을 폭로하는 내용을 담고 있다. 하지만 그 속에는 봉건적인 이론관념과 인과보응에 대한 숙명론 사상도 일부 끼워져 있다. 전책에는 모두 491편의 단편소설이 있다. 소재가 매우 광범하고 내용이 극히 풍부하다. 대부분 여우귀신, 요괴, 못된 사람 등을 다루었으며 이를 통해 당시의 사회관계를 개괄하여 17세기 중국의 사회면모를 반영하였다.

≪聊齋志異≫는 1680년 淸의 康熙皇帝 19年에 완성되었으며 蒲松齡의 생전에는 필사본으로 유행되다가 乾隆 31年(1766)에 趙起杲가 浙江 嚴州에서 처음으로 刻印하였다.

중국의 판본 상황은 다음과 같다.

手稿本 : 半部는 유실, 모두 四冊 237편이 남아 있다.

康熙抄本 : 지금까지 전해지는 초본 중 가장 이르다. 6책 250편.

鑄雪齋抄本 : 건륭 16년(1751) 무렵 초록한 것으로 12권 474편.

二十四卷抄本 : 건륭 15년~30년(1750~1765) 무렵 초록된 것으로 24권 474편.

淸初抄本異史 : 18권 484편, 이 중 14편은 주설재초본에서는 보이지 않는다.

靑柯亭刻本 : 가장 이른 각본으로 건륭 31년(1766) 趙起杲가 간행한 것으로 16권 425편. 청 가경, 도광 이후 여러 評註本, 繪圖本이 나오는데 모두 청 가정본을 저본으로 삼았다.

會校會注會評本聊齋志異 : 張友學이 여러 판본을 참고하여 교감하고 평주를 보탠 것으로 12권 491편에 부록 6편으로 총 497편이 있다.[282]

≪聊齋志異≫에 대해 언급한 기록은 兪晩柱(1755~1788)의 독서일기 ≪欽英≫[283] 및 李圭景(1788~1856)의 ≪五洲衍文長箋散稿≫ 등에서 찾아 볼 수 있다.

　桃花扇 紅樓夢 續紅樓夢 續水滸傳 列國志 封神演義 東遊記 其他爲小說者不可勝記. 有聊齋志異蒲松齡者, 稗說中最爲可觀. 或有實蹟 文辭雅馴. 與王漁洋 同時 漁洋 以千金購之 欲爲己作 而松齡不應 其操可知也. 如此小說 我東人則量淺才短 亦不能領略. 閭巷間流行者 只有九雲夢.
　≪桃花扇≫·≪紅樓夢≫·≪續紅樓夢≫·≪續水滸傳≫·≪列國志≫·≪封神演義≫·≪東遊記≫ 등등 기타 소설이라고 하는 것들이 이루 말할 수 없이 많다. 그 중 ≪聊齋志異≫라고 蒲松齡이라는 사람이 쓴 것이 있는데, 稗說 가운데 가장 볼 만하다. 간혹 사실적인 흔적이 있기도 하고 문사가 아려하며 세련되어 있다. 포송령은 王漁洋과 더불어 동시대에 살았던 사람으로, 왕어양이 천금을 주고 구매하여 자신의 작품으로 삼고자 하였으나 포송령이 이에 응하지 않았으니 그 절조를 알 만하다. 이와 같은 소설은 우리 동방 사람들에게는 재능과 학식이 일천하여 그 뜻을 잘 이해할 수 없다. 골목에서 유행하는 것으로는 오직 ≪九雲夢≫이 있을 따름이다.
　[五洲衍文長箋散稿 第7卷, 小說辨證說 230-231쪽]

---

282) 박계화, ≪淸初 文言小說의 敍事特徵 硏究≫, 연세대 박사논문, 2004, 22쪽 참조.
283) 兪晩柱는 1786년 8월 23일·9월 28일·10월 13일·11월 22일 등의 일기에서 ≪요재지이≫에 대해 언급하며 작품의 뛰어난 점을 지적하였다. (박계화, 〈18세기 조선 문인이 본 중국염정소설-欽英을 중심으로〉, ≪대동문화연구≫ 제73권, 2011 참조)

이처럼 ≪聊齋志異≫는 조선문인들에게 애독되었으며, 적어도 18C에 유입된 것으로 추정된다. 그 외 국내 현존하는 판본으로 ≪祥註聊齋志異圖詠≫·≪聊齋志異新評≫·≪增注聊齋志異≫·≪聊齋志異評註≫가 韓國學中央研究院, 國立中央圖書館, 서울大 奎章閣, 成均館大學校, 高麗大學校, 延世大學校 등에 소장되어 있다. 그 중 가장 많이 소장되어 있는 판본은 ≪祥註聊齋志異圖詠≫와 ≪聊齋志異新評≫이다. ≪後聊齋志圖說≫(奎章閣)과 ≪繪圖後聊齋志異≫(成均館大)도 발견된다.

書名	出版事項	版式狀況	一般事項	所藏處/所藏番號
聊齋志異	蒲松齡(淸)著, 王士正(淸)評, 淸, 乾隆50年(1785)刻, 後刷	16卷16冊, 中國木版本, 19×11.7cm, 左右雙邊, 半郭: 13×9.5cm, 有界, 7行15字, 大黑口, 紙質: 竹紙	序: 乾隆三十年歲次乙酉(1765)十一月 仁和余集撰, 刊記: 乾隆乙巳年(1785) 重鐫, 淸柯亭藏板	成均館大學校 D7C-82
聊齋志異新評	蒲松齡(淸)著, 王士正(淸)評, 但明倫(淸)新評, 道光22年(1842)	16卷16冊, 中國石印本, 19.4×12.6cm	序: 道光二十二年(1842)…但明倫, 印: 集玉齋, 帝室圖書之章	서울大 奎章閣 [奎中]5793
聊齋志異新評	蒲松齡(淸) 編著, 王士正 評, 道光22年(1842)	16卷4冊, 中國木版本 20.7×13cm	序: 高珩·唐夢賚, 自序: 道光二十二年(1842)…但明倫, 刊記: 道光壬寅(1842) 仲夏廣順但氏開雕	國立中央圖書館 [古]5-80-3
聊齋志異新評	蒲松齡(淸)著, 上海, 刊寫者未詳, 道光22年(1842)	16卷16冊(卷1-16), 中國木版本, 18×12.1cm, 上下單邊, 左右雙邊, 半郭: 13.1×10.4cm, 有界, 9行21字 註雙行, 上下小黑口, 無魚尾, 紙質: 竹紙	序: 道光二十二年(1842) 夏五月廣順雲湖但明倫識於兩淮運署之題襟館, 跋: 大淸乾隆五年歲次庚申(1740) 春日孫立惠謹識	全南大學校 3Q-요72ㅍ
聊齋志異新評	蒲松齡(淸)著, 王士正(淸)評, 但明倫(淸)新評, 上海, 掃葉山房, 光緖9年(1883)刊	1卷1冊(卷1), 中國石版本, 19.2×12.3cm, 左右雙邊, 半郭: 12.8×10cm, 無界, 9行21字, 頭註, 註雙行, 上下中黑口, 紙質: 綿紙	序(奉): 乾隆三十年歲次乙酉(1765)十一月仁和余集撰, 刊記: 光緖九年(1883) 癸未春正月掃葉山防印行	東國大學校 D819.36 포55ㅇ왕
聊齋志異新評	蒲松齡(淸)著, 王士正(淸)評, 但明倫(淸)新評, 呂湛恩(淸)注, 上海著易堂, 光緖10年(1884)	16卷8冊, 中國活字本, 19.6×12cm	表紙書名: 增注聊齋志異, 序: 道光二十二年(1842)… 但明倫, 跋: 乾隆五年(1740) …孫立惠, 印: 集玉齋, 帝室圖書之章	서울大 奎章閣 [奎中]5794

334 第一部 韓國 所藏 中國文言小說의 版本目錄과 解題(作品 別)

書名	出版事項	版式狀況	一般事項	所藏處/所藏番號
聊齋志異新評	蒲松齡(淸)著, 王士正 評, 但明倫 新評, 呂湛恩 註	6卷3册(零本), 鉛活字本, 13×19.8㎝, 四周雙邊, 半郭: 11×16.1㎝, 無界, 16行42字, 細註雙行, 白口, 黑魚尾上	表紙書名, 版心書名: 詳註聊齋志異圖咏, 印: 善齋, 閔丙承印	澗松文庫
聊齋志異新評	中新書局藏板	1册(零本), 活印本, 20㎝		嶺南大學校 823.6
聊齋志異評註	蒲松齡(淸)著, 但明倫(淸), 王士正(淸)評, 呂湛恩 (淸)注釋, 上海商務印書館, 淸板本	16卷12册, 中國石印本, 有圖, 20.2×13.2㎝	卷首: 乾隆三十年(1765) 乙酉…餘集, 康熙乙未(1679)… 柳泉居士, 印: 黃華, 藏書記: 任訥藏書	서울大 奎章閣 [古]895.136-P75y -v.1-12
詳註聊齋志異新評	蒲松齡(淸)著, 王士正(淸)評, 但明倫(淸)新評, 呂湛恩(淸)注, 上海, 江左書林, 道光22年(1842)	16卷8册, 中國活字本, 有圖, 19.8×12.8㎝	卷頭書名: 聊齋志異新評, 序: 道光二十二年(1842)…但明倫, 跋: 乾隆五年(1740)… 孫立惠, 印: 集玉齋, 帝室圖書之章	서울大 奎章閣 [奎중]5806
詳註聊齋志異圖詠	蒲松齡(淸)著, 呂湛思(淸)註, 刊寫地不明, 中華圖書館, 光緖12年(1886)序	16卷8册, 中國石印本, 有圖, 20×13㎝, 四周單邊, 半郭: 15.6×11㎝, 無界, 14行36字, 無魚尾	題簽題: 繪圖聊齋志異, 版心題: 詳註聊齋志異圖詠, 序: 光緖十有二年(1886)… 高昌寒食生撰, 刊記: 中華圖書館發行	慶北大學校 [古]812.3 至55入
詳註聊齋志異圖詠	蒲松齡 著, 呂湛恩 註, 鐵城廣百宋齋藏本, 上海, 同文書局石印	16卷8册, 中國石印本, 有圖, 20㎝, 四周單邊, 15.7×10.8㎝, 14行36字, 註小字雙行	序: 光緖十有二年太歲在柔兆閹茂(丙戌, (1886)高昌寒)撰, 外題: 繪圖聊齋志異, 原序: 高珩題, 樵史唐拜題, 原跋: 大淸乾隆五年歲次庚申(1740)春日, 孫立惠謹識, 印記: 黙容室藏 外3種	延世大學校 812.38/16
詳註聊齋志異圖詠	蒲松齡(淸)著, 呂湛恩(淸)註, 上海, 同文書局, 光緖12年(1886)	16卷16册, 中國石印本, 20×13㎝	異書名: 聊齋志異, 序: 光緖十有二年太歲在柔兆閹茂(丙戌1886)…高昌寒食生撰	高麗大學校 C14-B22B
詳註聊齋志異圖詠	蒲松齡(淸)著, 呂湛恩(淸)註, 淸, 光緖12年(1886)	16卷8册, 中國石版本, 有圖, 15.3×10.3㎝, 四周雙邊, 半郭: 12.8×9㎝, 無界, 14行36字, 註雙行, 紙質: 綿紙	序: 光緖十有二年(1886) 太歲在柔兆閹茂日纏大梁之次古越 高昌寒食生撰, 印: 李王家圖書之章	韓國學中央研究院 4-225

第5章 清代 作品目錄과 解題 335

書名	出版事項	版式狀況	一般事項	所藏處/所藏番號
詳註聊齋志異圖詠	蒲松齡(清)著, 但明倫(清)評, 呂湛恩(清)註, 上海, 文宜書, 光緒丙申(1896)	16卷8冊, 中國石印本, 有圖, 20×13.2cm, 四周雙邊, 半郭: 17.5×11cm, 無界, 20行字數不定, 上下向黑魚尾	版心題: 詳註聊齋志異圖詠, 序: 道人高王行題, 刊記: 光緒丙申(1896) 上海文宜書局	慶北大學校 [古]812.3 포55ㅅ(2)
詳註聊齋志異圖詠	蒲松齡(清)著, 呂湛恩 註, 上海, 章福記書局, 光緒33年(1907)	16卷8冊, 中國石版本, 20×13.5cm, 有圖(38張), 四周雙邊, 半郭: 16.8×12cm, 無界, 30行45字, 上黑魚尾		梨花女子大學校 [고]812.3 포65
詳註聊齋志異圖詠	華興書局, 丁未(1907)	1匣8冊, 20cm		嶺南大學校 [韶]823.6
詳註聊齋志異圖詠	蒲松齡(清)著, 隆熙3年己酉(1909) 宣統元	16卷8冊, 中國石印本, 13.4×19.9cm, 四周單邊, 半郭: 11.9×17cm, 無界, 24行50字, 細註雙行, 白口, 黑魚尾上	序: 高珩 呂湛恩 註, 刊記: 宣統元年冬上海久敬齋石印, 印: 藕齋 閔晟基印	澗松文庫
詳註聊齋志異圖詠	蒲松齡(清)著, 呂湛恩(?)註, 上海, 章福記, 宣統2年(1910)	16卷16冊, 中國石版本, 有圖, 20.2×13.4cm, 四周雙邊, 半郭: 16.2×11.7cm, 無界, 16行36字, 頭註, 註雙行, 上內向黑魚尾, 紙質: 竹紙	標題: 繪圖詳註加批聊齋志異, 版心題: 詳註聊齋志異, 原序: 大清乾隆五年歲次庚申(1740)春日孫立惪識, 刊記: 宣統庚戌年(1910) 季秋上海章福記引行	東國大學校 D819.36 포55ㅛ
詳註聊齋志異圖詠	蒲松齡(清)撰, 呂湛恩 註, 上海, 天寶書局, 清, 宣統3年(1911)刊	16卷8冊, 中國石印本, 20.3×13.6cm, 四周單邊, 半郭: 17.4×11.7cm, 行字數不定, 註雙行, 上黑魚尾, 紙質: 竹紙	序: 大清乾隆五年歲次庚申(1740)春日孫立惪謹識, 刊記: 宣統參年(1911) 上海天寶書局石印	成均館大學校 (曹元錫) D7C-141
詳註聊齋志異圖詠	蒲松齡(清)著, 呂湛恩 註, 上海, 天寶書局, 民國2年(1913)	16卷1冊, 中國石印本, 有圖, 20.3×13.3cm, 四周雙邊, 半郭: 17.7×11.7cm, 無界, 行字數不定, 花口, 上下向黑魚尾	弁言:…重光大淵獻(1911) …鄭山嘯篠生撰	國民大學校 고823.6 포01
詳註聊齋志異圖詠	蒲松齡(清)著, 呂湛思(清)註, 上海, 天寶書局, 民國2年(1913)	12卷6冊(零本, 卷1~8, 卷13~16), 中國石印本, 20.1×13.3cm, 四周單邊, 半郭: 17.2×11.6cm, 無界, 24行52字, 註雙行, 上下內向黑魚尾	表題: 聊齋誌異, 志: 乾隆五年庚申(1740) …孫立惪	檀國大學校 천안율곡圖書館 羅孫文庫 고873.6-포277ㅅ

336 第一部 韓國 所藏 中國文言小說의 版本目錄과 解題(作品 別)

書 名	出版事項	版式狀況	一般事項	所藏處/所藏番號
詳註聊齋志異圖詠	蒲松齡(清)著, 上海, 天機書局, 民國2年(1913)	12卷6冊(缺帙, 卷1~8, 13~16), 中國石印本, 有圖, 20.4×13.4㎝, 四周單邊, 半郭: 18.2×11.7㎝, 無界, 24行52字, 註雙行, 上下向黑魚尾	刊記: 民國二年(1913) 上海天機書局石印, 序: 光緒十有二年太歲在柔兆閹茂 (丙戌, 1886) 日纏大梁之次古越高昌寒倉生撰	全北大學校 812.36-포송령 ㅅ
詳註聊齋志異圖詠	蒲松齡(清)著, 呂湛恩(清)註, 上海, 天寶書局, 中華2年(1913)刊	8卷8冊(卷1·3·5·7~8·14·16), 中國石印本, 有圖, 20×13.5㎝, 有界, 24行52字, 註雙行, 紙質: 竹紙	刊記: 民國三年(1913) 仲冬上海寶書局複校印行, 備考: 卷三以下는 新鉛活字版임	仁壽文庫 4-437
詳註聊齋志異圖詠	蒲松齡(清)著, 呂湛恩(清) 註, 錦章圖書局	16卷16冊, 中國石印本, 有圖, 20×13㎝	異書名: 聊齋志異, 序: 紫霞道人高珩題, 豹巖樵史唐夢賚拜題	高麗大學校 C14-B22A
詳註聊齋志異圖詠	蒲松齡(清)著, 呂湛恩註, 刊寫地未詳, 刊寫者未詳, 刊寫年未詳	5冊(缺帙, 3-7), 石印本, 有圖, 19.3×12.8㎝	表題: 聊齋志異	國民大學校 고823.6 포01ㄱ
詳註聊齋志異圖詠	蒲松齡(清)著, 呂湛恩(清)註, 清代 刊	16卷8冊(卷1~16), 中國石印本, 有圖, 19.5×12.8㎝, 四周單邊, 半郭: 16.3×11.5㎝, 無界, 14行36字, 註雙行, 紙質: 綿紙	題簽: 繪圖聊齋志異, 序: 康熙己未(1679)春日柳泉居士題, 序: 大清乾隆五年歲次庚申(1740)春日孫立惠謹序	江原道 江陵市 船橋莊
詳註聊齋志異圖詠	蒲松齡(清)著, 呂湛恩(清)註, 上海, 天寶書局, 刊寫年未詳	16卷8冊(卷1~16), 有圖, 20×13.4㎝, 四周雙邊, 半郭: 17.4×12㎝, 無界, 24行50字, 註雙行, 上下向黑魚尾	原跋: 大清乾隆五年歲次庚申(1740) 春日孫立德謹識, 印記: 煙臺興隆街誠文信記印, 精印弁言: 宣統三年太歲重光大淵獻(辛亥, 1911)日전순火之次節山嘯丞生撰, 外側邊은 紋樣	東亞大學校 (3):12:2-9
詳註聊齋志異圖詠	蒲松齡(清)著, 呂湛恩(清)註, 上海, 清朝末~中華初刊	16卷8冊(卷1~2, 13~14缺), 中國石印本, 有圖, 19.9×13.1㎝, 四周單邊, 半郭: 15.6×10.8㎝, 無界, 14行26字, 紙質:竹紙		釜山大學校
詳註聊齋志異圖詠		石印本, 21㎝		嶺南大學校 823.6

第5章　淸代 作品目錄과 解題　337

書名	出版事項	版式狀況	一般事項	所藏處/所藏番號
詳註聊齋志異圖詠	蒲松齡(淸)著, 呂湛恩(淸)註	16卷8冊, 中國石印本, 有圖, 20.4×13.3cm, 四周雙邊, 半郭: 17.7×12.2cm, 無界, 31行73字, 頭註, 上下向黑魚尾, 紙質: 竹紙	題簽: 詳註聊齋志異圖詠	忠南大學校集, 小說類-522
詳註聊齋志異圖詠	蒲松齡(淸)著, 呂湛恩(淸)註	16卷8冊, 中國石印本, 有圖, 20.3×13.4cm, 四周雙邊, 半郭: 17.7×12.2cm, 無界, 31行73字, 頭註, 上下向黑魚尾, 紙質: 竹紙	刊記: 錦章圖書局藏版	忠南大學校集, 小說類-522 卷1-16
聊齋志異評註	蒲松齡(淸)著, 呂湛恩(淸)注釋, 刊年未詳	16卷8冊, 鉛印本, 有圖, 20.1×13.2cm		韓國學中央硏究院 D7C-87
原本加批聊齋志異	蒲松齡(淸)著, 上海, 有正書局, 中華年間刊	16卷8冊, 中國新活字本, 20×13.5cm, 四周雙邊, 半郭: 15.5×13cm, 無界, 12行31字, 上黑魚尾, 紙質: 綿紙	題簽: 原本聊齋志異, 序: 康熙己未(1679) 春日柳泉居士題, 刊記: 上海有正書局精印	成均館大學校 D7C-83

23. 女聊齋誌異

≪女聊齋誌異≫는 淸代의 傳奇小說集이다. 淸代 末 民國 初期 賈茗이 편집한 것이다. 賈茗의 작품이지만 작가에 대한 상세한 기록은 남아있지 않다. 책에 蘇州 여자 靜芬女史라고만 적혀 있다. 匪遑의 序에 의하면 賈茗이 蒲松齡을 경모하여 서재 이름을 '女聊齋'라고 하였으며 또한 書齋名을 본떠 이 책의 書名으로 삼았다고 한다.

≪女聊齋≫는 역대의 歷史書와 小說 및 筆記 등등에서의 걸출한 女子事迹들을 편집하여 모아놓은 것이다. 다시 말해서 흔히 사람들 사이에 널리 알려져 있는 여자들의 이야기들로 名篇이 구성되었는데, 예를 들면 〈卓文君〉·〈趙飛燕〉·〈崔鶯鶯〉·〈李娃〉·〈木蘭〉·〈楊太眞〉·〈綠珠〉·〈章台柳〉·〈小靑傳〉 등등이다. 이러한 이야기들에서 중국역사에서 유명했던 여성들의 奇才異行과 불행한 처지·운명 등등을 엿볼 수 있다. 편집자의 편집의도가 淸末 이래 사회전반에 불고 있던 女性解放思潮와 관계가 있다는 것을 확연히 알 수 있다.

현재 중국에는 中華圖書館石印本과 上海春明書店鉛印本 등이 있으며 ≪女聊齋≫라고도 한다. 국내에는 언제 유입되었는지는 알 수 없으나 대략 朝鮮 末期에 유입된 것으로 추정된다. 현존하는 책으로는 成均館大學校에 4권 4책으로 된 1912年版 石印本이 보관되어 있다.

書名	出版事項	版式狀況	一般事項	所藏處/所藏番號
女聊齋誌異	賈茗 輯, 上海, 中華書館, 中華2年(1913)序	4卷4冊, 中國石印本, 19.3×12.4㎝, 四周雙邊, 半郭: 16.9×11.2㎝, 15行32字, 上黑魚尾, 紙質: 竹紙	版心題: 女聊齋誌異, 序: 民國二年(1913) 九秋之月匪違謹叙, 刊記: 上海中華圖書館	成均館大學校 (曹元錫) D7C-161

24. 後聊齋志異(淞隱漫錄)

≪後聊齋誌異≫는 王韜(1828~1879)가[284] 편찬한 淸代 傳奇小說集으로 원래 제목은 ≪淞隱漫錄≫이다. 光緖 10年(1884) 하반기부터 申報館의 〈點石齋畫報〉에 연재하기 시작하여 光緖 13年 말에 연재가 끝났으며, 上海 點石齋에서 책으로 엮고 당시 화가 吳友如와 田英(子琳)이 삽화를 곁들여 石印으로 출판하였다. 이후 上海 鴻文書局과 積山書局에서 원판을 축소 인쇄하여 ≪繪圖後聊齋誌異≫라고 이름을 바꿨으며, 판심에는 ≪後聊齋誌異圖說≫이라 하였다. 또한 원본에서 누락되었던 4편을 보충하였다.

이 책의 내용은 '後聊齋誌異'이라고 명명한 것에서 짐작할 수 있듯이, 蒲松齡의 ≪聊齋誌異≫와 유사하게 특이한 소문이나 괴상한 일 등이 주된 내용이다. 王韜는 自序에서 사람들의 좁은 식견에 대해 지적을 하고, 서양인의 과학 기술 발전에 대해 기술을 한 다음에, 자신이 나라와 민생을 이롭게 하는 데 힘쓰지 않고 오히려 황탄한 일을 찾은 것에 대한 해명을 한다. 곧 어려서부터 세상에 쓸모 있기를 꿈꾸며 實事求是를 지향하였으나 결국 불우하여 마음 의탁할 곳이 없어서 결국 귀신, 여우, 신선, 초목, 조수 등에 관한 이야기를 통해 자신의 생각을 기록하게 된 것이다. 이 책의 편찬이 그의 처지와 당시 사람들의 좁은 학문 태도 등과 연관되고 있음을 알 수 있으며, 동·서양의 학문에

---

284) 王韜(1828~1879)에 관한 설명은 앞에 수록한 청대 傳奇小說集 ≪遁窟讕言≫를 참고할 것.

대해 폭넓은 소양을 바탕으로 경세치용을 강조하는 왕도의 면모를 살필 수 있다. 덧붙여 왕도는 이 책을 출판한 경위에 대해서, "尊聞閣主人이 지은 것을 누차 보여주기를 청하여 출판하려 하기에, 30년 동안 보고 들은 것으로 놀랍고도 두려운 일을 기록하니, 尊聞閣主人이 사람을 구해 그림을 넣고 판각하여 12권으로 '聊齋誌'라 명명하여 출판하였다고 하였다"고 적고 있다.285)

국내에는 언제 유입되었는지 분명하지 않지만 현재 成均館大學校와 서울大 奎章閣에 光緒 10年(1884) 王韜의 自序가 수록된 石印本이 소장되어 있다. 成均館大學校에 소장된 판본은 제목이 ≪繪圖後聊齋誌異≫이고, 奎章閣本은 제목이 ≪後聊齋誌異圖說≫이다. 奎章閣本은 권 1부터 권 11까지 매권 10편씩 수록되어있고 마지막 권만 8편의 작품이 실려, 도합 118편의 작품이 담겨있다. 각 작품의 앞부분에는 본론의 내용과 관련한 그림이 소개되어있다.

書名	出版事項	版式狀況	一般事項	所藏處/所藏番號
後聊齋誌圖說	王韜(淸)著, 大同局, 光緒13年(1887)	4冊, 中國石印本, 20×12.2cm	序: 光緒十年(1884)…王韜, 印: 集玉齋	서울大 奎章閣 [奎중]6113
繪圖後聊齋志異	王紫詮(淸)撰, 中華圖書館, 淸, 光緒10年(1884)序	12卷6冊, 中國石印本, 20.1×13.4cm, 四周單邊, 半郭: 17.1×9.9cm, 16行40字, 上黑魚尾, 紙質: 竹紙	序: 續圖後聊齋將以付于剞劂氏… 光緒十年歲次甲申(1884)五月中澣 淞北逸民王韜自序, 刊記: 中華圖書館印行	成均館大學校 (曹元錫) D7C-189
後聊齋誌異圖說	王韜(淸) 著 大同書局, 光緒13年(1887)	12卷4冊, 石印本, 20×12.2cm	序: 光緒十年(1884)…王韜 印記 集玉齋	서울大 奎章閣 [奎中]6113

25. 兩般秋雨庵隨筆

≪兩般秋雨庵隨筆≫는 梁紹壬이 편찬한 淸代 雜俎小說集으로 ≪淸朝續文獻通考≫ 〈經籍考〉 小說家類에 8권으로 기록되어 있다. 현재 道光 17年(1837) 錢塘汪氏 振綺堂刊 巾箱本과 光緒 10年(1884) 錢塘許氏 吉華堂重刻本, 光緒 18年 蘭溪銅活

---
285) 백광준 서울大 奎章閣 해제 참조. 서울대학교 규장각한국학연구원 http://e-kyujanggak.snu.ac.kr/ 참조.

字本 및 ≪淸代筆記叢刊≫·≪筆記小說大觀≫本 등이 전해진다.

梁紹壬은 字가 應來, 號가 晋竹, 錢塘(지금 浙江省 杭州) 사람으로, 道光 年間 擧人이 되었고 관직은 內閣中書를 역임했다.

이 책의 내용에는 詩文評論, 지역의 名物에 관한 이야기, 藝文에 관련된 일화, 考證 등과 함께 小說과 관련된 史料도 포함되어 있다.286)

국내에 유입된 기록은 찾을 수 없지만, 서울大學校 中央圖書館과 奎章閣에 道光 17年(1837) 序가 수록된 大文堂 간행 목판본이 소장되어 있고, 서울大學校 中央圖書館에는 光緖 10年(1884) 古華堂重刻本도 소장되어 있다. 그 밖에 國民大學校, 延世大學校, 高麗大學校, 成均館大學校 등에도 ≪兩般秋雨庵隨筆≫ 판본이 소장되어 있다.

書名	出版事項	版式狀況	一般事項	所藏處/所藏番號
兩般秋雨庵隨筆	梁紹壬(淸)纂, 大文堂, 道光17年(1837)	8卷8冊, 中國木版本, 15.7×11㎝	序: 道光十七年(1837)… 汪适孫, 印: 集玉齋, 帝室圖書之章	서울大 奎章閣 [奎中]6065
兩般秋雨庵隨筆	梁紹壬(淸), 著, 大文堂, 道光17年(1837)	8卷8冊, 木版本, 16.3×11.2㎝, 上下單邊, 左右雙邊, 半郭: 12.3×9.2㎝, 有界, 9行21字, 註雙行, 大黑口, 無魚尾	序: 道光一七(1837)年…汪适孫	서울大 中央圖書館 0330-29A-1-8 卷1-8
兩般秋雨庵隨筆	梁紹壬(淸)纂, 中國, 刊寫者未詳, 刊寫年未詳	1冊(缺帙, 7), 木版本, 17.3×11.3㎝, 左右雙邊, 上下單邊, 半郭: 13.1×9㎝, 有界, 9行21字, 黑口	表題: 秋雨盦隨筆	國民大學校 고824.6 양01
兩般秋雨庵隨筆	梁紹壬(淸)纂	65張(全8卷8冊中 零本), 木版本, 20㎝, 上下單邊 左右雙邊 半郭: 13×9.3㎝, 有界, 9行21字, 上下大黑口	印記: 禮信文庫	延世大學校 812.38/14
兩般秋雨庵隨筆	梁紹壬 纂, 中國, 著易堂, [19--]	8卷4冊, 新鉛活字本, 17.5×10.2㎝	刊記: 著易堂仿聚珍版印	高麗大學校 화산C12-B1-1-4 卷1-8
兩般秋雨庵隨筆	梁紹壬(淸)纂, 中國, 古華堂, 光緖10年(1884)	8卷8冊, 木板本, 19.6×12.8㎝, 上下單邊, 左右雙邊, 半郭: 13×9.3㎝, 有界, 9行21字,	序: 道光十七年(1837)… 汪适孫, 後序: 光緖甲申(1884)…王坤厚, 刊記:	서울大 中央圖書館 0330-29-1-8 卷1-8

---

286) 寧稼雨 撰, ≪中國文言小說總目提要≫, 齊魯書社, 1996, 392쪽 참조.

第5章 清代 作品目錄과 解題 341

書名	出版事項	版式狀況	一般事項	所藏處/所藏番號
		黑口, 無魚尾	光緒十年(1884) 秋十月錢堂許氏古華堂重雕, 裝幀: 黃色表紙黃絲四綴	
兩般秋雨庵隨筆	梁紹壬(淸)纂, 著易堂, 刊寫者未詳, 光緒10年(1884)刊	8卷4冊, 新鉛活字本, 17.1×10cm, 四周雙邊, 半郭: 13×8.2cm, 13行35字, 上黑魚尾, 紙質: 綿紙		成均館大學校 C14B-0030
兩般秋雨庵隨筆	梁紹壬(淸)纂	1冊(缺帙), 木板本, 17.3×11.3cm, 上下單邊, 左右雙邊, 半郭: 13.1×9cm, 有界, 9行21字, 黑口, 無魚尾	表題: 秋雨庵隨筆	國民大學校 824.6-양01 7

26. 分甘餘話

　《分甘餘話》는 王士禛이 지은 文言筆記集으로 《觀古堂藏書目》 小說家類에 4권으로 기록되어 있다. 《四庫全書總目》에는 雜家類에 분류되어 있다. 현재 康熙 48年(1709) 王士禛의 집안에서 판각한 《漁洋全集》本이 전해지며 《說鈴》·《古今說部叢書》本에는 2권으로 되어 있다.

　王士禛(1634~1711)은 字가 貽上, 號가 阮亭·漁洋山人이며, 시호는 文簡, 본명은 禛이며 新城(지금의 山東省 濟南) 사람이다. 본명이 雍正帝의 이름과 같았으므로 이름을 士正이라 고쳤는데, 乾隆帝가 士禎이라는 이름을 하사하였다. 1658년 進士가 되고, 이후 45년간 관리생활을 하여 관직이 刑部尙書에까지 이르렀다. '神韻說'을 주창하였는데, 神韻이란 平淡한 상태에서 완곡하고 청명한 묘사 가운데 무한의 정서에 의탁하여 枯淡의 경지에 이르는 것을 말한다. 저서에 시문집 《帶經堂集》·《漁洋山人精華錄》이 있고 필기집 《池北偶談》·《居易錄》·《香祖筆記》 등이 있다.

　《分甘餘話》는 王士禛이 보고 들은 것들과 학문적인 견해를 함께 기록한 책으로 편폭은 길지 않지만 그 내용은 저술, 典章制度, 시가품평, 지명에 대한 고증, 문인 일사, 字義 辨析, 지방의 풍속과 물산, 치료 처방 등등 광범위하다.

　국내에 유입된 기록은 李圭景(1788~1856)의 《五洲衍文長箋散稿》에서 찾아볼 수 있으므로[287] 늦어도 19세기 초에는 유입되었을 것으로 추정된다. 현재 國民大學校와

成均館大學校에는 民國 1年에 掃葉山房에서 간행한 판본이 소장되어 있고, 東亞大學校에는 康熙 48年(1709) 王士禎의 序가 수록된 漁洋山人全集本이 소장되어 있다.

書名	出版事項	版式狀況	一般事項	所藏處/所藏番號
分甘餘話	王士禎(淸), 掃葉山房, 民國1年(1912)	4卷1冊, 中國石印本, 有圖, 20×13.2cm, 四周雙邊, 半郭: 15.8×10.8cm, 有界, 12行26字, 上下向黑魚尾	序…: 巳丑(?)…王士禎, 跋: 庚寅(?)…黃乂謹跋	國民大學校 고824.6 왕01
分甘餘話	王士禎(淸)著, 上海, 掃葉山房, 中華1年(1912)刊	4卷1冊, 石版本(石印), 19.8×13.1cm, 四周雙邊, 半郭: 16.1×10.9cm, 有界, 12行26字, 上黑魚尾, 綿紙		成均館大學校 C14B-0058
分甘餘話	王士禎(淸)著, 刊寫地未詳, 刊寫者未詳, 刊寫年未詳	4卷1冊, 26.4×16.7cm, 上下單邊, 左右雙邊, 半郭: 16.4×13cm, 有界, 10行19字, 黑口, 上下向黑魚尾	叢書名: 包匣書名임, 序: 乙丑(1685) 臘月朔雪中書漁洋老人王士禎, (漁洋山人全集, 25)	東亞大學校 (4):3-197 卷1-4

27. 我佛山人箚記小說

≪我佛山人箚記小說≫은 吳沃堯가 편찬한 淸代 志人小說集으로, 원래 宣統 2年(1910) 〈輿論時事報〉에 실린 56條를 1922년 上海 掃葉山房에서 간행한 것이다. 掃葉山房本은 4권 2책의 石印本으로 〈假妖〉1條가 빠진 55條가 수록되어 있으며 雲間顚公의 序가 있다. 1926년 上海 掃葉山房에서 또 다시 陳益이 표점을 달고 新序를 수록한 鉛印本을 간행하였는데, 그 중 28條는 ≪我佛山人筆記四種≫권2에 수록되어 ≪趼廛續筆≫로 이름을 바꾸었다.

吳沃堯(1866~1910)는 또 다른 이름이 寶震이며, 字는 小允, 號는 繭人이다. 후에 號를 趼人으로 바꾸었으며, 佛山(지금의 廣東에 속함) 출신이라 자호를 我佛山人이라

---

287) ≪오주연문장전산고≫〈경사편〉4〈사적류〉2〈역사(繹史)와 황왕대기(皇王大紀)에 대한 변증설〉에서 ≪分甘餘話≫를 인용한 것을 예로 들 수 있다. "阮亭의 ≪分甘餘話≫에는 "康熙 44년에 聖駕가 남쪽 지방을 巡狩하다가 蘇州에 이르렀는데, 하루는 故 知靈壁縣 馬驢의 저서인 ≪역사≫에 대하여 下問하고서, 太學士 張玉書에게 명하여 原板을 物色하게 하였다. 다음해 4월에 사람을 시켜, 白金 2백냥을 가지고 馬君의 本籍인 鄒平縣에 가서 版을 사서 內府로 들여왔으므로 사람들은 그 책을 볼 수 없었다."라고 하였다.

하였다. 光緖 年間 上海와 漢口 등지에서 신문 편집 일을 하며 소설을 창작하였다. 譴責小說이라 불리는 ≪二十年目睹之怪現狀≫이 유명하다.

이 책의 내용은 괴이한 이야기, 과거 시험장에서의 일문, 문인 일사, 재자가인, 지혜롭고 용감한 여성, 잔혹한 관리, 정의로운 장인, 민간 전설, 명승고적, 문자옥의 폐해 등등 광범위하며, 어떤 이야기는 오옥요의 보수적인 성향이 드러난다.[288]

국내 유입에 관련한 기록은 찾아보기 어렵지만 간행된 시기로 보아 1922년 이후 근대 시기에 유입된 것을 알 수 있으며, 掃葉山房에서 간행한 석인본 1종만이 高麗大學校 華山文庫에 소장되어 있다.

書名	出版事項	版式狀況	一般事項	所藏處/所藏番號
我佛山人 箚記小說	吳硏人 著, 上海, 掃葉山房, [19--]	4卷2冊, 中國石印本, 19.8×13.2cm		高麗大學校(華山文庫) C14-B14

28. 庸閒齋筆記

≪庸閒齋筆記≫는 陳其元이 편찬한 淸代 雜俎小說集으로 현재 두 종의 판본이 있다. 하나는 8권본으로, 同治 12年(1886)에 쓴 自序와 다음 해에 兪樾이 쓴 序가 수록된 吳氏刊本이 있다. ≪申報館叢書≫와 上海 大達供應社 鉛印本은 이 8권본을 翻印한 것이다. 또 하나는 12권본으로 宣統 3年(1911) 上海 掃葉山房 石印本과 ≪筆記小說大觀≫本 등이 있다.

陳其元(1812~1881)의 字는 子莊, 號는 庸閒으로 浙江省 海寧 사람이다. 그의 事迹은 ≪庸閒老人自敍≫와 ≪簡用道陳公墓誌銘≫등에서 볼 수 있다.

이 책은 淸末 관청에서 일어난 일화, 典章制度, 地方民俗, 中外交涉과 관련된 일화 등이 수록되어 있으며 당시 역사와 관련된 이야기가 많아 사료적 가치가 크다. 兪樾은 序에서 이 책이 홍성했던 가문의 자취와 이전 세대의 軼事를 서술하는 것으로 시작하여 다음에는 관직 생활을 할 때 보고 들은 견문을 기록하고 그 뒤에는 해학적이고 유희적인 이야기를 다루었는데 아주 볼만하다고 여겼다.

---
[288] 寧稼雨 撰, ≪中國文言小說總目提要≫, 齊魯書社, 1996, 428쪽 참조.

국내에 유입된 기록은 찾을 수 없으나 宣統 3年(1911) 上海 掃葉山房에서 간행한 12권본이 高麗大學校에 소장되어 있다.

書名	出版事項	版式狀況	一般事項	所藏處/所藏番號
庸閒齋筆記	陳其元(淸)著, 上海, 掃葉山房, 宣統3年(1911)	12卷4册, 中國石印本, 19.7×13.1㎝	序: 同治十有三年(1874)…德淸兪樾, 同治十有二年(1873)…庸閒老人漫識于行葦堂…, 刊記: 宣統三年(1911)石印, 掃葉山房	高麗大學校 C14-B90

29. 虞初新志

≪虞初新志≫는 明代의 陸采가 편찬한 ≪虞初志≫(8권, 短篇小說選集)의 후속으로 나온 책으로, 淸代에 張潮가 康熙 22年(1683년)에 시작하여 康熙 40年에 완성한 文言小說集이다. 明末·淸初의 학자, 詩文大家들의 필기와 시문집에 들어 있는 傳奇, 志怪, 志人 등 여러 문언소설을 모아 놓은 것으로 당시 80여 명의 문인들의 작품 150여 편을 수록하고 있다. 총 20권 10책(혹 20권 8책, 20권 5책본도 있음)으로 구성되었으며 그 속집으로 ≪虞初續志≫(10권)과 ≪廣虞初新志≫(20권) 등이 있다.

張潮는 字가 山來, 號가 心齋이며 安徽省 歙縣 사람이다. 그는 '새로움(新)'이라는 가치를 표방하며 당시 명사들의 이야기를 직접 채록하여 명말청초에 살았던 인물들이 직접 겪은 기이한 이야기를 기록했다. ≪虞初新志≫〈凡例〉에도 밝혔듯이, 가슴속의 울분과 감정을 신선과 영웅호걸 고사를 통해 드러냈고 소설의 오락적 기능을 인식하여 독자에게 큰 재미를 부여하는 기이하고 재미있는 이야기, 즉 기인, 명사와 기녀의 사랑 이야기, 새로운 풍물과 기예에 대한 이야기 등을 선별, 편집하였다.

현재 중국에 남아 있는 판본은 康熙 三十九年(1700)刻本, 乾隆 庚辰(1760)詒淸堂 重刊袖珍本 등이 있으며 현재 통행되는 것으로는 ≪筆記小說大觀≫本 등이 있다.

≪虞初新志≫가 국내에 언제 유입되었는지 명확하지는 않지만, 兪晚柱(1755~1788)의 ≪欽英≫[289]과 李圭景(1788~1856)의 ≪五洲衍文長箋散稿≫ 등에서 서명이 언급

---

289) 유만주는 1775년 3월 4일과 1779년 5월 14일, 1784년 3월 23일 등에 이 책을 읽고 감상했다고 기록하였다.

된 것으로 보아 18세기에 유입된 것으로 추정된다. 국내 유입된 판본은 여러 종이 현존한다. 20권 10冊本은 梨花女子大學校에, 8冊本은 서울大 奎章閣과 澗松文庫에, 5冊本은 서울大學校 中央圖書館 등에 각각 소장되어 있다.

書名	出版事項	版式狀況	一般事項	所藏處/所藏番號
虞初新志	張潮 輯, 康熙39年(1700)	零本1冊, 中國木版本, 有圖, 25.1×16cm	所藏本中: 卷之十九~二十의 1冊 以外缺	高麗大學校 (華山文庫) C14-B77
虞初新志	張潮(淸)輯, 肅宗26年庚戌, 康熙39年(1700)	20卷8冊(卷1~2, 1冊缺), 中國木版本, 16×25cm, 四周單邊, 半郭: 12.8×18.5cm, 有界, 9行20字, 白口, 黑魚尾上	跋: 張潮(1700), 印: 朝鮮國漆原縣人尹氏師國字寶卿號直庵圖書印, 直庵尹師國私印, 尹師國印, 鄭氏昌順, 三山藏書	澗松文庫
虞初新志	張湖(淸)輯, 小鄉, 嬛山館, 咸豊1年(1851)	20卷8冊, 中國木版本, 14.4×10.2cm	序: 康熙癸亥(1743)…張湖, 印: 集玉齋, 帝室圖書之章	서울大 奎章閣 [奎중]6170
虞初新志	張潮, 未詳, 小鄉嬛舘, 1851	1匣8冊, 16cm		嶺南大學校 東濱文庫 [古]823.6
虞初新志	張潮(淸) 編, 康熙年間	20卷5冊, 中國木版本, 25.2×16cm	自叙: 康熙癸亥(1683)…張潮, 總跋: 康熙庚辰(1700)…張潮, 印記: [霖逢印][春澤]	國立中央圖書館 [古]5-80-45
虞初新志	張潮 著, 刊年未詳	20卷10冊, 石印本, 16×10.7cm, 四周雙邊, 半郭: 10.5×9.2cm, 無界, 9行20字, 上黑魚尾	序: 康熙癸亥新秋(1683)心齊張潮	梨花女子大學校 [고]812.8 장815
虞初新志	張潮(淸)輯, 荒井公廉(日本) 訓點, 刊寫地未詳, 刊寫者未詳, 刊寫年未詳	全20卷10冊(3, 卷5~6), 日本木版本, 26×17.8cm, 四周單邊, 半郭: 18.5×12.5cm, 有界, 9行20字, 註雙行, 上內向黑魚尾	淸 張潮가 撰한 小說集, 日本人 廉廉平이 訓點을 붙인 日本版, 內容: 冊3, 魯顒傳 外	漢陽大學校 812.36-장74ㅇ -v.3
虞初新志	張潮(淸)輯, 荒井公廉(日本) 訓點, 刊寫地未詳, 刊寫者未詳, 刊寫年未詳	全20卷10冊(1~10, 卷1~20), 日本木版本, 26×17.8cm, 四周單邊, 半郭: 18.5×12.5cm, 有界, 9行20字, 註雙行, 上內向黑魚尾	淸때 張潮가 撰한 小說集, 日本人 廉廉平이 訓點을 붙인 日本版冊, 內容: 冊3, 魯顒傳 外, 內容: 卷3~4, 馬伶傳 外, 卷7~8, 書戚三郎事 外, 卷9~10, 劍俠傳 外, 卷11~12, 過百遠令傳 外, 卷13~14, 曼殊別誌書 外, 卷15~16, 記同夢 外, 卷17~18, 紀袁樞遇仙始末 外	漢陽大學校 812.36-장74ㅇ -v.2 812.36-장74ㅇ -v.4~9

書名	出版事項	版式狀況	一般事項	所藏處/所藏番號
奇文觀止本朝虞初新誌	菊池純(日)著, 依田百川(日)評點, 日, 明治15年 (1882)序	3卷3冊, 日本木版本, 19.1×12㎝, 四周單邊, 半郭: 15.8×8.8㎝, 有界, 9行18字, 頭註, 大黑口, 紙質: 綿紙	序: 明治壬午(1882) 八月日學海依田百州(日)撰并序, 跋: 時慶應丁卯(1867) 六月松園道人鹽田泰識	全南大學校 3Q2 - 본75ㄱ

30. 虞初續志

≪虞初續志≫는 淸 鄭澍若(生卒年未詳)이 엮은 傳奇小說集으로 ≪淸史稿≫〈藝文志〉에 小說類 12권이라고 기록되어 있다. 鄭澍若의 생평에 관해서는 알려진 바가 없으나, 책 안의 내용에 의하면 字가 醒愚이고 乾隆(1735~1795), 嘉慶(1795~1820) 年間의 福建 사람임을 확인할 수 있다.

鄭澍若은 서문에서 "내가 우리 조대 여러 명사의 문집과 說部 등의 책을 들고 살펴보니 張潮의 ≪新志≫에 수록된 것 외에도 기이한 이야기가 여전히 많아서 일일이 다 헤아릴 수 없었다. 이에 그 뛰어난 것들을 취해 수록하여 ≪虞初續志≫라 하였다"라고 간행한 이유를 설명하고 있다. 이를 통해 張潮의 ≪虞初新志≫를 이어 엮은 것임을 확인할 수 있다. 또한 편자의 말처럼 淸代 저명한 문인들의 작품이 많이 소개되고 있는데, 예컨대 徐乾學의 〈馬文毅公廣西殉難始末〉, 李漁의 〈義士李倫表傳〉, 蒲松齡의 〈林四娘記〉, 侯方域의 〈徐作霖張渭傳〉, 毛奇齡의 〈家貞女墮樓記〉, 王士禎의 〈宋道人傳〉, 袁枚의 〈書王士俊〉, 方苞의 〈左忠毅公逸事〉 등을 꼽을 수 있다. 실려 있는 글은 주로 행적에 관한 내용을 담고 있는 주로 傳記, 記文의 글이 대부분이다.[290] 주로 충효, 절의와 관련한 내용이 많아 단조로운 느낌을 주지만, 訟事를 소재로 한 원매의 〈書麻城獄〉처럼 생동하는 이야기를 담고 있는 작품도 있다. 그러나 孫楷第는 여기에 수록된 글들이 소설과 史傳의 경계를 혼란스럽게 했다고 비판하였다.

중국에 전해지는 판본으로는 嘉慶 7年(1802) 養花草堂에서 간행한 袖珍本, 咸豊 元年(1851) 琅環山館의 刻本 및 ≪筆記小說大觀≫本 등이 있다. 국내에는 조선 후

---

290) 백광준 서울大 奎章閣 해제 참조. 서울대학교 규장각한국학연구원 http://e-kyujanggak.snu.ac.kr/ 참조.

기에 유입된 것으로 보이며, 嶺南大學校 소장본은 養花草堂本 계열로 여겨진다. 서울 大 奎章閣 所藏本 ≪虞初續志≫는 표제지에 실린 '咸豊元年重刊', '小娜嬛山館藏 板'의 기록과 목록의 첫머리에 있는 '桐門胡鳳九苞校'의 기록으로 보아 小娜嬛山館에 서 1851년에 간행하고 胡鳳이 교정한 판본으로 보이며, 1851년에 琅環山館에서 간행 된 판본과도 관련성이 있을 것으로 짐작된다. 목록에는 권 별로 수록 작품을 싣고 작품 제목 아래에는 지은이의 이름을 병기하고 있다. 하지만 다른 책과 달리 출전을 밝히고 있지는 않다.

書 名	出 版 事 項	版 式 狀 況	一 般 事 項	所藏處/所藏番號
虞初續志	鄭樹若, 未詳, 養花草堂, 1802	1匣4册, 16cm		嶺南大學校 東濱文庫 [古]823.6
虞初續志	鄭澍若(淸)編, 胡鳳(淸)校, 小娜, 嬛山館, 咸豊1年(1851)	12卷6册, 中國木版本, 14.4×10.2cm	序: 嘉慶七年(1802)…鄭澍若, 印: 集玉齋, 帝室圖書之章	서울大 奎章閣 [奎중]6171

31. 廣虞初新志

≪廣虞初新志≫는 淸 黃承增(生卒年未詳)이 엮은 傳奇小說集이다. 黃承增의 생 평은 알려지지 않았으나, 책 속의 내용에 의하면, 黃承增은 字가 心庵이며 乾隆 (1735~1795), 嘉慶(1795~1820) 年間의 歙縣(지금 安徽省 歙縣) 사람이다.

黃承增은 自序에서 "일찍이 湯顯祖는 ≪虞初≫를 소설가의 珍珠船이라 하고, 이어 서 모아 12권으로 만들었다. 우리 歙縣(現 安徽省 歙縣)의 張潮는 그 문집을 대단치 않다 여기고 ≪虞初後志≫를 엮고자 하였다. … 다만 張潮는 동 시대 諸家의 手鈔本 을 모아 판각하여 책을 만들었기에 결국 모아놓은 것이 광범위하지 못하였다. 백여 년 동안 이전 사람들의 전집이 적지 않게 간행되었고, 뒤에 등장한 작가 또한 많아졌다. 나 는 채우고 널리 취하여 ≪廣虞初新志≫ 40권을 엮었다. 내용은 근대의 것이 많고 글 은 당시 현인들의 것이 많으며, 특출하고 포괄적이며 뛰어나고 교묘하니, 또한 張潮가 '혹시나 학사대부의 흉금을 열어젖히거나 고뇌와 권태를 해소하는데 도움이 될 수 있다'

라고 말한 것과 같다"라고 하였다.

이 책에 수록된 작품을 보면, 작자가 말한 바와 같이 다양한 문집과 작자들의 작품이 수록되어 있음을 확인할 수 있다. 책에 실린 작가 가운데 비교적 알려진 사람으로는 朱彛尊, 毛奇齡, 袁枚 등이 있으며, 그들의 수록 작품으로는 朱彛尊의 〈崔子忠陳洪綬傳〉, 毛奇齡의 〈貞烈竇孺人傳〉, 〈何孝子傳奇引〉, 袁枚의 〈紀傳公事〉 등이 있다. 한편 실려 있는 작가들 가운데는 특히 史震林의 작품이 상당히 많이 실려 있다. 실려 있는 글은 傳, 記, 墓誌銘, 說, 逸事 등 사람의 행적에 대한 글이 대부분이다.291) 孫楷第는 ≪戲曲小說書錄解題≫에서 이 책이 張潮의 경우처럼 傳記를 소설로 여기는 오류를 범했다고 비판하였지만, 작품 중 어떤 부분들은 소설적 색채가 농후하다. 예를 들어 江昱의 〈李自成傳〉에는 이자성이 패하여 도망가던 여정이 기록되어 있고 그가 후에 석문산에서 승려가 되었으며 그의 무덤도 그곳에 있다고 하였는데 이것은 사실이라기보다는 허구에 가깝다.292)

중국에 전해지는 판본은 嘉慶 癸亥年(1803)의 寄鷗閒舫에서 간행한 巾箱本 40권이 있다. 국내에는 조선 후기에 유입된 것으로 보이며, 서울大 奎章閣 所藏本 ≪廣虞初新志≫도 1803년에 寄鷗閒舫에서 간행된 판본으로 추정된다. 책의 맨 앞에는 嘉慶 癸亥年(1803) 가을에 黃承增이 쓴 〈自序〉가 실려 있다. 그 뒤에는 '廣虞初新志目錄'이 붙어있다. 권 별로 실려 있는 작품을 소개하고 그 아래에는 원문의 출처와 작자를 밝히고 있다.

書名	出版事項	版式狀況	一般事項	所藏處/所藏番號
廣虞初新志	黃承增(淸)輯, 嘉慶8年(1803)	40卷20册, 中國木版本, 17.2×12cm	序: 嘉慶癸亥(1803)…黃承增, 印: 集玉齋, 帝室圖書之章	서울大 奎章閣 [奎中]6186

32. 右台仙館筆記

≪右台仙館筆記≫16권은 兪樾(1821~1907)이 紀昀의 ≪閱微草堂筆記≫를 모방하

---

291) 백광준 서울大 奎章閣 해제 참조. 서울대학교 규장각한국학연구원 http://e-kyujanggak.snu.ac.kr/ 참조.
292) 寧稼雨 撰, ≪中國文言小說總目提要≫, 齊魯書社, 1996, 359쪽 참조.

여 지은 志怪小說集이다. 俞樾은 字가 蔭甫, 號가 曲園이며 浙江省 德淸 사람이다. 道光 30年(1850) 進士에 합격하여 翰林院 庶吉士가 되었다가 咸豊 年間 파직을 당한 후 저술에 힘써 晚淸 시대의 巨儒가 되었다. 저서에 ≪春在堂全書≫가 있다.

  책의 내용은 山川博物・人情世態・遺聞軼事・風俗禮文 등 포함하지 않은 것이 없으며, 浙東의 '搶婚'・'典妻', 上海의 '放鵓鴿', 蘇州의 '仙人跳' 等과 같이 각 지역의 시정풍속을 주로 기록하였는데 특히 만청사회의 병폐를 잘 지적하고 있어서 근대필기소설 명저로 손꼽힌다.

  중국에는 현재 ≪春在堂全書≫本・≪申報館叢書≫本・宣統 2年(1910) 上海 朝記書莊 石印本 등이 남아 있다. 국내에는 조선 말기에 유입된 것으로 보이며 淸代 末期 판본이 서울大 奎章閣과 成均館大學校에 소장되어 있다.

書名	出版事項	版式狀況	一般事項	所藏處/所藏番號
右台仙館筆記	俞樾(淸)著, 淸板本	12卷6冊, 中國木版本, 23.8×14.8cm	序: 俞樾, 印: 集玉齋, 帝室圖書之章	서울大 奎章閣 [奎中]4850
右台仙館筆記	俞樾(淸)撰, 淸朝末期刊	16卷8冊, 中國木版本, 24×15cm, 四周單邊, 半郭: 15.5×11cm, 有界, 10行21字, 上黑魚尾, 紙質: 竹紙	序: 曲園居士(俞樾)自記	成均館大學校 D7C-85
右台仙館筆記	曲園居士(淸)著, 刊寫地, 刊寫者, 刊寫年未詳	16卷5冊(卷1~16), 22.8×14.8cm, 上下單邊, 左右雙邊, 半郭: 16×11.7cm, 有界, 10行21字, 上下向黑魚尾	序: 曲園居士自記	東亞大學校 (3):12:2-17

33. 里乘

  ≪里乘≫은 淸 許奉恩(生卒年未詳)이 편찬한 傳奇小說集으로 10권으로 이루어져 있다. 許奉恩은 字가 叔平이고 桐城(現 安徽省 桐城市) 사람이다. 道光 22年(1842)에 秋試에 응하였으나 낙제하였고 일생동안 불우하였으며 幕僚로 생계를 꾸렸다. 주요 저술로는 ≪蘭苕館詩抄≫ 등이 있다.

  주된 내용은 충신, 효자, 선인, 지사를 표창하고 인과 과정을 밝혀 세상을 경계하고자 한 데 있다. 그래서 내용은 대개 과거의 성취와 같은 사람의 일을 기록하고 있으며, 가세의 성쇠, 소송의 성패 등을 모두 선악의 보응으로 회부하였다. 간혹 〈林妃雪〉, 〈吳

眞人)처럼 귀신, 여우, 요괴를 이야기하기도 하고, 선행으로 신선이 되거나 죄악으로 지옥에 가기도 하는데, 이 또한 권선징악과 관련되고 있다. 난소관주인은 자서의 말미에서 野老들이 이야기하는 것 가운데 勸懲의 뜻을 담은 것을 골라 이 책을 엮었다고 말했고, 책의 앞부분 '說例'에서도 창작 목적은 권계에 있다고 하였다. 실제로 책 속에는 전생윤회, 인과응보 등의 내용이 많다. 예컨대 권4의 〈變驛馬〉는 관리가 은혜를 갚기 위해 죽은 뒤에 역마로 변한다는 내용이다. 또한 작자는 권선징악의 목적을 달성하기 위하여 자주 실제의 일을 빌어 허구를 창조하였다. 그래서 어떤 이야기는 기이한 구성을 취하지만 당시 현실을 꿰뚫고 있다. 예를 들어 권6 〈雷擊某總戎〉에서는 군관이 백성들을 보호하지 않고 도리어 사람들을 해치고 재물을 빼앗는 것을 묘사하여 만청시기 관리들의 부패를 지적하고 있으며 권7 〈活佛〉에서는 불전에서 음란 행위를 벌이며 세상을 기만하는 승려들의 행태를 고발하고 있다. 많은 이야기들이 그 구조와 전개가 자연스럽고 합리적이며 문필도 노련하여, ≪聊齋志異≫나 ≪閱微草堂筆記≫에는 못 미치지만 그 나름의 기세가 느껴진다.293)

중국에는 현재 光緖 5年(1879) 抱芳閣에서 간행한 袖珍本 ≪蘭苕館外集≫ 10권본, 190편, ≪掃葉山房叢鈔≫ 4권본, ≪筆記小說大觀≫ 8권본이 있다. 국내에는 조선 말기에 유입된 것으로 보이며, 규장각에 소장된 ≪里乘≫은 1879년 抱芳閣에서 간행한 것으로 許榮恩이 교정한 판본으로 추정된다. 이 책의 體裁는 다음과 같다. 表題紙書名과 版心題는 '蘭苕館外史'라 되어있고, 표제지의 뒤쪽에는 '里乘'이라 적혔다. 총 10권 10책으로 매 책 당 한 권씩 묶여 있고, 권1은 17, 권2은 20, 권3은 25, 권4는 17, 권5는 16, 권6은 25, 권 7은 14, 권8은 13, 권9는 24, 권10은 21편, 도합 192편이 수록되어 있다. 우선 劉毓楠이 쓴 서문과 同治 13年(1874) 9월에 方濬頤가 쓴 서문, 同治 甲戌(1874) 가을에 許星翼이 쓴 서문, 동치 13년(1874) 蘭苕館主人이 쓴 自序가 실려 있다. 연이어 '說例'가 이어지고, '里乘總目'이 뒤따른다. 권10의 말미에는 同治 甲戌(1874)에 方錫慶이 쓴 발문과 金安淸이 쓴 발문이 실려 있다.294)

---

293) 寧稼雨 撰, ≪中國文言小說總目提要≫, 齊魯書社, 1996, 360쪽 참조.
294) 백광준, 서울大 奎章閣 ≪里乘≫해제 참조. 서울대학교 규장각 한국학연구원 http://e-kyujanggak.snu.ac.kr/ 참조.

書名	出版事項	版式狀況	一般事項	所藏處/所藏番號
里乘	許奉恩(淸)著, 常熟, 抱芳閣藏板, 光緖5年(1879)	10卷10冊, 中國木版本, 有圖, 18.3×11.9㎝	標題紙書名: 蘭苕館外史, 序: 同治十有三年(1874)…方濬頤, 跋: 同治甲戌(1874)…方錫慶, 印: 集玉齋, 帝室圖書之章	서울大 奎章閣 [奎中]6010

34. 刪補文苑楂橘

≪文苑楂橘≫은 중국소설로서 朝鮮時代에 翻刻된 文言 短篇小說集이다. 일찍이 孫楷第는 ≪日本東京所見小說書目≫에서 이 책에 관해 처음으로 설명하며, 조선 사람이 明本을 翻刻한 것이거나 또는 조선 사람이 작품을 뽑아 편집 인쇄한 것이 아닌가 추정한 바 있다. 한편 박재연은 이 책이 중국에서 逸失된 중국 문언소설집이 아니라, 조선인이 명대에 나온 문언소설을 참고하여 편찬한 것이며, 사용된 활자가 肅宗 10年(1684) 경부터 英祖 36年(1760) 경까지 사용된 第一校書館 印書體字인 것으로 보아 출판연대를 대략 1760년 이전으로 추정하고 있다.[295]

이 책은 총 2권 2책으로 권두에 序文과 刊記가 없어 이 책의 유래에 대해서는 알 수가 없지만 수록된 작품 내용을 보았을 때, 明末에 나온 문언소설집 ≪艶異編≫·≪國色天香≫·≪情史≫ 등과 ≪太平廣記≫에서 작품을 뽑아 편찬한 것으로 보인다.[296] 수록된 문언소설은 총 20편으로, 그 중 唐代 傳奇小說이 15편(≪虯髥客傳≫·≪紅線傳≫·≪崑崙奴≫·≪無雙傳≫·≪汧國夫人≫(一名≪李娃傳≫)·≪崔鶯鶯≫(一名 ≪鶯鶯傳≫)·≪裴諶≫·≪韋鮑生≫·≪崔玄微≫·≪韋丹≫·≪靈應≫·≪柳毅≫·≪薛偉≫·≪淳于棼≫(一名≪南柯太守傳≫)·≪張直方≫), 宋明 文言小說이 5편(≪韋十一娘≫·≪義倡≫·≪負情儂≫·≪趙飛燕≫·≪東郭先生≫)이 수록되어 있다.

---

295) 박재연, ≪刪補文苑楂橘≫校註本, 선문대 중문과 출판, 1994년 참조.
296) ≪오주연문장전산고≫〈경사편〉1-〈경전류〉1 〈經傳總說〉〈經傳注疏를 널리 섭렵하는 데 대한 변증설〉에서도 ≪태평광기≫에서 작품을 뽑았다는 대목이 있다. "누대로 우리집 장서 중에 ≪文苑楂橘≫ 2권이 있었는데, ≪廣記≫를 鈔略한 것으로 그 속에도 역시 河上老人의 말이 실려 있어서 참고할 만했다. 그러나, 다른 사람에게 빌려 주었다가 잃어 버리니 한탄할 노릇이다(予家藏書中, 有≪文苑楂橘≫者二卷, 乃≪廣記≫之鈔略. 而其中, 亦詳載河上老人語, 可考也. 借人見佚, 可歎)."

박재연이 발굴한 尹德熙의 ≪小說經覽者≫(1762)와 같은 해에 나온 完山李氏의 ≪中國小說繪模本≫序文에서 처음으로 그 서목이 보이며, 유만주의 독서 일기 ≪欽英≫에서도 1784년에 이 책을 읽었다는 기록이 남아 있다. 이러한 사실로 보아 1760년 이전 18세기 중반부터 이 책이 문인들 사이에 애독되었음을 알 수 있다.

이 책은 中國 판본은 없이 현재 國立中央圖書館. 韓國學中央研究院 藏書閣에 木活字本이 각 一部씩 所藏되어 있고, 필사본으로는 國立中央圖書館에 1부, 延世大學校에 2부, 啓明大學校에 1부, 그리고 박재연이 1부를 각각 소장하고 있다.

書名	出版事項	版式狀況	一般事項	所藏處/所藏番號
刪補文苑楂橘	著者未詳, 刊年未詳	2冊, 筆寫本, 23.3×16.4cm	"返還文化財"	國立中央圖書館 [古]3738-12
補刪文苑楂橘	編者未詳, 芸閣印靑體字本, 刊年未詳	2卷1冊, 26.9×15.8cm, 四周單邊, 半郭: 21.9×16.7cm, 10行20字, 上二葉花紋魚尾		國立中央圖書館 [일산고]3738-15
刪補文苑楂橘		2卷2冊, 筆寫本, 32.5×20cm	表題: 文苑楂橘	延世大學校 812.38
刪補文苑楂橘		1冊(零本, 卷之1缺), 筆寫本, 32.5×20cm		延世大學校 812.36
刪補文苑揸橘	著者未詳	1冊(冊2缺), 筆寫本, 32.5×20.5cm		延世大學校 (庸齋文庫) 811.36
刪補文苑楂橘	著者未詳, 年紀未詳	1冊(39張, 缺本), 筆寫本, 31×23.3cm		韓國學中央研究院 D7C-34
刪補文苑楂橘	著者未詳, 刊年未詳	2卷2冊, 木活字本, 27×17cm, 四周雙邊, 半郭: 21.4×13.2cm, 有界, 10行20字, 上二葉花紋魚尾, 紙質: 楮紙	表題: 文苑楂橘, 印: 李王家圖書之章	韓國學中央研究院 4-6883
刪補文苑楂橘	編者未詳, 年紀未詳	2卷2冊, 筆寫本, 27.5×17.4cm, 四周單邊, 半郭: 18.5×11.9cm, 烏絲欄, 10行20字, 無魚尾		啓明大學校 812.8-문원사
刪補文苑楂橘	第一將校書館印書體字, 朝鮮刊	1冊(卷一, 一冊缺), 活字本		박재연
刪補文苑楂橘	朝鮮(筆寫)	2卷2冊, 筆寫本	朝鮮人筆寫	박재연

35. 十一種藏書

≪十一種藏書≫는 盧見曾이 편찬한 ≪雅雨堂叢書≫를 가리킨다.

盧見曾(1690~1768)은 字가 澹園 또는 抱孫, 號가 雅雨 또는 道悅子로 山東 德州 사람이다. 康熙 60年(1721) 進士가 되어 洪雅知縣·灤州知州·永平知府·長蘆·兩淮 鹽運使 등을 역임했다. 王漁洋에게 시를 배웠으며 명사들을 초청하여 함께 시 짓기를 좋아했다. 兩淮鹽引 사건에 연루되어 揚州의 獄中에서 병사했다. 저서에 ≪雅雨堂詩文集≫ 等이 있으며 ≪雅雨堂叢書≫를 편찬했다.

≪雅雨堂叢書≫은 모두 소설로 이루어진 것이 아니지만 그 가운데 수록된 ≪封氏聞見記≫·≪唐摭言≫·≪北夢瑣言≫은 唐宋代 필기류 소설로 당시 인물의 언행이나 일화·견문이 수록되어 있다.

국내에 유입된 자료를 찾아볼 수 없지만 현재 延世大學校에 목판본이 소장되어 있다.

書名	出版事項	版式狀況	一般事項	所藏處/所藏番號
十一種藏書	乾隆丙子(1756) 鐫 雅雨堂藏板	22冊, 中國木版本, 四周單邊, 匡郭: 18.5×14.5㎝, 有界, 10行21字, 上黑魚尾	內容: 冊1-6: 李代易傳, 冊7: 易釋文 李代易傳後序 周易乾鑿度, 冊8: 鄭氏周易, 冊9: 尚書大傳 鄭司農集 尚書大傳考異, 冊10-11: 大戴禮記, 冊12: 匡謬正俗, 冊13: 封氏聞見記, 冊14-17: 高代戰國策, 冊18-19: 唐摭言, 冊20: 北夢瑣言, 冊22: 文昌雜錄, 刊記: 乾隆丙子 (1756) 鐫 雅雨堂藏板	延世大學校 (李源喆文庫)

36. 海陬冶遊錄

≪海陬冶遊錄≫은 王韜[297]가 편찬한 淸代 志人小說集으로 ≪中國叢書綜錄≫ 小說家類에 목록이 보인다. 현재 光緖 戊寅年(1878) 眉珠小庵排印本·≪香艶叢書≫本 등이 전해지며 正集 3권·附錄 3권·餘錄 1권으로 모두 7권으로 이루어져 있다.

이 책은 上海 靑樓 雜事와 각 妓院의 위치, 靑樓의 각종 풍속 및 유명 기녀에 관한

---

[297] 王韜(1828~1879)에 관한 설명은 앞에 수록한 청대 傳奇小說集 ≪遯窟讕言≫를 참고할 것.

일화 등을 기록하고 있다. 기녀들의 성격과 외모에 관한 묘사를 비롯하여 고사성이 풍부하여 소설적 색채를 띠고 있다.

국내에 유입된 기록은 찾을 수 없지만, 현재 國立中央圖書館에 戊寅年(1878) 眉珠小庵 7권본이 소장되어 있다.

書名	出版事項	版式狀況	一般事項	所藏處/所藏番號
海陬冶遊錄	(並附錄) 玉魫生(淸)撰, 光緖4年(1878)	7卷7冊, 中國木版本, 19.7×13.2㎝	表題紙書名: 冊3(花國劇譚), 冊4(吳門畵舫續錄, 續板橋雜記), 冊5(雪鴻小記, 秦淮畵舫錄), 冊6(畵舫餘譚, 白門新柳記), 冊7(十洲春語, 竹西花事小錄), 自序: 庚申(1860)…玉魫生, 刊記: 戊寅(1878)季夏印於眉珠小盦, 印記: 樂山堂印	國立中央圖書館 [古]5-80-2

37. 諧鐸

≪諧鐸≫은 12卷 4冊으로 모두 122개의 이야기가 들어있는 淸代 志怪小說類의 문언단편 소설집이다. ≪諧鐸≫의 저자는 淸代 중엽 희곡작가 沈起鳳이다. 관련기록에 의하면 沈起鳳은 1741년에 태어났으며 1801년 이후에 죽은 것으로 보인다. 字는 桐威로서 江蘇 吳縣 사람이라 한다.

≪聊齋志異≫를 모방하여 쓴 ≪諧鐸≫의 이야기들은 짧고 깔끔하면서도 정교로우며, 문장은 간단하면서도 생동적이고, 그 안에 심오한 철학적 이치를 담고 있다. 저자는 사회의 암흑과 인간세상의 험악함을 뼈저리게 느끼고 있었다. 그래서 저자는 ≪諧鐸≫에서 강한 현실비판정신으로 병리적인 사회현상을 폭로하고 다양한 인정세태를 묘사하였다.

≪諧鐸≫은 乾隆 56年(1791)에 출간한 藤花榭刊本과 다음해 발행한 巾箱本이 있으며 淸末부터 民國 年間까지 많은 발간본이 있다. 국내에는 대략 조선시대 高宗 때 유입된 것으로 보인다. ≪諧鐸≫은 현 中央國立圖書館, 서울大 奎章閣에 있으며 高麗大學校에는 1909년에 발행한 ≪繪圖諧鐸≫이 있다.

第5章 淸代 作品目錄과 解題 355

書名	出版事項	版式狀況	一般事項	所藏處/所藏番號
諧鐸	沈起鳳(淸)著, 刊寫地未詳, 刊寫者未詳, 光緖23年(1897)	12卷4冊, 中國木版本, 19.2×11.9cm	序: 乾隆重光大淵獻(1791)… (淸)韓蘇, 序: 時乾隆辛亥(1791)… (淸)殷傑, 標題紙: 光緖丁酉(1897) 孟夏新鐫… 本衙藏板	國立中央圖書館 [古]1246-2
諧鐸	沈起鳳(淸)著, 淸板本	12卷4冊, 中國木版本, 17.5×12cm	印: 集玉齋, 帝室圖書之章	서울大 奎章閣 [奎중]6000
繪圖 諧鐸	沈鳳 著, 上海, 錦文堂, 宣統1年(1909)	12卷4冊, 中國石印本, 有圖, 20×13.2cm		高麗大學校 C14-B7

38. 今世說

≪今世說≫은 王晫이 편찬한 淸代 志人小說이다. ≪四庫全書總目≫과 ≪淸史稿≫〈藝文志〉小說家類에 8권으로 기록되어 있다. 현재 康熙 22年(1683) 原刊本이 전해지며, 咸豊 2年(1852) 伍崇曜가 간행한 ≪粤雅堂叢書≫本이 통행본이다. ≪淸代筆記叢刊≫·≪筆記小說大觀≫本 모두 粤雅堂本에 근거한 것이다.

王晫(1636~?)은 初名이 棐, 字가 丹麓, 號가 木庵, 松溪子이며 錢塘人이다. 順治 年間에 諸生이 되었으나 후에 과거 응시를 포기하고 저술 활동에 전념하였으며, 당시의 현사, 호걸들과 주로 교제하였다. 저서로는 ≪今世說≫외에 ≪遂生集≫·≪丹麓雜著≫·≪霞擧堂集≫ 등이 있다.

이 책의 창작목적은 명현들을 표창하고 미덕의 왕성함을 고취하는 데 있었으므로, 책 속에서 모두 順治, 康熙 年間의 문사들의 嘉言懿行을 기록하였다. 체례는 ≪世說新語≫를 모방하였으나 '自新'·'黜免'·'儉嗇'·'讒險'·'紕漏'·'仇隙'의 부류는 산거하였다. 王晫은 ≪今世說≫〈序〉에서, 예로부터 저술가의 책 중에 후대까지 계속 전해지는 것은 읽는 이들로 하여금 깊이 생각하도록 만들고 마음과 정신을 즐겁게 만드는(心曠神怡) ≪世說新語≫ 뿐이라고 지적하며, 자신의 저서도 '心曠神怡'할 수 있기를 기대하였다.[298] 즉 王晫은 ≪世說新語≫와 같은 志人小說이 주는 심미적 효과로서 정

---

298) ≪今世說≫序: "自經史而外, 著述之家, 不知幾千萬計, 而其書或傳或不傳; … 獨≪世說新語≫一書, 纂於南宋, 多撫晉事, 而兼及於漢, 魏, 垂千百年, 學士大夫家, 無不玩而習之

신적 즐거움을 인식한 것이다.

　≪今世說≫은 ≪世說新語≫를 모방하였지만 '自新'·'黜免'·'儉嗇'·'讒險'·'紕漏'·'仇隙'의 부류는 산거하여 인물들의 장점만을 들고 단점은 지적하지 않았다. 이것은 당시 문인들 사이에 서로 치켜세우며 칭찬하는 풍조와도 관련이 있지만,299) 한편 당시 사람들의 시비를 불러일으키는 것을 피하려는 의도가 있었다고 할 수 있겠다. 그래서 표면적으로는 王晫이 당시의 풍류와 문인들의 '嘉言懿行'만을 칭송한 것처럼 보이는 것이다. 苗壯은 이 점을 지적하며, 그가 비록 은거하며 저술을 하였으나 그의 입장은 明 유민들과 다른 것이었다고 하였다.300) 그러나 그가 ≪今世說≫에서 언급하고 있는 인물들을 살펴보면 明 유민들의 정신과 생활에 대해 묘사한 것을 많이 발견할 수 있다.301) 특히, 周亮工·毛奇齡·王猷定·徐喈鳳·毛際可·徐芳·魏禧·林嗣環·毛先舒·王士禎·林雲銘·錢謙益·徐士俊·繆彤·尤侗·侯方域·宋曹·宋犖 등은 명 유민이거나 혹은 명 유민 의식을 공유했던 인물들이다. 물론 王晫에게서 청조에 대한 강렬한 저항감은 찾아볼 수 없지만, 그가 이러한 인물들의 비범함을 긍정적인 시선으로 묘사하고 있다는 사실만으로도 그들과 공유하는 의식이 있었으리라 예상할 수 있다. 따라서 王晫은 ≪今世說≫에서 단순히 문인들의 가언의행만을 기록한 것이 아니라, 그것을 통해 청초 문인들의 독특한 심리와 청초의 사회상을 드러낸 것이다.302)

　국내에 유입된 기록은 李德懋의 ≪靑莊館全書≫권36 〈磊磊落落書〉引用書目에서 찾아 볼 수 있으며, 현재 高麗大學校 도서관에 康熙 癸亥年(1683)의 王晫의 自序를 수록한 필사본 8권이 소장되어 있다.

　　　者, … 至於今讀其書, 味其片語, 猶能令人穆然深思, … 予度後之人得覩是編, 或亦如今之讀臨川書者, 心曠神怡, 未可知也."
299) ≪四庫全書總目≫: "蓋標榜聲氣之書, 猶明代詩社餘習也."
300) 苗壯, ≪筆記小說史≫, 절강고적출판사, 1998, 408쪽.
301) 〈方正〉편의 孫豹人 條에서는 손표인은 청조의 부름에 끝까지 응하지 않는 모습을 묘사하고 있고, 〈棲逸〉편의 邱維正 條에서는 명대에 淸官으로 유명했던 구유정이 청대에는 산에 은거하며 세상으로 나가지 않는 모습을 묘사하고 있다.
302) 박계화, ≪청초 문언소설의 서사특징 연구≫, 연세대 박사학위 논문, 2004, 79-82쪽 참조.

第5章 淸代 作品目錄과 解題 357

書名	出版事項	版式狀況	一般事項	所藏處/所藏番號
今世說	王晫(淸) 撰	8卷2冊, 筆寫本, 23.9×18㎝, 上下單邊, 半郭: 19×13.6㎝, 有界, 9行20字 小字雙行, 上下黑口, 無魚尾	版心: 楓石庵書屋. 序: 歸安嚴允肇修人撰, 同邑丁澎約園撰遂安毛際可會候撰, 宜興徐개鳳竹逸撰, 同郡馮景香遠撰, 康熙癸亥(1683)仲春武林王晫題于牆東草堂	高麗大學校 대학원貴-586-1-2 卷1-8

39. 茶餘客話

≪茶餘客話≫는 阮葵生이 편찬한 淸代 雜俎小說集으로 ≪淸朝續文獻通考≫〈經籍考〉小說家類에 10권으로 기록되어 있다. ≪茶餘客活≫은 대략 乾隆 36年(1771年)에 완성된 것으로 보이며 原書는 三十卷이었는데 현재 乾隆 年間 간행된 목활자본과 光緖 年間 鉛印本 22권이 전해진다.

阮葵生(1727~1789)은 字가 寶誠, 號는 吾山으로 山陰(지금의 江蘇省 淮安) 사람이다. 乾隆 年間 進士가 되었고 刑部右侍郞을 역임했다. 阮葵生은 博學多聞하고, 재주가 뛰어나고 사고가 민첩했으며 ≪四庫全書≫중 ≪西域圖志≫와 ≪西域同文志≫는 그가 편찬한 것이다. 일생동안 부지런히 저술에 임하여 많은 글을 남겼으며 특히 역사 고증을 중시하였다. 주요 저서로는 ≪七錄齋集≫·≪七錄齋詩詞集≫·≪阮氏族訓≫·≪阮氏家譜≫ 등이 있는데 생전에는 출판되지 못했다. 2009年 陝西人民出版社에서 出版한 王澤强 校點整理本 ≪阮葵生集≫에 그의 작품이 대부분 수록되어 있다.

이 책의 내용은 매우 광범위하여, 政治·歷史·地理·科學·工藝·文學·藝術 等의 모든 영역을 나루고 있고 특히 일사와 고증 부분은 사료 가치가 크다. 특히 淮安 지역의 이야기가 상세히 기록되어 있어서 회안 지역 역사를 연구하는 데 중요한 참고자료가 될 수 있다. 또한 志怪와 志人 이야기도 풍부한데, 권4의 "狐戲吝人"은 돈을 늘 상자 속에 감춰 놓는 구두쇠가 여우가 뿌려주는 돈을 횡재한 것이라 여기며 주워 모았는데 알고 보니 자신이 상자 속에 넣어두었던 돈이었다는 이야기로, 인색한 사람을 해학적으로 풍자한 것이다. 인물에 관한 이야기는 문인이 서로 경시하거나 혹은 아량을 베푸는 이야기, 문인의 허위의식을 폭로하는 이야기 등이 많으며 인물 묘사가 매우 생동적이다.

金邁淳(1776~1840)의 ≪臺山集≫卷十七 ≪闕餘散筆≫에 ≪茶餘客話≫가 언급된 것으로 보아303) 국내 유입 시기는 19세기 초기로 여겨지며, 현재 釜山大學校 芝田文庫에 목판본이 소장되어 있다.

書名	出版事項	版式狀況	一般事項	所藏處/所藏番號
茶餘客話	阮葵生 著	12卷4冊, 木版本, 17.5×10.8㎝, 四周單邊, 半郭: 13.1×9㎝, 無界, 9行20字, 白口, 上下向黑魚尾, 紙質: 畵宣紙	跋: 甲寅上元烏程哉璐跋, 跋: 癸丑小除男鍾琦謹識, 題詞: 楊復吉	釜山大學校 芝田文庫(子部) OEC 3-12 26

40. 質直談耳

≪質直談耳≫는 錢肇鼇가 편찬한 淸代雜俎小說集으로, ≪販書偶記≫小說家類에 8卷으로 기록되어 있으며 乾隆 59年(1794) 刊本이 있었다고 하나 보이지 않는다. 현재 從兄 錢大昕이 乾隆 乙巳年(1785)에 쓴 序가 수록된 道光 甲申(1824)重鎸 學餘堂本이 전해지고 있다.

錢肇鼇(1729~?)은 原名이 肇勛이고 字는 瑤光 또는 鈍夫, 號는 尋眞氏이며 嘉定(지금의 上海 인근) 사람이다. 그의 생평에 관한 기록은 자세하지 않다. ≪質直談耳≫에 기록된 바에 의하면, 그는 雍正 7年(1729)에 태어났으며 공명에 관심이 없이 학문에만 매진하여 저서가 數萬言에 이르지만 ≪質直談耳≫ 외에는 남아 있지 않다.304)

이 책은 매우 질박하고 간결한 언어로 귀신과 여우, 奇人異行 등의 이야기를 서술한 志怪書이며, 작품 대부분 명확한 시간과 장소, 인물 및 이야기를 한 사람의 이름과 출처 등을 기록하고 있는 것으로 보아 六朝 志怪小說의 특성을 그대로 계승하고 있다. 작품 끝에는 '尋眞氏曰'이라는 작자의 평론을 덧붙여 놓아 ≪聊齋志異≫ 등 傳奇小說의 체재를 본받고 있는 모습이 보인다.

국내에는 언제 유입되었는지 자료를 찾을 수 없으나, 현재 釜山大學校 芝田文庫에

---

303) ≪臺山集≫卷十七 ≪闕餘散筆≫: "阮葵生, 乾隆間人, 所著茶餘客話.…"
304) 鄧美華, 〈錢肇鼇和他的≪質直談耳≫〉, ≪福建教育學院學報≫, 2001, 2期, 31-35쪽 참조.

道光 甲申(1824) 重鐫 學餘堂本 목판본이 소장되어 있다.

書名	出版事項	版式狀況	一般事項	所藏處/所藏番號
質直談耳	錢肇鼇 撰, 淸, 學餘堂, 道光4年(1824)	8卷4冊, 中國木版本, 16.5×10.8㎝, 四周單邊, 半郭: 11.9×8.5㎝, 無界, 8行17字, 花口, 上下向黑魚尾, 紙質: 畵宣紙	序: 竹汀居士大昕書, 刊記: 道光甲申(1824)重鐫 學餘堂藏板	釜山大學校 芝田文庫(子部) OEC 3-12 21

41. 壺天錄

≪壺天錄≫은 淸代 志怪小說集으로 百一居士가 撰하였다. 책 안의 題에 의하면 '百一居士'는 光緖 年間 江蘇省 淮陰 사람이며 자세한 생평은 알려져 있지 않다. 책 앞부분에 수록된 光緖 11年(1885)에 쓴 작자의 自序에는 이 책의 서명이 "壺中見天, 小中見大(주전자에서 하늘을 보고, 작은 것에서 큰 것을 본다)"라는 비유에서 취한 것이라고 설명하고 있다. 즉 일상 산천초목, 괴이한 일, 충효 절의에 관한 일이 모두 天道를 드러내 보이는 현상이라고 여긴 것으로, 책에서는 인과응보, 숙명론에 관한 괴이한 이야기가 주를 이룬다. 하지만 일부 작품은 일상 속에서 권계의 뜻을 도출하고 있는 것도 있다. 예컨대 권 하의 말미 부분에서는 "선을 쌓은 집에서는 분명 넘치는 경사가 있고, 악을 쌓은 집에서는 분명 넘치는 재앙이 있다(積善之家, 必有餘慶. 積惡之家, 必有餘殃)"이라는 ≪周易≫의 말로 시작하여 두 편의 이야기를 소개하고 있다.

상해의 이 아무개가 몇 년 동안 장사를 하여 큰 돈을 벌었다. 하루는 英國 租界의 담벼락 아래를 걷는데, 洋人이 이 아무개의 이름을 불러 뒤돌아보니 서양인이 자신에게 '나는 사람이 아니라, 귀신이다. 예전 양주에서 금 천량을 어딘가에 숨겨 두었는데, 자네와 인연이 닿았으니 찾으러 가는 게 어떻겠나?' 라고 제안하였다. 이 아무개는 집으로 돌아와서 반신반의하다가 사람들에게 떠들고 다녔는데, 그 말을 들은 사람 가운데 누군가가 찾아가서 정말 그 금을 찾았다고 한다. 훗날 이 아무개는 다시 그 서양인을 만났는데, 서양인이 '지난번 일은 허튼 소리가 아니었는데, 자네는 복이 없어서 남이 선수를 채버렸으니 나도 자네를 어찌할 수 없군' 하였다. 이 아무개가 그 말을 듣고 다시 병이 재발하였다고 한다. 또 다른 이야기는 다음과 같다. 蘇州의 봇짐장수가 고기를 잡다가 물속에서 진주를 건져내었는데, 이 진주가 용의 눈알만 하여 값을 매길 수 없는 것이라는 이야기를 듣고는 애지중지하였다. 늘 미친 듯 웃고 다니며 실성한 사람처럼 되었는데, 어느 날 품고 있던 진주를 강 속에 던져버리자, 실성한 중세가 치유되었다고 한다. 말미에서는 "쉽게 얻은 것은 쉽게 잃는 법이니 본시 당연한 것이다. 홀로 그것이 잘못될까봐 전전긍긍하면 병이 되는 것이니, 세상의 망령되이 분수에 넘치는 것을 구하는 것 또한 삼가야 할 것이다"는 교훈을 남기고 있다.

그러나 서술이 평이하고 文彩가 결핍되어 있어 지괴소설의 말류라고 할 수 있다. 이 밖에 ≪壺天錄≫에는 서방의 문화와 경제가 중국에 전해진 후에 생겨난 '德律風(텔리폰)', '麥克風(마이크로폰)'등의 신과학기술이 기록되어 있어 만청의 색채를 보이고 있다.305)

중국 판본으로는 ≪申報館叢書≫本, ≪淸代筆記叢刊≫本, ≪筆記小說大觀≫本 등이 있고 우리나라에는 언제 유입되었는지는 알 수 없으나 서울大 奎章閣에 光緖 11年 ≪申報館叢書≫本이 소장되어 있다.

書名	出版事項	版式狀況	一般事項	所藏處/所藏番號
壺天錄	百一居士(淸)著. 申報館, 光緖11年(1885)	3冊, 中國活字本, 17.5×11.5cm	序: 光緖十一年(1885)…百一居士, 印: 集玉齋	서울大 奎章閣 [奎중]6162

42. 寄園寄所寄

≪寄園寄所寄≫는 淸 趙吉士(1628~1706)가 편찬한 雜錄小說集이다. 趙吉士는 字가 天羽이고 號는 恒夫이며 休寧(현 安徽省 休寧縣) 사람이다. 順治 年間(1643~1661)에 擧人이 되었고 康熙 7年(1688)에 山西 交城知縣이 되었다가, 도적을 사로잡아 戶部主事로 발탁되었다. 벼슬이 國子監學正에 이르렀고 재임 중 죽었다. 주요 저술로는 ≪寄園寄所寄≫ 12권 외에 ≪萬靑閣全集≫ 8권·≪林臥遙集≫ 3권 등이 있다.

저자는 자서에서, "나는 寄園에 은거하여 위로 朝廟에서 아래로 街巷瑣屑(시정의 자

---
305) 백광준 서울大 奎章閣 ≪壺天錄≫해제 참조. http://e-kyujanggak.snu.ac.kr/ 참조.

질구레한 이야기)까지 무릇 재간 있는 것을 밝혀서 모으고 보존함으로써 내 뜻을 밝혔다"고 하였다. 저자의 말처럼, 이 책은 전인의 소설 및 야사 필기 고사를 모아 엮은 것으로 내용에 따라 12류로 분류하였다. ≪四庫全書≫에 따르면, '囊底寄'는 지혜와 술수, '鏡中寄'는 충효와 절의, '倚杖寄'는 산천의 명승, '捻須寄'는 詩話 관련, '滅燭寄'는 신선과 요괴, '焚麈寄'는 청담과 격언, '獺祭寄'는 제도와 연혁, '豕度寄'는 오류의 고증, '裂眦寄'는 明末의 전란과 희생자, '驅睡寄'는 일화 가운데 이야깃거리, '泛葉寄'는 徽州의 숨은 이야기, '挿菊寄'는 재미있는 잡다한 이야기로 구성되어 있다고 한다. 또한 2, 3할은 옛 이야기이고, 실려 있는 내용의 7, 8할은 명대의 것이라고 하였고, 선록한 것이 자못 풍부하지만 바른 것과 속된 것이 함께 있고 참된 것과 거짓된 것이 함께 보여서 단지 소설가의 논의를 이루고 있을 따름이라고 하였다.306)

중국에는 현재 康熙 35年(1696) 각본, 三益堂刻本 12권이 전해지며, ≪香艷叢書≫本은 1권만 절록한 것이다. 국내에는 조선 후기에 유입된 것으로 보이며, 서울大 奎章閣 所藏本 ≪寄園寄所寄≫는 漁古山房에서 간행한 판본으로 보인다. 하지만 정확한 刊行 年代에 대해서는 확인할 수 없다. 이 책의 體裁는 총 12권 12책으로 이루어졌으며, 매 책 당 한 권씩 묶여있다. 이외에 서울大 中央圖書館, 釜山大學校, 忠南大學校, 國立中央博物館 등에 소장되어 있다.

書名	出版事項	版式狀況	一般事項	所藏處/所藏番號
寄園寄所寄	趙吉士(淸)輯, 淸, 本衙, 康熙34(1695)	12卷16冊(卷1-12), 中國木板本, 17.2×10.6cm, 上下單邊, 左右雙邊, 半郭: 13.1×8.1cm, 有界, 11行21字, 花口, 上下向黑魚尾	序: 康熙三四年(1695)… 注光被, 刊記: 本衙藏版, 裝幀: 黃色表紙白絲四綴	서울大 中央圖書館 0330-11-1-16
寄園寄所寄	趙吉士(淸)輯, 馮雲馬肅(淸)…等 校訂, 漁古山房, 淸板本	12卷12冊, 中國木版本, 17.2×11.2cm	印: 集玉齋, 帝室圖書之章	서울大 奎章閣 [奎중]5892
寄園寄所寄	趙吉士(淸)輯, 淸, 漁古山房, 刊寫年未詳	5卷5冊, 中國木版本, 16.8×10.8cm, 上下單邊, 左右雙邊, 半郭: 13.2×9.2cm, 有界, 11行21字, 花口, 上下向黑魚尾, 紙質: 노로지	序: 仙湖愚兄士麟頓首拜撰, 序: 康熙三十四年(1695)仲冬朔…汪光被序	釜山大學校 夢漢文庫(子部) ODC 3-12 42

---

306) 寧稼雨 撰, ≪中國文言小說總目提要≫, 齊魯書社, 1996, 377쪽 참조.

書名	出版事項	版式狀況	一般事項	所藏處/所藏番號
寄園寄所寄	趙吉士(淸)輯, 刊寫地未詳, 刊寫者未詳, 刊寫年未詳	1冊(缺帙, 卷6), 中國石版本, 20×13㎝, 四周雙邊, 半郭: 17×12㎝, 無界, 15行34字, 註雙行, 上下向黑魚尾, 竹紙		忠南大學校 子.雜家類-866
寄園寄所寄	趙吉士, 刊寫地不明, 刊寫者不明, 刊寫年不明	8冊, 中國石版本		國立中央圖書館 BA039-6
寄園寄所寄	趙吉士(淸)著, 刊寫地, 刊寫者, 刊寫年未詳	12卷8冊, 石印本, 24㎝		國立中央圖書館 a1039-6

43. 道聽塗說

≪道聽塗說≫은 淸 潘綸恩(1797?~1856)이 편찬한 傳奇小說集으로 12권이다. 潘綸恩은 字가 煒玉, 葦漁이고 號는 籜園이며 처소의 이름은 籜月山房으로, 涇邑(現 安徽 涇縣) 사람이다. 사적으로 전해지는 것이 많지 않다. 대략 嘉慶 2年(1797)에 태어나 咸豊 6年(1856)에 죽었으며 향년 60세이다. 비록 어려서 뛰어난 재주를 지녔지만 道光 6年(1826)에 이르러서야 秀才가 되었으니, 인생의 절반이 지날 무렵에 비로소 서생이 된 셈이다. 이후로 몇 차례 향시에 응하였으나 합격하지 못하였고, 生員에 만족해야 했다. 주요 저술로는 ≪籜月山房詩鈔≫, ≪道聽塗說≫ 등이 있다.

이 책에서는 당시 시정의 잡다한 소문들 즉 살인, 간음, 사기 등 각종 비참한 실상을 기록하여 사회의 병폐 현상을 드러내고 있다. 그 가운데 일부는 격정적이며 생동적인 필치와 기탁의 수법을 활용하여 뛰어난 소설적 구성을 갖추고 있다. 예를 들어, 권1의 〈屠鈴〉에서는 여러 번 낙제한 서생이 급제하는 것은 처녀가 빈 방에서 수절하는 것과 같다는 깨달음을 얻고 출가하는 이야기를 적고 있는데, 작자의 과거 시험에 대한 인식이 반영되어 있다고 볼 수 있다. 권2의 〈董子龍〉에서는 말이 와전되었을 때의 폐해를 경계하는 이야기, 권4의 〈姚崇愷〉는 기녀 曹翠의 사랑과 불행에 관한 이야기, 권11의 〈斯斯〉에서는 金陵(현 南京市)의 여자 사사와 諸生 謝石帆의 사랑이야기를 묘사하고

있다. 문언과 백화가 섞여있으며, 서술은 곡절이 많아 白話通俗小說의 영향을 받은 흔적이 보인다.307)

중국에는 光緖 元年(1875) 筠坪老人이 쓴 序가 수록되어 있는 ≪申報館叢書≫本 12권만 남아 있다. 국내에는 조선 후기에 유입된 것으로 보이며, 서울大 奎章閣 所藏本 ≪道聽塗說≫ 역시 上海 申報館에서 간행된 판본이다.

書名	出版事項	版式狀況	一般事項	所藏處/所藏番號
道聽塗說	潘綸恩(淸)著, 上海, 申報館, 光緖1年(1875)	12卷6冊, 中國活字本, 17×11.2cm	序: 光緖紀元歲乙亥(1875)…筠坪老人, 印: 集玉齋, 帝室圖書之章	서울大 奎章閣 [奎중]5762

44. 淞南夢影錄

≪淞南夢影錄≫은 1883년에 출판된 筆記小說로 黃式權이 편찬했다. 저자 黃式權은 '睌香留夢室'이라고도 불렸으며 상해 근교인 南淮縣 출신이다. 오랫동안 상해에서 활동하면서 申報館 출판사의 편집 주필을 역임하면서 상해의 명사들과 교분을 가지고 활약했다고 한다. ≪淞南夢影錄≫은 黃式權이 戲園, 茶社, 烟館, 妓館 등 상해의 여러 면모를 붓 가는대로 자연스럽게 총 4권으로 구성하여 엮은 책이다.

내용은 주로 상해의 문화에 대한 것들이 주로 많이 보이지만 고급기녀들에 대한 기술도 눈에 띈다. 예를 들면 "媚香樓主人 李佩蘭은 옥구슬 같은 자태를 지니고, 편안하고 조용하며 말수가 적었다. 성정은 우아하고 맑으며 좌상에 잡스러운 손님을 받아들이지 않는다.… 손님이 구차스럽게 종일토록 같은 이야기를 되풀이 하더라도 조금도 권태로워하지 않는다. 더욱이 다른 사람의 급함을 돕기를 즐겨하여 천금을 내주더라도 조금도 주저하는 기색을 보이지 않는다.…" "孫文玉은 歌妓이다. 윤기나는 얼굴은 꽃을 부끄럽게 하고 원만한 자태는 달을 가리는 듯하다. 비록 나이 28세에 이르렀지만, 그녀를 보면 갓 핀 부용을 보는 듯하여 아름답고 사랑스럽다.…(중략)…무대에 등장하여 한 곡조를 부르면 사방의 좌석이 숨을 죽이니 뒤 이은 뭇 歌妓들이 따를 바 아니다"308) 이런 기록

---
307) 寧稼雨 撰, ≪中國文言小說總目提要≫, 齊魯書社, 1996, 362쪽 참조.

들은 당시 상해 기녀들의 모습을 알 수 있게 해준다. 이런 기록 외에도 술과 음료 등 당시 상해의 풍속을 알 수 있는 진귀한 수입품에 이르기까지 세세하게 기록되어 있어 사료로서의 가치도 크다고 볼 수 있다.

≪淞南夢影錄≫은 상해 申報館에서 光緖 9年(1883)에 4권1책으로 간행하였다. 국내 유입된 정확한 기록은 남아있지 않지만 서울大 奎章閣에 소장되어 있는 판본도 이 申報館本으로 국내 유일본이라 할 수 있다.

書名	出版事項	版式狀況	一般事項	所藏處/所藏番號
淞南夢影錄	留夢室(淸)編, 上海, 申報館, 光緖9年(1883)	4卷1冊(49張), 中國活字本, 17×11.2cm	序: 光緖九年(1883)…高昌寒, 印: 集玉齋	서울大 奎章閣 [奎중]5895

45. 雨窗記所記

≪雨窗記所記≫는 淸代 雜俎小說集으로 謝堃(1784~1844)이 편찬했다. ≪八千卷樓書目≫小說家類에 四卷이 저록되어 있고, 현재 道光 年間에 간행된 ≪春草堂集≫本과 ≪掃葉山房叢鈔≫本 등에 남아있다.309)

謝堃는 乾隆 49年(1784)에 태어나 道光 24年(1844)에 생을 마감했다. 初名은 均이고 字는 佩禾이며 甘泉(지금의 江蘇 楊州)사람이라고 전한다. 別墅를 春草堂이라고 하여 '春草詞人'이라고도 불렸다. 詩文에 능했는데 ≪左傳≫·≪史記≫·≪漢書≫·≪後漢書≫를 즐겨 읽었고, 徐陵과 庾子山, 初唐四傑의 騈體文을 특히 좋아했다고 한다. 벗들과 詩文 주고받기를 좋아했을 뿐 아니라 그림에도 뛰어났다. 그의 ≪靑山別墅圖≫에는 직접 그린 여러 지방의 모습과 名士들과 주고받은 詩들이 들어있다. 花木을 좋아하여 ≪花木小志≫에 141種의 花木을 기재하였다. 이외에도 ≪春草堂騈體文, 古近體詩, 詞錄, 詩話≫·≪書畵所見錄≫·≪錢式圖≫·≪黃河遠≫·≪十二金

---

308) 박혁순, 〈見聞錄에 비친 근대 상해의 거리와 문화〉, ≪지방사와 지방문화≫ 2006년 9권1호, 299쪽 재인용.
309) 寧稼雨, ≪中國文言小說總目提要≫, 齊魯書社, 1996, 394쪽.

錢》·《綉帕記》·《血梅記》·《恩怨錄》 등의 작품들이 남아있다.

《雨窓記所記》의 내용은 작가 謝堃이 道光 咸豊 年間에 만연해 있던 배금주의와 그로인해 들끓었던 사기꾼들을 비판하고, 당시 부패된 사회 현상과 불만들을 반영하려고 하였기 때문에 전반적으로 비판적이고 교훈적이다. 예를 들면 〈筆墨會館〉에서 吳生이라는 사람이 꿈에 '天下古今筆墨會館'이라는 곳에 가서 역대 문장가들이 운운하던 '道'의 공허함을 깨닫게 되고, 〈桂珍〉에서는 기녀 桂珍을 통해 당시 사회에 만연해 있던 거짓 승려나 거짓 名士들을 비난했다. 〈夷娼〉에서는 하층민의 고된 삶을 통해 관청에서 걷는 세금의 심각한 사회문제를 폭로하였다.[310] 이렇듯 謝堃은 자신의 뚜렷한 가치관을 가지고 淸代 道光 咸豊 年間에 만연해 있던 사회 부패상을 여실히 드러내 주었다.

국내 유입된 기록은 없으나 道光 6年(1880)에 간행한 4卷 4冊 木版本이 서울大 奎章閣에 소장되어 있다.

書 名	出版事項	版式狀況	一般事項	所藏處/所藏番號
雨窓寄(記)所記	謝堃(淸)著, 光緖6年(1880)	4卷4冊, 中國木版本, 17.8×11.7㎝	序: 謝堃, 印: 集玉齋, 帝室圖書之章	서울大 奎章閣 [奎중]5919

46. 澆愁集

《澆愁集》은 淸 鄒弢(生卒年未詳)가 편찬한 傳奇小說集이다. 鄒弢는 字가 翰飛, 號가 瀟湘館侍者, 司香舊尉, 瘦鶴詞人, 鄒酒丐 등이고, 梁溪(현 江蘇省 無錫市)사람이다. 光緖 초에 蘇州 관청에서 참모직을 수행하였고, 光緖 14年(1888)에 山東 淄川(현 山東省 淄博市)에서 幕寮 생활을 하였다. 만년에는 上海 啓明女學에서 학문을 가르쳐 民國 13年(1925)까지 이르렀으니, 당시 나이 80여 세였다.

이 책에 수록된 작품은 작자의 한과 고민을 토로한 것이므로 '澆愁'라고 이름을 붙였다. 당시의 특이한 소문이나 이상한 일을 취하여 유추하거나 늘여서, 당시의 정치를 비

---

310) 蔣芳, 〈謝堃戱曲小說硏究〉, 華東師範大學 碩士論文, 2011년 4월, 第3章 謝堃文言小說創作 제3절 《雨窓記所記》的價値 49~54쪽 참조.

판하거나 세태를 풍자함으로써 울분의 심정을 표출하고 있다. 예를 들어, 권1의 〈索賂神〉는 이승과 저승 관리의 뇌물 수수 이야기로 부패한 관료사회를 비판하는 이야기이다. 권6의 〈老翁捕盜〉는 스스로 비길 바 없는 무공을 갖추었다고 생각한 孫鵬이, 나중에 韓滔에게 무릎을 꿇자 마침내 마음을 비우고 수련하여 비로소 더 큰 발전을 거둔 이야기이다. 학문의 끝은 없고 기술에 만족이란 없다는 교훈을 말하고 있다.

朱康壽는 서문에서, "說部는 역사의 다른 갈래로 그 요지를 종합하면 모두 六經에서 뜻을 취하고 여러 서적에서 유래하고 있으니, 어떤 것은 명리를 밝히거나 기록을 보조하고 어떤 것은 은밀한 말로 깨우치거나 직언으로 질책함으로써, 모두 正史의 미비한 바를 채울 수 있다"고 말하였다. 중간에서는 "보건대 그 표현은 은미하고 사상은 심오하니, 수식에 힘써 넌지시 지적하지 않음이 없다"고 소설의 가치를 역설하였고, 작자는 "≪莊子≫, ≪離騷≫의 대부분이 감흥에 기탁한 것으로 상상하지 않은 것이 없다"고 말하고 "매번 생각이 들면 境이 만들어지고, 감정이 이를 때면 문장이 생겨나니, 하물며 차가 우러나고 향이 푸근하며 꽃이 밝고 달이 가늘어질" 때면 자연히 붓을 들어 창작하게 되는 것이라며 소설에 대한 자신의 생각을 밝히고 있다. 많은 이야기들이 ≪聊齋志異≫의 영향을 받은 것으로 보이며, 작자가 직면한 晚淸의 사회현실을 그 안에 잘 반영하고 있다.[311]

중국에 남아 있는 판본은 오직 ≪申報館叢書≫本 8권뿐이다. 국내에는 조선 후기에 유입된 것으로 보이며, 서울大 奎章閣 所藏本 ≪澆愁集≫은 1878년에 申報館에서 重刊된 것으로 朱康壽, 奏雲, 俞達이 평어를 붙인 판본이다. 총 8권 4책으로 이루어졌으며, 매 책 당 두 권씩 묶여 있고, 매 권당 여섯 편씩 수록되어 있다. 앞부분에는 光緒 3年(1877) 重陽節에 朱康壽가 쓴 서문과 작자의 자서, 光緒 3年(1877) 늦가을에 奏雲이 쓴 서문이 실려 있다. 뒤이어 '澆愁集目錄'이 있다. 작품의 뒤에는 '西脊山人曰, 吟香子曰, 朱曼叔曰, 夢仙館主人曰, 存恕齋主人曰, 瀨紅館主人曰' 등 여러 사람의 評語가 덧붙어 있다.

---

311) 백광준 서울大 奎章閣 해제 참조. 서울대학교 규장각한국학연구원 http://e-kyujanggak.snu.ac.kr/ 참조.

第5章 淸代 作品目錄과 解題 367

書名	出版事項	版式狀況	一般事項	所藏處/所藏番號
澆愁集	鄒弢(淸)著, 朱康壽(淸)校, 申報館, 光緖4年(1878)	8卷4冊, 中國活字本, 17.1×11.3㎝	序: 光緖三年(1877)…奏雲, 印: 集玉齋	서울大 奎章閣 [奎중]5945

47. 粵屑

≪粵屑≫은 淸代 志人小說集으로 劉世馨이 편찬했다. ≪販書偶記≫小說家類에 八卷이 저록되어 있다. 현재는 道光 10年(1830) 刊本이 남아있다.

劉世馨은 字가 薌谷으로 廣東 陽春사람이다. 詩文에 능했으며 그림에도 뛰어났는데, 특히 蘭과 대나무, 산수를 잘 그렸다고 한다.

≪粵屑≫은 주로 粵 지역의 瑣事들 특히 여러 기이하고 이야기들을 소설의 형식을 빌어 기록해 놓았다. 예를 들면 〈風雨易妻〉에서는 韋生과 陳氏의 아들이 같은 날 신부를 맞이하게 되었다. 비바람을 피하기 위해 같은 정자에 머물러 있게 되는데, 비가 그친 후 서로 가마를 바꿔 타게 되어 결국 잘못된 혼사를 치르게 된다. 이 이야기는 淸 無名氏의 戱曲 傳奇 ≪風雪媒≫에 영향을 주었다. 또한 〈海門婦〉에서는 香山의 楊生이 자신보다 나이가 많은 아름다운 여인을 부인으로 맞이하면서 겪는 여러 일을 다루었는데, 淸 無名氏의 戱曲 傳奇 ≪楊華嬀≫의 일부 내용에 영향을 주었다. 이처럼 내용은 대체적으로 일상 속에서 일어날 수 있는 기이하고 다채로운 일들을 담아내었다.

국내 유입된 기록은 없으나 光緖 3年(1877)에 간행된 中國活字本이 서울大 奎章閣에 소장되어 있다.

書名	出版事項	版式狀況	一般事項	所藏處/所藏番號
粵屑	劉世馨(淸)輯, 許聯陞(淸)訂正, 上海, 申報館, 光緖3年(1877)	4卷2冊, 中國活字本, 17×11.2㎝	序: 薌火老人(劉世馨) 印: 集玉齋, 帝室圖書之章	서울大 奎章閣 [奎중]5926

48. 因樹屋書影

≪因樹屋書影≫은 淸代 雜俎小說로 周亮工(1612~1672)이 편찬했다. ≪中國叢書

綜錄≫小說家類에 10卷이 기재되어 있다. 周亮工은 字 元亮·緘齋, 號는 櫟園으로 河南 開封사람이다. 明 崇禎13年(1640)에 進士가 되었으며 浙江道監察御史까지 올랐다. 明末 淸初의 유명한 문인이자 학자로 예술에도 관심이 많았으며 출판업에도 관여를 했기 때문에 그가 저술한 책들이 여러 권 전하고 있다. ≪因樹屋書影≫ 이외에도 ≪賴古堂集≫·≪續畫錄≫·≪印人傳≫·≪賴古堂文選≫·≪賴古堂印譜≫ 등이 있다.

≪因樹屋書影≫은 작가가 탄핵을 당해 감옥에 하옥되었을 때 지은 것으로 옥중에서는 검열을 당하지 않았다고 한다. "老入讀書只存影子"라는 말을 취해 '書影'이라 하였고, 갇혀있던 刑部獄이 因樹屋에 있었으므로 "因樹屋書影"이라 제목 하였다.

順治 16年(1659)에 책이 완성되었으며 康熙 6年(1667) 賴古堂에서 初刻하였고, 擁正 3年(1725) 懷德堂에서 賴古堂本을 重刊하였다. 1957년, 1958년 古典文學出版社와 中華書局 上海 編輯局에서 懷德堂本을 排印하여 출판하였고, 1981년 上海 古籍出版社에서 다시 교정하여 출판하였다.

내용은 작가가 배우거나 보고 들은 것들에 관한 내용이 광범위하게 담겨있다. 古籍에 관한 考釋, 詩文의 평론, 經史의 의론, 예술에 대한 담론, 奇聞異事에 대한 기록들이 담겨있다. 그 중 특히 奇聞異事에 대한 기록들은 문언소설로서 재미와 교훈을 더한다. 예를 들면 망국의 통한을 담은 거라든지, 부부가 헤어졌다가 다시 만나는 장면을 서술한 부분들은 눈물 없이 볼 수 없을 정도로 잘 묘사했다. 때문에 淸初에 비교적 넓게 유통되어 영향을 주었다.

국내 유입된 기록은 朴趾源(1737~1805)의 ≪熱河日記≫〈渡江錄〉에 書目이 소개되어 있고, 李圭景(1788~1856)의 ≪五洲衍文長箋散稿≫에 ≪因樹屋書影≫의 내용을 인용한 부분이 여러 곳 있다. 그 중 인사편1-인사류1 〈身形 人火에 대한 변증설〉에 인용된 부분을 보면 다음과 같다.

周亮工의 ≪因樹屋書影≫에 이르기를, "曲周의 陳公令桐이 말하기를 '우리 고을 富翁의 子婦가 아버지의 집에 갔다가 돌아온 다음날, 둘이 다 자리에 누운 채로 일어나지 못하였다. 사람이 가서 살펴보니 마치 硫黃 타는 듯한 냄새가 나면서 연기가 코를 찌르고, 이불[衾]은 절반쯤 탄데다 불에 타서 구멍이 났는데, 들여다보니 夫婦의 두 몸뚱이가 모두 타버리고 발 하나만 남아 있었다. 도대체 불이 사람을 태우는 이치를 자못 알 수가 없다.' 하였는데, 王虛舟는 말하기를 '砂石이 불에 타면 龍火가 되고, 金錢이 불에 타면 佛火가 되는데, 사람을 태운 불은 바로 慾火이다. 부처[佛]의 말에 「婬習이 서로 交接하는 것은,

서로 마찰하는 데서 발동하여 끝없이 마찰하게 되는데, 이 때문에 크고 맹렬한 火光이 속에서 발동한다.」 하였으니, 생각건대 그 극도로 마찰하는 데서 慾火가 熾盛해지고 욕화가 치성해지자 불꽃이 피어나서 마침내 저절로 불에 탄 것이다.'라고 하였다."[312]

이 외에도 李德懋(1741~1793)의 《靑莊館全書》제54권 〈盎葉記一〉와 韓致奫(1765~1814)의 《海東繹史》〈中國書目錄〉, 正祖(1752~1800)의 《弘齋全書》제50권 〈策問〉 등에서 《因樹屋書影》책을 소개하거나 내용을 인용한 글귀들이 보인다. 때문에 국내 유입된 시기는 적어도 18세기 중 후반으로 추정할 수 있다. 현재는 서울大 中央圖書館에 康熙 6年(1667) 서문이 있는 木版本이 소장되어 있다.

書名	出版事項	版式狀況	一般事項	所藏處/所藏番號
因樹屋書影	周亮工(淸) 筆記, 螺隱(屯溪)(淸) 校訂, 因樹屋	10卷6冊(卷1-10), 木版本, 24.6×15.6㎝, 四周單邊, 半郭: 17×13.3㎝, 有界, 9行18字, 註雙行, 花口, 上下向白魚尾	包匣題 및 版心題: 書影 姜序: 康熙6年(1667)…姜承烈, 徐序: 徐芳, 高序: 高阜, 杜序: 杜상, 黃序: 黃虞稷, 張跋: 張遂辰, 鄧跋: 鄧漢儀	서울大 中央圖書館 3424-176-1-6

49. 螢窓異草

《螢窓異草》는 淸代 傳奇小說集으로 長白浩歌子 尹慶蘭(?~1788)이 편찬했다. 《八旗藝文編目》子部 稗說類에 3編 12卷이 著錄되어 있다. 尹慶蘭은 字가 似村으로 본래 姓은 章佳이다. 滿洲 鑲黃旗人으로 조상들은 遼東지역에 적을 두고 있었다. 祖父 尹泰(?~1738)는 兵部尙書를 역임하고, 東閣大學士 재상까지 지냈으며 학문에 뛰어나, 《大淸會典》·《世宗實錄》의 편찬에도 관여했다. 乾隆 3年에 세상을 떠났는데, 그에 대한 기록은 《淸史稿》卷289에 전한다.

《螢窓異草》는 대체로 乾隆 年間에 창작되어 100여 년 간 필사되어 유통되다가 光緖 2,3年에 최초로 출판된 것으로 전해진다. 乾隆 年間에 간행했다고 전해지는 《

---

312) 李圭景의 《五洲衍文長箋散稿》인사편1-인사류1 〈身形 人火에 대한 변증설〉: 한국고전종합DB (http://db.itkc.or.kr)

聊齋剩稿≫本에 31편이 남아있고, 上海 申報館本에 138篇이 남아있다. 그 후 光緒 21年(1895) 상해 漱芳潤齋에서 간행한 ≪續聊齋志異≫本 5卷에 86편이 수록되어 있으며, 1920년대 上海 進步書局에서 편찬한 ≪筆記小說大觀≫本이 있다.

≪螢窓異草≫는 〈螢窓異艸初編〉·〈螢窓異艸二編〉·〈螢窓異艸三編〉, 이렇게 총 세 편으로 이루어졌다. 각 편은 4책 4권으로 이루어졌는데, 〈初編〉의 권1은 13편, 권2는 10편, 권3은 13편, 권4는 10편, 도합 46편, 〈二編〉의 권1은 10편, 권2는 12편, 권3은 9편, 권4는 10편, 도합 41편, 〈三編〉의 권1은 11편, 권2는 14편, 권3은 12편, 권4는 12편, 도합 49편이 실려 있다. 각 편의 끝에는 '外史氏曰'이라 하여 내용과 주인공에 관련된 설명을 제시하고 있다. 三編 권2의 〈巨蠍〉의 뒤에는 '隋園老人(袁枚)이 이르니, 이 단락은 간결해서 좋다(隨園老人曰, 此一段簡潔可喜)'와 같은 袁枚의 평어도 함께 실려 있다. 初編의 卷頭 書名은 "螢窓異草"로 되어있으며, 우선 光緖 2年(1876)에 梅鶴山人이 쓴 〈螢窓異艸初編序〉가 실려 있다. 二編의 권1의 앞부분에는 光緖 3年(1877) 縷馨僊史가 쓴 서문이 있고, 三編의 권1 앞부분에는 光緖 丁丑年(1877)에 悟癡生이 쓴 서문이 실려 있다.

申報館本의 서문에서는 "대체로 ≪聊齋誌異≫를 많이 모방하였지만 새로운 것은 어느 정도의 경지에 올라섰다"[313]고 평가한 글이 있다. 또한 梅鶴山人은 "비록 소설가의 말과 유사하여 문인이 불변의 법칙으로 삼기에는 부족하지만, 이로써 긴 낮을 해소하고 잠을 쫓으리니, 진실로 안 될 것이 없다"[314]고 평가하였다. 전체적으로 보자면, 세상을 권계하는 작품으로 권선징악과 투기, 욕심, 음행을 경계하고 귀신의 허황함을 폭로하고 있다. 그 밖에 애정 고사도 많이 들어 있으며, 사회를 제재로 한 이야기는 대개 사회의 모습을 반영하여 풍자하고 있다.[315]

≪螢窓異草≫가 국내 유입된 정황은 정확히 밝혀지지 않았고 또 이렇다 할 유입기록도 없다. 국내 소장되어 있는 판본을 보면 上海 申報館에서 출판한 袖珍本[316]≪螢

---

313) 其書大旨, 酷慕≪聊齋≫, 新穎處駿乎升堂入室.
314) 雖有類小說家言, 弗足爲文人典要, 而以之消長日, 卻睡魔, 固無不可也.
315) 유희준·민관동, 〈淸代 文言小說≪螢窓異草≫의 판본과 국내유입〉, ≪비교문화연구소≫ 제20집, 2011, 참조.
316) 휴대용으로 소매 속에 넣고 다닐 수 있도록 만든 작은 책. 목판으로 제작되어 민간인에게도 널리 유포되었다.

第5章 淸代 作品目錄과 解題 371

窓異草≫가 서울大 奎章閣에 남아있고, 上海 錦章圖書局에서 출판한 삽화가 있는 石印本이 韓國學中央硏究院과 成均館大學校, 梨花女子大學校, 漢陽大學校 등에 소장되어 있으며, 上海 英界棋盤街에서 출판한 채색 그림의 삽화본이 檀國大學校에 소장되어 있다.

書名	出版事項	版式狀況	一般事項	所藏處/所藏番號
螢窓異艸	長白活歌子(淸)著, 袁枚(淸)續評, 申報館, 光緖2年(1876)	4卷12冊, 中國活字本, 17×11.2cm	卷頭書名: 螢牕異草, 序: 光緖二年(1876) 梅鶴山人, 印: 集玉齋, 帝室圖書之章	서울大 奎章閣 [奎중]5912
螢窓異草	長白浩歌子著, 上海, 錦章圖書局, 光緖2年(1876)	16卷8冊, 中國石印本, 有圖(8張), 20.5×13.5cm, 四周雙邊, 半郭: 17.3×12.3cm, 有界, 28行42字, 上黑魚尾	序: 光緖二年(1876)梅鶴山人	梨花女子大學校 [고]812.3 장52
螢窓異草初編	長白活歌子(淸)著, 上海, 錦章圖書局, 光緖2年(1876)序	4卷8冊, 中國石印本, 有圖, 22×13.5cm, 四周雙邊, 半郭: 17.7×12cm, 有界, 21行42字, 花口, 上下向黑魚尾, 紙質: 노로지	標題: 繪圖螢窓異草全編, 刊記: 上海錦章圖書局石印, 序: 光緖二年歲次丙子(1876)端陽節梅鶴山人序	釜山大學校 夢漢文庫(子部) ODC 3-12 36
繪圖螢窓異草全編	浩歌子(淸)著, 隨園 續評, 柳橋 重訂, 上海, 錦章圖書局, 淸, 光緖2年(1876)序	16卷8冊(初編4卷, 二編4卷, 三編4卷, 四編4卷), 中國石印本, 有圖, 20.5×13.5cm, 四周雙邊, 半郭: 17.4×11.9cm, 有界, 21行42字, 上黑魚尾, 紙質: 竹紙	書名: 表題에 의함, 初編序: 光緖二年歲次丙子(1876)端陽節梅鶴山人序於海上鶬鶊一枝軒, 刊記: 上海, 錦章圖書局石印	成均館大學校 D7C-122
螢窓異草全編	長白浩歌子(淸)著, 隨園老人(淸)續評, 柳橋居士重訂, 上海, 錦章圖書局, 光緖2年(1876)	全16卷8冊(卷1~16), 中國石印本, 有圖, 20.2×13.4cm, 四周雙邊, 半郭: 17.3×11.8cm, 有界, 21行42字, 上內向黑魚尾	版心書名: 繪圖螢窓異草初編, 刊記: 英界棋盤街 上海 錦章圖書局石印, 序: 光緖二年歲次丙子(1876) 梅鶴山人	漢陽大學校 812.85-장4182ㅎ -v.4, -v.5, -v.6, -v.8
螢窓異草全編	長白浩歌子(淸)著, 隨園老人(淸)續評, 柳橋居士重訂, 上海, 錦章圖書局, 光緖2年(1876)	2卷1冊(2編(1), 全16卷8冊, 卷1~2), 中國石印本, 有圖, 20.2×13.4cm, 四周雙邊, 半郭: 17.3×11.8cm, 有界, 21行42字, 上內向黑魚尾	版心書名: 繪圖螢窓異草初編, 刊記: 英界棋盤街 上海 錦章圖書局石印, 序: 光緖二年歲次丙子(1876)梅鶴山人	漢陽大學校 812.85-장4182ㅎ -v.3
螢窓異草全編	長白浩歌子(淸)著, 隨園老人(淸)續評, 柳橋居士重訂, 上海, 錦章圖書局, 光緖2年(1876)	2卷1冊(全16卷8冊), 中國石印本, 有圖, 20.2×13.4cm, 四周單邊, 半郭: 17.3×11.8cm, 有界, 21行42字, 上內向黑魚尾	版心書名: 繪圖螢窓異草初編, 刊記: 英界棋盤街 上海 錦章圖書局石印, 序: 光緖二年歲次丙子(1876) 梅鶴山人	漢陽大學校 812.85-장4182ㅎ -v.1(初編1(卷1~2), -v.2(初編2 (卷3~4)

書名	出版事項	版式狀況	一般事項	所藏處/所藏番號
螢窓異草全編	長白浩歌子(淸)著, 隨園老人(淸)續評, 柳橋居士重訂, 上海, 錦章圖書局, 光緖丁丑(1877)	2卷1冊(4編(1), 全16卷8冊, 卷1~2), 中國石印本, 有圖, 20.2×13.4cm, 四周雙邊, 半郭: 17.3×11.8cm, 有界, 21行42字, 上內向黑魚尾	版心書名: 繪圖螢窓異草初編, 刊記: 英界棋盤街 上海 錦章圖書局石印, 序: 光緖 丁丑(1877) 山陰悟癡生識	漢陽大學校 812.85-장4182ㅎ -v.7
螢窗異草	長白浩歌子(淸)著, 隨園老人(淸)續評, 柳橋居士(淸)重訂,上海, 錦章圖書局, 民國年間	16卷8冊, 中國石印本, 有圖, 20.1×13.4cm	表紙書名: 繪圖螢窗異草全編	韓國學中央硏究院 D7C-94

50. 秋坪新語

≪秋坪新語≫는 淸代 志怪小說集으로 작가는 未詳이고, 淸代 書目에도 보이지 않는다. 현재 전해지는 乾隆 丁巳(1737)刊本 本衙刊巾箱本에는 "天漢浮槎散人"이 편찬했다고 되어 있다. 또한 乾隆 乙卯(1795)刊本에도 "浮槎散人"이 著者라고 되어 있으며, 乾隆 壬子(1792) 刊本에는 '三友學人'의 序文이 있다. 비록 浮槎散人이 누구인지 고증하지는 못했지만 작가는 乾隆 年間의 사람인 것으로 추정한다.317) 현존하는 판본 모두 12卷으로 구성되어 있다.

≪秋坪新語≫는 살인자뿐 아니라 귀신, 요괴, 효자, 열부 등 다채로운 奇聞異事들을 담고 있어 소재와 내용의 폭이 넓고, 인물묘사에 있어서도 마치 살아있는 인물을 그려내는 듯 생동감 있다.

국내 유입된 기록은 정확하지 않지만 韓國學中央硏究院에 乾隆 57年(1792)에 간행한 木版本이 소장되어 있다.

書名	出版事項	版式狀況	一般事項	所藏處/所藏番號
秋坪新語	浮槎散人(淸)編, 淸, 乾隆57年 (1792)	12卷7冊(1冊缺), 中國木版本, 17×10.8cm, 左右雙邊, 半郭: 12.7×9cm, 有界, 9行19字, 上下黑口, 上黑魚尾, 紙質: 竹紙	序: 乾隆大歲壬子(57, 1792)春月天漢浮槎散人自題 於半一軒南窓下, 印: 李王家圖書之章	韓國學中央硏究院 4-243

---

317) 寧稼雨, ≪中國文言小說總目提要≫, 齊魯書社, 1996, 337쪽.

51. 翼駉稗編

≪翼駉稗編≫은 清代 文言小說集으로 湯用中이 편찬했다. ≪八千卷樓書目≫小說家類에 8卷이 著錄되어 있다. 현재는 道光 28年(1848)刊本이 남아있다. 湯用中의 사적은 알려지지 않았지만 책 내용을 참조하면, 字가 芷卿이고 北平(현 北京市) 사람임을 확인할 수 있다. 道光 19年(1839)에 擧人이 되었고 揚州(現 江蘇省 揚州市)에서 벼슬을 지냈으며, 趙翼의 외손이고 湯貽汾의 조카이다.

≪翼駉稗編≫은 대체로 道光 이전의 기이한 소문이나 이상한 일을 쓰고 있다. 몇 가지 明代와 관련한 내용을 제외하면, 대부분은 清代의 사적이다. 그 중 권1의 阮元의 조상 阮玉荃에 관한 일화, 권2의 桐城 張氏의 일화, 권3의 李光池의 일화 등과 같이 사람에 관한 일화를 기록한 것은 다른 책에 적힌 내용과 대체로 부합하고 있어서 참고할 만한 가치를 지니고 있다.318)

국내 유입에 대한 기록은 정확하지 않지만 同治 6年(1869)에 간행한 本衙藏版이 서울大 奎章閣에 소장되어 있다.

書名	出版事項	版式狀況	一般事項	所藏處/所藏番號
翼駉稗編	湯用中(清)著, 徐廷華(清)評, 本衙藏版, 同治6年(1869)	8卷6册, 中國木版本, 18.2×12cm	序: 道光戊申(1848)…周儀顥, 印: 集玉齋, 帝室圖書之章	서울大 奎章閣 [奎중]5764

52. 說鈴

≪說鈴≫은 清 吳震方이 清初 諸家들의 見聞錄이나 여행기, 일기, 筆記, 雜錄 등을 모아서 편찬한 총서이다. '說鈴'이라는 이름은 揚雄의 ≪法言≫〈吾子〉에서 유래한 것이며, 작은 이야기로서 大雅에는 알맞지 않다는 의미로 쓰였다. 吳震方의 생졸년은 미상이고 石門(지금의 浙江 桐鄕) 사람이며 字는 靑壇이다. 康熙 18年(1679)에 進士가 되었고, 監察御使 등의 관직을 역임하였다. 저서로 ≪讀書正音≫·≪晚樹樓詩

---

318) 백광준 서울大 奎章閣 해제 참조. 서울대학교 규장각한국학연구원 http://e-kyujanggak.snu.ac.kr/ 참조.

稿≫·≪嶺南雜記≫·≪朱子論定文鈔≫ 등이 있다.

≪說鈴≫은 前集, 後集, 續集 세 부분으로 구성되어 있으며, 총 62種의 글이 수록되어 있다. 현재 전해지는 판본으로 康熙 41年(1702)에 前集과 後集이 간행되고 續集은 康熙 51年(1712)에 간행된 판본과 康熙 44年 刊本, 道光 5年(1825) 聚秀堂刊本 등이 있다. 이 총서에 수록되어 있는 각 글들은 典故나 異聞, 특이한 풍속 등을 두루 섭렵해서 고금의 차이를 변증하고 분명히 이해하여 세상살이에 이익이 되는 내용이 많다. 따라서 이 책은 그저 잡동사니들을 모아 놓은 총서는 결코 아니다.[319]

국내 유입기록은 정확히 알 수 없으나, 康熙 44年(1705)刊本이 서울大 奎章閣과 韓國學中央研究院에 소장되어 있고, 康熙 庚午(1690) 서문이 남아있는 판본이 忠南大學校에 남아있다. 그 외 康熙 51年(1712) 序文이 있는 木版本이 成均館大學校에, 光緒 5年(1879) 판본으로 보이는 목판본이 國立中央圖書館에 소장되어 있으며, 정확한 간행연도를 알 수 없는 목판본이 高麗大學校에 소장되어 있다.

書名	出版事項	版式狀況	一般事項	所藏處/所藏番號
說鈴	吳震方(淸)編, 康熙44(1705)序	16冊(冊1-16), 中國木版本, 23.0×15.3cm	序: 康熙四十四年(1705)…徐倬	서울大 奎章閣 4861
說鈴	吳震方(淸)編輯, 淸, 康熙44年(1705)	54卷22冊, 中國木版本, 22.8×15.2cm, 左右雙邊, 半郭: 19.9×14.2cm, 有界, 11行25字, 內向黑魚尾, 紙質: 綿紙	裏題: 本朝名家雜著說鈴, 序: 康熙四十四年乙酉(1705)長夏吳興年家弟徐倬拜撰時年八十有三, 印: 李王家圖書之章	韓國學中央研究院 4-227
說鈴	吳震方(淸)輯, 中國	6冊(缺帙, 冊1-6), 中國木版本, 18×12.5cm		高麗大學校 육당E2-B6-1-6
說鈴	吳震方(淸)編, 康熙序午(1690)序	40卷10冊(缺帙, 卷8-23, 31-54), 中國木版本, 25.6×15.5cm, 上下單邊, 左右雙邊, 半郭: 19.9×13.2cm, 有界, 11行25字, 上下內向黑魚尾	本書名: 表題임 冊: 天祿識餘, 序: 康熙庚午(1690)夏五西河毛奇齡拜, 金粉唐紙	忠南大學校 子.天文類-178
說鈴	淸康熙51(1712)序	不分卷10冊, 木版本, 25.8×16.4cm, 左右雙邊, 半郭: 20.1×13.5cm, 有界, 11行25字, 內向黑魚尾, 竹紙		成均館大學校 C14D-0017
說鈴	吳震方(淸)編, 光緒5年(1879)	24冊, 中國木版本, 17×11.5cm	藏板記: 文富堂藏版	國立中央圖書館 BA古10-00-나44

---

319) 문준혜 규장각 해제 참조. 서울대학교 규장각한국학연구원 http://e-kyujanggak.snu.ac.kr/ 참조.

53. 香艷叢書

≪香艷叢書≫는 淸代文言小說 叢書로 虫天子가 編輯했다. 현재 남아있는 淸 宣統 元年(1909)에서 宣統 3年(1911) 國學扶輪社에서 간행한 排印本이 모두 20集으로 되어 있다. 虫天子는 淸 張廷華의 號이지만, 자세한 사적은 알 수 없다.320)

≪香艷叢書≫의 내용은 대부분 娼妓와 閨房에 관련된 일들을 수록하여 "香艷"이라 이름 하였다. ≪雜事秘辛≫은 後人이 漢代 사람으로 위탁한 것으로 보이며, 그 외의 작품들은 唐代 이후 사람들의 작품들로 모두 327種을 담고 있다.

국내 유입된 정황에 대해서는 정확히 추정할 수 없고, 宣統 1年에 간행된 鉛印本이 國會圖書館에 소장되어 있으며 宣統 2年에 간행된 活字本이 嶺南大學校에 소장되어 있다.

書名	出版事項	版式狀況	一般事項	所藏處/所藏番號
香艷叢書	編者未詳, 上海, 中國圖書公司, 宣統1年(1909)	89冊, 中國鉛印本, 19.5×12.6cm	序: 宣統元年(1909)… 蟲天子序于國學扶輪社	國會圖書館 [古]812.08 ㅎ174
香艷叢書	上海, 國學扶輪社, 1910	8卷8冊2匣, 鉛活字本, 20×13.3cm	標題紙: 香艷叢書 國學扶輪社校印, 卷頭: 序: 宣統元年(1909)… 國學扶輪社, 凡例, 目錄, 花底拾遺小印, 卷末: 跋: 心齋居士, 國學扶輪社出版廣告	嶺南大學校 古도828-향염총
香艷叢書	國學扶論社 編, 上海, 刊寫者未詳, 宣統2-3年(1910-1911)	合36冊(零本, 12冊), 新式活字, 20×13.5cm	內容: 靑樓集(元, 黃雪蓑), 小脚文(曠望生), 第4-7, 9, 11, 19-20集	서울大 奎章閣 [古]895.18-H991

54. 坐花誌果

≪坐花誌果≫는 淸代 雜俎小說集으로 汪道鼎이 편찬했다. ≪八千卷樓書目≫小說家類에 8卷이 저록되어 있고, '汪周生撰'이라고 되어 있다. 지금은 同治 2年(1863) 味經堂刻本과 民國間諸刻本 등에 '汪道鼎撰'이라고 되어 있다. 그의 사적에 대해서는

---
320) 寧稼雨, ≪中國文言小說總目提要≫, 齊魯書社, 1996, 409쪽.

알려진 바가 없으나 楊廷福, 楊同甫의 ≪淸人室名別稱字號索引≫을 보면 그의 號는 苕溪生이고 歸安(지금의 浙江 吳興) 사람이라고 되어 있다.321)

국내 유입에 대해서는 정확한 정보가 없지만, 咸豊 8年(1858)에 간행된 목판본이 서울大 奎章閣에 소장되어 있고, 光緖 14年(1888)에 간행된 활자본이 啓明大學校에, 마지막으로 출간 연도가 불분명한 石印本이 成均館大學校에 소장되어 있다.

書名	出版事項	版式狀況	一般事項	所藏處/所藏番號
坐花誌果	汪道鼎(淸)述, 筒桐僊館藏板, 咸豊8年(1858)	8卷6冊, 中國木版本, 18.3×11.5cm	序: 咸豊丁巳(1857)…蕭文輝 印: 集玉齋, 帝室圖書之章	서울大 奎章閣 [奎중]5843
音釋坐花誌果	汪道鼎(淸), 中國, 廣百宋齋, 光緖14年(1888)	8卷2冊, 鉛活字本, 19.5×12.9cm, 四周雙邊, 半郭: 15.4×10.6cm, 無界, 10行26字, 註雙行, 下黑口, 上黑魚尾	刊記: 光緖戊子(1888)仲春 廣百宋齋板印 序: 咸豊歲次丁巳(1857)… / 荊履吉	啓明大學校 812.36-왕도정ㅈ
音釋坐花誌果	汪道鼎(淸)著, 樵者 音釋, 上海, 科學編釋書局	2卷2冊, 石印本, 20.2×13.5cm, 四周雙邊 半郭: 17×11.4cm, 無界, 16行40字, 上黑魚尾, 紙質: 竹紙		成均館大學校 C03-0035

55. 池北偶談

≪池北偶談≫은 淸代 雜俎小說集으로 王士禎(1634~1711)이 편찬했다. 康熙 辛未年(1691)에 쓴 ≪池北偶談≫의 自序에 의하면, 그가 거주하던 집 서쪽에 화원과 못이 있고 그 북쪽에 書室이 있어 수 천 권의 책을 비치하였는데 白居易의 池北書庫에서 취하여 詩句에 인용하면서 本書名을 ≪池北偶談≫이라 부르게 되었다고 한다. ≪石帆亭紀談≫이라고도 하는데, 이는 書庫 옆에 石帆亭이 있어 빈객들과 정자에 모여 다양한 주제로 나눈 이야기를 손아래 연배의 문인들이 기록하고 정리한 것이다 京師에 머물던 20년간의 見聞을 보충하여 책으로 만들었다고 하여 붙인 이름이다.

王士禎은 山東 新城(지금의 桓台縣) 사람으로 字는 子眞, 號는 阮亭이며, 唐代의 司空圖가 禎胎溪에 은거했었던 事迹을 흠모하여 字를 胎上이라고도 하였다. 사후에

---

321) 寧稼雨, ≪中國文言小說總目提要≫, 齊魯書社, 1996, 398쪽.

雍正帝(胤禎)를 避諱하여 士正으로 고쳤으나 乾隆帝때에 다시 士禛이라는 이름을 내렸다. 詩에 능하였기 때문에 文簡이라는 시호도 하사받았다. 그는 대관료 세가 출신으로 11세에 童子試에서 모두 일등을 하였고 25세에 진사가 된 후 揚州府推官을 역임하였는데 이 때 이후 강남일대의 문인들과 빈번히 교류하였으며 蘇州 太湖 漁洋山의 풍취에 반해 스스로 漁洋山人이라는 號를 지었다. 1678년 詩文이 건륭제의 눈에 띄어 翰林院 侍講學士를 제수받았고 明史纂修官·三朝國史副總裁·國子監祭酒 등의 직위를 맡았으며 刑部尙書까지 역임하였다. 저술이 매우 풍부하여 간행된 저작만 해도 36종, 270권이 남아있다.[322]

《池北偶談》은 크게 네 부분으로 나눌 수 있다. 〈談故〉 4권은 淸代의 典章·科甲·衣冠 등에 관한 이야기를 정리하였고, 〈談獻〉 6권은 名臣과 畸人·列女들의 언행을 주로 기록하였고, 〈談藝〉 9권은 神怪한 傳聞 故事들을 기록하였다. 그 중 〈談獻〉 6권은 志人小說的 성격이 강하게 드러나고, 마지막으로 〈談異〉는 志怪小說의 내용이 담겨있다.[323]

국내 유입된 기록을 살펴보면 洪大容(1731~1783)의 《湛軒書》, 朴趾源(1737~1805)의 《熱河日記》, 李圭景(1788~1856)의 《五洲衍文長箋散稿》, 金正喜(1786~1856)의 《阮堂集》, 李裕元(1814~1888)의 《林下筆記》, 成大中(1732~1812)의 《靑城雜記》, 李德懋(1741~1793)의 《靑莊館全書》, 韓致奫(1765~1814)의 《海東繹史》 등에 《池北偶談》의 내용이 인용되어 소개되고 있어[324] 유입시기를 적어도 18세기 중반으로 추정할 수 있다.

국내에는 康熙 30年(1691)에 간행한 木版本이 全南大學校에, 康熙 庚辰(1700)에 간행한 木版本이 延世大學校에 소장되어 있으며, 1701년에 쓰인 序文이 있는 목판본이 東亞大學校에 소장되어 있다. 그 외에도 年代를 정확히 추정할 수 없는 木版本이 嶺南大學校에 소장되어 있으며, 국내 筆寫本이 忠南大學校에 소장되어 있다.

---

322) 이연승 규장각 해제 참조. 서울대학교 규장각한국학연구원 http://e-kyujanggak.snu.ac.kr/ 인용.
323) 寧稼雨, 《中國文言小說總目提要》, 齊魯書社, 1996, 377쪽.
324) 한국고전적종합 DB 참조. http://db.itkc.or.kr/ 인용.

378　第一部　韓國 所藏 中國文言小說의 版本目錄과 解題(作品 別)

書名	出版事項	版式狀況	一般事項	所藏處/所藏番號
池北偶談	王士禛(淸)著, 刊寫地未詳, 三槐堂, 康熙30年(1691)序	26卷8册(卷1~26), 中國木版本, 24.6×15.9cm, 上下單邊, 左右雙邊, 半郭: 19.1×13.9cm, 有界, 11行23字, 大黑口, 上黑魚尾, 紙質: 竹紙	序: 辛巳(1691) 長國海寧門人陳矢禧序	全南大學校 3N3-지47○-v.1-8, 3N3-지47○-v.1-26
池北偶談	王士禛(淸)著, 王廷掄 較, 康熙庚辰(1700)夏五, 臨汀郡署授梓	26卷8册, 中國木版本, 27cm, 上下單邊, 左右雙邊, 19.1×13.8cm, 有界, 11行23字	手書刻序: 康熙辛未(1691)秋 王士禛序, 手書刻跋: 汀州府知府(王)廷掄謹識, 印記: 金炳陸印 外多數	延世大學校 (中國文集-總集) 812.8/6
池北偶談	王士禛(淸)著, 王廷掄 較 康熙40年(1701)序	26卷6册, 木版本, 28.0×17.2cm	序: 康熙辛未(1691)秋 王士禛序	서울大 奎章閣 奎中3387
池北偶談	王士禛(淸)著, 王廷掄 較 康熙40年(1701)序	26卷8册, 木版本, 28×17.2cm	序: 康熙辛未(1691)秋 王士禛序	서울大 奎章閣 奎中3386
池北偶談	王士禛(淸)撰, 文粹堂藏板	26卷10册, 木版本, 四周單邊, 匡郭: 19.5×14.5cm, 有界, 11行23字, 上黑魚尾, 下黑口	序: 康熙辛未(1691)王士禛, 印記: 阮堂 金正喜印 秋史	延世大學校 812.8
池北偶談	王士禛(淸)著	26卷8册(卷1~26), 26.4×16.5cm, 上下單邊, 左右雙邊, 11行23字, 半郭: 19.6×14.4cm, 有界, 黑口, 上下向黑魚尾	叢書名: 包匣書名임, 跋: 康熙庚辰(1700)…辛巳(1701)…伯父大人…姪廷彔拜手謹識並書, 序: 康熙辛未(1691)秋漁洋山人王士禛序, 序: 辛巳(1701)…海寧門人陳矢禧書	東亞大學校 (4):3-197
池北偶談	上海, 商務印書館, 辛巳	1册		嶺南大學校 824
池北偶談	王士禛, 三木思堂藏版	8册, 木版本, 25cm		嶺南大學校 東濱文庫 [古]824
池北偶談(抄)	王士禛(淸)著	1册, 筆寫本, 29×19cm, 無界, 12行32字, 紙質: 楮紙		忠南大學校 鶴山文庫 集, 總集類-1900

56. 歸田瑣記

≪歸田瑣記≫는 淸代 雜俎小說集으로 梁章鉅(1775~1849)가 편찬했다. ≪淸朝續

文獻通考≫〈經籍考〉小說家類에 8卷이 著錄되어 있다. 지금은 道光 25年(1845)과 同治 8年(1869) 刻本 등이 있으며 中華書局에서 1981년에 출판한 排印本이 남아 있다. 梁章鉅의 字는 閎中·茝林이고 號는 茝隣이며 만년에는 退庵이라고 불렀다. 원래는 福建 長樂 출신이지만 淸初에 福州로 이주하였다. 乾隆 59年(1794)에 擧人, 嘉慶 7年(1802) 進士가 되었으며 禮部主事 등의 관직을 거쳐 湖北 荊州府 地府를 제수받았다. 道光 年間 江蘇, 山東, 江西의 按察使와 江蘇, 甘肅의 布政使, 廣西, 江蘇의 巡撫, 兩江의 總督까지 지냈다. 梁章鉅의 사적은 ≪淸史稿≫에서 찾아 볼 수 있다.[325]

卷1의 〈歸田〉條에 의하면 梁章鉅는 道光 12年(1832) 병으로 관직에서 물러났다가 4년 후 다시 명령을 받고 관직에 나아갔고 7년이 지나 병으로 물러나게 되자 "돌아갈 田野가 없을 뿐 아니라 집이 있어도 돌아갈 수 없게 되어서" 이에 "浦城이라는 타향에 거주하면서 병을 돌보고 일없이 태평히 지내면서 가까이 듣고 보는 일에 대하여 상세히 기술하여 책으로 만들었다"라고 기록하고 있다. 이로 미루어보아 ≪歸田瑣記≫는 梁章鉅 晩年의 저작으로 道光 23~24年(1843~1844) 2년에 걸쳐 이루어진 것이다.[326]

≪歸田瑣記≫는 歐陽修의 ≪歸田錄≫를 모방하여 지었지만, ≪歸田錄≫보다 더 풍부한 내용을 담고 있다. 卷1에서는 楊州園林을 비롯해서 여러 골목이나 초목들·벌레나 물고기 및 의학에 관한 전반적인 자료까지 자세히 담고 있고, 卷2에서는 書藝, 집안 대대로 내려오는 글이나, 생신축하 문구에 이르기까지 일상생활의 잔잔한 일들에 대해 기록해 놓았다. 卷3에서는 역사적인 人物, 碑帖, 書板, 典章制度 등을 다루었고, 卷4에서는 古今 인물들의 과거제도에 관한 부분을 다루었다. 또한 卷5에서는 淸代 前期의 인물들, 卷6에서는 스승과 벗, 그리고 책읽기와 학문, 詩歌와 對聯에 대한 부분을 다루었고, 卷7에서는 小說, 酒과 食, 수수께끼 등을 기록해 놓았으며, 卷8은 작가의 말년의 일기를 주로 적어 놓았다. 그 중에는 소설의 묘미를 느낄 수 있는 卷6의 〈文人奇遇〉·〈紀文達師〉와 卷7의 '小說' 부분은 소설사에 있어서 중요한 가치가 있는 자료이다.

국내 유입된 기록은 찾을 수 없으나, 서울大 奎章閣에 중국 최초의 판본인 道光 25年(1845) 北東園의 刻本과 同治 8年(1869) 立文堂 刻本이 소장되어 있으며, 成均館

---

325) 寧稼雨, ≪中國文言小說總目提要≫, 齊魯書社, 1996, 388쪽 참조.
326) 이연승 규장각해제 참조. 서울대학교 규장각한국학연구원 http://e-kyujanggak.snu.ac.kr/ 인용.

大學校와 東亞大學校에 道光 25年(1845) 北東園 刻本이 소장되어 있다.

書名	出版事項	版式狀況	一般事項	所藏處/所藏番號
歸田瑣記	梁章鉅(淸)撰, 淸, 北東園, 道光25年(1845)	8卷4冊(卷1-8), 中國木版本, 23.7×10.3cm, 四周雙邊, 半郭 16.1×8.5cm, 有界, 9行22字, 花口, 上下向黑魚尾	跋: 惇書, 刊記: 道光乙巳年刻, 北東園藏版, 浪跡叢談: 11卷3冊, 浪跡續談: 8卷3冊, 裝幀: 黃色表紙黃絲四綴, 內容: 第1-2冊, 歸田瑣記, 第3-5冊, 浪跡叢談(卷1-10, 卷11은 附刻), 第6-8冊, 浪跡續談	서울大 中央圖書館 [古]0330-66A-1-8
歸田瑣記	梁章鉅(淸)撰, 刊寫地未詳, 北東園, 道光25年(1845)	8卷4冊(1-4冊), 中國木版本, 22.2×13.3cm	北東園藏板, 序: 道光二十五年(1845) 序許惇書	서울大 奎章閣 [古]5291
歸田瑣記	梁章鉅(淸)撰, 中國, 立文堂, 同治8年(1869)	8卷4冊(卷1-8), 中國木版本, 17.5×11.3cm, 上下單邊, 左右雙邊, 半郭 12.3×9cm, 有界, 9行22字, 花口, 上下向黑魚尾	序: 同治25(1886)…許淳書, 跋: 許淳書, 刊記: 同治八(1869) 年立文堂鐫, 裝幀: 黃色表紙黃絲4針眼	서울大 中央圖書館 [古]0330-66-1-4
歸田瑣記	梁章鋸(淸)撰, 中國	8卷4冊(卷1-8), 中國木版本, 23.1×14.3cm, 上下單邊, 左右雙邊, 半郭 17.8×12cm, 有界, 10行22字, 註雙行, 中黑口, 上下向黑魚尾	序: 道光25(1845)…許淳書, 跋: 許淳書, 裝幀: 黃色表紙赤絲4針眼	서울大 中央圖書館 [古]0330-66B-1-4
歸田瑣記	梁章鉅(淸)撰, 北東園, 淸, 道光25年(1845)刊	8卷4冊, 中國木版本, 21.5×12.5cm, 四周雙邊, 半郭 17×10.5cm, 有界, 9行22字, 上黑魚尾, 紙質: 竹紙	序: 道光二十五年(1845) 冬十二月受業仁和許惇書謹撰, 跋: 道光二十五年(1845) 許惇書謹跋, 刊記: 道光乙巳年(1845)刻, 北東園藏板	成均館大學校 D7C-3
歸田瑣記	梁章鉅(淸)撰, 道光25年(1845)	8卷4冊(卷1-8), 24×15cm, 上下單邊, 左右雙邊, 半郭 17.9×12.4cm, 有界, 10行22字, 黑口, 上下向黑魚尾	刊記: 道光乙巳(1845) 年刊北東園藏板, 序: 道光二十五年(1845) 冬十二月受業仁和許惇書謹찬	東亞大學校 (3):12:1-12

57. 浪迹叢談

≪浪跡叢談≫은 淸代 雜俎小說集으로 梁章鉅가 撰했다. ≪淸史稿≫〈藝文志〉 小說家類에 ≪浪跡叢談≫ 11卷과 ≪續談≫ 8卷이 著錄되어 있다. 현재는 道光 27年(1847)에 간행된 ≪浪蹟叢談≫과 道光 28年에 간행된 ≪浪蹟叢談≫이 남아있으

며, 또한 咸豊 年間 福州 梁氏家에서 간행한 ≪浪蹟三談≫6卷이 있다고 하나 판본은 보이지 않고, 1981年 中華書局에서 ≪浪跡叢談≫·≪續談≫·≪三談≫ 세 작품을 合刊하여 排印本을 간행하였다.327) 梁章鉅는 앞의 작품에서도 언급했듯이 字는 閎中·茝林이고 號는 茝隣이며 만년에는 退庵이라고 불렀다.

≪浪跡叢談≫은 淸末의 다양한 일들을 소개하고 있는데, 특히 淸의 법령제도 및 揚州 일대의 명승고적지, 역사적 인물과 이름난 물건들, 또한 그것들과 관련된 일화를 소개하고 있으며 詩文, 碑銘, 書畵 등의 평가뿐 아니라 다양한 약재의 소개와 활용에 이르기까지 폭넓은 내용을 담고 있다. ≪浪跡叢談≫과 ≪續談≫의 내용은 비슷한 점이 많은데, 蘇州·杭州·溫州의 명승고적과 풍속, 특산물 등을 비롯해서 明·淸時代 戱曲, 小說과 관련 있는 내용까지 기술하고 있다.

국내 유입된 기록은 찾아보기 힘들고, 韓國學中央硏究院에 ≪浪跡叢談≫ 木版本이, 成均館大學校에 ≪浪迹續談≫ 木版本이 소장되어 있으며, 서울大 中央圖書館에는 ≪歸田瑣記≫와 ≪浪跡叢談≫, ≪浪迹續談≫을 같이 묶어 道光 25年(1845)에 간행한 木版本이 소장되어 있다.

書名	出版事項	版式狀況	一般事項	所藏處/所藏番號
浪跡叢談	梁章鉅(淸)撰, 淸朝末期	11卷1冊, 中國木版本, 22.5×13.5㎝, 四周雙邊 半郭: 16.5×10.5㎝, 有界, 9行22字, 註雙行, 上黑魚尾, 紙質: 綿紙		韓國學中央硏究院 C3-206
浪迹續談	梁章鉅(淸)撰	線裝8卷4冊, 中國木版本, 21.5×12.4㎝, 四周雙邊, 半郭: 16.1×10.5㎝, 有界, 9行22字, 上黑魚尾, 紙質: 竹紙		成均館大學校 C14B-0006
浪跡叢談 (歸田瑣記)	梁章鉅(淸)撰, 淸, 北京園, 道光 25年(1845)	8卷4冊(卷1-8), 中國木版本, 23.7×10.3㎝, 四周雙邊 半郭: 16.1×8.5㎝, 有界, 9行22字, 花口, 上下向黑魚尾	跋: 惇書, 刊記: 道光乙巳年刻, 北京園藏版, 浪跡叢談: 11冊3冊, 浪跡續談: 8冊3冊, 裝幀: 黃色 表紙黃絲四綴, 內容: 第1-2冊, 歸田瑣記, 第3-5冊, 浪跡叢談(卷1-10, 卷11은 附刻), 第6-8冊, 浪跡續談	서울大 中央圖書館 [古]0330-66A-1-8

---

327) 寧稼雨, ≪中國文言小說總目提要≫, 齊魯書社, 1996, 393쪽 참조.

58. 池上草堂筆記(勸戒近錄, 北東園筆錄)

≪池上草堂筆記≫는 淸代 志怪小說集으로 梁恭辰이 편찬했다. ≪淸朝續文獻通考≫〈經籍考〉 小說家類에 ≪勸戒近錄≫9錄 各 6卷씩 총 54卷이 있다고 기록되어 있으나 이 판본은 남아있지 않다. 현존하는 판본 중 가장 오래된 판본은 同治 5年(1866) 刊本으로 ≪北東園筆錄≫·≪池上草堂筆記≫라는 제목으로 4錄 각 6卷씩 모두 24卷이 남아있으며, 이 同治 刊本 이외에도 光緖 21年(1895)刻本과 ≪筆記小說大觀≫本이 있다.

梁恭辰의 사적은 나와 있지 않지만 책 서두에 있는 自序를 통해 ≪三國志旁證≫·≪歸田瑣記≫·≪浪跡叢談≫을 지은 梁章鉅(1775~1849)[328]의 아들로 字가 敬叔이고 福州사람이라는 사실을 알 수 있을 뿐이다. 北東園은 梁氏의 정원 이름으로 정원 안에 池上草堂이 있기 때문에 ≪池上草堂筆記≫로 이름하였다고 한다.[329]

自序를 보면 紀昀의 ≪閱微草堂筆記≫와 彭希涑의 ≪卄一史感應錄≫을 모방하여 지었다고 밝히고 있다. 乾隆 年間 이후 일어난 여러 사건들을 다루면서 因果應報에 관련된 주제를 다양하게 수록하고 있다. 예를 들면 初編 卷3의 〈江都縣令〉와 初編 卷4의 〈盜脇官〉 등의 작품은 타락한 관리를 통해 봉건정치의 낡아빠진 부패상을 여실히 보여주고 있다. 또한 初編 卷2 〈羅山寃獄〉과 같은 작품에서는 봉건 정치를 통해 희생당하는 여인의 모습을 그렸고 續編 卷1 〈吳中丞〉에서는 자유로운 사랑을 할 수 없는 여인의 불행을 담아내었다. 四編 卷3 〈顧宦〉에서는 죽어 혼령이 되어서도 자신의 억울한 누명을 벗으려는 여인의 몸부림이 그려졌다. 이처럼 작품의 내용은 대부분 권선징악적 인과응보를 다루고 있다.

국내에 유입되었다는 기록은 보이지 않지만, 서울大 奎章閣에 소장된 同治 3年(1864) 福善堂의 初刊本은 중국에 남아있는 가장 오래된 同治 5年 刊本 보다 더 이전 판본이다. 그 외에도 同治 9年(1870)의 重刊本과 同治 12年(1873) 刊本이 소장되어 있다. 東亞大學校에도 ≪池上草堂筆記≫ 판본이 소장되어 있는데 판의 크기가 奎章

---

328) 號는 退庵으로 福建省 장락 사람. 嘉慶 7年(1802)에 進士. ≪三國志旁證≫ 이외에도 자신의 집에서 소장하고 있던 銅器·탁본·법첩·서화를 고증하여 道光 25年(1845)에 펴낸 ≪退庵金石書畵跋≫20권이 있다. (네이버 지식사전 참조)

329) 寧稼雨, ≪中國文言小說總目提要≫, 齊魯書社, 1996, 341~342쪽 참조.

閣소장본과 비슷하고 글자 수도 9行 22字로 같은 정황으로 보아 서울大 奎章閣에 소장되어 있는 同治 12年 刊本과 같은 판본일 것으로 보인다.

書名	出版事項	版式狀況	一般事項	所藏處/所藏番號
池上草堂筆記	梁恭辰(清)撰, 福善堂, 同治3年(1864)	8冊, 中國木版本, 16.4×11.2㎝	序: 咸豊辛酉(1861)…黃啓垣, 跋: 同治三年(1864)…許之, 印: 集玉齋, 帝室圖書之章	서울大 奎章閣 [奎중]5766
池上草堂筆記	梁恭辰(清)撰, 重刊, 求放心書屋藏板, 同治9年(1870)	8冊, 中國木版本, 17.3×11.5㎝, 上下單邊, 左右雙邊 半郭: 12.2×9.8㎝, 有界, 8行19字, 大黑口	序: 道光癸卯(1843)…梁恭辰書, 刊記: 求放心書藏版, 印: 集玉齋, 帝室圖書之章	서울大 奎章閣 [奎중]5767
池上草堂筆記	梁敬叔(清)著, 重刊, 金陵, 同治12年(1873)	1冊(零本, 3卷中 第1卷), 中國木版本, 15.2×12.1㎝, 上下單邊, 左右雙邊, 半郭: 12.7×8.8㎝, 有界, 9行22字, 上黑魚尾	重刊叙: 同治十二年歲次癸酉(1873)…, 序: 咸豊辛酉(1861)…黃啓垣, 癸卯(1843)…退菴居士, 刊記: 癸酉(1873)仲夏刊於金陵, 自叙: 道光癸卯(1843)…梁敬叔	서울大 奎章閣 [古]920.052-Y17j2-v.1
池上草堂筆記	梁恭辰(清)著, 豫章聽備館	7卷7冊(缺帙, 卷2~8), 18.3×12.4㎝, 上下單邊, 左右雙邊, 半郭: 13.3×9㎝, 有界, 9行22字, 註雙行, 上黑魚尾	版心題: 池上草堂	東亞大學校 (3):10:3-17

59. 宋艷

《宋艷》은 淸代 志人小說集으로 徐士鑾(1833~1915)이 編輯했다. 《中國叢書綜錄》 小說家類에 들어있으며, 현재는 光緖 17年(1892) 刻本과 《筆記小說大觀》本 등에 12卷이 남아 있다. 浙江 古籍出版社에서 1987년에 간행한 排印本이 있는데 序頭에 1891년에 쓴 작가의 自序가 있고 책 뒤에는 楊光儀와 徐郙의 後序 그리고 史夢蘭의 題辭 등이 있다.[330]

徐士鑾의 字는 苑卿, 元靑으로 天津사람이다. 咸豊 8年(1858)에 擧人이 되어 內閣中書·旋升典籍·侍書 등의 관직을 지냈으며 마지막엔 浙江台州知府까지 올랐다. 저서로는 《宋艷》 이외에도 《鄉筆述》·《醫方叢話》·《蝶坊居詩文鈔》 등이 남

---

330) 寧稼雨, 《中國文言小說總目提要》, 齊魯書社, 1996, 425쪽 참조.

아 있다.331)

≪宋艷≫은 주로 宋代 筆記小說과 詩話, ≪宋史≫의 내용들을 취해서 편집했기 때문에, 간혹 宋代 이후의 작품이 섞여 있을 뿐 대부분 宋代의 작품들이다. 주로 ≪世說新語≫의 체례를 본받아 12卷 36門으로 나누었으나 門類의 명칭은 ≪世說新語≫를 그대로 따르지 않았다. 婢妾이나 娼妓들의 이야기를 주로 다루고 있어 ≪宋艷≫이라 칭하였고, 여인들의 일상적인 생활과 情感의 세계를 다루었을 뿐 아니라 宋代 귀족사회의 모습과 생활, 풍속 등 문인들의 풍류적인 삶을 엿볼 수 있어 소설적 가치가 큰 작품으로 꼽힌다.

국내 유입된 기록은 없으나, 東亞大學校와 成均館大學校에 각각 木版本이 소장되어 있다. 東亞大學校 소장본을 보면 刊記는 光緒 辛卯(1891)로 되어 있으나, 光緒 癸巳(1893)에 지은 序文이 있고 史夢蘭의 題辭까지 있는 것으로 보아 성균관대학교에 소장되어 있는 1893년에 간행된 판본과 같은 것으로 보인다.

書名	出版事項	版式狀況	一般事項	所藏處/所藏番號
宋艷	徐士鑾(淸)輯, 刊寫地未詳, 蝶園, 光緒17年(1891)	12卷6冊, 木版本, 20.4×13.4㎝, 四周雙邊, 半郭: 13.3×9.3㎝, 有界, 9行21字 註雙行, 黑口, 上白魚尾	刊記: 光緒辛卯(1891) 冬十月刊蝶園藏板, 序: 光緒癸巳(1893)仲冬之月上澣宗弟郡序, 序: 光緒辛卯(1891) 秋八月友生楊光儀香吟氏書 宋艷題辭: 光緒辛卯(1891) 子月上澣樂亭史夢蘭香厓題	東亞大學校 (3):10:6-3 卷1-12
宋艷	徐士鑾(淸)輯, 光緒19年(1893)	12卷6冊, 中國木版本, 23.5×13.5㎝, 四周雙邊, 半郭: 13.2×6.4㎝, 有界, 9行21字, 註雙行, 大黑口, 上黑魚尾, 紙質: 竹紙	序: 光緒辛卯(1891) 秋八月友生楊光儀香吟氏序, 序: 光緒癸巳(1893) 仲冬之十月 上澣宗弟郡序, 舊刊記: 光緒辛卯(1891)冬十有刊, 蝶園藏板	成均館大學校 D7C-48

60. 笑林廣記

≪笑林廣記≫는 淸代 文言笑話集으로 遊戲主人이 編輯하였다. 乾隆 46年(1791)

---
331) 中國百度百科 참조. http://baike.baidu.com/view/4759822.htm

에 金閶書業堂 刊本 12卷이 있으며 "遊戲主人纂輯, 粲然居士參訂"이라고 되어 있다. 遊戲主人와 粲然居士가 누구인지는 밝혀지지 않았다.[332)]

≪笑林廣記≫는 〈古艶〉·〈腐流〉·〈術業〉·〈形體〉·〈殊禀〉·〈閨風〉·〈世諱〉·〈僧道〉·〈貪吝〉·〈貧窶〉·〈譏刺〉·〈謬誤〉 등 12部로 분류하였으며 각 部가 1卷을 이루고 있다. 대부분 諷刺나 笑話이며, 그 중에는 이야기의 내용을 改竄한 것이 많고, 추가된 이야기 중에는 야비하고 猥褻的인 것도 많다. 부분적으로 음란하거나 저급한 표현도 보이지만, 〈古艶部·糊涂〉나 〈腐流部·放肆〉 등에서처럼 어리석은 관리나 도학선생을 풍자하는 풍자성과 함께 전체적으로 유머러스한 분위기 속에서 간결한 언어의 운용과 풍부한 상상력이 돋보인다.

중국에는 현재 乾隆 46年(1781) 金閶 書業堂 刊本 12권이 남아 있다. 국내 유입 시기는 불분명하며, 서울大 中央圖書館에 1829년 일본 三都書物問屋에서 간행한 목판본 ≪譯解笑林廣記≫가 소장되어 있고, 東亞大學校에 삽화본 ≪繪圖笑林廣記≫가 소장되어 있다.

書名	出版事項	版式狀況	一般事項	所藏處/所藏番號
譯解笑林廣記	遊戲主人(日本) 纂輯, 艾草山人(日本)校閱, 三都書物問屋, 文政12年(1829)	2卷2册, 木版本, 上下單邊, 左右雙邊, 半郭: 15.7×10.6cm, 有界, 9行21字, 無魚尾	表題: 譯解笑林廣記	서울大 中央圖書館 3472-64-1-2 卷1-2
繪圖笑林廣記		4卷4册(卷1-4), 有圖, 15×9cm, 四周雙邊, 半郭: 12.2×8.1cm, 無界, 16行38字, 上下向黑魚尾	書名: 題簽題임, 標題: 眞眞笑林廣記	東亞大學校 (3):12:2-54

61. 此中人語

≪此中人語≫는 淸代 雜俎小說集으로 程麟이 편찬하였다. ≪申報館叢書≫와 ≪筆記小說大觀≫本에 6卷이 있다. 程麟의 사적에 대해서는 알려진 바가 없지만 序頭의 吳再福 序文에 의하면 字는 趾祥이고, 대략 同治 8年(1869)에 태어났을 것으로 추정

---
332) 寧稼雨, ≪中國文言小說總目提要≫, 齊魯書社, 1996, 432쪽 참조.

하고 있다. 재주가 뛰어났음에도 불구하고 名利를 쫓지 않았는데, 居處하는 곳도 '臥廬'라 이름지었다고 한다.333)

≪此中人語≫는 光緒 이래의 市井의 이야기를 기록하였는데, 志人小說이 대부분이고 〈田螺妖〉·〈迷香洞〉과 같은 여우와 귀신 이야기가 간혹 포함되어 있다. 대개 유명한 사람의 일화나 〈紅樓夢竹枝詞〉와 같은 문인의 詩, 詞를 담고 있으며 일상의 잡다한 일을 빌어서 권선징악의 뜻을 담은 것들이 주를 이루고 있다. 예를 들면 卷1의 〈陳璋〉에서는 첫 눈에 반한 남녀가 부모의 반대에 부딪치자 고통으로 죽기를 기다리다가, 마침내 양 가족의 동의를 얻어내어 옛 상태를 회복하게 된다는 내용이다. 이 외에 무력으로 선을 권장하고 악을 징벌하는 내용의 이야기도 있는데 때론 각박한 세태를 비판하기도 하며, 혼인과 애정의 이야기를 담고 있는 것도 있다.334)

국내 유입된 기록은 나와 있지 않지만, 光緒 10年(1884)에 간행된 活字本 판본이 서울大 奎章閣에 소장되어 있다.

書名	出版事項	版式狀況	一般事項	所藏處/所藏番號
此中人語	程麟(淸)著, 申報館, 光緒10年(1884)	6卷1冊(55張), 中國活字本, 16.8×11.4㎝	序: 光緒八年(1882)…吳再福, 印: 集玉齋, 帝室圖書之章	서울大 奎章閣 [奎중]5910

62. 海上群芳譜

≪海上群芳譜≫는 淸代 雜俎小說集으로 小藍田 懺情侍者가 편찬했다. 懺情侍者에 대해서는 고증된 바가 없다.

속집 형태인 ≪滄海遺珠錄≫에 남겨진 高昌寒의 서문을 보면 "내 친구 懺情侍者는 원대한 재주를 품고 뛰어난 필치를 펼치어 일찍이 깊고 깊은 연못에서 구슬을 찾고자 하였다. 이리하여 작년에 ≪海上群芳譜≫의 작품을 지었다. 대저 상해의 큰 구슬, 작은 구슬이 이미 그 옥쟁반에서 떨어지지 않음이 없어 여전히 구슬을 그물로 거두려는 것이며, 혹시 구슬을 빠뜨리는 잘못을 피하지 못할까 싶어서, 마침내 다시 널리 천 알이

---

333) 寧稼雨, ≪中國文言小說總目提要≫, 齊魯書社, 1996, 400~401쪽 참조.
334) 백광준 규장각 해제 참조. 서울대학교 규장각한국학연구원 http://e-kyujanggak.snu.ac.kr/

나 되는 천금의 구슬을 발굴하여 모아 일을 기록하였다"고 적었다.335) 이 서문을 통해 懺情侍者가 ≪海上群芳譜≫와 ≪滄海遺珠錄≫을 편찬했다는 것을 추정할 수 있다. 또한 이 두 책은 모두 상해에 있는 기녀들의 명부에 가까운 성격을 지니고 있다.

실려 있는 문장 역시 어떤 한 인물을 들어 특히 미모와 나이, 사랑 이야기를 중심으로 서술하고 있으며, 이야기에는 당사자들과 관련한 시를 삽입하여 정감을 고조시키는 방식을 취하고 있다. 첫머리에는 대개 그 사람의 신상에 관한 내용으로 시작되고 있다.

국내 유입된 기록은 정확하지 않지만 道光 10年(1884) 上海 申報館에서 간행한 활자본이 서울大 奎章閣에 소장되어 있다.

書名	出版事項	版式狀況	一般事項	所藏處/所藏番號
海上群芳譜	顧曲詞人(淸)評, 申報館, 光緖10年(1884)	4卷1冊(75張), 中國活字本, 17.4×11.4cm	序: 光緖甲申(1884)…顧曲詞人, 印: 集玉齋	서울大 奎章閣 [奎중]6182

63. 滄海遺珠錄

≪滄海遺珠錄≫은 淸代 雜俎小說集으로 小藍田 懺情侍者가 편찬했다. 책 표제지의 뒤쪽에는 "光緖丙戌年秋九月開鐫"이라는 기록이 있고, 목록의 卷頭에는 "小藍田 懺情侍者纂, 申左夢畹生式權校"라는 기록이 있다. ≪八千卷樓書目≫小說家類에 열거되어 있고, 판본으로는 光緖 12年에 간행된 2권본이 있다.

이 책의 體裁는 상, 하 2권이며 1책으로 이루어졌다. 卷上은 28편, 卷下는 28편, 도합 56편의 글이 실려 있다. 光緖 丙戌年(1886)에 太癡生이 쓴 서문과 같은 해 高昌寒이 쓴 서문이 실려 있다. 뒤에는 '滄海遺珠錄目次'가 있는데, 목차는 각 권의 앞에 해당 권의 목록이 붙어 있다.

≪滄海遺珠錄≫은 저자가 이미 출간한 ≪海上群芳譜≫의 속집 형식으로 역시 상해 기녀의 명부에 가까운 것이라고 볼 수 있다. 특히 〈周月娥〉, 〈李寶琴〉과 같이 여자의 이름을 작품의 제목으로 삼고 있는 점에서, 이 책 또한 기녀들을 소개하는데 치중하

---

335) 규장각 해제 참조. 서울대학교 규장각한국학연구원 http://e-kyujanggak.snu.ac.kr/

고 있음을 알 수 있다.

卷上의 〈謝楚楚〉를 보면, "초초는 그 집안의 내력이 알려지지 않는다. 金玉同心室의 主人이 누차 나에게 그 아름다움을 묘사하였다. 내가 '초초는 어떠한가?' 하고 물으니 대답하기를 '예쁘기는 꽃과 같고, 순수하기는 옥과 같다오. 나이는 가히 12, 13인데, 그대가 나를 위해 소개해줄 수 있겠소'라고 물었다. 나는 '어찌 소개한단 말이오?'라 하니, 상대방이 그녀와 얽힌 이야기를 전해주고 그 이야기를 기록하는 방식으로 이루어졌다. 또한 〈吳金秀〉에서는 어려서 匪賊의 손에 들어가 노래와 기술을 익혀서 기생이 되어 술집으로 전전하다 생긴 사랑 이야기, 〈孫藹靑〉에서는 작자의 친구와 사랑의 감정을 나누었으나, 애청을 취하고 싶던 아무개가 내놓은 돈에 욕심이 난 어머니에 의해 결국 수레에 오르고 마는 가슴 아픈 이야기도 담겨 있다. 아마도 이들이 작자가 서명으로 삼은 '滄海遺珠(바다에서 잃어버린 구슬)'의 대상이라 여겨진다. 그리고 중간 중간에는 관련한 시나 사 작품도 삽입되어 있는데, 주로 염정시가 중심이다.336)

국내 유입된 기록은 찾을 수 없으나 서울大 奎章閣에 소장되어 있는 《滄海遺珠錄》은 1886년에 간행되었으며 夢晥生의 교정을 거친 판본이다.

書名	出版事項	版式狀況	一般事項	所藏處/所藏番號
滄海遺珠錄	懺情侍者(淸)纂, 夢琓生(淸)校, 光緒12年(1886)	1冊(60張), 中國木版本, 17×11.2cm	序: 光緒丙戌(1886)…太癡生, 印: 集玉齋, 帝室圖書之章	서울大 奎章閣 [奎중]5934

64. 秋燈叢話

《秋燈叢話》는 淸代 志人小說集으로 王椷이 편찬했다. 《八千卷樓書目》과 《淸朝續文獻通考》〈經籍考〉 小說家類에 18卷이 著錄되어 있다. 현재 乾隆 43年(1778) 原刊本과 乾隆 45年(1780) 織翠山房刊本, 嘉慶 壬申刊巾箱本, 道光 戊子 補刊本 등이 있다. 王椷의 사적은 명확하지 않지만 序頭에 있는 乾隆 42年(1777) 胡高望의 序文을 보면 字가 疑齋이고 山東省 福山 사람이다. 乾隆 元年(1736)에 擧人이 되었

---

336) 규장각 해제 참조 서울대학교 규장각 한국학연구원 http://e-kyujanggak.snu.ac.kr/

고 湖北의 當陽과 天門의 知縣을 역임하였다.337)

　이 책은 대체로 市井의 풍문 및 楚(주로 湖北, 湖南, 河南 일대), 浙(浙江省), 閩南(福建省) 등 발자취가 닿은 곳, 눈과 귀로 접한 것을 기록한 것이다. 다른 책과 다른 점은 중요 인물과 역사적 사건에 대해 그다지 언급하지 않고 있으며, 대부분 마을에서 보고 들은 자질구레한 이야기를 담고 있다는 것이다. 작자가 楚 지역에서 벼슬을 하였고, 여러 해 동안 유람하며 楚, 浙, 閩南에 이르렀기에 그 지역에 관한 내용이 비교적 많다. 풍속과 경관에 대해 기록할 때, 간혹 옛 詩文에 대한 고증을 논하기도 하였다. 예컨대 杜甫〈懷古詩〉의 "群山萬壑赴荊門, 生長明妃尙有村"에 나오는 荊門에 대해서, 역대의 주석가들은 대부분 잘 알지 못하여, 그것을 荊門州라고 여기곤 하였다. 작자는 荊門州가 秭歸에서 삼 백리나 떨어져 있으므로 분명 잘못된 것이며, 杜甫 詩의 荊門은 바로 자귀의 동북쪽 40리에 위치한 荊門山으로 산기슭에 香溪라는 마을이 있는데 이곳이 곧 王昭君의 출생지라고 지적하였다. 내용의 서술은 간결하고 필치는 매끄럽다.338)

　국내 유입에 대한 기록은 나와 있지 않고, 서울大 奎章閣에 嘉慶 17年(1812)에 간행한 木版本과 淸代 판본으로 보이는 木版本이 소장되어 있고, 韓國學中央研究院에 筆寫本이 소장되어 있다.

書 名	出版事項	版式狀況	一般事項	所藏處/所藏番號
秋燈叢話	王椷(淸)著, 嘉慶17年(1812)	18卷8冊, 中國木版本, 16.3×10.6cm	印: 集玉齋, 帝室圖書之章	서울大 奎章閣 [奎중]5935
秋燈叢話	王椷(淸)著, 淸板本	6冊(零本, 卷5~18), 中國木版本, 16.2×11cm		서울大 奎章閣 [古]895.13-W1842c-v .3-8
秋燈叢話抄	王椷(淸)著, 刊寫地未詳, 刊寫者未詳, 刊寫年未詳	1冊(35張, 全), 筆寫本, 23.8×14.6cm		韓國學中央研究院 C14B-15　全

65. 閒談消夏錄

　≪閒談消夏錄≫은 王韜의 ≪遯窟讕言≫과 朱翊淸의 ≪埋憂集≫을 모아 새로 엮

---
337) 寧稼雨, ≪中國文言小說總目提要≫, 齊魯書社, 1996, 418~419쪽 참조.
338) 백광준 규장각 해제 참조. 서울대학교 규장각 한국학연구원 http://e-kyujanggak.snu.ac.kr/

어 만든 文言小說集이다. 이 책의 표제에는 外史氏의 ≪閒談消夏錄≫이라고 적혀 있고 淸 朱翊淸(1786-1846?)의 同治 13年(1874) 自序339)가 실려 있다. 外史氏가 朱翊淸을 가리킨다고 단정할 수는 없으나 朱翊淸의 自序가 실려 있는 것으로 봐서는 '外史'가 朱翊淸의 별호 '紅雪山莊外史'를 말하는 것이라 추정할 수 있다. 하지만 이 ≪閒談消夏錄≫이 自序에 적힌 연도대로 同治 13年(1874)에 간행되었다 하더라도 朱翊淸이 죽은 지 28년이나 지난 뒤라 朱翊淸이 편찬했는지에 대한 의문이 남는다.

≪北京師範大學圖書館中文古籍書目≫〈集部〉 小說類 筆記에 있는 기록을 보면 '≪閒談消夏錄≫12卷, 朱翊淸撰, 光緖 翠筠山房 刻本 12冊. ≪續閒談消夏錄≫6卷, 朱翊淸撰 光緖 翠筠山房 刻本 6冊'340)이라고 되어 있다. 이 기록에 의하면 ≪閒談消夏錄≫12卷은 朱翊淸이 편찬한 것이고 光緖 4年(1878) 翠筠山房에서 간행되었다.

淸代 石繼昌의 ≪淸季小說辯僞≫에도 다음과 같은 기록이 있다. "光緖 戊寅 4年(1878) 翠筠山房 刻本 ≪閒談消夏錄≫은 王韜의 ≪遁窟讕言≫ 및 朱梅叔의 ≪埋憂集≫ 두 책을 취하여 간행하였다. …≪遁窟讕言≫12卷, ≪埋憂集≫10卷 續集2卷 합하여 12卷을 ≪閒談消夏錄≫이란 이름으로 하여 다시 12卷으로 엮었다. 그리고 每卷을 上·下로 나누었는데, 上卷은 ≪遁窟讕言≫으로 下卷은 ≪埋憂集≫으로 엮었으며, 한 글자도 바꾸지 않고 그대로 옮겨 놓았다."341) 지금 남아있는 ≪閒談消夏錄≫에는 同治13年 朱翊淸의 自序가 들어있는데 卷1에만 저자의 언급이 없을 뿐 모두 '外史氏著'라고 되어 있다.

---

339) 朱翊淸은 1846년에 생을 마감했는데, 1845년에 ≪埋憂集≫의 간행을 위해 써놓은 自序다 이미 있었다. 同治 12年(1873) 간행된 ≪埋憂集≫初刻本과 同治 13年 간행된 1次 重刻本에는 1845년 自序가 들어있지만, 그 이후 2次 重刻本 부터는 自序의 내용은 바뀌지 않았고 연도만 同治 13年(1874)으로 고쳤다. 그리고 ≪閒談消夏錄≫에도 同治 13年(1874) 自序를 그대로 실었다.

340) ≪北京師範大學圖書館中文古籍書目·集部·小說類·筆記≫著錄: "≪閒談消夏錄≫十二卷, 朱翊淸撰, 光緖翠筠山房刻本, 十二冊. ≪續閒談消夏錄≫, 六卷, 朱翊淸撰, 光緖翠筠山房刻本, 六冊." ≪續閒談消夏錄≫詳後. ≪閒談消夏錄≫署 "外史氏著", 十二卷, 每卷又分上下.

341) 石繼昌≪淸季小說辨僞≫一文已經指出, "光緖戊寅(四年, 1878) 翠筠山房刊本≪閒談消夏錄≫, 卽合王韜≪遁窟讕言≫及朱梅叔≪埋憂集≫二書錯綜刊行以欺世者. ……≪遁窟讕言≫凡十二卷;≪埋憂集≫十卷續集二卷, 合之亦十二卷;其易名僞托之≪閒談消夏錄≫亦十二卷, 每卷複分上下, 上卽≪遁窟讕言≫, 下卽≪埋憂集≫, 適足十二卷之數, 一字不易." 今案此書保存著同治十三年朱翊淸自序, 除卷一無題署外, 餘均署"外史氏著".

第5章 清代 作品目錄과 解題   391

　石繼昌의 말처럼 ≪閒談消夏錄≫은 王韜의 ≪遁窟讕言≫과 朱翊淸 자신의 ≪埋憂集≫을 반반 엮어 편찬하였다. 王韜의 ≪遯窟讕言≫重刻本 後文의 내용을 보면 이 ≪閒談消夏錄≫12卷은 朱翊淸의 사후 江西지역의 書商들이 朱翊淸의 이름으로 가탁한 것이라고 언급하였다. 奎章閣 소장본 ≪遯窟讕言≫(奎中 5290)의 〈重刻遯窟讕言書後〉을 보면 王韜가 하루는 서점에서 우연히 ≪閒談消夏錄≫을 발견하고 일람하였더니, 자신의 ≪遯窟讕言≫을 한 글자도 안 바꾸고 그대로 베끼었으며, 자신의 ≪遯窟讕言≫뿐 아니라 저자 朱翊淸의 ≪埋憂集≫을 그대로 엮어 책을 이루었다고 언급하고 있으며,342) 이 책은 "江西 지역의 書商"들이 朱翊淸의 이름으로 가탁한 것이라고 했다.343) ≪閒談消夏錄≫은 총 12권 12책으로 이루어졌으며, 각 권은 다시 상, 하로 나뉘어있다. 권1의 앞부분에는 朱翊淸이 죽기 전 1845년 가을에 쓴 〈自序〉344)가 실려 있고 그 뒤에는 '閒談消夏錄目錄'이 있다.345) 光緖 4年(1878) 翠筠山房에서 최초로 ≪閒談消夏錄≫ 木版本을 발행했으며, 光緖 21年(1895)에 上海 上海書局에서 石印本을 간행하였다.

　≪閒談消夏錄≫은 주로 만청 사회의 암흑상과 각종 부패에 대해 비판하는 내용을 담고 있는데, 한 이야기의 실마리는 '어느 곳의 누구는 어떠하다'는 식으로 시작하여 그 인물을 중심으로 풀어 놓았으며 주로 설화와 전설 위주의 이야기가 담겨있다. 朱翊淸의 작품으로는 ≪埋憂集≫10卷·≪續集≫ 2卷·≪金石錄≫과 약간의 詩古文詞 등이 남아있다.

　서울大 奎章閣에 소장되어 있는 ≪閒談消夏錄≫ 판본이 光緖 4年(1878) 翠筠山房 木版本일 것으로 추정된다. 비록 책이 간행된 시기를 언급하는 대신 同治 13年 朱翊淸의 自序만 들어있어 간행시기를 오해할 수도 있으나, ≪閒談消夏錄≫이 王韜의 ≪遁

---

342) ≪遯窟讕言≫ 重刻本 後文 : 歲在乙亥, 滬上尊聞閣主人索余著述, 將付手民。余卽以 ≪瓮牖余談≫, ≪遁窟讕言≫ 兩種遞諸郵筒。刊布未幾, 而飜刻者四出。一日, 余于書肆中偶見 ≪閑談消夏錄≫, 一飜閱間, 則全剿裝余之≪遁窟讕言≫, 一字不易, 此外, 則安朱梅叔之 ≪埋憂集≫ 也, ……
343) 據王韜≪遁窟讕言≫重刻書後雲, 此書乃 "江西書賈所僞托"。
344) 원래 朱翊淸의 自序는 1845년에 쓴 것이고 후에 날짜만 同治 12年, 同治 13年으로 바꾼 것이다.
345) 서울大 ≪閒談消夏錄≫백광준 해제 참조.
   (서울대학교 규장각 한국학연구원 http://e-kyujanggak.snu.ac.kr/)

窟讕言≫ 및 朱梅叔의 ≪埋憂集≫ 합본임을 감안해 볼 때 ≪閒談消夏錄≫의 初刻 연도는 王韜의 ≪遁窟讕言≫이 간행된 1875년과 朱翊淸의 ≪埋憂集≫이 간행된 1874년 이후가 될 것이다. 따라서 초각 연도는 현재 남아있는 기록에 의해 光緖 4年(1878)이 되며, 당연히 국내 유입된 시기는 적어도 19세기 후반이 될 것이다.

奎章閣 所藏本 ≪閒談消夏錄≫은 15.8×11.5㎝ 크기의 袖珍本이며, 10行 21字를 넣어 총 12卷 12冊으로 구성하였는데, 奎章閣에 12卷 12冊이 모두 남아있어 王韜의 ≪遁窟讕言≫과 주익청의 ≪埋憂集≫과의 연관성을 살피는 데 좋은 자료가 되고 있다.

東亞大學校에 소장되어 있는 石印本은 上海에 있는 上海書局에서 光緖 21年(1895)에 간행한 것으로 奎章閣에 소장되어 있는 木版本에 비해 책 크기도 14.8×8.9㎝로 더 작고 한 페이지에 글자수도 18行 35字이나 빽빽하게 넣어 총 12卷 4冊으로 구성하였으며, 表紙書名에는 "增廣閒談消夏錄"이라고 기록되어 있다. 비록 완전하게 남아있지는 않지만 국내 소장된 중국판본으로는 奎章閣 소장본과 더불어 귀중한 가치가 있는 판본이라고 볼 수 있다.

주목할 만한 판본으로는 國立中央圖書館에 소장되어 있는 한글로 필사된 국문 번역본이다. 원래 外史氏의 ≪閒談消夏錄≫원본은 12卷 12冊이지만 한글 번역 필사본은 2卷까지 번역이 되어 있고, 그것도 2권까지 완역한 것이 아니라 중간에 몇 편이 빠져있다. 표지에 '共十六 卷之一'과 '共十六 卷之二'라는 기록이 남아있는 것을 보면 원래본 한글 번역 필사본은 16권 16책으로 되어 있었던 것으로 추정할 수 있다. 표제는 '閒談'이 빠진 채로 '消夏錄'이라 되어 있다. 내제는 '한담쇼하록 권지일'과 '한담쇼하록 권지이'라고 되어 있고 제목과 권차를 밝히고 있다. 每面은 10行, 每行은 20여 字 안팎으로 되어 있다. 글씨체는 宮體로 되어 있는데, 책 장정이 깔끔하고 글씨체도 전형적인 궁체라는 점에서 이 한글 번역 필사본은 역관에 의해 번역되어 궁중에서 읽혀졌던 것이 아니었나 사료된다. 아마도 1880년 전후 국내에 유입되어 이종태[346] 등의 문사들이 번역했을 가능성이 가장 크다고 볼 수 있다. 이외에 책 표지나 내면에 다른 기록이 전혀

---

346) 高宗 연간 역관이었던 李鍾泰는 궁중의 명을 받아 ≪紅樓夢≫을 번역했을 가능성이 있는 사람이다. 이미 최용철 등 기존의 연구자에 의해 세계 최초의 번역본이라 할 수 있는 창덕궁 낙선재 소장본 ≪홍루몽≫이 1884년 경 이종태에 의해 번역되었을 것이라는 연구 논문이 나왔다. 하지만 이계주 등의 연구자는 이에 대해 반대하는 의견을 피력하고 있어 단지 이종태설에 의한 가능성만 제시해 두고자 한다.

없어 본 해제본과 관련한 필사 시기라든가 향유층이라든가 하는 주변 정황은 확인할 수 없다. 더욱이 卷之一 시작의 〈동해노수〉 부분에 "日本總督府圖書館藏書之印"이 찍혀 있는 것을 보면 궁에서 보관하던 서책이 총독부 도서관으로 옮겨졌을 가능성이 있다.347)

書名	出版事項	版式狀況	一般事項	所藏處/所藏番號
閒談消夏錄	朱翊淸(淸)編, 翠筠山房, 同治13年(1874)	12卷12冊, 中國木版本, 15.8×11.5㎝	序: 同治十三年(1874)… 朱翊淸, 印: 集玉齋, 帝室圖書之章	서울大 奎章閣 [奎중]6271
閒談消夏錄	外史氏(淸) 著, 上海, 上海書局	12卷4冊, 中國石印本, 14.8×8.9㎝, 四周雙邊, 半郭: 11.8×7.6㎝, 無界, 18行35字 註雙行, 上黑魚尾	刊記: 上海書局石印, 敍: 光緖二十一年(1895) 中秋後三日錢塘十二峰主人繩伯 洪보榮識幷書, 表紙書名: 增廣閒談消夏錄	東亞大學校 (3):10:3-15 卷1-12
閒談消夏錄		2冊, 筆寫本, 30.3×19.9㎝	表題: 消夏錄	國立中央圖書館 BC古朝48-258 卷1-2

66. 吳門畫舫錄

≪吳門畫舫錄≫은 淸代 名妓傳으로 西溪山人이 편찬했다. ≪中國叢書綜錄≫ 小說家類에 書目이 기재되어 있고, 현재는 嘉慶 11年(1806) 紅樹山房刻本과 ≪申報館叢書≫本에 2卷이 남아 있으며, ≪艶史叢鈔≫·≪雙梅景闇叢書≫·≪香艶叢書≫本 등에 1卷이 남아있다. 西溪山人에 대한 사적은 남아있지 않지만 책에 남겨진 題에 의하면 嘉慶 年間 吳門(지금의 蘇州) 사람이라고 한다.348)

≪吳門畫舫錄≫은 吳門, 즉 지금의 蘇州地域의 畫舫(집 모양의 배)에 있는 기녀들에 대한 이야기를 기록해 놓은 것이다. 蘇州는 일찍이 春秋戰國 吳의 首都였고, 明末-淸代에 경제문화의 중심지로 번영했다. 명말 청초 戰火로 일시 쇠퇴하기는 했으나, 淸 중기 嘉慶(1796~1820) 年間에 들어서는 외국무역으로 다시 번성하게 되었다. 본서는

---
347) 유희준·민관동, 〈淸代 文言小說集 ≪閒談消夏錄≫ 연구〉, ≪中語中文學≫ 第53輯, 2012 참조.
348) 寧稼雨, ≪中國文言小說總目提要≫, 齊魯書社, 1996, 421쪽 참조.

바로 이 嘉慶 年間을 배경으로 한 것이다. 단순히 기녀들의 이야기를 나열해 놓은 것이 아니라 기녀와 才子의 가슴 아픈 사랑이라든지, 기녀의 처참한 운명 등을 소설적인 기법을 이용해서 감동적으로 서술하였다. ≪중국 여성(전족 한 쌍에 눈물 두 동이)≫이라는 책에는 다음과 같은 글이 실려 있다. "청나라 嘉慶 8年에 지어진 ≪吳門畵舫錄≫에는 '吳門은 동남지역의 호화로운 대도시로 유객이 끊이지 않는다. 연회객들은 화방에서 즐기니 생황과 노랫소리가 춘하추동 끊이지 않고 수양버들 흐드러져 화려한 누각을 깊이 숨긴다. 은초로 손님 발길을 붙잡아 함께 술을 마시고 금잔으로 손님에게 술 한 잔 권하니 그 미색과 기예를 감상하고 이런저런 소식도 듣는다.'"349)라는 기록이 있다. 이런 묘사는 당시 소주 화방의 화려한 호객행위를 보여주고 있다. 또한 西溪山人 책에서 소주를 미녀들의 고향이라고까지 표현하였다. 때문에 ≪吳門畵舫錄≫은 淸 중기 소주의 도시 성격을 엿볼 수 있는 좋은 자료라 할 수 있다.

국내 유입된 기록은 없으나 成均館大學校에 淸末에서 民國 初期에 간행된 것으로 보이는 石印本이 소장되어 있다.

書名	出版事項	版式狀況	一般事項	所藏處/所藏番號
吳門畵舫錄	西溪山人(淸)著, 箇中生(淸)編, 上海, 中華圖書館, 淸朝末~中華初刊	本錄3卷, 投贈3卷, 合2冊, 中國石印本, 19.9×13.2㎝, 四周雙邊, 半郭: 16.7×10.9㎝, 有界, 16行37字, 上黑魚尾, 紙質: 綿紙	序: 嘉慶壬申歲(1812) 九月長洲宋翔鳳書于江西行省之宿雲花榭, 刊記: 上海 中華圖書館印行	成均館大學校 (曹元錫) D7C-165

67. 秘書二十一種

≪秘書二十一種≫은 淸代 文言小說 叢書로 汪士漢이 편집했다. 현재 남아있는 판본은 康熙 8年(1669)에 간행한 新安汪氏刻本이 있다. 汪士漢의 字는 星源이고 號는 隱侯이고 新安(지금의 安徽)사람이다. 생평에 대한 사적은 정확하지 않다.

≪秘書二十一種≫에는 ≪汲家周書≫·≪吳越春秋≫·≪拾遺記≫ 등을 비롯해서 先秦漢魏六朝唐宋代의 작품 21종이 들어있는데, 당시에 이미 볼 수 없는 희귀본 작품

---

349) 루링 저, 이은미 역, ≪중국 여성(전족 한쌍에 눈물 두 동이)≫, 시그마북스, 2008, 315쪽.

들을 모아 놓았기 때문에 "秘書"라고 이름 하였다. 작품마다 汪士漢이 序跋文을 첨가했는데, 예를 들면 ≪汲家周書≫ 서두에 康熙 8年(1669)에 汪士漢이 쓴 題辭가 있다. ≪劍俠傳≫4卷의 서문에서는 이 책을 지은 저자가 누구인지 모르겠다고 언급하여 段成式의 이름을 넣지 못한 한계도 있다. 그 후 乾隆에서 嘉慶 年間 汪氏 後人들이 또 重印하여 간행하기도 하였다.350)

국내 유입된 기록은 나와 있지 않지만 延世大學校와 韓國學中央研究院에 康熙 8年(1669)에 간행된 목판본이 소장되어 있다. 20책으로 구성되어 있으며 ≪汲家周書≫·≪吳越春秋≫·≪拾遺記≫·≪白虎通≫·≪山海經≫·≪博物志≫·≪桂海虞衡≫·≪博物記≫·≪高士傳≫·≪劍俠傳≫·≪楚史檮杌≫·≪竹書紀年≫·≪中華古今注≫·≪三墳≫·≪風俗通義≫·≪列仙傳≫·≪集異記≫·≪續齋諧記≫ 등의 작품이 수록되어 있다.

書名	出版事項	版式狀況	一般事項	所藏處/所藏番號
秘書二十一種	汪士漢(淸) 編, 康熙 8年(1669)	20冊, 中國木版本, 21.5×16.6㎝, 四周單邊, 匡郭: 19.8×13.8㎝, 有界, 10行20字, 上黑魚尾	內容: 冊1-2汲家周書, 冊3-4吳越春秋, 冊5-6拾遺記, 冊7-8白虎通, 冊9-11山海經, 冊12-13博物志, 冊14桂海虞衡, 博物記, 冊15高士傳, 冊16劍俠傳, 冊17楚史檮杌, 冊18竹書紀年, 冊19中華古今注, 冊20三墳, 風俗通義, 列仙傳, 集異記, 續齋諧記	延世大學校 [고서중] 082왕사한
秘書二十一種	汪士漢(淸)校, 淸, 康熙8年(1669)	94卷12冊, 木版本, 21.5×16.6㎝, 左右雙邊, 半郭: 19.8×13.8㎝, 有界, 10行20字, 註雙行, 上黑魚尾, 紙質: 竹紙	裏題: 秘書二十一種 序: 康熙己酉(1669)二月 春分前二日新安汪士漢識	韓國學中央研究院 C3-246

68. 說冷話

≪說冷話≫는 淸代 酕襴道人이 편찬한 雜俎 소설집이다. 酕襴道人에 대해서는 알려진 바가 없고, 乾隆 21年(1756)에 간행된 그의 다른 소설 작품 ≪妝鈿鏟傳≫이 山

---
350) ≪古典小說辭典≫ 341쪽 참조.

東省 圖書館에 소장되어 있다.

≪說冷話≫는 비록 ≪文言小說總目提要≫나 ≪古典小說辭典≫에는 나와 있지 않지만, 서울大 奎章閣에 소장된 판본을 보면 분명 일종의 笑話集으로 볼 수 있다. 이 판본의 목차를 보면 〈順手〉·〈要割〉·〈巧語〉·〈算麥〉·〈塗糞〉·〈惡對〉·〈筆悞〉·〈訓牛〉·〈接吻〉·〈題區〉·〈笨賊〉·〈偸雞〉·〈裵衣〉·〈綽號〉·〈入爐〉·〈不直〉·〈口喫〉·〈不壤〉·〈論牛〉·〈裝啞〉·〈賀火〉·〈逃走〉·〈黑心〉·〈有禮〉·〈索租〉·〈難得〉·〈木瓜〉·〈跌雪〉·〈脫衣〉·〈尋死〉·〈君子〉·〈斧頭〉·〈做親〉·〈刑部〉·〈做蛋〉·〈一樣〉·〈將軍〉·〈醉漢〉·〈蠟燭〉 등의 37편의 짧은 단편 이야기들이 담겨있다. 첫 번째〈順手〉의 내용을 보면 우리들이 흔히 알고 있는 '順手牽羊'라는 고사성어를 상점안에서 일어나는 일과 연관시켜서 무엇이 진정 '손에 잡히는대로 집는 것인지'에 대해 말함으로써 웃음을 주고 있다. 모든 이야기가 대개 "某씨 성을 가진 누구누구…" 또는 "甲乙 두사람이 …" 등으로 시작하여 짧지만 웃음과 교훈을 주는 내용들로 구성되어 있다.

중국에서는 아직 ≪說冷話≫ 판본이 발견되지 않았지만 종이질이 竹紙인 것이나, 인쇄 방식과 글자체를 보더라도 분명 중국에서 간행된 것으로 추정된다. 때문에 서울大 奎章閣에 소장되어 있는 ≪說冷話≫는 아마도 현재 중국에는 남아있지 않고 국내에만 있는 희귀본일 가능성이 크다.

書名	出版事項	版式狀況	一般事項	所藏處/所藏番號
說冷話	襪襫道人(淸) 輯, 壽墨閣, 光緖10年(1884)	1冊(34張), 中國木版本, 16.8×10.3cm	序: 光緖九年(1883)…粟影道人, 印: 集玉齋, 帝室圖書之章, 附: 閨律, 芙蓉外史 編	서울大 奎章閣 [奎중]5760

69. 三異筆譚

≪三異筆譚≫은 淸代 志怪小說集으로 許仲元(1755~1827 以後)이 撰하였다. ≪中國叢書綜錄≫小說家類에 기재되어 있다. 현재 ≪申報館叢書≫本, ≪筆記小說大觀≫本과 民國 年間에 간행한 上海 中華圖書館 石印本 등이 남아있다. 이 판본들은 모두 四卷으로 되어 있으며 작가의 自序에 의하면 道光 7年(1827)에 완성한 것으로 보인다. 序에는 書名을 ≪三異筆談一集≫이라고 하였고, 續集은 보이지 않는다. 許仲元에 대

해서는 남겨진 사적이 없으나, 自序의 내용을 보면 그의 字는 少歐이고 雲間(지금의 上海 松江) 사람이라고 한다. 蘭溪(지금의 浙江省 蘭溪縣)를 맡아 다스렸고 永嘉(지금의 浙江省 永嘉縣), 杭州에서 벼슬살이를 하였으며, 道光 丁亥年(1827)에 사직한 뒤 杭州知府의 郡齋에 머무르며 이 책을 썼다고 한다.351)

작자는 서문에서 다음과 같이 창작 동기에 대해 언급하였다. "道光 丁亥年(1827)에 나는 사직을 하고 武林(지금의 浙江省 杭州市 서쪽 靈隱山)의 柳泉太守의 郡齋에 기거하였다. 손님이 찾아와 한담을 나누다 기운이 쇠하여 이야기를 나눌 수 없어서 이에 글로 말을 대신하여, 여름부터 가을까지 쌓여 책이 되었다." 내용은 雲南의 유명한 사람의 일화, 풍속과 인심 등을 담고 있고 특히 당시의 사건들에 관심이 많다. 예컨대 〈西洋巧器〉, 〈鴉片〉에서는 서방의 선진 기술과 아편의 해독성을 자세히 기록하고 있어서, 어느 정도 현실적인 가치를 지니고 있다. 그 밖에 淸代 이래의 여러 가지 괴상한 이야기를 기록하였는데, 대부분 인과응보나 황당무계한 이야기들이다. 그 가운데 일부 이야기는 묘사가 비교적 생동감이 있다. 예컨대 권2의 〈陳涌全案〉에서는 작자가 유산 분쟁으로 인한 음모 살인 사건을 경험하고 몇 번의 조사를 거쳐 끝내 해결 짓는 내용이다. 권1의 〈痴和尙〉·〈胡道人〉·〈吳婢念舊〉 등의 작품은 사회 하층 인물의 奇行을 담고 있다. 권2의 〈飛雲洞〉은 여러 가지 측면에서 飛雲 동굴을 묘사하고, 특히 은밀하고 신비로운 자태로 동굴 밖의 풍경을 묘사하였는데, 자못 생동감이 넘친다고 한다. 권3의 〈科場奇遇〉, 권4의 〈冥獄果報〉는 괴이한 현상을 빌어 사회의 불량한 풍기를 반영하고 있어서 구상이 치밀하다.352)

현재 중국에는 ≪申報館叢書≫本과 ≪筆記小說大觀≫本 및 民國 年間 간행된 上海中華圖書館石印本 등이 있다. 국내 유입된 기록은 보이지 않으며, 道光 年間 申報館에서 간행한 活字本이 서울大 奎章閣에 소장되어 있다.

書名	出版事項	版式狀況	一般事項	所藏處/所藏番號
三異筆譚	許元仲(淸)著, 申報館, 光緖年間	4卷2冊, 中國活字本, 17×11.2cm	序: 許元仲, 印: 集玉齋, 帝室圖書之章	서울大 奎章閣 [奎중]5909

---

351) 寧稼雨, ≪中國文言小說總目提要≫, 齊魯書社, 1996, 336쪽 참조.
352) 백광준 규장각해제 참조. 서울대학교 규장각한국학연구원 http://e-kyujanggak.snu.ac.kr/

70. 夢厂雜著

≪夢厂雜著≫는 淸代 雜俎小說集으로 兪蛟(1751~?)가 撰하였다. ≪八千卷樓書目≫ 小說家類에 10卷이 著錄되어 있으며, 현재는 嘉慶 16年(1811) 刊本과 道光 8年(1828) 刊本, 同治 9年(1870) 刊本 등이 있다. 그 외에도 民國年間에 간행한 石印本과 鉛印本 등이 남아있으며, 1988년에 上海 古籍出版社에서 간행한 排印本 등이 있다. 兪蛟의 字는 淸源, 號는 夢厂居士이고, 山陰(지금의 浙江 紹興) 사람이다. 본래 재주가 뛰어났으나 일생 동안 불우하여 오랫동안 幕僚나 小吏로 생활하였다. 乾隆 58年(1793) 監生으로서 興寧縣 典史를 역임했다. 兪蛟에 대한 사적은 ≪江陰縣志≫·≪廣東通志≫ 등에서 볼 수 있다.353)

自序에 의하면 ≪夢厂雜著≫는 작가가 경험한 일들을 바탕으로 풍부한 내용을 담아 嘉慶 6年에 완성되었다고 한다. 내용은 〈春明叢說〉 2권·〈鄕曲枝詞〉 2권·〈游踪選勝〉 1권·〈臨淸寇略〉 1권·〈讀畵閑評〉 1권·〈齊東妄言〉 2권·〈潮嘉風月〉 1권의 일곱 부문으로 구성되어 있다. 그 중 〈游踪選勝〉은 桂林의 七星岩, 揚州의 平山堂, 北京 萬柳堂 등의 유적지를 작가가 돌아보고 그 정경을 생동감 있게 묘사하여 嘉慶時代의 名勝古蹟地의 정황을 생생하게 그려놓은 것으로 유명한데 특히 山中에서 깨달음을 얻었다는 〈岩里記〉1篇은 더욱 손꼽히는 문장이다.

국내 유입된 기록은 없으나 道光 8年(1828) 敬芸堂 刊本이 서울大 奎章閣에 소장되어 있다.

書名	出版事項	版式狀況	一般事項	所藏處/所藏番號
夢厂雜著	兪蛟(淸)著, 刊寫地未詳, 敬芸堂, 道光8年(1828)	10卷6冊(1-6冊), 中國木版本, 18.2×12.4cm	敬芸堂藏, 序: 嘉慶五年(1800) 序姚興泉, 內容: 第1-2冊: 春明叢說第, 2-3冊: 鄕曲枝辭, 第3冊: 遊踪選勝, 第4冊: 臨淸寇略, 讀畵閒評, 第5-6冊: 齊東妄言, 第6冊: 潮嘉風月	서울大 奎章閣 [古]5966

---

353) 寧稼雨, ≪中國文言小說總目提要≫, 齊魯書社, 1996, 384쪽 참조.

71. 板橋雜記

≪板橋雜記≫는 淸代 雜俎小說集으로 余懷(1616~1696)가 撰했다. ≪四庫全書總目≫와 ≪八千卷樓書目≫ 小說家類에 3卷이 著錄되어 있다. 현재는 叢書뿐 아니라 단행본으로도 많이 남아있지만 통행되는 판본으로는 ≪叢書集成≫初編本이 있다.

余懷의 字는 澹心·無懷·號漫翁·曼持老人이고 莆田(지금의 福建)사람이다. 明末 范文景의 門下에서 幕僚生活을 하다가 明이 망하자 金陵과 蘇州 등을 옮겨 다녔다. 그는 용모가 수려하고, 詩文에 능했는데 그의 詩文은 망국의 설움을 담아낸 것들이 대부분이라고 한다. 그에 대한 사적은 ≪東越文苑傳≫과 ≪福建通志≫ 등에서 볼 수 있다.354) 일찍이 명말 청초 시인인 王士禛은 그의 〈金陵懷古詩〉를 보고 "劉禹錫과 견주어도 손색이 없다"라 칭송했고, 문장이 아름답고 알기 쉬워 吳偉業, 龔鼎孶의 칭찬을 받았다. 杜濬, 白夢鼐와 함께 명성을 날려 당시 '余杜白'이라 칭해졌고, 남경에서는 '魚腸白'이라 했다. 강남의 문인들과 폭넓은 교제를 가져 尤侗이나 李漁 등과도 친했고, 秦淮에도 자주 출입했다. 만년에는 吳門에 은거하면서 書室을 味外軒이라 했고, 支硎山이나 靈巖山 사이를 逍遙하면서 歌曲 만드는 것을 즐겼다. 또한 벼루에 대한 嗜好가 있어 유명한 벼루를 많이 소장했으나, 나이가 들자 이를 모두 주위 사람들에게 나누어주었다. 80여 세로 소주에서 사망했다 하는데 명이 망한 이후 아마도 평생을 명의 유민으로 살았던 것으로 보인다. ≪板橋雜記≫ 이외에도 ≪東山談苑≫8권, ≪味外軒文稿≫1권, ≪硯林≫1권, ≪硏山堂集≫1권, ≪秋雪詞≫1권, ≪宮閨小名後錄≫1권 등이 있다.

≪板橋雜記≫는 南京의 名妓와 風流의 士에 대한 일화를 기록하고 있으며 왕조쇠망의 비장감과 한탄을 담고 있다. 卷上 雅遊, 卷中 麗品, 卷下 軼事 등 3권과 卷末의 부록으로 되어 있는데 書頭에는 작가의 〈序文〉과 〈板橋雜記題〉가 있다. 내용은 卷上 〈雅遊〉는 妓家·燈船·敎坊·梨園·曲中時肆·音曲 등 당시 남경의 지리와 풍속에 대해 설명(金陵-新城 王阮亭 秦淮雜詩 등 14편)하고 있으며, 卷中 〈麗品〉은 舊院, 遊里, 名妓들의 傳(尹春-寇湄등 24명)을 기록하고 있다. 卷下 〈軼事〉는 유리의 風流를 아는 人士들의 일화 등을 소개하였고 附錄 2편은 명말 전란 중 기녀들의 일화(宋蕙湘-趙雪華 등 3명)와 합자회의 이야기(附錄 盒子會)를 서술하였다. 南京 유리의 상황을

---

354) 寧稼雨, ≪中國文言小說總目提要≫, 齊魯書社, 1996, 373쪽 참조.

비교적 생생하게 묘사하고 있어 明末 南京의 일면을 아는데 좋은 자료가 되고 있다.355)

국내 유입된 기록은 찾을 수 없지만 서울大學校 中央圖書館에 道光 4年(1878)에 ≪吳門畵舫錄≫과 함께 간행한 활자본이 소장되어 있고 全南大學校 圖書館에 光緖 34年(1908)에 간행한 木版本이 소장되어 있다. 그 외에도 속편으로 珠泉居士가 편찬한 ≪續板橋雜記≫가 있는데 乾隆 55年(1790)에 간행된 판본으로 서울大 奎章閣에 소장되어 있다.

書名	出版事項	版式狀況	一般事項	所藏處/所藏番號
板橋雜記	余懷(淸)著, 中國, 光緖4年(1878)	1冊, 中國新鉛活字本, 20.1×13.3cm, 四周雙邊, 半郭: 14.8×9.6cm, 有界, 12行23字, 大黑口, 上下內向黑魚尾	艷史叢초, 朱墨傍點, 序: 光緖4年(1878)…玉심生, 刊記: 戊寅(1878)仲秋 도園主人選校刊行, 吳門畵舫錄: 西溪山人(淸)編	서울大 中央圖書館 3431-44-1
板橋雜記	余懷(淸)著, 上海, 長沙葉氏, 光緖34年(1908) 附錄: 吳門畵舫錄: 西溪山人 編,	1冊(58張), 中國木版本, 26.6×15.3cm, 上下單邊, 左右雙邊, 半郭: 17.7×12.4cm, 有界, 11行22字, 註雙行, 上下大黑口, 內向黑魚尾, 紙質: 綿紙	刊記: 光緖戊申(1908) 秋中長沙葉氏校刊, 序: 乙丑(1805)橘春鏡卿沈廷熘序, 嘉慶丙寅(1806) …吳錫麒撰	全南大學校 3N4 - 판16○

72. 續板橋雜記

≪續板橋雜記≫는 明末 南京의 歌妓, 풍류 인사들의 일화를 기술한 책인 余懷의 ≪板橋雜記≫ 續編이다. 저자 珠泉居士에 대한 자세한 경력은 알 수 없으나, 乾隆 (1736~1795) 年間에서 嘉慶(1796~1820) 초기에 활동하였으며 姓은 吳氏이고 苕溪(지금의 절강성) 사람이다. 〈序〉에 의하면 號는 苕南으로 문장과 시에 뛰어난 인물이었으나, 과거에 응시하지 않고 江南과 揚州地域을 유람하거나 知人들을 찾아다니면서 食客이나 幕友를 지낸 지식인으로 보인다. 〈續板橋雜記緣起〉에 의하면 일찍이 ≪板橋雜記≫를 읽은 필자는 남경에 가보려고 하던 중 乾隆 45年(1780) 5월에 樅陽에 있는 知人의 초대로 남경에 가서 명승지를 돌아보았는데, 이때의 기억을 근거로 본서를 저술하였다는 것이다.

이 책은 ≪板橋雜記≫를 모방하여 卷上 雅遊, 卷中 麗品, 卷下 軼事로 되어 있으

---

355) 오병한의 규장각 해제 참조 (서울대학교 규장각 한국학연구원 http://e-kyujanggak.snu.ac.kr/ 인용)

며, 卷上 雅遊 에는 明河房, 移涉橋, 文德橋 부근, 貢院과 學官, 茶寮酒肆, 河亭設宴 등 乾隆 年間 남경의 지리와 풍속에 대한 설명, 卷中 麗品에는 당시 남경 名妓들의 출신과 技藝, 이들에 대한 逸話와 자신의 견문 등(二湯-周四 등 21명), 제2책의 卷下 軼事에는 남경에서 珠泉居士의 행적과 명승지에 대한 견문이 기록되어 있다. 珠泉居士는 ≪板橋雜記≫가 妓女들의 의협심만을 강조하여 기녀들의 技藝와 逸話를 충분히 기록하지 못했다고 보고, 기녀들의 출신과 기예, 일화 등을 비교적 상세하게 기록하고 있다.356)

중국에는 乾隆 57年(1792) 跋이 수록된 酉酉山房 刊本과 ≪艷史叢鈔≫本, ≪香艷叢書≫本 3권이 전해진다. 국내에는 조선 후기에 유입된 것으로 보이며 규장각에 소장된 판본은 酉酉山房 간본 계열로 여겨진다. ≪板橋雜記≫上, 中, 下 3권과 부록인 珠泉居士의 ⟨雪紅小記⟩를 합해 4권 2책이며, 표지는 "續板橋雜記"로 되어 있다. 卷頭에는 默堂主人의 ⟨弁言⟩, 乾隆 55年(1790) 黎松文의 ⟨續板橋雜記敍⟩, 靑閣居士의 ⟨敍⟩, 硏香의 ⟨序文⟩, ⟨題詞⟩ 珠泉居士의 ⟨續板橋雜記緣起⟩가 있고, 제2책 권下의 卷末에는 1790년 照了居士의 ⟨續板橋雜記後跋⟩, 제2책 卷末에는 ⟨題後⟩, 1791년 陳維瀋, 1792년 鷗亭의 ⟨總跋⟩이 있다. ⟨題詞⟩와 ⟨題後⟩는 각각 남경의 명승지인 胡棣園-孫蕚南(白沙 胡棣園-同里 孫蕚南) 등 7곳, 趙夢倩-孫惠谷(津門 趙夢倩-同里 孫惠谷) 등 8곳에 대한 필자의 견문과 감상을 詩로서 적고 있다.

書名	出版事項	版式狀況	一般事項	所藏處/所藏番號
續板橋雜記	珠泉居士(淸)著, 刊寫地未詳, 酉酉山房, 乾隆55年(1790)序	2冊, 18.3×11cm	酉酉山房藏板, 序: 乾隆庚戌(1790)序黎松門	서울大 奎章閣 [古]6164

73. 桃溪客語

≪桃溪客語≫는 淸代 雜俎小說集으로 吳騫(1733~1813)이 撰하였다. ≪吟香館書目≫小說類에 5卷, ≪淸史稿≫⟨藝文志⟩ 地理類와 雜家類에 5卷이 저록되어 있다. 현재는 ≪拜經樓叢書≫本에 4卷이 남아있는데 自序에 의하면 이 책은 乾隆 52年

---
356) 오병한의 규장각 해제 참조 (서울대학교 규장각 한국학연구원 http://e-kyujanggak.snu.ac.kr/ 인용)

(1787)에 완성되었다. 卷5에 嘉慶 年間의 일이 기록되어 있긴 하지만 이 부분은 후에 보충한 것으로 보인다. 〈自序〉를 보면 義興(지금의 宜興) 荊南山에서 풍류재자들과 정을 나누며 듣고 나눈 이야기들을 회고하며 담아놓았기 때문에 정감이 풍부하고 그리움에 젖은 글들이 많이 보인다고 한다. 吳騫의 字는 槎客이고 號는 兎牀로 海寧(지금의 浙江)사람이다. 저서로는 ≪拜經樓叢書≫과 ≪愚谷文存≫·≪拜經樓詩集≫·≪拜經樓詩話≫ 등이 있으며 그에 관한 사적은 ≪淸史列傳≫ 卷72 등에 보인다.[357]

≪桃溪客語≫는 義興(지금의 宜興)과 관련된 인물들의 일들이 기록되어 있는데, 그중에도 소설이나 희곡과 관련된 전설들을 기록하고 있어 사료적 가치가 높다. 또한 작가가 湯顯祖의 ≪牡丹停還魂記≫에 대해 분석해 놓은 부분은 희곡사에 있어 가치 있는 문장으로 꼽히기도 한다.

국내 유입된 기록은 없으나 서울대 중앙도서관에 光緖 11年(1885)에 간행한 木版本이 소장되어 있다.

書名	出版事項	版式狀況	一般事項	所藏處/所藏番號
桃溪客語	吳騫(淸)撰, 鄂渚, 會稽章氏, 光緖11年(1885)	5卷2冊(卷1-5), 中國木版本, 27×17.9cm, 上下單邊, 左右雙邊, 半郭: 17.2×12.5cm, 有界, 10行22字, 註雙行, 大黑口, 上下內向黑魚尾	(重刊拜經樓叢書七種), 序: 乾隆五53年(1788) 年序周廣業, 陽羨名陶錄序: 乾隆丙午(1786) …吳騫 陽羨名陶錄	서울大 中央圖書館 [古]0230-99-5-6, 0230-99A-6-7

74. 多暇錄

≪多暇錄≫은 淸代 雜俎小說集으로 程庭鷺(1796~1858)가 撰하였다. ≪中國叢書綜錄≫小說家類에 2卷이 기재되어 있으며 ≪觀自得齋叢書≫本에도 ≪多暇錄≫에 대한 기록이 남아있다.

程庭鷺는 淸代 畵家이자 篆刻家로 初名은 振鷺, 字는 縕眞, 問初이고 號는 綠卿이었으나, 후에 이름을 庭鷺로 하고 字를 序伯, 號를 蘅薌이라 하였다. 嘉定(지금의 上海) 사람으로 詩文과 書畵에 능했다고 하며, 저서로는 ≪多暇錄≫ 외에도 ≪以恬養智齋詩集≫·≪尊璞堂詩文集≫·≪虞山游草≫·≪紅蘅詞≫ 등이 있다. 그에 대

---

[357] 寧稼雨, ≪中國文言小說總目提要≫, 齊魯書社, 1996, 384쪽 참조.

한 사적은 ≪淸畵家詩史≫庚集上에 보인다.358)

국내 유입된 기록은 없으나 光緖 20年(1894)에 觀自得齋에서 간행한 木版本이 서울大學校 中央圖書館에 소장되어 있다.

書名	出版事項	版式狀況	一般事項	所藏處/所藏番號
多暇錄	程庭鷺(淸)著, 淸, 觀自得齋, 光緖 20年(1894)	2卷1冊(卷1-2, 61張, 觀自得齋叢書, 冊15, 中國木版本, 24.8×15.6㎝, 上下單邊, 左右雙邊, 半郭: 15.7×10.4㎝, 有界, 10行21字, 註雙行, 黑口, 上下向黑魚尾	標題面: 多暇錄張祖翼署檢, 校刊者: 徐士愷(淸), 觀自得齋叢書自序: 光緖甲午(1894) …徐士愷, 叢書刊記: 光緖十八年(1892) 夏六月仁和高邕署首, 刊記: 光緖甲午(1894) 春月觀自得齋校刊, 裝幀: 黃色表紙白絲四綴	서울大 中央圖書館 [古]0230-37-15

75. 蕉軒隨錄

≪蕉軒隨錄≫은 淸代 雜俎小說集으로 方濬師(1830~1889)가 撰했다. ≪販書偶記≫ 小說家類에 수록되어 있고 同治 11年(1872) 退一步齋刊本에 12卷이 수록되어 있다. 부록으로 ≪續錄≫3卷이 있다고 하나 지금은 보이지 않는다.

方濬師의 字는 子嚴이고 定遠(지금의 安徽) 사람이다. 咸豊年間 擧人이 되어 直隸氷定河道까지 올랐다. 저서로는 ≪蕉軒隨錄≫외에도 ≪文集≫·≪退一步齋文集≫ 등이 있다.

≪蕉軒隨錄≫의 내용은 著者가 光西地方에서 겪거나 보고 들은 일들을 바탕으로 기록한 것으로, 經史 考證, 詩文 評論 외 雜說 등의 각종 사실을 모아 놓았다. 淸代의 정치·경제·외교 및 문화적인 활동을 비롯해서 乾隆以來의 經史를 고증하고 字義를 훈고하였으며 詩文을 評議하는 등의 내용까지 담고 있다. 장기간 內閣總理 직을 역임하였던 작가의 경험으로 인해 아편전쟁이 발발하기 전, 同治 初年의 외교적인 여러 문제들까지 소설적 기법으로 기록해 놓았기 때문에 풍부한 사료적 가치를 지니고 있다.

국내 유입기록은 없으나 현재 서울大學校 中央圖書館에 소장되어 있는 木版本이

---

358) 中國百度百科 참조 (http://baike.baidu.com/view/1683600.htm)

同治 11年(1872) 退一步齋刊本이다.

書名	出版事項	版式狀況	一般事項	所藏處/所藏番號
蕉軒隨錄	方濬師(淸)撰,淸, 退一步齋, 同治11年(1872)	12卷12冊, 木版本, 26×15.5cm, 四周雙邊, 半郭: 16.6×11.9cm, 有界, 9行21字, 花口, 上下向黑魚尾	標題面: 孫福淸敬書, 表題面: 浙西孫福淸敬署籤, 序: 同治十一年(1872)…李光廷, 刊記: 同治十一年(1872) 退一步齋刊, 刊記: 羊城西湖街富文齋承辦, 裝幀: 黃色表紙黃絲四綴	서울大 中央圖書館 0330-64-1-12 卷1-12
蕉軒續	方濬師(淸)著, 呂景端 編校(淸), 中國, 刊寫者未詳, 光緖18年(1892)	(卷上, 下) 2卷2冊, 中國新鉛活字本, 24.9×14.7cm, 四周雙邊, 半郭: 16×11.6cm, 無界, 9行21字 註雙行, 大黑口, 上下向黑魚尾	序: 松椿,(退一步齋詩文集), 內容: 卷上, 匪直也人. - -卷下, 明五星右族	서울大 中央圖書館 [古]3424-152 -11-12

76. 北窗囈語

≪北窗囈語≫는 淸代 朱燾가 편찬했다. ≪中國叢書綜錄≫ 小說家類에 1卷이 저록되어 있고 현재는 ≪觀自得齋叢書≫와 ≪古今說部叢書≫本 등에 남아있다. 작가 朱燾에 대한 기록은 상세하지 않아 사적을 알 수 없다.

　≪北窗囈語≫의 내용은 議論을 고증하는 담론을 펼치고 있는 것들이 대부분이어서 소설이 아닌 부분도 상당히 있다. 국내 유입된 기록은 없으나 서울大 奎章閣에 光緖20年(1894)에 간행된 木版本이 소장되어 있다.

書名	出版事項	版式狀況	一般事項	所藏處/所藏番號
北窗囈語	朱燾(淸)著, 淸, 觀自得齋, 光緖20年(1894)	1冊(11張), 中國木版本, 24.8×15.6cm, 上下單邊, 左右雙邊, 半郭: 15.9×10.4cm, 有界, 10行21字, 黑口, 上下向黑魚尾	刊記: 光緖十八年(1892) 夏六月仁和高邕署首, 跋: 周榮椿, 刊記: 光緖癸巳(1893) 冬月觀自得齋校刊, 明宮詞 刊記: 光緖甲午(1894) 春月觀自得齋校刊, 明宮詞 刊記: 石埭徐士愷校刊, 明宮詞 刊記: 光緖十有九季歲在癸巳(1893) 孟夏之月石埭徐士愷校刊	서울大 中央圖書館 [古]0230-37-16

77. 庸庵筆記

≪庸庵筆記≫는 清代 雜俎小說集으로 薛福成(1838~1894)이 撰하였다. 비록 清代 서적 목록에서는 볼 수 없지만 현재는 光緒 23年(1897) 遺經樓刊巾箱本 6卷이 남아 있고, ≪筆記小說大觀≫과 ≪清代筆記叢刊≫本, 江蘇人民出版社에서 간행한 1983年 排印本 등이 있다.

薛福成의 字는 叔耘이고 號는 庸庵으로 無錫(지금의 江蘇)사람이다. 藩幕 生活을 하기도 했으며 후에 李鴻章의 외교 일을 맡기도 하였다. 浙江 寧紹台道와 湖南按察使를 역임했으며 晩年에는 영국, 프랑스, 벨기에, 이태리의 大臣을 지내기도 하였다. 그에 대한 사적은 ≪清史列傳≫卷58, ≪薛福成年譜≫ 등에 남아있다.[359]

≪庸庵筆記≫의 凡例에 의하면 이 책은 同治 4年(1865)에서 光緒 17年(1891)까지 작가가 첨삭을 가하여 완성하였다고 한다. 주로 아편전쟁 전후의 정치사건을 중심으로 기술하였는데, 크게 4類로 나눌 수 있다. 권1, 권2는 史料이고 권3은 遺聞이고, 권4는 述異, 권5, 권6은 幽怪이다.

국내 유입된 기록은 없으나 光緒 2年(1897) 遺經樓에서 간행한 木版本이 서울大學校 中央圖書館에 소장되어 있다.

書名	出版事項	版式狀況	一般事項	所藏處/所藏番號
庸庵筆記	薛福成(清)著, 中國, 遺經樓, 光緒2年(1897)	1卷1冊(42張), 中國木版本, 21.2×11.7㎝, 上下單邊, 左右雙邊, 半郭: 12.6×9㎝, 有界, 9行21字, 上中黑口, 下花口, 上下向黑魚尾	刊記: 光緒丁酉(1876)仲春開彫, 刊記: 遺經樓校本, 刊記: 上虞種達卿刻字, 裝幀: 藍色表紙黃絲四針眼,	서울大 中央圖書館 [古]0330-68-1-6

78. 餘墨偶談

≪餘墨偶談≫은 清代 雜俎小說集으로 孫橒(?~1875)이 撰하였다. ≪八千卷樓書目≫小說家類에 8卷, ≪續編≫ 8卷이 저록되어 있어 모두 16卷이다. 지금은 同治 10

---

359) 寧稼雨, ≪中國文言小說總目提要≫, 齊魯書社, 1996, 400쪽 참조.

年(1871)刊本 正編 8卷이 전해지고 1931年 羊城刻本 二編이 있다. 그 외에도 ≪香艶叢書≫에 137條가 節錄되어 있다.

孫檏의 原名은 桂이고 字는 丹五, 號는 詩樵이고 順天(지금의 遼寧 沈陽) 사람이다. 同治 5年(1866) 부친 孫汝霖을 모시고 廣西地方으로 간 것을 시작으로 평생 전국 각지를 돌아다녔다.[360]

≪餘墨偶談≫에는 詩話와 雜事가 많이 기록되어 있기 때문에 소설적인 부분과 희곡적인 부분이 많이 보인다. 예를 들면 〈張秀士〉는 敍事詩의 형식을 빌려 張秀士의 이야기를 서술하고 있는데, 張씨가 여자를 농락하고 매몰차게 버리자, 과거를 보는 시험장에서 여자 귀신이 씌워 답안지에 자신에 일을 스스로 쓰게 만들어 버렸다. 또한 〈銀釧獄〉은 감옥에 갇힌 약혼자를 도우려다 오히려 목숨을 잃게 되는 일을 그려 여인의 불행한 환경을 그려냈다. 이런 작품들을 통해 당시의 시대적 상황까지 엿볼 수 있어 가치 있는 작품이라고 볼 수 있다.

국내 유입된 기록은 없으나 慶熙大學校에 중국 木版本이 소장되어 있다.

書名	出版事項	版式狀況	一般事項	所藏處/所藏番號
餘墨偶談	孫檏(淸)編, 刊寫地未詳, 雙峰書屋, 癸酉	8卷8冊(卷1-8), 木版本, 15.9×9.7㎝, 上下單邊, 左右雙邊, 半郭: 10.5×7㎝, 有界, 8行16字, 大黑口, 上下向黑魚尾	刊記: 癸酉孟冬刻於雙峰書屋	慶熙大學校 812-손66○

79. 定香亭筆談

≪定香亭筆談≫은 淸代 阮元(1764~1849)이 편찬한 책으로 ≪觀古堂藏書目≫小說家類에 4卷이 著錄되어 있다. 현재는 嘉慶 5年(1800)에 간행한 ≪文選樓叢書≫本과 ≪花雨樓叢鈔續鈔≫本이 있고, ≪明代叢書≫本에 1卷이 남아있다.

阮元의 字는 伯元이고, 號는 雲臺·雷塘庵主이고 만년의 號는 怡性老人으로 揚州 儀征 사람이다. 嘉慶·道光 年間의 名臣으로 著作家, 刊刻家, 思想家였으며, 經史·數學·天算·金石·校勘 등의 방면에 뛰어났다. 乾隆 54年에 進士가 되어 翰林院庶

---

[360] 寧稼雨, ≪中國文言小說總目提要≫, 齊魯書社, 1996, 398~399쪽 참조.

吉士가 되었다. 嘉慶 3年(1798) 浙江巡撫를 거쳐 湖廣總督, 兩廣總督, 雲貴總督 등을 역임하여 道光 18年(1838)에 體仁閣大學士에 올랐다가 道光 29年에 세상을 떠났다.

≪定香亭筆談≫의 내용은 작가가 詩文 등을 잡록해 놓은 것들이 대부분으로 雜家類에 해당되고 소설적인 부분은 많지 않다.

국내 유입된 기록은 없으나 韓國學中央研究院에 1800년에 간행된 것으로 보이는 木版本이 소장되어 있고 全北大學校에 刊年 미상의 木版本이 소장되어 있다.

書名	出版事項	版式狀況	一般事項	所藏處/所藏番號
定香亭筆談	阮元(淸)編著, 刊寫地未詳, 琅仙官, 正祖 24年(1800)	(全4卷2册)4卷2册, (上下卷2册), 中國木版本, 24.1×15.3cm, 四周雙邊, 半郭: 19.1×13.6cm, 10行20字	刊記: 楊洲阮氏琅娘헌 僊館刊板, 序: 嘉慶五年(1800) …楊洲阮元記	韓國學中央研究院 D2C-151
定香亭筆談	阮元(淸)撰, 陳鴻壽 錄, 中國, 刊寫者未詳, 刊寫年未詳	(卷)1卷1册(缺帙), 中國木版本, 20.5×13.9cm, 上下單邊, 左右雙邊, 半郭: 12.5×8.9cm, 有界, 9行21字, 註雙行, 大黑口, 無魚尾		全北大學校 812.4-완원

80. 椒生隨筆

≪椒生隨筆≫은 淸代 雜俎小說集으로 王之春(1842~1906)이 撰하였다. ≪八千卷樓書目≫小說家類에 8卷이 저록되어 있다. 光緖 7年(1881) 刻本이 있으나, 중국에서는 보이지 않는다. 王之春의 字는 爵棠이고 號는 椒生으로 湖南 淸泉縣 사람이다. 曾國藩, 李鴻章, 彭玉麟과 함께 太平天國의 난을 진압하기도 했으며, 西安巡撫·安徽巡撫·光緖巡撫 등을 역임했으며 일본·러시아·독일·프랑스 등을 돌아보고 와서 조정의 새로운 정치를 위해 애썼다. 光緖 29年(1903) 정치무대에서 떠나 고향으로 돌아가 光緖 32年(1906) 세상을 떠났다.

작가는 自序를 통해 이 책의 편찬의도를 표명했다. 이 세상은 보고 들을 거리가 충만한 곳이지만, 지금 당장 보고 깨달았다고 한들 귀에 남아있지 않고, 어제 느꼈던 감정을 오늘 다시 느끼기 어렵다고 했다. 천하의 이치는 無窮하고, 군자는 뜻을 道에 두지만 문장으로 남겨두지 않으면 깨달음도 쉽게 이룰 수 없다고 했다. 때문에 바로바로 기록해 놓지 않으면 나중에 이루기는 더욱 어려운 점이 있어서 붓 가는 대로 적어두고 제목을 "隨筆"이라 하였다고 한다.

국내 유입된 기록은 남아있지 않지만 서울大 中央圖書館에 光緒 7年(1881)에 간행한 목판본이 소장되어 있다.

書名	出版事項	版式狀況	一般事項	所藏處/所藏番號
椒生隨筆	王之春(淸), 上海, 文藝齊, 光緖 7年(1881)	(卷1-8)8卷4冊, 中國木版本, 25.1×14.3cm, 四周雙邊, 半郭: 17.8×11.1cm, 有界, 9行20字, 花口, 上下向黑魚尾	序: 丁丑(1877)周壽昌, 序: 辛巳(1881)稅松雲, 序: 光緖3年丁丑(1877) 玖春自序	서울大 中央圖書館 [古]0330-4-1-4

81. 雪鴻小記

≪雪鴻小記≫는 珠泉居士가 지은 淸代 筆記小說集이다. '珠泉居士'는 성이 吳氏이고 乾隆(1736~1795) 年間에서 嘉慶(1796~1820) 初期에 활동하였으며 苕溪(지금의 절강성) 사람으로 추정된다.

이 책은 ≪續板橋雜記≫와 자매편으로, 〈雪鴻小記補遺〉를 포함하여 南京과 揚州의 妓女 11명에 대한 일화와 행적을 기록한 책이다. 작자가 南京 秦淮 妓女들이 나이가 들어가는 것을 듣고 이를 안타까워하면서 亢氏의 花園에서 자신이 만났던 기녀들 가운데 기예와 용모가 뛰어난 자들을 골라 기록하였다. 이 책의 제목은 杜牧(803~852)의 ≪客窓枯坐聊爲記≫의 〈序文〉에 있는 "譬彼飛鴻踏雪隱約爪痕而已"에서 따온 것으로 자신의 풍류를 杜牧에 비유하고 있다.361)

중국에는 현재 ≪續板橋雜記≫의 뒤에 같이 붙여 간행한 乾隆 刊本과 ≪艷史叢鈔≫本, ≪香艷叢書≫本 등이 있으며 모두 1卷에 補遺 1卷으로 이루어져 있다. 국내에는 조선 후기에 유입된 것으로 보이며, 서울大 奎章閣에 紅暈閣에서 간행한 新鉛活字本이 소장되어 있다. 이 책 卷頭에는 乾隆 55年(1790) 霜橋苞의 〈雪鴻小記題詞〉, 黎松門의 〈小引〉이 있고, 卷末에는 靑閣居士의 〈跋文〉과 〈題後〉가 있다.

---

361) 오병한의 규장각 해제 참조 (서울대학교 규장각한국학연구원 http://e-kyujanggak.snu.ac.kr/ 인용)

書名	出版事項	版式狀況	一般事項	所藏處/所藏番號
雪鴻小記	珠泉居士(清)著, 清, 紅暉閣, 光緒4年(1878)	1冊, 新鉛活字本(清), 20.1×13.3cm, 四周雙邊, 12行32字, 半郭: 14.8×9.6cm, 有界, 大黑口, 上下內向黑魚尾	刊記: 紅暉閣內史重校○寧版排印 奏淮畵舫錄/捧花生(淸)著	서울大 中央圖書館 [古]3431-44-3

82. 唐人說薈

≪唐人說薈≫는 淸 陳世熙가 唐代 사람들의 傳奇와 筆記小說을 수집하여 편찬한 총서이다. 陳世熙는 乾隆(1736~1795)時期 山陽(지금의 浙江 紹興)사람으로 字는 蓮塘이다. 一說에는 號가 蓮塘居士라고 한다. 生卒年과 事蹟이 모두 분명치 않다.

예전에 桃源居士가 144種의 책을 모아 놓은 ≪唐人說薈≫라는 책이 있었는데, 乾隆 57年(1792) 陳世熙가 그것을 기초로 하고, 다시 ≪太平廣記≫와 ≪說郛≫ 등에 수록되어 있는 글을 보충하여 모두 164種으로 만들었다. 그 후 王文誥가 嘉慶 11年(1806) ≪唐代叢書≫라는 이름으로 출판하였는데 ≪唐人說薈≫와 같은 책이다. 이 총서는 전문적으로 唐代 사람들의 傳奇와 筆記小說 들을 수록하였으며, 모두 6集으로 구성되어 있다. 그 안에는 劉餗의 ≪隋唐嘉話≫・李紳의 ≪尙書故實≫・蘇鶚의 ≪杜陽雜編≫・張固의 ≪幽閑鼓吹≫・李德裕의 ≪次柳氏舊聞≫・王仁裕의 ≪開元天寶遺事≫・袁郊의 ≪甘澤謠≫・王定保의 ≪摭言≫・李商隱의 ≪義山雜纂≫・柳宗元의 ≪龍城錄≫・李翶의 ≪來南錄≫・杜光庭의 ≪洞天福地記≫・孫棨의 ≪北里志≫・韓偓의 ≪迷樓記≫와 ≪海山記≫・白居易의 ≪香山九老會≫・王維의 ≪畵學秘決≫・陸羽의 ≪茶經≫・張又新의 ≪煎茶水記≫・斷安節의 ≪樂府雜錄≫・白行簡의 ≪三夢記≫와 ≪李娃傳≫・陳鴻의 ≪東城老父傳≫과 ≪長恨歌傳≫・무명씨의 ≪李林甫外傳≫・李朝威의 ≪柳毅傳≫・樂史의 ≪楊太眞外傳≫・楊巨源의 ≪紅線傳≫・蔣防의 ≪霍小玉傳≫・李公佐의 ≪謝小娥傳≫과 ≪南柯記≫・于鄴의 ≪揚州夢≫・元稹의 ≪會眞記≫・于義方의 ≪黑心符≫・李泌의 ≪枕中記≫・陳元祐의 ≪離魂記≫・吳融의 ≪冤債志≫・朱希濟의 ≪妖妄傳≫・沈旣濟의 ≪任氏傳≫・段成式의 ≪夜叉傳≫ 등이 수록되어 있다.

이 총서는 매우 방대한 분량을 수집하여 唐代 사람들의 전기소설을 대체로 완비하였다고 할 수 있으므로 소설사를 연구하기 위해서는 반드시 갖추어야 할 중요한 책이라고 할 수 있다. 이 총서는 수록된 서적의 내용을 근거로 크게 4종류로 나눌 수 있다. 첫째는 ≪海山記≫, ≪迷樓記≫ 등과 같은 傳記體小說로 史書의 빠진 부분을 보완할 수 있는 것들이다. 두 번째는 ≪紅線傳≫·≪劉無雙傳≫ 등과 같은 游俠小說이고, 세 번째는 ≪霍小玉傳≫·≪李娃傳≫ 등과 같은 愛情小說, 네 번째는 ≪南柯記≫·≪枕中記≫ 등과 같은 神怪小說이다. 이 총서에 수록되어 있는 작품 중 다수는 문장이 아름답고 내용도 충실하여 오래도록 끊이지 않고 전해져 왔다.[362]

중국에는 道光重刻本과 嘉慶 11年에 출판된 坊刻本이 있는데, 방각본은 王文誥輯 ≪唐代叢書≫라고 되어있다. 국내에는 조선 후기에 유입된 것으로 보이며, 東亞大學校, 서울大 奎章閣 등에 소장된 판본은 모두 ≪唐代叢書≫本으로 보인다. 奎章閣에서 소장하고 있는 것은 1864년에 간행된 緯文堂藏版이며, 책의 맨 앞에는 ≪唐代叢書≫, 그 뒷면에는 ≪唐人說薈≫라고 되어있다. 서울大學校 中央圖書館에 소장된 것은 光緒 32年(1906) 掃葉山房에서 간행한 石印本이다.

書名	出版事項	版式狀況	一般事項	所藏處/所藏番號
唐人說薈	陳蓮塘(淸)輯, 周愚峰(淸)訂, 刊寫地未詳, 刊寫者未詳, 同治3年(1864)	20卷24冊(卷1-20), 16.7×11㎝, 上下單邊, 左右雙邊, 9行21字, 半郭: 12.2×9.1㎝, 無界, 上下向黑魚尾	標題: 唐代叢書, 刊記: 同治甲子(1864)冬鐫, 序: 乾隆歲次壬子(1792) 冬仲長沙學弟愚峰周克達拜撰, 序: 乾隆辛亥(1791) 仲冬上浣前酉愚弟彭저題於瓊南官舍, 唐人說薈	東亞大學校 (3):12:1-15
唐人說薈	著者未詳, 上海(中國), 掃葉山房, 光緖32年(1906)	8冊(缺帙, 冊1-8), 中國石版本, 20×13.3㎝, 四周雙邊, 15行32字, 半郭: 16.5×11.1㎝, 有界, 註雙行, 花口, 上下向黑魚尾	異書名: 唐代叢書, 刊記: 掃葉山房石印	서울大 中央圖書館 895.108-D214 s-v.1-8
唐人說薈	陳違塘, 刊寫地未詳, 刊寫者未詳, 刊寫年未詳	20冊, 中國淸版本		國立中央圖書館 BA42-3
唐人說薈 (唐代叢書)	陳蓮塘(淸) 輯, 周愚峰(淸)訂, 刊寫地未詳, 緯文堂, 同治3年(1864)	24冊, 木版本, 16.4×11㎝	緯文堂 藏板, 標題: 唐代叢書 序: 乾隆辛亥(1791)…	서울大 奎章閣 [奎中]5875

---

362) 문준혜 규장각 해제 참조 (서울대학교 규장각 한국학연구원 http://e-kyujanggak.snu.ac.kr/ 인용)

第二部

附　錄

附錄 1. [韓國所見中國文言小說目錄]
附錄 2. [中國文言小說 總 目錄]

1 韓國所見中國文言小說目錄

(밑줄 _____ 부분은 유입기록만 있고 판본은 없는 작품이다)

唐代以前作品 - 27：

《山海經》·《穆天子傳》·《燕丹子》·《神異經》·《十州記》·《洞冥記》·《東方朔傳》·《漢武帝內傳》·《吳越春秋》·《新序》·《說苑》·《列女傳》·《列仙傳》·《西京雜記》·《高士傳》·《神仙傳》·《靈鬼志》·《博物志》·《拾遺記》·《搜神記》·《搜神後記》·《述異記》·《世說新語》·《趙飛燕外傳》·《漢武故事》·《齊諧記》·《續齊諧》

唐代作品 - 16：

《酉陽雜俎》·《宣室志》·《獨異志》·《朝野僉載》·《北夢瑣言》·《因話錄》·《北里志》·《卓異記》·《玉泉子》·《遊仙窟》·《尚書故實》·《資暇錄》·《無雙傳》·《白猿傳》·《諾皐記》·《河間傳》

宋元代作品 - 30：

《太平廣記》·《楊太眞外傳》·《綠珠傳》·《梅妃傳》·《漢成帝趙飛燕合德傳》·《唐高宗武后傳》·《歸田錄》·《夢溪筆談》·《澠水燕談錄》·《冷齋夜話》·《嚴下放言》·《玉壺淸話》·《涑水記聞》·《夷堅志》·《續博物志》·《雞肋編》·《過庭錄》·《桯史》·《齊東野語》·《鶴林玉露》·《癸辛雜識》·《鬼董》·《閑窗括異志》·《五色線》·《睽車志》·《江隣幾雜志》·《南村輟耕錄》·《稗史》·《嬌紅記》·《避署錄話》

明代作品 - 45：

《說郛》·《山中一夕話》·《聘聘傳》·《太原志》·《廣博物志》·《皇明世說新語》·

《正續太平廣記》‧《剪燈新話》‧《剪燈餘話》‧《覓燈因話》‧《效顰集》‧《花影集》‧《玉壺冰》‧《稗史彙編》‧《紅梅記》‧《西湖遊覽志》‧《亘史》‧《五雜組》‧《智囊補》‧《野記》‧《何氏語林》‧《訓世評話》‧《鐘離葫蘆》‧《兩山墨談》‧《花陣綺言》‧《情史》‧《太平清話》‧《林居漫錄》‧《癡婆子傳》‧《逸史搜奇一百四十家小說》‧《稗海》‧《國色天香》‧《顧氏文房小說》‧《廣四十家小說》‧《五朝小說》‧《古今說海》‧《漢魏叢書》‧《檜園志異》‧《艷異編》‧《宋人百家小說》‧<u>《春夢瑣言》</u>‧《虞初志》‧《仙媛傳》‧《富公傳》‧《迪吉錄》

清代作品 — 82：

《典故列女傳》‧《簷曝雜記》‧《挑燈新錄》‧《客窗閒話》‧《續客窗閒話》‧《夢園叢說(夢園叢記)》‧《見聞隨筆》‧《逸窟讕言》‧《耳食錄》‧《忘忘錄》‧《景船齋雜記》‧《無稽讕語》‧《鸝砭軒質言》‧《甕牖餘談》‧《灤陽消夏錄》‧《埋憂集》‧《子不語》‧《夜譚隨錄》‧《夜雨秋燈錄(續錄)》‧《燕山外史》‧《閱微草堂筆記》‧《聊齋誌異》‧《女聊齋誌異》‧《後聊齋志異》‧《兩般秋雨庵隨筆》‧《分甘餘話》‧《我佛山人箚記小說》‧《庸閒齋筆記》‧《虞初新志》‧《虞初續志》‧《廣虞初新志》‧《右台仙館筆記》‧《里乘》‧《刪補文苑楂橘》‧《十一種藏書》‧《海陬冶遊錄》‧《諧鐸》‧《今世說》‧《茶餘客話》‧《質直談耳》‧《壺天錄》‧《寄園寄所寄》‧《道聽塗說》‧《淞南夢影錄》‧《雨窗寄(記)所記》‧《澆愁集》‧《粵屑》‧《因樹屋書影》‧《螢窗異草》‧《秋坪新語》‧《翼駉稗編》‧《說鈴》‧《香艷叢書》‧《坐花誌果》‧《池北偶談》‧《歸田瑣記》‧《浪迹續談》‧《池上草堂筆記》‧《宋艷》‧《笑林廣記》‧《此中人語》‧《海上群芳譜》‧《滄海遺珠錄》‧《秋燈叢話》‧《閒談消夏錄》‧《吳門畫舫錄》‧《秘書二十一種》‧《說冷話》‧《三異筆譚》‧《夢厂雜著》‧《板橋雜記》‧《續板橋雜記》‧《桃溪客語》‧《多暇錄》‧《焦軒隨錄》‧《北窗藝語》‧《庸庵筆記》‧《餘墨偶談》‧《定香亭筆談》‧《椒生隨筆》‧《雪鴻小記》‧《唐人說薈》

2 中國文言小說 總 目錄

第一編 唐前(先秦에서 隋까지)

• 志怪類

【山海經】：戰國 無名氏
【汲冢瑣語】：【瑣 語】·【古文瑣語】, 戰國 無名氏
【括地圖】：漢 無名氏
【神異經】：舊題 漢 東方朔 撰, 晉 張華 注
【十洲記】：【海內十洲記】, 舊題 漢 東方朔 撰
【列仙傳】：漢 劉向
【新序】：漢 劉向
【說苑】：漢 劉向
【列女傳】：漢 劉向
【蜀王本紀】：【蜀本紀】, 漢 揚雄
【徐偃王志】：漢 無名氏
【玄黃經】：漢 無名氏
【異聞記】：漢 陳寔
【漢武洞冥記】：【洞冥記】·【漢武帝別國洞冥記】, 舊題 後漢 郭憲 撰
【神仙傳】：漢 無名氏
【列異傳】：舊題 魏 文帝 曹丕
【神異傳】：三國 無名氏
【異說】：魏晉 無名氏
【博物志】：晉 張華
【玄中記】：【郭氏玄中記】, 晉 郭璞
【外國圖】：晉 無名氏
【異林】：晉 陸氏

【搜神記】:【搜神異記】·【搜神傳記】, 晉 干寶
【搜神總記】:【搜神摭記】, 晉 無名氏
【曹毗志怪】: 晉 曹毗
【志怪記】: 晉 殖氏
【志怪】: 晉 無名氏
【志怪集】: 晉 無名氏
【許氏志怪】: 晉 許氏
【雜鬼神志怪】:【雜神志】·【雜鬼怪志】, 晉 無名氏
【神異記】: 晉 王浮
【觀世音應驗記】: 晉 謝敷
【搜神後記】:【搜神錄】·【續搜神記】, 舊題晉 陶潛
【甄異傳】:【甄異記】·【甄異錄】·【甄異志】, 晉 戴祚
【怪異志】: 晉 無名氏
【孔氏志怪】:【志怪】, 晉 孔約
【志怪】: 晉 祖臺之
【神仙傳】: 晉 葛洪
【靈鬼志】: 晉 荀氏
【鬼神列傳】: 晉宋間 謝氏
【拾遺記】:【拾遺錄】·【王子年拾遺記】, 後秦 王嘉
【名山記】:【拾遺名山記】, 後秦 王嘉
【錄異傳】: 晉宋間 無名氏
【幽明錄】: 南朝 宋 劉義慶
【宣驗記】: 南朝 宋 劉義慶
【異記】: 南朝 宋 齊諧
【觀(光)世音應驗記】:【應驗記】, 南朝 宋 傅亮
【續觀(光)世音應驗記】: 南朝 宋 張演
【齊諧記】: 南朝 宋 東陽無疑
【異苑】: 南朝 宋 劉敬叔
【近異錄】: 南朝 宋 劉質(未詳)
【古異傳】:【石異傳】·【古今異傳】, 南朝 宋 袁王壽
【集異記】: 南朝 宋 郭季產
【感應傳】: 南朝 宋齊間 王延秀
【桂陽列仙傳】: 南朝 宋齊間 無名氏

【系觀世音應驗記】：南朝 齊 陸杲
【述異記】：南朝 齊 祖衝之
【冥驗記】：【宣驗記】, 南朝 齊 蕭子良
【徵應集】：【徵應傳】, 南朝 齊 朱君臺(未詳)
【冥祥記】：南朝 梁 王琰
【補續冥祥記】：【續冥祥記】, 南朝 梁 王曼穎
【赤縣經】：南朝 梁 江淹
【述異記】：南朝 梁 任昉
【續齊諧記】：南朝 梁 吳均
【神錄】：【神異錄】·【伸異錄】, 南朝 梁 劉之遴
【晉仙傳】：南朝 梁 顏協
【金樓子志怪篇】：南朝 梁 元帝蕭繹
【仙異傳】：南朝 梁 蕭繹
【研神記】：【妍神記】, 南朝 梁 蕭繹
【周氏冥通記】：【周子良冥通錄】, 南朝 梁 陶弘景
【夢記】：南朝 梁 陶弘景
【列仙傳】：南朝 梁 江祿
【祥異記】：南朝 梁 無名氏
【因果記】：南北朝 劉泳
【神怪錄】：南北朝 無名氏
【稽神異苑】：南朝 梁陳間 無名氏
【續異記】：南朝 梁陳間 無名氏
【續洞冥記】：南朝 陳 顧野王
【志怪錄】：南北朝 無名氏
【志怪傳】：南北朝 無名氏
【續異苑】：南北朝 無名氏
【祥瑞記】：南北朝 無名氏
【神鬼傳】：【神鬼錄】, 南北朝 無名氏
【異苑拾遺】：南朝 無名氏
【後幽明錄】：南朝 無名氏
【冤魂志】：【還冤志】·【還冤記】·【北齊還冤志】, 北齊 顏之推
【集靈記】：北齊 顏之推
【妖異記】：北朝 無名氏

【旋異記】:【精異記】・【積異傳】, 隋 侯白
【岷山異事】: 隋 勾臺符
【鬼神錄】: 隋 釋彥琮
【感應傳】: 隋 釋淨辯
【觀世音感應傳】: 隋 無名氏
【益部集異記】: 隋 無名氏
【五行記】: 隋 蕭吉
【洽聞志】: 隋 崔頤
【靈異記】:【靈異錄】・【靈異志】, 隋 許善心
【窮怪錄】:【八朝窮怪錄】・【八廟怪錄】, 隋 無名氏
【真應記】: 唐前 無名氏
【說仙傳】: 唐前 朱思祖
【集仙傳】: 唐前 無名氏
【異類傳】: 唐前 無名氏
【物異志】: 唐前 無名氏
【虛異志】: 唐前 無名氏
【祀應記】: 唐前 無名氏
【同賢記】:【賢同記】, 唐前 無名氏

● **傳記類**

【穆天子傳】:【周王傳】・【周王游行記】, 戰國 無名氏
【方士傳】: 戰國 無名氏
【燕丹子】: 漢 無名氏
【李陵別傳】: 漢 無名氏
【漢武帝禁中起居注】: 漢 無名氏
【漢武帝故事】:【漢武故事】, 漢 無名氏
【漢武內傳】:【漢武帝傳】, 魏晉 無名氏
【東方朔傳】: 魏晉 無名氏
【東方朔別傳】: 魏晉 無名氏

● **雜俎類**

【伊尹說】: 戰國 無名氏

【鬻子】：舊題 周 鬻熊
【青史子】：戰國 無名氏
【周考】：戰國 無名氏
【師曠】：舊題 周 師曠
【務成子】：先秦 無名氏
【宋子】：周 宋鈃
【天乙】：先秦 無名氏
【黃帝說】：先秦 無名氏
【封禪方說】：漢 無名氏
【待詔臣饒心術】：漢 □饒
【待詔臣安成未央術】：漢 安成
【臣壽周紀】：漢 □壽
【虞初周說】：漢 虞初
【百家】：漢 劉向
【南越行紀】：漢 陸賈
【六博經】：漢 許博昌
【群英論】：晉 郭頒
【說林】：【孔氏說林】，晉 孔衍
【畫八駿圖】：晉 史道碩
【邇言】：南朝 梁 沈約
【銅劍贊】：南朝 梁 江淹
【古今刀劍錄】：南朝 梁 陶弘景
【類林】：南朝 梁 裴子野
【錢譜】：南朝 梁 顧協
【釋俗語】：南朝 梁 劉霽
【邇說】：南朝 梁 伏挺
【辭林】：南朝 梁 蕭賁
【座右方】：南朝 梁 庾元威
【宋玉子】：南朝 梁 無名氏 偽托 楚 宋玉
【說林】：南朝 陳 姚察
【寶櫝記】：南北朝 無名氏
【雜對語】：南北朝 無名氏
【要用對語】：南北朝 無名氏

【文對】:南北朝 無名氏
【雜書抄】:南北朝 無名氏
【辭林】:南北朝 席希秀
【器准圖】:後魏 信都芳
【瓊林】:北周 陰顥
【魯史欹器圖】:北朝 無名氏
【水飾】:隋 杜寶
【酒孝經】:隋 劉炫
【座右法】:唐前 無名氏
【古今藝術】:唐前 無名氏
【禽經】:舊題 周 師曠 撰,晉 張華 注

• 志人類

【魏晉世語】:晉 郭頒
【張公雜記】:【雜記】,晉 張華
【西京雜記】:舊題 漢 劉歆 撰,或題 晉 葛洪 撰
【雜語】:【異同雜語】·【孫盛雜語】,晉 孫盛
【語林】:【裴啓語林】,晉 裴啓
【名士傳】:【正始名士傳】·【竹林名士傳】,晉 袁宏
【郭子】:晉 郭澄之
【雜記】:晉 何氏
【世說新語】:【世說】·【世說新書】,南朝 宋 劉義慶
【小說】:南朝 宋 劉義慶
【妒記】:【妒婦記】,南朝 宋 虞通之
【宋拾遺】:【宋拾遺錄】,南朝 梁 謝綽
【俗說】:南朝 梁 沈約
【續世說】:南朝 梁 劉峻
【世說抄】:南朝 梁 劉峻
【俗說】:南朝 梁 劉峻
【瑣語】:南朝 梁 顧協
【殷芸小說】:【小說】,南朝 梁 殷芸
【西京雜記】:南朝 梁 蕭賁

【宋齊語錄】：南朝 梁陳間 孔思尙
　　【小　說】：南北朝 無名氏
　　【談藪】：【八代談藪】·【解頤】，北齊 陽松玠

● 諧謔類

　　【笑林】：三國 魏 邯鄲淳
　　【笑林】：晉 陸雲
　　【錢神論】：晉 魯褒
　　【笑苑】：隋 魏澹
　　【啓顏錄】：隋 侯白

第二編　唐·五代

● 志怪類

　　【搜神記】：唐 句道興
　　【般若經靈驗】：唐 蕭瑀
　　【冥報記】：唐 唐臨
　　【廣古今五行記】：【廣古今五行志】，唐 竇維鋈
　　【冥報拾遺】：唐 郎余令
　　【神仙記】：唐 張氳
　　【地獄苦記】：唐 無名氏
　　【王氏神通記】：唐 王方慶
　　【神仙後傳】：唐 王方慶
　　【神怪志】：唐 孔愼言
　　【夢書】：唐 盧重玄
　　【紀聞】：唐 牛肅
　　【定命論】：唐 趙自勤
　　【異物志】：唐 沈如筠
　　【後仙傳】：唐 蔡偉
　　【報應傳】：唐 釋法海
　　【造化權輿】：唐 趙自勔
　　【神異書】：唐 玄眞子

【廣異記】：唐 戴孚
【續仙傳】：唐 改常
【靈怪集】：唐 張荐
【南方異物志】：唐 房千里
【辨疑志】：唐 陸長源
【瞿童述】：唐 溫造
【通幽記】：【通幽錄】·【幽通記】，唐 陳劭
【洽聞記】：【洽聞集】，唐 鄭遂
【玄怪錄】：【幽怪錄】，唐 牛僧孺
【妖錄】：唐 牛僧孺
【續博物志】：唐 林登
【續玄怪錄】：唐 李復言
【搜古異錄】：唐 李復言
【纂異】：唐 李復言
【定命錄】：唐 呂道生
【幽怪錄】：唐 李德裕
【逸史】：【盧子逸史】·【盧氏逸史】·【唐逸史】，唐 盧肇
【祥異集驗】：唐 麻安石
【戎幕閑談】：唐 韋絢
【會昌解頤】：【會昌解頤錄】，唐 無名氏
【河東記】：唐 薛漁思
【續定命錄】：唐 溫畬
【窮神秘苑】：唐 焦璐
【搜神錄】：唐 焦璐
【獨異志】：唐 李伉
【金剛經靈驗記】：唐 無名氏
【金剛經報應記】：【報應記】，唐 盧求
【雜異書】：唐 無名氏
【異雜篇】：唐 無名氏
【宣室志】：唐 張讀
【廣異記】：唐 王通明
【陸氏集異記】：【集異志】，唐 陸勛
【樹萱錄】：唐 無名氏

【夢雋】：唐 柳璨

【報應錄】：【報應記】，唐 王轂

【原化記】：【原仙記】·【化源記】，唐 皇甫氏

【夷堅錄】：【夷堅集】，唐 張敦素

【知命錄】：唐 劉愿

【大唐奇事記】：【大唐奇事】·【唐記奇事】

【奇事記】：唐 李隱

【瀟湘錄】：唐 柳祥

【桂苑叢譚】：唐 嚴子休

【聞奇錄】：唐 無名氏

【洞冥錄】：唐 無名氏

【夢系】：唐 無名氏

【夢記】：唐 無名氏

【夢苑】：唐 無名氏

【撫異記】：唐 無名氏

【異錄】：唐 無名氏

【武陵十仙傳】：唐 無名氏

【述異錄】：唐 無名氏

【乘異集】：唐 無名氏

【志怪錄】：唐 無名氏

【十物志】：唐 通微子

【古異記】：唐 無名氏

【沈氏惊聽錄】：唐 沈氏

【野史】：唐 無名氏

【感通記】：唐 無名氏

【傳信志】：唐 無名氏

【冥雜錄】：唐 無名氏

【洞天集】：唐 無名氏

【稽神錄】：五代 南唐 徐鉉

【神仙感遇傳】：五代 前蜀 杜光庭

【錄異記】：五代 前蜀 杜光庭

【仙傳拾遺】：五代 前蜀 杜光庭

【墉城集仙錄】：【集仙錄】·【集仙傳】，五代 前蜀 杜光庭

【妖怪錄】：五代 吳越 皮光業
【續仙傳】：【續神仙傳】，五代 吳 沈汾
【廣前定錄】：五代 後蜀 馮鑑
【玉溪編事】：五代 後蜀 金利用
【靈異志】：五代 後唐 裴約言
【王氏見聞集】：【王氏聞見集】‧【見聞錄】‧【王氏見聞】‧【王氏聞見錄】，五代 後晉 王仁裕
【靈驗傳】：五代 後唐 無名氏
【三感志】：五代 後蜀 楊九齡
【湖湘神仙顯異】：五代 後周 曹衍
【感定錄】：【感定命錄】，五代 無名氏
【耳目記】：【劉氏耳目記】‧【耳目志】，五代 南唐 劉崇遠
【金溪閑談】：五代 閩 劉山甫
【續野人閑話】：五代 無名氏
【女仙傳】：五代 無名氏
【佛孝經】：宋前 闕姓名厲
【正順孝經】：宋前 無名氏
【孝感義聞錄】：宋前 曹希達
【靈圖感應歌】：宋前 狐剛子
【靈異圖】：宋前 曹大雅
【貫怪圖】：宋前 無名氏
【異魚圖】：宋前 無名氏
【鬼神傳】：宋前 曾寓
【奇應錄】：宋前 曹大珏
【溟洪錄】：宋前 無名氏
【靈怪實錄】：宋前 無名氏
【續北齊還冤志】：宋前 釋庭藻

● 傳奇類

【趙飛燕外傳】：【飛燕外傳】，舊題 漢 伶元
【古鏡記】：【古鑑記】，唐 王度
【游仙窟】：唐 張鷟
【補江總白猿傳】：【白猿傳】‧【集補江總白猿傳】‧【續江氏傳】，唐 無名氏

【十二眞君傳】：【晉洪州西山十二眞君內傳】・【西山十二眞君列傳】，唐 胡慧超
【孝德傳】：唐 賀知章
【梁四公記】：【四公記】・【梁四公子傳】，唐 張說
【鑑龍圖記】：【鏡龍記】，唐 張說
【綠衣使者傳】：唐 張說
【傳書燕】：唐 張說
【蘭亭記】：【蘭亭始末記】，唐 何延之
【杜鵬舉傳】：唐 蕭時和
【猿婦傳】：唐 劉氏
【唐晅手記】：唐 唐晅
【開元升平源】：【升平源】・【開元升平源記】，唐 吳兢
【放魚記】：唐 萬莊
【高力士外傳】：【高氏外傳】，唐 郭湜
【安祿山事迹】：唐 姚汝能
【續神異記】：唐 南巨川
【楚寶傳】：【八寶記】・【唐寶記】，唐 杜确
【稚川記】：唐 鄭伸
【仙游記】：【游仙記】，唐 顧況
【梁大同古銘記】：【編次鄭欽悅辨大同古銘論】，唐 李吉甫
【離魂記】：唐 陳玄祐
【枕中記】：【呂翁枕中記】，唐 沈旣濟
【任氏傳】：唐 沈旣濟
【崔少玄傳】：唐 王建
【周廣傳】：唐 劉復
【軒轅彌明傳】：【石鼎聯句詩序】・【怪道人傳】，唐 韓愈
【崔山君傳】：唐 談氏
【李赤傳】：唐 柳宗元
【河間傳】：【河間婦】，唐 柳宗元
【魂游上清記】：唐 趙業
【三女星精】：【御史姚生】，【姚氏三子】
【三女降星】：【星女配姚御史儿】，唐 鄭權
【記異】：【王裔老】，唐 白居易
【李娃傳】：【汧國夫人傳】・【節行倡李娃傳】，唐 白行簡

【三夢記】：唐 白行簡
【鶯鶯傳】：【傳奇】·【會眞記】，唐 元稹
【感夢記】：唐 元稹
【崔徽傳】：唐 元稹
【秀師言記】：唐 無名氏
【李章武傳】：【碧玉榭葉】，唐 李景亮
【長恨傳】：【長歌傳】，唐 陳鴻
【東城老父傳】：【東城父老傳】，唐 陳鴻祖
【龜從自叙】：【宣州昭亭山梓華君神祠記】，唐 崔龜從
【蜀婦人傳】：唐 李端言
【盧逍遙傳】：【羅逍遙傳】，唐 李象先
【客僧傳】：唐 杜氏
【王義傳】：唐 無名氏
【盧陲妻傳】：唐 長孫巨澤
【楊媛征驗】：唐 弘農公
【韋丹傳】：唐 無名氏
【柳毅傳】：【洞庭靈姻傳】，唐 李朝威
【還魂記】：唐 戴少平
【柳氏傳】：【章臺柳傳】，【柳氏述】，唐 許堯佐
【古岳瀆經】：唐 李公佐
【南柯太守傳】：【大槐宮記】·【大槐國傳】
【南柯記】：唐 李公佐
【廬江馮媼傳】：唐 李公佐
【謝小娥傳】：唐 李公佐
【燕女墳記】：唐 李公佐
【異夢錄】：唐 沈亞之
【湘中怨解】：唐 沈亞之
【馮燕傳】：唐 沈亞之
【秦夢記】：唐 沈亞之
【感異記】：【沈警感異記】·【沈警傳】，唐 無名氏
【昭義軍別錄】：【昭義軍記室別錄】，唐 盧弘止
【上清傳】：唐 柳珵
【東陽夜怪錄】：【夜怪錄】，唐 王洙

【霍小玉傳】：唐 蔣防

【集異記】：【古異記】·【集異錄】，唐 薛用弱

【楊娼傳】：【楊娼志】，唐 房千里

【周秦行記】：唐 韋瓘

【牛羊日歷】：唐 劉軻

【續牛羊日歷】：唐 皇甫松

【烟中仙解題叙】：【仙中怨解】·【烟中仙】

【解題叙】：唐 南卓

【纂異記】：【異聞錄】·【異聞實錄】，唐 李玫

【前定錄】：唐 鐘輅

【博異志】：【博異記】，唐 鄭還古

【無名傳】：唐 劉無名

【鄭洁妻傳】：唐 鄭洁

【南部烟花錄】：【隋遺錄】·【大業拾遺錄】，舊題 唐 顏師古

【無雙傳】：【劉無雙傳】，唐 薛調

【華岳靈姻】：【華岳雲烟傳】，唐 無名氏

【後土夫人傳】：唐 無名氏

【冥音錄】：唐 無名氏

【靈鬼錄】：唐 無名氏

【石氏射燈檠傳】：唐 張文規

【中元傳】：唐 羅隱

【仙种稻】：唐 羅隱

【段章傳】：唐 司空圖

【神告錄】：唐 陸藏用

【傳奇】：唐 裴鉶

【鄭德璘傳】：唐 裴鉶

【虬髯客傳】：【虬須客傳】·【張虬須傳】

【扶餘國主】：唐 裴鉶

【八仙傳】：唐 江積

【陰德傳】：唐 無名氏

【甘澤謠】：唐 袁郊

【達奚盈盈傳】：唐 無名氏

【異聞集】：【異聞集傳】，唐 陳翰

【劇談錄】：唐 康軿
【三水小牘】：唐 皇甫枚
【非烟傳】：【非烟】・【步飛烟】・【步飛烟傳】・【飛烟傳】，唐 皇甫枚
【玉匣記】：唐 皇甫枚
【靈應傳】：唐 無名氏
【騰聽異志錄】：唐 無名氏
【玄門靈妙記】：唐 無名氏
【曹馬傳】：唐 無名氏
【亭亭叙錄】：唐 無名氏
【眞珍叙錄】：【眞珠叙錄】，唐 無名氏
【鄴侯外傳】：唐 無名氏
【雙女墳記】：唐 無名氏
【余媚娘叙錄】：唐 無名氏
【鄭鶴傳】：唐 焦隱黃
【田布神傳】：五代 後梁 李琪
【死義記】：五代 吳 沈彬
【張建章傳】：五代 後唐 無名氏
【蜀石】：五代 後唐 王仁裕
【角力記】：五代 調露子
【燈下閑談】：五代 無名氏

● 雜俎類
【事始】：唐 劉孝孫 房德懋
【說林】：唐 張大素
【家范】：唐 狄仁杰
【六誡】：唐 姚崇
【開元御集誡子書】：唐 李隆基
【中樞龜鏡】：【中樞龜鑑】，唐 蘇瑰
【續錢譜】：唐 封演
【猗玗子】：【猗犴子】・【琦玗子】，唐 元結
【教坊記】：唐 崔令欽
【茶經】：【茶記】，唐 陸羽

【談綺】：唐 鄭餘慶
【龍城錄】：【河東先生龍城錄】，舊題 唐 柳宗元
【柳氏家學要錄】：【柳氏家學】·【家學要錄】，唐 柳珵
【盧公家范】：唐 盧僎
【大唐傳載】：【傳載】，唐 無名氏
【酉陽雜俎】：唐 段成式
【新纂異要】：【漸纂異要】，唐 段成式
【廬陵官下記】：唐 段成式
【佐談】：唐 韋絢
【雜纂】：【義山雜纂】，唐 李商隱
【雜藁】：唐 李商隱
【乾月巽子】：唐 溫庭筠
【采茶錄】：唐 溫庭筠
【尚書故實】：【尚書談錄】，唐 李綽
【續事始】：唐 劉睿
【雲仙散錄】：舊題唐 馮贄
【兩同書】：唐 羅隱
【誡子拾遺】：唐 李恕
【忠經】：唐 海鵬
【譔林】：唐 李諷
【頤山錄】：唐 陸希聲
【賂子解】：唐 無名氏
【南溪子】：唐 周隨
【淺疑論】：唐 李遇之
【章程】：唐 無名氏
【誡女書】：唐 李大夫
【三餘外志】：五代 吳越 皮光業
【漆經】：五代 南唐 朱遵度
【備忘小鈔】：五代 後蜀 文谷
【蜀廣政雜記】：五代 蒲仁裕

● 志人類

【朝野僉載】:唐 張鷟
【續世說新書】:唐 王方慶
【隋唐嘉話】:【國朝傳記】‧【傳記】‧【國史異纂】‧【小說】,唐 劉餗
【五代新說】:唐 張說
【劉公嘉話錄】:【劉公嘉話】‧【賓客嘉話】
【嘉話錄】:【劉賓客嘉話錄】,唐 韋絢
【錦里新聞】:唐 段成式
【北里志】:唐 孫棨
【朝廷卓絕事】:唐 陳岵
【常侍言旨】:【柳常侍言旨】,唐 柳珵
【大唐新語】:【唐新語】‧【唐世說新語】,唐 劉肅
【國史補】:【唐國史補】,唐 李肇
【卓異記】:唐 無名氏
【柳氏小說舊聞】:【小說舊聞記】‧【小說舊聞】‧【舊聞記】,舊題 唐 柳公權
【次柳氏舊聞】:【明皇十七事】‧【柳氏舊聞】‧【柳氏史】‧【柳史】,唐 李德裕
【譚賓錄】:唐 胡璩
【明皇雜錄】:唐 鄭處誨
【因話錄】:唐 趙璘
【說纂】:【唐說纂】,唐 李繁
【盧子史錄】:【史錄】,唐 盧肇
【盧氏雜說】:【盧氏雜記】‧【盧言雜說】
【雜說】:【盧氏小說】,唐 盧言
【幽閑鼓吹】:唐 張固
【闕史】:【唐闕史】,唐 高彥休
【松窗錄】:【松窗雜錄】‧【松窗小錄】
【松窗雜記】:【撫異記】,唐 李濬
【杜陽雜編】:唐 蘇鶚
【續卓異記】:唐 裴紫芝
【雲溪友議】:唐 范攄
【玉泉子】:【玉泉子聞見真錄】‧【玉泉筆端】‧【玉泉子聞見錄】,唐 無名氏
【初舉子】:唐 盧光啓
【本事詩】:唐 孟棨

【嵐齋集】：唐 李躍

【南楚新聞】：唐 尉遲樞

【芝田錄】：唐 丁用晦

【小名錄】：【古今小名錄】，唐 陸龜蒙

【開天傳信記】：唐 鄭棨

【武孝經】：唐 郭良輔

【抒情集】：【抒情詩】，唐 盧瑰

【女孝經】：唐 鄭氏

【南部烟花記】：唐 無名氏

【文場盛事】：唐 無名氏

【濟狀】：唐 王肱

【唐摭言】：五代 南漢 王定保

【玉堂閑話】：五代 後唐 王仁裕

【開元天寶遺事】：五代 後唐 王仁裕

【唐末見聞錄】：五代 後唐 王仁裕

【續玉堂閑話】：五代 後唐 王仁裕

【釣磯立談】：【釣磯立談記】，舊題 五代 後唐 史虛白

【唐新纂】：王代 後魏 石文德

【後史補】：五代 高欲拙

【廣摭言】：五代 南唐 何晦

【紀聞談】：五代 蜀 潘遠

【雜說】：五代 南唐 李煜

【鑑誡錄】：五代 何光遠

【廣談雜錄】：五代 後蜀 何光遠

【皮氏見聞錄】：【皮光業見聞錄】，五代 吳越 皮光業

【中朝故事】：五代 南唐 尉遲偓

【金華子】：【劉氏雜編】・【金華子雜編】

【金華子新編】：五代 南唐 劉崇遠

【廣陵妖亂志】：五代 後唐 郭延誨

- 諧謔類

【俳諧集】：【諧噱錄】，唐 劉納言

【笑林】：唐 何自然
【笑言】：唐 無名氏
【笑林】：五代 南唐 楊名高
【啓顔錄】：五代 吳越 皮光業

第三編　宋・遼・金・元代

● 志怪類

【野人閑話】：宋 景煥, 或作 耿煥
【牧竪閑談】：宋 景煥
【葆光錄】：宋 陳纂
【總仙記】：【總仙秘錄】, 宋 樂史
【秘閣閑談】：【秘閣雅談】・【秘閣閑觀】
【秘閣閑話】：宋 吳淑
【異僧記】：宋 吳淑
【江淮異人錄】：宋 吳淑
【志異】：宋 陳彭年
【洞微志】：宋 錢易
【乘異記】：宋 張君房
【縉紳脞說】：【脞說】, 宋 張君房
【科名定分錄】：【前定錄】・【科名分定錄】, 宋 張君房
【秉異】：宋 無名氏
【友會談叢】：【文會談叢】, 宋 上官融
【茅亭客話】：宋 黃休復
【祖異志】：【俱異志】・【狙異志】, 宋 聶田
【褒善錄】：宋 王蕃
【括異志】：宋 張師正
【志怪集】：【怪集】, 宋 張師正
【三異記】：宋 劉攽
【清夜錄】：宋 沈括
【洛中記異】：【記異錄】・【紀異錄】・【紀異志】

【異志】:【集異志】·【紀異記】·【洛中記異記】, 宋 秦再思
【幕府燕閑錄】: 宋 畢仲詢
【吉凶影響錄】:【吉凶影響】·【影響錄】, 宋 岑象求
【群書古鑑】: 宋 無名氏
【勸善錄】: 宋 周明寂
【勸善錄拾遺】: 宋 無名氏
【勸善錄】: 宋 王敏中 或作 仲
【搜神秘覽】: 宋 章炳文
【幽明雜警】: 宋 退夫興仲
【荊山雜編】:【荊山編】, 宋 梁嗣眞
【說異集】:【說異】, 宋 歸虛子
【冥司報應】: 宋 蔣寶
【鑑誡別錄】: 宋 歐陽邦基
【翰苑名談】: 宋 無名氏
【分門古今類事】:【新編分門古今類事】, 宋 委心子
【異人錄】: 宋 無名氏
【儆告】: 宋 無名氏
【古今前定錄】: 宋 尹國鈞
【陶朱新錄】: 宋 馬純
【續博物志】: 宋 李石
【聞善錄】: 宋 無名氏
【時軒居士筆記】: 宋 吳良史 或作 吏
【夢兆錄】: 宋 劉名世
【夷堅志】: 宋 洪邁
【夷堅別志】: 宋 王質
【夷堅志類編】: 宋 陳星
【續清夜錄】: 宋 王銍
【厚德錄】:【近世厚德錄】, 宋 李元網
【信筆錄】: 宋 曾樽
【勸戒錄】:【南中勸戒錄】, 宋 王日休
【樂善錄】: 宋 李昌齡
【睽車志】: 宋 郭彖
【續夷堅志】: 金 元好問

【峽山神異記】：宋 王輔
【鬼董】：【鬼董狐】，宋 無名氏
【閑窗括異志】：【括異志】，宋 魯應龍
【歷代神異感應錄】：宋 令狐白如
【窮神記】：宋 無名氏
【南墅閑居錄】：宋 王有大
【湖海新聞夷堅續志】：【續夷堅志】，元 吳元復(未詳)
【物異考】：元 方鳳
【閑居錄】：【閑中編】，元 吾丘衍 或作 吾衍
【異聞總錄】：元 無名氏
【緝柳編】：元 沈麐元
【江湖紀聞】：【新刊分類江湖紀聞】，元 郭霄鳳
【子不語】：元 無名氏

● **傳奇類**

【開河記】：【煬帝開河記】，宋 無名氏
【迷樓記】：【煬帝迷樓記】，宋 無名氏
【海山記】：【隋煬帝海山記】・【煬帝海山記】，宋 無名氏
【梅妃傳】：宋 無名氏
【楊太眞外傳】：【楊貴妃外傳】・【楊妃外傳】，宋 樂史
【綠珠傳】：宋 樂史
【王榭傳】：【王榭】，宋 無名氏
【王幼玉記】：宋 柳師尹
【流紅記】：宋 張碩 或作 張實
【譚意歌傳】：【譚意歌】，宋 秦醇
【趙飛燕別傳】：【趙後別傳】・【趙後遺事】
【趙氏二美遺踪】：宋 秦醇
【麗情集】：宋 張君房
【愛愛歌序】：宋 蘇舜欽
【任社娘傳】：宋 沈遼
【子姑神記】：宋 蘇軾
【夢仙記】：【游仙記】・【游仙夢記】，宋 蘇轍

【洛陽縉紳舊聞記】：宋 張齊賢
【續前定錄】：宋 無名氏
【豪異秘纂】：【豪異秘錄】·【傳記雜編】，宋 無名氏
【青瑣高議】：宋 劉斧
【芙蓉城傳】：宋 胡微之 或作 微之
【王魁傳】：宋 夏噩
【鴛鴦燈傳】：宋 無名氏
【筆奩錄】：宋 王山
【金華神記】：宋 崔公度
【記陳明遠再生事】：宋 崔公度
【柳鬼傳】：宋 秦觀
【續樹萱錄】：宋 劉燾
【焚椒錄】：遼 王鼎
【雲齋廣錄】：宋 李獻民
【黃靖國再生傳】：宋 廖子孟
【賢異錄】：宋 無名氏
【府君女傳】：宋 陳鵠
【黃元弼复生傳】：宋 無名氏
【蔡箏娘記】：宋 陳道光
【羅浮仙人傳】：宋 鄭總
【異夢記】：宋 穆度
【玉華侍郎記】：宋 無名氏
【張文規傳】：宋 吳可
【冥判記】：宋 何慗
【毛烈傳】：宋 劉望之
【李氏還魂錄】：宋 無名氏
【亂漢道人記】：宋 陳世材
【司命眞君記】：宋 余嗣
【飛猴傳】：宋 趙彥成
【訴冤記】：宋 關耆孫
【入冥記】：宋 秦絳
【感夢記】：宋 郭瑞友
【志過】：宋 薛季宣

【義倡傳】：宋 鐘將之
【夢冥記】：宋 鄭超
【林靈素傳】：宋 耿延禧
【投轄錄】：宋 王明淸
【淸尊錄】：宋 廉布
【昨夢錄】：宋 康譽之
【李師師外傳】：【李師師傳】・【李師師小傳】，宋 無名氏
【王排岸女孫傳】：宋 朱淵
【海陵三仙傳】：宋 王禹錫
【醉翁談錄】：宋 羅燁
【綠窗新話】：宋 皇都風月主人
【李冰治水記】：宋 李注
【疑仙錄】：宋 王簡，或作 隱夫玉簡
【異聞】：【異聞記】，宋 何光
【北窗記異】：【北窗志異】
【嬌紅記】：【嬌紅傳】，元 無名氏
【春夢錄】：元 鄭禧
【紫竹小傳】：元 無名氏
【姚月華小傳】：元 無名氏
【綠窗紀事】：元 無名氏
【名姬傳】：元 陶宗儀

● 雜俎類

【淸異錄】：宋 陶谷(未詳)
【太平廣記】：宋 李昉
【貨泉錄】：宋 陶岳
【該聞錄】：【該聞集】，宋 李畋
【續唐卓異記】：【續廣卓異記】，宋 樂史
【廣卓異記】：宋 樂史
【小名錄】：宋 樂史
【同歸小說】：宋 張齊賢
【太平雜編】：宋 張齊賢

【續同歸小說】：宋 安鳳儀
【百一紀】：宋 王子融
【洛游子】：宋 司馬光(未詳)
【游山行記】：宋 司馬光(未詳)
【西齋話記】：宋 祖士衡
【鷄跖集】：宋 宋祁
【范陽家志】：宋 盧藏
【東齋記事】：【東齋記】，宋 范鎮
【衣冠盛事】：宋 錢明逸
【西山別錄】：宋 趙瞻
【談淵】：宋 王陶
【南齋雜錄】：宋 龐元英
【翰府名談】：宋 劉斧
【摭遺】：宋 劉斧
【孔氏談苑】：宋 孔平仲
【釋裨】：宋 孔平仲
【孫公談圃】：宋 孫升 述 劉延世 錄
【張蕓叟雜說】：宋 張舜民
【張舜民小說】：宋 張舜民
【湘山野錄】：宋 釋文瑩
【續湘山野錄】：宋 釋文瑩
【紀聞】：宋 李復圭
【夢溪筆談】：【筆談】，宋 沈括
【麈史】：宋 王得臣
【月河所聞集】：宋 莫君陳
【東坡志林】：【志林】·【東坡手擇】·【儋耳手擇】，宋 蘇軾
【漁樵閑話】：宋 蘇軾
【東坡問答錄】：宋 蘇軾(未詳)
【後山談叢】：宋 陳師道
【明道雜志】：宋 張耒
【泊宅編】：宋 方勺
【石渠錄】：宋 黃伯思
【海物異名記】：【晉安海物異名記】，宋 陳致雍

【萍州可談】：宋 朱彧，或作 朱或
【侯鯖錄】：宋 趙令時
【鹿革事類】：宋 蔡蕃
【鹿革文類】：宋 蔡蕃
【談助】：宋 晁載之
【冷齋夜話】：宋 釋惠洪
【枕中記】：宋 無名氏
【臺省因話錄】：宋 石公弼
【柏臺雜著】：宋 石公弼
【甲申雜記】：【甲申雜錄】，宋 王鞏
【聞見近錄】：宋 王鞏
【隨手雜錄】：【清虛居士隨手雜錄】，宋 王鞏
【延漏錄】：宋 章望之(未詳)
【二百家類事】：宋 無名氏
【欒城遺言】：【欒城先生遺言】，宋 蘇籀
【山齋愚見十書】：宋 灌園耐得翁
【北山記事】：宋 王遘
【瑣碎錄】：宋 溫革
【復齋閑記】：宋 龔相
【紀談錄】：宋 晁邁
【劍溪野語】：宋 陳正敏
【朝野雜編】：【朝野雜錄】·【雜錄】，宋 成材
【曾公南游記】：宋 曾氏
【稗官志】：宋 呂大辨
【五色線】：宋 羅叔恭
【北窗炙輠】：【北窗炙輠錄】，宋 施德操
【張氏可書】：【可書】，宋 張知甫
【却掃編】：宋 徐度
【南窗紀談】：宋 徐度
【窗間紀聞】：宋 陳善
【捫虱新話】：宋 陳善
【續談助】：宋 晁載之
【能改齋漫錄】：【復齋漫錄】，宋 吳曾

【侍儿小名錄】：宋 洪炎 或作 洪芻 洪邈

【默記】：宋 王銍

【補侍兒小名錄】：宋 王銍

【侍兒小名錄拾遺】：宋 董弅

【續補侍兒小名錄】：宋 溫豫

【閑燕常談】：宋 董弅

【類說】：宋 曾慥

【紺珠集】：宋 朱胜非

【秀水宋居錄】：宋 朱胜非

【鷄肋編】：宋 莊綽

【春渚紀聞】：宋 何薳

【避暑錄話】：【石林避暑錄】・【乙卯避暑錄】

【石林避暑錄話】：宋 葉夢得

【岩下放言】：宋 葉夢得

【石林燕語】：宋 葉夢得

【墨莊漫錄】：宋 張邦基

【古今廣說】：宋 唐恪

【硯岡筆志】：宋 唐稷

【漫叟見聞錄】：宋 無名氏

【思遠筆錄】：宋 王寓

【耆舊續聞】：【西塘集耆舊續聞】，宋 陳鵠

【中吳紀聞】：宋 龔明之

【鄞川志】：宋 朱翌

【隨因紀述】：宋 姚逈

【獨醒雜志】：宋 曾敏行

【揮麈錄】：宋 王明清

【玉照新志】：宋 王明清

【叙事】：宋 王同

【梁溪漫志】：宋 費袞

【清波雜志】：宋 周煇

【清波別志】：宋 周煇

【鶴林玉露】：宋 羅大經

【虛谷閑抄】：宋 方回

【齊東野語】：宋 周密

【癸辛雜識】：宋 周密

【史遺】：宋 林思

【續遺】：宋 黃仁望

【養疴漫筆】：宋 趙縉

【令圃芝蘭集】：宋 楊魯龜

【醉鄉小略】：宋 胡節還

【會計新錄】：宋 羅邵

【翠屏筆談】：宋 王應龍

【嘆息】：宋 何侑

【好還集】：宋 婁伯高

【廣說】：宋 章世卿

【雜說】：宋 趙辟公

【宴閑談柄】：宋 歐靖

【令海珠璣】：宋 尹建峰

【吳越會粹】：宋 無名氏

【興國拾遺】：宋 無名氏

【迎賓佳話】：宋 無名氏

【和平談選士】：宋 無名氏

【百斛珠】：金 楊圃祥

【積年雜說】：金 楊雲翼

【叢語】：【聚辨】·【聚談】，金 王庭筠

【誠齋雜記】：元 林坤

【泛說】：元 李治

【玉堂嘉話】：元 王惲

【隨隱漫錄】：元 陳世崇

【隨筆】：元 丘世良

【林下竊議】：元 張樞

【繼潛錄】：元 張雯

【春風亭筆記】：元 蘇天爵

【席上腐談】：【月下偶談】·【席上輔談】，元 俞琰

【廣客談】：元 徐顯

【女紅餘志】：元 龍輔 常陽

【見聞錄】：元 唐元
【山中新語】：元 吾丘衍
【冀越集記】：元 熊太谷
【至正直記】：【靜齋直記】・【靜齋至正直記】，元 孔齊
【包羅天地】：元 張小山
【揆敘萬類】：元 朱士凱
【浩然翁手鈔五色線】：元 邵文伯
【輟耕錄】：【南村輟耕錄】，元 陶宗儀
【說郛】：元 陶宗儀

• 志人類
【北夢瑣言】：宋 孫光憲
【賈氏談錄】：【賈黃中談錄】・【賈公談錄】，宋 張洎
【南唐近事】：【南唐近事集】，宋 鄭文寶
【南部新書】：【南郡新書】・【南部新語】，宋 錢易
【賓朋宴語】：宋 丘昶
【野說】：宋 邵思
【傳載】：宋 釋贊寧
【傳載】：宋 無名氏
【晉公談錄】：【丁晉公談錄】・【丁謂談錄】
【談錄】：宋 丁謂
【郡閣雅言】：【郡閣雅談】・【郡閣雜言】，宋 潘若衝
【墨客揮犀】：宋 彭乘
【續墨客揮犀】：宋 彭乘
【閑談錄】：宋 蘇耆
【國老談苑】：【國老閑談】，宋 王君玉
【楊文公談苑】：【南陽談藪】・【楊公談苑】
【楊億談苑】：【談苑】，宋 宋庠
【儆戒會要】：【儆誡會最】，宋 張君房
【潮說】：宋 張君房
【王文正筆錄】：【王文正公言行錄】・【王文正公筆錄】・【沂公筆錄】，宋 王曾
【倦游雜錄】：宋 張師正

【碧雲騢】：【碧雲騢錄】，宋 梅堯臣
【儒林公議】：宋 田況
【江鄰幾雜志】：【嘉祐雜志】·【江氏筆錄】，宋 江休復
【歸田錄】：宋 歐陽修
【歸田後錄】：宋 朱定國
【曾南丰雜志】：【雜職】，宋 曾鞏
【涑水記聞】：宋 司馬光
【青箱雜記】：宋 吳處厚
【澠水燕談錄】：【澠水燕談】，宋 王辟之
【龍川略志】：宋 蘇轍
【龍川別志】：宋 蘇轍
【玉壺清話】：【玉壺野史】，宋 釋文瑩
【畫墁集】：【畫墁錄】，宋 張舜民
【南遷錄】：宋 張舜民
【談藪】：宋 龐元英
【續世說】：宋 孔平仲
【唐宋遺史】：宋 詹玠
【東皋雜錄】：【東皋雜記】，宋 孫宗鑑
【錢氏私志】：宋 錢緡
【衣冠嘉話】：宋 無名氏
【珍席放談】：宋 高晦叟
【退齋筆錄】：宋 侯延慶
【唐語林】：宋 王讜
【道山清話】：宋 道山先生
【懶眞子】：【懶眞子錄】，宋 馬永卿
【遁齋閑覽】：宋 陳正敏
【東軒筆錄】：宋 魏泰
【雅言系述】：【雅言參述】·【王廷相雅述】，宋 王舉
【補妒記】：宋 王績
【史話】：宋 無名氏
【文酒清話】：【大酒清話】，宋 無名氏
【鐵圍山叢談】：宋 蔡條
【步里客談】：宋 陳長方

【南游記舊】：宋 曾紆
【曲洧舊聞】：宋 朱弁
【過庭錄】：宋 范公偁
【高齋漫錄】：宋 曾慥
【邵氏聞見錄】：【見聞錄】·【河南邵氏聞見錄】
【聞見前錄】：宋 邵伯溫
【邵氏聞見後錄】：宋 邵博
【南北史續世說】：【續世說】·【續世說新語】，宋 李垕
【坦齋筆衡】：宋 葉寘
【老學庵筆記】：宋 陸游
【葦航紀談】：宋 無名氏
【桯史】：宋 岳珂
【貴耳集】：宋 張端義
【四朝聞見錄】：宋 葉紹翁
【清夜錄】：宋 俞文豹
【諧史】：宋 沈徵 或作 沈俶
【白獺髓】：宋 張仲文(未詳)
【儆戒錄】：宋 楊士逵
【深雪偶談】：宋 方岳
【朝野遺記】：宋 無名氏
【楓窗小牘】：宋 袁□
【澄懷錄】：【續澄懷錄】·(宋周密)
【歸潛志】：金 劉祁
【錢塘遺事】：元 劉一清
【山房隨筆】：元 蔣子正
【稗史】：元 仇遠
【三朝野史】：元 無名氏
【萬柳溪邊舊話】：元 尤玘
【庶齋老學叢談】：元 盛如梓
【山居新語】：【山居新話】，元 楊瑀
【遂昌雜錄】：【遂昌山樵雜錄】·【遂昌山人雜錄】，元 鄭元祐
【樂郊私語】：元 姚桐壽
【古杭雜記】：元 李有

【硯北雜志】：元 陸友
【米海岳遺事】：元 陸友
【吳中舊事】：元 陸友
【雋永錄】：元 無名氏

● 諧謔類

【滑稽集】：宋 錢易
【群居解頤】：宋 高懌
【艾子】：【艾子雜說】，宋 蘇軾
【談諧】：宋 陳日華
【啓顏錄】：宋 無名氏
【開顏集】：【開顏錄】，宋 周文玘
【軒渠錄】：宋 呂本中
【絕倒錄】：宋 朱暉
【醉翁滑稽風月笑談】：宋 無名氏
【笑苑千金】：宋 張致和
【戲語集說】：宋 南陽德長
【說神集】：【悅神集】，宋 無名氏
【善謔集】：宋 竇萃
【笑林】：宋 路氏
【滑稽小傳】：【滑稽逸傳】，宋 烏有先生
【林下笑談】：宋 無名氏
【支頤錄】：元 何中
【文章善戲】：元 鄭持正
【拊掌錄】：元 輾然子

第四編　明代

● 志怪類

【懸笥瑣探】：明 劉昌
【湖海摘奇】：明 陳沬

【蓬窗類記】：明 黃日韋

【蓬軒吳記】：明 黃日韋

【蓬軒別記】：明 黃日韋

【湖海奇聞】：明 周禮

【剪燈奇錄】：【剪燈前集】·【剪燈後集】，明 丘燧

【語怪編】：【支山志怪錄】·【語怪四編】，明 祝允明

【志怪錄】：明 祝允明

【語怪錄】：明 陳沂

【異林】：明 徐禎卿

【纂異集】：明 吳瓚

【汴京鳩異記】：明 李濂

【野談】：【墅談】，明 胡侍

【博物志補】：明 游潛

【見聞紀訓】：明 陳良謨

【海市辨】：明 王崇慶

【寶梜記】：明 滑惟善

【庚巳編】：明 陸粲

【續巳編】：明 郎瑛

【天池聲雋】：【聲雋】，明 陸采

【西樵野記】：明 侯甸

【涉異志】：明 閔文振

【異識資諧】：明 閔文振

【異物彙苑】：明 閔文振

【祐山雜說】：明 馮汝弼

【高坡異纂】：明 楊儀

【耳抄秘錄】：明 無名氏

【燃犀集】：明 樹瓠子

【幽怪錄】：明 田汝成

【說聽】：明 陸延枝

【河上楮談】：明 朱孟震

【汾上續談】：明 朱孟震

【浣水續談】：明 朱孟震

【游宦餘談】：明 朱孟震

【談輅】：明 張鳳翼
【姑妄編】：明 李贄
【前記異聞】：明 無名氏
【仙佛奇踪】：【月旦堂仙佛奇踪合刻】，明 洪應明
【益部談資】：明 何宇度
【江漢叢談】：明 陳士元
【古今奇聞類記】：【奇聞類記】·【奇聞類記摘抄】，明 施顯卿
【二酉委譚】：明 王世懋
【才鬼記】：明 梅鼎祚
【才妖記】：【才幻記】，明 梅鼎祚
【才神記】：明 梅鼎祚
【三才靈記】：明 梅鼎祚
【孝經集靈】：【虞子集靈節略】，明 虞淳熙
【焦氏說楛】：【說楛】，明 焦周
【說頤】：【說頤閑史】，明 余懋學
【獪園】：明 錢希言
【芙蓉鏡孟浪言】：【芙蓉鏡寓言】，明 江東偉
【敝帚軒剩語】：【敝帚齋叢談】·【敝帚齋余談節錄】，明 沈德符
【燕山叢錄】：明 徐昌祚
【前定錄】：明 蔡繼善
【香案牘】：明 陳繼儒
【天都載】：明 馬大壯
【葯房偶記】：明 魏矩斌
【廣聞錄】：明 黃履康
【齊諧軼篇】：明 黃履康
【狐媚叢談】：明 墨床子
【鴛湖百家談異錄】：明 無名氏
【古今胜覽奇聞】：明 青隱子
【異林】：明 朱謀㙔，或作 朱睦㮮
【虫天志】：明 沈弘正
【書周文囊見鬼事】：明 無名氏
【四明龍薈】：明 聞性道
【西皋雜記】：明 未詳

【神事日搜】：明 胡文煥
【錢神志】：明 李世熊
【辨異錄】：明 葛仁美
【聞見錄】：明 姚宣
【王氏雜記】：【惊座新書】，明 王兆雲
【湖海搜奇】：明 王兆雲
【揮塵新譚】：明 王兆雲
【白醉瑣言】：明 王兆雲
【說圃識餘】：明 王兆雲
【漱石閑談】：明 王兆雲
【烏衣佳話】：明 王兆雲
【崖州城隍除妖記】：明 陳朝定
【雷藪】：明 王乾元
【挑灯集異】：明 周八龍

• **傳奇類**

【紀夢】：明 朱元璋
【花影集】：明 陶輔
【柔柔傳】：明 桂衡
【剪燈錄】：明 瞿佑
【剪燈新話】：明 瞿佑
【西閣寄梅記】：明 瞿佑
【剪燈餘話】：明 李昌棋
【效顰集】：明 趙弼
【李嬌玉香羅記】：明 趙元暉
【艷情集】：明 雷世清
【雙偶集】：明 樊應魁
【秉燭清談】：明 周禮
【剪燈餘話】：明 周禮
【鐘情麗集】：明 邱濬
【尋芳雅集】：【懷春雅集】·【融春集】，明 盧文表
【奇見異聞筆坡叢脞】：明 雷燮

【倉庚傳】：明 楊愼
【雜事秘辛】：【漢雜事秘辛】，明 楊愼僞托 漢 無名氏
【義虎傳】：明 祝允明
【龍江夢餘錄】：明 唐錦
【宮艷】：明 陸樹聲
【艷異編】：明 王世貞(未詳)
【劍俠傳】：明 王世貞
【虎苑】：明 王穉登
【金姬傳】：【金姬小傳】，明 楊儀
【會仙女志】：明 酈琥
【洞簫記】：明 陸粲
【阿寄傳】：明 田汝成
【遼陽海神傳】：明 蔡羽
【拙效傳】：明 袁宏道
【醉叟傳】：明 袁宏道
【一瓢道士傳】：明 袁中道
【覓燈因話】：明 邵景詹
【剪灯叢話】：明 自好子
【志餘談異】：【鴛渚志餘雪窗談異】，明 釣鴛湖客
【女俠韋十一娘傳】：【韋十一娘】，明 胡汝嘉
【蘭芽傳】：明 胡汝嘉
【輪回醒世】：明 也閑居士
【閑情野史】：明 陳繼儒
【李公子傳】：明 陳繼儒
【楊幽妍別傳】：明 陳繼儒
【廣艷異編】：明 吳大震
【萬選淸談】：【新鐫全像評釋古今清談萬選】，明 周近泉
【風流十傳】：【閑情野史風流十傳】，明 無名氏
【國色天香】：【新鍥公余胜覽國色天香】
【幽閑玩味奪趣群芳】：明 吳敬所
【燕居筆記】：明 無名氏
【萬錦情林】：【新刻雲窗彙爽萬錦情林】，明 余象斗
【繡谷春容】：【繡谷春容騷壇撫粹嚼麝譚苑】，明 赤心子

【虞初志】:【陸氏虞初志】, 明 吳仲虛(未詳)
【冥寥子】:【冥寥子游】, 明 屠隆
【續虞初志】: 明 湯顯祖
【青泥蓮花記】: 明 梅鼎祚
【剪桐載筆】: 明 王象晉
【劍俠傳】: 明 周詩雅
【續劍俠傳】: 明 周詩雅
【文苑楂橘】: 明 無名氏
【九籥集】: 明 宋懋澄
【九籥別集】: 明 宋懋澄
【春夢瑣言】: 明 胡永僖
【嗒史】: 明 王煒
【幽怪詩譚】: 明 無名氏
【廣虞初志】: 明 鄧喬林
【剪燈續錄】: 明 無名氏
【二俠傳】:【三俠傳】, 明 徐廣
【剪燈紀訓】: 明 陳鐘盛
【女俠傳】: 明 鄒之麟
【逸史搜奇】: 明 汪雲程

● 雜俎類

【蘿山雜言】: 明 宋濂
【草木子】: 明 葉子奇
【草木子余錄】: 明 葉子奇
【師友話言】: 明 秦約
【樵史補遺】: 明 秦約
【飯牛庵雜錄】: 明 張昌齡
【香臺集】: 明 瞿佑
【游藝錄】: 明 瞿佑
【存齋類編】: 明 瞿佑
【閑适日鈔】: 明 陳贄
【耕餘雜錄】: 明 杜瓊

【古穰雜錄】：明 李賢
【南翁夢錄】：明 黎澄
【水東日記】：明 葉盛
【方洲雜言】：明 張寧
【雙槐歲抄】：明 黃瑜
【石田雜記】：明 沈周
【馬氏日鈔】：明 馬愈
【菽園雜記】：明 陸容
【石屋閑鈔】：明 蔣誼
【野航漫錄】：明 朱存理
【琅琊漫抄】：明 文林
【東岑子】：明 謝理
【損齋備忘錄】：明 梅純
【續百川學海】：明 梅純 或作 吳永
【西軒類編】：明 丁養浩
【迩言】：明 王啓
【益齋嘉話】：明 朱誠咏
【談纂】：【都公談纂】，明 都穆
【玉壺冰】：明 都穆
【聽雨紀談】：明 都穆
【使西日記】：明 都穆
【南濠賓語】：明 都穆
【奚囊續要】：明 都穆
【延休堂漫錄】：【漫錄】·【延宁堂漫錄】，明 羅鳳
【水南閑居錄】：明 陳霆
【綠鄉筆林】：明 陳霆
【痴翁臆說】：明 吳瓚
【警心叢說】：明 周禮
【邃言】：明 張進
【名言】：【編次名言】，明 蔡潮
【漫紀】：明 黃卿
【閑鈔】：明 黃卿
【嘉樹軒紀聞】：明 柴奇

【聞見漫錄】：明 陳槐
【下陴紀談】：明 皇甫錄
【閑中瑣錄】：明 羅欽德
【無用閑談】：明 孫緒
【陂東新論】：明 孫緒
【林下農談】：明 陳牧
【霏雪錄】：明 劉績
【已瘧編】：明 劉玉
【知命錄】：明 陸深
【玉堂漫筆】：明 陸深
【儼山外集】：【陸文裕公外集】，明 陸深
【據梧鈔】：明 許相卿
【暖姝由筆】：明 徐充
【磯園稗史】：明 孫繼芳
【水南翰記】：明 張袞
【綠雪亭雜言】：明 敖英
【顧氏明朝四十家小說】：明 顧元慶
【顧氏文房小說】：明 顧元慶
【廣四十家小說】：明 顧元慶
【前後四十家小說】：明 袁褧
【七修類稿】：明 郎瑛
【野人信從錄】：明 陸伸
【農渠錄】：明 陸伸
【野樵雅言】：明 田賦
【碧里雜存】：明 董谷
【南郭子】：明 高紈
【篝齋讀書錄】：明 南泉子
【宿齋談錄】：【宿庵談錄】，明 馬縉
【玄亭閑話】：明 周錫
【風林備采】：明 周錫
【晴窗便覽】：明 沈頍
【廣說郛】：明 司馬泰
【古今彙說】：明 司馬泰

【再續百川學海】：明 司馬泰
【三續百川學海】：明 司馬泰
【史流十品】：明 司馬泰
【河舘閑談】：明 司馬泰
【護龍河上雜言】：明 司馬泰
【知次錄】：明 司馬泰
【西虹視履錄】：明 司馬泰
【甌東私錄】：明 頃喬
【說守】：明 吳子孝
【仁恕堂日錄】：明 吳子孝
【覽胜紀談】：明 陸采
【冶城客論】：明 陸采
【灼艾集】：明 萬表
【九沙草堂雜言】：明 萬表
【戒庵老人漫筆】：【漫筆】・【戒庵漫筆】，明 李詡
【四友齋叢說】：【叢說】，明 何良俊
【孤樹裒談】：明 李默
【松窗夢語】：明 張瀚
【古今說海】：明 陸楫
【千一錄】：明 方弘靜
【見聞搜玉】：明 高鶴
【餘慶錄】：明 徐拭
【冰廳札記】：明 徐學謨
【錦囊瑣綴】：明 姚弘謨
【臆見錄】：明 喬英
【勿齋易說】：明 朱厚燁
【消遙館漫鈔】：明 朱應辰
【古今諺】：明 范欽
【烟霞小說】：明 范欽
【漫齋筆談】：明 王令
【晝暇叢記】：明 徐伯相
【箕仙錄】：明 章日閣
【竹屏偶錄】：明 陶大年

【見聞瑣錄】：明 陶大年
【官暇私記】：明 陶大年
【遠記】：明 陶大年
【說林】：明 張時徹
【太眞全史】：明 裘昌今
【劉子威燕語】：明 劉鳳
【太霞雜俎】：【劉子雜俎】・【雜俎】・【劉子威雜俎】，明 劉鳳
【菊經漫談】：明 石磐
【眞珠船】：明 胡侍
【孤竹賓談】：明 陳德文
【宦學見聞】：明 徐師曾
【國憲家猷】：明 王可大
【歸田漫錄】：明 陳麟
【名世類苑】：明 凌迪知
【雨航記】：明 王穉登
【五譚類鈔】：明 陳學伊
【陳氏宦語】：明 陳學伊
【塵外塵談】：明 李得陽
【稗史彙編】：明 王圻
【愿丰堂漫書】：明 陸深
【禪寄筆談】：【筆談】・【續筆談】，明 陳師
【幼于生志】：明 張獻翼
【留思別案】：明 張獻翼
【家兒私語】：明 張獻翼
【游文小史】：明 閔文振
【雁湖子】：明 王文祿
【西湖游覽志餘】：明 田汝成
【委巷叢談】：明 田汝成
【熙朝樂事】：明 田汝成
【槎閑漫錄】：明 張元忭
【淑世談藪】：明 劉袞
【虛窗手鏡】：明 錢□□
【寶善編】：明 馮時可

【潛耀編】：明 無名氏
【瑣碎錄】：明 無名氏
【夢醒錄】：明 蕭聰
【留青日札】：明 田藝蘅
【留留青】：明 田藝蘅
【西臺漫記】：明 蔣以化
【賢弈編】：明 劉元卿
【瀛槎談苑】：明 鉤瀛子
【暗然堂類纂】：【暗然堂日纂】，明 潘士藻
【暗然堂日錄】：明 潘士藻
【暗然堂錄最】：明 潘士藻
【筆乘】：【焦氏筆乘】，明 焦竑
【長松茹退】：明 屠隆
【廣桑子游】：明 屠隆
【疾慧編】：明 郭子章
【群談采餘】：明 倪綰
【樵史】：明 陸應陽
【琅琊代醉編】：明 張鼎思
【快雪堂漫錄】：明 馮夢禎
【清異續錄】：明 李琪枝
【小窗四紀】：明 吳從先
【甲乙剩言】：明 胡應麟
【梅花草堂筆談】：【筆談】‧【梅花草堂集】
【聞雁齋筆談】：明 張大復
【見聞錄】：【眉公見聞錄】，明 陳繼儒
【珍珠船】：明 陳繼儒
【筆記】：明 陳繼儒
【太平清話】：明 陳繼儒
【偃曝談餘】：明 陳繼儒
【群碎錄】：明 陳繼儒
【秘笈】：【寶顏堂秘笈】，明 陳繼儒
【亙史】：【亙史鈔】，明 潘之恒
【蠟談】：明 郝敬

【花當閣叢談】：【村老委談】・【三家村委老談】，明 徐復祚
【道聽錄】：明 李春熙
【客座贅語】：明 顧起元
【說略】：明 顧起元
【耕餘筆談】：明 馮子咸
【御龍子瑣談】：明 范守己
【揮麈雅談】：明 范守己
【車螯放言】：明 鄒光弼
【林居漫錄】：明 伍袁萃
【涉古贅言】：明 江氵左
【一得齋瑣言】：明 趙世顯
【聽子】：明 趙世顯
【趙氏連城】：明 趙世顯
【芝圃叢談】：明 趙世顯
【客窗隨筆】：明 趙世顯
【松亭晤語】：明 趙世顯
【使淮續采】：明 蔣以化
【千頃齋雜錄】：明 黃居中
【寱言】：明 何淳之
【冰署筆談】：【筆談】，明 黃汝良
【貽清堂日鈔】：明 錢養廉
【藝林鉤微錄】：明 馬應龍
【偶記】：明 張燮
【鏡古錄】：明 張燮
【巵言原始】：明 張燮
【采亘緒言】：明 張燮
【說類】：明 葉向高
【河上日記】：明 丁此召
【耳談】：【賞心粹語】，明 王同軌
【耳談類增】：明 王同軌
【清浪雜錄】：明 徐良彥
【隨風錄】：明 徐良彥
【秋檐漫記】：明 楊玉潤

【偶記】：明 余懋

【閱耕餘錄】：明 張所望

【貝典雜說】：明 葉秉敬

【檢蠹隨筆】：明 楊宗吾

【槎庵小乘】：明 來斯行

【麈談】：【無盡灯】‧【客邸麈談】，明 來斯行

【霧市選言】：明 王宇

【回生編】：明 張秉文

【硯北瑣言】：明 王志堅

【元壺雜俎】：明 趙爾昌

【金華雜識】：明 楊德周

【剡溪漫筆】：明 孫能傳

【益智編】：【益智書】，明 孫能傳

【四不如類鈔】：明 吳亮

【沈氏弋說】：明 沈長卿

【沈氏日旦】：明 沈長卿

【蟬雪嚨言】：明 畢拱辰

【異林】：明 支允堅

【稗海】：明 商濬

【說郛】：重編本．或作【重編說郛】‧【重校說郛】，明 陶宗儀 原編，陶珽重 校

【續說郛】：明 陶珽

【晴窗綴語】：明 韓期維

【閑暑日鈔】：明 舒榮都

【樗齋漫錄】：明 許自昌

【桐薪】：明 錢希言

【聽濫志】：明 錢希言

【竹素雜考】：明 黃履康

【徵信錄】：明 葛仁美

【五雜組】：明 謝肇淛

【涌幢小品】：明 朱國禎

【雪濤閣四小書】：明 江盈科

【雪濤談叢】：明 江盈科

【雪濤諧史】：明 江盈科

【雪濤詩評】：明 江盈科

【雪濤閑記】：明 江盈科

【名山藏】：【名山藏廣記】，明 張千壘

【巴陵游譜】：明 徐火勃

【客窗記聞】：明 徐火勃

【榕明新檢】：明 徐火勃

【徐氏筆精】：【筆精】，明 徐火勃

【蓬窗日錄】：明 陳全之

【瓦釜漫記】：明 劉世節

【智囊】：明 馮夢龍

【智囊補】：【智囊全集】・【增智囊補】・【增廣智囊補】，明 馮夢龍

【情史】：【情史類略】・【情天寶鑑】，明 馮夢龍

【古今譚概】：【譚概】・【古今笑】・【古今笑史】，明 馮夢龍

【太平廣記鈔】：明 馮夢龍

【露書】：明 姚旅

【愧林漫錄】：明 瞿式耜

【玉芝堂談薈】：【談薈】，明 徐應秋

【王氏青箱餘】：明 王兆雲

【綠天賸說】：明 王兆雲

【廣莫野語】：明 王兆雲

【惊座撼遺】：明 王兆雲

【客窗隨筆】：明 王兆雲

【碣石剩談】：明 王兆雲

【定庵筆記】：明 沈瓚

【京口紀聞】：明 陳仁錫

【偶語】：明 鄭圭

【湘烟錄】：明 閔元京

【梅幌瘂言】：明 張克儉

【兵行紀略】：明 張克儉

【小柴桑喃喃錄】：明 陶奭齡

【癸未夏鈔】：明 釋靜福

【息齋筆記】：明 呂桂森

【五朝小說】：【五朝小說大觀】，明 無名氏

【五朝小說彙編】：明 無名氏
【暇老齋雜記】：【雜記】，明 茅元儀
【野航史話】：明 茅元儀
【掌記】：明 茅元儀
【六月談】：明 茅元儀
【戌樓閑話】：明 茅元儀
【青光】：明 茅元儀
【澄山帛】：明 茅元儀
【誨似錄】：明 陳沂
【維楨錄】：明 陳沂
【存疾錄】：明 陳沂
【枕書】：明 李九標
【纂言鉤玄】：明 王續
【增補鶴林玉露】：明 謝天瑞
【雪堂塵談】：明 潘振
【鏡古篇】：明 董鳴瑋
【醒世外史】：明 汪于止
【益暇錄】：明 無名氏
【說物寓武】：明 無名氏
【愚見記忘】：明 無名氏
【弁山樵暇語】：明 無名氏
【世林】：明 蘭文炳
【樊川叢話】：明 姜兆熊
【西墅雜記】：明 楊穆
【見只編】：明 姚士粦
【天蕉館記談】：明 孔邇
【長安客話】：明 蔣一葵
【風雅叢談】：明 王應山
【綠筠贅言】：明 張慈
【墨卿談乘】：明 張懋修
【說統增訂】：明 張懋
【三徑怡閑錄】：明 高濂
【枕上荒言】：明 嚴敕

【竹窗語錄】：明 嚴右民
【燕間類纂】：明 屠本畯
【演讀書十六觀】：明 屠本畯
【山林經籍志】：明 屠本畯
【山林友議】：明 屠本畯
【輟蟫述】：明 陳全之
【呼桓日記】：明 頃鼎鉉
【轉情集】：明 費元祿
【筠齋漫錄】：明 王學海
【風雲漫錄】：明 談修
【滴露漫錄】：明 談修
【三餘筆錄】：明 談修
【開惑編】：明 談修
【思問初編】：明 陳元齡
【娛耳集】：明 張重華
【藝林剩語】：明 顧成憲
【賓榻悠談】：明 葉繼熙
【南庸日箋】：明 陳元素
【霜舲日札】：明 丁雄飛
【輿史】：明 丁雄飛
【琴鶴鄉剩史】：明 丁雄飛
【江湄舊話】：明 丁雄飛
【德慧錄】：明 包杰
【山中白雲】：明 周暉
【博識考事】：明 戴應鰲
【博識考事繼篇】：明 戴應鰲
【衡門晤語】：明 潘景南
【避暑漫錄】：明 陳王政
【守官漫錄】：明 劉萬春
【偶得紺珠】：明 黃一正
【談林】：明 劉獻鄉
【奏雅篇】：明 顧言
【四事豹斑】：明 劉璞

【眭錄雜言】：明 朱師孔
【荒略】：明 陳龍光
【劍吹樓筆記】：明 曹司直
【葯房隨筆】：明 高道素
【人倫佳事】：明 孔令弘
【日格類抄】：明 王所
【筆談】：明 劉鋌，劉擬和
【紅箱集】：明 尤鐙
【西洪叢語】：【西濱叢語】，明 周恭
【株守談略】：明 馬攀龍
【散齋筆記】：明 王湖槥
【漫叟日錄】：明 金銳
【游海夢談】：明 朱一龍
【聞見漫錄】：明 盛納
【閑居漫讀記】：明 倪復
【觀古錄】：明 倪復
【見聞欄盾】：明 倪復
【桂坡錄】：明 左善贊

• 志人類

【景仰撮書】：【尚論篇】，明 王達
【椒宮舊事】：明王達
【明遺事】：明 無名氏
【紀善錄】：明 杜瓊
【可齋雜記】：【彭文憲公筆記】·【彭公筆記】，明 彭時
【尊聞錄】：明 梁億
【謇齋瑣綴錄】：【瑣綴錄】，明 尹直
【東園客談】：明 孫道易
【寓圃雜記】：明 王琦
【農田餘話】：明 張翼
【醫間漫記】：明 賀欽
【濯纓亭筆記】：【筆記】，明 戴冠

【說雋】：明 華淑
【立齋閑錄】：明 宋端儀
【震澤紀聞】：【守溪筆記】·【守溪長語】，明 王鏊
【吳中往哲記】：【往哲記】，明 楊循吉
【吳中故語】：明 楊循吉
【蘇談】：明 楊循吉
【對客燕談】：明 邵寶
【野記】：【九朝野記】·【枝山野記】，明 祝允明
【猥談】：明 祝允明
【前聞記】：明 祝允明
【畜德錄】：明 陳沂
【明記略】：【皇明記略】·【近峰記略】，明 皇甫錄
【金臺紀聞】：明 陸深
【溪山餘話】：明 陸深
【翦胜野聞】：明 徐禎卿
【續吳中往哲記】：明 黃魯曾
【續吳中往哲記補遺】：明 黃魯曾
【雲林遺事】：明 顧元慶
【簷曝偶談】：明 顧元慶
【復齋日記】：明 許浩
【玉池談屑】：明 徐泰
【青溪暇筆】：【清溪暇筆】，明 姚福
【病逸漫記】：明 陸釴
【賢識錄】：明 陸釴
【涇林雜記】：明 周玄俊
【涇林類記】：明 周玄俊
【苹野纂聞】：明 伍余福
【蒹暇堂雜著】：【蒹暇堂雜著摘抄】·【蒹暇堂雜抄】，明 陸楫
【吏隱錄】：明 沈津
【畜德集】：明 秦禮
【猶及篇】：明 楊名
【觀槿野言】：明 楊名
【何氏語林】：【語林】，明 何良俊

【世說新語補】：明 何良俊
【癖史】：明 聞道人
【病榻遺言】：明 高拱
【談資】：明 秦鳴雷
【先進遺風】：明 耿定向
【初潭集】：明 李贄
【宦游紀聞】：明 張誼
【郊外農談】：明 張斧
【北窗瑣語】：明 余永麟
【機警】：明 王文祿
【龍興慈記】：明 王文祿
【庭聞述略】：【庭聞紀略】, 明 王文祿
【草屋雜談】：明 楊勛肖
【西吳里語】：明 宋雷
【明朝典故輯遺】：明 無名氏
【筆記】：明 連鑲
【螭頭密語】：明 楊儀(未詳)
【曲中志】：明 潘之恒
【山棲志】：明 慎蒙
【東園友聞】：明 無名氏
【明興雜記】：【明廷雜記】, 明 陳敬則
【客坐新聞】：【石田翁客坐新聞】, 明 沈周
【邇訓】：明 方學漸
【呪聞錄】：明 華善繼
【說儲】：【說麈】, 明 陳禹謨
【說儲二集】：明 陳禹謨
【管窺小識】：明 無名氏
【汝南遺事】：明 李本固
【霞外麈談】：明 周應治
【西山日記】：明 丁元薦
【燕都妓品】：明 無名氏
【麈餘】：明 謝肇淛
【玉堂叢語】：【玉堂叢話】, 明 焦竑

【明世說】：明 焦竑
【問奇類林】：明 郭良翰
【問奇類林續】：明 郭良翰
【問奇一覺】：明 郭良翰
【明世說新語】：明 李紹文
【蘇米譚史】：明 郭化 或 張師繹
【蘇米譚史廣】：明 郭化
【秋涇筆乘】：明 宋鳳翔
【舌華錄】：明 曹臣
【涇林續集】：明 周玄日韋
【讀書鏡】：明 陳繼儒
【談冶錄】：明 徐廣
【琅嬛史唾】：明 徐象梅
【古語林】：明 賀虞賓
【廣世說新語】：明 賀虞賓
【唐世說】：明 賀虞賓
【宋世說】：明 賀虞賓
【明世說】：明 賀虞賓
【長洲野志】：明 伍卿忠
【耳剽集】：明 伍卿忠
【續震澤紀聞】：明 王禹聲
【近事叢殘】：明 沈瓚
【嶠南瑣記】：明 魏浚
【見聞雜記】：明 李樂
【清賞錄】：明 包衡
【歷朝野史】：【斬史】, 明 查應光
【兒世說】：明 趙瑜
【玉鏡新譚】：【逆璫事略】, 明 朱長祚
【耳新】：明 鄭仲夔
【蘭畹居清言】：【清言】, 明 鄭仲夔
【雋區】：明 鄭仲夔
【南北朝新語】：明 林茂桂
【增定玉壺冰】：明 閔元衢

【廣玉壺冰】：明 張帮伺
【蘇米志林】：明 毛晉
【舊京遺事】：明 史玄
【昨非庵日纂】：【昨非齋日纂】，明 鄭渲
【玉堂薈記】：明 楊士聰
【容溪雜記】：明 無名氏
【澤山雜記】：【澤山野錄】，明 徐咸(未詳)
【投瓮隨筆】：明 姜南
【嵩陽雜識】：明 無名氏
【沂陽日記】：明 無名氏
【鳳凰臺記事】：明 馬生龍
【駒陰冗記】：明 闞莊
【泉南雜志】：【泉南雜記】，明 陳懋仁
【避暑漫筆】：明 談修
【呵凍漫筆】：【呵凍筆談】，明 談修
【妬記】：明 楊若增
【類纂灼艾集】：明 王佐
【集世說】：明 孫令弘
【月山叢談】：明 李文風

● 諧謔類

【香奩四友傳】：明 陸煥章
【十處士傳】：明 支立
【百感錄】：明 陳相或丁相
【笑林】：明 張詩(未詳)
【居學餘情】：明 陳中州
【与物傳】：明 王文祿
【權子雜組】：【權子】，明 耿定向
【黎洲野乘】：明 舒纓
【自樂編】：明 李豫亨
【笑贊】：明 趙南星
【諧叢】：明 鐘惺

【善謔錄】：明 陳沂
【雅謔】：明 無名氏
【應諧錄】：明 劉元卿
【善謔錄】：明 太函山人
【聾觀】：【憨聾觀】，明 屠本畯
【五子諧冊】：明 屠本畯
【憨子雜俎】：明 屠本畯
【艾子外語】：明 屠本畯
【捧腹編】：明 許自昌
【笑林】：明 浮白主人
【謔浪】：明 郁履行
【諧藪】：明 無名氏
【迂仙別記】：明 張夷令
【續笑林】：明 無名氏
【艾子後語】：明 陸灼
【諧史】：明 徐常吉
【游翰稗編】：明 梁溪無名生
【古今寓言】：明 陳世寶
【諧史集】：明 朱維藩
【廣滑稽】：明 陳禹謨
【談言】：明 江盈科
【笑府】：明 馮夢龍
【廣笑府】：明 馮夢龍
【精選雅笑】：明 醉月子
【華筵趣樂談笑酒令】：【博笑珠璣】，明 無名氏
【時興笑話】：【遣興佳話】・【笑到底】・【時尚佳話笑到底】，明 陳繼儒
【名物寓言】：明 朱存理
【解慍編】：明 樂天大笑生
【笑禪錄】：明 潘游龍
【時尚笑談】：明 無名氏
【笑海千金】：【笑苑千金】・【東坡笑苑千金】，明 無名氏
【解頤贅語】：明 無名氏
【亡烏子】：明 無名氏

【諧史續】：明 徐火勃
【古今文房登庸錄】：明 黃謙
【滑稽雜編】：明 王薇
【胡盧編】：明 無名氏
【噴飯錄】：明 無名氏
【正續貲譜】：明 思貞子

第五編　清代에서 民初까지

● 志怪類

【諾皋廣志】：清 徐芳
【冥報錄】：清 陸圻
【龜臺琬談】：清 張正茂
【王烈婦】：清 無名氏
【天祿識餘】：清 高士奇
【見聞瑣異鈔】：清 嚴曾榘
【秋谷雜編】：清 金維寧
【耳書】：清 佟世恩
【殘籭故事】：清 香谷氏
【熙怡錄】：清 戴墊
【信徵錄】：清 徐慶
【述異記】：清 東軒主人
【曠園雜志】：清 吳陳炎
【騆署雜抄】：清 汪爲熹
【見聞紀異】：清 陳藻
【雷譜】：清 金侃
【聞見偶錄】：清 朱象賢
【張氏巵言】：清 張無贗
【山齋客譚】：清 景星杓
【見聞錄】：【說部精華見聞錄】，清 徐岳
【談虎】：清 趙彪詔

【蚓庵瑣語】：清 李王逋
【史異纂】：清 傅燮詷
【有明異叢】：清 傅燮詷
【果報見聞錄】：清 物式傳
【簪雲樓雜說】：清 陳尚古
【子不語】：【新齊諧】，清 袁枚
【續子不語】：清 袁枚
【閱微草堂筆記】：清 紀昀
【灤陽消夏錄】：清 紀昀
【如我是聞】：清 紀昀
【槐西雜志】：清 紀昀
【姑妄聽之】：清 紀昀
【灤陽續錄】：清 紀昀
【東皋雜抄】：清 董潮
【夜譚隨錄】：清 和邦額
【諧鐸】：清 沈起鳳
【續諧鐸】：清 沈起風
【六合內外瑣言】：【瑣蛣雜記】，清 屠紳
【夢闌瑣筆】：清 楊夏吉
【夢闌續筆】：清 楊夏吉
【咫聞錄】：清 溫汝适
【三異筆談】：清 許仲元
【客窗偶筆】：【客窗筆記】·【守一齋客窗筆記】，清 金捧閶
【秋坪新語】：清 無名氏
【晉人麈】：清 沈日霖
【鬼窟】：清 傅汝大 輯，陳士鑣 錄
【新搜神記】：清 李調元
【尾蔗叢談】：清 李調元
【聽雨軒筆記】：清 清凉道人
【客窗閑話】：清 吳熾昌
【妄妄錄】：清 朱海
【異談可信錄】：清 鄧暄
【影談】：清 管世灝

【志異新編】：清 清福
【閩中錄異】：清 黃錫蕃
【志異續編】：【亦夏如是】・【聊齋續編】，清 宋永岳
【墨餘書異】：清 蔣知自
【聞見異辭】：清 許秋坨
【廿一史感應錄】：清 彭希濂
【北東園筆錄】：【勸戒近錄】・【池上草堂筆記】，清 梁恭辰
【聊齋遺志】：清 無名氏
【瑣事閑錄】：清 張昀
【信徵全集】：清 段永源
【聊齋外集】：清 段永源
【見聞隨筆】：清 齊學裘
【見聞續筆】：清 齊學裘
【雪煩廬記異】：清 張道
【四海記】：清 醉犀生
【雪窗新語】：清 夏昌祺
【香飲樓賓談】：清 陸長春
【鸝砭軒質言】：清 戴蓮芬
【右臺仙館筆記】：清 俞樾
【廣楊園近鑑】：清 俞越
【壺天錄】：清 百一居士
【談史志奇】：清 松泉, 彥臣
【醉茶志怪】：【奇奇怪怪】，清 李慶辰
【談異】：清 王景賢
【續廣博物志】：清 徐壽基
【雨窗消意錄】：【雨窗消意錄甲部】，清 牛應之
【異談暇筆】：清 半峰氏
【物妖傳】：清 葆光子
【春霖話異】：清 廖其乂
【見聞錄異】：清 陳奇銑
【陰德報應錄】：清 朱邦定
【古今靈異】：清 無名氏
【禾中灾異錄】：清 陶越

【今齊諧】：清 蹇蹇
【說林】：【馬氏隨筆】，清 錫泰
【仙壇花語】：清 浮園主人
【經香閣見聞紀實】：民初 郭鴻厘

● **傳奇類**

【董小宛傳】：清 張明弼
【虞山妖亂志】：清 馮舒
【湯琵琶傳】：清 王猷定
【補張靈崔瑩合傳】：清 黃周星
【陳小怜傳】：清 杜濬
【喬復生王再來二姬合傳】：清 李漁
【秦淮健兒傳】：清 李漁
【影梅庵憶語】：清 冒襄
【馬伶傳】：清 侯方域
【大鐵椎傳】：清 魏禧
【姍姍傳】：清 黃永
【楊娥傳】：清 劉鈞
【書葉氏女事】：清 屈大鈞
【元寶公案】：清 謝開寵
【會仙記】：清 徐喈鳳
【後會仙記】：清 仇元善
【艷情逸史】：清 無名氏
【過墟志】：【過墟志感】·【孀姝殊遇】，清 墅西逸叟
【塵餘】：清 曹宗璠
【王氏復仇記】：清 無名氏
【十美詞紀】：清 鄒樞
【奇奴傳】：清 馮景
【聊齋志異】：清 蒲松齡
【異史】：清 蒲松齡
【志異摘抄】：清 蒲松齡
【聊齋志異遺稿】：清 蒲松齡
【聊齋志異拾遺】：清 蒲松齡

【聊齋志異未刊稿】：清 蒲松齡
【聊齋志異逸編】：清 蒲松齡
【看花述異記】：清 王晫
【圓圓傳】：清 陸次雲
【留溪外傳】：清 陳鼎
【邵飛飛傳】：清 陳鼎
【艷囮二則】：【思庵閑筆】，清 嚴虞惇
【虞初新志】：清 張潮
【絳雲樓俊遇】：清 嗥嗥子
【扶風傳信錄】：【叙事解疑】，清 吳騫
【夜明竹記】：清 吳騫
【半暇筆談】：清 孟瑢樾
【無稽讕言】：清 王蘭皐
【螢窗異草】：清 長白浩歌子尹慶蘭
【桂山錄異】：清 顧詮
【花仙傳】：清 蔡綏
【小豆棚】：清 曾衍東
【浮生六記】：清 沈夏
【憶書】：清 焦循
【耳食錄】：清 樂鈞
【鏡花水月】：清 婁東羽衣客
【虞初續志】：清 鄭澍若
【廣虞初新志】：清 黃承增
【蕉軒摭錄】：清 俞國麟
【笑史】：清 陳庚
【里乘】：【留仙外史】，清 許奉恩
【廣東劫火記】：清 梁恭辰
【香畹樓憶語】：清 陳裴之
【黃竹子傳】：清 吳蘭修
【珠江梅柳記】：清 周有良
【挑灯新錄】：清 荊園居士
【埋憂集】：【珠村談怪】，清 朱翊清
【田臾傳】：清 朱作霖

【警俗編】：【如夢覺】，清 夏之時
【醒睡錄】：清 鄧文濱
【道聽途說】：清 潘綸恩
【艷異新編】：【新聞新里新】，清 俞達
【遁窟讕言】：【遁叟奇談】，清 王韜
【淞隱漫錄】：清 王韜
【淞濱瑣話】：清 王韜
【夜雨秋灯錄】：清 宣鼎
【解西呈語】：清 蘭月樓主人
【野客讕語】：清 泖濱野客
【老人夢語】：清 鷗鄉老人
【燕山外史】：清 陳球
【客中異聞錄】：清 杜晉卿
【茶餘談薈】：清 見南山人
【澆愁集】：清 鄒弢
【太仙漫稿】：清 韓邦慶
【蟫史】：【新野叟曝言】，清 屠紳
【虞初新志】：清 錢學綸
【續劍俠傳】：清 鄭觀應
【泛湖偶記】：清 繆艮
【沈秀英傳】：清 繆艮
【周櫟園奇緣記】：清 徐忠
【七夕夜游記】：清 沈逢春
【老狐談歷代麗人記】：清鵝湖逸士
【夏閨晚景瑣說】：清 湯春生
【嘒庵叢錄】：清 戴坤
【珠江奇遇記】：清 劉瀛
【某中丞夫人】：清 無名氏
【女俠荊儿記】：清 無名氏
【記某生爲人唆訟事】：清 無名氏
【某中丞】：清 無名氏
【黑美人別傳】：清 無名氏
【俞三姑傳】：清 無名氏

【玫瑰花女魅】：清 無名氏
【記某生爲人雪冤事】：清 無名氏
【貞烈婢黃翠花傳】：清 無名氏
【溫柔鄉記】：清 梁國正
【女俠翠雲娘傳】：清 秋星
【女盜俠傳】：清 酉陽
【記栗主殺賊事】：清 潮聲
【十八娘傳】：清 趙古農
【太恨生傳】：清 徐瑤
【虞美人傳】：清 沈廷桂
【梵門綺語錄】：清 無名氏
【游梁瑣記】：清 黃軒祖
【劍俠】：清 胡汝才
【虞初近志】：民初 胡懷琛
【虞初支志】：民初 王葆心
【囂囂瑣言】：民初 儲仁遜
【女聊齋志異】：【女聊齋】，民初 賈茗

● 雜俎類

【廣陵香影錄】：清 徐鳳采
【書影】：【因樹屋書影】，清 周亮工
【讀史隨筆】：清 陳忱
【板橋雜記】：清 余懷
【東山談苑】：清 余懷
【美人判】：清 尤侗
【矩齋雜記】：清 施閏章
【西河雜箋】：清 毛奇齡
【越語肯綮錄】：清 毛奇齡
【括談】：清 奕賡
【寄楮備談】：清 奕賡
【三岡識略】：清 董含
【三岡續志略】：清 董含

【蓴鄉贅筆】：清 董含
【說夢】：清 曹家駒
【稗說】：清 宋起鳳
【鄉談】：清 田易
【太平廣記節要】：清 陶作楫
【在園雜志】：清 劉廷璣
【寄園寄所寄】：清 趙吉士
【筠廊偶筆】：清 宋犖
【筠廊二筆】：清 宋犖
【池北偶談】：【石帆亭紀談】，清 王士禛
【香祖筆記】：清 王士禛
【說部精華】：清 王士禛
【人海記】：清 查慎行
【繡谷叢說】：清 吳焯
【觚剩】：清 鈕琇
【堅瓠集】：清 褚人獲
【渠丘耳夢錄】：清 張貞
【春樹閑鈔】：清 顧嗣立
【黃睡漫志】：清 汪坤
【聞見卮言】：清 祝文彥
【松下雜鈔】：清 無名氏
【闈義】：清 吳肅公
【五石瓠】：清 劉鑾
【三依贅人廣自序】：清 汪价
【廣孤樹哀談】：清 黃虞稷
【看山閣閑筆】：清 黃圖泌
【說瘕】：【瘕苑】，清 汪沆
【宦游紀聞】：清 鄭方坤
【旅滇聞見隨筆】：清 無名氏
【詩禮堂雜纂】：清 王又朴
【過庭紀餘】：清 陶越
【藏山稿外編】：清 徐芳
【柳南隨筆】：清 王應奎

【柳南續筆】：清 王應奎
【裨勺】：清 鮑鉁
【遁齋偶筆】：清 徐昆國
【東城雜記】：清 厲鶚
【談暇】：清 陳萊孝
【西清散記】：清 史震林
【排悶錄】：【異聞錄】，清 孫沫
【廣新聞】：清 孫沫
【柳崖外編】：清 徐昆
【茶餘客話】：清 阮葵生
【簷曝雜記】：清 趙翼
【奩史】：清 王初桐
【桃溪客語】：清 吳騫
【夢厂雜著】：清 俞蛟
【夢筆生花】：清 繆艮
【涂說】：清 繆艮
【滋堂紀聞】：清 陳居祿
【漱華隨筆】：清 嚴有禧
【三衢可談錄】：清 翟灝
【柚堂續筆談】：清 盛百二
【歷朝美人網目百韻全書】，清 王大樞
【瓊花館近談】：清 施朝干
【天全州聞見錄】：清 陳登龍
【玉荷隱語】：清 費源
【群珠集】：清 費源
【唐人說薈】：【唐代叢書】，清 陳世熙
【漁磯漫鈔】：清 雷琳
【質直談耳】：清 錢兆鰲
【井蛙雜記】：清 李調元
【揚州夢】：清 周生
【鷄談】：清 黃如鑑
【續板橋雜記】：清 珠泉居士
【雪鴻小記】：清 珠泉居士

【廣談助】：清 方飛鴻
【晉唐小說暢觀】：清 馬俊良
【雲峰偶筆】：清 屈振鐮
【語新】：清 錢學綸
【吳翌風小說】：清 吳翌鳳
【飲淥軒隨筆】：清 伍宇澄
【歸田瑣記】：清 梁章鉅
【竹葉亭雜記】：清 姚元之
【春夢十三痕】：清 許桂林
【蝶階外史】：清 高繼衍
【潛園集錄】：清 屠倬
【豈有此理】：清 無名氏
【更豈有此理】：清 無名氏
【續太平廣記】：清 陸壽名
【芝庵雜記】：清 陸雲錦
【山居閑談】：清 肖智漢 輯，肖秉信 注
【息影偶錄】：清 張埏
【野語】：【南峰語乘】，清 印垣
【昔柳摭談】：清 梓華生
【印雪軒隨筆】：清 俞鴻漸
【寶存】：清 胡式鈺
【青溪風雨錄】：清 雪樵居士
【養吉齋叢錄】：清 吳振棫
【養吉齋餘錄】：清 吳振棫
【榆巢雜識】：清 趙愼畛
【詅痴符】：清 無名氏
【榜園消夏錄】：清 郭麟
【藤花閣偶記】：清 朱橒
【履園叢話】：清 錢泳
【竹如意】：清 馬國翰
【止園筆談】：【筆談】，清 史夢蘭
【夢花雜志】：清 李澄
【皆大歡喜】：清 無名氏

【談徵】：清 方外山人
【松筠閣鈔異】：清 高承勛
【鄺齋雜記】：清 陳曇
【島居隨錄】：清 盧若騰
【兩般秋雨庵隨筆】：清 梁紹壬
【水窗春囈】：【曉窗春語】，清 歐陽兆熊金安清
【一斑錄】：清 鄭光祖
【翼駉稗編】：清 湯用中
【賢已編】：清 黃安濤
【梁園花影】：清 宮癯仙
【浪迹叢談】：清 梁章鉅
【浪迹續談】：清 梁章鉅
【浪迹三談】：清 梁章鉅
【敏求軒述記】：清 程世箴
【常談叢錄】：清 李元復
【癯翁叢鈔】：清 李庚長
【鶼園隨筆】：清 吳覲
【夢園叢記】：【夢園叢說內篇】·【夢園叢說外篇】，清 方浚頤
【雨窗記所記】：清 謝坤
【耐冷譚】：清 宋咸熙
【湘烟小錄】：清 陳裴之
【天涯聞見錄】：清 魏祖亭
【蓬窗附錄】：清 沈兆沄
【客窗閑話】：清 吳靖符
【想當然耳】：清 鄒鐘
【桐蔭清話】：清 倪鴻
【盾鼻隨聞錄】：清 俞太琛
【說快又續筆記】：清 童葉庚
【瑣記】：【曼陀羅華閣瑣記】，清 杜文瀾
【証諦山人雜志】：清 葉騰驤
【小家語】：清 黃沐三
【庸閑齋筆記】：清 陳其元
【墨餘錄】：【對山書屋墨餘錄】·【對山餘墨】，清 毛祥麟

【金壺七墨】：清 黃鈞宰
【醉鄉瑣志】：清 黃体芳
【寄龕志】：清 孫德祖
【坐花志果】：清 汪道鼎
【遺珠貫索】：清 張純照
【宋人小說類編】：清 吳爲楫
【宋人小說類編補鈔】：一作【宋人小說續編】，清 吳爲楫
【餘墨偶談】：清 孫橒
【習苦齋筆記】：清 戴熙
【蕉軒隨錄】：【蕉軒續錄】，清 方浚師
【菊部群英】：清 邗江小游仙客
【耕餘瑣聞】：清 龔泉
【妙香室叢話】：清 張培仁
【靜娛亭筆記】：清 張培仁
【花箋錄】：清 孫兆溎
【五五】：清 俞樾
【仕隱齋涉筆】：清 丁治棠
【庸庵筆記】：清 薛福成
【此中人語】：清 程麟
【異書四种】：清 無名氏
【虫鳴漫錄】：清 采蘅子
【艷史叢鈔】：清 王韜
【粟香隨筆】：清 金武祥
【三借廬贅談】：【三借廬筆談】，清 鄒弢
【椒生隨筆】：清 王之春
【珊瑚舌雕談初筆】：清 許起
【滄海遺珠錄】：清 小藍田忏情侍者
【瞑庵雜識】：清 朱克敬
【斯陶說林】：清 王用臣
【紅杏山房見聞隨筆】：清 盧秉鈞
【風月談餘錄】：清 徐兆丰
【游夢倦談】：清 吳紹箕
【筆夢淸談】：清 吳紹箕

【塵夢醒談】：清 吳紹箕
【羅浮夢記】：清 醉石居士
【磯園寄梗錄】：清 無名氏
【惊喜集】：清 程畹
【潛庵漫筆】：清 程畹
【海天餘話】：清 筴堅外史
【屑玉叢談】：清 錢徵 蔡爾康
【瑣談】：清 姚光晉
【雨窗瑣談】：清 董皓
【雲窗閑遺編】：清 萬徵齡
【涉獵隨筆】：清 翟灝
【玉屑篋】：清 翟灝
【醉鄉雜史】：清 吳兆隆
【甌茗小記】：清 吳兆隆
【叢殘小語】：清 丁健
【蕉窗日記】：清 陳克鑑
【攬秀軒隨筆】：清 盧潮生
【雨窗紀聞】：清 范炳
【卯兮紀聞短檠綴言】：清 張湖
【緒南筆譚】：清 許嗣芋
【竹隱廬隨筆】：清 鄭永禧
【卓拂查言】：清 柯浚
【礪史】：清 陸韜
【科名炯鑑】：清 陳雲駿
【江樵雜錄】：清 丁文策
【壯非瑣言】：清 丁文策
【短檠隨筆】：清 楊楷
【寓庵瑣記】：清 徐中恒
【鷗巢閑筆】：清 張道
【唐開元小說六种】：【唐人小說六种】，清 葉德輝
【香艷小品】：清 沈宗畸
【南亭四話】：清 李伯元
【隨緣筆記】：清 周大健

【記聞類編】：清 無名氏
【退思軒隨筆】：清 陳肇波
【續鶴林玉露】：清 楊郁林
【隨筆錄】：清 蘇爕國
【聞見錄】：清 袁文超
【永江紀日】：清 黃中通
【閑居呪聞】：清 陳遷鶴
【萍游偶記】：清 黃允肅
【滄桑遺記】：清 蔡士哲
【南窗叢記】：清 伊朝棟
【張後槎隨見錄】：清 張鶴年
【蝸廬瑣識】：清 林瑛
【客窗摘覽】：清 黃鑛
【梅谷偶筆】：清 陸烜
【散花庵叢語】：清 葉鑛
【虞諧志】：清 尙湖漁父
【帝城花樣】：【辛壬癸甲錄】・【長安看花前記】
【長安看花記】：【長安看花後記】，清 無名氏
【退餘叢談】：清 鮑倚雲
【碧聽吟館談麈】：清 許善長
【斷袖篇】：清 吳下阿蒙
【春宵寐剩】：清 夢花主人
【掃軌閑談】：清 江熙
【少見錄】：清 吳文溥
【夢餘筆談】：清 黎安理
【公餘偶筆】：清 杜鈞
【古鏡錄】：清 林樹寅
【隨園軼事】：清 蔣敦夏
【靑溪載酒記】：清 車伯雅
【多暇錄】：清 程庭鷺
【孤蓬聽雨錄】：清 嚴保庸
【蓼莫子雜識】：清 俞興瑞
【城南夜話】：清 沈大本

【城南續話】：清 沈大本
【鹿草囊】：【寶仁堂鹿革】
【見聞近錄】：清 俞超
【高辛硯齋雜著】：清 俞鳳
【吾廬筆談】：清 李佐賢
【祇可自怡】：清 吉珩
【青氍夢】：清 焦承秀
【雜物叢言】：清 余國光
【侯鯖新錄】：清 沈定年
【蔗餘偶筆】：清 方士淦
【聞見偶記】：清 鄒樹榮
【聽雨錄】：清 楊浚
【稽古錄】：清 楊浚
【碎金錄】：清 楊浚
【昨非錄】：清 楊浚
【臥游錄】：清 楊浚
【雲在軒筆談】：清 錢希
【松石廬筆記】：清 秦文炳
【枉了集】：清 范琛
【燕臺花表】：清 坦溪寓翁
【鹿城夢憶】：【鹿城紀游】，清 周健行
【香艷叢書】：清 虫天子
【古今說部叢書】：清 無名氏
【筆記小說大觀】：清 無名氏
【說庫】：清 王文濡
【清人說薈】：清 雷縉
【清代筆記叢刊】：清 無名氏
【平等閣筆記】：民初 狄葆賢
【清代野記】：【四朝野記】，民初 梁溪坐觀老人
【隨筆備考】：民初 唐瀛
【清談】：民初 歐陽紹熙

- **志人類**

    【女世說】：清 李清

    【外史新奇】：清 李清

    【雲間雜記】：【雲間雜志】，清 無名氏

    【說鈴】：清 汪琬

    【婦人集】：清 陳維崧

    【南吳舊話錄】：清 李延昰

    【客途偶記】：清 鄭与橋

    【談助】：清 王崇簡

    【玉劍尊聞】：清 梁維樞

    【明語林】：清 吳肅公

    【庭聞州世說】：清 宮偉鏐

    【續庭聞州世說】：清 宮偉鏐

    【今世說】：清 王晫

    【研堂見聞雜記】：【研堂見聞雜錄】，清 無名氏

    【客舍偶聞】：清 彭孫貽

    【皇華紀聞】：清 王士禛

    【海鷗小譜】：清 趙執信

    【石里雜識】：【石里雜志】，清 張尚瑗

    【養疴客談】：清 近魯草堂主人

    【吳語】：清 戴延年

    【秋鐙叢話】：清 戴延年

    【香天談藪】：清 吳雷發

    【漢世說】：清 章撫功

    【秦雲擷英小譜】：清 王昶

    【粵西從宦略】：清 王庭筠

    【州乘餘聞】：清 宋弼

    【竹西花事小錄】：清 芬利它行者

    【南北史捃華】：清 周嘉猷

    【秋鐙叢話】：清 王械

    【巽絳編】：清 楊望秦

    【消夏閑記摘鈔】：【消夏閑記選存】，清 顧公燮

    【聞見錄】：清 蔡憲升

【明逸編】：【明世說補】，清 江有溶 撰，鄒統魯 增補
【燕蘭小譜】：清 吳長元
【群芳外譜】：清 壺隱痴人
【兩晉清談】：清 沈呆之
【春泉聞見錄】：清 劉壽眉
【吳門畫舫錄】：清 西溪山人
【吳門畫舫續錄】：清 個中生
【明齋小識】：清 諸聯
【秦淮畫舫錄】：清 捧花生
【畫舫餘談】：清 捧花生
【初月樓聞見錄】：清 吳德旋
【初月樓續聞見錄】：清 吳德旋
【金臺殘淚記】：清 張際亮
【南浦秋波錄】：清 張際亮
【粵屑】：清 劉世馨
【十洲春語】：清 姚燮
【白門新柳記】：清 薛時雨
【白門衰柳附記】：清 薛時雨
【女世說】：清 嚴蘅
【耳郵】：清 俞樾
【薈蕞編】：清 俞樾
【名雋初集】：清 戴咸弼
【巾國須眉記】：清 董恂
【珠江名花小傳】：清 繆艮
【見聞瑣錄】：清 歐陽昱
【宋艷】：清 徐士鑾
【京塵雜錄】：清 楊懋建
【逸農筆記】：清 黃鴻藻
【海陬冶游錄】：清 王韜
【花國劇談】：清 王韜
【燕臺花事錄】：清 王增棋
【儒林瑣記】：清 朱克敬
【雨窗消意錄】：清 朱克敬

【史唾增刪】：清 吳兆隆
【南北朝世說】：清 張繼泳
【梓里甘聞】：清 柯浚
【趼廣剩墨】：清 吳沃堯
【研廣筆記】：清 吳沃堯
【中國偵探案】：清 吳沃堯
【上海三十年艷迹】：清 吳沃堯
【我佛山人筆記四种】：清 吳沃堯
【我佛山人札記小說】：清 吳沃堯
【鵲南雜錄】：清 戴束
【艷迹編】：清 孫兆溎
【秦淮艷品】：清 張曦照
【見見聞聞錄】：清 丁鈺
【蘭芷零香錄】：清 楊思壽
【豪譜】：清 高承勛
【讕言瑣記】：清 劉因之
【世說補】：清 黃汝霖
【張文襄幕府見聞】：清 漢濱讀易者
【秦淮廣記】：清 繆荃蓀
【東海遺聞】：清 尹蘊清
【記所聞記所見記所事】：民初 無名氏
【滿清官場百怪錄】：民初 無名氏
【談往】：民初 花村看行侍者
【新世說】：民初 易宗夔
【零金碎玉】：民初 無名氏

● **諧謔類**

【漢林四傳】：清 鄭相如
【遣愁集】：清 張貴胜
【豆區八友傳】：清 王著
【三山笑史】：清 無名氏
【笑倒】：清 陳皋謨

【增訂解人頤新集】：淸 趙恬養
【笑得好】：【新評笑得好】·【異談笑叢錄】, 淸 石成金
【吳鰥放言】：淸 吳莊
【硯北叢錄】：淸 黃叔琳
【筆史】：淸 楊忍本
【笑林廣記】：淸 游戲主人
【夜航船】：淸 破額山人
【霄雅隱語】：淸 查傳蓉
【七嬉】：淸 栖雲野客
【一笑】：淸 兪樾
【笑笑錄】：淸 獨逸窩退士
【嘻談錄】：淸 小石道人
【笑林廣記】：淸 程世爵
【俏皮話】：淸 吳沃堯
【新笑史】：淸 吳沃堯
【新笑林廣記】：淸 吳沃堯
【籌鼎覺迷錄】：淸 兪奉琛
【雅趣藏書】：淸 錢書
【噴飯錄】：淸 楊浚

附錄一：小說의 範疇 및 境界에 있는 작품

【藝經】：三國 魏 邯鄲淳
【封氏聞見記】：唐 封演
【煎茶水記】：【水經】, 唐 張又新
【正元飲略】：唐 竇常
【炙轂雜錄】：【炙轂子】·【炙轂子雜錄注解】
【炙轂子錄】：唐 王睿
【嘯旨】：【玉川子嘯旨】, 唐 盧仝
【平泉草木記】：【平泉山居草木記】, 唐 李德裕
【刊誤】：【刊語】, 唐 李涪
【資暇集】：【資暇】·【資暇錄】, 唐 李匡文
【文房四譜】：宋 蘇易簡

【荔枝譜】：宋 蔡襄
【花品】：宋 釋仲林
【庭宣譜】：宋 同塵先生
【花木錄】：宋 張宗海
【歐公詩話】：宋 歐陽修
【續詩話】：【司馬溫公詩話】，宋 司馬光
【中山詩話】：【劉攽貢父詩話】·【貢父詩話】，宋 劉攽
【牡丹榮辱志】：宋 邱璇
【洛陽貴尚錄】：宋 邱璇
【東坡詩話】：宋 蘇軾
【南宮詩話】：宋 葉凱
【麟書】：宋 汪若海
【師友談記】：【師友閑談】，宋 李廌
【歸叟詩話】：宋 王直方
【詩眼】：宋 范溫
【訂誤集】：宋 魏泰
【大隱居士詩話】：宋 無名氏
【談叢究理】：宋 陳師道
【後山詩話】：【後山居士詩話】，宋 陳師道
【蘇氏談訓】：【魏公談訓】，宋 蘇象先
【坐右書】：宋 句穎
【烏臺詩話】：宋 無名氏
【玉澗雜書】：宋 葉夢得
【燕語考異】：宋 宇文紹奕
【錢譜】：宋 董卣
【歷代錢譜】：宋 李孝友
【世說叙錄】：宋 汪藻
【翰墨叢紀】：宋 滕康
【詩海遺珠】：宋 湯巖起
【苕溪漁隱叢話】：宋 胡仔
【四六談麈】：宋 謝伋
【四六餘話】：宋 楊囷道
【艇齋詩話】：宋 曾季貍

【八面鋒】：宋 陳傅良
【山陰詩話】：宋 陸游
【姚氏殘語】：【西溪叢話】·【叢語】·【西溪叢語】，宋 姚寬
【稿簡贅筆】：宋 章淵
【學齋占畢】：宋 史繩祖
【釋常談】：宋 無名氏
【續釋常談】：宋 龔頤正
【芥隱筆記】：宋 龔頤正
【別釋常談】：【別續常談】，宋 施君英
【芦浦筆記】：宋 劉昌詩
【洞天清祿】：宋 趙希鵠
【烟波圖】：【烟波漁隱詞】，宋 宋伯仁
【經鋤堂雜志】：宋 倪思
【枕上言】：【枕上語】·【東州幾上語】，宋 施淸臣
【古今諺】：宋 周守忠
【鼠璞】：宋 戴埴
【書齋夜話】：宋 俞琰
【愛日齋叢鈔】：宋 葉寘
【話腴】：宋 陳郁
【識遺】：宋 羅璧
【雲烟過眼錄】：宋 周密
【浩然齋視聽鈔】：【浩然齋意鈔】·【浩然齋雅談】，宋 周密
【竹莊詩話】：宋 何汶
【垂虹詩話】：宋 周知和
【錄鬼簿】：元 鐘嗣成
【靑樓集】：元 夏庭芝
【日損齋筆記】：【黃文獻公筆記】，元 黃溍
【古杭雜記詩集】：元 無名氏
【玉堂詩話】：元 無名氏
【四端通俗詩詞】：明 陶輔
【桑楡漫志】：【桑楡漫筆】，明 陶輔
【菊坡叢話】：【菊坡叢語】，明 單宇
【讕言長語】：【讕言編】，明 曹安

【類博雜言】：【類博稿雜言】，明 岳正

【拘虛寤言】：【拘虛晤言】，陳沂

【讀書筆記】：明 祝允明

【祝子小言】：明 祝允明

【蠶衣】：明 祝允明

【鷗峰雜著】：明 陸煥章

【李氏居室記】：明 李濂

【埤雅廣要】：明 牛衷

【丹鉛總錄】：明 楊慎

【卮言】：明 楊慎

【談苑醍醐】：明 楊慎

【藝林伐山】：明 楊慎

【瑾戶錄】：明 楊慎

【清暑錄】：明 楊慎

【病榻手吹】：明 楊慎

【古今諺】：【古今風謠】，明 楊慎

【墨池瑣錄】：明 楊慎 或作 王渙

【兩山墨談】：明 陳霆

【應庵隨意筆錄】：【應庵任意錄】，明 羅鶴

【海沂子】：明 王文祿

【廉矩】：明 王文祿

【求志篇】：明 王文祿

【文昌旅語】：明 王文祿

【楚漢餘談】：明 高岱

【學圃萱蘇】：【檜林雜志】，明 陳耀文

【學林就正】：明 陳耀文

【正楊】：明 陳耀文

【日紀存疑】：明 蘇志仁

【讀書日記】：明 趙鯤

【雲心識餘】：明 陳其力

【山海漫談】：明 伍环

【隨筆】：明 章袞

【瑣言】：明 章袞

【宛委餘篇】：明 王世貞
【鳳洲筆記】：【鳳洲雜編】，明 王世貞
【王氏札記】：【札記】，明 王世貞
【短長語】：【短長】，明 王世貞
【史乘考誤】：明 王世貞
【觚不觚錄】：明 王世貞
【金沙賦】：明 戴景
【清暑筆談】：明 陸樹聲
【長水日鈔】：明 陸樹聲
【耄餘雜識】：明 陸樹聲
【汲古叢語】：明 陸樹聲
【病榻寱言】：明 陸樹聲
【厭次瑣語】：【厭次瑣談】，明 劉世偉
【歸有園塵談】：明 徐學謨
【詞海遺珠】：明 勞堪
【丹浦欵言】：明 李袞
【于塤注筆】：明 李袞
【櫬蔭癡語】：明 李袞
【微詞】：明 林燫
【東水質疑】：明 胡袞
【墨畬錢鎛】：明 姜南
【洗硯新錄】：明 姜南
【瓠里子筆談】：明 姜南
【蓉塘紀聞】：明 姜南
【滑耀編】：明 賈三近
【六語】：明 郭子章
【讖論】：明 郭子章
【閑适劇談】：明 鄧球
【千一疏】：明 程滑
【路史】：【青藤山人路史】，明 徐渭
【与古人書】：明 張自烈
【少室山房筆叢】：明 胡應麟
【考盤餘事】：明 屠隆

【娑欏館清言】：【清言】，明 屠隆
【海岳山房別稿】：明 郭造卿
【臆見彙考】：明 游日升
【郁岡齋筆麈】：明 王肯堂
【文海披沙】：明 謝肇淛
【疊瓦編】：明 吳安國
【紀聞彙編】：明 竇文熙
【戲瑕】：明 錢希言
【書蕉】：明 陳繼儒
【岩栖幽事】：明 陳繼儒
【枕譚】：明 陳繼儒
【寶顏堂虎薈】：【虎薈】，明 陳繼儒
【銷夏錄】：【銷夏】·【銷夏部】，明 陳繼儒
【辟寒錄】：【辟寒】·【辟寒部】，明 陳繼儒
【畫禪室隨筆】：明 董其昌
【知新錄】：【新知錄摘抄】，明 劉仕義
【歐餘漫錄】：明 閔元衢
【六研齋筆記】：明 李日華
【紫桃軒雜綴】：明 李日華
【隨筆】：【輿識隨筆】，明 楊德周
【書肆說鈴】：明 葉秉敬
【升庵新語】：明 王宇
【元興隨筆】：明 張大齡
【燕語】：【槎庵燕語】，明 來斯行
【讀書雜錄】：【讀書雜記】，明 胡震亨
【吹景集】：明 董斯張
【冷賞】：明 鄭仲夔
【福唐寺貝餘】：明 茅元儀
【西峰淡話】：明 茅元儀
【千百年眼】：明 張燧
【秕言】：明 鄭明選
【雪庵清史】：明 樂純
【花底拾遺】：明 黎道球

【厄林】：明 周嬰
【陶庵夢憶】：明 張岱
【麟臺野筆】：明 陶珽
【丹鉛續錄考證】：明 無名氏
【譎觚】：清 顧炎武
【十眉謠】：清 徐士俊
【廋詞】：清 黃周星
【小牛斤謠】：清 黃周星
【酒社芻言】：清 黃周星
【閑雲舒卷】：附【亘虹日記】，清 王樹人
【客舍偶談】：清 陳僖
【筇竹杖】：清 施男
【黛史】：清 張芳
【仁恕堂筆記】：清 黎士宏
【大有奇書】：清 陸次雲
【己畦瑣語】：清 叶燮
【隴蜀余聞】：清 王士禛
【居易錄】：清 王士禛
【分甘余話】：清 王士禛
【古夫于亭雜錄】：清 王士禛
【鴛鴦譜】：【悅容編】，清 衛泳
【病約】：清 尤侗
【負卦】：清 尤侗
【美人譜】：清 徐震
【小星志】：清 丁雄飛
【羽族通譜】：清 來集之
【約言】：清 張适
【半庵笑政】：清 陳皐謨
【妒律】：清 陳元龍
【祝趙始末】：清 無名氏
【幽夢影】：清 張潮
【貧卦】：清 張潮
【書本草】：清 張潮

【花鳥春秋】：清 張潮

【補花底拾遺】：清 張潮

【酒律】：清 張潮

【快說續記】：清 王晫

【寓言】：清 王晫

【報謁例言】：清 王晫

【謁卦】：清 王晫

【課婢約】：清 王晫

【花史】：清 愛菊主人

【鴻文補擬】：清 馮至

【花品】：清 王再咸

【閨律】：清 芙蓉外史

【蜂房春秋】：清 胡啓俊

【科場焰口】：清 虎林醉犀生

【胭脂紀事】：清 伍瑞隆

【景船齋雜記】：清 章有謨

【小滄浪筆談】：清 阮元

【定香亭筆談】：清 阮元

【揚州畫舫錄】：清 李斗

【成語】：清 趙翼

【游戲三昧】：清 曾廷枚

【官話】：清 李調元

【劇話】：清 李調元

【弄話】：清 李調元

【灯謎偶存】：清 又一村居士

【梅溪筆記】：清 錢泳

【藤陰雜記】：清 戴璐

【忍齋雜識】：清 李坤元

【三十六春小譜】：清 捧花生

【古今諺箋】：清 林伯桐

【東齋脞語】：清 吳翌風

【燕臺鴻爪集】：清 楊維屏

【逆党禍蜀記】：清 汪詢

【關隴輿中偶憶編】：清 張祥河
【記夢】：清 張文虎
【玉井山館筆記】：清 許宗衡
【舊游日記】：清 許宗衡
【雲杜故事】：清 易本琅
【隅園隱語】：清 王錫元
【十五家妙契同岑集謎選】：清 酉山主人
【文虎】：清 鳳篁嘯隱
【隱書】：清 俞樾
【續五九枝譚】：清 俞樾
【十二月花神議】：清 俞樾
【小脚文】：清 曠望生
【醋說】：清 了緣子
【纏足談】：清 袁枚
【三十家灯謎大成】：清 周學浚
【二十四家隱語】：清 沈錫三
【寄傲山房隱語】：清 上虞東芳氏
【作嫁衣裳齋隱語】：清 楊小湄
【聽雪書屋廋詞】：清 唐毅齋
【海上冶游備覽】：清 指迷生
【瓮牗餘談】：清 王韜
【眉珠庵憶語】：清 王韜
【吳門百艷圖】：清 司香舊尉
【海上群芳譜】：清 顧曲詞人 忏情侍者
【乾嘉詩壇点將錄】：清 舒位
【明僮合錄】：清 餘不釣徒 撰 殿春生 續
【秦淮八艷圖咏】：清 葉衍蘭
【集蘇百八喜箋序目】：清 徐琪
【杭俗遺風】：清 范祖述
【宵雅隱語】：清 查傳蓉
【詩鐘錄】：清 陳晃
【群芳小集】：【增補菊部群英】，清 譚獻
【瓣香外集】：清 朱守方

【幽夢續影】：淸　朱錫綬
【北窓囈語】：淸　朱燾
【酒話】：淸　于鬯
【适言】：淸　于鬯
【偶語】：淸　于鬯
【玩石齋筆記】：淸　路采五
【恨冢銘】：淸　陸伯周
【秦淮感舊錄】：淸　苹梗
【華嚴色相錄】：淸　無名氏
【香蓮品藻】：淸　方絢
【金園雜纂】：淸　方絢
【戲擬靑年上政府請弛禁早婚書】：淸　無名氏
【自由女請禁婚嫁陋俗稟稿】：淸　無名氏
【婦女贊成禁止娶妾律之大會議】：淸　無名氏
【代某校書謝某狎客饋送局帳啓】：淸　無名氏
【忏船娘張潤金疏】：淸　無名氏
【冶游自忏文】：淸　無名氏
【懼內供狀】：淸　無名氏

附錄二　誤謬 및 假託되어진 작품

【西王母傳】：漢　桓驎
【東方朔傳】：漢　郭憲
【薛靈蕓傳】：晉　王嘉
【吳女紫玉傳】：漢　趙曄
【天上玉女記】：晉　賈善翔
【秦女賣枕記】：晉　干寶
【蘇娥訴冤記】：晉　干寶
【泰山生令記】：晉　司馬彪
【泰岳府君記】：晉　庾翼
【度朔君別傳】：晉　干寶
【山陽死友傳】：魏　蔣濟
【糜生瘥恤記】：晉　王嘉

【東越祭蛇記】：晉　干寶
【楚王鑄劍記】：漢　趙曄
【古墓斑狐記】：晉　郭頒
【太古蠶馬記】：三國　吳　張儼
【烏衣鬼軍記】：晉　李朏
【夏侯鬼語記】：晉　孔曄
【丁新婦傳】：三國　吳　殷基
【續幽明錄】：唐　劉孝孫
【續前定錄】：【廣前定錄】，唐　鐘輅
【震澤龍女傳】：唐　薛瑩
【睦(眭)仁蒨傳】：唐　陳鴻
【見鬼傳】：唐　陳鴻
【王賈傳】：唐　牛肅
【裴伷先別傳】：唐　牛肅
【吳保安傳】：唐　牛肅
【奇男子傳】：唐　許棠
【牛應貞傳】：唐　宋若昭
【潤玉傳】：唐　沈亞之
【沈警遇神女傳】：清　無名氏
【張女郎傳】：元　吾衍
【姚生傳】：唐　鄭權
【織女】：唐　張荐
【華岳神女記】：唐　戴孚
【織女星傳】：宋　張君房
【王玄之傳】：明　陳音
【小金傳】：唐　陳劭
【妙女傳】：唐　顧非熊
【李清傳】：唐　薛用若
【郁輪袍傳】：唐　鄭還古
【韋安道傳】：唐　張泌
【齊推女傳】：唐　無名氏
【知命錄】：唐　牛僧孺
【王恭伯傳】：唐　牛僧孺

【裴諶傳】：唐 牛僧孺
【柳歸舜傳】：唐 牛僧孺
【烏將軍記】：唐 牛僧孺
【杜子春傳】：唐 鄭還古
【申宗傳】：唐 孫棨
【袁天網外傳】：唐 呂道生
【板橋記】：唐 薛漁思
【見夢記】：唐 孫棨
【崔書生傳】：明 張靈
【夜豕決賭記】：明 孫緒
【張遵言傳】：唐 鄭還古
【蘇四郎傳】：唐 鄭還古
【白蛇記】：唐 鄭還古
【崔玄微傳】：唐 鄭還古
【李林甫外傳】：唐 盧肇
【五眞記】：唐 李復言
【魚服記】：唐 李復言
【李衛公別傳】：唐 李復言
【寶玉傳】：唐 李復言
【張老傳】：唐 李復言
【張令傳】：唐 李玫
【韋鮑二生傳】：唐 李玫
【蚍蜉傳】：唐 李玫
【甘棠靈會錄】：唐 李玫
【嵩岳嫁女記】：唐 施肩吾
【蔣氏傳】：【蔣琛傳】，唐 張泌
【玉格】：唐 段成式
【諾皐記】：唐 段成式
【支諾皐】：唐 段成式
【肉攫部】：唐 段成式
【寺塔記】：唐 段成式
【崔汾傳】：唐 段成式
【金剛經鳩異】：唐 段成式

【柳參軍傳】：唐 溫庭筠
【陶峴傳】：唐 沈既濟
【紅線傳】：唐 段成式 楊巨源
【求心錄】：唐 張讀
【陸顒傳】：唐 張讀
【巴西侯傳】：唐 張讀
【人虎傳】：唐 李景亮
【寶應錄】：唐 蘇鶚
【同昌公主外傳】：【同昌公主傳】，唐 蘇鶚
【崔煒傳】：唐 裴鉶
【顏浚傳】：唐 裴鉶
【曾季衡傳】：唐 裴鉶
【山莊夜怪錄】：唐 裴鉶
【趙合傳】：唐 裴鉶
【玉壺記】：唐 裴鉶
【少室仙姝傳】：唐 裴鉶
【鄭德璘傳】：唐 薛瑩
【洛神傳】：唐 裴鉶
【昆侖奴傳】：唐 楊巨源 段成式
【聶隱娘傳】：唐 段成式
【薛昭傳】：唐 裴鉶
【袁氏傳】：唐 顧夐
【獨孤穆傳】：唐 陳翰
【櫻桃青衣傳】：唐 任蕃
【揚州夢記】：唐 于鄴
【金縷裙記】：唐 高彥休
【漱石軒筆記】：宋 李隱
【侯元傳】：唐 皇甫枚
【洛京獵記】：唐 皇甫枚
【獵狐記】：唐 皇甫枚
【却要傳】：唐 皇甫枚
【惊聽錄】：宋 皇甫枚
【馬自然傳】：唐 沈汾

【譚峭傳】：唐 沈汾
【南岳魏夫人傳】：【魏夫人傳】，唐 顔眞卿
【墨昆侖傳】：唐 馮延巳
【紫花梨記】：唐 許默
【稽神錄】：唐 雍陶
【夢游錄】：唐 任蕃
【物怪錄】：唐 徐嶷
【靈怪錄】：唐 徐嶷
【聞奇錄】：唐 于逖
【靈應錄】：唐 于逖, 傅亮
【志怪錄】：唐 陸勛
【幻異志】：唐 孫頠
【幻戲志】：唐 蔣防
【神咒志】：唐 雍益堅 撰, 章炫然 閱
【集異志】：唐 陸勛
【冤債記】：唐 吳融
【異疾志】：唐 段成式 撰, 洪邁補 校
【靈物志】：唐 無名氏
【靈鬼志】：唐 常沂
【靈鬼志】：唐 荀氏
【睽車志】：唐 歐陽炯 歐陽玄撰, 明 何璧校 補
【才鬼記】：宋 張君房 唐鄭賁 鄭哲
【再生記】：唐 閻選
【壟上記】：唐 蘇頲
【玄怪記】：唐 徐炫
【玉匣記】：宋 皇甫牧
【耳目記】：唐 張鷟
【五行記】：唐 闕名
【李謩吹笛記】：唐 楊巨源
【南部烟花記】：唐 馮贄
【賈午傳】：唐 王彬
【玉簫傳】：唐 江群文木
【蔣子文傳】：唐 羅鄴

【中山狼傳】：唐 姚合
【李夫人傳】：唐 陳翰
【續劍俠傳】：元 喬夢符 纂, 明 翁驤業
【狂奴傳】：唐 李延壽 撰, 潘之淙 閱
【仙吏傳】：唐 太上隱者
【異僧傳】：唐 李中撰, 明 汪漸鴻 校閱
【英雄傳】：唐 雍陶
【豪客傳】：唐 杜光庭 撰, 明 邵國鉉 閱
【俊婢傳】：吳 楊萬里 輯, 姚學孟 閱
【神女傳】：唐 孫頠
【龍女傳】：唐 薛瑩
【夜叉傳】：唐 段成式
【妖妄傳】：唐 牛希濟
【妖虫傳】：唐 魏承班 撰, 楊宗震 閱
【妖巫傳】：唐 尹厲撰, 徐仁毓 校閱
【幻影傳】：唐 薛昭蘊
【雷民傳】：唐 沈既濟
【聖琵琶傳】：楚 何曾撰, 徐仁毓 校閱
【五方神傳】：楚 柳胡撰, 徐仁毓 校閱
【尸媚傳】：唐 張泌
【賣鬼傳】：唐 包何撰, 武林仲震
【奇鬼傳】：唐 杜青羹
【蒙齋筆談】：宋 鄭景望
【幽居錄】：宋 無名氏
【琅嬛記】：元 伊世珍
【吳中故實記】：明 楊循吉
【吳中故實續記】：明 楊循吉
【吳中故實續記補遺】：明 楊循吉

* 本 目錄은 ≪中國古代小說百科全書≫(中國大百科全書出版社)와 ≪中國文言小說總目提要≫(寧稼雨·齊魯書社)를 근거하여 만들었다.

저자소개

민관동(閔寬東, kdmin@khu.ac.kr)
- 1960年生, 韓國 天安 出生.
- 慶熙大 중국어학과 졸업.
- 대만 文化大學 文學博士.
- 現 慶熙大 중국어학과 敎授.
- 現 韓國中國小說學會 會長.
- 現 慶熙大 比較文化硏究所 所長.

著作
- ≪中國古典小說在韓國之傳播≫, 中國上海學林出版社, 1998年.
- ≪中國古典小說史料叢考≫, 亞細亞文化社, 2001年.
- ≪中國古典小說批評資料叢考≫[共著], 學古房, 2003年.
- ≪中國古典小說의 傳播와 受容≫, 亞細亞文化社, 2007年 10月.
- ≪中國古典小說의 出版과 硏究資料 集成≫, 亞細亞文化社, 2008年 4月.
- ≪中國古典小說在韓國的硏究≫, 中國上海學林出版社, 2010年 9月.
- ≪韓國所見中國古代小說史料≫, 中國武漢大學校出版社, 2011年 6月.
- ≪中國古典小說 및 戱曲硏究資料總集≫[共著], 학고방, 2011年 12月.
- ≪中國古典小說의 國內出版本 整理 및 解題≫[共著], 학고방, 2012年 4月. 외 다수.

翻譯
- ≪中國通俗小說總目提要≫(第4卷-第5卷)[共譯], 蔚山大出版部, 1999年.

論文
- 〈在韓國的中國古典小說翻譯情況硏究〉, ≪明淸小說硏究≫(中國) 2009年 4期, 總第94期.
- 〈朝鮮出版本 新序와 說苑 硏究〉, ≪中國語文論譯叢刊≫第29輯, 2011.7.
- 〈中國古典小說의 出版文化 硏究〉, ≪中國語文論譯叢刊≫第30輯, 2012.1 외 70여편.

유희준(劉僖俊, shao0321@sookmyung.ac.kr)
- 1971년생, 韓國 서울 出生.
- 淑明女子大學校 중문학과 졸업.
- 淑明女子大學校 文學博士.
- 현) 慶熙大學校 비교문화연구소 학진토대연구팀 전임연구원.

論文
- 〈脂硯齋 批語의 소설 미학적 세계〉, ≪中國文化硏究≫ 第6輯, 2005.6.
- 〈紅樓夢 초기 비평가 연구-脂硯齋를 中心으로〉, ≪中國小說論叢≫ 第24輯, 2006.9.
- 〈梅妃傳의 국내 유입과 번역 양상〉, ≪比較文化硏究≫ 第27輯, 2012.6.
- 〈淸代 文言小說集 閒談消夏錄 연구〉, ≪中語中文學≫ 第53輯, 2012.12.
- 〈兩山墨談의 국내 출판과 수용양상〉, ≪中國語文論譯叢刊≫ 第32輯, 2013.1. 외 10여편.

박계화(朴桂花, guihua@hanmail.net)
- 1969년생, 韓國 서울 出生.
- 延世大學校 중문학과 졸업.
- 北京大學 文學碩士.
- 延世大學校 文學博士.
- 현) 成均館大學校 大東文化研究院 수석연구원.

著作
- ≪明淸代 出版文化≫ [共著], 이담북스, 2009.

翻譯
- ≪역사에서 허구로 - 중국의 서사학≫[共譯], 길, 2001.
- ≪太平廣記≫ 1-4 [共譯], 학고방, 2000-2001.
- ≪虞初新志≫ 1-4 [共譯], 소명출판, 2011.

論文
- 〈18세기 조선문인이 본 중국 艶情小說 - '欽英'을 중심으로〉, ≪大東文化研究≫ 第73集, 2011.3.
- 〈소송사회의 필요악 訟師 - 명청대 문언소설 속에 나타난 訟師의 형상과 법률문화〉, ≪中國語文學論集≫ 第68號, 2011.6.
- 〈중국 문언소설의 국내유입과 수용양상 - 宋·元·明·淸代를 중심으로〉, ≪中國語文學論集≫ 第75號, 2012.8. 외 다수

경희대학교 비교문화연구소 비교문화총서 07

韓國 所藏 中國文言小說의
版本目錄과 解題

초판 인쇄 2013년 2월 22일
초판 발행 2013년 2월 28일

공   저 | 민관동·유희준·박계화
펴 낸 이 | 하운근
펴 낸 곳 | 學古房

주   소 | 서울시 은평구 대조동 213-5 우편번호 122-843
전   화 | (02)353-9907 편집부(02)353-9908
팩   스 | (02)386-8308
전자우편 | hakgobang@naver.com
홈페이지 | http://hakgobang.co.kr
등록번호 | 제311-1994-000001호

ISBN   978-89-6071-292-8   93820

값 : 40,000원

※ 파본은 교환해 드립니다.